AF641736

Himmelstürmer Verlag

Von Manuel Sandrino bisher erschienen:

- „Am Quell der Weisheit“
  ISBN print: 978-3-86361-602-1
  „Eros‘ Flüstern verändert alles“
  ISBN print: 978-3-8636-1585-7
  „Was der Wind nicht verwehen kann“
  ISBN print: 978-3-8636-1545-1
- „Nackte Geheimnisse“
  ISBN print: 978-3-8636-1482-9
- „Apollon und Mercury – Einer muss sterben“
  ISBN print: 978-3-8636-1385-3
- „Apollon und Mercury – Wahre Träume leben“
  ISBN print: 978-3-8636-1379-2
- „Selbstverständlich schwul!“
  ISBN print: 978-3-8636-1524-6
- Doppel-t-leben
- ISBN print 978-3-86361-644-1

Alle auch als E-Books erhältlich!

Himmelstürmer Verlag, , 31619 Binnen,
www.himmelstuermer.de
E-Mail: info@himmelstuermer.de

Rechtschreibung nach Duden, 24. Auflage.

Coverfotos: shutterstock.
Umschlaggestaltung: Olaf Welling, Grafik-Designer AGD, Hamburg.
www.olafwelling.de
Nach dem Entwurf und der Idee von Manuel Sandrino

ISBN print 978-3-86361-750-9
ISBN epub 978-3-86361-751-6
ISBN pdf 978-3-86361-752-3

Manuel Sandrino

Schaumgeboren

Himmelstürmer
Verlag

Inhalt

Widmung

Für alle, die niemals aufgeben, egal wie dunkel die Gegenwart vielleicht gerade aussieht und wie hoffnungslos die Zukunft vielleicht scheinen mag.

Für alle, die ihre Angst und ihren Aberglauben über Bord geworfen haben.

Für alle, für die jeder Tag ein Neubeginn darstellt und sich aufgemacht haben zu entdecken, wer oder was sie wirklich sein könnten.

Vorwort

Was ist das Geheimnis der Liebe?

Ist die Liebe der Schaum, der durch die stürmische Brandung eines erfüllten Lebens entsteht? Oder ist die Liebe der Ozean, der schäumend mit seinen Wellen gnadenlos alles überrollt?

Liebe ist das Leben selbst, der Energiestrom, der alles ermöglicht, erhält und belebt. In der Antike wurde die Liebe Eros genannt. Und was ist mit Aphrodite? Kennen sie nicht viele als die Göttin der Liebe? Oft wird sie sogar als Mutter von Eros genannt. Ich sage euch, das ist ein Missverständnis. Eros, also die Liebe selbst, ist formlos und kaum zu fassen. Aphrodite hingegen verkörpert sich immer und immer wieder, um in jeder Generation und überall auf der Welt der Liebe ein Gesicht und Gestalt zu geben. Aphrodite oder Venus, wie die Römer sie nannten, ist die Lust, das Begehren und die Verführung. Aphrodite repräsentiert eine viel bekanntere Version der Liebe, als Eros, den unfassbaren, den mythischen ersten aller Titanen. Venus trägt viele Gestalten – weibliche wie männliche. Sie ist das zu Fleisch gewordene Verlangen, das keck blinzelnd jeden in ihren Bann schlägt. Aber vergesst niemals, die Lust ist nur ein Schatten der Liebe. Aber kann es Schatten ohne das Licht geben?

Genießt eure Lust, das ist Aphrodites Geschenk und ihr Fluch!

Und welche Rolle spielt im Liebesdrama die Hoffnung? Die Hoffnung blieb als einziges in der Büchse der Pandora zurück. Ist das, weil Hoffnung die trügerischste aller Plagen der Menschheit darstellt oder weil Hoffnung der Ausweg aus dem Labyrinth eines lieblosen Lebens darstellt?

Manuel Sandrino

Teil I: KURRI KURRI

Jeder Tag ist ein Neubeginn; denn an all den Tagen, an denen die Liebe das Herz berührt, ist man neu geboren; und die Liebe lächelt einem aus tausend Gesichtern entgegen. So öffne täglich deine Flügel und umarme die Gelegenheiten, die das Leben dir offeriert!

Rhydian Elpis ist tot!

Ich höre das Plätschern einzelner Tropfen, deren Klang sich im finsteren Labyrinth ins Unendliche verirrt. Bis auf die Fackel meines Begleiters im roten Lendenschurz gibt es kein Licht. Seine dunkle Haut ist mit ocker- und rotfarbiger Erde bemalt, mit Punkten, Wellenlinien und drei stilisierten Tieren. Eine *Byamee*, die Regenbogenschlage, schlingt sich um seinen Hals und seine Schulter. Ihre Augen, wenn auch nur gemalt, scheinen trotzdem alles zu sehen. Das *Großen Kangaroo*, dessen spitzen Ohren das leiseste Geräusch wahrnehmen ziert die Brust des Aborigines. Der *Koala*, der den Bauch des Ureinwohners Australiens umarmt, scheint tief träumend zu schlafen. Die drei Tiere bemerke ich jedes Mal, wenn der nackte Mann mich bei Schächten oder Tropfsteinen wortlos warnt. Seine Nase ist breit, seine Stirn hoch und sein Mund umspielt ein Lächeln, dass mir Mut macht, ihm weiter in die Unterwelt zu folgen. Ich bin froh, nur das zu sehen, was das flackernde Licht mir offenbart. Hier im heiligsten und bestgehüteten Eingang zur Ebene der Traumwandler lauern überall Gefahr und der Tod. Jede Abzweigung führt in neue Offenbarungen oder ins totale Vergessen.

Seit Monaten wandle ich immer wieder durch dieses Labyrinth. Oft stunden- oder tagelang folge ich dem Traumwandler und Hüter der Zeit zum Anfang aller Dinge und erreiche doch nie das Ziel. Meist erwache ich, weil ich mir den Kopf irgendwo anstoße, ausrutsche, stürze oder weil ich *Kurri Kurri* aus den Augen verloren habe. Passiert das, packt mich die ewig sternenlose Nacht und ich taumle in die Abgründe meiner Ängste und Phobien. Meist schrecke ich dann schweißgebadet und vor Angst zitternd auf. Den ganzen Tag versuche ich danach vergeblich die Bilder und Szenen, die so grauenhaft sind, dass selbst meine Medikamente und mein Psychiater nicht helfen können, auszublenden. Und trotzdem, kaum taucht Kurri Kurri im nächsten Traum wieder auf, folge ich ihm freiwillig unter den roten Berg.

So auch heute! Als ich auf allen vieren unter Steinen, die dem Gebiss eines *Großen Weißen* ähneln, durchgerobbt bin, erwartet mich auf der anderen Seite ein Gewölbe. Millionen von Sternen gleich glitzern Wassertropfen an den Felsen. Das Echo ihres Aufpralles flutet die Grotte wie Donnerhall. Kurri Kurri löst eine Schnur, die er um seinen Bauch gebunden trägt und wirbelt das *Bora-Bora*, seinen *Bull Roarer*. Zum Klang der fallenden Wassersterne mischt sich das Surren seines Schwirrholzes. Er ruft in einer Sprache, die ich nicht verstehe. Die Augen seiner *Byamee* starren mich an und die Ohren des *Großen Kangaroos* sind noch spitzer, als zuvor. Der *Koala*, der sich um seinen Bauch klammert öffnet zum ersten Mal seine Augen. Verschlafen, aus einen unendlich tiefen Traum erwachend, glotzt er mich verwundert an.

Leider erwache auch ich dabei und bin zurück in Basel in meinem Zimmer. Die Töne wechseln, statt dem Klang der Eingeweihten lausche ich einer Trambahn, die in der Nähe des Hauses vorbeirollt und dem Ruf eines Raben. Ich kann mich überhaupt nicht erinnern, wann ich zum letzten Mal lächelnd erwacht bin – falls das überhaupt jemals zuvor geschehen ist.

„Auf keinen Fall!", fährt mich meine Mutter total ungehalten und in einem Ton an, den ich nie zuvor gehört habe.

„Mutter!", widerspreche ich. „Warum denn nicht?"

„Lass die Vergangenheit ruhen, mein Sohn!", knurrt mein Vater, als ob damit alles gesagt sei. Als ich ihn mit großen Augen anstarre, fügt er hinzu: „Valdrin, schließe endlich deinen Frieden mit der Vergangenheit!"

„Ich ertrage das nicht noch einmal", klagt meine Mutter.

„Rhydian Elpis ist tot! Mein Bruder ist tot! Ich kann damit nicht einfach abschließen! Warum interessiert es euch nicht, wie es passierte und warum?"

Weil meine Mutter weint, zieht mich mein Vater vom Frühstückstisch hoch. Draußen ist es nebelig und dunkel; ein typischer Weihnachtstag in Basel um neun Uhr morgens. Diese Trostlosigkeit nagt seit Tagen an mir. Hätte mich Kurri Kurri heute Nacht nicht ins Herz der Traumschau geführt und das Schwirrholz für mich singen lassen, ich würde ebenfalls weinen. Vor fast genau drei Jahren verschwand mein Bruder – Halbbruder – für immer aus unserem Leben. Rhydian flog nach Australien und kehre nie mehr zurück. Ich vermisse ihn, selbst wenn ich mich kaum an ihn erinnern kann.

„Valdrin, hast du deine Pillen geschluckt?", sorgt sich mein Vater.

„Ja, ja! Ich bewältige das Trauma nur, wenn ich mich bemühe."

„Deine Mutter will dich nicht verlieren."

„So wie meinen Halbbruder?", kontere ich. „Warum nicht? Dann könnt ihr auch mich einfach abhaken!"

Kopfschüttelnd blickt mein Vater zum Fenster hinaus. „Valdrin, er ist für immer fort!" Aus Vaters Mund klingt es, wie Erleichterung.

„Interessierte es keinen, was mit Rhydian in Sydney passierte?"

„Bitte, Valdrin, nicht schon wieder!" Jede Sorge oder Freundlichkeit ist aus Vaters Stimme gewichen. „Mache es nicht noch schlimmer!"

„Ich kann mit Rhydian nicht abschließen. Ich muss Gewissheit haben, was damals in Sydney passierte! Warum will das keiner von euch wahrhaben?" Genervt darüber verschränke ich trotzig meine Arme vor der Brust und beobachte den rieselnden Schnee. „Doktor Leichhard hofft, ich komme irgendwann darüber hinweg. Aber wie? Rhydians Leichnam wurde nie aus Sydney in die Schweiz überführt. Es gab auch nie eine Beerdigung oder wenigstens ein Gedenkgottesdienst." Dabei sehe ich meinen Vater verzweifelt an. „Rhydian verschwand und kehrte niemals zurück. Ich will nicht, wie er enden!"

„Valdrin, was hast du vor?", sorgt sich mein Vater. „Dein", er macht eine Pause, als ob er das Wort kaum aussprechen könnte, „Halbbruder, ist in Sydney verunglückt. Das ist schlimm. Trotzdem! Valdrin, das Leben geht weiter. Es muss weitergehen."

„Rhydian fehlt mir!" Traurig sehe ich auf.

„Lass es auf sich beruhen! Keinem hilft ein weiterer Absturz."

„Rhydian ist abgestürzt?", horche ich auf. „Begann er Selbstmord?"

„Das meinte ich nicht damit!" Mein Vater wirft seine Hände hoch. „Mein Sohn", spricht er in sanftem Ton auf mich ein, „nutze, was du hast! Nutze, was du bist! Und nutze, wer du bist! Seit jenem Frühjahr arbeitest du nicht mehr. Valdrin, finde einen neuen Sinn im Leben."

„Ich war nach der Nachricht von Rhydians Verschwinden drei Monate in der Klapsmühle, danach noch bis in den Herbst in der Tagesklinik, seither in wöchentlicher psychiatrischer Behandlung. Wie soll ich dabei Zeit für eine Arbeit finden? Echt!“, schnaube ich. Resigniert und wütend, raufe ich mir meine lockigen Haare und kraule in meinem Bart, den ich mir seit damals stehen lasse und nur gelegentlich, mehr schlecht, als recht, stutze. „Jeder quetsch mich über Rhydian aus. Oh, könnte ich mich nur an ihn erinnern.“

„Sein“, Vater stockt schon wieder, als ob er das richtige Wort suchen müsste, „*Tod*, hat dich von uns allen am schwersten getroffen.“

„Sprich wenigstens seinen Namen aus! Er hieß Rhydian!“

„Er kommt nicht wieder zurück.“

„Wurde Rhydian wirklich von einem weißen Hai angefallen und seine kopflose Leiche an den Strand gespült?“

„Bitte, Valdrin, fange nicht wieder davon an!“

„Ich kriege dieses Bild aber nicht aus meinem Kopf!“, schreie ich.

„Lieber, lieber Valdrin“, flüstert meine Mutter, „lass los!“

„Ich will nach Sydney!“

„Was?“, braust meine Mutter auf. „Valdrin, NEIN!“

„Ich bin bald dreiundzwanzig Jahre alt“, werfe ich ein.

„Aber Doktor Leichhard ...“, wirft mein Vater ein.

„Er hilft mir nicht! Ich leide unter Albträumen, habe schreckliche Höhenangst und Panik vor Wasser. Ich traue mich kaum unter die Dusche zu stehen. Weder der Psychiater noch die Psychopharmaka helfen. Ich muss das Geheimnis um Rhydians Tod lüften.“ Weil meine Eltern betroffen in den Schnee starren, raste ich aus: „Ich war schon im Reisebüro!“ Wild mit meinen Händen fuchtelnd versuche ich meinen Worten mehr Gewicht zu verleihen.

„Das warst du nicht“, wimmert meine Mutter.

„Und ob! Ich fliege Mitte Januar.“ Das ist natürlich gelogen. Bei meinen Phobien werde ich niemals ein Flugzeug besteigen.

„Vielleicht ist es die einzige Möglichkeit ...“

„Nein!“, widerspricht meine Mutter meinem Vater. „Nicht noch einmal!“

„Ich schwimme nicht im Ozean. Keine Angst, mich frisst kein weißer Hai“, füge ich hastig an. „Ich bin weder leichtsinnig, noch ein Draufgänger oder ein Abenteurer. Ich bin nicht Rhydian!"

„Valdrin, hast du das mit Doktor Leichhard besprochen?"

„Ich vertraue ihm nicht! Aber Markku unterstützt mich."

„Markku, ist das dein bester Freund, der dich täglich in der Klinik besuchte und auch seither regelmäßig anruft?", will mein Vater wissen.

„Genau der! Ich treffe ihn später zum Mittagessen im *Burgerking* in der Innenstadt." Mit einem Blick auf meine Armbanduhr ahne ich, dass ich versuchen sollte zu duschen. Markku soll nicht riechen, wie sehr ich Wasser verabscheue. „Markku begleitet mich vielleicht nach Sydney."

„Wir werden sehen!" Mein Vater schüttelt resigniert seinen Kopf.

In meinem Zimmer blicke ich in den Spiegel. Ich bin knapp einen Meter Achtzig groß und habe hellbraune oder dunkelblonde gelockte Haare, die mir strähnig bis auf die Schulter fallen. Markku soll nicht riechen, wie sehr ich Wasser verabscheue. Entschlossen nehme ich all meinen Mut zusammen und stelle mich unter die Dusche. Kaum rieselt das Wasser von oben auf mich nieder, klammere ich mich an den extra deswegen angebrachten Halterungen fest, verschließe meine Augen und hoffe, nicht in einen bodenlosen Abgrund zu stürzen. Kaum am ganzen Körper nass, drehe ich hastig den Hahn zu, seife mich ein und kann den Schaum auf meinem Körper kaum ertragen. Einen Schrei unterdrückend beende ich die Tortur mit einem letzten kurzen Abduschen. Fluchtartig verlasse ich die Duschkabine, rubble meinen Körper trocken und hetze in meine Kleidung. Später, trocken, kralle ich meinen Geldbeutel, eile nach unten um mir meine Jacke zu schnappen und rufe in die Küche: „Ich bin zum Abendessen zurück!"

„Auf keinen Fall waschen!", instruiere ich die Frisöse, als sie mich bittet, mich zum Waschbecken zu begeben. „Meine Haare sind sauber."

Naserümpfend zieht sich die Frisöse dünne Plastikhandschuhe an. „Okay, dann nur leicht befeuchten." Als sie dazu nach einer Sprayflasche greift, klammere ich mich an den Stuhllehnen fest und schließe meine Augen, bis der leichte Rieselregen endlich endet.

„Der Hippie-Look muss weg!"

Als ich mich vierzig Minuten später im Spiegel betrachte, erkenne ich mich kaum wieder. Aus dem verwahrlost aussehenden Psycho und Taugenichts ist ein ganz ansehnlicher Kerl geworden. Meine braunen Augen wirken heute auch nicht so gehetzt, wie meist. Ob das mit meinem Mut zu tun hat, das Geheimnis des mysteriösen Todes meines Halbbruders aufzuklären?

Am Barfüßerplatz erkenne ich Markku schon von weitem, wie er einem blonden großen Kerl zum Abschied auf den Mund küsst.[1] Verlegen wende ich mich ab. Markku ist schwul. Vielleicht bin ich's auch. Mein Psychiater diagnostizierte, ich sei zurzeit beziehungsuntauglich. Er riet mir zu einer Topfpflanze, um Zuneigung zu üben.

„Valdrin!“, ruft Markku und eilt mit offenen Armen auf mich zu. Ich hoffe, er küsst mich nicht. Um das zu verhindern, strecke ich ihm meine ausgestreckte rechte Hand zum Gruß hin.

Markku zieht mich in einer Umarmung fest an sich. „Ich bin so froh, dass es dir besser geht!“

„Danke!“, murmle ich und schiebe den schwarzhaarigen Kerl von mir. Seine Haare stehen ihm in einer extrem coolen Frisur mit Festiger gestärkt fast zwanzig Zentimeter nach oben. „Was geht ab?“

„Valdrin, du siehst verändert aus! Ist Kurri Kurri ...“

„Wir erreichten das Ziel und sein Koala erwachte.“

„Er ist erwacht?“

Rasch erzähle ich meinem besten Freund alle Details und wie der unheimliche Traumführer sein Schwirrholz schwang.

„Endlich!“, stöhnt Markku. „Du hast das Labyrinth geschafft!“

„Alter, das ist nur ein wiederkehrender Albtraum! Kein Grund daraus eine große Sache zu machen.“

„Seit bald drei Jahren erzählst du von Kurri Kurri und deiner Odyssee durch die Traumwelt. Valdrin, du wurdest eingeweiht und bist bereit den nächsten Schritt zu machen! Wann fliegst du nach Sydney?“

Schockiert, dass Markku zum gleichen Schluss kommt, scharre ich im schmutzigen Schnee. „Soll ich wirklich?“

„Willst du herausfinden, was vor drei Jahren passierte?“

„Ich will wissen, warum Rhydian uns alle im Sticht ließ.“

Markku schweigt und führt mich durch die Menschenmenge. Beim grauenhaften Gesang der Heilsarmee halte ich mir meine Ohren zu.

---

[1] Mehr zu Markku und seinem Freund in „Apollon und Mercury“ Band I „Wahre Träume leben“ und Band II „Einer muss sterben“

„*Burgerking* liegt aber in der *Steinenvorstadt*, nicht in der *Freienstraße*."

Der Schwarzhaarige grinst breit und zieht mich durch eine Gasse zum Münsterhügel. Erst auf der Pfalz mit Blick über das Rheinknie lässt er mich los. Er setzt sich auf die kalte niedrige Mauer und blickt sich in alle Richtungen um. „Hier sind wir unter uns!"

In Sicherheit vor dem Hang unter der Mauer bleibe ich unter einem blattlosen Kastanienbaum stehen.

„Höhenangst?", wundert sich Markku. „Noch immer?"

„Warum sind wir hier?" Es schneit. Das weiße Zeug bleibt leider liegen, warum ich im Schutz des Baums bleibe.

„Valdrin, was du in Sydney rausfinden könntest, ist vielleicht nicht das, was du suchst!"

„Ich weiß nur, dass Anfang April vor drei Jahren eine kopflose Wasserleiche im *Rose Bay* angespült wurde. Weil auch die Hände fehlten, gab es nie eine eindeutige Identifizierung. Die Polizei vermutete, es könnte Rhydian gewesen sein. Eine DNA Untersuchung brachte keine Klärung, was den Fall umso seltsamer machte. Die restlichen körperlichen Merkmale passten. Rhydian wurde damals schon seit Tagen vermisst. Meine Eltern haben nie darauf bestanden den Leichnam in die Schweiz zu überführen. Was, wenn mein Halbbruder noch lebt?"

„Und was, wenn der Tote wirklich Elpis war?"

„Elpis?"

„Es war mein Spitzname für ihn!"

„Warum Elpis?"

„Als das Übel aus der Büchse der Pandora entwich, blieb nur *Elpis* – die Hoffnung – zurück."

„Warum war mein Halbbruder die Hoffnung?"

„Finde es selbst heraus!" Markku blitzt mit seinen blauen Augen.

„Warum fehlen mir alle Erinnerungen an meinen Halbbruder?"

„Der Schock?", rät Markku und klettert auf die niedrige Mauer.

Krampfhaft kralle ich die Baumrinde. Was, wenn Markku abstürzt?

„He, du warst beim Frisör! Dein Penner-Look war nichts für dich!"

Es fällt mir extrem schwer, Markku auf der Mauer oben anzusehen.

„Bist du dir sicher, die alte Geschichte wiederzubeleben? Hast du die Kraft auszuhalten, was du vielleicht über", Markku zögert einen Moment,

„*Elpis* herausfinden könntest?“

„Ja, bin ich!“

„Ganz bestimmt? Es könnte dich vielleicht schockieren, noch mehr ängstigen oder sogar Hass ...“

„Noch mehr Angst? Hast du eine Ahnung, was es mich alleine kostet zu duschen? Seifenschaum ertrage ich nicht, mir wird schwindelig wenn ich aus der Tram auf den Boden blicke oder dich auf der Mauer stehen sehe.“

„Valdrin, tue dir das nur an, wenn du bereit dazu bist.“

„Ist man das je? Begleitest du mich nach Sydney?“

„Nein!“ Bevor ich taumle, springt Markku von der Mauer, um mich zu stützen. „Valdrin, falls du in der Vergangenheit rumstochern willst, musst du das ganz alleine tun. Ich würde dich in Sydney nur ablenken!“

„Ich kann nicht alleine in ein Flugzeug steigen. Höhenangst!“

„Nein!“ Markku bleibt entschlossen. „Da musst du alleine durch.“

„Kannte Rhydian in Sydney Leute?“

„Oh“, lacht Markku auf, „ganz bestimmt sogar! Elpis war extrem gesellig. Du wirst seine Fährte schnell aufnehmen. Er war berühmt!“

„Kanntest du Rhydian gut?“

„Er ist“, Markku stockt, „Elpis war ein guter Freund. Er gehört zu den mutigsten Männern, denen ich je begegnet bin.“

„Ich kann nicht alleine nach Sydney fliegen!“

„Wenn du es willst, kannst du es! Willst du es denn?“

„Ja!“, flüstere ich.

„Valdrin, bleibt dein Wille ein Flüstern, wirst du in Sydney nichts herausfinden. Elpis wandelte auf einem gefährlichen Pfad.“

„Und starb dabei!“

„Schreibst du noch?“, wechselt Markku das Thema.

„Nein!“

„Während deinem Klinikaufenthalt hast du viel geschrieben.“

„Wirres Zeug, das keinen Sinn ergab. Ich habe alles vernichtet.“

„Schreibe über Elpis!“

„Ich kann mich nicht an Rhydian erinnern.“

„Egal! Interviewe andere, die ihn kannten! Finde Elpis’ Freunde!“

„Interviews?“, hake ich nach.

„Elpis führte ein spannendes Leben.“

„Rhydian starb mit gerade mal neunzehn Jahren."

„Nicht die Jahre zählen, sondern die Taten. Sammle Fakten!"

„Mein Psychiater riet mir genau zum Gegenteil", verrate ich.

„Vergiss den Gehirn-Akrobaten! Wie sieht es in dir aus?"

„Dunkel!", antworte ich.

„Dann lass das helle australische Licht herein! Panik tilgt Hoffnung. Heilt nicht Zeit alle Wunden? In der griechischen Mythologie gab es drei Gottheiten, die *Horen*, die für die Zeit verantwortlich waren. Alles hat einen Anfang, eine Mitte und einen Schluss. Zyklen sind Kreise, die sich immer weiterdrehen. Endet ein Zyklus, kann ein neuer nur beginnen, wenn ein alter endgültig abgeschlossen ist. Valdrin, hast du oft das Gefühl, dein Leben dreht sich nicht mehr weiter?"

„Alles steht still. Ich kann nichts bewegen."

„Du hast die Zeit angehalten."

„Der ewig schlafende Koala ist erwacht!", rutscht mir raus.

„Kennst du die Geschichte von *Sisyphos*?"

„Der Kerl, der scheiterte, einen Stein auf einen Berg hochzurollen?"

„Was denkst du, warum er seine Tat nicht vollbringen kann?",

„Er gab jedes Mal kurz vor dem Gipfel auf?"

„Nein, Sisyphos gab niemals auf! Er versuchte es immer und immer wieder. Am Willen liegt es also nicht."

„An was dann?"

„Seine Strafe wurde seine Bestimmung."

„Wohl eher ein unmögliches Unterfangen!"

„Weißt du, warum Sisyphos bestraft wurde?"

„Widersprach er seinem Psychiater?"

„Sisyphos war der König von Korinth. Er galt als ausgesprochen klug. Er trickste *Tanatos* – den Tod – mehrere Male aus."

„Was ist daran schlecht? Das tun die heutigen Ärzte doch auch."

„Der Tod kennzeichnet nicht nur das Ende eines Lebens. Der Tod ist eine Tür. Nichts weiter! Am Ende eines Zyklus geht man hindurch und lässt alles hinter sich. Nur wer Altes abschließt, kann Neues beginnen. Sisyphos schoss seine Zyklen nicht ab. Er trickste mit seinem – ach so überschätzten – Verstand den Tod aus. Doch was brachte es ihm? Anstatt die Tür zu durchschreiten, um einen nächsten Zyklus oder ein nächstes Leben mit neuen Aufgaben und Verantwortungen zu schultern, hielt er am Alten fest. Listig und klug dachte er, er habe das Leben gemeistert. Doch was brachte es ihm? Er kommt nicht weiter. Was er auch anfasst, es rollt ihm aus den Händen."

„Sisyphos hat in Wahrheit nur gekniffen?"

„Er brachte seinen Zyklus nicht zum Ende. Er steckt fest."

„Wie ich!"

Markku nickt. „Schließe mit der alten Geschichte ab. Krieg dein Leben wieder in den Griff."

„Ich will im Flieger keine Panikattacke bekommen und ausrasten?"

„Dann lass es doch einfach nicht zu!"

„Ha, ha! Als ob ich Panikattacken befehlen könnte."

„Wer, wenn nicht du?", kontert Markku, springt zurück auf die Mauer und starrt in den Abgrund und zum Rhein. „Bist du der Meister deines Lebens oder bist du nur ein Beckenrandschwimmer?"

„Ich springe niemals in ein Wasserbecken!", widerspreche ich.

„Aber du springst in jeden bodenlosen Abgrund voll mit neuen Albträumen, die dich paralysiert und hoffnungslos machen?"

„Tue ich nicht!"

„Valdrin, bist du dir wirklich sicher?"

Der Verrückte spaziert auf der Mauer. Ich kann kaum hinsehen.

„Du schluckst Pillen und liegst ausgestreckt auf deinem Rücken, um einem Fremden dein Innerstes zu offenbaren."

„Ich liege nicht auf dem Rücken, sondern sitze in einem Sessel. Ich kann mich nur vage an meine eigene Kindheit erinnern, überhaupt nicht an meinen Halbbruder." Endlich springt Markku wieder von der Mauer. Erleichtert atme ich auf und umarme ihn spontan.

„Valdrin, umarmst du jetzt mich oder deine Angst?"

Wütend stoße ich ihn von mir. „Ich will nicht, dass du abstürzt!"

„Weil ich dir bei deinem eigenen Fall in die Quere kommen könnte?" Plötzlich umarmt er mich und flüstert mir ins Ohr: „Der Schläfer ist erwacht! Konfrontiere das, wovor du wegrennst."

„Ich renne vor nichts davon!", meckere ich.

Im Reisebüro sitzt Markku neben mir. Er schweigt, während ich den Agenten mit Fragen löchere, doch seine Gegenwart schenkt mir Zuversicht. Als ich später einen Ausdruck mit der Buchung unterschreibe, kann ich kaum glauben, was ich tat. „Hab ich es wirklich getan?" Weil ich danach wie ein Bekloppter grinse, überredet mich Markku, mir in einem Spezialgeschäft einen Computer zu kaufen. Eine Stunde später bin ich ausgerüstet mit einem Laptop, USB-Stickern und einem Spezialrucksack. Schließlich lässt er nicht locker, bis ich mir auch noch ein dickes Notizbuch, Stifte und Kleber zugelegt habe.

„Valdrin, jetzt bist du ausgerüstet mit allem, was ein guter Reporter, Forscher oder Schnüffler brauchen könnte."

„Bis auf ein Fernglas und Abhörgeräte", spotte ich.

Weil es wieder zu schneien beginnt, bilden sich auf Markkus hochaufgerichteten Haaren weiße Zuckerwattehügel, die mich an Schaum erinnern. Um vor meiner Angst davor abzulenken, steuere ich das nächste Café an. Erst, als er sich mit seinen Händen durchs Haar fährt, entspanne ich mich wieder. Ich bestelle mir einen Kaffee und Markku für sich heiße Schokolade mit Sahne.

„Markku, du kanntest Rhydian doch gut", dränge ich ihn von meinem Halbbruder zu erzählen. Jeden Blick auf die Sahne in seiner Tasse stoisch ignorierend, zücke ich dabei meinen neuen Laptop, fahre ihn hoch und erwarte Markkus Bericht.

„Ich soll von Elpis berichten?"

Weil ich sofort heftig nicke, kratzt sich der Dunkelhaarige am Kinn. Da aber nichts folgt, kicke ich ihn unter dem Tisch ins Bein. „Alter, irgendetwas wird dir doch einfallen!"

Markku winkt ab. „Wie beschreibe ich Elpis' wahres Wesen?"

„Jede Geschichte hilft mir weiter. Kannst du so erzählen, als ob es gerade geschehen würde?"

Markku nickt. „Wie du willst! Also höre, es ist eine meiner letzten Erinnerungen an ihn, bevor er nach Sydney aufbrach!"

Aus den Erinnerungen von Markku Nico Moor aus Basel:

„Was ist los? Wir warten schon ewig auf unser Bier!"

„Ja, ja!", murrte Elpis und checkte seinen Bestellzettel.

„Nichts, ja, ja! Blondy, du bringst jetzt sofort die Bier oder ..."

„Oder was?", zischte Elpis.

Das passierte im Dezember fast auf den Tag genau vor drei Jahren. Ich saß damals an der Bar und beobachtete meinen guten Freund beim Servieren. Elpis jobbte jedes Wochenende im Restaurant. Zeit für ein Schwätzchen fehlte ihm vollkommen. Gerade schob der Koch drei Portionen Züricher Rahmgeschnetzeltes mit Nüddeli auf die Warmhaltetheke.

„Ganz schön frech unser Schätzchen", provozierte ihn der tätowierte Kerl in einer mit Nieten übersäten Lederjacke und Springerstiefeln, als Elpis mit den drei heißen Tellern an ihm vorbei hetzte. Als ein sehr gutaussehender blonder Mann mit hübschem Gesicht und einem Blick, der Kohle in Diamanten verwandeln konnte – oder umgekehrt? – wurde er oft zum Gespött von homophoben oder hässlichen Kerlen, Neidern oder einfach jedem, der in ihm einen schwächlichen Dümmling vermutete. Leider verdeckte die Kellner Uniform Elpis' stahlharte Arm- und Bauchmuskeln. Sein Schwimmtraining nahm er immer sehr ernst. Dass er wahrscheinlich auf Kerle stand, ahnte nicht nur ich. Elpis entsprach keinem Klischee, noch benahm er sich tuntig oder stereotypisch. Er flirtet einfach nur mit jedem.

Kaum zurück an der Theke zog ihn seine Chefin in elegantem Kostüm und einer weißen Schürze umgebunden zu sich. „Garçon", flüsterte sie, „die Punker werfen mit den Steinchen aus den Blumentöpfen nach Gästen. Ich rufe die Polizei!"

„Ist das nicht etwas krass?", warf Elpis ein. „Ich regle das schon!"

„Du?" Zweifelnd checkte die Wirtin meinen besten Freund ab. „Es sind sieben Schläger! Ich will im Restaurant keine Schlägerei oder blutige Nasen! Garçon, du bist heute der Einzige im Einsatz!"

Ich kannte Elpis. Er erstarrte niemals vor Schreck, Floh vor unangenehmen Situationen oder schlug wild um sich.

„Wäre nur mein Sohn hier!", flehte die Wirtin einen unsichtbaren Dämon an. „François wüsste, wie mit solchem Pack umzugehen ist."

Jeden Kommentar verkneifend verzog mein Freund sein Gesicht zur

Fratze. Warum Madame Sorcière nicht längst selbst einen Besen holte, um sich in die Schlacht zu stürzen, wunderte mich. Sie war für ihre Besenattacken berühmt. „Brauchst du Rückendeckung?“ Bevor die Hexe erwachte, spazierte der Kellner zum Tisch der Krawallmacher.

„Leute!“, appellierte Elpis strahlend an die Vernunft der Punker. „Ich bin heute der einzige Kellner im Dienst. Euer Bier wird soeben am Buffet gezapft.“

Als ich es überprüfte, schwatzte aber Lisa mit einem Alkoholiker.

„Na dann!“, knurrte der Anführer der Bande.

Elpis fokussierte die Augen des Punkers. Gewisse Blicke meines Freundes hatten eine hypnotische Wirkung.

„Wir haben Durst!“ Diesmal klang der Lederkerl zahmer.

„Es ist Samstagabend, jeder hat Durst!“

Wirkte sein Zauber? Statt an der Theke endlich die sieben offenen Bier zu bestellen, hetzte der Kellner in Richtung Küche, um neue Teller der Hausspezialität hungrig wartenden Gästen zu bringen. Auf dem Rückweg, schnappte er Lisa ein gerade frisch gezapftes Bier aus der Hand. „Das brauche ich plus noch sechs weitere.“ Bevor Lisa reklamieren konnte, eilte Rhydian zum Tisch der menschlichen Rindviecher und überreichte dem schnaubenden Bullen das schäumende Bier. Auf seinem Weg von Gast zu Gast schluckte er seinen Ärger, dass die Chefin ihn für drei schuften ließ.

„Blondy!“, rief Lisa und winkte den gestressten Kellner zu sich. „François ist gleich hier, um dich im Service zu unterstützen.“

„Süßes Dornröschen, erwache endlich aus deinem Schlaf!“, brüllte der Ober-Punker Elpis wieder an. „Oder muss ich dich erst wachküssen?“ Vulgäre Sprüche und schäbiges Gelächter der Clique folgten.

Provoziert setzte sich Elpis nach dem Verteilen der restlichen Bier neben den tätowierten Anführer und boxte ihm kumpelhaft in die Seite. „Leute, wart ihr beim Fußballmatch?“

„Scheiße, ja! War ein verdammt geiles Spiel! Wir haben die Gegner Drei zu Null alt aussehen lassen!“

Elpis schlug mit seiner Faust auf den Tisch, dass Schaum über den Rand der hohen Biergläser schwappte. „*Ihr* habt persönlich dazu beigetragen, dass der *FC Basel* siegte?“ Weil ihn alle nur konsterniert angafften, wechselte er das Thema. „Die alte Hexe lässt mich heute voll hängen.

Jungs, wenn ihr etwas braucht, ruft einfach nach mir!" Abermals musste er seinen Spezialblick benutzt haben, denn einer der Punker wischte, kaum dass Elpis sie verlassen hatte, den Tisch mit Servietten trocken, die er von einem Nachbarstisch klaute.

Die nächste Stunde brachte der unermüdliche Kellner noch zwei weitere Male Biernachschub an den Tisch. Ich, an der Bar sitzend, staunte wie nett die Punker plötzlich alle geworden waren. Einer nahm ihm später sogar ein volles Tablett leerer Gläser ab und trug es, hinter ihm herdackelnd, zur Rückgabetheke. Der Sohn der Chefin tauchte tatsächlich auf, flirtete aber mit Lisa an der Bar.

Später balancierte Elpis sein Tablett durchs volle Lokal. Am Tisch der sieben Kerle angekommen, schob der Anführer genau in diesem Moment seinen Stuhl zurück und krachte mit dem Kellner zusammen. Die schlanken Biergläser schwanken und kippten. Schäumend entleerte sich der Inhalt aller sieben *Stangen* über Elpis. Wie scheußlich eine Bierdusche riecht, bekam ich selbst an der Bar sitzend mit. Alle am Tisch gafften den Schäumenden an. Keiner witzelte oder lachte. Als das Schweigen andauerte, platzte es einfach aus Elpis heraus. Er lachte nicht nur, er brüllte regelrecht aus Heiterkeit. Warum das Bier auf ihm so schäumt, verstand ich nicht. Der Schaum wuchs ständig an.

Ich hastete zu meinem Freund, um ihm Papierservietten von der Bar zu bringen. Als kurz danach François mit vollen Tabletts durchs Lokal flitzte, hatte Elpis Abkühlung auch den Versager hochgeschreckt.

„Blondy, hast du etwas zum Wechseln dabei?", fragte ihn Lisa. „Warum schäumt dein Kopf, wie die Gischt der sieben Weltmeere? Wie geht so etwas? Benutzt du Spezialhaarspray?"

„Meerschaum?" Elpis lachte. „Ja, so fühlt es sich tatsächlich an."

Ich folgte meinem Freund in den Waschraum fürs Personal. Seine blonden Haare hingen ihm verklebt – und noch immer schäumend – im Gesicht. Kurz entschlossen zog er sich seine Weste und das Hemd aus und hielt sich seinen Kopf unter den Wasserstrahl im Waschbecken. Endlich verschwand der ungewöhnliche Schaum. ◀

„Igitt!" Angewidert von der Vorstellung einer schäumenden Bierdusche tippe ich die letzten Sätze in meinen neuen Laptop ein. „Erzählst du mir noch mehr?"

Markku sieht mich plötzlich mit seinen hellblauen Augen an. „Erinnerst du dich nicht an den Vorfall?"

„Nein! Rhydian erzählte mir nie davon!", antworte ich.

Abschiedsbrief

„Valdrin, ich erhielt aus Sydney ebenfalls Bescheid vom Fund der Wasserleiche. Als sein bester Freund musste er irgendwann, irgendwem in Australien meine Kontaktdaten gegeben haben. So erfuhr ich: *Elpis ist tot!* Das berichtete die Polizei aus Sydney." Markku kratzt sich am Kopf. „Elpis' Lebensfreude und sein Optimismus waren Leuchttürme in nebeligen Zeiten. Ihm eiferten viele in Gedanken und Handlungen nach. So wie er, wollten viele sein. Elpis war nicht nur ein ausgesprochen gutaussehender junger Mann mit Schwimmerschulter, einem Knackarsch und Augen, die jeden verzaubern konnten, er hatte auch ein gutes Herz und immer ein Lachen auf den Lippen. Ihm lag die Welt zu Füssen. Wohin er auch kam, er fiel immer und überall auf. Neue Freunde zu finden fiel ihm so leicht, wie sich zu verlieben. Er flirtete mit jedem und jeder und das so offen und ehrlich, dass es ihm niemand übel nahm, wenn er schließlich alle abblitzen ließ. Ob er jemals eine Freundin hatte, verriet er nicht einmal mir."

„War Rhydian deswegen einsam gewesen? Schied er deswegen aus seinem von außen betrachtet so perfekten Leben?", frage ich.

„Elpis' Charme und sein Charisma öffneten ihm jede Tür. Als seine Augen diesen Glanz bekamen ..." Markku bricht mitten im Satz ab.

„Was war mit seinen Augen?"

„Es passierte etwa ein halbes Jahr vor seinem Aufbruch nach Australien. Seine Augen veränderten sich und er konnte andere beeinflussen. Seine Gabe, wie er es selbst nannte, stieß ihm in Australien aber auch das Tor in die Unterwelt auf."

„War mein Halbbruder wirklich der wunderschöne Lebemann?"

„Ich kenne nicht viele Menschen, die sein inneres Strahlen haben." Markku korrigiert sich, „hatten! Elpis' Licht ist erloschen!"

„Hast du diesen letzten Brief von Rhydian noch?" Ich flehe zu allen Göttern, dass Markku ihn nicht weggeworfen hat.

„Ich spiele schon lange mit dem Gedanken, ihn dir auszuhändigen.

Jetzt, da du dich an Elpis‘ Memoiren machst, schenke ich ihn dir. Vielleicht hilft dir der Brief, das Bild über ihn zu vervollständigen?“ Markku kramt in seiner Jacke und zieht einen Brief heraus, der schon hundert Mal entfaltet und gelesen wurde. „Hier!“

Ein Datum fehlt und der Stempel über der Briefmarke auf dem Umschlag ist nicht entzifferbar. „Wann schrieb er ihn?“

„Auch das gehört zum Mysterium um Elpis‘ Verschwinden. Es könnte sich um seinen Abschiedsbrief handeln, aber auch einfach um ein Lebenszeichen zwischendurch?“

Mit meinem Handrücken wische ich mir Tränen aus den Augen.

Rhydian Elpis‘ letzter Brief aus Sydney.

► Lieber Markku, lieber Freund! Morgen ist Schluss mit Feigheit und Zögern. Morgen werde ich es endlich tun. Seit ich die *Sydney Harbour Bridge* zum ersten Mal aus der Ferne gesehen habe, will ich die Brücke besteigen. Sie ist 134 Meter hoch, was 1332 Stufen bis zu ihrem höchsten Punkt klettern bedeutet. Der Ausblick von ganz oben muss atemberaubend sein. Mit einem verdienten Gutschein buchte ich mir die Sonnenuntergangstour. *Ares* wird mich begleiten. Gibt es in der Bucht Haiwarnungen, schnappt sich Ares sein Surfbrett und paddelt mitten in die Gefahrenzone. Angst kennt dieser Adrenalin-Junky keine. Was er mit mir für morgen plant ist extrem gefährlich, total verboten und definitiv tödlich! Markku, ich bin es so leid immer und überall von allen als der *Sweety* mit dem Engelsgesicht und den Opalaugen angesehen zu werden. Viele glauben, sie können mich nach ihrem Vorbild verformen oder zumindest so manipulieren, dass ich in ihre vorgefassten Muster passe. Du kennst mich: So bin ich nicht!

Mein sprichwörtliches Pech verfolgt mich natürlich auch nach Sydney. Lieber Markku, mir passierten schon immer seltsame Dinge. Hier in Australien hat sich das nicht geändert, sondern verstärkt. Der Sprung von der Brücke in den Ozean wird dem allem ein Ende setzen. Ares glaubt mir nicht, dass der Sturm, der sich weit draußen über dem Pazifik zusammenbraut, schon morgen Nacht Sydney erreichen wird. Auch die Meteorologen prophezeien diesen Jahrhundertsturm erst zum Wochenende. Der Sturm naht! Wie es wohl sein wird vom Blitz getroffen zu werden? Morgen Nacht werde ich es erleben. Mein Überleben hängt am seidenen Faden. Trotzdem, ich bin entschlossen den Sprung zu wagen. Ares ist schon dabei alles vorbereiten. Er jobbte früher selbst kurz als Tour Guide über den gewaltigen Bogen der Brücke. Deswegen kennt er einen geheimen Zugang wie Verstecke. Wir sind beide entschlossen nach dem offiziellen Teil der Führung nochmals hochzuklettern. Oh, Markku, einerseits schlottern mir die Knie und andererseits kann ich es nicht erwarten. Alles wird sich verändern! Ich hatte ein schönes Leben als hübscher Naivling. Ich werde springen!

Mein guter Markku, sei nicht traurig! Etwas Fremdes wartet auf mich in einer vollkommen anderen Welt, in die ich bisher immer nur kurz hineinblicken konnte. Morgen tauche ich tief in sie ein. Markku, ich habe dich lieb! Ich danke dir, dass du mich nach Sydney geschickt hast! Vergiss mich nicht! Dein Elpis. ◄

„Das ist das letzte Lebenszeichen meines guten Freundes aus Sydney. Zusammen mit der Todesmeldung vermute ich, er sprang tatsächlich."

„Was trieb Rhydian zu dieser Verzweiflungstat?"

„Das Papier könnte auch nur die Idee für eine verrückte Tat sein?"

„Du bist verantwortlich für seine Sydney-Reise. Warum?"

„Valdrin, ich erzähle dir von meiner zweitletzten Begegnung mit Elpis erzählen. Vielleicht verstehst es danach?"

Goldmedaillen glänzen schön auf einer nackten Brust

Markku süffelt an seiner Schokolade und wischt sich zum Glück danach den Sahneschnurbart mit dem Handrücken fort. „Meine zweitletzte Begegnung mit Elpis ereignete sich im Schwimmclub."

„Rhydian schwamm. Zuhause hängen seine Goldmedaillen und stehen diverse Pokale. Er war ein Champion!"

Markku nickt mehrfach. „Elpis liebte Wasser über alles!"

Der Gedanke ein Schwimmbad zu besuchen, um sich dort so gut wie nackt den Blicken anderer auszusetzten, lässt mich schaudern.

Aus Markku Nico Moors Erinnerungen:

▶ Ich berichtete in der Garderobe des *Joggeli* Hallenbades über meine Sicht seiner Bierdusche. Der Blonde lachte sich halb kaputt und roch an sich.

„Übertüncht mein Deo das Bier noch immer nicht? Schlimm?"

Er glaubte wirklich, er stinke noch immer nach der Hopfen- und Malzpisse. In der Garderobe hing ein Poster, das ihn nach einem Wettkampfsieg zeigte. Als ich ihn darauf aufmerksam machte, ignorierte er es mit einem Schulterzucken. Er prahlte nie – und das hätte er gekonnt, denn er gewann jüngst zwei Goldmedaillen und war somit der amtierende Schweizermeister in Brust und Free Style.

„Ich habe mit Brain telefoniert!", kam Elpis zum Thema, das ihn seit Wochen beschäftigte. „Der Trainer der *Sydney Dolphins* will mich."

„Dann hat meine Empfehlung gefruchtet?"

„Markku, du glaubst wirklich, ich könnte neben den Australiern bestehen? Die Jungs dort sind doch im Ozean geboren worden. Ich verfüge über ein Talent Schaumkronen zu erschaffen, doch reicht das?" Lachend zog sich Elpis vor dem Spint vollkommen aus. Elpis sah unglaublich gut aus. Als sein Blick mich traf, war es wie ein Boxhieb in meinen Magen. Er fühlte es auch. Ihm wurde so übel, dass ich befürchtete, der hübsche Schweizermeister würde mir auf die Füße kotzen.

„Alter, ich verschwinde nicht einfach! Du musst mich unbedingt in Sydney besuchen kommen!" Nackt stand der schöne Elpis vor mir, grabschte in seiner Sporttasche nach einer seiner Badehosen und zog sie sich an. Verlegen, weil ich ihn so offen anschmachtete, plapperte er: „Markku, ich hoffe, ich habe alles was ich für das Angebot brauche."

„Solange du beim Schwimmen nicht schäumst!", foppte ich ihn.

Grinsend blickte er in einen Spiegel und erschrak, denn vor seinem Mund hatte sich etwas Schaum gebildet. „Ich sehe aus, wie eine Wasserleiche!" Er fischte aus seiner Sporttasche eine Wasserflasche.

„Bist du krank?", sorgte ich mich.

Der Schwimmer schüttelte seinen Kopf und trank gierig das prickelnde Mineralwasser. Der Schaum vor meinem Mund wie seine dunkle Vorahnung verflüchtigten sich. „Warum ich?"

„Elpis, Goldmedaillen glänzen schön auf einer nackten Brust von

Bewerbungsfotos. Du hast überzeugt! Nur das zählt!“

„Was hat mein Aussehen damit zu tun? Ich bin Profischwimmer!“

„Du hast ein extrem hübsches Gesicht und der Rest ist auch …“

„Arsch!“ Der schöne Blonde kickte nach mir. „Warum hast du mich empfohlen? Woher kennst du eigentlich Brain aus Sydney?“

„Ist das wichtig?“, konterte ich. „Ergreif die Chance!“

Statt mir zu antworten, richtete sich der Sportler zur vollen Größe auf und posierte vor dem Spiegel. Er war nicht sehr groß, aber er wirkte dennoch riesig. „Brain schrieb mir, dass ich mit meinen Bestzeiten den Australiern in nichts nachstehe. Und ja!“, grinste der süße Blondy. „Mein Äußeres eignet sich bestimmt auch gut für Werbung.“

„Der Club will dich, weil du so …“

„Weil ich so extra-giga-mega-geil aussehe?“ Elpis lachte schallend auf und drehte sich mehrfach vor mir um seine eigene Achse. Wie schön er war, wusste er natürlich. In der Grundschule träumt jedes Girl davon, ihn zu ihrem Märchenprinzen zu machen. Später am Gymnasium und jetzt an der Uni wünschten sich viele Frauen ein Kind von ihm – oder wenigstens intensiv dafür mit ihm zu üben. „Du sollst in Sydney nicht nur die Goldmedaille für den Schwimmclub holen, sondern dich, vor allem andern, auf deine wahre Aufgabe vorbereiten!“

„Der Club will einen Goldgewinner *und* ein Maskottchen!“ Elpis fokussierte mich mit seinen seltsamen Augen. „Endlich komme ich von hier weg. Oh!“, stöhnte er. „Basel ist cool, aber mir fehlen der Ozean und die Sonne. Auf mich wartet ein Abenteuer. Verstehst du das?“

„Du wurdest auserwählt!“

Elpis schluckte die bittere Pille und spülte mit Mineralwasser nach. „Ja, ja! Der Club bezahlt mein Flugtickt und versucht mich in Sydney bei einer Gastfamilie gratis unterzubringen. Ich verdiene nichts, wenn ich für den Club schwimme. Nein, was mich ruft ist …“

„Was ruft dich?“

„Eine Frau!“ Elpis schüttelte darüber selbst seinen Kopf. „Alter?“ Schockiert gaffte mich der fast Neunzehnjährige an und nuschelte sehr leise: „Ich dachte wirklich, ich stehe auf Schwänze!“ Der Schönling kickte mich ins Schienbein und zischte warnend: „Halt die Klappe! Das ist ein Geheimnis. Ich habe hier im Club ein Image zu pflegen.“

„Als was?“

„Arsch! Markku, ich muss in Sydney gewinnen! Mit dem Sieg würde ich mein Stipendium verlängern oder vielleicht sogar ganz in Sydney mein Studium abschließen können. Ich muss dort einfach der Beste sein. Koste es, was es wolle!“ Elpis grabschte in der Sporttasche nach seiner Schwimmbrille. „Alter, zieh dir endlich deine Badehosen an. Nicht jeder steht hier auf Latte!“ Kopfschüttelnd spazierte er zu den Duschen voraus.

Später im Hallenbad forderte er mich heraus: „Wettschwimmen?“

„Gegen dich?“ Ich schmiss mein Badetuch auf einen der Plastikstühle. „Ich bin keine Wasserratte!“[2]

„Dann einfach einen Kilometer zum Aufwärmen?“ Er hechtete mit einem Kopfsprung ins Becken.

„Elpis, manchmal müssen wir Dinge tun, die wir erst viel später verstehen. Dabei kann es sich auch um Unmögliches handeln oder um Dinge, die es in Wahrheit einfach nicht geben dürfte.“

„Dinge? Ja, Dinge!“, bestätigte er aus dem Becken heraus.

„Es gibt viele Arten von Wettkämpfen. Einige gewinnen wir, andere verlieren wir.“ Als er daraufhin im Wasser nickte, fuhr ich fort: „Elpis, gib niemals auf! ES“, betont er seltsam ernst, „ (auf was bezieht sich das es?) wartet in Sydney auf dich! Hab keine Angst davor! Gib dich IHM hin. ES wird dich leiten und führen.“

Elpis wich alle Farbe aus dem Gesicht. „Warum ich?“, rief er aus.

„Du hast alles, was du dazu brauchst! Der Rest kommt. Vertraue mir. Sei einfach du selbst!“, spornte ich ihn an.

Plötzlich funkelten seine Augen. Er tauchte ab und schwamm die nächste Länge tief unter Wasser. Als er nach seinem Training den Beckenrand ansteuerte, wo ich schon lange sitzend auf ihn wartete, zog er sich so schnell aus dem Wasser, dass er dabei seine Badehose abstreifte. Er bemerkte es gar nicht.

„Es wird nicht leicht, das zu schultern, wofür das Schicksal dich vorgesehen hat. Nackt wird es dir leichter fallen!“

Er sah an sich runter und schien sich zu wundern, wo seine Badehose geblieben war. Als er sich im Becken entdeckte, tauchte er danach. „Es hat mit der Braut zu tun, die mich nach Sydney ruft?“, fragte er mich, als er abermals aus dem Wasser kletterte. „Nicht wahr?“ Die Worte nur auszu-

---

[2] Nachzulesen in „Am Quell der Weisheit“

sprechen, bereitete ihm Übelkeit.

In der Umkleide stützte er sich an einem der Spints, schüttelte sich wie ein nasser Hund und straffte wieder seine Haltung. „Was du von mir verlangst, ist nicht nur wahnsinnig, es ist unmöglich!"

Ich schwieg und beobachtete den Auserwählten. Sein makelloser Körper war bis auf sein blondes Haupthaar vollkommen enthaart. Natürlich waren die meisten Jungs seines Schwimmclubs Fans von Enthaarungscremes und Komplettrasuren.

„Ich träume von IHR! Inzwischen fast jede Nacht!"

„Elpis du kannst mich jederzeit anrufen oder per SMS kontaktieren. Ich bin immer für dich da!"

Er stellte sich in eine der offenen Duschkabinen.

„Bist du geil?", fragte ich ihn. Als er knallrot geworden verneinte, lachte ich. „Warum schämst du dich wegen deiner Latte! Zeig schon!"

„Sicher nicht!", knurrte er.

„Warum nicht? Meinen Knüppel hast du vorhin auch gründlich abgeschätzt. Ich möchte den Gefallen nur erwidern. Elpis, vergiss nie: Lust ist eine Kraft. Sie ist unglaublich mächtig und kann dich aufbauen. Aber Lust kann dich auch vernichten. Sie zu bändigen, gehört zu deiner Bestimmung!"

„Die Lust zu bändigen?" Elpis drehte sich in der Duschkabine um. Sein extra Langer zuckte. „Ich bin in letzter Zeit fast immer geil."

„Darum träumst du von Frauen?"

„Nur von einer!", antwortete mir der Blonde. „SIE ist wunderschön, geheimnisvoll und ..." Schneller hätte seine Latte nicht schrumpfen können.

Nackt schob ich meinen Körper neben Elpis unter die Brause in die Einzelkabine. „An IHR kann es also nicht liegen!"

„Alleine beim Gedanken an Frauen vergeht mir jede Lust", gestand er mir. „Markku, hast du Duschgel dabei?"

Als ich zurückkomme lächelt er abermals, steinhart geworden. „Besuche mich doch zu *Mardi Gras*? Die Aktivitäten rund um den Anlass beginnen schon Mitte Februar." Elpis hielt sich meine Flasche Duschgel über den Kopf. Entweder unterschätzte er seine physische Kraft oder es war abermals eine dieser Peinlichkeiten, die ihn ziemlich oft heimsuchten. Der Verschluss sprang ab und die ganze Seife entlud sich auf einmal über seinem Kopf. Im heißen Wasser schäumte die Seife sofort extrem auf. Einmal mehr krönte ihn eine Schaumkrone. Bald war sein ganzer Körper in einen Kokon aus Schaum gehüllt.

„Du bist wahrlich Schaumgeboren!“, stellte ich lachend fest.

„Ich bin keine Venus!“, fauchte mich der Schäumende an.◄

„Markku, bist wirklich *du* dafür verantwortlich, dass mein Halbbruder das Angebot in Sydney bekam und annahm?“

„Ja!“ Mehr verrät mir Markku nicht.

Die letzte Etappe eines kurzen Lebens

„Valdrin, zum letzten Mal begegnete ich dem guten alten Elpis am Flughafen seines Abflugtages am 9. Januar vor drei Jahren. Als er aus der Menge am Check-in Schalter am Basler Flughafen auftauchte, packte mich kaltes Entsetzen. Das komische Gefühl verflog auch nicht, als er mich mit einer Umarmung begrüßte. War er doch der Falsche?“

„Der Falsche worin?“

Aus der Erinnerung von Markku Nico Moor:

► „Elpis, was ist los mit dir? Auf dich wartet Sydney!“

„Markku, lass uns im Café frühstücken. Ich habe schon eingecheckt.“ Mein guter Freund war extrem nervös vor der Reise ins Ungewisse. Am Tische beim Imbiss Milchkaffee schlürfend, boxte er mir in den Oberarm. „Alter, wir sehen uns wieder! Tun wir doch?“

„Das liegt ganz und gar an dir!“

„Und falls nicht?“, fragte er, das Unheil vorausahnend. „Schau mich an!“ Elpis stand auf und drehte sich einmal um die eigene Achse. „Mir passieren wohl oft Missgeschicke, doch deswegen werde ich nicht vom Tod verfolgt.“ Dann tippte er sich auf die Brust, wo er unter seiner Jacke und dem Pullover eine Brieftasche trug. „Ich sparte all mein Geld vom Weekendjob, dazu kommt der Einsatz als Türsteher während der *Art Basel*. Es ist nicht viel. Vielleicht ergeben sich ja lukrative Gelegenheitsjobs, wenn ich für den Schwimmclub Werbung mache?“

„Wie viel hast du gespart?“

„Mann, meine Mutter nervte schon ständig deswegen. Es sind fast fünftausend Franken. Rund Fünfzehnhundert kostete mich das Flugticket, das ich vorstrecken muss, bleiben noch dreieinhalb Tausend für Kost und Logis.“

„Das ist nicht gerade viel für Sydney?“

„Markku, du weißt, dass ich sparsam leben kann.“ Weil ich sofort auflachte, schnaubte er. „Ja, ja! Ich lass mir in Sydney etwas einfallen!“

„Was machst du, sollte dir das Geld ausgeht? Überweisen deine Eltern Nachschub?“

„Nein!“ Elpis biss in ein Croissant aus dem Körbchen auf dem Bistrotisch. „Mein Vater nervte beim Abschied, dass ich jetzt ein Mann sei. Ich solle in Australien endlich lernen, Verantwortung zu übernehmen und hundert Prozent zu meinem Wort und für mich selbst einstehen. Ich beweise es dem alten Sack.“

„Du willst wirklich mit nur dreieinhalb Tausend Schweizer Franken in der Tasche auswandern?“

„Der Typ aus dem Reisebüro beantragte das *eTA,* das ist verlängerbar.“

„Du bleibst drei Monate?“

„Das Visum ist verlängerbar“, knurrte mich Elpis an. „Ich will im April nicht schon wieder hier in der Schweiz sein. Brain will mich mit einem wichtigen Typen bekannt machen, der es mir ermöglichen kann, vielleicht in Sydney zu studieren.“

„Wirst du in Sydney abgeholt?“, wechselte ich das Thema.

„Nein! Ich buchte für die erste Nacht ein Hotelzimmer. Nach der langen Reise werde ich ein gutes Bett schätzen. Alter, mich erwarten Kängurus, Koalas und das *Great Barrier Reef.* Mann, vielleicht werde ich in *Oz* zu einem echter *Ozzie.*

„Du willst gegen fliegende Affen kämpfen. Willst du auf dem gelben Ziegelsteinweg eine dumme Vogelscheuche, einen herzlosen Blechmann und einen feigen Löwen zu Freunden machen?“

„Wer weiß?“ Danach verspachtelten wir alle Croissants im Korb und warfen uns immer wieder Blicke zu. Ich sah es Elpis an, dass er sich unter all der Vorfreude auch fürchtete. Ahnte auch er, dass Australien die letzte Etappe seines kurzen Lebens darstellen könnte? Trotzdem hatte er sein

Schicksal akzeptiert. ◀

Als ich am gleichen Abend meinen Eltern von meiner geplanten Nachforschung nach meinem Halbbruder in Sydney erzähle, flippen sie total aus. Mein Vater schreit mich sogar an, als ich ihnen mein Ticket zeige.

All die Tage bis zu meiner Abreise überfluten mich Zweifel und Albträume, an die ich mich aber alle nicht erinnern kann. Kurri Kurri ist nicht mehr aufgetaucht. Einzig Markku redet mir zu: Heilung komme nur, wenn man sie zulässt. Heilung komme niemals von einer äußeren Instanz, sondern entspringe immer der inneren Quelle, dem Herz und der Liebe.

Als ich dann am Donnerstag, dem 17. Januar, wirklich am Check-in des Basler Flughafens stehe, ist Markku bei mir. Meine Eltern ertrugen den Abschied nicht. Meine Mutter weinte die letzten Tage immer öfters und mein Vater fluchte ständig vor sich hin, schimpfte mich einen unverbesserlichen Narren und noch viel Schlimmeres.

„Hier, ein weiterer Brief von Elpis!" Markku steckt ihn mir beim Abschied zu. „Verspricht mir aber, ihn erst im Flieger zu lesen!"

Beim Einsteigen ins Flugzeug bin ich froh, dass ich den Flieger über eine Gangway betreten kann, so fallen Stufen weg und meine Angst zu fallen. Natürlich bat ich um einen Platz in der Mitte, um möglichst weit von jedem Fenster entfernt zu sein. Leise weine ich mit meiner Jacke tief ins Gesicht gezogen im Flugzeug still vor mich hin, während ich Stunden später den Osten Europas überfliege. Was, wenn Rhydian noch leben sollte? Was, wenn er nicht von der Brücke sprang – oder gestoßen wurde? Was, wenn auch die Haiattacke jemand anderem galt? Mir dies einredend, erdulde ich den nicht enden wollenden Flug.

Hinter Indien schwenkt der Flieger Richtung Südost Asien. Nach ätzenden tausend Stunden – ohne das Umsteigen in Amsterdam mitgerechnet – lande ich in *Kuala Lumpur*. Um mir die Beine zu vertreten, schlendere ich ziellos durch den Flughafen. Bunte Weihnachtskugeln hängen in den riesigen Palmen, die überall herumstehen, aber auch an künstlichen Rottannen, die mit flauschigem Kunstschnee bedeckt in der Hitze schwitzen. Was wohl die Einheimischen bei solchem Schwachsinn denken? In einem Restaurant verspachtle ich ein extra scharfes Curry-

Kokosnuss-Gericht, schlürfe ein *Mango Lassie* und lese endliche Rhydians weitere Nachricht.

Rhydian Elpis' Brief an Markku:

►Lieber Markku, die Reise nach *Oz* nahm kein Ende. Kurz vor der Landung auf dem fünften Kontinent passierte Seltsames in der *Quantas* Maschine. Die Flugbegleiter, alle mit Spraydosen bewaffnet, zogen in einer Linie durch die Gänge des Fliegers und besprühten jeden einzelnen Fluggast – auch mich mit dem Gas. Hätte mich der Typ vom Reisebüro nicht vorgewarnt, ich hätte an einen terroristischen Anschlag oder an eine tragbare Version von Vergasung gedacht. Bald war der Bauch dieses Flugwales komplett in einen stinkenden Nebel gehüllt, der uns alle desinfizieren und von Krankheitserregern reinigen sollte. Nochmals zwei Stunden Pause – etliche Stunden später – in *Perth*. Es war für mich, wie heimkommen. Aber nicht in ein Zuhause alter Gewohnheiten und in den Alltagstrott, sondern in ein Zuhause des Herzens, eines das vertraut und zugleich fremd und abenteuerlich frisch ist. Das Licht in Australien empfand ich vom ersten Moment an vollkommen anderes, als das in Europa. Das hatte nichts mit dem Winter zu tun, dem ich entflohen war. Selbst die Farben schienen mir intensiver und voller geheimnisvoller Qualitäten. Und die Menschen! Mein Kopf schwenkt nonstop in alle Richtungen. Viele – selbst hier in der Transithalle am Flughafen – sahen aus, als ob sie direkt vom Strand kämen. Die meisten trugen Flip-Flops, Sandalen oder Turnschuhe; Sockenzwang herrschte nicht einmal für die Anzug-Typen. Niemand hatte eine derart weiße Haut wie ich. Alle waren braungebrannt oder wenigstens von der Sonne geküsst. Auffallend war der Anteil der Blonden hier. Wenigsten würde ich hier wahrscheinlich von Blondy-Witzen verschont bleiben. Die Pause in Perth verging im Fluge, nicht so die letzten Albtraumstunden quer über den ganzen australischen Kontinent. Inzwischen hatte ich jedes Gefühl für Raum und Zeit verloren. Die Zeiger meiner Uhr drehen sich stetig vorwärts und das so schnell, dass ich keine Ahnung mehr hatte, welchen Tag oder welches Datum wir schrieben. Gerädert versuchte ich einmal mehr meine Position im engen Fliegersitz zu verändern, meine Beine kurz auszustrecken und zu dösen. Ich schlief tatsächlich ein und träumte Unmögliches.

Lieber Markku, zwei Männer sprachen im Traum über mich, einer sah mir irgendwie ähnlich und der andere hatte dunkel lockige Haare und einen muskulösen Körper. Es hättest du sein können!

Das gab es noch nie!, sprach der Blonde.

Ihre Gesichter konnte ich nicht erkennen.

Allerdings! Er ist ein Mann. Ich kann mir nicht einmal vorstellen, wie das überhaupt funktionieren soll, antworte der zweite Kerl.

Der arme Junge wird sich dagegen wehren. Stell dir bloß vor, wie er sich fühlen muss, kriegt er erst Wind davon, wozu er nach Sydney geschickt wird. Ich an seiner Stelle würde ausrasten.

Armer, armer Junge!

Markku, ich erwachte wieder im Flieger. Ich drückte mir das Kissen vors Gesicht. Zwei Frauen redeten laut in den Sitzen vor mir. Endlich dämpften sie ihre Stimmen. Müde beobachtete ich winzige Lichter, die vor meinem inneren Bildschirm zu tanzen begannen. Einige sahen aus wie Sterne, andere wie Glühwürmchen oder aber auch wie durchsichtige Planeten. Plötzlich formieren sich all die Winzlinge zu einem einzig strahlenden Etwas. Erst klein – oder in weiter Ferne – näherte sich mir jemand durch die Wolken. Es war eine nackte Frau. Ihre langen Haare wirbelten wie Wellen. Fasziniert starrte ich auf das Wesen, das, um sich gänzlich zu manifestieren, abertausende von diesen Sternen auf sich ziehen musste. Es ist mir unmöglich zu bestimmten welche Farbe ihr Haar oder auch nur ihre Haut hatte. Die Göttin war wunderschön, schöner als alles, was ich jemals zuvor gesehen hatte. Ich kannte sie aus meinen Träumen. Es war SIE. Wahrscheinlich war SIE auch liebreizend, verführerisch und unwiderstehlich.

Du?, rief sie aus, als SIE nur noch einen Schritt oder ein Universum von mir entfernt immer realere Gestalt annahm. *Du bist aber ein Mann!*

„Dessen ist mir durchaus bewusst“, brummelte ich genervt. Verarschte mich die Braut? Was sollte das Ganze? Wie schon in all meinen vorherigen Träumen, blieb SIE vage, kaum zu beschreiben. Markku, wahrscheinlich war ich wieder eingenickt oder ich halluziniere noch immer vom Gas benebelt?

Das dürfe interessant werden! Die weibliche Schönheit aus Sternenlicht lachte. *Wirst du mich jemals wirklich fassen und begreifen können?* Danach wirbelte SIE einmal um die eigene Achse und zerfiel zu einer

Milliarde Sternen. Wie ein Echo höre ich SIE noch sagen: *Dann soll es so sein! Erweise dich als würdig. Falls du mich überlebst, könnte es ganz interessant werden! Sei zudem vor meiner gegenwärtigen Manifestation gewarnt! Ihr wird ganz und gar nicht gefallen, was die beiden Götter ausgeheckt haben. Findet sie dich, bevor du bereit bist, wird sie dich töten!*

„Warte!“, rief ich der Sternen-Lady nach, doch SIE hatte sich in einen Spiralnebel verwandelt.

Was hat das zu bedeuten? Dann passierte es! Markku, mein Körper bäumte sich vor Schmerzen auf. Es fühlte sich an, als ob die gesamte Milchstraße auf mich einstürzen würde; mehr noch, ich musste jeden einzelnen Stern schlucken. Mein lieber Freund, falls du mich jemals in Sydney besuchen kommen solltest, halte dir ein Taschentuch vors Gesicht, wenn die Sprayer durch den Flieger ziehen. Ein Universum zu schlucken – sei es auch nur in einem Albtraum – verändert einem.

In Freundschaft, dein guter Freund Elpis. ◀

Jetzt folge ich Rhydians Rat. Kaum erreichen wir den australischen Flugraum, tauchen tatsächlich auch in meiner Maschine die Sprayer auf. Da ich eh ständig Albträume habe, kann ich nicht sagen, ob die neuen durch das Desinfektionsmittel ausgelöst werden. Vision bleiben bei mir aus. Ich lande viel, viel später nicht in Perth, sondern ich *Canberra*, der australischen Hauptstadt. Es ist mein letzter Stopp vor dem Ziel. Erst, als ich Millionen Stunden später am *Baggage Claim* am Flughafen in Sydney bin und mein Rucksack auf dem Fließband auf mich zufährt, atme ich erleichtert auf. Es ist endlich geschafft! Ich bin in Sydney angekommen, *mit* meinem Gepäck und ohne eine Panikattacke, die mich als Verrückter hätte outen können. Die Reise will ich so rasch wie möglich vergessen. Jetzt nur noch im Hotel einchecken und ausschlafen. Der Besuch bei der Polizei plane ich für morgen. Besser, ich starte mit dem Schlimmsten!

Mit der *Opal*, der hiesigen Schnellbahn, kann ich vom *Kingsford Smith Airport* direkt bis *Sydney Downtown* fahren, um dort entweder mit einem Taxi oder der *Monorail* nach *Potts Point* zu gelangen. Der Stadtteil, in dem mein Hotel liegt, befindet sich östlich der *Sydney Opera* und wäre – falls ich doch noch Lust auf Sightseeing bekommen sollte – zu Fuß erreichbar. Die Düfte, Klänge und Farben hauen mich total um. Das helle Licht Australiens und die Hitze, selbst am Morgen, tun meiner Seele gut.

Vom warmen Wind zugetragen inhaliere ich Eukalyptus, den Harzduft schwitzender Pinien und blühendem Jasmin. Selbst der Weihnachtsschmuck, der noch immer in den exotischen Bäumen hängt, erinnert mich nicht an die depressive Weihnachtszeit. Das Sonnenlicht funkelt in den großen roten, blauen oder goldigen Kugeln, dass sie wie ferne Planeten oder Sonnen in den weitausladenden Ästen der australischen Feigen- oder Ficusbäumen aussehen.

Um Geld zu sparen, löse ich gleich eine *Opal Card* für den ganzen Rest des Monats Januar. Ob auch Rhydian damals dasselbe tat? Auch seine Ankunft war im Januar. Mit der Card werde ich nicht nur jeden Bus und Zug nehmen können, sondern auch all die Fähren. Besser, ich bin für alles gerüstet. Meine Suche nach Hinweisen zu Rhydians Tod wird mich bestimmt durch ganz Sydney führen. Das *Holiday Inn*, dasselbe, in dem auch Rhydian bei seiner Ankunft am 10. Januar vor drei Jahren die erste Nacht verbrachte, ist modern. Glücklicherweise bekomme ich ein Zimmer im Erdgeschoss. Auf einem Poster in meinem Zimmer ist die *Sydney Harbour Bridge* abgebildet. Wie verrückt oder verzweifelt muss man sein, um sie als Sprung in den Tod zu benutzen?

Eine verstümmelte Wasserleiche winkt mir zu

Durch die lange Reise und wegen der zehnstündigen Zeitverschiebung bin ich am nächsten Morgen noch immer fix und fertig. Seltsame Laute weckten mich in der Nacht immer wieder auf. Es klang wie quakende Frösche und dann beim Morgengrauen mischte sich das Blöken von Lämmern dazu, doch es könnte sich auch um junge Ziegen handeln. Wegen dem Jetlag bin ich beim ersten Licht hellwach – eigentlich war ich es schon um vier in der Früh. Ein Schiffshorn holt mich kurz nach sechs Uhr aus dem Bett und aus einem meiner Albträume.

Leider kann sich später an der Rezeption des Hotels niemand an *Rhydian Elpis* erinnern. Sicher ist, ein Gast dieses Namens nächtigte niemals in diesem oder einem anderen *Holliday Inn* in Sydney. Weil mir die Bleibe aber gefällt, werde ich sie als Stützpunkt für meine Nachforschungen benutzen. Im Erdgeschoss mit Sicht auf Palmen, Eukalyptusbäume, Strelitzien und ein paar blühende Kakteen fühle ich mich sicher. In diesem Hotel befindet sich der Pool zum Glück auf dem Dach, sodass mir der Anblick von Wasser und Menschen, die halbnackt hineinsteigen, erspart bleiben. Das Licht hier auf der südlichen Halbkugel ist anders, irgendwie sehr viel heller. Aber vielleicht rührt das auch von den Ozonlöchern?

Nach dem Frühstück aus *spiced scrambled eggs, avocado smash, Danish feta, rocket* und dazu Früchte starte ich meine Recherchen. Übers Internet checke ich die diversen Polizeiposten ab und werde nach ein paar Anrufen fündig. Die Polizei kennt keine Wochenenden, warum ich auch heute, an einem Samstag, die zuständige Stelle ausfindig machen kann. Der ungeklärte Fall *Rhydian Elpis* wirbelte vor drei Jahren einigen Staub auf. Bei der Kriminalpolizei, die damals mit den Ermittlungen betraut war, könnte ich die Akten heute noch einsehen. Mir ist bewusst, dass dies neue Albträume und schreckliche Ängste heraufbeschwören wird. Wäre das Licht hier nicht so fantastisch und die Düfte der Bäume und Blüten nicht so aufbauend, ich würde das tun, was ich bis jetzt am besten konnte – den Kopf in den Sand stecken und warten, bis alles vorbei ist. Diese Taktik brachte in der Vergangenheit nichts.

Schon kurz nach neun Uhr überschreite ich mutig die Schwelle ins Polizeipräsidium. Erst nachdem ich diverse Formulare ausgefüllt habe, erhalte ich eine Vollmacht mit der ich die Unterlagen zur Durchsicht vorgelegt bekomme. Natürlich kostet es mich einen Hunderter. Ein Beamter holt sie für mich aus dem Archiv. In einem verschlossenen Raum wird mir ein dickes Dossier mit dem Titel *Rhydian Elpis* zum Studium überreicht. Warum ist die Akte so dick? Der Beamte instruiert mich auf Australisch. Komischerweise verstehe ich seinen Dialekt ohne Probleme. Mir ist es verboten, die Unterlagen zu kopieren, zu fotografieren oder gar Originaldokumente aus dem Zimmer mitzunehmen. Um das sicher zu stellen, wurde mir mein Laptop und mein iPhone abgenommen, nachdem ich auch physisch auf Aufnahmegeräte überprüft wurde. Seltsamerweise empfand ich das Abtasten des jungen Polizisten nicht als unangenehm – ja eher als eine Stimulation. Einzig mein dickes Notizbuch und einen Kugelschreiber darf ich mit in den Raum hineinnehmen. Mir ist zudem bewusst, dass ich ständig mit einer Kamera überwacht werde. Warum all die Sicherheitsvorkehrungen?

Im steril wirkenden Raum stehen nur ein einzelner Stuhl, ein Tisch und darauf eine Karaffe Wasser und ein Pappbecher. Fenster gibt es keine, nur Neonröhren an der Decke, eine dröhnende Klimaanlage und die Überwachungskameras. Nach einem Schluck Wasser wappne ich mich für den Schock. Mir graut davor, die Fotos der Leiche mit eigenen Augen anzuschauen. Insgeheim hoffe ich aber, dass gerade dadurch etwas in mir wachgerüttelt wird. Ich will mich *so sehr* an meinen Halbbruder erinnern – koste es, was es wolle! Könnte ich mich doch wenigstens an sein Gesicht und die gemeinsam verbrachte Kindheit erinnern!

Mit zittrigen Händen schlage ich die Akte auf.

Zuoberst liegen Vermisstenanzeigen von einem *Zac Boyce* aufgegeben und eine zweite von einem *Nelson Morley*. Darunter, in einem gelben Umschlag, fische ich Bilder heraus, die mir bestimmt in Zukunft noch schlimmere Albträume bescheren werden. Die verstümmelte und kopflose Wasserleiche ist aufgedunsen und die Bisswunden des weißen Haies sind ausgefranzt. Niemals zuvor sah ich etwas vergleichbar Grausames. Trotzdem breite ich die bestimmt dreißig Aufnahmen vor mir auf dem Tisch aus und starte mit Vergleichen und Untersuchungen. Sicher ist, dieser Mann trug beim Finden in der *Bay Rose* eine zerfetzte blaue Badehose. Zwischen Felsen und halb von Sand und Algen verdeckt liegt der Leichnam bäuchlings in der seichten Brandung. Mir ist speiübel. Besonders, weil es bei einem Foto so aussieht, als ob Meerschaum an toten Körper nagen würde. In düsterer Hoffnung, erwarte ich noch immer, dass wenigstens eines der folgenden Bilder, bei denen der Leib im Leichenschauhaus aufgebahrt liegt – jetzt auf dem Rücken – sich irgendeine Art des Erkennens zeigen wird. Aber auch diese Fotos beschwören nicht eine einzige Erinnerung an den scheinbar so lebensfrohen Rhydian, seine gerühmte Schönheit und seinen Zauber herauf.

Nichts! Der Leichnam ist für die gerichtsmedizinischen Untersuchungen nackt ausgezogen. Seine Badehose beschützte seinen Intimbereich vor Fischen und anderem hungrigen Getier. Schrumpfen Pimmel im Ozeanwasser so klein zusammen? Ebenso erkenne ich, wenn auch nur schwach, dass dieser Mann kein Freund von Textilfrei war, denn seine Haut im Intimbereich ist um Nuancen heller, als der Rest. Da der Kopf fehlt, bleibt es mir erspart in die toten Augen meines Halbbruders zu blicken.

Lange starre ich danach die leere Wand vor mir an und bete zu allen

Göttern, dass die Akte keine weiteren Fotos vorzuweisen hat, die denen der Wasserleiche gleichen. Endlich raffe ich mich auf, weiter die Unterlagen zu sichten. Rhydian war hier in Sydney kein unbeschriebenes Blatt. Ich finde mehrere Anzeigen wegen öffentlicher Entblößung, die aber alle, bis auf geringe Geldbußen, nicht weiter verfolgt wurden. Immer taucht auch der Name *Jayden Salisbury* auf, der als hiesiger Nudisten-Aktivist in den Akten erwähnt wird. Verwundert darüber schüttle ich meinen Kopf. Rhydian war hier in Sydney ein nackter Aktivist? In mein Buch setze ich unter die Namen *Zac Boyce* und *Nelson Morley* den seines Aktivisten-Kumpels *Jayden Salisbury*.

Zwei Fotos von Rhydian zeigen mir erstmals, wie er aussah. Sehr aufmerksam konzentriere ich mich auf das erste Bild. Es ist ein Flyer, auf dem Rhydian in einem Tanga, der nur aus Ketten besteht, mit aufgesetzter blauer Schwimmkappe und einer Schwimmerbrille mit blauen Gläsern abgebildet ist. Seine Haut ist nahtlos tiefbraun, warum ich ihm die Nudisten-Aktionen sofort abkaufe. Das Metall glitzert und unterstreicht seine beachtlichen Vorzüge ideal. Wie kann jemand nur jedem seinen halbsteifen Pimmel zeigen? Bestimmt handelt es sich um ein offizielles Foto. Rhydians Haltung ist perfekt und das Licht so eingefangen, dass es ihn, wie die lebende Statue eines Gottes, über alles erhaben und göttlich vollendet, erscheinen lässt. Das zweite Foto ist ein Schnappschuss. Rhydian flitzt mit einem kleineren Kerl über den Uni Campus. Ob der andere Nackte dieser *Jayden* sein könnte? Wie süß er aussieht. Richtig zum Verlieben! Eine Adresse finde ich nicht.

Es folgt der Bericht des Gerichtsmediziners. *Es könnte sich bei der Wasserleiche um den vermissten Rhydian Elpis aus Switzerland handeln.* Weiter unten im Bericht finde ich eine Bemerkung. *Es ist nicht auszuschließen, dass es sich um ein Gewaltverbrechen handelt. Die Amputationen von Kopf und Händen wurden nach dem Tod des Opfers durchgeführt. Zur Vertuschung könnte der Leichnam bei Haiwarnung ins Wasser gelassen worden sein.*

Rhydian wurde von der Mafia ermordet?

Es bestehen berechtigte Zweifel, ob *John Doe* der vermisste Rhydian Elpis ist. *Penislänge wie die Tatsache, dass der Leichnam nicht nahtlos gebräunt ist, widersprechen sich mit den Aussagen und Fotos der diversen Auftritte des stadtbekannten Callboys. John Doe kann deshalb der Familie*

Loris in der Schweiz nicht überführt werden. Es liegt dazu auch kein Antrag der Eltern vor. Warum nur?

Sehr verwirrt über den letzten Satz trinke ich meinen Pappbecher Wasser aus. Wurden diese Fotos der Autopsie nach Basel übermittelt? Sah ich sie damals? Löste das den Schock aus, der mich in den bodenlosen Abgrund des Vergessens schupste?

Über *Jayden* finde ich eine Randnotiz, dass er sich oft im *Mustang* herumtreibe. Fremde, deren Namen geschwärzt sind, behaupten mit dem Opfer sexuellen Verkehr gehabt oder ihn bei öffentlichen Auftritten getroffen zu haben. Plötzlich wird es mir unmöglich weiter die Inserate, Zeitungsartikel und Berichte aus Magazinen zu lesen. Mir dreht sich der Kopf. Wer war mein Halbbruder? Was von all den Geschichten ist Wahrheit, was Wunschdenken oder Verleugnung? Warum ist so vieles aus den Artikeln oder den Zeugenaussagen geschwärzt? Betrieb Rhydian hier in Sydney Spionage? Wurde er ermordet, war es Selbstmord oder ein Unfall? Ich bin kein bisschen schlauer geworden, noch erwachte eine einzig eigene Erinnerung. John Doe wurde in Sydney beerdigt. Ob ich den Friedhof aufsuchen sollte, um meinem Halbbruder die letzte Ehre zu erweisen?

Um danach auf andere Gedanken zu kommen – und um irgendwo anzufangen – nehme ich mir ein Taxi in die *Oxford Street* und hoffe im *Mustang* erste brauchbare Hinweise auf Rhydians Leben zu finden.

Das *Mustang* ist ein im viktorianischen Stil erbautes rotgestrichenes dreistöckiges Verandahaus, das vom Zahn der Zeit arg angenagt ist. Untenrum ist die Fassade schwarz bemalt und die ärgsten Löcher sind mit rosaroten Kaugummis gestopft oder durch Regenbogenfähnchen verdeckt. Eine Reihe goldverzierter schwarzer Metallsäulen tragen im Erdgeschoss die Veranda und laden zum Flanieren oder darunter Sitzen ein. Im ersten und im zweiten Stock wird der durchgehende Etagenbalkon der gesamten Fassade entlang von gusseisernen Geländern geschützt. Hunderte von Glühbirnen, die auch tagsüber angeschaltet sind, zieren den Simms. Im bestimmt vier Meter hohen Erdgeschoss ist die Fläche neben der offenstehenden Tür ins Haus hinein mit unzähligen Plakaten über und über tapeziert. Nicht nur die Tür, sondern auch alle Fenster stehen weit offen, sodass mir ein übler Geruch aus einer Mischung aus schalem Bier, Alkohol, billigen Rasierwassern und Pisse entgegenschlägt. Im ersten Stock steht ein schwarzes metallenes Pferd in Lebensgröße auf der Veranda und blickt schnaubend auf die Besucher des Etablissements herab. Fasziniert, angeekelt und neugierig auf das Innenleben betrete ich das Gay Hotel und den Club *Mustang*.

Ein bärtiger Mann um die fünfzig mit Wollkappe und bunter Kleidung, die an einen Ex-Hippie oder Junky erinnern, begrüßt mich hinter der Bar stehend. Sah ich mit längeren Haaren und meinem ungepflegten Bart auch so aus? Verlegen zupfe ich mir im gestutzten Gestrüpp und nicke dem Bartender zu. Er stellt sich mir als *Coogee*, der Besitzer des Schuppens vor. Nach Smalltalk wechsle ich das Thema.

„Du suchst nach Jayden?", konkretisiert Coogee. Als ich nicke, lächelt er. „Natürlich kenne ich Jayden! Er ist regelmäßig hier im *Mustang* anzutreffen." Weil ich meinen Block zücke, kräuselt sich die Stirn des Besitzers. „Du arbeitest aber nicht für die Polizei?" Kritisch mustert mich der Mann, der offensichtlich nicht nur so aussieht, als ob er hier mit Haschisch, Wunderpillen und noch ganz anderem dealen würde.

„Nein, nein!", winke ich ab. „Jayden kennt meinen Halbbruder."

„Tagsüber studiert Jayden an der *University of Sydney* drüben in *Camperdown.* Ins *Mustang* kommt er meist an den Weekends – also heute – oder an einem der Stripper-Abende. Den letzten hast du leider gerade verpasst. Soll ich Jayden etwas ausrichten, wenn er das nächste Mal hier aufkreuzt? Wie ist dein Name? Hast du eine Telefonnummer?"

„Ich muss Jayden so bald, wie möglich persönlich sprechen."

„Wegen deinem Halbbruder?" Als ich nicke, schiebt mir der Bar Tender eine Papierserviette über den Tresen. „Notiere mir deinen Namen und den deines Halbbruders. Hier kommen viele Kerle rein. Ich kann ja mal rumfragen. Was willst du trinken?"

„Coogee, hast du frisch gepressten Orangensaft?"

„Kommt sofort!" Während der Mann in den bunten Flatterhosen und im indischen Hemd Orangen auspresst, beschrifte ich die Serviette.

„Du suchst nach *Hope*?" Der Bärtige in der Wollmütze schiebt mir meinen Orangensaft mit einem roten Schirmchen und Eiswürfeln darin zu und tippt auf Rhydians Namen. „Hope war die Hoffnung der hiesigen Gay Szene. Schade um ihn! Männer wie ihn hätten wir hier in Sydney gut brauchen können. Er wird seit drei Jahren vermisst. Suchst du nach ihm?"

Coogee dreht sich die Serviette zu und liest meinen Namen. „Valdrin Loris? Das bist du?" Sein Blick bohrt sich in meine Augen. Als er sogar die Klappvorrichtung der Bar bei der Kasse hochhebt, um so den abgegrenzten Raum zu verlassen, um mich besser ansehen zu können, trete ich unsicher einen Schritt zurück.

„Ich komme aus der Schweiz!", hasple ich hervor. „Rhydian und ich sind zusammen aufgewachsen. Er ist mein Halbbruder."

„Väterlicher- oder mütterlicherseits?"

Verwirrt starre ich vor mir die Wand hinter der Bar mit all ihren Flaschen und tausenderlei kitschigem Krimskrams an. Es ist offensichtlich, dass Coogee meinen Halbbruder kannte, denn er sucht nach familiären Ähnlichkeiten. „Ich kann mich nicht erinnern."

„Wie bitte?" Coogee schüttelt verständnislos seinen Kopf. „Dreh dich um!" Hypnotisiert tue ich es. Nach der gründlichen Inspektion, nickt er. „Die Verwandtschaft ist nicht von der Hand zuweisen. Ich hätte, wenn überhaupt jedoch eher an Cousins zweiten Grades, als auf einen Halbbrüder getippt. Du wirkst hart und verschlossen wie der verregnete Winter. Rhydian war mit Leib und Seele die unbeschwerte Jugend mit all ihren sexuellen Reizen. Er war der blühende Frühling mit all seinen Versprechen und Verführungen. Zudem war er um einiges größer als du! Deine lockigen Haare kommen hin – wenn Rhydian auch eindeutig blond war. Ihr habt vollkommen andere Augen!"

„Ich war gerade bei der Kriminalpolizei, die damals seinen Fall untersuchte. Warum blieb sein Todesfall unaufgeklärt?"

„Hope ist tot?", wundert sich Coogee. „Bist du dir sicher?"

„Sein angeblicher Leichnam wurde in der *Rose Bay* angespült. Mord ist nicht ausgeschlossen!"

„Mord?" Coogee winkt ab, doch seine Mimik verrät mir, dass er mir entweder nicht glaubt oder selbst schon daran gedacht hatte.

„Die Polizei ..."

„...tappte vor drei Jahren im Dunkeln und tut es noch immer!", beendet er meinen Satz. „Was, wenn Hope sich nur versteckt?"

„Warum sollte sich Rhydian verstecken?" Meine Augen füllen sich augenblicklich mit Tränen und meine Knie zittern, dass ich mich auf den Barhocker setzen muss. Was, wenn Rhydian wirklich nur vermisst wird? Sehr emotional geworden nippe ich am Orangensaft.

„Junge, Junge! Geht's dir gut?"

Tränen wegwischend nicke ich. „Rhydian könnte noch leben?"

„Wer kann das schon sagen? Hope brach Herzen, wohin er kam. Einige munkelten damals, er wäre von einem seiner Verehrer entführt worden, andere waren fest davon überzeugt, er wurde von einem Freier ermordet oder lebt jetzt mit einem Prinzen in Dubai."

Verehrer und Freier? „Woher kanntest du Rhydian?"

„Hope wohnte hier bei mir im Hotel und half gelegentlich bei Shows aus, betätigte sich als Türsteher, bewarb das *Mustang* oder half auch mal hinter der Bar aus."

Versucht meine Nase nicht zu rümpfen, sehe ich mich im heruntergekommenen Schuppen um. Bestimmt war dies in den Siebzigerjahren des letzten Jahrhunderts ein angesagter Club. Heute wirkt alles, wie eine abgetakelte Hure, die schwer in die Jahre gekommen ist und mit auffälligem Schmuck und Schminke vom Offensichtlichen ablenken will. „Hier wohnte Rhydian? Wann?"

„Vom 11. Januar bis zu seinem Verschwinden Ende März vor drei Jahren." Coogee sieht sich im leeren Lokal um. „Setzen wir uns draußen unter der Veranda in die Morgensonne. Um diese Zeit tauchen nur ein paar Stammgäste hier auf. Ich habe Zeit, dir von Hope zu erzählen." Noch bevor ich zustimmen kann, schnappt er sich bereits mein Glas, füllt es nochmals auf und trägt es nach draußen auf die Straße, wo an der Außenwand entlang unter dem Vordach bequeme Sessel und Bistrotische zum Verweilen einladen. Ich setze mich, klappe meinen Laptop auf und hoffe nützliche Informationen zu bekommen.

Aus den Erinnerungen von Coogee, dem Inhaber und Betreiber des Gay Clubs und Hotels Mustang:

►Es war ein typisch heißer Hochsommertag im Januar vor drei Jahren, als Hope zum ersten Mal meinen Club betrat. *Zac*, ein guter Freund von mir übermittelte mir Hopes Foto eine Stunde vor seinem Eintreffen bereits elektronisch, zusammen mit der Anfrage, ob ich für ihn ein Zimmer frei hätte. Mein erster Eindruck von Hope ist mir selbst nach all der Zeit noch immer sehr gegenwärtig. Da stand ein scheuwirkender Zwanzigjähriger in einem blauen T-Shirt, Jeans und Turnschuhen vor meinem

Check-in Schalter. Seine damals noch dunkelblonden Haare und seine bleiche Haut wurden vom pink farbigen Licht der Leuchtschrift *Zimmer frei* angestrahlt. Auffallend waren nicht nur seine hübsche Erscheinung, sondern auch seine Augen. An die Farbe kann ich mich nicht erinnern und das, obwohl ich Hope danach bestimmt tausendmal hineingesehen habe.

„Good Day!“, begrüßte mich der ausländisch Rucksack-Tourist am frühen Abend des 11. Januars und versuchte dabei, wie ein Einheimischer zu klingen, was ihm total misslang.

„Er ist verdammt hübsch“, flüsterte ich Zac zu. An den Europäer gewandt: „Fremder, wie lange gedenkst du hier einzuchecken?“

Ohne lange zu faxen fischte Hope aus der Gesäßtasche seiner Jeans einen Zwanziger und schob ihn mir rüber. „Solange, das hier reicht!“

„Verstehe“, murmelte ich und wechselte Blicke mit Zac. „Er könnte heute Abend deine Rolle in der Show übernehmen? Ist sein Arsch auch nur halb so geil, wie sein Gesicht hübsch ist, kann er damit gut über die Runden kommen. Zac, was denkst du?“

„Warum nicht?“

„Hallo!“, fuchtelte der bleiche Fremde mit seinen Händen vor unseren Gesichtern. „Leute, ich stehe direkt vor euch! Um was geht es?“

„Mein guter Freund Zac assistiert hin und wieder *Miss Muriel* und *Queen Darlinghurst* in deren Travestie Shows. Er bekommt dafür hundert pro Auftritt. Fremder, heute Abend könntest du für Zac einspringen.“

„Das Geld kannst du kaum ausschlagen“, doppelt Zac nach.

„Wie ist dein Name?“, fragte ich und schob dem bildschönen Jüngling das Gästebuch zu.

Er überlegte einen Moment, als ob er gerade einen Namen erfinden müsste. „Rhydian Elpis!“ Er notierte seinen Namen, doch das so schwungvoll, dass ich meinen ersten Gedanken verwarf.

„Na, so was? Hoffnung klopft an meine Tür. Willkommen!“

„Leute, ich werde niemals einen Fummel anziehen, mich schminken oder eine *Miss Irgendetwas* mimen“, knurrte der blonde Sweety. „Leute, so einer bin ich nicht!“

„Hört, hört!“ Der Teenager faszinierte mich augenblicklich. Er war direkt und frech, zudem hatte er diesen Blick, der mich einfach zum Schmelzen brachte. Noch niemals zuvor – oder danach – sah ich solche

Augen, wie die von Rhydian Elpis.

„Keine Sorge! Weder die *Miss* noch die *Queen* dulden Konkurrenz auf der Bühne“, beschwichtigte ihn Zac. „Was die beiden Drag Queens suchen, ist ein sexy Pin-up, der zeigt, was einen Mann ausmacht.“

„Für hundert Mücken wollen die Tucken eine Fleischschau mit mir veranstalten? Vergesst es! Ich strippe nicht“, wimmelte Hope sofort ab.

„Ich zog noch in keiner Show meinen Tanga aus“, log Zac. „Vielmehr Stoff sollte dein Kostüm jedoch auch nicht aufweisen.“

„Tanga?“ Der junge Schönling rümpfe angewidert seine Nase. „So etwas trage ich nicht! Mir blieben nach dem Raub einzig meine Boxershorts, die ich unter dieser Jeans anhabe.“

„Boxershorts? Bist du Hetero?“

„Was ist daran auszusetzen?“ Hope überlegte, doch ohne Geld blieb ihm keine Wahl. „Ich mach’s, aber in Boxershorts!“

„Du wärst eine Bereicherung der Show!“ Versöhnlich an Zac gewandt, sagte ich: „Nichts gegen deinen Knackarsch und deine Muskeln, lieber Zac. Aber zugegeben, dieser ausgeraubte Schweizer fasziniert!“

„Leute, gehört das Verhör zum Einchecken?“

„Allerdings!“ Ich zückte mein iPhone und schoss ein Foto. „Noch eines ohne das Shirt!“, forderte ich ihn zum Ausziehen auf.

„Ich kriege Hundert australische Dollar für die Show?“ Als ich nickte, zog Hope sein Shirt aus. Doch bevor er für ein Foto posierte, verhandelte er weiter: „Das reicht für fünf Nächte hier im Hotel?“

„So ist es!“, bestätigte ich.

„Gut! Lege noch einen Fünfziger drauf, dann zeige ich dir meinen nackten Arsch!“ Als ich nickte, lächelte Hope und nahm einige Posen für Fotos ein. Frech knöpfte er sich seine Jeans auf, drehte sich um und streckte mir seinen Arsch hin. Sehr langsam zog sich der Bengel die Boxer runter. Er beugte sich kurz vor und lachte.

„Ich schicke *Miss Muriel* die Bilder. Falls die Drag Queen dich für heute Abend bucht, wirst du um elf Uhr auf der Bühne stehen.“

„Kann ich da probehalber mal rauf?“ Bevor ich etwas sagen konnte, spazierte Hope, nur in seiner nur hastig hochgeschobenen Jeans, in den angrenzenden Saal, wo an der Rückwand etliche Podeste zusammengeschoben die Bühne für die Travestie Show ausmachten. Fasziniert sah sich Hope alles an, als ob er ein Tourist in einer Kathedrale sei. Ich hatte noch nie jemanden gesehen, der von Spots, Rädern mit farbigen Linsen oder von Lautsprechern so angetan war. Neugierig schob er seinen Kopf durch den silbern glitzernden Vorhang auf die schmale Hinterbühne und übte danach Posen auf den Brettern, die für ihn offensichtlich eine neue Welt bedeuteten.

„Von hier oben wirkt der Club riesig!" Hope zeigte zum ersten Geschoss hoch, zu dem das offene Treppenhaus, das bei Shows von vielen als Loge benutzt wird, führt. „Kommen hier nur Gays rein?" Meine Antworten interessierten ihn nicht. Nacheinander zeigte er auf Regenbogenflaggen, die von der Decke hingen.

Längst stand ich selbst am Mischpult neben der Bühne und knipste die übrigen Lichter an. Als die Discokugeln sich drehten und der Glitzervorhang durch die farbigen Sternen ein Eigenleben erhielt, lachte Hope und schien sich auf seinen ersten Bühnenauftritt zu freuen. Ja, er war an jenem Januarabend kindlich naiv und unschuldig.

„Deal! Ich mach's wirklich!", rief er begeistert aus.

„Falls *Miss Muriel* zusagt, verspreche ich dir eine ganze Woche Logis. Behalte den Zwanziger von vorhin. Doch nur unter einer Bedingung!" Hope war ein außergewöhnlicher junger Mann. Sein Potential lauerte sprungbereit wie eine Raubkatze im Unterholz. Ich war entschlossen alles daran zu setzen, seine gefährliche Seite zu reizen.

„Coogee, ich behalte meine Boxershorts während der Show an!"

„Ja, ja!", ließ ich ihm die Illusion. „Du musst mich auf mein Boot begleiten und mit Freunden zusammen durch die Bay cruisen."

„Als was?", wollte er sofort wissen.

„Als mein Gast! Was denkst du denn?"

Sein Shirt in seiner linken Hand tragend spazierte Hope zum Schalter, verlangte die extra fünfzig *Aussie* fürs Arschzeigen und hielt seine Hand für die Zimmerschlüssel auf.

„Es ist das Zimmer mit der blauen Tür am Ende des Flurs im ersten Stock. Es ist nachts ruhiger, als die anderen."

„Danke! Mein Jetlag ist ziemlich nervig."

„Warte!" Ich hielt ihn am Arm zurück, als Hope schon abhauen wollte. „Ich erhalte soeben eine SMS. *Miss Muriel* ist einverstanden! Sie will dich um neun Uhr hinter der Bühne für ein kurzes Vorstellungsgespräch treffen. Reicht dir eine Stunde zum Duschen und Relaxen?"

Hope checkte seine Armbanduhr und nickte.

„Die Duschen befinden sich rechts vom violetten Zimmer, am anderen Ende des Flurs. Handtücher findest du auf deinem Bett." Ich reichte ihm eine Handvoll Babyfläschchen mit Dusch Gel und zwei Wegwerfkulturbeutel. „Hier hast du alles, was du für die ersten Nächte brauchen könntest. Zu deinem Glück habe ich das Zeugs immer Vorrätig. Man kann nie wissen, wer über Nacht bleibt?"

„Mein Name ist Rhydian Elpis!", stöhnte Hope etwas genervt, versuchte aber gleichzeitig zu lächeln und damit seine Dankbarkeit auszudrücken. „Danke! Ich besitze im Moment nur das, was ich auf dem Leib trage. Alles andere wurde mir vor der *Sydney Opera* gestohlen." ◀

Die Saat ist ausgeworfen

„Coogee, weißt du etwas über diesen Diebstahl?" In der Sonne vor dem Club sitzend tippte ich alles in meinen Laptop.

„Hope erzählte die Geschichte immer wieder. Willst du sie hören?"

„Kann ich erst noch einen weiteren Orangensaft bekommen?"

Während Coogee mein Getränk holt, versuche ich mir vorzustellen, wie Rhydian sich fühlen musste, hier für Kost und Logis seinen Arsch zu zeigen. Warum rief er Markku nicht an? Der Bärtige in der Wollmütze stellt meinen Saft und für sich eine Weißwein Schorle hin.

Aus Coogees Erinnerungen:

▶ Noch zerknittert von der Reise, der zehnstündigen Zeitverschiebung und einer kaum geschlafenen Nacht im Hotel wollte Hope trotzdem schon früh an seinem ersten Tag hier in Sydney einen Eindruck von der Metropole gewinnen. Hope checkte im Hotel aus und nahm einen Bus. Weil es für ihn keinen Sinn ergab, seinen Rucksack im Hotel zu deponieren, riet ihm der Concierge des *Holliday Inn*, ihn am *Circular Quay*, wo all die Fähren stoppen, in einem der Schließfächer zu deponiere.

Auf einer Sitzbank vor den Schließfächern am Hafen zog sich Hope später um. Seine Jeans behielt er an, wechselte aber sein Hemd gegen das alte blaue ärmellose Baumwoll-Sportshirt, in dem ich ihn kennenlernte.

Seine Turnschuhe stellte er oben auf den Spint und wechselte in Flip-Flops. Er stopfe seinen Rucksack ins Schließfach, notierte sich den Code auf einem abgelaufenen *Opal Ticket* und stecke es in sein Umhänge-Portemonnaie, das er um seinen Hals trug. Im letzten Moment grabschte er sein Monatsticket der *Opal* wie zwanzig *Aussies* heraus und stopfte beides in die Gesäßtasche seiner Jeans.

Frei von den Altlasten seines früheren Lebens schlenderte er ins Freie, bereit, die fremde Welt zu erobern. Hupen! Ein ärgerlicher Autofahrer schrie ihn an. Hope sprang zurück auf den Gehsteig, während sein Herz wie verrückt raste. Das Überqueren der Straße hätte um ein Haar seinen Tod bedeutet. Der Linksverkehr in Sydney machte ihm noch eine ganze Weile zu schaffen. Er fluchte ständig darüber, warum ich das noch heute so gut im Gedächtnis habe.◄

►Nach dem Schock beinahe überfahren worden zu sein, stand Hope lange an einem der Piers und beobachte das Kommen und Gehen der Fährboote. Weil eine Fahrt nach *Manly* oder auch nur zur *Rose Bay* zu lange dauern würde, schlenderte er Richtung *Sydney Opera*. Ihn faszinierte es, dass ihm viele Kerle in Badeshorts, barfuß oder oben ohne begegneten. Ständig flirteten ganz offen Kerle mit ihm. Unzählige Fremde begrüßten ihn mit *G'Day*. Hope umrundete die Opera am *Bennelong Point* zwei Mal. Da sprach ihn ein Aborigine an.

„Junge, wenn du genau hinhörst, kannst du die Musik hören!"

„Aha!", lachte Hope und wunderte sich über den Aufzug des Ureinwohners. Bis auf einen schwarzen Schleier, der den Mann von Kopf bis zu seinen Füssen einhüllte und nur um den Bauch von einem Seil festgehalten wurde, tänzelte um ihn herum.

„Die Saat ist ausgeworfen!", rief der dunkelhäutige Mann, dessen dicker Pimmel unter der Seide bei seinen Kapriolen wippte. Der Artist langte in einen Beutel, den er um seinen Bauch gebunden trug, und bewarf Hope mit *Opossum*-Futter. „Was offeriert wurde, kann jetzt entweder angenommen oder abgelehnt werden. Dir bleiben nicht viel Zeit! Du musst dich entscheiden, ob die Saat in dir aufgehen soll oder ungenutzt die Kakadus und Wombats füttert."

Hope tippte mit seinen Zehen auf die Körner, die in weitem Bogen vom Ureinwohner um ihn herum verstreut am Boden ausgesät wurden.

„Noch wissen wenige, was dir als Aufgabe zugewiesen wurde. Doch das wird sich ändern, wenn die Saat zu keimen beginnt. Die Traumpfade sind verschlungen, doch der Kundige wird erkennen! Bedenke, was heimlich von *den Beiden* in die Wege geleitet wurde, wird bald öffentlich. Es wird die anlocken, die üblicherweise davon angezogen werden. Du musst dich entscheiden! Das *Große Kangeroo* spitzt schon seine Ohren, die *Byamee* schimmert in allen Farben des Regenbogens und der *Koala* wird bald erwachen. Du musst handeln!" ◀

„Wie hieß der Aborigine? Nannte er sich *Kurri Kurri*?"

„Lass mich ausreden!", faucht Coogee und scheint verärgert, dass ich ihn in seiner Erzählung unterbrochen habe.

„Coogee, wird öffentliche Nacktheit hier in Sydney toleriert?", wundere ich mich, als ich mein Eingetipptes nochmals überfliege.

„Seit der Künstleraktion im 2010, als sich fast fünfeinhalbtausend Australier vor der Oper splitternackt für Fotos für den New Yorker Fotografen *Spencer Tunick* auszogen, nimmt es niemand mehr so ernst damit. An *Mardi Gras* nehmen jährlich mehr Nackte am Event teil. Nacktheit wird im neuen Millennium anders wahrgenommen, als zu puritanischen Zeiten. Warum fragst du? Valdrin, willst du dich Jaydens Nudisten-Bewegung anschließen?"

Schockiert überspiele ich meine Unsicherheit.

„Zurück zum 11. Januar!", räuspert sich Coogee. „Als sich Hope noch über den Traumwandler wunderte, war der schon spurlos verschwunden. Dass der Verrückte aber real dagewesen war, bewies das Vogelfutter. Mitten drin lag die beschriftete Visitenkarte der *Hore*.

„Was ist eine Hore?", unterbreche ich Coogee. „Ist das eine Hure?"

„Auf der Karte stand: *Dem Tod des Alten steht nichts mehr im Weg. Der Anfang ist das Aufwachen; danach folgen Veränderung und Wandel.*

„Verarschst du mich?" Kopfschüttelnd warte ich auf einen Lacher.

„Valdrin, Hope zeigte diese Visitenkarte jedem."

„Eine Morddrohung?"

„Wohl kaum!"

„Dann ein makabrerer Scherz?"

„Das, oder ein Ablenkungsmanöver? Denn keine Minute danach flirtete ein Teenager mit ihm. Er erkundigte sich, ob dein Halbbruder neu in der Stadt sei. Hope fiel auf den ältesten Trick der Diebesbanden herein. Er erzählte, dass er gerade aus Europa angekommen sei, sein Gepäck im Schließfach deponiert habe und sich jetzt die Stadt ansehen wolle. Der Teenager gab sich danach als Ortskundiger aus und erzählte ihm über die Oper, wann sie gebaut wurde und alles, was man in jedem Prospekt ablesen konnte. Weil Hope nicht auf eine weitere bezahlte Führung einstieg, versuchte ihn der Jüngling zum Sex im Park zu überreden. Er kenne gute Verstecke im *Royal Botanic Garden*. Als dein Halbbruder den Stricher abwimmelte, stieß er mit einer Gruppe lachender Teenagern zusammen, die gerade aus einem Seiteneingang der Opera strömten. Einige *G'Days*, Entschuldigungen, Arschgrabschen und Gelächter später war der Spuck vorbei.

Einiges später, zurück bei den Schließfächern, tastete Hope nach dem Umhänge-Portemonnaie mit all seinem Geld und dem Zettel mit dem Code für seinem Spint. Der Beutel war weg! Panisch zog er sich das Shirt aus. Doch der Lederbeutel klebte nirgends auf seiner nackten Brust. Wie vom Blitz getroffen sackte er vor dem leeren Schrank auf die Knie. Die Turnschuhe, die er auf dem Schließfach gelagert hatte, waren das Einzige, was die Diebe übersehen hatte."

„Rhydian wurde am ersten Tag ausgeraubt?"

„Sein Pass, sein Visum, all sein Geld, sein Laptop, alle Adressen und Telefonnummern seiner Freunde, all seine Klamotten und Schwimmsachen waren futsch. Ihm blieb nur das Wenige, was er auf dem Leib trug – plus seine Turnschuhe. Zum Glück steckte er sich die *Opal* Monatskarte in die Gesäßtasche wie zwanzig australische Dollar."

„Der arme Kerl! Ausgeraubt und am Ende der Welt!" Wie hätte ich mich wohl gefühlt? Speiübel verscheuche ich den Gedanken wieder.

„Hope war in *Down Under* gestrandet. Er tat mir leid. Doch ohne den Zwischenfall hätten wir uns vielleicht niemals kennengelernt!"

„Coogee, erzählst du wieder schräge Geschichten über *Thousand Face*?" Ein kahlköpfiger Tänzer im hautengen Shirt und sehr kurzen Glitzerhosen setzt sich zu uns an den Bistrotisch in die Morgensonne.

„Hallo, Sam! Das ist Valdrin! Hast du Jayden schon gesehen?"

„Verteilte er nicht irgendwo im Viertel Flyer für eine seiner verrückten Aktionen?" Der Glitzernde zeigt wild um sich. „Sorry, Schätzchen, ich bin *Miss Muriel*."

„Was willst du von Jayden?“, fragt mich Sam, der sich auch *Miss Muriel* nennt. Wie schon Coogee mustert auch er mich ziemlich aufdringlich.

„Jayden kannte meinen Halbbruder. Ich hoffe, er kann mir etwas über sein Verschwinden vor drei Jahren erzählen.“

„Hier verschwand nur einer, den wir seither alle vermissen. Erzählte der alte Brummbär vorhin deshalb vom *Vielgesichtigen*?“

„Meinst du mit dem *Vielgesichtigen* Rhydian Elpis?“ Als die muskulöse Drag Queen mit ihren falschen Wimpern klimpert, atme ich erleichtert auf, bereits noch einen Freund meines Halbbruders gefunden zu haben. Versucht unauffällig mustere ich den Kerl, dessen Augen auffällig grün geschminkt sind.

„Ach!“, stöhnt die Drag Queen und winkt ab. „Eigentlich nenne ich ihn *Thousand Face.* Rhydian hatte sehr viele Gesichter! Jedes Mal wenn ich glaubte, ihn zu kennen, erfand er sich wieder neue. Er war mit Abstand der Beste von uns allen!“

„Der Beste in was?“, hoffe ich Neues zu erfahren.

„Er war, als ich ihn anfangs Januar vor drei Jahren zum ersten Mal traf, ein unschuldiges Küken. Du siehst ihm übrigens ähnlich!“ Die Drag Queen fummelt am zweiten Knopf meines Kurzarmhemdes und öffnet ihn. „AH! Wie haarig du bist! Du könntest wahrlich ein Verwandter von *Thousand Face* sein.“

„Ich bin sein Halbbruder!“ Wie schon beim Abtasten durch den Polizisten heute Morgen, wehre ich jetzt auch Sam nicht ab. In Basel hatte mich die letzten drei Jahre – bis auf die gelegentlichen Küsse oder Umarmungen von Markku – keiner berührt. Ob ich drei Jahre ohne jeden Körperkontakt nachholen muss oder ob das am australischen Hochsommer liegt, ist mir gerade einerlei.

„Sieh an, sieh an!“, säuselt Sam. „Halbbruder?“

„Hope ein Küken?“, unterbricht Coogee das Zupfen an meinem Brusthaar durch das geöffnete Hemd. „Das mag für seinen ersten Abend gegolten haben, doch er kam bald aus sich heraus.“

„Du kanntest Rhydian gut?“, frage ich die Drag Queen.

„Er ist ein Star! Ja! Er IST ein Star! Irgendwie ist er unsterblich mit der Szene in Sydney verbunden. *Thousand Face* hatte diese Gabe, jedem so zu erscheinen, dass er dessen Träume erfüllte. Er trug so viele Gesichter, wie ich Fummel im Schrank habe – und das sind eine Menge!"

„Rhydian war eine Drag Queen?" Zweifelnd schüttle ich meinen Kopf und wimmle die Finger des geschminkten Mannes ab, als Sam einen weiteren Knopf öffnet und mir in meine linke Brustwarze kneift.

Der kiffende Ex-Hippie zeigt auf ein Poster am Anschlagbrett neben unserer Sitzgruppe an der Außenwand seines Clubs. „Hier!", reicht er mir einen Flyer mit demselben Motiv. Das von Wind und Wetter arg mitgenommene Poster zeigt Rhydian zwischen Transvestiten an der Bar dieses heruntergekommenen Schuppens stehend. Mein Halbbruder ist darauf von hinten, mit stark zurückgedrehtem Oberkörper zu sehen. Seine Haare sind hellblond und ziemlich kurz. Erstmals kann ich einen direkten Blick auf seine Augen werfen. Seine Augenlieder sind dick mit Mascara geschminkt und seine Iris erscheint beinahe violett. Seine Lippen sind mit einem schwarzen Lippenstift eingefärbt. Rhydians Kostüm besteht nur aus einer weit offenen schwarzen Lederjacke, einer silbernen Fliege um den Hals und dazu schwarzen Strapsen und Turnschuhen. Ob er einen Tanga dazu anhatte, ist nicht erkennbar, da der Saum der Lederjacke diese Stelle verdeckt. Auf dem Bild ist sein rausgestreckter nackter Arsch aber klar zu erkennen.

„Rhydian stand ohne Unterhosen an der Bar?", wundere ich mich.

„Hope trat oft im *Mustang* auf! Das Bild entstand während *Mardi Gras* in der *Drag Queen Night*. Ich nutzte das Foto Monate danach für die Bewerbung eines weiteren Abends mit diesem Motto", erklärt uns Coogee. „Du kannst den Flyer behalten!"

„*Thousand Face* nutze alles, was ihm zur Verfügung stand. Er hielt nichts von Perücken, doch Mascara oder gelegentlich Lippenstift gehörten dennoch zu diversen seiner Gesichter. Ich überredete ihn zu seinem Outfit", säuselt Miss Muriel. „Er war der erotische Star jeder *Drag Queen Night*. Unter uns: Er trug dazu keinen Tanga. Seine extralange Bratwurst war einfach viel zu schön, um anders als mit Schmuck oder Glimmer bedeckt zu werden."

„So", zeige ich schockiert aufs Plakat, „trat Rhydian hier auf? Ohne Hosen oder etwas Vergleichbarem?"

„*Thousand Face* war natürlich splitternackt am Schönsten! Trug er Kostüme, dann immer nur das Nötigste oder etwas, was seine Rolle, die er gerade spielte, unterstrich. Ich entdeckte ihn!“ Die sehr muskulöse Drag Queen zeigt auf sich. „Na ja, eigentlich war es *Peitho*. Nachdem *Thousand Face* ausgeraubt wurde, brauchte er dringend Geld und sprang, statt Peitho, in meiner Show als der neue Arsch des Abends ein.“

„Rhydian stand wirklich nackt auf der Bühne?“

„Schätzchen, ich habe Pause. Wie heißt du eigentlich?“

„Valdrin Loris“, antworte ich der Drag Queen. „Rhydian war mein Halbbruder. Wir haben unterschiedliche Väter“, behaupte ich, obwohl ich mich überhaupt nicht daran erinnern kann.

„So, so! Verstehe!“ Die Drag Queen zupft sich an ihrem glitzernden Leibchen. „Valdrin, hattest du schon Lunch?“ Als ich verneine, zeigt Miss Muriel die Straße hinunter. „Fish n‘ Chips?“

„Cool, ja gerne! Erzählst du mir von Rhydian?“

„Schätzchen, was willst du wissen?“

„Alles!“

„Du lädst mich zum Essen ein, und ich erzähle dir dafür, wie ich deinen Halbbruder im Januar vor drei Jahren kennenlernte.“

„Danach hast du ihn aus den Augen verloren?“

„Das kann man so nicht sagen! Mehr Infos gibt es für Fish n‘ Chips nicht.“ Weil der muskulöse Tänzer amüsiert kichert, bin ich unsicher, ob er mich nur provoziert. „Coogee, man sieht sich später!“ Die Drag Queen zieht mich an meinen Händen von meinem Stuhl hoch.

„Ich muss noch bezahlen!“, widerspreche ich. Rasch packe ich meinen Laptop und den schmutzigen Flyer ein.

„Coogee, dieser wollige Schweizer ist doch kreditwürdig?“ Als der Betreiber des *Mustang* nickt, fügt die Queen an: „Setz es auf seine Rechnung!“ Ohne auf meine Widerworte zu achten, hakt sich der in der Sonne glitzernde Kerl bei mir unter und stöckelt auf seinen hohen Absätzen die Straße runter. Inzwischen ist es bald zwei Uhr nachmittags und die Hochsommersonne brennt erbarmungslos. Als ich die geöffneten Hemdknöpfe wieder schließen will, schlägt mir Miss Muriel auf meine Finger. „Schätzchen, lass das! Ich will bestimmt später darin kraulen! Ja, ja, die Sonne! Hast du dich nicht eingecremt? Einen Sonnenhut würde ich mir auch zulegen. Es wäre doch schade, wenn du dir schon die ersten Tage hier einen Sonnenstich einfangen würdest!“

Warum ich auf den Verrückten höre, schreibe ich meinem neu erwachten Bedürfnis nach Nähe zu. Alle Gebäude die Straße runter sind maximal drei Stockwerke hoch; viele im viktorianischen Stil gebaut oder von moderneren Gebäuden flankiert, die perfekt ins Bild passen. Den Eukalyptusduft inhalierend lasse ich mich aufs Abenteuer ein.

Kaum im Imbiss erkenne ich das Schild *Please wait to be seated!* Doch anstatt einen Tisch zu bekommen, winkt uns der Kellner an die Theke, wo wir unser Essen bestellen, bezahlen und mit einer übergroßen Nummer einen Tisch aufsuchen sollen. Eine Kellnerin bringt uns kurz darauf eisgekühltes *Tap Water*, Gläser und kurz darauf zwei großen Körben voll duftend frisch frittiertem Fisch und Pommes.

Erstmals verändert sich der Blick der Drag Queen, die mich stetig musterte. Theatralisch überspielt sie es, klaut mit das längste der Pommes und lutscht obszön daran. „*Thousand Face* war ein Leckerbissen!"

„Du hast mit ihm geschlafen?"

Die Drag Queen bricht in schallendes Gelächter aus. „Mit Schlafen hatte das wenig zu tun. Ich liebte seine haarlose Brust, seine stahlharten Oberarme, sein Sixpack, sein Knackarsch und natürlich seinen wirklich beachtlichen Riesendödel. Wann immer möglich, streichelte ich eines davon. *Thousand Face* war fleischgewordene Lust, steinharte Verführung und sein Schwanz ... oh!", seufzt die Drag Queen. „Sein Schwanz war der eines Afrikaners oder eines exquisiten Pornostars!"

Weil ich die Drag Queen kritisch beäugte, schnaubt sie.

„Erzähl mir von eurer ersten Begegnung", wechsle ich das Thema.

„Deal ist Deal! Meinen ersten überzeugenden Eindruck von deinem Halbbruder bekam ich durch Fotos. *Thousand Face* trug auf einem nur eine Jeans und auf dem zweiten präsentierte er seinen Allerwertesten. Ich verliebte mich augenblicklich in das Leck-mir-mein-Arsch-Bild."

Aus den Erinnerungen der Drag Queen Miss Muriel:

► „Oh Sweety, du bist zum Vernaschen!", begrüßte ich *Thousand Face* am frühen Abend des 11. Januar vor drei Jahren im *Mustang*. Er musterte mich kritisch und das, obwohl ich eines meiner besten Deux-Pièce, das nur aus feinen Metallketten besteht, trug. Das Oberteil glich einem Pancho und der Jupes dazu einem exotischen Lendenschurz. Dazu, statt einer Perücke, trug ich einen Kopfputz aus den gleichen Metallketten, passende

Ohrringe und Armschmuck. Nichts verdeckte meine Muskeln. *Thousand Face* checkte mich gründlich ab. Meine Beule im String Tanga unter all den Ketten entging ihm genauso wenig wie mein fast entblößter Torso. Er hatte dieses Etwas an sich, dass mysteriös, obszön und unschuldig zugleich war. Obwohl er bei unserer ersten Begegnung das scheue Lamm spielte, offenbarte sich mir auch der Löwen und der Drache. Immer wieder zeigte er mir seine scharfen Zähne, spuckte Feuer und hypnotisierte mich mit seinen seltsamen Augen.

„Du bist *Miss Muriel*?" Ihm erschien es seltsam einen Kerl mit falschen Wimpern mit Glitzer und Glimmer als *Miss* anzusprechen.

„Außerhalb der Show – und nur, wenn sonst niemand in der Nähe ist – kannst du mich *Sam* nennen." Um ihm zu demonstrieren, dass ich es ernst meinte, sprach ich nicht weiter mit meiner flötenden Miss-Muriel-Stimme, sondern mit tiefem Bass. Mit kräftigem Handschlag gab ich ihm auch gleich zu verstehen, dass ich auf der Bühne Fummel trage, doch sonst ein richtiger Mann sei. „Was ist deine Bestzeit im hundert Meter?", kam ich gleich zur Sache, als ich auch seinen Körper mit Kennerblicken abcheckte. Sein abgetragenes T-Shirt verbarg kaum etwas davon. Kaum nannte er mir seine Zeit, jauchzte ich und klatsche, wieder ganz zu Miss Muriel geworden, in meine Hände.

„Warum das Getue und diese Perlmutter Fingernägel?"

Thousand Face war vom ersten Moment ehrlich und direkt. Entweder begegnete er zum ersten Mal einer echten Drag Queen oder er sah in mir noch etwas anderes? Vielleicht inspirierte ich ihn auch?

„Sweety, sag bloß, du bist der Schweizer, den Brian in unsere Mannschaft holte, um an der *Gay Swim Pride* zu gewinnen?"

„Genau! Ich bin", er überlegte einen Moment, „Rhydian Elpis! Sam, schwimmst du auch für den Club?"

„Nicht im Wettkampf! Mich triffst du nicht mehr im Becken. Ich bin Passivmitglied. Als ich noch jung war ..." Natürlich wartete ich auf einen Widerspruch, der aber nicht kam, warum ich ihn gespielt erbost auf seine Finger schlug. „Darling, wenn eine Lady auch nur erwähnt, sie könnte in die Jahre gekommen sein, erwartet sie, dass du ihr sofort in allen nur möglichen Worten wiedersprichst und ihre Schönheit und Jungend preist."

„Im Ernst?", knurrte er.

„Mann, sind alle hübschen Schweizer solche Banausen?“

„Echt jetzt? Gehören Zwangskomplimente zu meinem Job? Falls ja, reichen hundert Dollar nicht aus!“

„Schlagfertig und süß! Wir beide könnten beste Freundinnen werden“, säuselte ich und klimperte mit den Metallketten meines Fummels.

„Besteht nur Miss Muriel auf Oberflächlichkeit oder auch Sam?“

Lachend zupfte ich an seinem ärmellosen billigen Shirt. „Sind das deine Show-Klamotten? Ziemlich unspektakulär und hetero dieser Look!“ Weil ich ihm sympathisch war – ich fand nie herausgefunden ob er Sam oder Miss Muriel besser mochte – erzählte er mir, wie er an jenem Nachmittag vor der Opera von Teenagern ausgeraubt wurde. Heute bin ich mir nicht sicher, ob auch sein Image als Armer-ausgeraubter-Junge nur eine Masche oder eines seiner Gesichter war. ◀

„Dieses Image beendete sein Leben?“, unterbreche ich Miss Muriel.

„Wer weiß das schon? *Thousand Face* erzählte mir in den folgenden Wochen oft, dass er nach Australien kam, um zu sterben.“

„Das tat er?“

„Sein altes Leben hätte er über den Wolken im Flieger über Australien, in einer Milchstraße – oder so was in der Art – verloren. Wie auch immer, der gefährliche Löwe im Lammskostüm sprach manchmal über Träume und Begegnungen. Er erkannte wohl in mir einen spirituellen Bruder – oder eine Schwester?

„Wusste Rhydian, auf was er sich mit der Show eingelassen hatte?“

▶ Ich provozierte den Sex-Tiger in ihm: „Sweety, am Samstag in einer Woche findet hier im *Mustang* ein *Underwear Contest* statt, den ich moderiere. Es sind fünfhundert australische Dollars zu gewinnen.“

„Fünfhundert?“

„Ganz schön geldgierig mein Sweety!“ Immer wieder drehte ich mich nervös unter seinem Blick vor einem Wandspiegel in der Garderobe, in die ich ihn zum Vorstellungsgespräch gezogen hatte. Ich zupfte an den feinen Metallketten und fühlte mich nackt und von ihm durchschaut. *Thousand Face* hatte diese Art Leute zu durchleuchten.

Der freche Lümmel log mich an: „Verdammt geiles Outfit!“

„Echt? Das alte Ding?“ Ich stupste ihm mit meinen Perlmutterkrallen seine Nase. „Schlingel! Du bist wirklich nett. Das ist das Bühnenkostüm, das ich für die Moderation am *Underwear Contest* tragen werde. *Hephaistos,* wenn du mich fragst“, ich rückte dich an ihn heran, „ist er der beste Goldschmied von ganz *New South Wales* und *Queensland* gleich mit dazu.“ Weil er nicht darauf einstieg, spreizte ich meine Hände und betrachtet meine Fingernägel. „Dass Hephaistos sein Talent an die Leitung einer Sportkette verschwendet ist eine Schande. Wenn dich meine Meinung dazu interessiert ...“ Bevor er verneinen konnte, fuhr ich fort: „Hephaistos hätte das Erbe seines Vaters in den Ausbau seiner Goldschmiede investieren sollen. Jeder andere könnte seine Sportgeschäfte managen. Was für eine Verschwendung von Zeit und Geld! Pfirsichhaut, schaue dir meine Ohrringe an?“ Verliebt bettete ich meinen Kopf auf seine Brust und schielte zu ihm hoch.

Lachend schüttelte er mich ab. „*Hephaistos*? Der Mann nennt sich nach dem humpelnden griechischen Gott der Schmiedekunst?“

„Aha!“ Ich klatschte entzückt in meine Hände. „Da kennst sich jemand mit den Uralten aus. Ja, Hephaistos bekam letzte Nacht den neuen Namen verpasst. Peitho war dafür, dass sich unsere Clique dem diesjährigen Motto von *Mardi Gras* anpasst und Göttliches tut.“

„Wie lautete das Motto?“

„Be yourself – be divine!“

„Klingt nicht nach griechischen Göttern!“

„Oh doch! Wir fühlten es gestern alle. Etwas lag in der Luft oder vielleicht in den Drinks? Weil Nelson früher bei der freiwilligen Feuerwehr arbeitete und nach dem Hai-Unfall arg unter seinem verlorenen Selbstwertgefühl und Humpeln litt, stieg er drauf ein.“

„Hai-Unfall?“, wollte *Thousand Face* von mir wissen.

„Es passierte beim Surfen! Ein Weißer griff Nelson an.“

„Du verarschst mich doch?“

„Nein! Hephaistos passt perfekt zu Nelson.“

„Ja, ja, schon begriffen! In der Bucht von Sydney gibt es wirklich weiße Haie? Shit, ich wollte die Bucht schwimmend durchqueren!“

„Kann schon vorkommen. Die *Baywatch* überwacht mit Sensoren die Bucht wie auch alle Strände. Es gab natürlich an jenem Tag damals eine Hai-Warnung, doch Nelson ignorierte sie – oder er ließ sich von Marrick überreden. Der Rest sind diverse Operationen, ein bleibendes Hinken und eine lange Narbe. Zur Show", wechselte ich wieder ganz zu Miss Muriel geworden das Thema. „Jungchen, du willst wirklich *so* auf meine Bühne? Honigmund, wir singen über die Herrlichkeit eines jungen männlichen Körpers, über Kraft und Potenz. Peitho im Tanga war bisher immer ein beliebtes Lustobjekt während dem Song."

„Lustobjekt?" Das Lamm schluckte leer, dachte aber wahrscheinlich an die hundert Dollar Gage und fragte, anstatt einfach alles hinzuschmeißen: „Was genau wird während der Show passieren?"

Amüsiert lächelte ich und ließ mein Ketten-Deux-Pièce klirren. „Meine Partnerin und ich besingen die Vorzüge eines kräftigen Bullen und die Stehkraft eines Hengstes. Das ist schon fast alles."

„Fast?"

„Du bist ein waches Kerlchen. Kannst du auch ein Bulle und ein Hengst sein?" Weil *Thousand Face* nur seine Opal-Augen verdrehte und leise schnaubte, kicherte ich. „Den Bullen hätten wir damit schon zum Leben erweckt. Abgehakt! Kannst du später auf der Bühne wieder Schnauben und mit deinen Hufen scharren?" ◀

„Opal-Augen?", unterbreche ich Miss Muriels Erzählung. „Im Ernst?"

„Ach Valdrin, dein Halbbruder hatte Augen, die je nach Lichteinfall mal grün, mal blau, mal golden, silbern oder gar lila schimmerten. Meist in allen Farben gleichzeitig."

„Ist mir nie aufgefallen", lüge ich.

▶ Ich erklärte *Thousand Face* den Ablauf der Show: „Wir werden deine Brust, deine Arme, deine Schenkel und natürlich deinen Arsch streicheln und vorführen. Geht das in Ordnung?"

„Für nur hundert australische Dollar? Wie viele Songs?"

„Zwei Songs! Zuerst einer von *Lady Gaga*. Da möchten wir, dass du dir die Jeans und dieses Ding da", zupfte ich am billigen T-Shirt, „ausziehst. Kannst du dich dazu sexy bewegen?"

„Strippen?"

„Nein!", winkte ich ab. „Na gut! Ja!"

„Aber die Unterhose behalte ich an?"

„Wenn du unbedingt willst?", stöhnte ich.

„Und ob, ich das will! Sonst kostet es massiv extra."

„Wie viel?“ Als er ernsthaft überlegte, schlug ich ihm auf seine Hände. „Junger Bulle, ein roter Kopf auf der Bühne wirkt jungfräulich, jetzt gerade aber wie Bluthochdruck.“

„Arsch!“

„Für einen vollständigen Striptease hat Coogee einmal im Monat einen Donnerstagabend reserviert. Wir sind Show-Ladys und keine Stripper-Macherinnen! Jetzt husch-husch, raus mit dir! Ich muss mich umziehen. *Queen Darlinghurst* wird gleich eintreffen. Sweetheart, stehe um elf Uhr in der ersten Reihe im Publikum.“

„Ist Peitho auch der Name eines griechischen Gottes?“,

„Genaugenommen, der einer Göttin. *Peitho*, so die Mythologie, steht für göttliches Einflüstern, Überredungskunst und ich glaube auch für Verführung. Definitiv gehörte Peitho zum Gefolge der *Aphrodite*. Wer das ist, weißt du aber?“

„Die Göttin der Miss-Wahlen, Schmink-Wettbewerben und Tupperware-Partys?“

„So in etwa“, lachte ich. „Eigentlich ist *Aphrodite* die Göttin der sinnlichen Liebe, der Begierde und der Schönheit. Oft gilt sie als der Inbegriff von Lust. Heute Morgen wollte ich mich erst nach ihr umbenenne, doch es gibt bereits eine *Divine Aphrodite* in Perth. Zwei Drag Queens mit dem gleichen Namen bedeutet Ärger. Genug geplaudert, raus mit dir!“ ◀

Als Miss Muriel sich ein letztes Stück frittierten Fisch in den Mund schiebt, frage ich: „Was passierte an jenem Abend weiter?“

„Für Kaffee und *Chokkie* erzähle ich den Rest.“

„Was ist *Chokkie*?“

„Australische Schokolade. Die servieren hier Schokoladentörtchen. Eines davon, und ich erzähle dir den Rest.“ Die Drag Queen klatscht in ihre Hände und mimt ein Teeny Girl, das um Süßigkeiten bettelt.

Wenn das mit den Interviews so weitergeht, wird meines Ersparten für Futter draufgehen. Ich bestelle an der Theke, bezahle und warte im Schatten unter dem Sonnenschirm auf die Lieferung.

▶ Als uns Coogee auf der Bühne ankündigte, spähte ich durch den Vorhang ins Publikum. Von unserem Unschuldslamm fehlte jede Spur. Da sah ich ihn sich eilig durch die Zuschauer bis zum Bühnenrand vordrängen. Er war barfuß und trug wieder seine Jeans und das einzige T-Shirts, das ihm die Diebe gelassen hatten. Er sah erbärmlich arm aus, wie er darauf wartete einen Hunderter für seine Demütigung zu kassieren. Er tat mir richtig leid. Aber nur, bis ich neben meiner Partnerin am Bühnenrand stand. Queen Darlinghurst begrüßte an jenem Abend als eine schwarzhaarige Diva in einem Fünfzigerjahre-Kostüm in rosa und gleichfarbigen Hütchen mit Witzen das Publikum. „Gentlemen, Jungs, Jäger und Sammler, wollt ihr Frischfleisch kosten oder ein junges Früchtchen zum Hors d' Oeuvre vernaschen?"

Die Lacher unseres Opfers schienen echt und wärmten mein Herz. Abermals war ich mir sicher, *Thousand Face* war noch nie zuvor an einer Drag Queen Show, noch in einem Gay Club gewesen, denn unsere Witze entlockten nur Grünschnäbeln oder Heteros einen Lacher. Unter viel Lärm und Zustimmung der vielleicht zwanzig Zuschauer zeigte meine Partnerin auf den Arsch des Abends. Kaum stand dein Halbbruder auf der Bühne, schwenkten die Scheinwerfer und blendet ihn. Seine Präsenz auf der Bühne bewirkte ein Wunder. Die Kerle aus dem Barbereich wechselten den Raum und immer mehr Passanten von der Straße oder an Tischen unter der Laube strömten herein. Vielleicht stachelte der stetige Strom neuer Schaulustigen den *Vielgesichtigen* an, vielleicht auch die Gegenwart der beiden Kopien der berühmtesten Frauen in *J.F.K.*s Liebesleben. Als wir den Lustknaben des Abends immer wieder anpreisen, war ein erster Background Song von *ABBA* bereits durch. Als wir in den *Lady Gaga* Song einstimmten, stellte ich mich dicht hinter ihn und flüsterte mit meiner tiefen Sam-Stimme: „Sweety, alles klar?"

„Deal ist Deal", nuschelte er.

„Das ist mein Hirsch!" Schon packten meine Hände nach dem Saum seines Shirts. Da er befürchtet, dass ihm der Mann in *Marilyn* sein letztes noch gebliebenes T-Shirt zerfetzen könnte, wehrte er meine Hände ab und zog es sich selbst rasch über den Kopf, schwang es in seiner rechten Hand und schmiss es hinter sich, damit es keiner der Schaulustigen als Trophäe an sich nehmen konnte. Oben ohne tanzte er auf der Bühne und ließ sich von mir oder Queen Darlinghurst liebkosen. Das Ausziehen seiner Jeans wurde zur Tortur. Sein Kopf glühte fiebrig, nicht aus Scham, sondern vor Anstrengung. Als der arme Kerl endlich ohne Jeans zwischen uns falschen Ladys stand, lechzte das Publikum nach mehr. In seiner billigen Boxershorts faszinierte er jeden. Immer mehr Männer drängten an den Bühnenrand, himmelten ihn an oder riefen ihm eindeutige Angebote zu.

Ich drehte den Profischwimmer um, damit jeder seine Schulter und Muskeln von hinten sehen konnte. Keck zog ich ihm während dem Song seine Unterhose über seinen Knackarsch runter. Als er sich tanzend umdrehte, um sein Publikum zu fokussieren, präsentierte er seine gründliche Intimrasur. Warum das Publikum derartig ausflippte, schrieb ich Queen Darlinghurst zu, die oft diese Wirkung erzielte. Übermütig und etwas überdreht von der Erotik, leckte ich ihm die linke Brustwarze, was ihn irritierte, speziell als das fast rein männliche Publikum Zugabe brüllte. Als ich sanft reinbiss und gleichzeitig mit meiner rechten Hand vorne in seine Boxershorts langte, war er augenblicklich hart.

„Gehört diese Anmache auch zur Show?“, brummelte er.

Bis auf mich konnte ihm während dem Applaus sonst niemand hören. „Horny, dir gefällt‘s anscheinend!“, provozierte ich ihn.

„Für einen Hunderter mehr, kannst du ihn weiter bearbeiten.“

Angestachelt durch sein Angebot und von der Lust, die das *Mustang* flutete, stimmte ich in den eigen komponierten Song über knackige Kerle mit harten Backen und dicken Schwänzen ein. Immer wieder packte ich seinen Prügel und präsentierte dem Publikum meine Eroberung durch den dünnen Stoff seiner Unterhose hindurch. Queen Darlinghurst sprühte Funken. Um für meinen Hunderter auf meine Kosten zu kommen, ließ ich die Beute nicht mehr los. An der Art, wie unser Lustknabe seine Hüfte im Takt zur Musik bewegte, war mir klar, meine kräftige Männerhand störte ihn nicht in seiner Unterhose. Wie jeder gesunde knapp zwanzigjährige schwule Mann war der Musterknabe so hart, wie nur immer möglich. Zum Finale stellte ich mich wieder dicht hinter ihn und reicht Queen Darlinghurst mein Mikrophon. Unser Fang des Abends hob seine Arme über den Kopf, kreiste mit seinen Hüften und ließ zu, dass ich ihm mit beiden Händen seinen Torso und seinen Bauch streichelte. Als er seine Hüfte demonstrativ immer kräftiger vor und zurückschob, wanderten meine Hände wieder unter den Stoff seiner Boxershorts. Er war extrem geil. Als ich seinen Großen fest mit beiden Händen im Griff hatte, trat die Schlampe in Rosa seitlich an uns heran und zog dem Lustknaben die Unterhose mit einem Ruck bis zu seinen Zehen runter. Bevor er empört ausrufen konnte, erloschen alle Spots. Mit seinem Ding in meinen Händen stand er für einen Moment schockiert und stinkesauer auf die Tucke im Fummel auf der Bühne.

„War's das?", schnauzte er meine Kollegin an.

Gerade rechtzeitig, bevor die Lichter wieder angingen und der Applaus einsetzte, zog er sich seine Unterhose wieder hoch. Queen Darlinghurst und ich krallten uns seine Hände und rissen sie in Siegerpose nach oben, dass die Spitze seines Lümmels noch nicht ganz weggepackt oben aus der Boxershorts rausschaute.

„Verehrtes Publikum, das ist Rhydian Elpis, die junge Hoffnung aus der Schweiz, der steinharte Star des Abends!", stellte ich den Vielgesichtigen mit seinem Künstlernamen vor. Er war danach schlagartig berühmt. Jeder wolle ihn! Jeder träumte von ihm.

Kaum begannen wir mit dem dritten Song, verzog er sich zur Rückwand der Bühne, schnappte sich seine dort liegende Jeans und sein T-Shirt und verschwand nur in seiner schlotterigen Boxershorts in der Menge der Zuschauer. Von der Bühne aus beobachtete ich, wie ihm viele auf die Schulter klopften oder in den Arsch kniffen.◀

„Und weiter?", dränge ich Miss Muriel.

„Valdrin, so lernte ich *Thousand Face* kennen und schätzen." Weil die Drag Queen ihren Kaffee austrinkt, vermute ich, dass für heute keine Zugabe folgt. „Schätzchen, ich habe in einer Viertelstunde ein Vorstellungsgespräch für eine Show in einem Club ein paar Blocks weiter. Über meinen Sweety zu reden fühlt sich gut an. Wenn du willst, können wir uns zum Abendessen wieder treffen?"

„Auf meine Kosten?"

„Was sonst?" Als ich zustimmend nicke, lächelt Miss Muriel. „Nein, schon gut! Danke für das Mittagessen! *Thousand Face* war mein Freund. Du sollst seine Geschichten erfahren. Vielleicht verstehst du so, warum passierte, was geschehen musste. Treffen wir uns später im *Mustang*?" Noch was, da drüben fährt gerade Jayden auf seinem Skateboard vorbei. Es ist der süße Bengel mit den kurzen braunen Haaren."

„Entschuldigung!“ Eilig überquere ich die Straße. Hupen! Total erschreckt muss ich einem Geisterfahrer ausweichen.

„Holy dooly!“, ruft der Skater aus. „What a whacker!“ Er zieht sich seine schlotterigen schwarzen Sportsshorts hinten hoch und gafft mich an.

„Sorry? Was sagtest du?”

„Bist du *pissed* oder wolltest du dich diesem Blech-Hai zum Frass vorwerfen?“ Noch immer bewegt sich sein Kopf ständig hin und her.

„Der Linksverkehr hier in Australien ist ein Albtraum!“

„Mein *Nuddy* wurde auch regelmäßig fast überfahren. Braver *Yobbo*“, der Skater sieht mir in die Augen, „du gleichst meinem Nuddy!“

„Ich bin Valdrin Loris. Ich bin der Halbbruder von Rhydian Elpis!“ Ich strecke dem Skater meine Hand zum Gruß hin.

„Ridgy-didge?“

„Was?“

„Du kennst meinen Nuddy?“ Der süße Fratz kratzt sich am Kopf, sodass sein schwarzes Baseball Cap verrutscht. Er hebt seine Sonnenbrille an und mustert mich noch neugieriger. Plötzlich grinst er extrem breit.

„Nuddy! Ist das dein Spitzname für Rhydian?“

Der Skater schüttelt meine Hand und seine viel zu weite Turnhose rutscht ihm so tief, dass seine vollkommen enthaarte Intimzone und sein Pimmel sofort halb zu sehen sind. Es stört ihn kein bisschen. Mich schon! Der braunhaarige, vielleicht einsfünfundsechzig Zentimeter große Kerl, in meinem Alter, gefällt mir. Unbedarft naiv, macht er einen ehrlichen ersten Eindruck auf mich. Sein knabenhafter Körper lässt mich kribbelig geworden zittern. Vielleicht auch der Schriftzug *Watch-me-Wanking* auf seinem seitlich geschlitzten Tank Top. Leer schluckend verrate ich: „Ich erforsche Rhydians Tod!“

„Holy dooley! Mein Nuddy soll tot sein?“ Der Skater hockt sich, wo er gerade ist, auf sein Skateboard, zieht sein Cap ab und rauft sich die buschigen Haare. Ihn scheren weder die Passanten, die ihn anglotzen, noch meine Lust an seinem Körper. „Tod? Bist du sicher? Ist Nuddy nicht in *Never-Never* auf einem *Walkabout*?“

Von all dem australischen Slang wird mir ganz schwindelig. „Rhydian gilt seit dem 1. April vor drei Jahren als verschollen!", kläre ich den jungen Skater auf. „Die Polizei vermutet, er verübte Selbstmord oder wurde von einem weißen Hai gefressen. Eine Wasserleiche wurde damals im *Rose Bay* angespült."

„Du glaubst diesen Bullen Shit? Echt jetzt?" Zwinkern sieht Jayden vor mir auf seinem Brett sitzend zu mir hoch. Ein paar Sommersprossen zieren seine Nase und Wangen. „Nuddy war doch kein *Shark Biscuit*! Höre nicht auf jedes *Furphy*!"

„Ich bin nach Sydney geflogen, um herauszufinden, was damals wirklich passierte. Kanntest du Rhydian gut?"

„Nuddy und ich sind beste Freunde! *Bloke*, ich habe mich gar nicht vorgestellt! Ich bin Jayden, Jayden Salisbury." Er reicht mir abermals seine Hand zum Schütteln. „*Slap that Goon!* Nein! Mein Nuddy war auch kein *Wuss*, der nach Abkürzungen ins Nirwana suchte." Jayden winkt ab. „*No drama!*" Auf seinem Brett hockend schielt der süße *Aussie* zu mir hoch. „Ich bin mir sicher, Nuddy wird bald wieder sehr lebendig hier auftauchen. Wird er doch?"

„Wie hast du Rhydian kennengelernt?" Verlegenheit versuche ich nicht, auf seine aus der Sporthose heraushängenden Hoden zu starren.

„Nicht so schnell, Halbbruder-meines-Nuddy! Spendierst du mir ein *Longneck*?" Jayden steht auf, umkreist mich auf seinem Rollbrett und mustert mich von meinen Stoffschuhen aufwärts bis zu meinem kleinkarierten Hemd und wieder zurück.

„Was auch immer das ist", antworte ich ihm. „Ja!"

„*Journo*, das ist eine Flasche Bier. Kennst du das *Mustang*?"

„Da war ich schon den halben Morgen und Mittag."

„Dann lass uns ins *Ginger's* gehen, dort sind wir um diese Zeit unter uns." Abermals mustert er mich und starrt mir jetzt in meine Augen. Dazu zieht er erstmals seine dunkle Sonnenbrille ganz ab. Verwirrt schüttelt er seinen Kopf. „Du siehst Nuddy ähnlich. Ein wenig! Aber *XXL-Doodle* hatte vollkommen andere Augen, als du. Zudem war er definitiv viel grösser!" Sehr direkt gafft er mir auf den Hosenstall. Während der kleine Kerl auf seinem Skateboard zum Lokal vorausflitzt, rutscht ihm seine Hose vollkommen über den Arsch runter.

Im *Ginger's* winkt uns der Bartender zu. „Jayden, was geht ab? „Heute keine Flyer oder Einladungen für Demonstrationen dabei?"

„G'Day Leo! Nein, heute ist kein *Doodle-Days*! Zwei Stubby!"

„Was ist ein *Stubby*?", frage ich schon gewohnheitsmäßig.

„Ein kleines Bier. Hier servieren sie leider keine *Longnecks*."

„Für mich frisch gepressten Orangensaft." Neugierig sehe ich mich im *Ginger's* um. Eine moderne Espressomaschine steht vor den üblichen Spirituosen Flaschen und einem blitzenden bunten Plastiktannenbaum mit Kunstschnee. Tausend *Selfies* hängen an einer Wand daneben.

„Dann zwei Stubbys für mich und was immer mein Kumpel will." Weil ich von den kleinen Fotos abgelenkt bin, die jedes entweder das Gesicht oder den Pimmel eines Gastes zeigt, kneift mich Jayden in den Oberarm. „Das ist meiner!" Jayden tippt in rascher Folge sieben der Pimmelbilder an; sechs davon zeigen ihn steinhart.

„Was ist ein *Doodle-Day*?", frage ich ihn.

„Schwanz-Tag! So nannten Nuddy und ich unsere Aktionen im Viertel oder an der Uni. Mann, sein Doodle fehlt mir total. Halbbruder-von-Rhydian, glaubst du wirklich, Nuddy sei tot? So richtig voll total und auf Nimmerwiedersehen futsch?" Jayden zweifelt ernsthaft.

„Jungs, dein üblicher Tisch?", fragt Leo.

„Logo!" Der Skater zieht sich sein Käppi wieder vom Kopf, rauft sich seine struppigen Haare und schiebt sich seine Sonnenbrille über die Stirn noch. Er steuert einen Tisch in einer Nische an. Jetzt, am späten Nachmittag, sind wir die einzigen Gäste hier hinten. Alle anderen – nur Männer – bevorzugen die Bar oder den überdachten Innenhof.

„Jayden, wie hast du Rhydian kennengelernt?", wiederhole ich meine Eingangsfrage. Dass der Bengel sich so hinsetzt, dass seine Hose mir vorne abermals einen tiefen Einblick gewährt, scheint beabsichtig.

„Mein bester Freund würde mich niemals verlassen! Niemals! Ich bin sicher das vertrocknete *Never Never* wird ihn beim nächsten *liquid laughter* wieder frei geben."

Aus Jayden's Abenteuer mit Rhydian Elpis:

►Es war der Abend vom 15. Januar vor drei Jahren. Ich weiß es so genau, weil dieser Freitagabend mein Leben total veränderte. Ich streunte mit Kumpels durchs Gay Viertel. Sam wollte im *Mustang* wegen einer Show etwas dort checken und ich einfach abtanzen. Sam diskutierte mit Tosh und Ben, während ich einen hübschen *Drongo* in Jeans und *Thongs* mit einem Stadtplan in der Hand beobachtete. Es kam von der *Central Opal* Station und bog in die *Cooper Street* ein, um beim *Happy Duck* etwas Chinesisches zum Futtern zu besorgen. Weil Sam, Tosh und Ben über das Motto von *Mardi Gras* quatschten, folgte ich mit meinen Blicken dem Ausländer. Irgendwoher kannte ich ihn.

Als er nach zehn Minuten wieder aus dem *Happy Duck* hinauskam trug er Take Away Food. Damit betrat er die *Laundry* mit bestimmt dreißig Waschmaschinen und Trocknern direkt neben dem Asian Restaurant. Neugierig überquerte ich die Straße und spähte durchs Fenster. Wegen Lampions für das Chinesische New Year in ein paar Tagen und einer übergroßen winkenden Katze auf einem Stehpult war die Sicht in den Waschsaloon eingeschränkt. Hinter einer Mimose fand ich einen Ort zum Spannen. Der große Blonde deponierte sein Essen auf dem einzigen Tisch und fütterte einen der Automaten mit Fünfzig-Cent-Münzen, zog eine Portion Flecken-Fresser heraus und kippte sie in eine der Waschmaschinen. Hastig sah er sich überall im leeren Waschsaloon um. Als die Luft rein war zog er sich sein T-Shirt über den Kopf und stopfe es in die Maschine. Weil er sich unbeobachtet fühlte, schlüpfte er extrem ungeschickt aus seiner Jeans, stürze und lag ausgestreckt auf dem Boden. Fasziniert beobachtete ich schlechtesten Striptease, den ich je gesehen hatte. Abermals sah er sich um und entledigte sich blitzschnell seiner Boxershorts. Kaum splitternackt und alles in der Maschine für dreißig Minuten weggesperrt, setzte sich der Nackte an den Tisch und aß seine *Fried Noodels* und seinen *Shredded Duck* mit Plastik Job Sticks.

Weil draußen einer hupte, stand er erschreckt auf. Als ich jetzt zum ersten Mal seinen rasierten Riesen-Doodle sah, erkennte ich ihn. Ich winkte Sam, Tosh und Ben zu mir herüber und zeigte auf den Flitzer.

„Den kenne ich! Das ist Rhydian Elips, der Arsch meiner letzten Show." Sam stieß die Tür auf und wir anderen folgten dichtauf. Leider stülpte sich der Stripper sofort einen seiner *Thongs* über seinen Doodle und schaufle mit den Stäbchen sein Essen in sich hinein, als ob sonst nichts wäre. Sein Kopf glühte tiefrot. „Rhydian?", fragte ihn Sam. Ertappt beugte er seinen Kopf tiefer über sein Essen. „Du bist es tatsächlich! Rhydian, was treibst du hier?" Sam stellt sich neben den Schönling. „Kamst wohl bei unserer Show auf den Geschmack!"

„Meine Kleidung braucht ne Wäsche!“, schnauzte Rhydian abgehakt. „Ich arbeitete tagsüber in einem Reinigungsunternehmen. Der Gestank der Putzmittel brachte mich fast um. Hi, Sam! Was geht ab?“ Endlich lächelte er, wenn sein Kopf dabei auch noch röter wurde.

„Das sind Ben, Tosh und Jayden!“, stellte uns Sam ihm vor. „Dieser Stripper muss noch lernen geschickt aus seiner Hose zu kommen, dennoch, dieser Nackt-Star wird bald die Szene auf den Kopf stellen!“

„Na klar! Du bist der weißhäutige *Offsider* mit dem Riesen-Doodle!“

„Ertappt!“ Rhydian zwinkerte mir zu, fasste nach den Flip-Flops und hob ihn hoch, um zu präsentieren, was wir alle zu sehen hofften.

„Ey, voll coole Action! Verdammt krass, all deine Klamotten in eine Waschmaschine zu stopfen“, schwärmte ich. Ich träumte damals selbst immer von genau solchen Szenen, traute mich aber nie, sie in die Tat umzusetzen. Angestachelt knöpfte ich mir unauffällig mein Hemd vorne vollkommen auf und zog mir meine Baggy Jeans so tief runter, damit Rhydian sehen konnte, dass ich total auf einer Wellenlenge surfte. „Nuddy, verdonnert dich eine Studentenverbindung zur Mutprobe?“

„Sozusagen!“, bestätigte er.

„Krasse Armmuskeln“, lobte ihn Ben.

„Ich bin Schwimmer!“

„Und Exhibitionist?“, wollte ich natürlich wissen.

„Ich war gestern mit Naturristen auf in der Bay cruisen. Offensichtlich hat mir die Sonne das Gehirn gebraten“, erklärte Rhydian.

„Zum Glück nicht deinen Doodle? Dann also Nudist?“

„Nein, nicht wirklich! Ich muss wirklich nur meine Sachen waschen. Da niemand hier drin war, dachte ich ...“

„Ich flitze nachts auf meinem Rollbrett durch die Parks. Lust, mich später zu begleiten?“ Ich stellte mich zwischen Sam und Rhydian und starte auf den übergestülpten Plastikschuh. „Geile Rasur!“

„Rhydian, sehen wir dich später im *Mustang*?“

„Ich wohne dort!“, antwortete der Nackte Sam.

„*Hooroo!* Vielleicht bis später!“

Kaum waren Sam und die anderen gegangen, lehnte ich mich rücklings an die gekachelte Wand und hoffte meine Hose rutsche mir endlich bis zu den Knien. Damals trug ich noch Aussiebums, die den Stoff ausbremsten. „Nuddy, ich suche Kontakt zu anderen Flitzern.“

„Ich bin kein Flitzer!“, widersprach mir Rhydian sofort.

„Hast du keine Angst in der Öffentlichkeit erwischt zu werden? Ich schon!“ Ich hockte mich vor ihn auf den Boden und himmelte ihn von unten her an. Weil ich an sein Knie stieß verrückte der Plastikschuh.

„Ich entdeckte meine Neigung mit zehn“, verriet ich ihm.

„Noch niemals zuvor habe ich mir darüber den Kopf zerbrochen.“

„Dennoch trägst du gerade nur einen *Thongs* als Sichtschutz.“

„Um ganz ehrlich zu sein, bevor ich nach Australien kam, verspürte ich niemals zuvor einen solchen Drang!“

„Bei dir ist es auch ein Drang?“ Im Sitzen zog ich mir die Baggy Jeans so tief es nur ging runter. Leider wollte mein Doodle nicht herausschnellen. „Nuddy, du hast einen geilen Schwanz!“

„Eigentlich heiße ich Rhydian Elpis.“

„Nuddy passt! Aber okay, ich nenne dich, wie immer du willst. Rhydian, darf ich dir heute Nacht Gesellschaft leisten?“

„Meine Fress-Boxen reichen nicht für zwei.“

„Am Essen bin ich nicht interessiert!“

„Jayden?“ Als ich nickte, bot er mir einen Platz an seiner Tafel an. „Ich kenne in Sydney kaum Leute.

„Kannst du mir einen Fünf-Dollarschein wechseln?“

„Nein, aber die Maschine hinter uns kann es!“ Er zeigte darauf.

Extrem nervös schob ich den lilafarbigen Schein in den Wechselautomaten und fütterte danach eine Waschmaschine mit dem Kleingeld.

„Du willst jetzt waschen?“, wunderte er sich.

Zappelig zog ich mich aus, stopfe alles in die Trommel, drehte am Schalter und für dreißig Minuten war auch ich gezwungenermaßen ein Exhibitionist. Da ich schon damals meist barfuß unterwegs war, gab es für mich nichts zur Bedeckung. Nervös glühte mein Kopf und mein Knie wippte unkontrolliert. Um es zu übertünchen schwafelte ich ohne Punkt und Komma. Immer wieder überprüfte ich die kleinen Glöckchen über der Tür. Kein Klingeln! Keine Voyeure! Fast bedauerte ich, dass an jenem Freitagabend keiner waschen musste.

„Hast du oft Sex an öffentlichen Orten?“, fragte er mich.

„*Public root*? Nein! Aber ich würde es sofort tun!“ Augenblicklich war ich in Rhydian Elpis verknallt und rutschte wie ein ADHS-Geplagter hypernervös ich auf meinem Sitz hin und her. „Wirf deine *Thongs* weg!

Wirf die Schlappe weg! Oute dich als Flitzer"

„Aber das bin ich doch gar nicht!"

„Soll ich mich unter den Tisch setzten und dir einen blasen?"

„Was?" Erschreckt schreckte Rhydian auf. Seine Schlappen fiel zu Boden, dass er sich danach bücken musste. Sein Doodle richtete sich langsam auf. Offensichtlich turnte ihn mein Vorschlag an.

„Darf ich ein wenig nuckeln?"

„Nein! Ich bin noch beim Essen."

„Niklaus lehrte es mich, als ich zwölf war. Mann, konnte der Dinge mit meinem Doodle anstellen. Ich kann es dich auch lehren."

Rhydian tippte auf sein halbaufgegessenes Abendessen, legte dann aber seine Essstäbchen auf den Tisch.

„Was denkst du? Hier oder im *Prince Alfred Park um die Ecke?*"

„In einer Viertelstunde kann ich türmen."

In Zeitnot geraten stand ich auf, schob meinen Stuhl an Rhydians Seite und wollte, dass er sah, wie hart er mich machte. Meine Hand wanderte unter dem Tisch auf seinen Oberschenkel.

„Nicht hier!" Sanft hob er meine Hand auf den Tisch.

„Was ist bei den Tischen fürs Zusammenlegen der Wäsche?" Ich deutete zum Nebenraum. „Er ist von der Straße aus nicht ..."

„Wie alt bist du?", unterbrach mich Rhydian.

„Neunzehn und mein Kumpel wird dreizehn Zentimeter lang! Ich studiere Mathematik und Informatik an der Uni drüben in *Camperdown*. Ich plane eine eigen konzipierte Voyeur-Seite. Noch fehlen mir wirklich gute Ideen dazu. Ich bin anderswo bereits gelegentlich live zu sehen. Kennst du die Plattform *Aussie's Top Exhibitionists*? Dort kannst du mir beim Wixen zusehen. Du musst dich nur als mein Follower registrieren, dann bekommt du jedes Mal eine SMS, wenn mir nach Action ist."

„Du wichst vor einer Cam?"

„Ist total cool! So lernte ich Sam kennen. Er ist Fan von mir."

„Wie funktioniert das?"

„Erst muss er hart sein. Dann nimmst du ihn in die Hand und ..."

„Arsch! Ich weiß, wie man wichst! Wer sieht dir dabei zu?"

„Jeder, der die Seite kennt und mich anklickt."

„Jeder kann zusehen?"

„Ich hatte einmal fast tausend Voyeure", protzte ich.

„Das ist öffentlicher Sex!“

Ich lachte schallend auf. „Nein, das ist nur Cam-Wichsen! Die Zuschauer sehe ich nicht, nur die, die sich selbst mit einer Cam zusehen lassen. Das sind die Wenigsten. Um ehrlich zu sein, es macht keinen echten Unterschied, ob mir zehn oder tausend zusehen.“

„Gibt es Interaktionen?“

„Jeder, der sich als Gast einloggt, kann mir Nachrichten schicken.“

„Die gesichtslosen Voyeure sagen dir, was du tun sollst?“

„Einige schon. Ja! Aber ich reagiere nur darauf, wenn ich mehr als fünfhundert *Token* Trinkgeld kriege.“

„Online-Prostitution?“

„Ich wichse eh täglich“, antwortete ich Rhydian.

„Stört es dich nicht, dass dich dabei auch Kumpels von der Uni, Professoren, Nachbarn oder Familienmitglieder sehen könnten.“

„Warum sollte mich das stören?“

„Jeder könnte mitschneiden.“

„Klar! Das ist mir voll und ganz bewusst.“ Meine Unbekümmertheit erschreckte Rhydian, warum ich wieder aufs Thema zurückkam. „Soll ich dir jetzt einen blasen?“

„Bin noch nicht fertig!“ Demonstrativ stocherte er in seinen Fried Noodels, die nicht weniger wurden.

„Einige an der Uni wissen davon. Freunde und Bekannte wollten per SMS verständigt werden.“

„Was versprichst du dir davon?“ Rhydian sah auf seine Uhr.

„Vielleicht werde ich entdeckt? Keine Ahnung! Ich mache es solange ich jung bin und gut aussehe. Was ist schon dabei?“

„Die Opferung einer seriösen Karriere, Rufmord, Belästigungen, Spott, Erpressung“, zählte Rhydian auf.

„Heute ist doch jeder irgendwo in den *Social Media* online“, bagatellisierte ich. „Jetzt iss schon auf! Ich will zum Dessert kommen!“

„Sobald meine Wäsche durch ist, muss ich los. Ich treffe mich mit einem Freund im Gay Viertel.“

„Kann ich mitkommen? Ich blase auch seinen Schwanz!“

„Darauf fährst du voll ab?“

„Logo! Wir können auch zu mir nach Hause. Dann besorge ich es dir vor laufender Cam. Ich bin wirklich gut!“

„Bietest du das jedem an?"

„Nein!", lachte ich. „Ich bin Flitzer, kein Stricher!"

„Und was ist mit meinem Kumpel? Den willst du doch auch?"

„Nur, wenn du dabei bist und zusiehst."

Hinter uns klingelte es, das Zeichen für Rhydians Wäsche.

Nackt stand der Blonde auf und drückte sich so an die Waschmaschine, dass ich um jedes Vergnügen kam. Was Rhydian damals nicht wusste war, dass die Maschinen im Kurzwahlprogramm so gut wie nicht schleudern. Seine Hose war zum sofortigen Anziehen entschieden zu nass. Als er dennoch die Anstalten dazu machte, sprang ich von meinem Stuhl hoch.

„Alter, du holst dir den Tod! Draußen wird es kaum wärmer als achtundzwanzig Grad Celsius sein. Schieb das Zeug für ein halbe Stunde in den Trockner. Ich habe dir noch so viel zu erzählen." Direkt hinter ihm stehend, streichelte ich seinen Pfirsicharsch.

Rhydian packte ohne Widerrede seine Sachen in einen der Trockner, warf Geldstücke ein und drehte den Knopf. Leider entschlüpfte er mir. Zurück am Tisch stülpte er sich wieder den Plastikschuh über seinen jetzt steinharten Doodle.

„Meine dreizehn Zentimeter sind ebenfalls voll ausgefahren!"

„Wir beide sitzen im Schaufenster!" Er deutete zur Fensterfront, die aber durch Waschmaschinen und Lampions verdeckt war.

„Falttische?", schlug ich vor.

„Mein Essen!" Bevor seine prüde Vernunft oder seine schamhafte Feigheit zurückkehrte, führte ich ihn in den angrenzenden Raum.

„Überwachungskamera!", nickte Rhydian nach oben.

Ich klaute ihm seinen Flip-Flop, der als Sichtschutz eh nichts taugte, kletterte auf den Falttisch und verdeckte damit die Kameralinse. „Erledigt! Setze dich!" Als Rhydian es tatsächlich tat, packte ich seine Schenkel und küsst, was ich so sehr begehrte. Die Klingel meiner eigenen Waschmaschine ignorierten wir danach wie später die seines Trockners. Als er fast zeitgleich beim Klingeln von Glöckchen über der Tür zum Finale kam, ergriff uns Panik.

Er lachte überdreht laut auf: „Erwischt!" ◀

Ich erinnere mich an die Eintragung in der Polizeiakte. „Jayden, wurdet ihr wegen öffentlicher Zurschaustellung angezeigt?“ Seine harten dreizehn Zentimeter kämpfen darum, sich ganz aus seiner Hose zu befreien. Warum mich das nicht schockiert, rechne ich dem australischen Wahnsinn zu, der mich hier von allen Seiten her angreift.

„Nicht in jener Nacht!“, antwortet mir Jayden.

„Was passierte danach?“

„Erst noch ein weiteres *Stubby*!“

Kaum an der Bar bestellt – ich natürlich – trinkt der kleine Flitzer sein drittes Bier in einem Zuge aus. Danach rückt er neben mich, langt nach unten und schiebt den weiten Stoff seiner Sporthose zur Seite, um den strammen Krieger ins Feld zu führen.

Ich zittere.

Jayden lächelt verliebt. „Ach, Valdrin! Du erinnerst mich an meinen Nuddy. Willst du ihn anfassen?“ Weil ich noch mehr erröte, lacht der Flitzer. „Nein! Du bist definitiv nicht wie Rhydian. Rhydian war wohl zu Beginn zaghaft, doch er war nie prüde oder verklemmt. Er hatte ein gutes Körperbewusstsein und schämte sich nie wegen seiner Lust.“

„Aha!“, lalle ich kurz vor einer Panikattacke.

„Valdrin, du hast erotische Hände.“

„Blödsinn!“

„Ehrlich! Die würde der hier“, nickt er nach unten, „gerne besser kennenlernen.“

Jaydens Angebot jagt mir einen eiskalten Schauer über den Rücken. „Ich will den Rest der Geschichte erfahren“, haste ich vor.

„Tue ich gerne, wenn du mir dafür hier und jetzt einen runterholst!“, erpresst mich Jayden.

„Hier? Mitten im Lokal?“ Die Panik greift nach meinem Herz. Heftig spüre ich das heftig Pochen in meinen Schläfen. Trotzdem kann ich mir nichts aufregenderes Vorstellen, als seiner Anweisung Folge zu leisten. Bin ich schüchtern oder einfach nur verklemmt? Ich will Jayden berühren, schaffe es aber nicht aus meiner Versteinerung zu erwachen.

„Valdrin, willst du Nuddys Geschichte erfahren oder nicht?“

„Bist du immer so forsch?“

„Valdrin, gefalle ich dir nicht?“ Jayden sieht mir tief in die Augen schmiegt sich an mich und flüstert: „Du hast etwas an dir, was mich an meinen Nuddy erinnert. Er fehlt mir wahnsinnig!“

„Lass mich zusammenfassen“, räuspere ich mich. „Ich spiele mit deinem Ding, dafür erzählst du mir den Rest der Geschichte!“ In Basel hätte ich solches niemals ausgesprochen, ja nicht einmal gedacht.

„Deal!“, ruft Jayden aus.

Wie soll ich meinen schamlosen Halbbruder je verstehen können, ohne mich ihm irgendwie anzupassen? Mir dies als Entschuldigung für meine erwachte Geilheit einredend, lange ich unter dem Tisch nach Jaydens nacktem Oberschenkel. Seine Haut ist vollkommen glatt. Sein jugendlicher Übermut, sein aufmunterndes Lachen und seine körperliche Hitze lassen mich vergessen, wie unerfahren und menschenscheu ich doch in Wahrheit bin. Seine dreizehn Zentimeter, die ich wie zufällig mit meinem ausgestreckten Zeigefinger erstmals berühre, lassen mich alle Bedenken vergessen.

Wann hatte ich zum letzten Mal Sex? Hatte ich überhaupt je Sex?

Der Bengel rekelt sich genüsslich. Mit seinem Joystick in meiner Hand steure ich meinen Jet hoch über die Wolken meiner Depression.

Jayden schnurrt: „*You little Ripper*, wie habe ich das vermisst!“

Erschreckt lasse ich ihn los. „Und falls uns einer erwischt?“

„Valdrin, ich verspreche nicht allzu laut zu stöhnen!“ Kaum ist meine Hand wieder vor Ort, säuselt Jayden. „Ja, so gefällt es mir!“ Eng neben mir sitzend, fällt seine Hose auf seine Zehen.

▶ Wir waren blitzschnell zurück bei der Waschmaschine und dem Trockner, langten nach unseren Klamotten und drückten uns damit an der wütenden Chinesin vorbei aus der Tür. Wir lachten uns kaputt über das chinesische Toben und all den asiatischen Flüchen.

„Hast du alles?“, sorgte sich der große Schönling.

Ich kugelte mich wie ein betrunkener Kobold. „Nuddy, das war mega-genial! Wir hatten öffentlichen Sex und sind jetzt splitternackt durch Downtown von Sydney unterwegs. Ist das abgefahren!“

„Falls die Chinesin die Polizei alarmiert, ist es vorteilhaft, sie greift keine zwei Nackten auf, die auf ihre Beschreibung passen.“ Hastig suchte Rhydian Sichtschutz hinter den Luftwurzeln eines gewaltigen Feigenbaums. Er schlüpft zurück in seine Jeans. „Auch das noch! Ich habe meine Boxershorts im Trockner vergessen!“, klagt er. Er schien darüber nicht sehr erfreut darüber. „Verdammt, es war meine Einzige!“

„Und einer deiner Flip-Flops verdeckt noch immer die Kamera."

„Jayden, zieh dich an! Wir hatten für heute Nacht unseren Spaß."

„Für heute? Sehen wir uns morgen wieder?"

„Besser wir lassen solche Kapriolen für die nächsten Tage bleiben. Wahrscheinlich gab es auch im Raum Kameras."

„Die Dinger dienen nur zur Abschreckung. Die Überwachung im Nebenraum war über dreißig Jahre alt." ◀

„Und weiter?", dränge ich, als er schon wieder mit erzählen stoppt.

Jayden lehnt sich mit über der Lehne ausgebreiteten Armen zurück. „Ach, Valdrin, ich komme gleich!"

Ich checke meine Uhr. Es ist kurz vor acht Uhr. „Ich habe Miss Muriel versetzt!"

„Na und?" Er wedelt mit seinen dreizehn Zentimeter. „Deal ist Deal! Ich erzählte dir von meiner ersten Begegnung mit Rhydian und du holst mir dafür einen runter. Dein Part ist noch nicht erfüllt!"

„Ich lade dich morgen im *Holliday Inn* zum Frühstücksbuffet ein."

„Ich muss um elf Uhr an der Uni sein."

„Sind jetzt nicht Semesterferien?"

„Ich habe trotzdem Verpflichtungen!"

„Passt es dir vor acht Uhr?", frage ich den geilen Flitzer.

„Viel zu früh! Ich könnte um zwei Uhr. Valdrin, ich komme aber nur in die Mensa, wenn ich jetzt auch komme!"

Sein spitzbübisches Grinsen provoziert mich. Dies ist mein erster Sex. Zumindest der erst seit mich die Katastrophe von Rhydians Tod mich in die Klapse brachte. Jaydens schamloses Stöhnen wird von Gästen in der Nähe registriert. Keiner scheint sich darüber zu brüskieren. Ticken die Australier einfach anderes oder ist Jayden für solche Aktion hier berühmt?

„Entsafter", säuselt der Lüstling, „bitte, bitte mache weiter! Das sind Kumpels von mir. Kein Problem!"

Zärtlich streichle ich weiter. Immer wieder sucht er Blickkontakt, als ob er in meinen Augen nach Erinnerungen an seinen besten Freund suchen würde. Wäre dieser Freund nicht mein verstorbener Halbbruder, wäre ich mächtig eifersüchtig. Plötzlich gesellen sich zwei Kerle von der Bar zu uns und schauen ungeniert zu. Das macht den Kamera-Wichser erst so richtig geil. Er schiebt den Tisch vor und präsentiert sich.

„Leute“, japst Jayden und begrüßt die beiden Typen. „Dieser Kerl behauptet, Rhydian Elpis‘ Halbbruder aus der Schweiz zu sein.“ Genüsslich rekelt er sich. „Leute, seine Hände sind genial! Dieser Kerl kann wirklich zupacken und ...“ Mitten im Satz wirft Jayden seinen Kopf zurück in die Lehne und feuert heftig keuchend ab.

Der asiatisch aussehende der beiden Ankömmlinge klatscht Jayden, während der noch abspritzt, mit High Five ab und setzte sich zu uns an den Tisch. Er hat dunkles leicht gewelltes Haar und große braune Augen, warum ich überzeugt bin, dass er nur ein halber Asiate ist. Er sieht sehr gut aus. Sein Sixpack wie glitzernde Brillanten in seinen Brustwarzen werden durchs offene Hemd nicht verdeckt.

„Du bist Valdrin Loris?“ Mir bleibt nicht mal Zeit zu nicken, da fährt Brust-Piercing schon fort: „Coogee berichtete vorhin vor dir. Ich bin Peitho! Ich kannte Rhydian Elpis vom Schwimmclub her.“

„Lautet dein richtiger Name Zac Boyce?“ Verlegen, da ich noch immer Jaydens Harten in meiner rechten Hand halte, grinse ich doof.

„Genau! Der bin ich!“

„Zac, darf ich dich interviewen?“

„Und mir dabei auch einen runterholen?“ Der gutaussehende Bodybuilder gafft auf Jayden, der sich unter meinem Griff rekelt.

„Das nicht!“, haste ich hervor.

„Schade! Ich habe nichts gegen eine Massage einzuwenden!“

„Sind alle australischen Gays so ...“

Peito beendet meinen Satz: „... so unwiderstehlich sexy? Ja, das sind wir! Er reicht mir ganz selbstverständlich eine Papierserviette, damit ich mir meine klebrigen Finger abwischen kann. So lade ich, statt Jayden, Zac zum Frühstück zu mir ins Hotel ein.

Nur für schwule Rucksack-Tourist und Jungs in Not

Später liege ich auf meinem Bett und tippe meine Gedanken zu all den Geschichten in meinen Laptop ein. Immer wieder schweife ich ab. Anstatt mit einer Zimmerpflanze Zuneigung zu üben, übersprang ich sogar das Haustier und kam direkt zu Interaktionen mit einem lebenden Menschen. Mein Psychiater wäre schockiert. An nur einem einzigen Tag erlebte ich mehr, als die letzten drei Jahre meines Lebens. Sam, Jayden und Peitho sind mir sehr sympathisch. Coogee verbirgt sein wahres Wesen, aber wahrscheinlich gehört das zu seinem Job. Von Jaydens dreizehn Zentimeter fantasierend, nicke ich, noch bevor ich mich in die dünne Decke eingekuschelt habe, sehr zufrieden ein.

Bis auf einen Absturz in ein bodenloses Loch, bleiben anderen Albträume aus. Nicht einmal die Horrorbilder der Wasserleiche taktieren mich. Gibt es Hoffnung?

Kurz nach fünf Uhr in der Früh stehe ich in meiner Badehose vor der Duschkabine. Ein Schnüffeln an meinen Achseln verrät mir, dass ich um eine Dusche – oder wenigstens um eine gründliche Waschung – leider nicht herumkomme. In Todesverachtung stelle ich mich unter den Duschkopf. Griffe zum Festkrallen gibt es hier im Hotel keine. Kurzentschlossen hole ich von meinem kleinen Balkon einer der Plastikstühle und stelle ihn in die Duschkabine. Kaum fällt das warme Wasser auf mich nieder, pruste ich nach Atem ringend. Meine Angst zu ertrinken, bringt mich augenblicklich an den Rand einer bodenlosen Klippe. Das gähnende Schwarz brüllt mich an, dass ich mir die Ohren zuhalte. Erst als ich mich gedanklich an Jaydens dreizehn Zentimetern festklammere, löst sich meine Verkrampfung. Trotzdem bleibt es bei einer meiner Eine-Minute-Aktionen.

Wegen der Hochsommerhitze trage ich nur eine beige Shorts, Socken, Turnschuhe und ein frisches Kurzarmhemd. Mutig lasse ich heute drei, statt nur einem Knopf offenstehen und zupfte an meinem Brusthaar. Als ich mich im Spiegel betrachte, denke ich an *Crocodile Dundee*, verwerfe das Bild aber sofort wieder. Mein erschreckter Rehblick passt nicht ins Bild eines Abenteurers. Weder Brusthaar noch mein Bart täuscht darüber hinweg. Weil es gestern einfach viel zu heiß war, ziehe ich mir die Socken wieder aus und schlüpfe barfuß in meine Turnschuhe. So draufgängerisch fühlte ich mich seit einer Ewigkeit nicht mehr.

Zac Boyce trifft pünktlich in der Hotel Lobby ein. Er ist barfuß. Ich sah gestern viele Kerle, die dieser Leidenschaft frönen; interessanterweise aber keine einzige Frau. In gelben Bermuda Shorts und dem offenen gelben Hemd sieht Peitho aus, als ob er auf dem Weg zum Strand sei. Seine

Brustwarzen zieren Brillanten, die im Sonnenlicht glitzern. Sein tiefbrauner Torso wirkt wie poliertes Holz. Ob Rhydian auch mit diesem Sportler ein sexuelles Verhältnis hatte?

Nachdem wir unsere Teller am Buffet mit *banana bread, muffins, bunten cup cakes, summer berries und passion fruit* gehäuft haben, komme ich nach dem üblichen Small Talk zum Thema: „Zac, wie hast du Rhydian Elpis vor drei Jahren kennengelernt?“

Aus den Erzählungen von Zac Boyce, der sich Peitho nennt:

► Es war am Montag, den 11. Januar. Ich bemerkte den Weißhäutigen in Jeans, wie er nervös unter einer Akazie hin und her ging. Ich trug nur eine Badehose. Als er mich sah, kam er stracks auf mich zu.

„Good Day! Ich bin der Schwimmer aus der Schweiz!“

„Das freut mich! Ich bin Zac Boyce!“

„Du bist nicht der Leiter des Schwimmclubs! Kennst du Brain?“

„Klar, kenne ich *Schwabbel.* Wartest du auf ihn?“

„Schwabbel? Ist Brain kein Schwimmer?“

„Oh, das war er! Brain trinkt zu viele *Longnecks.*“

„Brain will mich hier treffen, mir das Schwimmbad zeigen und jemandem vorstellen, bei dem ich unterkommen kann.“ Der Ausländer redete schnell und wirkte sehr nervös.

„Ist in der Schweiz jetzt Winter?“, fragte ich den gutaussehenden hellhäutigen Kerl. Er war damals wirklich bleich.

Er sei erst gestern aus dem europäischen Winter angereist.

„Wie heißt du?“

„Ach!“, stöhne er, blieb mir die Antwort aber schuldig.

„Wie soll ich dich nennen?“, versuchte ich es abermals.

Er überlegte lange, als ob er betrunken oder in Trance sei. Endlich antwortet er mir: „Elpis! Ja, ich bin Elpis!“ Nach einer Weile grinste er breit. „Nenne mich Rhydian Elpis!“

„Rhydian, du solltest surfen. Etwas Sonne würde dir gut tun!“

„Surfen? Noch nie gemacht!“, grunzte er und winkte ab.

„Das könnte ich dir beibringen? Wo wohnst du?“

„Brian hat vielleicht etwas für mich in Aussicht?“ Beiläufig checkte er seine Armbanduhr. „Brian ist längst überfällig!“

„Schwabbel ist sonst immer pünktlich."

Rhydian tanzte zappelig von einem Fuß auf den anderen.

„Ich habe seine Nummer gespeichert" Ich wählte und reichte ihm mein Telefon.

„Brian?", rief er viel zu laut ins Telefon. „Ich bin's, der Schwimmer aus der Schweiz! Ich warte ..." Ungläubig schüttelte Rhydian seinen Kopf. „Was? Sag das nochmal! Dein Hund ist angefahren worden?" Fassungslos starrte der importierte Schwimmer vor sich hin. „Kein Treffen heute?" Lange hörte er einfach zu und sein Blick verriet mir, dass Brian keine guten Nachrichten für ihn hatte. Schließlich keuchte Rhydian: „Verstehe!" Abermals schwieg er lange zuhörend. „Am Mittwoch um die gleiche Zeit wieder hier? Gute Besserung für deinen Hund!" Damit gab mir Rhydian mein Telefon zurück.

„Ich wollte nicht lauschen. Ich schwänze heute das Training. Darf ich dich zum Dinner einladen?"

Rhydian nickte und schien abermals total weggetreten zu sein.

„Magst du Fish n' Chips?"

„Ich liebe es!", antwortete er mir.

Wir spazierten zur *Opal* Station und schwatzten auf der folgenden Busfahrt über Belangloses, wie seine Reise nach Australien und dass er eigentlich heute offiziell dem Schwimmclub hätte beitreten sollen. Als wir an der *Central Station* in einen anderen Bus umstiegen, wusste ich, dass er in der Schweiz sein Studium geschmissen hatte, um hier in Australien ein neues Leben zu beginnen. Wir erreichten die *Oxford Street* und schlenderten zu *Troy's Fish & Chips* Imbiss. Die bunten Lichter der Straßenbeleuchtung waren eben erst entzündet worden. Rhydian pflückte sich eine rote Hibiskus Blüte, roch daran und schob sie sich hinters linke Ohr. Er langte nach einem extra langen Pommes.

„Was ist das dort vorne?" Er zeigte auf Regenbogenflaggen.

„Das *Mustang*!" Als Rhydian seinen Kopf schüttelte, erzählte ich ihm davon. „Früher war es ein angesagter Gay Treffpunkt hier in Sydney. Eine Weile ging es nur noch bergab. Seit der neue Besitzer mit experimentellen Konzepten frischen Wind reinbringt läuft es wieder besser. Gelegentlich organsiert *Coogee* Partys oder Wettbewerbe zu den üblichen Shows und Stripper-Abenden. Heute ist Travestie."

„Mir ist nicht nach Ausgang! Aber danke für den Tipp."

„Ich erwähne das *Mustang*, weil es auch eine Gay Pension ist."

„Dort vorne könnte ich günstig übernachten?"

„Coogee vermietet an schwule Rucksack-Tourist und Jungs in Not. Er hat einen Mutter-Theresa-Komplex."

„Ich bin ein Rucksack-Tourist und ..." Den Rest verschluckte er.

„Das *Mustang* ist baufällig und schmuddelig."

„Mir egal! Was verlangt Coogee für ein Zimmer?"

„Er passt die Preise den Jungs und ihren Diensten an."

„Kannst du ihn für mich anrufen?"

Als ich nickte, fuchtelte Rhydian mit seinen Pommes und einem Stück Fisch. Die Pommes wanderte in seinen Mund und der Fisch zurück in die bunte Kartonschachtel zur Mayonnaise. Er lauschte.

„Ich habe hier einen Welpen!" Immer wieder grinste ich und hörte mir Coogees Fragen an. „Rhydian, wie alt bist du?"

„Neunzehn, noch keine zwanzig!"

„Er spielt, ist in deiner Altersklasse!" Ich lachte. „Ja, hat er."

„Was?", wollte Rhydian wissen, doch ich winkte ab.

„Ja, kann ich machen!" Bevor Rhydian mitbekam, was passierte, schoss ich ein Foto und schickte es Coogee. „Gebongt!"

Rhydian hob fragend seine Achseln. „Um was ging es da eben? Ich mache nicht den Strich für einen alten Knacker!"

„Coogee ist erst vierzig."

„Soll mich das jetzt beruhigen?"

„Zwanzig Dollar die Nacht!"

Er nickte, tunkte ein großes Stück Fisch in die rote Sauce und schmatzte genüsslich, als es in seinen Mund wanderte. „Megalecker!" Er putzte alles weg und schabte mit den übrigen Pommes auch den letzten Tropfen Sauce und die Mayonnaise aus der Schachtel.

„Wollen wir? Wo hast du dein Zeug deponiert? Holen wir es ab?"

„Ne, schon gut! Das kann ich später selber erledigen."

„Lügner! Was ist wirklich los? Bist du pleite?"

So direkt konfrontiert, wässerten sich Rhydians Augen. In abgehakten Sätzen schilderte er mir den Raub. „Alles futsch!", beendete er seine Geschichte und wischt sich Tränen aus dem Gesicht.

„Kein Pass und kein Geld? Rhydian, du hast echt Probleme!"

„Kennst du jemanden, der mir einen Job gibt? Ich mache alles!"

„Alles?", doppelte ich nach und drängte zum Aufbruch.

Rhydian errötete und schüttelte seinen Kopf. „Nein, natürlich nicht alles! Du verstehst schon?"

„Nein, tue ich nicht!"

Coogee war von Rhydian fasziniert. Ich glaube, er ... ◀

„Diesen Teil der Geschichte kenne ich schon. Coogee erzählte davon."

„Valdrin, kennst du auch den Teil von Rhydians erstem Auftritt, und wie ihm Queen Darlinghurst seine Boxer Shorts runterzog? Mann, ich habe ja schon dicke Knüppel gesehen, doch der von Rhydian ..."

Ich nicke. „Sam hat es mir erzählt."

„Ich riet Rhydian zu einem Tanga. Er rümpfe nur seine Nase."

„Wie ging's weiter? Fand Rhydian einen Job?"

„Valdrin, in den wenigen Wochen, die wir uns kannten, hatte Rhydian unzählige Jobs. Ich glaube, es war in seiner ersten Woche, als er sich auch hier bei *Troy's Fish & Chips* versuchte. Aber Rhydian trieb es stetig vorwärts. Er war ein unruhiger Geist, immer auf der Suche."

„Fand er es?"

„Rhydian wehrte sich lange dagegen, doch ich bin mir sicher, er akzeptierte sein Schicksal am Ende."

„Und dieses Schicksal führte zu seinem frühen Tod?"

Peitho nickt erst, dann schüttelt er seinen Kopf. „Im ihn ranken sich viele Geheimnisse. Ich bin mir sicher, jeder den du über Rhydian Elpis befragst, erzählt dir andere verrückte Geschichte. Rhydian war ein Pechvogel, der Schwierigkeiten anzog. Aber er war niemand, der aufgab. Niemals! Er war ein Pionier und Abenteurer. Für mich war er ein Krieger. Sein ausgeprägter Wille, seine unglaubliche Selbstdisziplin und sein Kampfgeist erstaunten alle. Er stürzte sich todesmutig in jede Prüfung und nahm jede Schwierigkeit, als einen weiteren Schritt auf sein unbekanntes Ziel zu. Rhydian war auch stolz, dickköpfig und eitel."

„Peitho, erzählst du von diesen Geheimnissen?"

„Danke für's Frühstück! Valdrin, ich muss los! Später kann ich dir von Rhydians Start im Schwimmteam erzählen. Ich kenne da jemanden, der peinliche Geschichten kennt. Soll ich dich hinfahren?"

Coogee sitzt an der Bar im *Mustang* und sortiert Belege. Der Wirt muss die Fenster und die Tür seines Schuppens eben erst geöffnet haben, denn der üble Geruch von verschüttetem Alkohol, billigen Parfums und Putzmitteln hängt noch immer im schummrigen Lokal.

„G'Day, Valdrin! Lust auf mehr Geschichten über deinen Bruder?"

Ich bestelle Ananassaft und setze mich damit draußen in die Sonne. „Ans günstige Angebot hier im Hotel zu wohnen, war deine Bedingung einer gemeinsamen Bootfahrt geknüpft. Kam es dazu?"

„Hope war pleite. Er brauchte schnell Bargeld zum Überleben wie für Kleidung und neues Badezeug für den Schwimmclub. Entschlossen *Hope* zu helfen, organisierte ich ein Treffen mit einem guten Freund."

„Einen Job? Als was?"

„Was jeder schöne Fremde ohne gültige Papiere tun könnte!"

Verlegen weiche ich Coogees abcheckenden Blicken aus und klappe meinen Laptop zum Diktat auf.

Eine Erzählung von Coogee, dem Betreiber des Mustangs:

► Es war am 13. Januar vor drei Jahren, an Rhydians viertem Tag in Sydney. „Hope, willst du dich nicht umziehen? Wir werden den ganzen Tag draußen in der Bay verbringen."

„Mir blieb nur, was ich auf dem Leib trage."

„Wie du meinst! Mein Boot ankert im *Elizabeth Bay* bei *Potts Point*. Musst du heute nicht noch zum Campus?"

„Ja, um fünf Uhr. Brain wird mich im Schwimmclub aufnehmen und mit mir mein Trainingsprogramm besprechen. Das ist wichtig!"

„Passt! Wir sind um vier Uhr zurück am *Darling Harbour*. Hast du Sonnencreme, *Sunnies* und einen Hut eingepackt?"

„Alles geklaut!"

„Wird langsam zu deiner Standardausrede!"

„Aber es ist die Wahrheit!" Dein Halbbruder setzte sich eine meiner Sonnenbrillen auf, verwehrte aber eine meiner Wollkappen.

Eine Viertelstunde später parkte ich meinen Wagen bei der Anlegestelle. Ich zeigte zwischen Motorboote und Yachten. „Mein Boot ist die

Early Bird, das weiße motorisierte Segelschiff am Ende des Piers."

„Ein Katamaran? Mega-krass!"

Wahrscheinlich musste er noch in die Büsche pissen. Er trudelte erst zehn Minuten nach mir am Pier ein. Hope wirkte aufgebracht und irgendwie gehetzt, als er an Board kletterte. Ich bat ihn die Taue zu lösen und ich lichtete den Anker. Er beobachtet jeden meiner Handgriffe, doch seine Blicke streifen ständig zurück zu den Büschen beim Parkplatz. Nach dem Hissen des Sonnendachs zwischen den beiden Rümpfen im Heck, bezog ich auf dem Oberdeck Stellung.

„In der Kajüte hat es Wasser- und Weinflaschen." Er schüttelte den Kopf und bat darum, den Motor zu starten. Kaum von der Anlegestelle in den schaukelnden Wellen Richtung *Woolloomooloo Bay* unterwegs, zeigte ich in der Ferne auf das *Sydney Opera House*, das seine weißen Flügel der Sonne entgegenstreckte. Es war ein herrlicher Tag mit glitzerndem Sonnenschein auf den flachen Wellen. Mein Passagier entledigte sich seiner Turnschuhe und stellte sich barfuß neben mich unter das zweite Sonnendach auf dem Oberdeck. Er lachte erleichtert und sog die Hitze, den Wind und die Freiheit des *Port Jacksons*, wie ein Schwamm in sich auf.

„Mein Leben hat sich total verändert!" Murmelnd fügte er an: „Die Saat ist ausgeworfen!" Abermals drehte er sich zur Anlegestelle um, die aber wegen der Landzunge außer Sicht war. Hope zog sich sein Shirt aus. Sein schlanker hochgeschossener Körper hatte verdammt gute Muskeln. Er war eben erst vollkommen zum jungen Mann erblüht. Ständig drehte er sich in alle Richtungen und wollte alles über die Buchten, die Strände und Viertel wissen. Ihn faszinierten der tiefblaue Himmel, die weißen Wolken, das scheinbar hellere Licht als in seiner Heimat und natürlich die Ozonlöcher. Genüsslich rekelte sich der Schönling in der Sonne. Jedem Fährboot, Segelschiffe oder Ruderboot winkte er zu. „Die Wasserwege sind in dieser Metropole die kürzesten Verbindungen", erklärte ich ihm. „Sydney liegt um die Mündungsbucht des *Parramatta Rivers*."

„Wo treffen wir die anderen?"

„Am *Darling Harbour*. Aber erst müssen wir unter der Brücke durch und dahinter *Walsh Bay* passieren. Genieße die Fahrt! Im Heck hat's Liegestühle, Badetücher und Sonnenschutz. Fühle dich wie zuhause!"

„Du meist, wie bei dir im *Mustang*?" Er lachte und fuhr sich durch die blonden Haare. „Die Zeit drängt! Mir bleibt keine Zeit zum Dösen in

Liegestühlen. Coogee, ich genieße lieber die Aussicht."

„Ziehe die Jeans aus!", befahl ich ihn. Hope ignorierte meine Aufforderung, blähte seinen Brustkorb und straffte sein Six-Pack.

Bald ragte die *Sydney Harbour Bridge* vor auf. „Spazieren da Leute?" Er zeigte auf kleine Punkte ganz oben auf dem Stahlbogen.

„Es gibt Führungen über den *coathanger*."

„Kleiderbügel?"

„Da hochzusteigen ist etwas für Leute, die unter keinerlei Höhenangst leiden. In hundertvierunddreißig Meter Höhe ist es eine Wanderung über die Abgründe der Hölle."

„Ich würde sofort rauf!", behauptete er.

„Noch ein Grund mehr bei *Woolloomooloo Cleaning Services* anzufangen. Der Besitzer belohnt Sonderdienste mit Tickets und Boni."

„Denkst du, ich könnte morgen schon im Reinigungsinstitut anfangen? Ich besitze aber keine Arbeitserlaubnis."

„*Henley* ist informiert. Er verfügt über exzellente Beziehungen zu wichtigen Leuten. Stellst du dich gut an, kann er dir bestimmt bald einen neuen Pass besorgen."

„Dafür tue ich fast alles. Im muss in Sydney bleiben, um mein Schicksal zu erfüllen. Die Saat ist ausgeworfen!"

Ziemlich sicher, er würde gelegentlich auch für mich arbeiten, legte ich ihm meinen Arm um seine Schulter. Er wimmelte mich ab. Später neben dem *Sydney Aquarium* steuerte ich das Ufer an, wo uns eine Gruppe winkender Gäste erwartete. Die neun Männer, zwischen Mitte zwanzig bis siebzig, eroberten mit Bierflaschen und anderen alkoholischen Getränken meinen Katamaran. Jeder schwatzte und flirtete mit dem jungen Schwimmer. Kaum abgelegt und zurück Richtung *coathanger* unterwegs, zogen sich vier der neuen Passagiere splitternackt aus. Die Männer mixten auf dem Zwischendeck Drinks, standen auf einem der Träger oder winkten Leuten auf passierenden Schiffen zu. Bald klirrten Gläser mit verdünntem Weißen in dem Limettenscheiben und Eiswürfel schwammen.

„Das Zeug schmeckt herrlich erfrischend!", lobte Rhydian, stieß mit jedem an und erzählte von seiner Reise nach Australien. Dass sein Glas ständig wieder aufgefüllt wurde, bekam er nicht mit.

„Prüde?" Ein nackter rothaariger Mann mit Halbglatze stellt sich neben Hope aufs Oberdeck, als wir unter dem *coathanger* durchfuhren. Hope musste seinen Namen bei der Begrüßung überhört haben.

„Nein, das bin ich nicht!", gab er Henley knapp zur Antwort.

„Ich bin eingefleischter Naturist. Nackt fühle ich mich am Wohlsten", erklärte Henley. „Coogee fährt mich und meine Freunde oft zu einem der Nacktstrände oder lädt uns zum *Bay Cruising* ein. Rhydian, behältst du deine Jeans an? Die Hitze wird dich noch erschlage!"

„Mal sehen", brummelte Hope. Ihn faszinierte die Brücke. „Ich will unbedingt da hinaufklettern."

„Keiner von uns will dir an die Wäsche", kam Henley aufs Thema zurück und zwinkerte mir zu. „Textilien interessiert keinen von uns!"

Der Schweizer wechselte das Thema und berichtete von seinem Ferneintritt in einen der hiesigen Schwimmclubs. „Ich hole die Goldmedaille an der *Australian Gay Swim Pride*!"

„Da ist ja einer überzeugt von sich! Coogee erzählte mir von deiner Misere." Dabei lehnte sich Henley rücklings ans Geländer unters Sonnendach und präsentierte uns seinen roten Pelz und sein Gehänge.

„Mann, hast du einen Busch!", brachte es Rhydian gleich auf den Punkt. „Im Schwimmclub sind alle Jungs rasiert. Auch meine Freunde und Bekannten halten nichts von Wildwuchs."

„Ihr jungen Leute!" Der Rothaarige kraulte sich seine Matte. „Rhydian, willst du mal wühlen?"

„Nein, danke!" Hope lachte lauthals auf, doch seine Neugier obsiegte. „Du fühlst dich wie ein Tier an!"

„Magst du keine Tiere?", fragte ihn Henley.

„Oh doch! Unbedingt!"

„Einige sagen, ich gleiche einem großen roten *Kangaroo*."

Ungeniert kraulte Hope überall Henleys Fell. Als er ihm an seinen Ohren zog, schüttelte er seinen Kopf. „Buschhopser habe größere Ohren, aber ich denke, dein Schwanz kommt in etwa hin."

Das Eis war gebrochen. „Bist du überall haarlos?" Henley streichelte Hopes Brust und zwackte ihm in seine Brustwarzen.

„Logisch! Was sonst?"

Da ich wusste, dass Henley sein Personal bei Castings nicht nur anfassen will, ahnte ich, dass bald mehr passieren würde.

„Alter Fuchs, krallst du dir wieder das beste Stück?" Ein weiterer Naturist kam aufs Oberdeck. Auch dessen Körper war vom Kinn abwärts behaart. Seine Haare waren ausnahmslos kurz getrimmt, was seinen überdurchschnittlich dicken Doodle gut zur Geltung brachte.

„Das ist *Marrick Braxton*. Er ist der Naturbursche meines Teams", stellte Henley ihn vor. Der Wind spielte mit den ausgebleichten halblangen Zotteln auf dem Kopf des muskulösen Surfer-Typen.

Hope ließ Henley los und schüttelte dem Jüngsten der angekommenen Männer die Hand. „Als was arbeitest du?" Seine Blicke wanderten ungeniert über die Muskeln, Narben und den Lümmel des Nackten.

„Eigentlich bin ich Schlosser, aber ich jobbe an den Wochenenden als Rausschmeißer in hiesigen Clubs oder betätige mich als Surf-Lehrer. Früher dachte ich an eine Profikarriere als Rugbyplayer. Aber ich verletzte mich beim Boxen. Heute sind mir die Spezialjobs für den rotfelligen Bären die liebsten – und lukrativsten", zählte Marrick auf.

„Rhydian will auch bei mir anfangen?"

„Henley?" Hope wirbelte zum Rothaarigen herum. Als der nickte, errötete er. „Du bist der Leiter der *Woolloomooloo Cleaning Services*?"

„Rhydian, du kannst mich trotzdem weiter lausen!"

Marrick stellte sich breitbeinig in die Mitte des Oberdecks und balancierte, leicht in die Knie gehend, den Wellengang aus. Sein Dicker schwoll an und wippte mit. „Hase, ich hoffe, du qualifizierst dich für die neu geplanten *SOS*. Die Entlohnung ist verdammt viel höher als tagsüber als Putzkraft zu schuften."

„Hase?", fragte Hope.

„Bist du kein geiler Rammler?"

Er hob seine Achseln und strich mit seinen Zehen über die Reling. „Vielleicht?" Naiv fragte Hope: „Abends muss man nicht putzen?"

„Einige nennen es Arbeit, für mich ist es Spaß und Vergnügen!"

„Spielst du kein Rugby mehr?" Hope lehnte sich neben Henley stehend in die Seile, um Marricks Tanz interessiert zu verfolgen.

„Nur noch bei Nackttournieren! Heute bin ich Extremsurfer, Schlamm-Catcher und Alleinunterhalter. Willst du gegen mich antreten? Du wärst ein würdiger Gegner auf den Matten. Was stemmst du?"

„Kommen wir zum Vorstellungsgespräch", unterbrach Henley.

„Jetzt? Bleibst du dabei so?", wunderte sich der Jobsucher.

„Ich bin, was ich bin und das bei jeder Gelegenheit!"

„Krass!“, stieß Hope aus. „Das glaubt mir in der Schweiz keiner.“

„Ist dir wichtig, was andere glauben?“, hakte Henley nach.

„Eigentlich nicht! Ich lebe den Moment. Der ist immer flüchtig!“, antwortete ihm der Teenager. „Ahnen andere denn, was ich gerade durchmache? Die Saat ist ausgeworfen!“

„Ist dem so?“ Henley befragte Hope nach seiner Ausbildung, seinen bisherigen beruflichen Erfahrungen und Talenten.

Der Interviewte erzählte von seinem Wirtschaftsstudium und von Gelegenheitsjobs während seiner Semesterferien. Henley bohrte immer wieder nach besonderen und wirklich ungewöhnlichen Stärken. Er sein Profischwimmer und wisse, dass nur Disziplin und Begeisterung an der Sache Erfolg bringt. „Ich muss nicht nach der unsichtbaren Kraft suchen oder sie mir erst aneignen. Ich besitze sie bereits! Was ich aber lernen muss – und dazu bin ich in *Downunder* – ist, diese Kraft anzuwenden, sie zu kontrollieren und sie zu überleben.“

Marrick blieb die ganze Zeit schwanztanzend vor den beiden und lauschte ungeniert – wie auch ich.

„Rhydian, deine Schwäche“, kommentierte Henley, „sind deine Scham und Hemmungen. Beide bremsen dich aus! Befreie dich!“

„Ich bin nicht verklemmt“, protestierte Hope. Der Schönling verspürte aber keine Lust, Henley das Gegenteil zu beweisen. Er erzählte, der amtierende Schweizermeister in hundert Meter Brust und Free Style zu sei. „Während ich das tue, was ich am besten kann – Schwimmen und Siegen – trage ich nie mehr als eine Badehose.“ Hope stemmte sich seine Hände in die Hüfte. „Ich bin stolz auf meinen Körper!“

„Zweifacher Goldmedaillen Gewinner?“ Marrick klopfte ihm sofort auf die Schulter. „Goldhase, das müssen wir feiern! Henley, du wirst ihn ja eh einstellen. Ich hole uns etwas zum Anstoßen!“

„Ich bestehe auf einen Tag auf Probe“, warf Henley ein. „Rhydian, stellst du dich dabei gut an, hast du den Job.“

Kurz darauf balanciert Marrick mit vier vollen Gläsern Rotwein in seinen Händen tragend über die Treppe zurück aufs Oberdeck. Weil wir alle über einen Witz lachten, missverstand das Marrick. „Gratuliere! Willkommen im Team!“ Dummerweise fuchtelte Hope mit seinen Händen um das Missverständnis aufzuklären und schlug dabei mit den Rotweingläsern zusammen. Das Blut der Trauben taufte den Novizen.

„Oh, verdammt!", schnauzte der nackte Surfer. „Rotwein gibt bleibende Flecken!" Er deutete auf die Jeans, die gierig den Wein aufsaugte.

„Das ist meine einzige Hose!"

„Komm mit!" Marrick übergab die Gläser an Henley und zog den nassen Teenager an seiner Hand nach unten. Im Bug zog sich Hope, nach einem längeren Wortwechsel, seine Jeans aus und schob etwas in einen Plastiksack, der an einem Seil angebunden an der Reling hing. Worüber die beiden so heftig diskutierten, war vom Oberdeck aus nicht zu hören. Marrick warf einen Kübel an einem Seil festgebunden über Bord, schöpfe Meerwasser und wusch darin die Hose aus.

„Schon besser!" Henley musterte den Nackten. „Rhydian hat den Körper und den Schwanz, den ich zu Geld machen kann!"

„*Dudley*, wirf uns mal das Sonnenöl rüber!", brüllte Marrick. Der Angesprochene, ein grauhaariger dürrer weiterer Naturist, tänzelte mit *Tropical Sun Oil* zu den beiden Jüngsten im Bug.

Henley beobachtet die Jungs. „Wäre doch schade, wenn diese große Bratwurst anbrennen oder sich gar pellen würde."

Marrick wusch die Jeans gründlich aus und hing sie zum Trocknen über die Reling. Abermals diskutierten die jungen Nackten intensiv. Bald träufelte Marrick dem Hellhäutigen Öl über dessen Schulter, Rücken und Arsch und begann zu kneten und zu massieren.

„Coodgee, wetten wir, dass Marrick den Neuling als erster fickt?"

Ich schlug ein. Ich kannte natürlich Marricks steinharte Überzeugungskraft, doch auch Hope, der nichts tat, was er nicht wirklich wollte. Gespannt verfolgten nicht nur Henley und ich das Duell zwischen dem wilden Mann und der Jungfrau, sondern jeder auf dem Katamaran.

„Prüde ist er wirklich nicht!", stellte Henley lachend fest, als Marrick sich von hinten um Hope schlang und ihm intensiv die raschwachsende Latte einölte.

„Wie lange schätzt du dieses Prachtstück?", fragte ich Henley.

„Was zählt ist, er liegt – nein, er steht – definitiv steinhart über dem Durchschnitt. Rhydian ist genau der Vorzeigemann, den ich für meine neue Geschäftsidee suche. Coogee ich schulde dir einen Gefallen!"

Die Jungs standen mit ihren Rücken zu uns. Marrick bewegte seinen haarigen Arsch in neuem Tanz. Ob er dabei tief in die ölige Öffnung seines Hasen eindrang, war nicht zu erkennen.

„Der Schöne und sein Biest!“, brachte es Dudley auf den Punkt.

„Die beiden geben ein gutes Paar ab!“, pflichtete Henley bei.

Als Hope einiges später – noch immer splitternackt – die Treppe zum Oberdeck hochkam, schien er verwandelt. Er strahlte! Sein Langer schlackerte ölig glänzend bei jedem Tritt. Henley streckte seine Hand aus, um seine Wettschuld zu kassieren.

Gegen halb vier Uhr überließ ich Hope das Steuer für die Rückfahrt in den *Darling Harbour*. Als er später von Board ging, fühlte es jeder: Er hatte sich befreit – und nicht nur von seiner Kleidung. Hopes Kopf glühte rot; definitiv nicht aus Scham, sondern wahrscheinlich vom Alkohol und der starken Sonne.◀

„Valdrin, ich muss jetzt arbeiten! Kriegst du ein Bild von Rhydian?“ Coogee trägt die Gläser ins Lokal und winkt mir zum Abschied zu.

Lange denke ich über seinen Bericht nach. Rhydian ließ sich ganz bestimmt nicht vor versammelter Crew von einem Surfer ficken. So tickt doch niemand. Leider erwachten abermals keine persönlichen Erinnerungen an meine eigene Zeit mit meinem Halbbruder.

Der verarschte Delfin

Leider findet Jayden keine Zeit für mich, weshalb ich mich bei *Peitho* nach seinem Meeting erkundige. Es würde noch bis in den Abend andauern. Er empfiehlt mir, mich doch mit Brian auf dem Campus zu verabreden. Der Leiter des *Pink Dolphin Gay Swim Teams* wüsste bestimmt einiges über Rhydian zu berichten. Er gibt mir die Nummer und ich verabrede mich mit Brain für später auf dem Uni Campus.

Die Fahrt zur *University of Sydney* wird meine erste Sightseeing Tour. Fasziniert starre ich aus dem Busfenster. Überall ist die Nähe zum Ozean spürbar, in den Bäumen krächzen Papageien, jeder Busch oder Baum blüht und das Licht ist so hell, dass die depressive Dunkelheit in meinem Herz tatsächlich zurückweicht. Ich fühle mich total zuhause hier. Auf dem Campus Areal, jetzt während der Sommerferien, tummeln sich statt den Studenten an die fünfzig oder mehr Kakadus auf dem Rasen. Während ich vor der Mensa auf Brians Ankunft warte, fällt mein Blick auf ein mit Wohnungsanzeigen, Jobangeboten, Kontakten, Werbung für Clubs, für Nachhilfe und dergleichen überklebtes Anschlagbrett. Aus Langeweile lese ich einige davon. Plötzlich erkenne ich Rhydians Gesicht unter all den Zetteln. Vorsichtig befrei ich seinen Flyer. Rhydian ist zwei Mal darauf abgebildet. Sein Porträt auf der rechten Seite und ein Ganzkörperbild auf der linken. Es ist, als ob ich in ein extrem verzehrtes Spiegelbild meiner selbst blicken würde. War mein Halbbruder wunderschön, kann ich kaum als Durchschnitt punkten, doch eine entfernte Ähnlichkeit lässt sich nicht von der Hand weisen. Mit dem zweiten Bild verbindet uns nichts. Der Wahnsinnige zeigt sich splitternackt von hinten, mit frechem Blick über seine Schulter zurück. *Meet Rhydian, the Campus Nuddy live – February 8. Join the new Nudist Club!* Ob das eine der Aktionen war, die er mit Jayden zusammen als Aktivist durchführte?

„Valdrin Loris?" Ein bulliger Kerl in Trainingshose mit Bierbauch kommt in Badelatschen auf mich zu.

„Ja, der bin ich! Hallo Brain! Darf ich dich über meinen Halbbruder interviewen?"

„Wie bitte? Was?"

„Du kanntest Rhydian Elpis doch gut?"

„Allerdings! Warum ..."

„Ich kann mich nicht an ihn erinnern und will verstehen, warum er umkam. Jeder Hinweis hilft mir. Bitte!"

„Du willst Rhydian Elpis zum Leben erwecken?"

„Du denkst, er lebt noch?"

Brian deutet mit seinem Kinn auf den Flyer in meiner Hand. „*Champion* war nach dieser Aktion auf dem Campus berüchtigt. In allem, was er tat, war er extrem. Für ihn gab es niemals halben Sachen."

„Du nennst Rhydian Elpis *Champion*? Demnach gewann er für deinen Schwimmclub die Goldmedaille?"

„Valdrin, willst du etwas trinken? Leider werden hier auf dem Campus keine *Longnecks* serviert. Tut es auch ein großer Eistee?" Erstaunt, dass diesmal nicht wieder ich für Speis und Trank bezahlen muss, nicke ich. Brian holt die Getränke und zeigt auf einen freien Tisch draußen im Schatten unter einem Eukalyptusbaum.

„Warum interessierst du dich für Rhydian Elpis' Vergangenheit?"

„Rhydian ist – war – mein Halbbruder!", erkläre ich. „Seit seinem

Verschwinden leide ich unter einer Depression, Paranoia und Angstzuständen. Mein Gedächtnis ist futsch. Ich hoffe, indem ich etwas über meinen Halbbruder erfahre, mich zu heilen."

„Verstehe!", murmelt Brain und sieht mir in meine Augen. „Wie nahe standet ihr euch beiden?"

„Wahrscheinlich nahe! Immerhin erlitt ich bei der Nachricht seines Todes einen schweren Nervenzusammenbruch."

„Schlimme Sache!" Brain bückt sich und hebt eine hölzerne ovale Kapsel, in der Größe einer Limette, auf. „Das ist eine *Honky Nut*. Es ist die Samenkapsel dieses Eukalyptus. Steinhart ist ihre Schalen, doch hart ist auch der Boden auf den sie stürzen!" Brian zeigt nach oben in die Äste des Eukalyptus. „Champion sammelte sie, wo immer er welche fand."

„Die erinnert mich an eine Glocke ohne Klöppel."

„Um zu Klingen braucht es Wiederstand. Valdrin, niemand ist so blind wie der, der sich weigert zu sehen! Hast du *Zac Boyce* schon interviewt? Er war Champions Schwimmclub-Kumpel, die beiden hingen ständig zusammen ab."

„Ich frühstückte mit Peitho, er ist ein sympathischer Kerl!"

„Valdrin, schreibst du Rhydian Elpis' Lebensgeschichte?"

„Nein! Es sind nur persönliche Nachforschungen!"

„Rhydian Elpis war eine schillernde Figur. Rhydian war der Klöppel, der dem Schwimmclub seinen heutigen Klang verpasste. Ohne ihn würde es heute die *Sydney Dolphins* nicht mehr geben." Brain kommt ins Schwärmen.

„Stürzte er sich tatsächlich von der *Sydney Harbour Bridge*?"

„Oh, das tat er!"

„Rhydian sprang wirklich vom Kleiderbügel?"

„Marrick, so ein aggressiver Schläger, animierte ihn dazu."

„Ich hörte von Marrick! Warum?"

„Marrick war schon immer ein Adrenalin-Junkie. Er überredete Champion beim Jahrhundertsturm am 3. Februar vor drei Jahren die Brücke zu besteigen und sich hinunter zu stürze."

„Sprang er nicht erst Ende März in den Tod?"

„Der Jahrhundertsturm tobte anfangs Februar."

„Mein Halbbruder wird aber erst seit dem 1. April vermisst."

„Vermisst?" Brain starrt mir in die Augen. „Ich dachte immer Champion flog zurück in die Schweiz, da sein Visum ausgelaufen war."

„Nein! Rhydian ist tot. Die Polizei schließt Mord nicht aus."

„Champion soll tot sein? Ich hörte natürlich allerlei Gerüchte und las den Bericht über den Fund der Wasserleiche in der Zeitung. Rhydian war extrem, doch er war berechnend. Ich glaube nicht an Selbstmord! Davon hätte er nichts gehabt."

„Mord?"

„Champion war nicht immer leicht zu ertragen. Zudem verstrickte er sich in gefährliche Geschäfte. Champion zog das Unglück und schräge Vögel förmlich an. Bist du wirklich sein Bruder?

„Halbbruder!", korrigiere ich.

„Ich erkenne eine entfernte Ähnlichkeit. Die Haarfarbe stimmt nicht und deine Augen wirken – sorry – traurig und nicht so lebensfroh, wie die von Champion. Du bist ein total anderer!"

„Dieser Flyer!" Ich schiebe Brain mein Fundstück unter.

„Champion wollte unbedingt in die Bruderschaft aufgenommen werden. Idiot!" Brain schüttelt seinen Kopf. „Valdrin, hast du Marrick schon persönlich kennengelernt?" Als ich verneine, rät mir Brain, mich unbedingt rasch mit ihm zu treffen. „Kennt einer die gefährliche Seite von Rhydian Elpis, dann der Anführer aller bekloppten Durchgeknallter. Peitho kann dir Marricks Adresse geben. Frage aber nach *Ares*."

„Hat das mit dem damaligen Motto von *Mardi Gras* zu tun?"

„Ja! Es gab vor drei Jahren in Sydney eine Bewegung, die sich plötzlich nach alten Göttern umbenannte."

„Wie nannte sich Rhydian?"

„Keine Ahnung! Champion stolperte in eine Welt, die ihn mit Leib und Seele verschlang. Valdrin, soll ich dir von meiner ersten Begegnung mit Rhydian Elpis erzählen?"

Aus den Erzählung von Brian, dem Leiter des Pink Dolphins:

► Es war am Mittwoch, den 13. Januar vor drei Jahren.

„Bist du Brian?", fragte mich ein gutaussehender junger Kerl mit Schwimmerschulter. „Ich bin der Schweizermeister, der hier den *Sydney Dolphins* unter die Arme greifen soll!"

„Du bist das? Ich erinnere mich an dein Gesicht vom Bewerbungsfoto. Sorry, dass es am Montag nicht geklappt hat. Mein Hund ..."

„Hat er überlebt?"

„Es geht ihm schon besser. Bevor ich dir das Hallenbad zeige, musst du Formulare ausfüllen. Wo sind deine Sportsachen?"

„Gestohlen!"

Ich führte ihn in mein Büro im Erdgeschoss. „Heute brauche ich Fakten und Zahlen. Deine Personalien habe ich aus unserem E-Mail-Verkehr übernommen."

„Darf ich sehen?" Frech schnappte er sich das Formular aus meiner Hand. „Fehler! Schlimmer Fehler!" Mit einem Filzschreiber strich er den Namen unleserlich durch und ersetzte ihn. Champion behauptete, ich hätte die Formulare vertauscht oder ihn mit einem anderen Kandidaten verwechselt. Er kopierte sich jedoch die Daten seines Visums wie die Passnummer auf einen Zettel.

Als er mir das *Mustang* als hiesige Adresse nannte, entschuldigte ich mich, dass es mit der Unterkunft bei der geplanten Gastfamilie nicht geklappt hatte. „Rhydian", las ich seinen Namen ab, „ich bemühe mich, dir bald einen Ersatz anzubieten. Ich werde mich bei *Kensington* erkundigen. Er ist der neue Präsident der *Sydney Parramatta Fraternity.* Sein Vater sitzt im Ausschuss für Sonderbewilligungen neuer Studenten."

„Kensington könnte mir helfen an der Uni zu studieren?"

„Falls das einer hinkriegt, dann Kensington! Dazu müsstest du dich jedoch den Aufnahmeritualen der Bruderschaft unterwerfen."

„Kein Problem! Bitte, rufe ihn an."

„Die *Pink Dolphins* nutzen während der Semesterferien zusätzlich das Schwimmbad hier auf dem Campus. Unser Club lokal ist der *Bondi Beach Pool.* Wir trainieren jeweils an den Donnerstagen am späten Nachmittag und Abend dort, weil das Bad für Gäste wegen Reinigungs- und Wartungsarbeiten donnerstags geschlossen bleibt. An allen anderen Tagen steht dir tagsüber der *Bondi Bath Pool* gratis zur Verfügung. Weil sich während der Sommerferien viele Familien mit Kindern dort aufhalten, eignet er sich nicht zum Training. Hier auf dem Campus kannst du von sechs Uhr morgens bis abends um zehn Uhr rein. Für die Studenten bleibt das Hallenbad während der Sommerferien geschlossen. Unser Kraftraum befindet sich am *Bondi Beach.*"

„Schwimmst du auch an der Meisterschaft?"

„Diese Zeiten sind vorbei." Ich tätschelte meinen Ranzen. „Zu viele Longnecks! Ich trainiere dich als dein persönlicher Coach jeden Donnerstag im *Bondi Bath Pool* und immer montags hier an der Uni. Den Rest deines Trainings musst du selbst organisieren."

„Warum ich? Sind alle *Pink Dolphins* Bier Fans?"

„Bis auf Zac Boyce und Asby ist keiner von uns auf Leistungssport aus. Wir Gays treffen uns hauptsächlich zum Chillen."

„Warum der neue Ehrgeiz die Goldmedaille zu holen?"

„Ach, Rhydian! Wir brauchen dringend neue Mitglieder. Ein Sieg würde uns diese sichern. Wir brauchen mindestens fünfzig aktive Schwimmer, sonst wirft uns das Management des *Boni Bath Pool* raus."

„Dennoch kann sich der Club leisten, einen Schweizer einfliegen zu lassen?" Rhydian spielte auf die Rückerstattung seines Flugtickets an.

„Unser Hauptsponsor sprang kürzlich ab. Aber keine Angst, du bekommst dein Geld zurück. Ich arbeite daran."

„Sowie an meiner Unterkunft?"

„Sei einfach mindestens dreimal wöchentlich im Training, dann händige ich dir einen Scheck aus." Mir war es extrem unangenehm diesen hübschen Jüngling anzulügen. Der Club war pleite! „Kommen wir zu den harten Fakten! Ab mit dir ins Schwimmbad! Die Garderobe befindet sich links vom Eingang die Treppe runter."

„Warum sind heute andere Clubmitglieder hier? Es ist Mittwoch!"

„Ich verschickte eine Rundmail und kündigte deine Ankunft an. Jeder ist neugierig auf den Beau, der lachend auf dem Siegespodest mit den beiden Goldmedaillen um den Hals stehend, Herzen bricht."

„Kriege ich Gage für die Zusatzaufgabe als Club-Maskottchen?"

„Wir suchen noch nach einem Sponsor dafür." Noch eine Lüge.

Desillusioniert verließ Mister Elpis mein Büro.

Als ich ihn später im Hallenbad wiedersah, trug er noch immer seine Jeans, jetzt bis zu den Knien hochgekrempelt. „Damit kann ich dich nicht ins Becken lassen! Rhydian, hast du keine Badehose dabei?"

„Gestohlen!" Er schnaubte. „Keiner der Longneck-Schlürfer", zeigte er auf die fünfzehn Club Mitglieder, „hat eine Ersatzbadehose dabei." Herausfordern checkte er jeden ab. Die Hälfte von uns war übergewichtig, in die Jahre gekommen, untrainiert oder gar wasserscheu. Unser Schwimmclub brauchte dringend ein neues Image.

„Lernt man im *Switzerland* nicht lesen?“ Einer zeigte auf ein Verbotsschild *No streetwear or undies allowed!*

„Vielleicht finden wir etwas Passendes in der Fundschachtel?“ *Kofi*, ein Afro-Australier holte eine Kartonschachtel.

„Was ist denn das?“

„Es sind Sommerferien! Da bleibt nicht viel liegen“, erklärte Kofi.

Rhydian fischte einen schwarzen String Tanga in Flusspferde-Größe heraus. Er drehte sich das Ding durch seine Finger. „Ein Test?“

„Kannst den Tanga als *Mankini* tragen!“, bemerkte einer.

„Neuer, vielleicht taugt das Teil etwas als neues Maskottchen-Outfit?“ Die Clubmitglieder kullerten sich vor Lachen.

„Einen guten Schwimmer erkennt man nicht an seinem Aufzug!“, konterte Rhydian dem dicken Chinesen. Er drehte sich von uns ab und zog sich extrem ungeschickt die Jeans aus, stolperte und verhedderte sich im Stoff. Er präsentierte sich im ausgeleierten *Mankini* und sah darin verdammt geil aus. „Was trug mein Vorgänger-Maskottchen?“

„Eine Regenbogenflagge über dem rosaroten Delfinkostüm!“, antwortete ihm Max, der Älteste im Club.

„Ein Delfinkostüm?“ Rhydian schüttelte sich. „Leute, ich tanze bei Sponsor Anlässen nicht als Tümmler verkleidet herum.

„Das ist der doppelte Goldmedaillen-Gewinner aus der Schweiz. Er nennt sich Rhydian Elpis“, mischte ich mich ein und stellte ihn offiziell den anderen vor. „Vergesst den anderen Namen. Ich habe Formulare vertauscht.“ Ich zupfte an den Trägern seines schrillen Aufzugs. „Sisters, Krallen einziehen! Begrüßt den Schwimmprofi, wie es sich für Sportler gehört. Rhydian hat einen weiten Weg hinter sich, wurde ausgeraubt und braucht unsere Unterstützung, nicht unsere Verachtung.“

Jeder klopfte dem Neuling danach auf die Schulter, kniff ihm in den sichtbaren Arsch und checkte in gründlich ab.

„Rhydian, lass dir von den Jungs hier nicht auf der Nase rumtanzen! Sei du selbst! Ich checke meinen Spint. Bestimmt liegt darin eine Ersatzbadehose, die mehr taugt, als dieses Monsterding.“

„Hier!“ Asby, ein kecker Typ um die vierzig mit Dreitagebart reichte Rhydian eine Schwimmbrille mit blauen Gläsern und dazu passend eine blaue Badekappe. „Die Kappe ist Hai Haut nachempfunden. Du wirst merken, dass du damit schneller schwimmen kannst. Leider kann ich dir keine coole Badehose dazu anbieten."

Rhydian zog beides an.

„Passt die Brille?"

„Wie für mich gemacht!"

„Sie gehört dir!"

„Einfach so?", zweifelte Rhydian.

„Unter einer Bedingung", fügte Asby an. „Du hast den Aufnahmetest bestanden. Vor dir zog sich kein Neuling diese Schwachmatten-Hose an. Beweise den tratschenden Tucken auf den Plastiksitzen, dass du dich nicht durch eine Opa-Unterhose zum Gespött machen lässt. Schwimm heute nackt!"

„Nackt?"

Ich tat so, als ob ich nichts gehört hätte. Nacktschwimmen war damals noch offiziell verboten.

„Jetzt schau nicht so! Werde das Maskottchen, auf das wir alle stolz sein können!", stichelte ihn Earl, ein fülligerer Beckenrandschwimmer. „Warum treten *Queers* einem schwulen Schwimmclub bei?"

„Sex!", brachte es ein Krausköpfiger auf den Punkt.

„Verwandle unseren Club in einen Lusttempel!", ergänzte Earl.

„Genau!", lachte Peter. „Sei unser Hohepriester!"

Rhydian richtete seine Schwimmbrille und stellte sich an den Beckenrand. „Wie ihr wollt!" Keck zog er sich den Maxi-Tanga aus, schleuderte ihn von sich und sprang in perfektem Kopfsprung ins Becken. Während er wie ein Delfin losschwamm, holte ich die Stoppuhr und befestigte sein Frageformular auf ein Klemmbrett. Natürlich lümmelten sofort alle am Beckenrand und beobachteten die splitternackte Nixe.

„Was?", knurrte mich Asby an. „Rhydian brauchte einen Schubs."

Als er nach zehn Längen mit aufgepumpten Muskeln aus dem Becken stieg, war uns allen augenblicklich klar: Mit ihm an der Spitze würde bald nichts mehr, wie früher sein. Er war manifestierte Lust!

„Brain, stoppst du meine Zeit?" Dazu stellte sich der zweifache Goldmedaillen-Gewinner nass glänzend auf den Sprungbock und beugte sich vornüber, um mit seinen Händen seine Zehen zu berühren.

Professionell überprüfte ich nicht nur seine perfekte Haltung.

„Achtung!", kommandierte ich.

Rhydian beugte sich tiefer, hielt sich an der Kante des Sprungbockes fest und glich einem Adler, der nach Beute Ausschau hielt.

„Fertig!"

Natürlich überzeugte sich sofort jeder persönlich, wie gründlich seine Rasur wirklich *überall* war. Als Reaktion darauf zuckte er mit seinem Schließmuskel, als ob er uns alle auslachen würde.

„Los!"

Absprung und Eintauschen. Seine Zeit für die hundert Meter war beachtlich. Als ich sie ihm am Ziel nannte, strahle er übers ganze Gesicht, schob seine Schwimmbrille auf die Stirn hoch und lachte. „Brian, ich schwimme ohne Badehosen schneller! Ist das möglich?"

„Vielleicht liegt es auch an der Badekappe?", schlug Asby vor.

„Nein! Ich besaß in der Schweiz eine Ähnliche. Sicher ist, ich habe meine Trainingsbestzeit um eine volle Sekunde geschlagen." Rhydian zog sich aus dem Becken und ließ sich auf dem Sprungbock stehend applaudieren. Sein Stolz überstrahlte seine Geilheit und seine Augen sprühten Funken. „Leute, schwimmen macht mich geil!" Ungeniert wirbelte er nach der Fleischbeschau in einem Salto zurück ins Becken.

Als er abermals aus dem Wasser stieg, rief er aus: „Jetzt erfülle ich mein Schicksal!" Mit viel Sauerstoff im Gehirn und seinem Doodle zog er sich die Schwimmbrille und die Badekappe aus, warf beides auf einen der Plastiksitze und stellte sich auf eine Waage vor mich hin. „Was?", schnaubte er die Gaffer an. „Brain braucht harte Fakten und Zahlen!"

Rhydian gelang am ersten Abend, was mir in all den Monaten als Clubleiter versagt blieb: Er einte uns. Er bewies, dass er unsere Club-Maskottchen geworden war, das wir alle zum Überleben brauchten. ◀

„Valdrin, die Zeit verging aber schnell!" Brain checkt seine Armbanduhr. „Ich habe gleich eine Verabredung. Brachte dir die Story etwas?" Weil ich nicke, lächelt er. „Bei Gelegenheit erzählte ich dir mehr von den Vorbereitungen zur *Australian Gay Swim Pride*." Brain notiert mir eine Telefonnummer. „Hier die Kontaktdaten von *Kensington*. Du findest ihn hier auf dem Campus im *Frat House* der *Sydney Paramatta*. Er ist noch immer der Präsident dort. Kensington ist einer, der für vieles, was Rhydian hier passierte, mitverantwortlich ist. Traue ihm nicht!"

Teil II: KALAMUNDA

Die Liebe ist das Herz oder die Seele. So ist die Liebe der Anfang aller Götter, und sie ist der Schlüssel zu allen Geheimnissen des Lebens. Als der Puls des Lebens, ist die Liebe der Energiestrom, der sich unaufhörlich durch die Schöpfung bewegt, um alles zu beleben und zu erneuern. Ohne Liebe existiert nichts; ohne Liebe gibt es keine Energie und keine Kraft. Man sagt nicht vergeblich, die Liebe sei die stärkste Macht im Universum.[3]

Geld wäscht sich am besten mit viel Seife

Fasziniert vom der Fauna und Flora Australiens schlendere ich über den Campus. Fünf weiße Ibisse mit schwarzen Köpfen, Schnäbeln, Beinen und Schwanzfedern passieren mich, als ob solche Begegnungen hier zur Tagesordnung gehören. Auf meinem Spaziergang zurück Richtung Downtown beobachte ich immer wieder Kerle mit riesigen Brettern unter den Armen, die bis auf tiefsitzenden Surfer Shorts nichts weiter anhaben. Ob hier jeder einfach überall sein Surfboard dabei hat?

Im *Mustang* winkt mich Coogee zu sich an die Bar. „Valdrin, Zac Boyce rief vorhin für dich an. Seine Sitzung wird noch die halbe Nacht andauern. Er empfiehlt dir, dich mit *Henley* zu treffen. Ich rief meinen Geschäftspartner bereits an. Er erwartet dich!"

„Das ist der Naturist, der Rhydian in der Reinigung unterbrachte?"

„Genau der! Henleys Büros befinden sich in Sichtweite der *Woolloomooloo* Bay. Du kannst von hier aus zu Fuß hin." Der Ex-Hippie zeichnet mir auf einem Stadtplan die Route ein. „Der Werbeschriftzug seiner Büros ist nicht zu übersehen."

Abermals schlendere ich los. Ein rosarot-weiß gestrichenes Haus mit vorgelagerter Veranda im typischen viktorianischen Stil erbaut erinnert mich daran, dass ich mich im Commonwealth befinde. Der Himmel ist heute bedeckt, warum die Sommerhitze aber nur noch mehr drückt. Mu-

[3] Aus: „Eros' Flüstern verändert alles"

tig öffne ich einen weiteren Knopf meines Kurzarmshirts, um nicht wie ein Schwein zu schwitzen. Immer wieder begegne ich Straßenkünstlern, die entweder in skurrilen Kostümen Statuen gleich alles schweigend beobachten, *Didgeridoo* oder Gitarre spielen. Australien erobert mein Herz im Sturm. Würden mich die Geschichten von Rhydians Freunden nicht alle an Tod und Verlust erinnern, könnte ich hier einen schönen Urlaub verbringen. Als mir ein junger Mann nur in einer Aussiebums über den Weg läuft, inhaliere ich die Freiheit, die er mir dadurch vermittelt. Die *Aussies* ticken einfach anders!

Der rothaarige Henley erwartet mich in Anzug und Krawatte. Sein Büro ist vollklimatisierte, warum mir sofort fröstelt. Ich schätze Henley auf Ende dreißig oder anfangs vierzig. Unter seinem musternden Blick fühle ich mich wie ein Stück Fleisch, das er an den Meistbietenden verschachern will. Der Geschäftsmann offeriert mir einen Kaffee und erzählt mir, während er die Maschine bedient, Banales über sein Reinigungsunternehmen.

„Wer war Rhydian Elpis?"

Henley tritt näher an mich heran und zieht dabei seine Stirn in Falten. „Rhydian war das Ideal, von dem viele träumen. Und für dich?"

„Er war mein Halbbruder! Darf ich mir Notizen machen?" Weil Henley bestätigt, hole ich meinen Laptop aus meinem Rucksack.

„In meinem Büro sind wir unter uns. Selbstverständlich kannst du dich aber auch hier schon ausziehen. Keine Fotos!"

„Auf keinen Fall!", gebe ich meinen Kurs durch.

„Schüchtern?"

„Nein!", lüge ich.

„Warum interessierst du dich wirklich für meinen Nummer-Eins-SOS-Boy?"

„War Rhydian im Notfall-Reinigungs-Geschäft tätig?"

Henley, der Leiter von Woolloomooloo Cleaning Services erzählt:

► Es war der 14. Januar vor drei Jahren, der Morgen nach unserem ersten Treffen während der Boot Cruising. Rhydian Elpis kam zum Arbeitsprobetag. Er musterte mich kritisch.

„Gefalle ich dir nackt besser, als im Anzug?“

Der blonde Schönling brummelte etwas Unverständliches.

„Rhydian, du hast das Gesicht und den Körper, die ich für meine neue Kampagne suche.“

„Express-Reinigung mit Wischmopp? SOS-Sondereinsätze?“

„Beides! Du hast die Wahl: Reguläre Reinigung oder Werbung?“

Rhydian setzte sich auf die Tischkante meines Pults. „Beides!“

„Verstehe! Wie stehen dir meine Firmenfarben rot und weiß?“

„Weiß ist meine Lieblingsfarbe und Rot steht mir nicht!“

„Lass uns einkaufen gehen!“

Dazu fuhr ich in die *Westfield Shopping Mall* nahe beim *Hyde Park*. „Ist der Chef hier?“, erkundigte ich mich bei einem der Verkäufer.

„Haben Sie einen Termin mit Mister Morley? Er ist außer Haus.“

„Ich bin Henley Hampden. Ich nutze oft Sofalas Dienste.“

Der Verkäufer nickte. „Verstehe! Ich lass ihn rufen!“ Hinter einem Pult drückte er einen Knopf und über die Lautsprecher wurde Sofala gebeten, sich im Empfangsbereich zu melden. „Mein Kollege wird sich umgehend um ihre Sonderwünsche kümmern, Mister Hampden.“

Ein junger Araber mit Brille in Sportklamotten winkte uns kurz darauf zu sich. „G'Day! Ich bin für jede Art von Sonderwünschen zuständig. Henley, wie kann ich dir und deinem jungen Begleiter helfen?“

„Ich suche Ausgefallens in weiß und rot für Rhydian.“

„Keine roten Hemden“, rief er dazwischen.

„Weitere Einschränkungen?“ Weil Rhydian mit seiner Schulter zuckte, begann Sofala dessen Körpermaße zu nehmen. „Mister Rhydian, folgen Sie mir in die geheime Abteilung.“ Der Araber führte uns zu den Garderoben, schloss die hinterste auf, die in einen Flur mündete. „Bitte, die Herren!“ Wir gelangten in einen Lagerraum mit gestapelten Möbeln, Dekorationsmaterial, unzählig nackten Schaufensterpupen und bestimmt an die tausend Schachteln in allen Größen. Angeknipste Leuchtreklamen und Schriftzüge in allen Farben beleuchteten einen Kreis. In der Mitte standen ein Doppelbett, bequeme Sessel und Standspiegel.

Im Regenbogenlicht drehte sich Rhydian fasziniert in alle Richtungen. „Abgefahren!“

„Klassisch, Retro, Modern, sporttauglich, seriös, für Sponsor Anlässe, für Shows oder reizvoller?“

„Wir nehmen, was dem jungen Profischwimmer am besten steht. Mein Model soll in den Outfits spezielle Büroservices bewerben, die einer exquisiten Kundschaft vorbehalten bleiben.“

„Verstehe!“ Sofala zupfte am Bund von Rhydians Jeans.

„He!“ Erschreckt trat er einen Schritt zurück.

„Doch verklemmt? Rhydian, wir können auf der Stelle abbrechen und damit weder deine noch meine Zeit verschwenden.“

„Das kann ich selbst!“ Der junge Schwimmer schälte sich aus seiner Jeans, stürze dabei aufs Bett und strampelte sich aus der Hose.

„Kenne ich dich aus einem Gay Porno?“ Sofala biss sich auf die Unterlippe und musterte den Nackten. Errötend schüttelte Rhydian seinen Kopf. „Schade! Du hast, was jeder sehen will!“ Der Araber verschwand zwischen den Leuchtreklamen.

Rhydian hockte sich nackt auf die Bettkante und stützte sich rücklings ab. „Was meinte der Verkäufer damit?“

„Dieses Model betonen all deine Vorzüge ideal!“

Es schien Rhydian Elpis großen Spaß zu machen in immer neuen sexy Sport Ensembles den Clown zu spielen oder einen Mustersportler bei einem Empfang zu mimen. Er kicherte und provozierte nonstop.

Als der übermütige Schönling nicht hinsah, streckte ich Sofala einen Hunderter zu. Mit einem bestätigenden Blick wechselte die Art der Kundenbetreuung und die Kleidungsstücke wurden knapper und körperbetonter. Zudem zupfte Sofala jetzt nicht nur an Säumen, sondern richtete fachmännisch das Eingepackte eigenhändig. In Rhydian erwachte der Exhibitionist, er streckte und rekelte sich. Er war reif. Nach dem dritten Hunderter schob der Araber Rhydian eine transparente Jockstraps, ein locker sitzendes Sportshirt wie Kniesocken und Nike Turnschuhe in den Firmenfarben zu.

„Knie dich damit aufs Bett!“, instruierte der Sonderverkäufer.

Ans Zeigen seines Körpers gewöhnt, tat das Model wie geheißen.

„Jetzt ohne Unterhose, dafür mit offenem Hemd und Krawatte!“

Bald posierte der Blonde auf dem Bett in Reizwäschen, als ob er niemals etwas anderes gemacht hätte.

„Rhydian, in einer Stunde beim Wagen? Ich muss den Fotografen buchen. Du bist ideal!“ An Sofala gewandt: „Ich vertraue darauf, dass Rhydian alles bekommt, was nötig ist!“ Ich zog mich zurück, um über versteckte Kameras das Casting im Auge zu behalten.

Rhydian ließ sich foppen, berühren und loben, während er immer neue Reizwäsche, Sportartikel und Hemden an- und auszog.

„Versuche diese Krawatte dazu!" Sofala zog ihn an seinen Füssen zu sich. Während der Araber dem Nackten im offenen Hemd die Seide umband kniete Rhydian vor ihm. Kaum fertig, zog ihm der Sonderverkäufer das Hemd aus und zog ihn an der Seidenleine dich an sich heran. Als sich ihre Wangen berührten, wanderte Sofalas freie Hand über den Rücken tiefer. „Umdrehen!", befahl der Verkäufer.

„Was wird das?" Rhydian war zu allem bereit!

„Du kriegst jetzt, was du brauchst!" Damit wanderten seine Hände zwischen die Backen, liebkosten Rhydians Schenkel und packten schließlich zu. Als das Model seinen Kopf aufs Bett legte und Sofala seinen Hosenstall aufknöpfte, war das mein Zeichen.

Als Rhydian mich kommen sah, hob er seinen Knackarsch an.

„Sorry, ich muss euer Tun unterbrechen! Wir müssen sofort los! Habt ihr genügend Outfits zusammen?"

Mit einem Klaps auf seinen Arsch wurde Rhydian entlassen.

„Sofala hat mir transparente Jogging Hosen, Jockstraps, String Badehosen in Weiß, eine feuerrote Speedo, tiefgeschnittene Tank Tops, Flip-Flops, Turnschuhe, Halstücher, Muschelketten, Hemden und Krawatten eingepackt. Gehört das jetzt alles mir?"

„Das musst du dir erst verdienen!"

„Werde ich jetzt von dir gefickt?"

Ich chauffierte Rhydian direkt zum Bürokomplex beim *Circular Quay*. Im siebzehnten Stock des Glasgebäudes sah er sich begeistert um. „Henley, was für eine krasse Aussicht auf den *coathanger*!"

„Am Nachmittag will es der Fotograf mit dir versuchen. Bis dahin kannst du beweisen, ob du als Putzkraft etwas taugst. Hilf Billy bei der Reinigung der Fenster und dieses Chefbüros!"

Keine fünf Minuten später betrat Billy, ein achtzehnjähriger Student, das Büro. Er trug nur rote Firmenshorts und dazu Gummihandschuhe. Kaum hatte er seine Leiter und danach einen Wagen mit Putzmittel, Schwämmen und Wassereimern vor der Fensterfront deponiert, begann er mit der Instruktion. „Neuer, da die Fenster nicht zu öffnen sind, reinigte bereits gestern zwei Frontkletterer die Außenseite!" Billy kletterte auf die Leiter und Rhydian musste ihm danach Schwamm um Schwamm getränkt mit dem Reiniger hochreichen. „Neuer, wenn keiner da ist, putze ich oft nur in Unterhosen. Die Putzmittel sind nicht giftig, doch die Kleidung stinkt danach unerträglich. Hast du etwas zum Wechseln dabei?"

„Ja!", antwortete Rhydian einsilbig.

Billy war flink und effizient. Die Fensterfront hatte er mit Rhydians Hilfe schon nach einer Stunde glasklar bekommen. Während der Hilfsarbeiter die nassen Matten, die zur Teppichschonung unter dem Fenster ausgelegt waren, aufsammelte und auf einem Rollwagen schichtete, staubte Billy Regale ab. „Nicht rumdudeln! Neuer, am Nachmittag wird ein Stripper für Werbeflyer hier auftauchen. Bis dahin muss sämtliches Mobiliar und die Couch geneinigt werden, vom Saugen des Bodens ganz zu schweigen." Immer wieder putzte Billy nach, wo Rhydian gerade fertig geworden war. „Neuer, was bist du lahm!"

„Das ist mein erstes Mal!", maulte der Getadelte.

„Neuer, du taugst nicht für anständige Arbeit!", foppte ihn Billy.

Reinigungsarbeit und Putzen war definitiv nicht sein Ding. Um Billy nicht zu stressen, schickte ich zwei Fachkräfte rein, um mit dem Einschäumen des Spannteppichs zu beginnen.

„Billy, warst du schon mal auf der Brücke oben?", fragte Rhydian, der immer wieder zur *Sydney Harbour Bridge* hinaussah, statt zu putzen.

„Neuer, hast du sie nicht mehr alle! Sehe ich aus wie ein bekloppter Tourist, der zweihundert Mücken liegen lässt um dreieinhalb Stunden diesen stählernen Kleiderbügel zu erklettern?"

„Zweihundert?"

„Oder mehr? Dachtest du es sei gratis? Echt, du bist ja echt naiv!"

Später verließ ich meinen Beobachtungsposten und betrat das Büro. Billy befahl gerade Rhydian alle Utensilien auf den Putzwagen zu verladen, um hier für den Stripper die Bühne zu räumen. Er zog vielsagend seine Augenbrauen nach oben: *Boss, der Neue taugt nichts!* Laut spottete er über Rhydian: „Der Bleiche ist mit seinen Kräften am Arsch!"

„Billy, ich schicke dir Cesar und Troy für das nächste Büro. Rhydian auf dem Dach kannst du dich mit dem Schlauch abspritzen. Seife findest du bei den Toiletten am Ende des Flurs. Lass dich von der Sonne trocknen und sei in einer halben Stunde für Hunter Cook bereit."

„Neuer, du bist der Stripper?" Billy rümpfte seine Nase und schlurfte in seinen nach dem Putzmittel sinkenden Shorts und Gummihandschuhen und auf dem Flur hinaus. „Bist wohl was Besseres?"

Zwanzig Minuten später tauchte Rhydian noch nass mit einem Handtuch umgewickelt wieder auf. Der Star Fotograf, ein bulliger Typ mit kurzen Haaren, in Lederhosen und offener Lederweste verschlang sein Model mit hungrigen Blicken. „Nenn mich *Himeros*! Vertraust du mir, mache ich aus dir eine Berühmtheit!"

„G'Day! Mich nennt man ..."

„Ja, ja! Willst du schwatzen oder verzaubern? Für den Anfang nur die rote Shorts, ein Schwamm und Gummihandschuhe."

„Ein Billy-Outfit? Von wegen, ich sei etwas Besseres!", murrte er. Neben dem Pult, auf dem all die Outfits lagen, zog er sich ungeniert um. „Was?", kläffte er Himeros an. „Das Alte muss sterben, damit daraus die neue Saat keimen kann!"

„Hobby Philosoph oder Diva Geschnatter?", knirschte Himeros. Er zog seine Stiefel aus und begann barfuß seine Kamera zu richten. Zur Auflockerung war Scheibenwischen und auf den Knien rutschend Teppicheinschäumen gefragt. Das tat Rhydian in weißen Hosen, die durch Himeros zuerst in einen Kübel Wasser tunkte. Nass durchsichtig geworden, leckte sich Himeros seine Lippen. Später im Tanga, in Turnschuhen und Krawatte nörgelte Rhydian bei jeder neuen Rolle, die er einnehmen sollte. Himeros nannte ihn billige Schlampe, verlangte aber genau diesen Ausdruck, oder schimpfte ihn dummes Reh, wenn er nur mit einer Krawatte und einsichtiger Unterhose bekleidet das blonde Dummerchen mimte. Während der eine provozierte, fluchte oder murrte der andere; und das in ständiger Abwechslung. Himeros überredete mit Schmeicheln oder geißelte mit Verachtung. Rhydian taute auf. Im Sportgeschäft war er verspielt, jetzt der manipulierende Kundenfänger.

„Deine Augen!", flirtete Hunter Cook.

„Lederarsch, die sind hier oben!", zeigte Rhydian in sein Gesicht.

„Sie wechseln die Farben mit dem Licht. Genau wie bei Opalen."

Sofort tänzelte Rhydian im roten String Tanga und einer Muschelkette umgebunden zum nächsten Spiegel. „Opal-Augen? Ledertunte, hast du zu viele Zauberpillen geschluckt oder Putzmittel geschlürft?“

Hunter klatschte dem frechen Stripper mir der flachen Hand auf seinen Arsch. „Die seriösen Bilder sind im Kasten. Bock auf Porno?“

„Keine Lattenbilder!, prophezeite Rhydian.

„Henley bezahlt dir fünf Hundert Mücken“, flüsterte Hunter Cook.

„Ja, als erotischer Werbeträger für sein Reinigungsunternehmen!“

„Reib ihn!“, bettelte der Fotograf.

„Sehe ich aus wie eine Hure?“, schnaubte Rhydian.

„Auf einigen der Bildern allerdings!“, mischte ich mich ein. „Ich schenke dir die transparenten Jogging Hosen als Lohn fürs Putzen.“

„Was ist mit den Fünfhundert Gage?“

„Rhydian, aus einem Job als regulärer Reinigungsfachmann wird nichts. Du bist zu langsam und kennst dich weder mit den Maschinen noch den einfachsten Handgriffen in der Reinigung aus.“◀

Weil Henley in seiner Erzählung stoppt, sehe ich von meinem Laptop auf. „Kam es zu den Hardcore Bildern?“

„Nein! Rhydian schnappte sich die Geschenke, holte sein stinkendes Zeug auf dem Dach und verschwand. Von Coogee erfuhr ich später, dass er in der Nähe einen Waschsaloon aufsuchte, um seine Jeans und sein T-Shirt zu reinigen.“

Henley, der Leiter der Woolloomooloo Cleaning Services erzählt:

▶ Am 14. Januar tauchte Rhydian unangemeldet bei mir im Büro auf.

„Rhydian, die Fotos sind perfekt geworden. Fantastisches Material für meine reguläre Homepage wie auch für die *Spezial Office Services*.“ Geschmeichelt ließ sich Rhydian in mein Büro führen, wo jede Menge sexy Bilder von ihm ausgebreitet herumlagen. „Das hier“, tippte ich auf eines, auf dem er zu einer Muschelkette nur die transparente Jogging Hose trug und mit verführerischem Blicke in die Kamera flirtete. „Dieses werde ich für die neue Startseite von *SOS* benutzen. Das Bild zeigt alles und bleibt doch keusch.“

„Escort Service?“ Rhydians Stimme klang gefährlich interessiert.

„Ich kann dir Rhydian-Elpis-Visitenkarten mit diesem Foto auf der Vorderseite drucken.“

„Echt? Aber nicht in einem roten Tanga mit Krawatte."

„Zu provokativ?"

„Nein! Rot steht mir nicht! Lieber ein Bild in durchsichtigem Outfit mit Muschelkette. Ja, so gefalle ich mir!"

„Du zeigst gerne deinen Schwanz?"

„Hatte ich eine andere Wahl?"

„Hier die Arbeitsvereinbarung. Ich richte dir ein Lohnkonto auf Rhydian Elpis ein und überweise dir die Gage für die Fotosession darauf. Zudem, man kann ja nie wissen, was die Zukunft bringt?"

Rhydian füllte seine Personalien aus und unterschrieb. „Himeros ist ein Profi!", schwärmte er und benutzte den Spitzenamen. „Der Verführer weiß, wie er seine Modelle überreden muss, alles zu geben! Er weiß, wie er Licht und Schatten mit erotischen Momenten, Witz und Ästhetik mischen muss. Am liebsten würde ich alle Fotos klauen, die schlechten zerreißen und mir die besten im *Mustang* an die Wand nageln."

„Abzüge?"

„Logo! Plus Visitenkarten!"

„Ein Slogan zum Bild?"

„Überlasse ich dir! Henley, richte mir zusätzlich eine E-Mail-Adresse ein und kaufe mir ein Mobile Phone und einen Laptop! Falls du das tust, schulde ich dir einen Gefallen!"

„Einen Gefallen?"

„Läuft das in deiner Branche nicht so?"

„Junger Mann, du schaust zu viele Filme!"

„Haben wir einen Deal?", hakte Rhydian nach. „Noch was!" Er stand in der Tür und fokussierte mich mit seinen seltsamen Augen. „Denke auch an das Ticket für die Besteigung der *Sydney Harbour Bridge*! Ich brauche zwei davon! Das war meine Erotik Show doch wert?" ◀

Leider endet Henleys Erzählung. Alles Bitten und Flehen hilft nichts, Henley will mir nichts über Rhydians Rolle in seiner Firma erzählen. Er rede niemals über sein Klientel oder seine Mitarbeiter. Wer bei ihm buche, könne sich auf hundertprozentige Verschwiegenheit verlassen.

Mir ist sofort klar, der rothaarige Mann ist nicht nur Naturist und Betreiber eines Reinigungsunternehmens, sondern auch der Boss illegaler Geschäfte. Wahrscheinlich verschleiern die *Woolloomooloo Cleaning Ser-*

vices nicht nur den Call Boy Ring, sondern dienen auch zur Geldwäsche. Ich bedanke mich freundlich für das Interview, verspreche mir aber, diesem Henley nicht mehr unter die Augen zu treten. Irgendetwas verheimlicht er mir; und das ist nicht nur sein dubiöses Doppelleben als Zuhälter, Voyeur und vielleicht-Mafia-Boss.

Wenn der Himmel kastriert wird

Erst am nächsten Tag findet Peitho ein Zeitfenster, um mich zu treffen. So besuche ich *Bondi Beach* im Osten von Sydney an der offenen Pazifik Küste gelegen. Der berühmte Strand, an dem sich auch die Gays treffen, ist halbmondförmig. Der weiße Korallensand lässt das Wasser in Küstennähe Türkis, weiter draußen Swimmingpool hell- oder tiefblau schimmern. Zum Glück hat es kaum Wellen und die Brandung ist flach. Weit und breit ist kein Schaum zu sehen. Mutig, irgendwo zwischen ein paar wenigen Männern, hole ich mein Badetuch aus meinem Rucksack.

Ich hörte schon, dass am Nachmittag die Strände leer sein sollten, doch geglaubt habe ich es nie – bis jetzt. Die Sonne brennt gnadenlos und Schatten gibt es keinen. Nur, weil hier jeder nur in Badehosen abhängt, schlüpfe ich aus meinem Hemd. Lange schmore ich im eigenen Schweiß, bis ich es kaum noch aushalten kann. Meine Wasserscheu lässt mich noch eine weitere Viertelstunde zögern, mit dem teuflischen Nass Kontakt aufzunehmen. Immer wieder sehe ich mich nach allen Seiten um. Natürlich werde ich heimlich beobachtet. Ob sie Mitleid mit dem armen schneeweißen von einer Millionen Schweißperlen geschmückten Touristen haben? Immer wieder wisch ich meine Stirn und Bart. Nur weil ich es einfach nicht mehr aushalte und später dem gutaussehenden Zac Boyce nicht ranzig stinkend unter die Augen treten will, raffe ich all meinen Mut zusammen. Mir ist, als ob jeder am *Bondi Beach* seine Augen auf mich gelenkt hätte. Zitternd fokussiere ich den Ozean. Still belauert er sein Opfer. Glitzernd tanzt und funkelt das Licht auf den flachen Wellen. Sind das die Sirenen-Verlockungen, die wunderschön in den sicheren Tod locken? Als meine Füße erstmals überschwappt werden, möchte ich aufschreien. Erst nach Stunden – oder doch nur Sekunden? – wage ich mich am Ufer in den Sand zu setzen, um beide Füße zu baden. Meine

Phobien sind hellwach.

„Wasserscheu?", fragt mich eine Stimme.

Stumm nicke ich mehrfach.

„Mein Neffe litt lange auch darunter."

Ich sehe zum Mann. Es ist einer der Ureinwohner Australiens. Statt einer Badehose trägt der Aborigine nur einen hauchdünnen schwarzen Schleier um die Hüfte gebunden. Ein üppiger Busch umwuchert sein Gehänge und klettert bis zu seiner stark behaarten Brust hoch. Sein Alter kann ich nicht abschätzen, denn seine Augen werden von einer pechschwarzen Sonnenbrille verdeckt und ein Hut, der Fledermausflügeln gleicht, reicht ihm zusätzlich tief ins Gesicht.

„G'day!" Ich versuche ihn nicht anzugaffen.

„Angst überwindest du nur, indem du dich ihr stellst! Du musst ihr ins Antlitz blickst und sie als das erkennen, was sie ist."

„Seit ich am Strand bin, mache ich nichts anderes", murmle ich.

„Zeit ist eine Illusion! Der moderne Mensch schenkt dem Verstreichen von Sekunden, Minuten und Stunden viel zu viel Aufmerksamkeit. Er richtet sein ganzes Leben nach dieser Zeitmessung aus."

„Wie sonst?", frage ich verwundert über den Themenwechsel.

„In Wahrheit leben wir von Moment zu Moment."

„Ich soll in der Gegenwart leben?"

„Im Augenblick! Was, wenn nicht *Kronos* die Zeit beherrscht, sondern die Liebe?" Der haarige Fast-Nackte bohrt seine Zehen in den Sand, dass die nächste Welle sie vollständig begräbt.

„Das verstehe ich nicht!"

„Alles entstand aus dem Chaos. Andere sagen, das Chaos sei das Tor in die Welt der Schöpfung hinein. Dieser Wirbel öffnete neue Welten und gewaltige Mächte treten hindurch ins Dasein. Allen voran *Eros*, der allererste der Titanen, die Liebe selbst."

„Was hat griechische Mythologie mit meiner Wasserscheu zu tun?"

„Meine Brüder und ich hüten die Träume der Menschheit."

„Bist du ein Bruder von Kurri Kurri?"

„Nenne mich Kalamunda!"

„Was bedeutet der Name?"

„Die Heimat im Wald oder das Herz des Sommers. Jetzt höre: Nur langsam entstehen aus dem Chaos Welten und Wesen. Geschöpfe nehmen Gestalt an. Mit ihnen manifestieren sich ewige Prinzipien. Lange bleibt Ursache und Wirkung ein in sich gefangenes Gesetzt. Sind der Himmel und die Erde dicht beisammen, existiert keine Zeit. Erst wenn sich Zeit dazwischen Himmel und Erde quetscht, entstehen Milliarden von Ursachen, die Wirkungen mit sich ziehen. Der Samen und das Blut des Himmels ergießt sich in den Ur-Ozean der Schöpfung. Mit der Trennung entstehen alle Möglichkeiten des Seins. Schäumend entstehen Begierde, Lust, Bindungen und Eitelkeit, aber auch Wut und Zorn, der furiengleich sich in den neuen Welten ausbreitet. Mit dem Dazwischenfunken der Zeit ins ewige Sein bricht das Zeitalter der Veränderungen an; das was wir als Schöpfung kennen."

„Sprichst du von Kronos?"

„Ja, der Zeit! Kronos zerschneidet die innige Verbindung von *Uranos* und *Gaia;* dem Himmel und der Erde; dem ewigen Sein und dem Schein der Materie. Der Samen und die Lebensenergie; Sperma und Blut, erschaffen Welten und verbindet alles durch das Karma."

„Sprichst du von der Geburt der Venus?" Unbehaglich weiche ich Schaum aus, der mit der nächsten Welle direkt auf mich zurollt.

Kalamunda scharrt mit seinen Füssen im Sand. „Aphrodite steht für die Lust, die Gier und die Bindungen an alles Manifestierte. Mit ihrem Zauber bannt sie jedes Wesen an die sichtbare Schöpfung."

„Ist Aphrodite nicht die Göttin der Liebe? Du hast doch gesagt, es ist nicht die Zeit oder Kronos, der die Geschicke der Mensch lenkt, sondern die Liebe."

„Aphrodite vermag die Liebe zu erwecken. Sie ist aber die Lust. Blind vor Begierden und Sehnsüchten stürzen sich die Menschen ins Verlangen, binden sich an ihre Gefühle und ertrinken im damit entstehenden Wirbel aus Ursache und Wirkung. Schmerz und Elend folgt der Lust auf Schritt und Tritt, wie die Furien, die mit Aphrodite zusammen aus Uranos Blut geboren wurden."

Kalamunda zieht den Schleier fort und wirft ebenso seinen seltsamen Hut von sich. Er steht er auf und streckt mir seine rechte Hand hin. „Bist du bereit, dein Schicksal zu meistern?"

Zitternd vor Scham sehe ich zu ihm hoch. Meine Panik packt mit Krallenhänden nach meinem Herz. Doch anstatt zu fliehen, nicke ich. Kaum berühre ich die Fingerspitzen es Aborigines, bereue ich den Funken

Hoffnung, den er in mir schürt. Wie eine Stahlfessel schließt sich seine Hand um meine, dass Flucht zur Illusion wird.

„Wir leben von Augenblick zu Augenblick. Die Zeit ist nicht relevant, sondern die Dauer, die eine Erfahrung von ihrem Anfang bis zu ihrem Ende einnimmt. Gewisse dieser Erfahrungen nehmen den Zeitraum eines ganzen menschlichen Lebens ein; einige überdauern sogar den Tod und die Wiedergeburt. Nur unser Mut schließt Zyklen ab. Der Anfang ist gemacht; die Mitte schluckt der Nebel und er Schluss liegt bei dir! Bereit?“

„Nein!“, flüstere ich. Trotzdem setze ich einen Fuß vor den anderen und lasse mich bis zur Hüfte in den Ozean führen. Als eine nächste Welle schäumend auf mich zurollt, glaube ich in Ohnmacht zu fallen. Der Schaum kitzelt meine Brust. Ich schlucke die Panikattacke.

„Die Geburt der Lust entsteht aus einem Akt der Gewalt und des Schmerzes. Vater Himmel wird von der Zeitsichel entmannt. Das Himmelsblut und -Sperma tropften ins Weltenmeer, aus dem die Träume und die Hoffnungen der Menschen entstehen. Einerseits sehnt sich jeder zurück in den Zustand, als Himmel und Erde eins waren, und trotzdem kann wahre Reife nur erlangt werden, wenn sich der Mensch aus seiner Schöpfung erhebt. Tauche tief ein ins menschliche Leben und erhebe dich gleichzeitig aus den Wirren von Ursache und Wirkung. Aphrodite ist dein persönlicher Schlüssel. Nutze ihn!“

Warum ich mir die Nase mit meiner freien Hand zuhalte, untertauche und die Hand des Fremden loslasse, damit mich die nächste Welle überrollen kann, verstehe ich selbst nicht. Als ich wieder auftauche, ist der Kalamunda verschwunden. Tauchte er ab? Griff ihn ein weißer Hai an und zerrt ihn jetzt gerade in die Tiefe? Alleine im flüssigen Albtraum, haste ich an Land.

„Boy, oh Boy!“, spricht mich ein älterer Mann an, als ich mich zum Ausruhen in seiner Nähe in den heißen Sand lege. „Hast du keinen Sonnenschutz dabei? Bei deiner hellen Haut musst du enorm aufpassen. In Sydney brennt die Sonne heißer, als sonst wo.“

Wie kopflos ich mich hier benehme?

„Hier!“ Ein anderer Kerl kramt in seiner Badetasche und reicht mir eine Tube Sonnencreme. „Brauchst du Hilfe?“

„Nein danke!“ In wildesten Verrenkungen versuche ich mir den Rücken einzucremen. „Na gut! Klar, gerne!“ So hocke ich mich auf meine Fersen zwischen die beiden in den Sand und lasse mir vierhändig den Rücken einschmieren. Verkrampfungen im Nacken lösen sich und meine Verspannung in der Schulter. Ihre Berührungen tun gut. „Sorry, ich treffe mich gleich mit einem Freund am *Bondi Bath*!“ Damit laufe ich dem Strand entlang bis zu dessen südlichem Ende. Natürlich erhofften sich die Kerle etwas anderes, als einen ölig flüchtenden Touristen.

Zeige offen, was du verbergen willst!

Die beiden Schwimmbecken des *Bondi Bath* sind auf der flachen Klippe direkt in die Brandung hinaus gebaut. Jede Welle bricht sich aufschäumend am Rand des Fünfzigmeterbeckens und sorgt so für regelmäßigen Austausch an Frischwasser. Der Anblick der schäumenden Gischt verkrampft mein Herz. Zum Glück ist das Bad jeden Donnerstag für Reinigung- und Wartungsarbeiten geschlossen.

„G‘Day, Valdrin“, begrüßt mich Peitho, als er auf einem Fahrrad eintrifft. Der guttrainierte Halbasiate trägt nur einen feuerroten Tanga. Silbern blitzen die Brustwarzen Piercings und betonen seinen muskulösen Torso. Der Brillant in seinem Bauchnabel tut das gleiche bei seinem Sixpack, und der Cock Ring, der von der zu kleinen Badehose kaum verdeckt wird, lenkt die Blicke schließlich dahin, wo der braungebrannte Schmacko sie haben will. Peitho schnappt sich seine Badetasche vom Gepäckträger.

„Strand?“, fragt er einsilbig.

Weil neuer Schaum beim Becken nach Beute lechzt, nicke ich.

Der Bodybuilder spaziert voraus. Von hinten sind die schmalen Bänder seines Tangas so gut wie unsichtbar.

„Ist Nacktbaden in Sydney offiziell erlaubt?“

Peitho dreht sich mir zu. „Valdrin, ich trage am Stand niemals mehr als jetzt. Gefällt dir mein Arsch nicht?“

„So bist du mit dem Fahrrad durch die Stadt hierher gefahren?“

„Rhydian inspirierte mich dazu auf alles zu verzichten, was stört.“

„Mein Halbbruder ist für deinen Aufzug verantwortlich?“

„Ich stand schon immer auf Intimschmuck und Tangas. Rhydian nahm mir die Scheu, mich auch in der Öffentlichkeit so zu zeigen."

„Warst du sein ständiger Begleiter?", wechsle ich das Thema.

„Ja, im Training! Jeder glaubte, wir wären ein Paar." Dabei spannt plötzlich Peithos Mini-Badehose, dass mehr des silbernen Cock Rings sichtbar wird. „Valdrin, du siehst selbst eine flüchtige Erinnerung an Rhydian macht mich steinhart. Ja, ich begehrte den Delfin!" Er schmeißt seine Tasche hin und legt sich daneben auf seinen Rücken in den heißen Sand. Der Halbasiate beschirmt sich mit seiner rechten Hand die Augen und lädt mich mit Blicken ein, mich neben ihn zulegen. „Valdrin, schockiert dich die Tatsache meiner Latte oder dein Ärger, dass du zu feige bist, sie ganz auszupacken?"

„Nein, nein!", wimmle ich ab.

Aus der Erinnerung von Zac Boyce, der sich selbst Peitho nennt:

▶ Rhydian traf, an einem Donnerstag hier zum ersten Mal ein. Bis auf seine Jeans trug er nur einen durchsichtigen Plastiksack mit einer blauen Schwimmkappe und einer -Brille mit blauen Gläsern drin. Er hatte sich seit unserer ersten Begegnung vor zehn Tagen auf dem Campus verändert. Statt weiß schimmerte seine Haut jetzt golden und die intensive Sonnenbestrahlung hatte seine Haare extrem aufgehellt.

„Swiss Dolphin, ich führe dich rum!" Rhydian löcherte mich mit Fragen, auch ob man hier nackt schwimmen dürfe. Ich hörte von seinem Einstieg im Hallenbad und wollte ihn keinesfalls entmutigen.

„Donnerstags ist das Bad wie der *Iceberg Club* darüber, bis auf ein paar Angestellte, die hier aufräumen und putzen, leer. Warum nicht?" Ich händigte ihm seine Magnetkarte aus, die er an einem langen Bändel um den Hals tragen konnte. „Mit der Club-Mitgliedkarte lässt sich die Eingangstür ins Bad öffnen, gewährt dir Zutritt in den Clubbereich und öffnete deinen Spint." Ich denke, an jenem 21. Januar kam jedes aktive und passive Mitglied zum *Bondi Bath Pool,* um das neue Maskottchen anzufeuern.

Rhydian scheute sich seine Jeans auszuziehen. Trug er überhaupt etwas darunter? Diese Frage beschäftigte jeden. In seinem Plastiksack befand sich keine Badehose. Die Erwartung stieg mit jeder Minute.

„Goldjunge, ist er so lang, wie alle behaupten?", provozierte ich.

„Ja, ich bin zweifacher amtierender Schweizermeister!"

„Ich trage mein Gold da, wo es jeder sehen kann!" Ich schlüpfte aus der Strandhose und präsentiere den breiten Goldring, den der Tanga kaum bedeckte. „Zeige offen, was du nicht verbergen willst!"

„Wie dick ist er?"

„Willst du messen?" Ich stellte mich vor Rhydian und wurde geil.

„Stört dich dieses Monsterteil nicht beim Schwimmen? Der Goldring wiegt doch bestimmt ne ganze Menge?"

„Gewohnheitssache! Ich trage immer einen Schwanzring. Bleibst du bei deinem Maskottchen-Outfit?"

„Ich verkleide mich nicht als rosaroter Delfin!"

„Ich spreche von den Fotos, die im Club die Runde machen?"

„Welche Fotos?"

Weil uns die Schaulustigen wie lästige *Mozzies* umschwärmten, packte ich Peter. „Zeig uns die Bilder unseres Maskottchens."

Peter loggte sich mit seinem *Huawei p20* auf seiner Homepage ein. Er hielt Rhydian die Bilder unter die Nase. „Die Mitglieder haben einstimmig beschlossen, dass du das rosarote Delphinkostüm nicht tragen sollst." Er vergrößerte eines der Bilder. „Einen solchen Schwanz darfst du nicht verstecken! Schau selbst, jeder gab dir ein *Like* dafür!"

„Etwas fehlt noch", bemerkte ich.

„Eine Badehose?", fragte mich Rhydian und schaute sich jedes der Fotos genau an. Auch jedes Arsch-Bild von ihm auf dem Absprungbock stehend, erhielt Likes und Kommentare.

„Auf keinen Fall!" Asby mischte sich ein. „Maskottchen, hätte ich einen Schwanz, wie deiner, wäre ich Porno Star!"

„Ist dieser Clubentscheid bindend?", erkundigte sich Rhydian. Als wir alle im Chor *yes* blökten, zog er sich seine Jeans aus. Geldscheine wechselten ihre Besitzer. Jeder, der auf *ohne alles* tippte, gewann. Rhydian schnappte sich seine Badebrille und die Schwimmkappe aus seinem Plastiksack und spazierte damit zur Dusche.

„Du ziehst es voll durch?" Anerkennend boxte ich Rhydian in die Schulter, als ich mich in der Dusche neben ihn unters Wasser stellte.

„Ach Peitho! Mir fehlt Geld für coole Badehosen. Einen Job in der Reinigung stellte sich als Flopp heraus. Zurzeit arbeite ich tagsüber bei

Troy's Fish n' Chips um den Frischfang zu frittieren. Mit dem Lohn ..."

„Vielleicht gewinnst du übermorgen den ersten Preis und wirst zum neuen *Mister Underwear* im *Mustang*?"

„Peitho, benutzt du Wachs oder Enthaarungscreme?"

Uns über Intimpflege austauschend, spazierten wir zu den Außenbecken. Er zog sich die Badekappe und seine Schwimmbrille an hechtete ins Sportbecken, um im Aufschäumen einer Welle abzutauchen.

Ich stand am Poolrand und beobachtete den nackten Delfin. Seine Bewegungen waren anmutig und kräftig. Nach zwei Kilometern Warmschwimmen, brüllte Brain seinem neuen Champion Instruktionen zu. So übte Rhydian die Unterwasserwendungen. Als er viel später zum ersten Mal aus dem Pool stieg, brach sich genau hinter ihm eine Welle. Für Momente kleidete ihn der Ozean in einen Schaummantel.

Ich war so geil, wie schon lange nicht mehr. Ich wollte diesen frechen Delfin. „Der Verlierer im Hundertmeter wird vom Sieger gefickt!"

Mein Vorschlag löste sofort diverse Wetten aus.

„Noch ein schräges Einweihungsritual?", stieg Rhydian drauf ein.

„Nein!" Ich stellte mich dicht neben ihn. „Du gegen mich!"

„Schwanzring, ich habe mich die letzten Stunden voll verausgabt!"

„Verweichlichter Schweizerkäse!"

„Sushi-Arsch!", blökte Rhydian.

„Angst zu unterliegen? Deine Unschuld opferst du mir!", stichelte ich den Nackten. Das Goldlicht des Sonnenuntergangs verwandelte seinen nassen Körper in eine Siegerstatue. Ich streichelte meinen Torso und ließ meine Hände über meinen Bauch auf meinen Minitanga hinuntergleiten. Ein letzter Sonnenstrahl blitzte auf meinem Cock Ring. Wir umkreisten uns erst wie Sumo Ringer, danach wie Macho Cowboys, die mit ihren harten Colts den anderen einschüchtern wollten.

„Wo?", fragte Rhydian knapp.

„Na, hier im Fünfzigmeter-Becken!"

„Ich meinte: Wo soll ich dich nachher nageln?" Rhydian hatte meine Herausforderung angenommen.

Ich zeigte zum offenen Haus am Stirnende des Bades, worin sich die Pumpen für die Reinigungsanlage befanden.

„Ziemlich eng da drin!", bemerkte Earl, der alles mitverfolgte. „Ich spreche für uns alle. Maskottchens erster Sex muss bezeugt werden!" Zustimmendes Gemurmel. Gleichzeitig rollte Ashby eine Tafel herbei, um mit einer Kreide Wetten zu notieren.

Rhydian beobachtete alles mit stoischer Ruhe.

„Einmal hin und zurück!", verkündete Max.

Da es im *Bondi Bath Pool* keine Absprungböcke gab, stellten wir uns beide am südlichen Ende an den Beckenrand nebeneinander.

„Idioten, wir fliegen wegen eurem Hahnenkampf noch vor Ablauf der Kündigungsfrist raus." Brian zeigte zur Straße oben, wo einige Passanten stehen geblieben waren, um uns aus der Ferne zu beobachten. Details waren von dort aus nicht erkennbar.

„Spielverderber!", brummelte Asby.

„Nächsten Montag im Hallenbad an der Uni!", sprach es Rhydian laut aus. Das Hallenbad gehört abends nur uns."

Damit war es offiziell.

„Kneifst du plötzlich?" Rhydian stellte sich so dicht vor mich, dass sein Langer meine Beule berührte. Er musterte mich mit einem mitleidigen Blick. „Zac Boyce, öle schon mal deinen Arsch."

„Absprung in einer Minute!", befahl Brian zeigte zum Pool.

Mein Herz hämmerte in meine Latte. Ich war so geil geworden, dass ich befürchtete gleich abzuspritzen.

„Dich schlage ich selbst nach durchzechter Nacht!", prahlte ich.

Der Profi zog sich seine Badekappe an, richtete die Schwimmbrille und ging in Absprungposition.

„Möge der Bessere auf seine Kosten kommen!", flüsterte Rhydian.

„Fertig?" Nachdem wir bestätigten, spazierte Brian mit seiner Trillerpfeife vor dem Mund an die Längsseite dem Ozean zu und gab, bevor die Sonne unterging, das Kommando zum Start. „Alles ist erlaubt!"

Meine Muskeln glühten. Mein Schwanz schmerzte. Niemals zuvor schwamm ich so schnell. Der Siegerpreis war zu verlockend.

Rhydian tauchte tief unter Wasser und überholte mich. Als er zum ersten Mal vor mir auftauchte, war mir sofort klar, dass ich keine Chance gegen ihn hatte! Am Beckenrand drehte ich unter Wasser. Da sah ich Rhydian abermals. Warum tauchte er so tief? Ich kraulte über ihm. Warum ließ er mich gewinnen? Um es nicht ganz nach Schiebung aussehen zu lassen, holte er rasch auf und schlug nur einen Bruchteil einer Sekunde nach mir, beim Ziel am Beckenrand ab. Ich hatte gewonnen!

Meine Kumpels zogen mich aus dem Wasser und klopften mir auf die Schulter. Zwei streiften mir den Tanga runter. Rhydian wurde vor mir ins halbgeöffnete Pumpenhaus gedrängt. Wo das Kondom plötzlich herkam oder wer es mir überstülpte, bekam ich nicht mit.

„Nicht hier!", fluchte Brain. „Geile Vollidioten!" ◀

Peithos Dicker, durch seine Erzählung angeschwollen, wird vom wenigen Stoff kaum noch verdeckt. Mein sexuelles Verlangen kribbelt und erwacht. Verlegen sehe ich mich am *Bondi Beach* um. Wir liegen am Gay Beach. Bis auf andere schwule Männer ist sonst niemand in Sichtnähe. Zusätzlich schützt uns die Hochsommerhitze, die Klardenkende von einem Strandbesuch zu dieser Tageszeit abhält.

„Ach, Valdrin! Rhydian Elpis opferte seine Unschuld, damit der geile Bock in ihm unseren Club in eine neue Zukunft führen konnte."

„Habt ihr es getan?"

„Rhydian vollzog die Transformation!" Peitho bleibt vage.

„Habt ihr es doch noch im Schuppen getrieben?"

Peitho schüttelt seinen Kopf, lacht und winkt ab. „Nein, Brian ließ uns keine Minute mehr aus den Augen. Er traute Rhydian alles zu."

„Was passierte am Montagabend im Hallenbad?"

„Rhydian schrieb an unsere Clubtafel, dass ihn jeder, der ihn in Hundertmeter besiegt, ficken dürfe. Viele trainierten danach wie blöd."

„Und Rhydian besorgte es reihum jedem Verlierer?"

„Nein! Dieser Teil der Ursprungswette galt nur mir."

„Jetzt erzähl schon! Wie ging es am Montagabend aus?"

Peitho checkt seine Armbanduhr, schweigt sich aber aus.

„Hattet ihr beiden danach eine Affäre?"

„Valdrin, was denkst du denn?" Peitho lässt mich zappeln.

Da ich sicher bin, er wird mir heute nichts weiter vom Wettschwimmen und dem Preis des Siegers erzählen, wechsle ich das Thema. „Wer ist Marrick? Kennst du ihn?"

Sofort verdunkelt sich Peithos heitere Laune und sein vor Geilheit rotleuchtendes Gesicht erbleicht.

„Du magst Marrick nicht?", schlussfolgere ich.

Peitho steht auf und spaziert die paar Schritte bis zur Brandung, dann rennt er plötzlich los und wirft sich in die nächste Welle. Ich bleibe schwitzend im Sand zurück. Einmal Ozean reicht für Wochen! Den Rest des Nachmittags sonnen wir uns schweigend. Ich schmachte Peitho an. Er genießt meine Blicke ungemein. Immer wieder verengen sich seine Augen, um mich im hellen Licht des Tages zu mustern. Immer wieder schüttelt er nach einer solchen Betrachtung seinen Kopf.

„Was ist?“, löchere ich ihn.

„Du siehst deinem Halbbruder sehr entfernt ähnlich. Deine Haut ist viel zu käsig, deine Haare zu dunkel und dein Augen sind auch vollkommen anders. Aber dein Körper ist in Bestform. Trainierst du?“

„Mein Psychiater riet mir zu Sport. Bodybuilding war das Einzige, was mich irgendwie ablenkte. Ich betrieb es täglich.“

„Du hast verdammt gute Oberarme und Bauchmuskeln. Valdrin, schwimmst du auch?“

„Im Wasser?“

„Wo sonst?“, lacht Peitho.

„Ich bin Wasserscheu.“

„Rhydian schwamm täglich, meist morgens im Hallenbad an der Uni und am Nachmittag im Ozean an irgendeinem der Strände von Sydney. Er ließ nicht ein Training aus, egal welche Jobs er hatte oder wie erschöpf er immer war. Wasser war sein Element! Nichts konnte ihn davon fernhalten. Selbst nachts schwamm er im *Port Jackson*.“

„Im Dunkeln!“

„Rhydian hatte vor nichts Angst. Ihr habt beide den gleichen Männergeschmack. Du stehst doch auf den flitzenden Skater?“

„Jayden Salisbury?“

„Kennst du noch andere Skater, die ihre Hosen nicht anbehalten können? Aha! Ich deute deinen gesenkten Blick richtig. Holst du dem Kleinen regelmäßig einen runter?“

„Was?“ Meine roten Ohren flammen brennend.

„Jaydens dreizehn Zentimeter waren Rhydians liebstes Spielzeug.“

„War das so?“

„Spielte Rhydian nicht mit seinem eigenen, dann mit dem von Jayden oder mit meinem. Valdrin, wenn du willst, darfst du auch.“

„Ich soll dir die Gurke ölen?“

Peitho langt aus seiner Sporttasche nach einer Flasche Teebaumöl, öffnet den Verschluss und spritzt sich vom stark riechenden Eukalyptussaft reichlich auf seine Vorderseite. „Ich bin nicht scheu! Valdrin, du kannst es mir hier und jetzt besorgen.“ Er rückt einladend näher, damit ich seinen glitschigen Körper bearbeite. Weil ich zögere, erpresst er mich. „Massage gegen Geschichten?“

„Warum seid ihr Australier so schamlos?“

Peitho steigt nicht drauf ein. Kaum verteile ich mit meinen Händen das Öl auf seinem Körper, schließt er erst schnurrend seine Augen und erzählt dann weiter. „Die Trainings verliefen alle ähnlich. Rhydian trainierte unermüdlich und sehr diszipliniert. Er stemmte Gewichte im Kraftraum und schwamm bei jedem Wetter – immer nackt.“

„Modelte er für den Club?“ Peithos Muskeln zu berühren löst stetiges Schaudern bei mir aus.

„Das war nie nötig! Um neue Clubmitgliedern brauchten wir uns nicht mehr zu sorgen. Jede Woche traten Männer dem Club bei. Ich bin mir sicher, dass die Fotos von unserem ersten Fick sich rasch unter den schwulen *Sport*-interessierten verbreiteten.“ Peitho schnurrt wohlig.

„Dann habt ihr es wirklich getan?“

„Natürlich!“ Peitho schiebt den Tangastoff zur Seite. „Pack richtig zu! Ich mag‘s hart! Die Zuschauer stören mich nicht!“

Peithos Lust pocht in meiner Hand pochen.

„Valdrin, gelegentlich erzähle ich dir davon. Willst du auch von den Vorbereitungen zur *Australian Gay Swim Pride* hören?“

„Ich will verstehen, warum Rhydian von der *Sydney Harbour Bridge* in den Selbstmord sprang.“

Plötzlich traurig nimmt mir der Bodybuilder seine Latte aus meiner Hand und stülpt sich den Stoff wieder darüber. „Danke fürs Ölen! Valdrin, du hast einen guten Griff! Jeder Zeit wieder! Ich muss los!“

„Blieb Rhydians weiter bei seinem Outfit?“

„Nein! Nelson Morley hatte andere Pläne.“ Damit erhebt sich Peitho aus dem Sand und spaziert Richtung Bad davon.

Nach einer raschen Waschung meiner Hände und meines Gesichts am Ufer des Ozeans im Sand kauernd, mache ich mich auf den Rückweg. Die Sonne, Peithos Schwanz und Rhydians Geschichten erwecken den schwulen Mann in mir. Ich will in Sydney etwas erleben; mehr als nur mit den Lümmeln der Freunde meines Halbbruders zu spielen!

Nach dem Abendessen bin ich so müde, dass ich mich sofort schlafen lege. Ich fing mir am Strand einen Sonnenbrand ein. Das ist auch der Grund, warum ich den nächsten Tag hauptsächlich in meinem Hotelzimmer verbringe, ein paar Ansichtskarten schreibe und immer wieder in traumlosen Schlaf gleite. Erwache ich, fantasiere ich von Peithos Arsch oder Jaydens dreizehn Zentimeter.

Nach Sonnenuntergang fühle ich mich zum ersten Mal wach genug und in der Lage auszugehen. Als Sam mich anruft, verabrede ich mich mit ihm im *Mustang*. Als ich kurz vor zehn Uhr abends dort eintreffe, erkenne ich den Schuppen kaum wieder. Heute wird einer der monatlich stattfindenden Stripperabende zelebriert. Zwei Bartender hantieren mit Flaschen und Mixbechern. Beide dürften noch keine fünfundzwanzig sein und sind bis auf Tarzan-Schürzen nackt.

„Valdrin, schön dich nach dem heutigen *knock-off* zu sehen! Trittst du später auf? Ich bin ganz neugierig auf deinen *Snag*!"

„Hi, Miss Muriel! Mein *Snag* bleibt in der Hose."

„Schade!" Die Drag Queen, heute in hochhakig feuerroten Stiefel, die dem Wesen bis zum Ansatz eines Mini-Schottenrocks hoch reichen, trägt sonst nur noch Schminke und ein Hütchen im Schottenmuster.

Ich schreie der Drag Queen ins linke Ohr: „Sorry, ich verstehe nur die Hälfte in dem Lärm hier!"

„Schätzchen, komm mit! Morgen kann mein altes Gehirn die Infos bereits gelöscht haben." Als ich darauf nicht reagiere, boxt mich Miss Muriel. „Sind alle Schweizer so knapp mit Komplimenten?"

„Was?", frage ich.

„Valdrin, gefällt dir mein Outfit?" Miss Muriel tritt theatralisch einen Schritt von mir fort und dreht sich einmal um die eigene Achse. Kaum damit fertig, hebt ein Kerl hinter der Drag Queen das Miniröckchen so weit hoch, dass sich darunter ein prall gefülltes durchsichtiges Spitzenhöschen zeigt.

„Böser Junge!" Miss Muriel klopft dem Mann auf die Finger und hält seine Hand. „Dich kenne ich doch!" Bevor der raue Naturbursche in einer roten Lederhose reklamieren kann, wird er bereits von der Drag Queen mit Küssen begrüßt. Der Zottelige mit den ausgebleichten Haaren ist noch keine dreißig. Sein Brusthaar ist getrimmt wie auch seine Achselhaare. Er ist barfuß.

„Ist er das?“, fragt der Wilde die Drag Queen.

„Das ist Valdrin Loris aus der Schweiz. Er ist Rhydian Elpis‘ Halbbruder“, stellt mich Miss Muriel dem bulligen Rohling vor. An mich gewandt: „Dieser ehemalige Rugby Player ist *Marrick Braxton*.“

„Nenn mich *Ares!* Das tun alle Freunde von Rhydian.“ Statt mir die Hand zu reichen, fasst mir Ares in den Schritt und zieht mich so gepackt eng an sich. „Bist du auch so gut bestückt wie Rhydian?“ Marricks Atem stinkt nach Bier und seine Haut nach Erdnüssen. „Weißt du, wo mein Hase sich versteckt?“

„Wer?“ Verunsichert versuche ich das Sex-Monster abzuschütteln.

„Na, mein verrückter Rammler mit dem riesen Doodle?“

„Sprichst du von Rhydian?“, dopple ich verwirrt nach.

Ares packt noch fester zu, leckt mir über die linke Wange und lässt mich los. „Ist mein Hase nicht zurück in die Schweiz geflogen?“

„Rhydian wird vermisst“, erklärt Miss Muriel dem Rüpel die Sachlage. „Einige vermuten, er sei tot.“

„Mein Hase tot?“ Ares lacht laut auf. „Niemals!“ Dabei fokussiert er meine Augen, als ob sie Kristallkugeln wären, in denen er die Zukunft oder Vergangenheit ablesen könnte.

„Bin gleich zurück“, flötet Miss Muriel, hakt sich bei Marrick Braxton unter und zieht den alkoholisierten *Aussie* in den hinteren Teil des Clubs, wo noch nicht viel los ist. Dort sinkt der Schläger weinend auf einen Hocker und vergräbt sein Gesicht in seinen riesigen Händen.

„Er wusste nichts von Rhydian Tod?“, nuschle ich.

„Natürlich! Aber Ares will es nicht wahrhaben. Seit Rhydians Verschwinden säuft er doppelt so viel und ist kaum einmal nüchtern. Er vermisst deinen Halbbruder in jeder wachen Minute, warum es davon in letzter Zeit nicht mehr viele gab. Zum Glück hält Ares nichts von härteren Drogen. Er hätte sich längst den goldigen Schuss verpasst.“

„Die beiden waren befreundet?“ Ich versuche mir meinen hübschen Halbbruder mit diesem besoffenen Bock vorzustellen.

„Wäre Nelson mit seinem Antrag Ares nicht zuvorgekommen ...“

„Rhydian war mit diesem Mann da“, zeige ich auf das weinende Elend, „zusammen?“

„Marrick und Rhydian trieben es, wo immer und überall!"

„Rhydian und der da?"

„Valdrin, dein Halbbruder war nicht leicht zu verstehen. *Thousand Face* hatte nicht nur tausend Gesichter, sondern auch tausend Facetten. Oft sprach er über seine Visionen und verrückten Begegnungen."

„Ja, Rhydian passierte viel Seltsames!", bestätige ich, wenn ich das auch nur aus Geschichten kenne.

„Die Stripper treten erst kurz vor Mitternacht im vorderen Teil des *Mustangs* auf. Valdrin, interessierst du dich für Rhydians mystische Seite?" Weil ich nicke, steckt mir die Drag Queen: „Ich würde gerne in Sichtnähe von Ares bleiben. Seit Rhydian verschwunden ist, wenden sich alle von ihm ab oder geben ihm die Schuld für alles."

„Trieb dieser Säufer meinen Halbbruder in den Freitod? In seinem Blick erkenne ich hinter der Trauer rohe Kraft und eine Bereitschaft zur Gewalt, die mir Angst einflößen. Einem Mann, wie diesem Ares, möchte ich nachts nicht alleine in einer dunklen Gasse begegnen."

„Seine Fäuste waren Waffen. Er boxte und war ein guter Ringer."

„Was ist passiert?"

„Rhydian Elpis ist passiert!"

Aus den Erinnerungen von Sam, der Drag Queen Miss Muriel:

► „*Thousand Face* war fest davon überzeugt, hier in *Downunder* seinem Schicksal zu begegnen, es zu meistern oder beim Versuch dabei zu sterben. In allem was tat, war er ernsthaft. Zufälle gab es für Rhydian nicht. Was immer ihm passierte, sah er als Tests oder Geschenke an. Er glaubte fest daran, hier etwas vollbringen zu müssen.

Wenn du genau hinhörst, kannst du die Musik hören! Mit den Worten des Aborigines vor der Oper fing es an. Rhydian war danach immer am Lauschen, ob dem Wind, den Wellen der See, dem Ruf der Tiere oder dem Regen. *Die Saat ist ausgeworfen und der Boden gedüngt. Dem Tod des Alten steht nichts mehr im Weg.* Erst sah er im Fremden einen schrägen Vogel, doch war er überzeugt, einer uralten Gottheit der Zeit und Jahreszyklen, einem Hüter der Träume der Menschheit, begegnet zu sein."

Miss Muriel rückt sich das ulkige Schottenhütchen zurecht. „Ich selbst beschäftige mich intensiv mit der Traumwanderung und anderen Fähigkeiten der Ureinwohner Australiens. „Valdrin, schaue mich nicht so an. Ich mag schrill und verrückt gekleidet sein, doch das ist nur eine Verkleidung."

„Eine uralte Gottheit in Sydney?", zweifle ich.

„Schelte mich eine abergläubische Tunte. Ja, das bin ich! Heute denke ich, Rhydian Elpis trat in meiner Show damals nur auf, weil der nicht an Zufälle glaubte. Er gehörte zu den wenigen Menschen, die jede Chance beim Schopf packen und das Beste draus machen. Ach, mein lieber unschuldiger Valdrin!", stöhnt Miss Muriel und setzt sich auf einen der Hocker, die der Wand entlang stehen, an die wir uns zurückgezogen haben. „Rhydian war ein Mann der Tat."

Mit einem Kugelschreiber versuche ich mir die Worte zu notieren.

Miss Muriel beachtet mich kaum, die Drag Queen scheint wie in Trace zu sprechen.

„Die zweite Begegnung dieser Art ereignete sich bereits am Tag drauf. Es war der 12. Januar, kurz bevor Rhydian mit Coogee zusammen dessen Katamaran bestieg. Während Coogee zum Boot vorging, sprang ein junger Aborigine aus einem Gestrüpp neben dem Parkplatz und schleudert eine Handvoll roten Sand nach der anderen in den Wind.

Die erste Prüfung hast du in den Sand gesetzt! Zwei bleiben dir noch. Du kannst nur ernten, wenn du das Wachstum und die Fruchtbarkeit zulässt. Du musst sie fördern und akzeptieren! Konzentriere dich! Von nichts, kommt auch nichts! Der hüllenlose Teenager, er schätzte den Ureinwohner kaum älter als sechzehn, schaufelt ständig neuen Sand durch seine Hände. *Du siehst, trotz deines Versagens ist die Saat nicht mehr hier!* Um zu beweisen, dass sich kein Opossum-Futter in seinem Umfeld befand, staubte der nackte Jüngling wieder vom Sand in die Luft. *Entweder gibt dir irgendwer eine zweite Chance oder deine Mission ist hoffnungsloser, als ich in deiner Zukunft erkennen kann.*

Ob er auch aus Kaffeesatz, im Flug der Fledermäuse oder in den stinkenden Innereien angespülter Fische nach Weisheit suche, spottet Rhydian. Er überspielte seine Angst mit Sprüchen.

Wir Horen überbringen nur die Warnung, und überwachen die Träume der Menschheit. Du musst dich entscheiden! Ohne dein bewusstes

Einverständnis, wird sich alles gegen dich wenden. Tage der Prüfungen werden folgen. Dem Knospen folgt die Reife; deine Honky Nut muss Hitze und Dörre aushalten. Versage nicht! Zuviel hängt davon ab. Die Beiden zählen darauf, dass du deine Mission erfüllst!

Natürlich fragte Rhydian nach, wer die beiden sind. Er erhielt aber keine Antwort, nur eine weitere Visitenkarte auf der stand: *Hore des Sommers und des Wachstums, Hüter der Reife und der Träume.* Und natürlich fehlt auch die Botschaft nicht: *Sammle deine Kräfte! Schüttle alles ab, was dich hemmt! Der Sturm naht. Er wird dich zerschmettern oder bestätigen. Der Sand verrinnt unaufhörlich.*

Warum Rhydian die Visitenkarte unter einem Stein versteckte, statt sie mit an Bord zu nehmen, war vielleicht eine seiner vielen Vorahnungen. Seine Hose wurde später auf dem Katamaran mit Rotwein bekleckert und landete in einem Eimer Salzwasser. Die Karte hätte sich aufgeweicht und wäre nutzlos geworden. Hatte seine spätere sprichwörtliche Schamlosigkeit mit jener Begegnung zu tun?

Rhydian hatte Angst! Am liebsten wäre er zurück in die Schweiz geflogen, um sich dort vor seinem Schicksal zu verstecken. Doch der Held in ihm erwachte. Mir ist noch niemals zuvor ein Mensch begegnet, der sich selbst derart forderte. Ich rede jetzt nicht von seinen sportlichen Leistungen oder den vielen Jobs, die er parallel annahm, um über die Runden zu kommen. Rhydian war ein Jäger nach Schätzen und definitiv war er ein Abenteurer. Ahnte er schon damals, dass seine Zeit nur kurz sein würde?“

„Miss Muriel, du hast meinen Halbbruder geliebt?“, unterbreche ich die schrille Drag Queen.

„Ich war total in ihn verknallt! Wer nicht?“, schwärmt der Travestiekünstler. „Keiner widerstand seinem Wunderblick. War er nackt überstrahlte seine Magie jeden Willen. War Rhydian Elpis zu gut für diese Welt?“

„Ein Freund meines Halbbruders überreichte mir einen Brief. Rhydian erwähnte darin eine Sternenfrau, die ihn im Flug nach Australien heimsuchte.“

Miss Muriel seufzt. „*Thousand Face* sprach viel von IHR. Oft hatte ich das Gefühl, er spreche dabei über sich selbst.“ Die Drag Queen sieht zu Ares hinüber, der noch immer mit seinem Kopf in den Händen eingesackt in unserer Nähe sitzt. Wahrscheinlich lauscht er.

„Die dritte Begegnung meinem Zeitwächter hatte Rhydian am Samstagnachmittag, dem 15. Januar, dem Tag, als er abends im *Mustang* zum *Underwear Contest* antrat. Er erzählte mir die Geschichte noch am selben Abend, bevor er sich bei den Preisrichtern als Teilnehmer registrieren ließ. An jenem Samstagnachmittag schlenderte Rhydian durch den *Hyde Park* und passiere die *St. Mary's Cathedral*. Viel spannender als Kirchen, fand er aber die Natur und den *Archibald Fountain* in der Nähe. Rhydian war von Mythologie fasziniert. Er verschlang alles, was er über die Aborigines und über die Götter der Antike fand. Er übte sich im Traumwandeln und verbrachte Stunden in stiller Kontemplation oder ließ ein Schwirrholz surren.

Neugierig umrundete Rhydian an jenem Samstagnachmittag den Altar, denn dran erinnert ihn das monumentale Bauwerk. Drei Plattformen reichen von der zentralen Säule ins enorme Wasserbecken. Auf einer davon sitzt *Artemis* mit einem Hirsch; auf einer weiteren *Pan* mit Ziegen; und auf der dritten kämpft *Theseus* gegen den *Minotaurus*. Schildkröten spucken aus dem Becken Wasser ins Zentrum und weitere Düsen verspritzen hinter Apollon, wie Sonnenstrahlen aussehend, Fontänen in den Brunnen. Egal aus welcher Richtung Rhydian sich dem Nieselregen näherte, immer tanzten Regenbogen im Sonnenlicht. Rhydian war Träumer, Romantiker und ein Liebhaber von Details.

Schon an Einiges gewöhnt, wunderte sich Rhydian nur kurz, als aus dem Regenbogen eine Gestalt trat und sich ihm durchs Wasser watend näherte. Der nackte Aborigine war mit reifen Früchten aller Art und üppig fleischigen Blättern bemalt.

Im alten Griechenland gab es drei Jahreszeiten: Frühling, Sommer und Winter. Hier in Australien der Gegenwart ist das ähnlich. Eigentlich müsste ich auf einer der drei Arme verewigt stehen, und nicht Apollons Zwillingsschwester, der uralte Waldgott oder gar ein Held. Der Bemalte sprach ernst weiter: *Die Saat geht in dir auf! Du hast die Gabe angenommen. Laß sehen!* Der Aborigine stieg aus dem Wasser. *Das Wachstum hat begonnen, schon bald stehen der Tod und die Wiedergeburt bevor.*

„Ah, ja!", tat Rhydian den Spuk ab. „Lass mich raten", spottete er. „Du bist die dritte *Hore*!"

Ich bin die Reife, die Ernte aber auch die Vorbereitung auf den Winter.

„Und ich dachte, es wäre jetzt Hochsommer?“, gab Rhydian schnippisch zurück.

Alles läuft in kanonisierten Zyklen. Das Rad dreht sich unaufhörlich, verjüngt sich nach jedem Winter und reift im Sommer, um nach der Ernte abermals in sich gekehrt, neue Kräfte für den nächsten Wandel und die Wiedergeburt zu sammeln.

„Ich muss sterben?“

Die Vermählung fand statt. Du und SIE, ihr beide seid eins geworden. Dennoch seid ihn noch zwei in einem. Erst mit deinem vollständigen Opfer wird das neugeboren werden, was immer schon da war und für immer sein wird. Der Ort für die Transformation ist bereits gewählt. Lass mich sehen!

„Hau bloß ab!“, scheuchte Rhydian diesen Horen-Typen von sich.

Der Zeitpunkt ist bestimmt worden.

„Aha! Wann kratze ich ab?“

Die Mysterien der Gattin und des Gatten werden nur den Eingeweihten zuteil, die sich dafür als würdig erweisen und die nötigen Vorbereitungen durchlaufen haben. Hast du dich vorbereitet und gereinigt?

„Alter!“ Genervt tippte sich Rhydian mehrmals den Vogel zeigend an die Schläfe. „Ich werde mich nicht verloben, und ich werde auf keinen Fall heiraten! Willst du mir einen Smoking aufschwatzen oder versuchst du mir deine Hochzeitsplaner-Ideen zu verkaufen? Null Bedürfnis! Ich liebe es, schwuler Single zu sein.“

Kronos schleift bereits seine Sichel. Der Himmel muss sich vom Beischlaf mit der Erde trennen, damit dein Schicksal seinen Lauf nehmen kann. Solange der Himmel und die Erde vereint sind, steht die Zeit still und Wachstum ist unmöglich. Uranos feuriges Sperma muss in den Ozean tropfen, um ihn zu befruchten. Nur wenn du in diesem Augenblick eintauchst und dein sterbliches Leben aushauchst, wird der Göttersamen und die Urgewalt der Meere sich in dir neu sammeln. Die ewig Gleiche, die Unveränderliche hat dich als ihren Gatten erwählt. Jetzt musst du dich ihr als würdig erweisen und zum Kind werden, das durch ihre Vermählung mit deinem alten Selbst schon gezeugt wurde.

„Alter! Was labberst du für unlogischen Schwachsinn? Ich bin schwul und total happy damit. Niemals lege ich mich zu einer Braut ins Bett, um sie zu schwängern.“ Den Verrückten auslachend, wand sich

Rhydian von ihm ab. „Spinner, du hast den Falschen getextet!“

Wenn die Blitze nahen, musst du dich bereit machen. Hoch musst du hinaus und tief fallen. Einer der Blitze muss dich treffen. Wenn du zögerst, zerschmettert dich Zeus. Niemand spielt mit den Gaben der Uralten ohne sich die Verantwortung, die damit einhergeht zu schultern. Du wurdest – warum auch immer? – auserwählt. Damit spazierte der bemalte Ureinwohner zurück zur Säule in der Brunnenmitte. Kaum traf ihn dort Apollons Wasser, flimmert die Luft und ein Regenbogen verblasste.

Lange saß Rhydian an jenem Nachmittag am Brunnen. Träumte er mit offenen Augen, erlag er akutem Wahnsinn oder halluzinierte er bereits vor Hunger oder wegen einem neuen Sonnenstich? Rhydian hatte Panik. Er liebte sein Leben. Er wollte nicht sterben, vom Blitz getroffen werden oder sich von der *Sydney Harbour Bridge* in den Ozean stürzen. Nichts davon wollte er; alles tat er! ◀

„Sam“, spreche ich die Drag Queen bei ihrem richtigen Namen an, „glaubst du, Rhydian nahm Drogen?“

„Auf keinen Fall! *Thousand Face* trank ja kaum Alkohol und vom Rauchen – egal von was – hielt er auch nichts. Nein, im Land der Säufer war er Abstinent.“

„Das war Rhydian in Basel auch. Er war durch und durch Sportler. Seine Gesundheit war ihm immer wichtiger, als ein Rausch oder die Flucht in nebulöse Zustände. Eine Weile versuchte er sich als Veganer, ließ es dann aber bald bleiben, weil er auch auf Hasenbraten hätte verzichten müssen.“ Warum ich mich jetzt ausgerechnet an solch Banales erinnern kann, verstehe ich auch nicht.

„Schätzchen, du kannst aufhören auf meine Beule zu starren.“ Die Drag Queen schlägt erstmals ihre Beine übereinander.

Meine Geilheit schreibe ich definitiv den zeigefreudigen *Aussies* und den riesigen Ozonlöcher über dem Kontinent zu.

„Valdrin, kannst du für Ares ein Glas Eiswasser holen? Er erwacht aus seinem Rausch.“

Als ich mit einem Bierkrug voller Wasser zurückkehre, rauft sich Marrick Braxton seine zottigen Haare. „War ich wieder in Trauer?“

„Das hilft dir nüchtern zu werden“, strecke ich ihm den Krug hin.

Der Ringer starrt mich an, schüttelt verwirrt seinen Kopf und setzt zum Austrinken an. „Bloody Shit!“, flucht er und spuckt das Wasser auf den Boden. „Das ist Himmelspisse! Ich brauche ein Longneck!“

Wie soll ich mit diesem Hirnamputierten ein vernünftiges Gespräch über Rhydian führen? Entweder ist er sturzhagelvoll, ein weinerliches Elend, ein fluchender Schläger oder er geht mir an die Wäsche.

„Warum horchst du uns über meinen Hasen aus und machst dir auf deinem Hackbrett Notizen dazu?“

„Ich interviewe jeden, der mit meinem Halbbruder in Kontakt stand. Und richtig, ich tippe die Geschichten in meinen Laptop ein“, konkretisiere ich.

„Bruder-von-Rhydian, morgen um zwölf Uhr am *Darling Harbour*. Der Landesteg befindet sich direkt neben dem Eingang zum *Aquarium*. Coogee nimmt mich zum *Obelisk Beach* mit. Sei pünktlich!“ Der grobe Klotz erhebt sich und schubst mich zur Seite. „Aus dem Weg ihr gackernden Hühner. Ich werde auf der Bühne erwartet!“

Keine drei Minuten später wird *Ares* im vorderen Teil des Clubs als nächster Stripper angekündigt. Er torkelt zur provisorischen Bühne neben der Bar und rekelt sich an der Tanzstange, während er sich gleichzeitig total angetrunken die rote Lederhose vorne aufknöpft. Das Publikum brüllt, als der Macho seine Hose sich hinten ganz über den Arsch runterzieht. Er faßt nach hinten und schiebt sich zwei Finger rein. Mit obszönem Gejaule kommt er in Fahrt, bis ihn Peitho, nach zehn Minuten live Pornografie, von der Bühne führt und um Applaus für die Darbietung bittet.

Hinter einer Säule verborgen, belausche ich die beiden.

„Raus hier! Du bist eine Schande für alles, was Rhydian hier aufzubauen versuchte. Rhydian würde sich im Grab umdrehen, könnte er dich jetzt so sehen!“

„Lass mich in Ruhe!“, schnauzt Ares und taumelt, als er sich davonmachen will. „Tanga-Träger, immer musst du dich einmischen! Immer musst du andere beschwören. Lass mich! Ich habe genug von deinen Einflüsterungen!“

„Du warst Mitschuld! Niemals werde ich dir das verzeihen!“, zischt Peitho. Ares Faust schnellt vor und trifft Peitho hart in den Magen. Der sackt vornüber. Bevor der Betrunkene weiter auf den Halbasiaten einschlagen kann, mische ich mich ein.

„Ares, Rhydian glaubte an dich!“, lüge ich ihn an.

Es funktioniert. Ares gafft mich mit gläsernen Augen an.

„Tat er das bis zum Schluss?“, will Ares kleinlaut wissen.

„So schrieb er mir!“, behaupte ich weitere Unwahrheiten.

„Du glaubst mir doch Bruder-von-Rhydian? Tust du doch?“ Bevor der vulgäre Stripper sich seine rote Lederhose hinten ganz raufziehen kann, fokussiert er mich. „Ich erzähle dir morgen alles! Ich kann dir doch vertrauen? Oder bist du auch ein Spitzel von *ihr*?“

Prostitution oder ehrlicher Spaß am Sex?

Eine halbe Stunde zu früh lungere ich am nächsten Tag am *Darling Harbour*. Dick mit Maximum-Sonnenschutz eingeschmiert weiche ich der Hitze aus. Der Ozean wirkt hier im Hafen graublau und die glitzernde Oberfläche verrät kleine Wellen. Wird Coogee mich auf seinen Katamaran einladen? Ob auch heute eine Gruppe Naturisten an Bord sein wird? Eine Gruppe Touristen spaziert lärmend an mir vorbei zum Eingang des *Sydney Aquariums*.

„Hi, Bunyip!“ Marrick Braxton kommt auf mich zu. „Hast wohl noch nie davon gehört?“ Als ich meinen Kopf schüttle, grunzt er: „Du gleichst einer Outback-Kreaturen, die keiner je gesehen hat.“

„Aha!“ Dieser Logik kann ich nicht folgen. „G’Day, Marrick!“

„Ares“, knurrt er. „Mein Hase nannte mich nie anders!“

„Ja, ja, kein Problem.“

„So willst du auf Coogees Katamaran?“ Der vulgäre Surfer spukt auf den Boden des Piers. „Du siehst aus, wie ein *mystery bag* in bunten Bermudas und einem Vorzelt auf dem Dach!“ Ares zeigt auf einen weißen Katamaran mit eingeholtem Segel, der sich uns motorisiert nähert. Kaum am Pier wirft ein Mann in abgeschnittenen Jeans ein Tau an Land. Ares stülpt die Schlinge über einen der Pfosten. „Einsteigen!“

Ich schultere meinen Rucksack und klettere an Bord.

„Coogee, ich habe den Depressiven, der sich Rhydians-Halbbruder nennt dabei. Geht das in Ordnung?“

„D’Day, Valdrin! Ares hol das Tau ein! Ich will ablegen.“

Wir haben die Anlegestelle kaum verlassen, zieht sich Ares vollkommen aus. Er stopft seine Sachen in eine an der Reling festgebundene Stofftasche und gafft mich an. „Ich packe mein *Prezzy* immer selbst aus!" Demonstrativ stemmte er sich seine Hände in die Hüften. „Ganz schön lecker, was? Willst' mal dran knabbern?" Seine Anmache ist so vulgär, wie der erste Eindruck, den ich gestern Nacht von ihm bekam.

„Ausziehen! Bruder-von-Rhydian, wir fahren zum *Obelisk Beach.*"

„Ist es ein Nudisten Strand?"

„Bist ja ganz schön helle!" Ares lacht. „Mein Hase war nie verklemmt. Ich fickte ihn bei unserer ersten Begegnung auf diesem Schiff"

„Erzählst du mir von Rhydian?" Weil sich Ares Augen wässern, vermute ich einen seiner Ausbrüche. „Du warst der Erste, der meinen Halbbruder zum Strip überredete. Mit Rotwein ..."

Der Verrückte prustet. „Hase fiel auf den ältesten Trick hinein!"

„Wie bist du Naturist geworden?"

„Small Talk? Euro-Boy, mein Hase wird seit Jahren vermisst und du willst wissen, wann ich dem Unsinn von Textil-Zwang entsagte?"

„Glaubst du nicht an Rhydians Tod?"

„Keine Ahnung, was dir Peitho zugeflüstert hat. Mein geiler Rammler begann weder Selbstmord, noch fraß ihn ein großer Weißer!"

„Die Polizei schließt ein Gewaltverbrechen nicht aus."

Er flüstert: „Die Bullen haben Coogee und Henley im Visier."

„Warum?"

„Sie observieren schon lange die *Woolloomooloo Cleaning Services.* Coogees Stricher werden geduldet, weil sie sich bedeckt halten."

„Die beiden sind Zuhälter?"

Ares bleibt mir die Antwort schuldig. „Mein Hase hätte sich niemals auf kriminelle Freier oder den Drogenhandel eingelassen."

„Darum geht es bei den *WCS*?" Ares verdreht seine Augen, schweigt sich aber aus. „Du nimmst doch auch *SOS*-Aufträge an?"

„Woher hast du das?", knurrt mich der nackte Naturbursche an.

Ich zeige auf Coogee, der oben hinter dem Steuer seines Katamarans steht und das Boot Richtung *Sydney Harbour Bridge* lenkt.

„Meinen Hasen traf ich zum zweiten Mal am Samstag darauf. Er hing dort mit Jayden ab, als ich eintraf. Beide trugen feuerrote Tangas. Bestimmt war das Peithos Einfluss!", schnaubt Ares. „Darüber trugen sie transparente Jogging Hosen. Total geile Teile!“

„Die durchsichtigen Jogging Hosen?“

„Die auch! Nein, ich spreche von den Jungs. Jayden kannte ich damals bereits vom Sehen her. Kaum ortete mich mein Hase, kam er freudestrahlend auf mich zu und umarmte mich. Er stellte mich Jayden vor und wir quatschen über Unterwäsche.“

Weil ich kichere, packt Ares nach meinem Pimmel in meiner Bermudas. „Bruder-von-Rhydian, daran ist nichts Tuntiges! Es war der Abend des *Underwear Contests*. Viele der Gäste trugen nichts weiter, als *Aussiebum* oder *Jocks*. Bruder-von-Rhydian, du musst wissen, Arschzeigen war in jener Saison total angesagt – na ja, ist es noch immer!“

„Autsch!“, schupse ich das Sexmonster von mir.

„Guter Schwanz!“, schmunzelt Ares. „Mein geiler Rammler hatte einen verdammt harten Knüppel. Deiner ist auch nicht ohne! Liegt diese Standfestigkeit in eurer Familie? Steht er dir auch ständig?“

„Nein!“, bleibe ich einsilbig. Es ist mir peinlich, dass ich auf den Säufer sexuell reagiere. „Weiter?“, bettle ich und versuche so zu tun, als ob ich nicht auf seinen wachsenden Dicken starren würde.

„Ja, ja!“ Marrick räuspert sich. „Dann höre: Hase, falls du unter die ersten Drei kommen willst, musst du dich unterscheiden. Jeder, der heute Nacht flachgelegt werden will, trägt die Fick-mich-Hosen!“

„Ares, erzählst du mir vom *Underwear Contest*?“, flehe ich ihn an.

„Bist du ein *Fruit Loop*? Was denkst du, mache ich gerade?“ Bevor er mit seiner Geschichte vorfahren kann, winkt uns Coogee aufs Oberdeck. Ich stopfe meine Sandalen in meinen Rucksack, behalte aber mein T-Shirt, meinen Sonnenhut und die Bermudas an.

Bei Coogee stehen sieben Passagiere. Nur Ares ist nackt. Coogee stellt mich den Senioren als Valdrin, Rhydian Elpis‘ Halbbruder aus der Schweiz vor. „Valdrin ist aus anderem Hartholz geschnitzt!“

Jeder gafft mir auf den Hosenstall.

„Marrick, schön dich in Bestform anzutreffen!“, säuselt ein bestimmt Achtzigjähriger in altmodischen Shorts. „Wo besorgst du‘s dir? Oder wird es der Konservative mit Bart für dich tun?“ Ares hebt nur seine Augenbrauen und zieht mich in seinen Arm.

„Kommt ihr alle mit zum *Obelisk Beach*?“, lenke ich ab.

„Nein, nein!“ Amüsiert kichert ein Methusalem. „Coogee bringt uns rüber in die *Athol Bay*. Wir besuchen den *Taronga Zoo*. Marrick, führt dein Lover diesen Sommer endlich wieder *Nudist Scenic Walks* als *Boner Boy* im National Park durch?"

Bevor Ares in Tränen ausbricht, überlässt ihm Coogee das Steuer. Danach führt mich der Kapitän, zusammen mit den Greisen, nach unten aufs Tragdeck. „Man sagt, Rhydian Elpis sei vor drei Jahren ermordet worden", flüstert Coogee. „Bitte erwähnt den Nudisten-Fremdenführer nicht mehr in der Gegenwart von Marrick."

„Ermordet?", nuschelt einer. „Die Gerüchte sind wahr?"

„Wer weiß?", zuckt der Hippie-Zuhälter mit der Schulter.

„Rhydian war ein so lieber Wichser."

Ich verschlucke mich an meiner Limonade.

„Rhydian war dein Halbbruder?" Als ich bestätige, mustert mich der Mann in der altmodischen Hose. Weil sein schamloses Abchecken andauert, verdrehe ich meine Augen. Endlich fährt er fort: „Rhydian organisierte Nackt-Wanderungen. Selbstverständlich war das verboten."

„Dein Halbbruder war ein hervorragender Fremdenführer auf verbotenen Abenteuerpfaden, er war Entertainer und Animator", ergänzt ein anderer der grauhaarigen Männer. „Ihm gelang es immer die bunt zusammengewürfelten Teilnehmer – er nahm niemals Frauen auf seine Touren mit! – in begeisterte Naturisten zu verwandeln."

„Wie?"

Einige blicken plötzlich verklärt um sich oder in meine Augen. Keiner sagt ein Wort, bis die peinliche Stimmung oder diese Andacht kaum noch zu ertragen ist.

„Seine Dauererektion war sein Wanderstab!"

Sofort glucksen zwei der ehemaligen Wanderer und andere nicken.

„Hielt er sein gutes Stück nicht in der Hand ..."

„BRUDER-VON-RHYDIAN!", brüllt Ares. „Wo bleibst du?"

„Besser, du siehst nach Marrick. Seine Laune könnte jeden Moment in eine weitere Depression abrutschen", warnt mich Coogee.

Kaum wieder oben beim Steuer – diesmal alleine mit Ares – funkelt mich der Exhibitionist an. „Soll ich dir meine Geschichte erzählen oder willst du lieber den alten Spanner beim Tratschen zuhören?"

„Darf ich mir Notizen machen?"

„Hackbrettkonzert?"

Ich deute auf meinen Rucksack. „Falls es dich nicht stört …"

„Jedem Spinner sein Spielzeug!", knurrt Ares und schaut zurück zur *Sydney Harbour Bridge*, unter der wir gerade durchfahren sind.

Marrick Braxton, der sich selbst Ares nennt, packt aus:

►Es war am *Underweare Contest* vor drei Jahren. Mein Hase war verschwunden. Blickte ich mich in der Runde um, war klar, wer nachher auf der Bühne seinen Arsch nicht zeigen würde, hätte keine Chance zu gewinnen. Nicht einer der cooleren Jungs trug eine Markenunterhose, die Arschbacken verdeckt. Ich selbst hatte mir nur einen Penisschlauch über meinen Doodle gestülpt, trug aber noch meine Hose. *Himeros* stand mit zwei Kameras bewaffnet neben Coogee an der Bar und knipste die Ärsche.

„Warum in einer Lederhose?" Der Fotograf hatte mich im Visier.

„Man punktet mit Überraschung! Wer sponsert den Wettbewerb?"

„*Grauer Kuala* und *Pink Boomer*. Zusammen mit Coogee machen sie die Jury aus. Kennst du die beiden Gast Juroren?"

„Willige Bottoms! Ärsche machen die nicht an, sondern steinharte Schwänze!" Ich lachte siegessicher.

„*Aussies*, *Bludgers*, *Boomers*, *Drongos* und *Old Fellas*, willkommen …" Bla-bla-bla. Miss Muriel im Kettenoutfit tänzelte über die Bühne und schwafelte den üblichen Blödsinn. Der Schuppen war brechend voll. Kurz darauf zeigten die ersten Tanga-Träger ihre Outfits. Ich hatte die Nummer achtzehn gezogen. Die Ärsche kamen und gingen; keiner qualifizierte sich fürs Finale. Dann tauchte Nummer zwölf auf!

Mein Hase trug nur seine durchsichtige Jogginghose. Er begrüßte sein Publikum und erzählte von sich, fuchtelte mit seinen Händen und rief ins Standmikrofon: „Sorry Leute, ich verpennte beinahe den Auftritt! Ich muss mich erst noch umziehen!" Natürlich war das eine Lüge. Auf der Bühne zur Musik herumhopsend versuchte er aus seiner Hose zu kommen. Jayden warf ihm einen Latex-Slip zu, in den er sich genauso ungeschickt hineinzwängte. „Was ist denn das?" Vorne durch ein Loch im Slip schob er seinen Prügel, der rasch senkrecht seine Aufwartung machte. „Tat-ta!" Seine Frechheit katapultierte ihn ins Finale.

Als ich meinen Schlauch-Doodle vorführte, stand Rhydian gelangweilt an eine Säule gelehnt und präsentierte weiter, was er ins Rennen brachte. Dass einer der Scheinwerfer auf ihn, statt auf die Bühne zeigte, war bestimmt kein Zufall. Wie auch immer! Wir beide und einer der Arschzeiger kamen ins Finale für die Zuschauer Voten. Rhydian tanzte und sang laut zur Background Musik mit. Sein Applaus war eindeutig.

Als er sich der Jury für die Verkündung zudrehte, passierte, was keiner erwartete. *Grauer Kuala* und *Pink Boomer* tuschelten. Schließlich erhob sich Coogee von seinem Platz und stellte sich hinters Standmikrofon auf der Bühne. „Leute, Rhydian Elpis wird disqualifiziert! Die Unterhose muss von Anfang an getragen werden!"

Sofort brandete eine Woge der Entrüstung durchs *Mustang*.

Mein Hase schied aus. Der Tanga-Träger gewann, und ich bekam den zweiten Platz. Für seine Frechheit erhielt mein geiler Rammler einen Trostpreis. Doch statt sich darüber zu nerven oder sich lautstark den Protesten des Publikums anzuschließen, zog er sich seinen roten Latex-Slip aus und schleuderte ihn *Grauer Kuala* und *Pink Boomer* auf den Jurytisch. Er rief: „Der Sturm naht! Ich bin bereit!" ◀

„Das ist schon alles? Ich habe mehr erwartet!"

„Diese *Underwear Contests* sind einer, wie der andere. Scheue Tunten wackeln mit ihren Ärschen, Böcke zeigen ihre Latten und Studenten beweisen, wie mutig sie sind, während entweder uralte oder verklemmte Juroren ihrem Voyeurismus frönen. Bruder-von-Rhydian, willst du darüber echt mehr Details?"

„Ares, sprichst du über mich?" Einer aus der Gruppe, die zum Zoo will, steigt die Stufen aufs Oberdeck hoch.

„Keine Show heute!", entschuldigt sich der nackte Steuermann.

„Marrick, ich hörte den Schluss deines Berichts. Ich war damals auch im *Mustang*. Rhydian hatte sich an jenem Abend als der geoutet, als den ich ihn in Sydney kennenlernen sollte."

„Als wen?"

„Boner Boy!", antworte der Mann in der altmodischen Hose.

Ares grunzt bestätigend: „Er war der Beste des Jahres!"

„Oh, ja, die Fotos!", seufzt der Grauhaarige.

„Jetzt verzieh dich! Keine Show!", schnauzt Marrick unfreundlich.

„Auch keine kleine?"

„Kleine Shows gibt's nicht! Alles oder nichts!" Ares scheucht den Schaulustigen vom Oberdeck. „Wo war ich? Mein Hase wurde beobachtet. Es war nicht der Szenen Fotograf, sondern einer, der jedes Zucken und Wippen registrierte. Er blieb aber im Schatten."

„Wer?"

Ares Augen verengen sich. „Nelson Morley!"

„Der humpelnde Goldschmied? Kennst du Nelson persönlich?"

„Sicher!", beteuert Ares. „Früher waren wir befreundet."

„Und heute?"

„Rivalen."

„Warum?"

„Diese miese händefuchtelnde Schlampe schnappte mir meinen Hasen unter den Händen weg und verlobte sich mit ihm."

„Boys und Passagiere!", ruft Coogee laut aus und steigt die Treppen zum Oberdeck hoch. „Nächster Stopp: *Athol Bay*! Marrick, ich übernehme wegen dem Riff." Der bärtige Kapitän lenkt seinen Katamaran vor einer der Fähren zur Anlegestelle für den Zoo. Er drängt zur Eile, denn kaum hat er angelegt, lässt die Fähre ihr Horn erklingen. Als die Passagiere von Bord sind, legen wir sofort wieder ab. Wir folgen der Küste. „Valdrin, Sydney ist flächenmäßig doppelt so weitläufig wie Berlin und besteht aus sechshundertfünfzig Stadtteilen. Das Zentrum macht die *City of Sydney* mit zweiunddreißig Stadtteilen aus. Die Küste und Wasserläufe der Stadt betragen eine Länge von zweihundertvierzig Kilometer." Coogee erklärt mir fortlaufend, wo wir uns befinden.

Ich creme mich zum dritten Mal ein und hämmere Ares abermals ein, dass ich definitiv keine Hilfe dafür brauche. Irgendwann passieren wir *Taylors Bay* und *Chowder Bay*. Überall am Ufer ist Buschlandschaft, die sich aus den fast sechshundert Eukalyptus Arten, unzähligen Akazien, diversen Mythengewächsen, Mimosen, Grasbäumen und tausenderlei Blumensorten und Büschen zusammensetzt. In den hohen Bäumen krächzen Kakadus oder bunte Papageien.

„Marrick, erzähle Valdrin von eurer ersten gemeinsamen Show hier auf dem Katamaran!"

Der splitternackte Lüstling spielte in Gedanken versunken mit seinem Harten, als ob wir anderen nicht zusehen würden. „Willst du das hören?" Der Naturbursche lehnt neben mir stehend über die Seile und späht zu einem der National Parks am Ufer. Weil ich ihm auf den getrimmten haarigen Arsch starre, wiederholt er seine Frage, bis ich nicke.

Marrick Braxton, den jeder als Ares nennt, packt aus:

▶ Es war nach dem *Underwear Contest.* Da mein Hase früh morgens schon im Hallenbad trainiert hatte, ließ er sich von mir für die Ausfahrt an den *Obelisk Beach* überreden. Es war ein verdammt heißer Hochsommertag. Mein Hase und ich trafen Coogee an seiner Anlegestelle am *Elizabeth Bay.* Bestimmt zwei Dutzend Männer erwarteten uns bereits an Board. Die Hälfte gehörte zu Henleys Stammkundschaft, die andere zu Coogees. Einige von ihnen buchten mich regelmäßig. Der Neuzugang aus der Schweiz war an jenem Nachmittag das Gesprächsthema Nummer Eins, denn Henley hatte seine *SOS*-Seite freigeschaltet. Kaum legte der Katamaran ab, war nicht nur ich ein echter Nuddy, sondern auch Henleys neuester Erotik Star. Mein geiler Rammler badete vom ersten Moment in der Aufmerksamkeit der fremden Männer.

„Ich sammle Kräfte! Der Sturm naht!"

„Notgeile Böcke verursachen immer einen Sturm!"

Einer machte sich an Rhydian heran: „Mein Kühlschrank müsste dringend ausgeräumt werden! Hast du heute Abend dafür Zeit?"

Mein Hase hatte keine Ahnung, wofür das Codewort stand. Er wechselte Blicke mit mir, doch ich ließ ihn zappeln. „Ich arbeite nicht für Henley", gab der Neuling zur Antwort.

„Tust du nicht?", zweifelte sein potentieller Freier.

„Tue ich nicht!", zischte er. „Er bucht mich nur als Modell!"

Der Kerl zog ab und nahm einen weiteren Gaffer mit sich.

„Warum sonst preist du deinen Körper auf seiner Homepage an?", wollte ich wissen. „Rhydian, du könntest ne menge Kohle verdienen!"

„Ich bin zu langsam fürs Putzen. Ich müsste erst einen Reinigung Grundkurs absolvieren", antwortete mir mein sexy Hase. „Dazu fehlt mir die Zeit. Die *Gay Swim Pride* ist schon in einem Monat!"

Weil ich lachte, kratzte sich mein Hase am Sack und zwackte mich danach in meinen Arsch. „Was läuft wirklich hier auf dem Boot?"

„*Doodle* oder Arsch?" Weil er mich stirnrunzelnd musterte, wurde ich klarer: „Dominierst du oder willst du flachgelegt werden?" Ihm fiel nicht auf, dass sich alle Köpfe in unserer Richtung gedreht hatten, nachdem auf dem Trägerdeck Sekt Korken knallten. Auch wir bekamen jeder ein Glas zum Anstoßen ausgehändigt.

„Auf unsere heutigen Show Boys!“ Coogee auf dem Oberdeck erhob sein Glas und prostete uns beiden zu. Alle stießen darauf an.

„Sind wir beide die einzigen Naturisten an Bord?“ Rhydian hatte noch immer keine Ahnung worauf er sich eingelassen hatte.

„Hase, wir beide sorgen für Stimmung!“, flüsterte ich ihm zu.

„Als was? Sollen die alten Säcke doch gaffen. Mir ist’s egal!“

„Coogees Ausfahrt ist nur für zahlende Voyeure. Weißwurst, ich kriege drei Hundert, wenn ich die Gäste bei Laune halte. Einiges Extra, wenn ich voll zur Sache komme.“

„Als was?“, wiederholte er.

„Als geiler Nuddy natürlich! Mich bucht Coogee seit Monaten für die Mittwochnachmittag-Ausfahrten. Das ich heute die Sonntagstour mitmache, ist nur wegen dir.“

„So nicht!“, protestierte mein Hase. Entschlossen, mit Coogee einen guten Deal auszuhandeln, kämpfte er sich durch die Gaffer, wehrte Hände sanft ab und kletterte aufs Oberdeck. Hören konnte ich seine Worte nicht, doch als er zurückkam, lächelte er siegessicher.

„Was hast du ausgehandelt?“

„Bezahlte Miete für den ganzen Januar im *Mustang* wie gratis Getränke, wann immer ich will, plus einen Hunderter bar auf die Hand, wenn ich heute von Bord gehe.“

Ich packte meinen neuen Show-Partner, wuschelte ihm sein kurzes blondes Haar und knete seine Arschbacken.

Seiner Rolle bewusst, warf er jede Hemmung in den Ozean. „Das Alte muss sterben, damit Neues geboren werden kann!“ Jede Scham, die wiederauftauchte, drückte er mit einem Ruder zurück in die Tiefe, bis auch sie endgültig absoff. Der frischgebackene Erotik-Animator drehte sich seinem Publikum zu, hob sein Sektglas und rief, während sein *Doodle* sich langsam zur Showgröße aufrichtete: „Nennt mich Rhydian Elpis, den neuen Wichser an Bord!“ ◀

„Marrick“, unterbreche ich den nackten Erzähler. „Rhydian machte es für Geld?“

„Bruder-von-Rhydian, wie oft muss ich es dir noch sagen: nenne mich gefälligst *Ares*! Logisch, nahm mein Hase Geld für seine Shows! Er war bankrott, der Schwimmclub erstattete ihm das Flugticket nicht zurück und irgendwie musste er ja in Australien überleben. Das Preisgeld beim *Underwear Contest* hatte ein Arsch gefressen. Mit den hundert *Aussies* Trostpreis kaufte sich Rhydian billige T-Shirts, eine Badehose im Schlussverkauf, Sonnenschutz und eine coole Sonnenbrille. Danach war er abermals pleite!" Ares begibt sich aufs Trägerschiff.

Ich folge ihm. „Mein Halbbruder war eine Hure?"

Wir setzen uns auf Stühle im überdachten Bereich. Bestimmt vierzig Segelschiffe und Motorboote schaukeln in den Wellen oder kreuzen vor uns in der Bucht. Das Wasser jagt mir noch immer eine Scheißangst ein, doch nicht mehr so viel, wie vor dem Bad mit Kalamunda.

Ares grölt. „Nein! Na ja, eigentlich schon." Leise wispert er: „Hauptsächlich klaute mein Hase die Idee von Coogee. Doch statt zahlende Voyeure oder alte Säcke mit einem Boot durch die Bay zu schaukeln und ihnen Ärsche oder Schwänze zu präsentieren, wurde Rhydian Elpis zum *Wanking Walker* oder *Bare Boner Boy*. Jayden, sein Freund und Geschäftspartner kreiert dafür eine Homepage."

„Rhydian war der wichsende Wanderer und nackte Latten-Boy?"

„Die Touren der beiden zeigefreudigen Wichser …", schwärmt Ares.

„Erzähl!"

„Wenn du mich nicht unterbrochen hättest, dann …"

„Ich halte meinen Mund und tippe ein, was du erzählst."

► War mein Hase vor dem Gespräch mit Coogee einfach ein Nudist auf der Fahrt an einen Nacktstrand gewesen, transformierte er jetzt zum erotischen Alleinunterhalter. Es war, als ob er sich den Glanz des Sonnenlichts, das über die Wellen tanzte, als Mantel übergeworfen hätte.

„Wer hat Sonnenöl?", erkundigte er sich bei den Gaffern, nachdem ihn Coogee mit Blicken ermahnte, endlich zur Sache zu kommen.

Ich war inzwischen so geil auf den hellhäutigen Schweizer, dass ich mich bei seiner Aufforderung hinter ihn stellte. Kaum überreichte ihm einer eine Flasche Zitrusöl, gab er sie aber nicht an mich weiter, sondern setzte sich damit unter die Gaffer auf einen Liegestuhl. Genüsslich träufelte er sich von der grünlichen Flüssigkeit auf seinen Langen. Er salbte ihn für Fotos. Glitschig und glänzend schwatzte der Wichser mit den Hengsten und Stuten, lachte und amüsierte sich. Für Rhydian war keine seiner folgenden Shows Prostitution, sondern immer reiner und ehrlicher Spaß am Sex. Als ich mich dicht neben das Naturtalent stellte, griff er mit seinen öligen Händen zu.

„Ist das zu viel?“, nuschelte er fragend.

Ich war bereits kurz davor, mich über ihn zu entladen. Bei ihm war ich immer sofort auf Hochtouren. „Sammle ihre Visitenkarten ein“, keuchte ich schwer atmend. „Sie stecken sie in Couverts zum Trinkgeld. Falls du dich mit einem der Herren später für ein Stell-dich-ein treffen willst, musst du aber Coogee informieren. Der Zuhälter wird unangenehm, wenn du seine Boots-Kunden ohne seine übliche Provision bedienst. Sorge dafür, dass die Voyeure zu ihren Fotos und ihrem Augenschmaus kommen, dann werden sie dich großzügig entlohnen.“

Als wir das Ziel erreichten, sprang der Profi-Schwimmer mit einem Salto vom Katamaran und schwamm an Land.

Ich folgte ihm. „Rhydian, du hast es voll drauf!“ Erfrischt vom Bad legte ich mich am *Obelisk Beach* neben den Erregten in den Sand.

„Das war richtig witzig!“ Mein neuer Show-Kollege grinste breit. „Ich konnte fühlen, wie sie mir aus der Hand fraßen.“

„Sie kosteten mit ihren imaginären Mündern deinen Lusttropfen.“

„Was passiert jetzt? Kommen die Männer nicht an Land?“

„Nein, die beobachten mit Ferngläsern die Badenden, warum Coogee vor der Bucht ankert. Voyeure sind hier nicht willkommen!“

„Sie beobachten die Nackten? Auch uns?“

„Logisch!“

„Komm mit!“ Mein Hase sprang auf seine Füße und streckte mir seine Hände entgegen, um mich aus dem Sand zu ziehen. „Ares, ich entdeckte beim Reinschwimmen flache Felsen. Vom Boot aus müssten wir dort gut zu beobachten sein. Ares, willst du mich dort ficken?“

„Solche Nummern bringen immer Extratrinkgeld!“ Noch bevor der Schwimmer das Wasser erreichte, watete ich voraus.

Als er am Ziel mit seinem Glitzerumhang aus Glasperlen aus dem Wellen stieg, war mir alles Geld egal. Um sicher zu stellen, dass jeder auf dem Katamaran mitbekam, dass wir es auf den Felsen waren, winkten wir solange, bis einige mit T-Shirts oder Sonnenhüten den Gruß erwiderten.

Erst danach stellte sich Rhydian breitbeinig vor einen Felsen und streckte mir seinen Arsch hin. Im Moment, als ich nach seinen Hüften packen wollte, wirbelte er herum. Seine physische Kraft überwältigte mich. Ich gab jeden Widerstand sofort auf. Er rammte mich unbarmherzig und tief, ignorierte meine Lustschreie und forderte meine Hingabe. Er wurde zum Sturm, der angekommen war.◀

„Was hatte es mit jenem Sturm auf sich?" Die sexuelle Anziehung des nackten Wilden neben mir auf seinem Stuhl ist animalisch.

„Damals ahnte niemand – kein Meteorologe und kein Wahrsager – dass sich ein Jahrhundertsturm über dem Ozean zusammenbrauen wird, um über Sydney zu fegen."

„Hat der Sturm etwas mit seinem Sprung vom *coathanger* zu tun?"

„Nach jenem Nachmittag auf dem Katamaran gehörte Rhydian Elpis offiziell auch zu Coogees Wichsern. Henley, der ihn ganz für sich und seine eigenen Geschäfte haben wollte, überhäufte ihn mit Geschenken und Gefälligkeiten. Mein Hase erhielt von ihm zwei Karten für die dreieinhalb stündigen *Sunset* Brückenbesteigung."

„Wann war das? Am 3. Februar?"

„Ja, am Tag des Jahrhundertsturms!"

„Und an jenem Tag sprang Rhydian von der Brücke?"

„Wir beide wollten es tun!"

„Doppelter Selbstmord?"

„Bruder-von-Rhydian, was quasselst du für Schwachsinn! Nein! Bungee jumping!"

„Von der Sydney Harbour Bridge?"

„Wir sind da!", ruft Coogee. „Seid in einer Stunde zurück!"

„Kommst du nicht mit an den Strand?", wundere ich mich.

„Ich halte nichts vom Nacktbaden. Weiter an Land kann ich nicht fahren wegen dem Riff und Untiefen. Schwimmt den Rest!"

„Schwimmen?" Panik steigt auf. „Ich kann nicht schwimmen!"

Coogee sieht mir ungläubig in die Augen. „Im Ernst?"

„Ja!", bestätige ich.

„Kannst du rudern?" Coogee zeigt auf ein Gummiboot, dass angebunden schon die ganze Strecke mitgezogen wurde. Weil ich nicke, zieht er das Beiboot heran.

Als ich in meiner Badehose hineinklettern will, hält mich Ares am Arm zurück. „Bruder-von-Rhydian, keine Badehose am Nacktstrand!“

„Dann bleibe ich im Boot!“ Damit besteige ich das Beiboot, löse den Knoten und stoße mich mit dem Ruder ab. Noch vor Tagen wäre ich zu einer solchen Tat unfähig gewesen. Im seichten Wasser beim Ufer klettert Ares zu mir ins Boot hinein und setzt sich nass hinter mich. Plötzlich umarmt er mich und küsst mir die Schulter. Warum ich ihn nicht abwehre, schreibe ich der Sonne und der australischen Geilheit zu, die mich hier jeden Tag plagt. Ich hoffe, Ares bemerkt es nicht. Aber einem Profi im Sexgeschäft muss man nichts vormachen wollen. Er langt nach vorne und schiebt seine Hände in meine Badeshorts.

„Was ist das für ein Busch?“, wundert er sich. Ganz selbstverständlich packt er nach meiner Latte und schnurrt, während er mir abermals die Schulter küsst. „Dieses Ding ist genau nach meinem Geschmack!“

Schockiert schrecke ich auf. Das Gummiboot ist im Sand gestrandet.

„Stören dich die Zuschauer?“, wundert sich der Wilde und zeigt mit seinem Kinn auf die nackten Zuschauer am Strand.

„Ich bin nicht Rhydian!“, beharre ich. „Lass mich sofort los!“

„Warum nicht?“ Ares krault mein Schamhaar.

„Was soll diese blöde Frage?“ Weil seine Hand sich wahnsinnig gut anfühlt und ich nach Sex hungere, lasse ich ihn gewähren. Aber will ich meinen ersten Sex mit einem durchgeknallten Säufer, einem Porno Star und Callboy erleben? Ares nimmt mir meine Entscheidung ab. Er lässt mich los, klettert aus dem Gummiboot und spaziert an den Strand, um sich zwischen die Gaffer in den Sand auf seinen Rücken zu legen.

Ich bleibe im Gummiboot. Die Sonne brennt unbarmherzig. Erst als Ares sich ins Wasser fürs Zurückschwimmen zur *Early Bird* begibt, rudere ich ihm nach. Der Nudist kommt vor mir an und klettert aus dem Wasser an Bord des Katamarans.

„Für die Voyeur-Rückfahrt nehme ich sechzig australische Dollar!“ Coogee verwehrt mir den Zutritt zum Schiff. „Valdrin, du kannst dich entweder ausziehen, um nackt gratis mitfahren oder du wirst zum zahlenden Voyeur, der Marrick bei seiner Show beobachten darf. Die einzige Alternative ist der Bus. Nicht weit vom Strand entfernt findest du einen Weg nach *Mosman*.“

„Erpressung?“

„Nein, Business!“

„So viel Geld habe ich jetzt nicht dabei!“ Genervt, dass mich der Sextourismus Guide austrickste, sehe ich flehend zu Ares.

Der steht splitternackt auf der Treppe zum Oberdeck und winkt einigen Männern zu, die sich angezogen der nördlichen Spitze des *Obelisk Beach* nähern. „Coogee, die Gruppe erreicht den vereinbarten Treffpunkt! Ich schwimme rüber zum Wharf. Bruder-von-Rhydian, begleitest du mich?“

„Ich lass mich weder erpressen, noch zum Callboy machen! Ich dachte, als Halbbruder von Rhydian hättet ihr ...“

„Mitleid?“, fragt Coogee.

Ares holt meinen Rucksack und reicht ihn mir ins Gummiboot. Meine Sturheit imponiert ihm. Es springt ins Wasser und taucht bei meinen Füssen wieder auf. Strampelnd schupst er das Beiboot Richtung Ufer. „Ich will dich ficken!“, nuschelt er mir ins Ohr, bevor er abtaucht, um zur zahlenden Kundschaft zu schwimmen.

Der ungekrönte Nuddy König

Stocksauer auf Coogee bleibe ich heute Abend dem *Mustang* fern, spaziere aber durch *Kings Cross* und später durchs Gay Viertel.

„Valdrin!“ Jayden kommt mir rufend in der Nähe vom *Ginger's* in einem schwarzen Trägershirt und einer luftigen Sportshorts barfuß mit seinem Skateboard entgegen. „Kriegst du deine Puzzleteile zusammen? Erkennst du bereits das größere Bild?“

„Rhydian war wirklich ein Nuddy! Letztes Mal konnte ich es dir kaum glauben, heute weiß ich es besser.“

„Er war der Kompromissloseste von uns allen!“, schwärmt Jayden.

„Erzähl!“

„Lädst du mich zu eine par Drinks ein oder holst du mir einen runter?“

Weil ich meine Augen verdrehe und Jayden auf den Hosenschlitzt gaffe, durch den sich die Spitze seiner harten Dreizehnzentimeter bohren, grinst er.

„Vor dem Sex ein Longneck! In *Berry's Lounge* ist es um diese Zeit nicht sehr laut."

Kurz darauf quetschen wir uns nebeneinander an einen Minitisch in einer abgesonderten Ecke des Gay Lokals. Unsere Knie berühren sich unter dem Tisch.

„Rhydian war der ungekrönte Nuddy König von Sydney!" Jayden atmet tief ein und wieder aus. „Ich habe ihm so viel zu verdanken."

„Warst du nicht schon vor eurer Begegnung im Waschsaloon ein Online-Wichser und Exhibitionist."

„Du erinnerst dich daran?" Als ich nicke, fährt der Flitzer fort: „Ja, klar! Das bin ich! Soll ich dich anrufen, wenn ich das nächste Mal online gehe?"

Weil ich lachend meine Augen verdrehe, notiert er mir seinen User-Namen bei den *Aussie's Top Exhibitionists* in mein Notizbuch, dass ich immer zusammen mit dem Laptop bei mir trage.

„Warum nennst du Rhydian den ungekrönten *Nuddy König*?"

„Jayden, zwei Longnecks?", fragt ein Kellner am Bistrotisch.

„Klar! Valdrin, was trinkst du?" Jayden rückt noch näher.

Aus den Erinnerungen von Jayden, dem Nudisten Aktivisten:

► Es war der der 27. Januar, der Tag nach dem *Australian Day*.

„Tun wir's hier und jetzt! Jayden, bist du bereit?" Rhydian kam immer gleich zur Sache. Er war immer spontan. Verbote, Vorurteile und kritische Stimmen ignorierte er genauso wie seine eigene Scheu.

„Was tun?" Ich sah mich zweifelnd um. Mit bestimmt sechzig anderen Passagieren verließen wir gerade das Fährboot am *Manly Wharf*.

„Deine Träume leben! Etwas wagen! Etwas Ungewöhnliches und Aufregendes anstellen!", detaillierte Rhydian.

„Klingt gut!" Ich hatte keine Ahnung, worauf Rhydian abzielte. Damals kannte ich ihn noch nicht so gut.

„Du kannst es nur wirklich sein, wenn du es lebst. Jetzt ist der Moment, den Sprung zu wagen. Wir könnten aber verhaftet werden!"

Rhydian plante etwas, das mein Leben auf den Kopf stellen sollte. Es klingt vielleicht komisch, aber Rhydian leuchtete irgendwie von innen heraus, als er seinen Vorschlag unterbreitete. Vielleicht rührte es auch nur daher, dass er mit eingeöltem nacktem Torso das helle Sonnenlicht blendend reflektierte. Bis auf eine knallgelbe Sporthose trug er nur noch seine flippigen *Sunnies* mit weißem Gestell. Er sah wie ein Einheimischer Beach Boy aus, der auf dem Weg zur Strandparty oder zum Surfen war. Rhydian hatte sich verändert. Von seinem provokativen Auftritt am *Underwear Contest* hörte ich leider nur, da ich an jenem Abend anderswo gebraucht wurde. „Was genau willst du tun?"

Rhydian schob seine Sonnenbrille über seine Nase nach unten und zwinkerte mir über den Rand des breiten Gestells keck zu. „Bereit?"

Das heute würde anders werden, als in einem leeren Waschsaloon rumzualbern oder bei meinen heimlichen Nachtaktionen als hosenloser Skater in menschenleeren Parks. Sein Entschluss funkelte in allen Farben aus seinen seltsamen Augen.

„Hier schon?", fragte ich zweifelnd und zeigte um mich. Es war am *Manly Wharf* nicht nur taghell, sondern auch bevölkert. Hinter uns am Pier verließen noch immer unzählige Passagiere die angekommene Fähre, und in langen Reihen warteten andere Männer und Frauen für die Rückfahrt zum *Circular Bay*.

„Tun wir's so, als ob es vollkommen normal und erlaubt sei!" Rhydian streichelte seinen Torso und sah sich um. Er rekelte und streckte sich. Ohne weiteres Herauszögern packte er den Saum seiner Hose und zog sie sich langsam immer tiefer. Natürlich hatten wir Zuschauer. Der gelbe Stoff segelte auf seinen Zehen. Er bückte sich und packte seine Shorts danach in meinen Rucksack, den ich auf meinem Rücken trug.

„Jayden, zu feige?", neckte er mich, während er sich zur vollen Größe aufrichtete und im Sonnenlicht und der Blicke badete.

„Alter!" Mein Herz pochte wie verrückt in meinen Schläfen. Rhydian stand splitternackt mitten unter den Touristen und Einheimischen am Hafen von *Manly*. Natürlich zückten einige ihr Smart Phone und knipsten ihn. Er war mein Vorbild und der Anführer, der mir in diesem Moment meine eigene Traumwelt zu Füssen legte. Hastig warf ich meinen Rucksack ab, schlüpfte aus meinem schon offenen Hemd und zog mir extrem nervös meine Badeshorts runter. Total überdreht stopfte ich alles in meinen Rucksack. Mein Striptease muss wie ein Streich oder eine Mutprobe aussehen. Bevor ich den Reißverschluss zuziehen konnte, langte der Schönling nach einer Tube Sonnenschutz und begann sich, mitten auf dem Platz stehend, überall einzucremen.

Alle starrten uns an. Es war ein unglaublich befreiendes Gefühl. Um zum *South Sydney Beach* oder zum *Manly Beach* auf der anderen Seite der Ortschaft zu gelangen, gab es nur *The Corso*, die zur Mittagszeit belebte Fußgänger Passage mit stark frequentierten Straßencafés, Restaurants und Shops. Wir schwatzen. Wir lachten und wir benahmen uns ganz normal. Naja, ich plapperte ohne Punkt und Komma und tänzelte wie ein Irrer ständig um den schön glänzenden Nackten herum. Immer wieder legte Rhydian spontan seinen Arm um mich, wenn Jungs oder Mädchen ein Erinnerungsfoto schießen wollten. Er scherte ihn nicht die Bohne, wenn uns jemand Perverse, Spinner oder *Whaker* schimpfte. Sieben Surfer in Neopren-Anzügen mit ihren Brettern unter dem Arm steuerten uns an, lachten und lobten uns für unseren Mut.

Als er eine Eisdiele sichtete, stellte sich Rhydian einfach in die Warteschlage, kramte in meinem Rucksack nach seinem Geldbeutel und fragte mich, welche Sorte ich bevorzuge.

„Lecker, lecker!“, flirtete ein Fünfzigjähriger, der sich hinter uns in die Reihe stellte. „Lass stecken, schöner Flitzer! Ich lade dich und deinen Freund zu Schleckereien und Lutschen ein.“

Die Anmache war billig, doch Rhydian scherte sich nicht darum. Er lacht, nannte seine Lieblingssorten und der Mann bestellte für ihn, als wir an die Reihe kamen. Der Eisverkäufer verkniff sich jeden Kommentar. Da ich stumm und wie hypnotisiert vor dem Verkäufer stand, bekam auch ich eine Waffel mit Mango- und Passionsfruchteis ausgehändigt. Als Rhydian Eis auf seinen Bauch kleckerte, wischte es der Sponsor mit seinem Zeigefinger weg und schleckte seinen Finger ab.

„Jungs, habt ihr nachher Zeit auf einen Kaffee?“

„Danke fürs Eis! Aber nein, danke!“, antwortete ich.

Rhydian schob seine Sonnenbrille über die Stirn hoch und musterte den Mann mit seinem Spezialblick, der irgendwie alles durchschauen konnte. „Wo werden wir in unserem Aufzug bedient?“

„Im *Macaulay*, das befindet sich im ersten Stock einer modernen Galerie am Ende der Bucht. Folgt der Strandpromenade bis ans Ende der Allee aus *Norfolk Island Pine Trees*. Die *Macaulay* Galerie befindet sich neben dem Hochhaus. Ihr könnt sie nicht verfehlen.“

„Ist es weit bis dahin?“, wollte ich wissen.

„Bei gemütlichem Spaziergang – und nach einem Bad im Ozean – schlage ich vor, wir treffen uns dort in ein oder zwei Stunden."

„Klar!" Rhydian schlug ein, schleckte am Eis und zwinkerte mir zu.

Die nächste Stunde schlenderten wir durch die Einkaufsstraße. Wir wurden angegafft, veräppelt und bewundert. Erst als wir uns von der Strandpromenade in den Sand begaben, wechselte unser Image. Aus Exhibitionisten wurden Nudisten. Viele Surfer trugen ihre Shorts extremtief sitzend. Wir waren nur ein wenig extremer.

Ich legte mich bäuchlings in den heißen Sand, während Rhydian in die Wellen sprang und am Ufer Flick-Flacks und Saltos schlug. Bald stellten sich Studenten zusammen, um den Nackten mit vereinten Kräften in die Luft zu werfen, damit er immer verrückteren Kapriolen vorführen konnte. Als er nach faste einer Stunde aus dem Wasser auf mich zu spazierte, folgten ihm die Kerle. Einer reichte ihm ein Papier, er notiert all ihre Telefonnummern. Keiner seiner Fans war schwul; vielleicht nach der Begegnung *courious.*

Statt sich auszuruhen, zog mich Nuddy auf meine Füße hoch, hob meinen Rucksack auf und fischte nach seinen *Sunnies*. „Galerie?"

„*Reckon!*" Immer wieder sprachen uns Leute auf der Promenade an oder baten um ein Foto.

Am Ziel überschritt Rhydian als erster die Schwelle und sah sich in der Galerie um. Die Ausstellung widmete sich dem nackten männlichen Körper. Jedes Model zeigte Schwanz und meist in halberigiertem Zustand. Ich schluckte leer, als sich Rhydians *Doodle* langsam selbst aufrichtete und just in diesem Moment ein Mann aus einem Hinterzimmer auftauchte, um uns als Galeriegäste zu begrüßen.

„*Arthur* kündigte mir euren Besuch schon an. Willkommen!"

„G'Day! Ich bin Rhydian Elpis aus der Schweiz. Das ist mein Freund Jayden aus Sydney. Wer ist der Fotograf deiner Werke?"

„Ein Mann, der dich bestimmt sofort engagieren würde." Der Galerist nahm Abstand und beobachtete das harte Anschwellen. „Seid ihr beiden wirklich so vom Hafen bis hierher spaziert?"

Ich nickte und genoss die Blicke des Mannes. Er begehrte uns. Stolz fuhr ich meine Dreizehnzentimeter aus.

„So gefallen mir junge Kerle am besten! Nennt mich *Edmond*. Ich habe oben Kaffee und Kuchen bereitgestellt."

„Du hast mit uns gerechnet?“, wunderte ich mich.

„Arthur war überzeugt, dass du“, er zeigte auf meinen Freund, „ein Mann bist, der zu hundert Prozent für sein Wort einsteht. Deine Selbstsicherheit faszinierte meinen Lebenspartner – das, und bestimmt auch dein schöner Schwanz. Darf ich ihn fotografieren?“

Rhydian dachte immer an Geld. „Danach hängst du mein Bild zu den anderen an die Wand und kassierst ne Menge Kohle dafür?“

„Was ist mit einem einfachen Erinnerungsfoto?“

„Was ist mit mir?“, drängte ich mich vor.

„Falls ihr wollt, kann ich euch dem Fotografen vorstellen. Er wird in Kürze hier eintreffen.“

„Cool!“ Rhydian beugte sich, um am Rand eines der Fotos abzulesen: „*Erote in Grün und Blau von Hunter Cook*! Ich kenne Hunter. Er fotografierte mich für Henleys Werbekampagne.“

„Du bist einer von Henleys Boys?“ Edmond klang erstaunt.

Rhydian schüttelte seinen Kopf. „Henley bot mir einen Job in der Reinigung an, doch ohne Zusatzausbildung wollte er mich nicht haben. Ich putze nicht ordnungsgemäß.“

„Er wollte dich nicht in seinem Team?“ Der Galerist verdrehte darüber verwundert seine Augen. „Aber dein Foto ist online?“

„Henley will mich nur für Sonderreinigungen! Als ob ich dafür qualifiziert sei? Nein, ich bin bestimmt nicht sein Mann! Ich trainiere hier in Sydney für die *Gay Swim Pride.* Ich will am 27. Februar gewinnen.“

„Verstehe!“ Edmond langte nach seinem iPad und kniete sich vor Rhydian, um seinen Doodle aus unterschiedlichen Perspektiven zu fotografieren. Danach wiederholte er – etwas weniger enthusiastisch – die Aktion bei mir. „Wären nur alle Beach Boys so unkompliziert!“, seufzte Edmond. „Ich brühe uns frischen Kaffee in der Küche!“

Oben befand sich Edmonds Wohnung. Das geräumige Wohnzimmer mündete in eine Terrasse mit Aussicht auf den *Manly Beach.*

„War eine gute Idee, sich mit dem sabbernden Alten am Hafen einzulassen“, flüsterte ich Rhydian zu. „Hunter Cook ist in der Szene ein bekannter Star Fotograf. Was, wenn er uns beide heute entdeckt?“

„Wie ich sehe, fühlt ihr euch bei uns wie zuhause!“ Der Mann, der uns vor zwei Stunden das Eis spendierte, deponierte das Servierbrett auf der Terrasse auf dem Bistrotisch und stellte sich rücklings ans Geländer, um Rhydian ungeniert anzustarren. „Mein Partner telefoniert gerade mit Hunter."

Edmond kam mit dem Kaffee nach. Er schnitt den Erdbeerkuchen auf und reichte jedem davon. Je länger wir uns so schamlos in der Gesellschaft der beiden angezogenen Galeristen bewegten, desto geiler fand ich die Situation. Aus meinem Rucksack fischte ich meine Karte mit den Angaben zu *Aussie's Top Exhibitionists.* „Ich wichse online!" Ich wusste, wie es sich vor einer Kamera anfühlte. Jetzt hatte ich die Gelegenheit es live vor interessiertem Publikum zu tun.

Rhydian zwinkerte mir aufmunternd zu.

Arthur holte sein iPad und Edmond schob den Bistrotisch zur Seite, um mir mehr Platz zu verschaffen. Noch bevor ich meinen *Doodle* zum ersten Mal richtig in die Hand nehmen konnte, tauchte ein weiterer Mann im Wohnzimmer im ersten Stock auf.

„G'Day, Rhydian!" Der Ankömmling, Hunter Cook, erkannte meinen besten Freund sofort, nickte mir keck zu, leckte sich die Lippen und begrüßte danach mit Handschlag Edmond und Arthur. Hunter schob sich einen Stuhl heran und wartete auf die Fortsetzung meiner Erotik Show. Fast beiläufig öffnete er seine dicke Ledertasche und holte eine seiner Kameras heraus. Schon nach den ersten paar Bildern, war ich entschlossen meine bisher beste Show zu bieten.

„Machst du nicht mit?", fragte Hunter ganz beiläufig Rhydian. Weil der zögerte, richtet Hunter seine Kamera jetzt auf ihn.

„Für zweihundert *Aussies* bar auf die Hand, kriegst du die Bilder, die du willst", verhandelte Rhydian.

„Du kriegst für einen *Cumshut* dreihundert!"

„Ich hänge es in die Galerie!", verspricht Arthur.

„Vierhundert und du erstellst zusätzlich ein Portfolio!"

„Einverstanden!" Hunter Cook schlug ein.

„Hallo! Was ist mit mir? Brauchst du einen Hintergrundwichser?"

„Jayden kriegt dreihundert!", forderte Rhydian unverschämt weiter. „Hunter, du begleitest uns zurück zum *Manly Wharf.* Wir beide bleiben, wie wir sind. Schau zu, dass Passanten mit in die Bilder kommen!"

Bestätigt, doch nicht nur ein Statist zu sein, legte ich mich wieder voll ins Zeug. Rhydian stellte sich hinter mich. Er beugte sich vornüber und küsste mich auf den Mund, streichelte meine Brust und ließ seine Hände langsam tiefer wandern. Vielleicht war es wirklich Begehren, vielleicht nur Show für gute Fotos? Mir war es egal!"

Hunter schoss Foto um Foto. Die Lust der Galeristen leuchtet feuerrot auf ihren Gesichtern. Niemand erinnerte Rhydian daran, dass eigentlich er das Modell hätte sein sollen. Bis auf eine kurze Szene, in der ich seinen *Doodle* küsste, blieb er mit sexuellen Handlungen zurückhaltend. Es war meine Show! Rhydian überließ mir die Bühne. Die Blicke der Zuschauer, ihre Gesten und Mimik, der Klang ihres Atems und das Glitzern in ihren Augen, waren kein Vergleich zum Rubbeln vor der *Computer Cam*.

Später zurück auf der Promenade zupfte Hunter ständig an imaginäre Härchen in Rhydians Intimzone oder verstrich zum hundertsten Mal Sonnenöl gleichmäßiger auf seinem Rücken und Arsch. Ich wurde den Verdacht nicht los, dass zwischen Hunter und Rhydian etwas am Laufen war. Komischerweise wurde Rhydian nicht hart. Weil ich Rhydian deswegen tuschelnd frage, meinte er nur, dass dann bestimmt die beiden Polizisten, die uns in Abstand folgten, eingreifen würden. Mir waren die Kerle in ihren Uniformen nicht aufgefallen. Das war damals mit Abstand mein aufregendster Nudistentag gewesen.◀

Jayden rückte stetig näher. Als es zur Sexszene kam, wanderte seine Hand unter den Tisch, um meinen Hosenstall aufzuknöpfen. Handfest demonstrierte er mir, wie geschickt er seine Hand einzusetzen weiß.

Verliebt blicke ich ihm in seine Augen.

„Gefällt's dir, Valdrin?"

„Hattest du viel Sex mit Rhydian?", wechsle ich das Thema.

„Rhydian war bei den *Wanking Walker* Touren oder bei den *Bare Boner Boy* Aktionen immer der ungekrönte Nuddy König", weicht mir Jayden aus. „Egal, wo wir auftauchten, immer stand *er* im Zentrum. Ich tummelte mich in seinem Kielwasser, wie ein glücklicher Delfin."

Der Beginn einer neuen Ära

Jayden checkt seine Uhr. „Ich will später im *Mustang* abtanzen. Wichser-Wanderungen und Latten-Aktionen! Valdrin, ich erzähle dir davon, wenn du deine Hose ganz runterziehst. Rhydian-Geschichten kann ich nur mit einem Schwanz in der Hand richtig erzählen."

Schockiert, sehe ich mich im Gay Lokal um. In *Berry's Lounge* ist nur um die Bar etwas los. Warum meine Scham mich nicht auffrisst, als ich gehorchend tue, was der süße Fratz verlangt, schreibe ich dem australischen Klima zu.

Aus den Erinnerungen von Jayden, dem Nudisten Aktivist:

► Vielleicht ist es noch wichtig zu erwähnen, dass Rhydian und ich auf der Fähre von *Manly* nach *Downtown* nackt blieben. Das ging damals nur, weil wir uns im Heck auf der zweiten Etage beinahe alleine befanden, Hunter Cook den Kapitän kannte, und bestimmt auch, weil der Fotograf ein paar Scheine dem Schaffner zugeschoben hatte. So entstanden scharfe Bilder mit der *Sydney Opera*, dem *coathanger* oder der Skyline von *Downtown* im Hintergrund. Weder Rhydian noch ich ahnten, dass gerade diese Bilder uns bald berühmt machen würden.

Hunter Cook hielt sein Versprechen. Er stellte für Rhydian ein Portfolio zusammen und ich richtete uns eine Homepage ein. Zu Beginn nannten wir und die *Sydney Nuddy Activists* und hatten kaum einen Plan, was wir eigentlich anboten. Trotzdem, kaum aufgeschaltet, erhielten wir erste Anfragen. Rhydian, mit seinem straffen Trainingsprogramm, blieb kaum Zeit um Geld zu verdienen, warum wir fast alles annahmen, was uns angeboten wurde. ◄

„Warum wurdet ihr so rasch berühmt?", unterbreche ich Jayden.

„Flyer!" Jayden rückt näher, krault in meinem Schamhaar und langt wieder zu. „Ich verteilte ständig und überall davon, um unsere Homepage zu bewerben. Dazu kam natürlich die Mund-zu-Mund-Propaganda. Das war bestimmt der Grund, warum Rhydian ständig seine Gelegenheitsjobs wechseln musste. Aus dem Mittagsjob bei *Troy's Fish n' Chips* flog Rhydian raus, weil Troy einen tüchtigen Fisch-Frittierer und keinen schwanz–wedelnden Promi haben wollte. Nachdem er auch einen Frühmorgenjob am Hafen, einen als Gemüseverkäufer und einen weiteren als Kinokartenabreißer wegen seiner lokalen Berühmtheit aufgeben musste, war Rhydian entschlossen, aus dem, was er darstellte Kapital zu schlagen. Die neue Geldquelle musste sprudeln!“

„War das vor dem Jahrhundertsturm?“

„Jungs, kann ich euch noch etwas bringen?“ Der Kellner taucht in unserer versteckten Nische wieder auf. Jayden bestellt mehr Bier.

Der Kellner bemerkt trocken: „Soll ich Papiertaschentücher bringen oder tun es die Servietten unter euren Gläsern?“

Knallrot geworden, wimmle ich Jaydens Hand unter dem Tisch ab.

„Sei kein *Drongo*!“, winkt der Kellner ab. „Hier hinten tun das alle! Wollgesicht, spritz nur nicht auf die Stühle oder an die Wand.“

„Was ist das für ein Schuppen?“, will ich von Jayden wissen und kraule in meinem Bart als der Kellner abzieht.

„Ist das wichtig?“ Er langt wieder zu.

▶Unser erstes Angebot als *Sydney Nuddy Activists* erhielten wir vom Organisator eines Junggesellenabends in den *Bellevue Hills*, östlich von *Darlinghurst* und *Paddington.* Man buchte uns als Überraschungsgäste des Bräutigams. Das war am Abend, als unsere Homepage zum ersten Mal aufgeschaltet wurde. Entweder hatte Hunter Cook seine Hände mit im Spiel oder Henley half nach, seinen neuen *SOS-Boy* berühmt zu machen? Abgesprochen war: Wir würden nicht als Stripper auftreten, sondern uns von Anfang an als echte Nudisten unter die Gäste mischen. Der Bräutigam wäre selbst ein heimlicher Naturisten-Liebhaber, der es aber nie wirklich auslebte. Wir sollten durch unsere nackte Präsenz diese geheime Seite seines Lebens ins Licht zerren. Hier in Australien werden an Junggesellenabenden immer Peinlichkeiten zelebriert.

Als wir am Haus der Veranstaltung ankamen, parkten schon unzählige Wagen im Halte- und Parkverbot. Ein dünner schwarzhaariger Endzwanzigjähriger im *Tuxedo*, der sein rechtes Bein beim Gehen nachzog, öffnete uns die Hintertür, bei der wir uns eingefunden hatten. Der Kerl im Anzug trug bestimmt zwanzig Ringe an seinen Fingern und etliche Halsketten zur Fliege. Trotz des vielen Schmucks wirkte er keineswegs weiblich oder tuntig, sondern eher wie ein Snob, der auf Edelrocker macht oder einfach seinem Tick frönt.

Rhydian boxte mir in die Rippen, als uns der Trauzeuge seinen Rücken zugewendet hatte, um uns einzulassen. Mein schöner blonder Freund verdrehte seine Augen und setzte einen schmachtenden Blick für den dünnen Gastgeber auf. Rhydian war mein bester Kumpel. Wir verstanden uns einfach total gut. Aber dieser eine Blick, den er dem Fremden zuwarf, verriet mir augenblicklich, dass es zwischen uns beiden niemals zu mehr, als zu geilem Sex kommen würde. Ich verehrte Rhydian, er war – ist – mein König, mein Häuptling und mein Vorbild, aber einen festen Freund stellte ich mir trotzdem anderes vor.

„Stehst du auf den Dunkelhaarigen?", flüsterte ich Rhydian zu.

Er nickte und begann sich, kaum im Haus, auszuziehen. Natürlich trug mein Aktivisten-Kumpel bei der Ankunft nur seine Jeans und ein Werbeshirt. Kaum war Rhydian nackt, verblasste der Rest der Welt um ihn herum. Der große Schlanke mit den lockigen Haaren folgte jeder seiner Bewegung. Der Trauzeuge hatte nur noch Augen für Rhydians Pfirsichhaut, seine Schwimmerfigur und seinen langen Schwanz.

„Du verschwendest keine Zeit?", bemerkte der Trauzeuge.

„Jayden und ich sind die *Sydney Nuddy Activists*. Wir tragen niemals Kleidung bei unseren Einsätzen. Wusstest du das nicht, als du uns gebucht hast?" Da es sich um unseren ersten Einsatz überhaupt handelte, entsprach das Gesagte nur Rhydians Wunschvorstellungen.

Der Mann nickte und beobachtete die stolze Aufrichtung. „Gehört der hier", der Trauzeuge fasste danach, „von Anfang an ins Rennen?"

Rhydian errötete und senkte seinen Blick. Offensichtlich hatte er sich Hals über Kopf verliebt.

Der Gastgeber ließ den gemieteten Nackten wieder los. „Ich bin *Nelson Morley*. Ich organisiere den Abend für meinen Kumpel *Russell*. Russell ist der Kerl mit der rosaroten Fliege und der großen Klappe. Ihr werdet ihn nachher nicht übersehen. Er heiratet morgen seinen Arbeitskollegen. Der arme Wurm hat noch keine Ahnung, wie er diese Tatsache nach den Flitterwochen seinem Chef beibringen soll. Rhydian", der große Dunkelhaarige checkte eine Liste, „und Jayden", richtete er das Wort an mich. „Ihr beide repräsentiert Russells heimliche Nudisten-Neigung. Feiert mit und lockert die Stimmung!"

„So tun, als ob wir Russells Nuddies wären? Geht klar!", fasse ich zusammen. „Andere Anweisungen?"

„Das ist die ganze Aufgabe. Wollt ihr eure Gage sofort?"

„Keine Showeinlagen?", versicherte ich mich. Als Nelson verneinte, zog ich mich ebenfalls aus.

„Lernt die Männer am Polterabend kennen. Niemand soll merken, dass ihr beiden zwei bezahlte Profis seid."

„Kein Problem!", verkündete ich.

„Kein Sonderwunsch?" Rhydian flirtete mit Nelson Morley. „Auch nicht für dich ganz persönlich?"

„Wo können wir unsere Sachen deponieren?", wollte ich wissen.

„Ich schließe sie im Gästezimmer weg. Wunderknabe, willst du mir eure Klamotten übergeben?"

Rhydian schüttelte wieder rot geworden, seinen Kopf. „Nein! Ich begleite dich!" An mich gewandt flüsterte er: „Jayden, willst du hier auf mich warten oder mischst du dich alleine unter die Gäste?"

„Hallo!" Ich stemmte meine Hände in meine Hüften und gaffte den harten Sunnyboy an. „Große Auftritte kriege ich nur ohne dich an meiner Seite. Alter, lass dir Zeit! Die Bühne gehört mir!"

Rhydian verschwand zusammen mit Nelson und unserem Zeugs im oberen Stockwerk. Ich mischte mich unter die bestimmt schon zwanzig eingetroffenen Gäste, die alle in Schlips und Kragen zur Feier aufgetaucht waren. Sie akzeptierten mich als weiteren Freund von Russell. Jeder fragte mich über meinen Aufzug aus und ob ich den Bräutigam vom *Obelisk Beach* her kennen würde. Die Zeit verging, doch Rhydian blieb verschwunden. Russell fehlte ebenfalls, wenn auch ständig neue Männer eintrudelten. Endlich tauchte Russell im Anzug und einer rosaroten Fliege auf. Als er mich sah, röteten sich sofort seine Wangen. Er checkte die Lage. Keiner brüskierte sich über meiner Nacktheit.

„Dich kenne ich nicht! Bist du ein Gast meines Zukünftigen?"

„Ich bin Jayden, *Nuddy Activist* von Sydney!", stellte ich mich vor.

„Wie ist es, sich nackt unter all den Angezogenen zu bewegen?"

Bevor ich Russell antworten konnte, verstummten alle und schwenkten ihre Blicke zur Treppe. Auf der obersten Stufe stand Rhydian neben Nelson Morley. Rhydian trug jetzt einen goldigen Lorbeerkranz auf seinem Kopf und einen Siegeskranz-Cockring betonte seine Standfestigkeit. Rhydian war nie schöner, als in jenem Augenblick. Das Gold schmeichelte ihm. Selbstischer schritt der Gekrönte die Treppe hinunter. Die Gruppe formte ein Spalier an deren Ende Russell mit aufgerissenen Augen stand.

„Russell, das ist deine letzte Nacht als Junggeselle", sprach Rhydian den Verklemmten an. „Es ist die Nacht, in der du deinen heimlichsten Wunsch offenbaren solltest. Es ist nicht gut, mit Geheimnissen oder verpasste Gelegenheiten in die Ehe einzubringen. Befreie dich heute Nacht von ihnen! Dein Lover wird es zu schätzen wissen, deine heimlichen Sehnsüchte mit dir gemeinsam auszuleben oder sich zumindest daran zu erfreuen."

„Wer bist du?", gluckste Russell, der plötzlich im Zentrum aller Aufmerksamkeit stand. Sein Kopf leuchtete tiefrot, was zur Pink Fliege um seinen Hals komisch aussah. Von wegen ein Kerl mit großer Klappe! Der Bräutigam wirkte auf mich, wie ein ertappter Teenager.

„Ich bin Rhydian Elpis. Ich bin der Nuddy, der dich heute Nacht erlösen wird."

Bevor es noch peinlicher werden konnte, dämpfte Nelson das Licht und spielte Tanzmusik im Hintergrund ein. Rhydian schlang einfach seine Arme um Russell und forderte ihn so zum ersten Tanz auf.

Ich schnappte mir natürlich auch einen Kerl.

Während immer mehr der Gäste sich alleine oder zu zweit zur Musik bewegten, nahm Rhydian Russell dessen Jackett ab und übergab es einfach dem nächststehenden Mann. Danach knöpfte er Russells weißes Hemd vollkommen auf. Das passierte so selbstverständlich, dass Russell sich nicht dagegen wehrte, auch nicht, als er es ganz verlor. Rhydian richtete dem Bräutigam die rosarote Fliege neu und wirbelte mit ihm tanzend durch den Raum. Ich konnte nicht verstehen, was Rhydian Russell zuflüsterte, doch als ich beobachtete, wie der Noch-Junggeselle aus seinen Schuhen schlüpfte und danach barfuß tanzte, ahnte ich es.

Bei einer Tanzpause holte Rhydian zwei Gläser Champagner und reichte eines davon Russell, der jetzt halbnackt in der Runde stand. Das andere Glas bekam Nelson. Der Trauzeuge hielt eine erste Rede und verspottete Russell ganz nach Art eines australischen Polterabends. Er erzählte von ihrer gemeinsamen Studienzeit, Russells' jahrelangem Werben um *Nick* und seinen Hemmungen sich als Gay und Nudist zu outen. Das bot Platz für witzige Episoden. Russell war ein Meister im Verheimlichen. Während Nelson redete, lachten alle und riefen dazwischen, stellte sich Rhydian hinter Russell. Als ob es geplant gewesen wäre, oder als ob Rhydian ein langjährig bester Freund des Bräutigams sei, knöpfte er ihm ganz selbstverständlich die Anzugshose auf.

Warum Nelson darüber nicht sofort Witze riss, lag bestimmt an Rhydians zeremoniellem Auftritt. Der lorbeerbekränzte Priester mit der goldig geschmückten Latte erschien uns allen, wie ein mythologischer Liebesbote, um uns Russells Zukunft zu offenbaren. Gebannt beobachtet jeder, wie Rhydian Russell die Hose bis zu den Knien runterzog, sich hinkniete und ihm half sie vollständig loszuwerden. Nur noch in einer roten *Aussie Bums* stand der Junggeselle in unserer Mitte.

„Russell, der Mann, der Stunde! Mein alter Freund, der immer wieder für Überraschungen sorgt!" Damit endete Nelsons Ansprache.

Abermals war es Rhydian, der Russell beim Einsetzen der Musik im neuen Tanz durch die Gäste wirbelte. Die beiden schienen, als ob sie sich seit Ewigkeiten kennen würden, die besten Freunde und Vertrauten seien. Als Rhydian seine Hände tief hinten in Russells Unterhosen schob und seinen Arsch auspackte, wunderte das keinen. So tanzten sie weiter. Als sich Russell ans Arschzeigen gewöhnt hatte, streifte Rhydian den Stoff tiefer. Mit dem Rausschnellen von Russells Latte, fühlte es jeder: Er feierte den Beginn einer neuen Ära. ◀

„Was lief zwischen Rhydian und Nelson Morley? Tanzten sie auch zusammen? Verlobten sie sich an jenem Abend?"

„Valdrin, du bist so ungeduldig! Relax!"

„Ist nicht so leicht, wenn du meinen Schwanz in der Hand hältst!"

„Soll ich ihn loslassen?"

Ich schüttle meinen Kopf. Der Kleine, der jedem stolz seine dreizehn Zentimeter zeigt, berührt mein Herz – und würgt dabei zärtlich meine Schlange. „Jayden, am Campusanschlagbrett fand ich einen Flyer. Rhydian warb für einen *Nuddy Day* an der Uni. War das deine Idee?"

„Leider nicht! Kensington, der Präsident einer Fraternity zwang mir die Aktion als Abschlussprüfung auf."

„Dir? Aber warum ist Rhydian auf dem Flyer zu sehen?"

„Er hoffte, mit der Aktion genügend aufzufallen, damit auch er für die Mitgliedschaft in der Bruderschaft in Betracht gezogen würde."

„Funktionierte es?"

Jayden wirkt plötzlich verstört.

„Was ist los?"

„Ich musste mich offiziell bewerben und wurde demütigen Ritualen unterziehen. Na ja, ich fand sie eigentlich ganz aufregend! Bei Rhydian war es vollkommen anders. Kaum hing der Flyer am Anschlagbrett der Uni – es waren damals noch Sommerferien – erhielt er umgehend die Einladung sich bei Kensington vorzustellen."

„So läuft eine Aufnahme in eine Studentenverbindung?"

„Keine Ahnung! Bei mir war es anders!", schnauzt Jayden und lässt mich los. „Dort vorne steht Kensington. Es ist der Wichtigtuer in den superteuren Markenklamotten, der mit dem Bartender schwatzt. Er sieht schon eine Weile hier rüber."

„Winken wir Kensington zu uns an den Tisch!", schlage ich vor.

„Mit diesem Nerd rede ich kein Wort!", beharrt Jayden. „Ihm hatte Rhydian viele seiner Schwierigkeiten zu verdanken."

„Welche denn?"

Jayden knurrt und leer sein drittes *Stubby* in einem Zug. „Valdrin, rede mit Kensington! Ihn musst du interviewen, wenn du über Rhydians Verschwinden mehr herausfinden willst. Wenn du mich fragst, ist dieses Söhnchen aus reichem Haus ein Teufel in Verkleidung. Er erpresste Rhydian zum Drogenhandel an der Uni."

„Drogenhandel?", flüstere ich so leise, wie Jayden bei seinen Anschuldigungen. „Bist du dir da ganz sicher?"

„Ich muss los! Kensington darf mich nicht kriegen. Sehen wir uns später im *Mustang*?"

„Jetlag! Länger als maximal elf Uhr abends schaffe ich nicht!"

„Was ich begonnen habe, will ich unbedingt zu Ende bringen, doch nicht, wenn sich dieser Abschaum im gleichen Raum aufhält." Jayden fasst ein letztes Mal unter dem Tisch zu. „Valdrin, rufe mich an!"

Kaum ist Jayden fort, ziehe ich mir hastig meine Hose unter dem Tisch wieder hoch und suche die Toilette auf, um mich zu erfrischen. Zurück im Lokal, lehnt Kensington, ein langer gutaussehender Kerl mit cooler Frisur und Modell-Gesicht, an der Wand.

„Bist du der Schnüffler aus der Schweiz?" Der Snob versperrt mir mit seinem ausgestreckten rechten Arm den Durchgang.

„Ich bin Valdrin Loris. Ich bin", ich schlucke leer, „ich war Rhydian Elpis Halbbruder. Ich schnüffle nicht herum!", schnauze ich Kensington an. Als der keine Reaktion zeigt, mich durchzulassen, füge ich an: „Ich versuche die letzten Wochen im Leben meines Bruders zu rekonstruieren. Vieles ergibt einfach keinen Sinn!“

„Was gibt es da nicht zu verstehen? Rhydian war eine Schlampe, die jedem für etwas Geld den Schwanz lutschte und sich ficken ließ!“

„Lügner!“

„Und falls nicht?“ Kensington starrt mir herausfordernd in die Augen. „Offensichtlich trittst du hier in seine Fußstapfen. Oder war das Fummel unter dem Tisch für den verrückten Skater gratis?“

„Rhydian war keine Hure!“, verteidige ich meinen Halbbruder.

„Und wie nennst du es, wenn du jemanden für gewisse Stunden für sexuelle Dienstleistungen gegen Bezahlung buchen kannst?“ Kensington lächelt schief, was sein Modell-Face in eine hässliche Fratze des Hohns verwandelt. „Kreative Wunscherfüllung?“

„Rhydian suchte Hilfe! Er kam zu dir in der Hoffnung, dass du ihm hilfst, in Sydney zu studieren.“

„War das so?“

Ich starre dem Modell-Typen in seine dunklen Augen. „Hast du Rhydian geholfen?“ Herausfordernd stemme ich meine Fäuste in meine Hüfte und sehe zum großen Kerl hoch.

„Mister Valdrin Loris! Nennst du dich jetzt so? Ich hole dir keinen runter! Außer“, checkt er mich ab, „du offerierst mir einen Blowjob!“

Von wegen, der Tisch war versteckt. Nicht nur der Kellner hatte alles mitbekommen, sondern offensichtlich auch jeder zufällige Besucher an der Bar vorne. So unauffällig, wie möglich überprüfe ich die Nische. Ein Spiegel, durch Weihnachtsschmuck kaum sichtbar, reicht vom Boden bis zur Decke. Jayden muss davon gewusst haben!

„Gut, ich zahle! Was verlangst du für eine Blowjob?“

„Verdammter Idiot!“, knurre ich Kensington an.

„Warum so scheu? Brauchst du keinen Fünfziger? Ich stehe total auf Schweizerlippen!“ Als ich wütend schnaube, schmunzelt der Nerd. „Was springt für mich heraus, wenn ich dir von der Schlampe erzähle?“

„Ich will nur verstehen, warum Rhydian Selbstmord beging“, murmle ich plötzlich kleinlaut geworden.

„Selbstmord?“ Kensington sieht mir dabei herausfordernd in meine Augen. Verwirrt schüttelt er nach einer Weile seinen Kopf. „Rhydian Elpis soll tot sein? Bist du sicher?“

Falls dieser arrogante Snob Information hat, die mir helfen Licht ins Dunkel seines Verschwindens zu bringen, darf ich ihn nicht weiter verärgern. „Willst du Geld für deine Informationen?"

„Sehe ich so aus, als ob ich auf Trinkgelder aus sei?" Kensington bückt sich zu mir runter und flüstert: „Für deine kreative Dienste, darfst du mich interviewen. Ich stehe auf blonde Versager!"

Angewidert schüttle ich meinen Kopf.

„Valdrin, lass uns woanders hingehen! Dein Schwanz lässt sich sehen!" Plötzlich klingt Kensingtons Stimme ernst. „Hier haben die Wände Augen und die Kellner gute Ohren." Kensington verlässt vor mir das Gay Lokal und winkt auf der Straße draußen einem Taxi.

Was, wenn dieser Schmacko wirklich ein Drogendealer ist? Was, wenn er für die Beseitigung von Rhydian verantwortlich war? Aber kann ich Jaydens Urteil über Kensington wirklich trauen? Der junge Flitzer ist in seinen Aussagen und Taten oft extrem. Kensington ist ein Vollidiot, das ist sicher! Aber macht ihn das zum Dealer und Mörder?

„Was zögerst du? Steig ein!" Kensington öffnete die Hintertür des angekommenen Taxis und steigt selbst ein.

„Nicht heute!", weiche ich aus.

„Hier!" Kensington reicht mir seine Visitenkarte mit Goldrand und gestanzten Lettern. „Für einen Fick kriegst du Informationen. Warte nicht zulange! Du erinnerst mich an deinen Halbbruder! Wenn dein Arsch auch nur halb so willig ist wie seiner ist, will ich ihn!" Damit schließt Kensington die Wagentür. Das Taxi fährt ohne mich ab.

Jayden taucht zwischen Büschen auf. In der Nacht erkenne ich ihn erst, als er mir zuwinkt. „War's das schon?", will er wissen.

„Kensington erzählt mir für einen Fick seine Geschichte!"

„Willst du nicht?" Er langt nach seinem Rollbrett im Gestrüpp.

„Nein!" Entsetzt starre ich Jayden an. Sofort wird mir klar, dass er und Kensington etwas am Laufen haben oder hatten.

„Ich kann dir auf dem Weg noch eine Geschichte erzählen."

„Ich muss ins Bett. Sorry, Jetlag!"

Jayden hakt sich bei mir unter und lenkt seine Schritte Richtung der Gay Pension, der ich auf jeden Fall fernbleiben will. „Zur Vorbereitung für eine wichtige Zwischenprüfung muss ich morgen in der Bibliothek büffeln. Ab fünf Uhr hätte ich Zeit."

„Mal sehen!" Weil Jayden mir einen Schmatzer auf die Wange drückt, schnappe ich sein Gesicht und küsse seine Lippen.

Jayden zieht sich sein T-Shirt aus, schiebt es sich hinten in seine Shorts und fasst nach meiner Hand. „Darf ich dich ficken?" Weil ich zögere, lässt mich Jayden los. „Ares erwartet dich morgen zur Mittagszeit vor der *Sydney Opera*."

„Warum?"

„Er will dich treffen!"

„Und das sagst du mir erst jetzt?"

„Reicht doch!" Jayden wirft sein Rollbrett auf den Gehsteig, springt auf und saust darauf in die Nacht davon. Dass seine Hose hinten seinen prallen Arsch vollkommen entblößt, gehört bestimmt zu seinem Image.

„Mister Loris", ruft mich der Concierge zum Check-In Schalter. „Das wurde heute Nachmittag von einem Boten für Sie abgegeben." Der Uniformierte Hotelier überreicht mir ein verschnürtes Paket.

Auf dem Weg in mein Zimmer löse ich die Knoten. Die Schuhschachtel ist gefüllt mit Notizzetteln und kopierten Seiten aus einem Tagebuch. Da es sich um Rhydians Handschrift handelt – die ich von anderen Dokumenten her kenne – werde ich so nervös, dass ich meine Magnetkarte verkehrtherum einschiebe. Als sich die Tür deshalb nicht öffnet, trete ich wütend und fluchend dagegen.

Endlich in meinem Hotelzimmer lese ich den obersten Notizzettel:

Täglich erkenne ich mehr Blitze am Horizont über dem Ozean. Der Himmel ist wolkenlos blau und die Hitze täuscht Hochsommer vor. Gezackt und immer heller nähert sich der Jahrhundertsturm. Niemand will mir glauben. Darunter steht klein gekritzelt ein Datum: *Sydney, 14. Januar.*

Eine Göttin rastet aus

Am Schreibtisch sitzend sichte ich die Akten. Es ist ein wildes Durcheinander aus Gedanken und Notizen. Selbst die Tagebucheintragungen folgen keiner chronologischen Ordnung. Willkürlich schrieb Rhydian über Ereignisse, sprang in der Zeit vor und zurück, als ob er nicht berichten, sondern forschen würde. Unter Basel, Silvesternacht steht da:

Aus den Tagebuchaufzeichnungen von Rhydian Elpis:

▶ „Das ist vollkommen unmöglich! Das gab es noch nie! Niemals! Auf gar keinen Fall!“ Die Stimme ist gewohnt keine Widerworte zu hören.

Ich bin hier und doch weit entfernt. Ich befinde mich mitten im Geschehen und beobachte gleichzeitig alles aus sicherer Entfernung.

„SIE ist vollkommen außer Kontrolle geraten. SIE treibt sich nur noch mit den Furien herum. Sie wird bereits als Kriegerin und Leichenmacherin bezeichnet! Oh, Vater“, fleht ein Mann mit einer modern hoch aufgestellten Kammfrisur, „erwähle eine neue Trägerin! Auf das die neue Manifestation, dem Archetypus entsprechend, die kosmischen Energien zurück ins Gleichgewicht bringt.“ Der schwarzhaarige Mann, mit Augen so blau wie die See der Karibik, stützt sich auf seinen geflügelten Stab, um den sich stilistisch zwei Schlangen winden.

Der Kerl ist mir vertraut und doch fremd. Sein Gesicht kann ich nicht sehen, nur diese Augen und seine Haare. Er hat die gleiche Frisur wie Markku. Den Ort des Geschehens kann ich nicht wirklich beschreiben. Einzig gewaltige Säulen ragen aus hellem Nebel auf und verschwinden hoch über mir in einer glitzernden Kuppel aus Millionen von Sternen. Natürlich ist *der große Vater*, den der Schwarzhaarige anruft, nicht sichtbar. Ich kann ihn aber fühlen. Seine Präsenz ist angsteinflößend, uralt und allgewaltig.

„Aber ein Mann?“, zweifelt die körperlose Stimme.

„Würdest du, oh Vater und Wächter, eine weibliche Nachfolgerin auch nur in Betracht ziehen, würde SIE es sofort mitbekommen. SIE ist mächtig. Ihre Zeit ist nicht um. SIE würde jede töten, die es wagen würde, sich auf ihr Amt vorzubereiten. Ein Mann hingegen ...“

„Niemals!“, donnert die körperlose Stimme.

Hoch über uns flammen zuckend die Sterne, als ob sie gleich explodieren würden. Einige blitzen so gewaltig, dass der Schwarzhaarige in ihrem blendenden Licht kaum noch zu sehen ist. Dann wieder erkenne ich seine jugendliche Statur. Er ist nackt. Seine Muskeln sind hart vom Training und seine Haut vollkommen haarlos. Er sieht wirklich Markku ähnlich. Seine Erektion ist stolz aufgerichtet und zeigt furchtlos aufs

Zentrum der Macht. Seine Erregung hat nichts Sexuelles an sich, sondern ist die Manifestation seiner natürlichen Potenz.

Plötzlich fühlt es sich an, also ob ich hinter einer der Säulen gelehnt selbst in dieser ungewöhnlichen Welt Form annehmen würde.

Der Schwarzhaarige betont seine nächsten Worte, als ob sie mir gelten würde. Hat er mich wahrgenommen? „Der Nachfolger muss sich in kürzester Zeit voll entfalten. Nur, wenn er IHR an Bewusstsein und Wesen ebenbürtig wird, hat er eine Chance, SIE zum entscheidenden Zweikampf um die Krone herauszufordern."

„Ist SIE wirklich nicht mehr zu retten?" Neben dem Schwarzhaarigen erscheint eine zweite männliche Gestalt. Auch sie ist jung und nackt. Der Neue verteidigt SIE. „Ihr Wesen *muss* flatterhaft und leichtgläubig sein. SIE muss verführen, Begierde wecken und alles und jeden mit blinder Verliebtheit schlagen. SIE ist die Unheilige. Verlangen macht blind und tötet, schlägt jeden in den Bann und verzaubert. Das ist, wofür SIE steht; heute und schon immer." Der Fürsprecher für die angeblich angeklagte SIE, legt seinen Arm um den kleineren Schwarzhaarigen. Ein Goldlicht strahlt um seinen Kopf, dass ich auch sein Antlitz nicht ausmachen kann. Er ist schön – wunderschön.

„Ich beobachte SIE schon seit langem", ergreift wieder der kleinere mit dem Stab in seiner Hand das Wort. „Statt der Liebe Licht, säht SIE Dunkelheit. SIE trägt Waffen und hetzt weltweit zum Krieg. SIE ist *Areia* geworden."

„SIE war schon immer Ursache für Kriege", verteidigt abermals der Lichtgekrönte die nicht anwesende Angeklagte.

„Schon! Aber ...", setzt der Schwarzhaarige an. „SIE wird Ares immer ähnlicher!"

Urgewaltig, alles bis in den innersten Kern durchschauend, fordert die Stimme des unsichtbaren Richters: „Ares ist nicht angeklagt! Er ist, wie er ist. Sein Wesen ist der Krieg und das sinnlose Gemetzel."

„Ja, ja!", unterbricht der Schwarzhaarige. „Ares kann nicht anders. SIE schon! Längst lebt SIE mit Ihm zusammen im Irak und verbringt viel Zeit in Nordkorea oder im Kreml. Die Welt hört auf IHR Flüstern, die Täuschungen und Drohungen. In der derzeitigen Weltsituation darf SIE keine weitere Göttin des Grauens und der Zwietracht werden."

„Gerade heute bräuchte die Menschheit mehr der Gaben, die SIE hauptsächlich zu vergeben hat.“ Erstmals scheint der Lichtgekrönte sich auf die Seite seines Bruders oder Freundes zu stellen.

„Der Krieg folgt IHR auf Schritt und Tritt“, bestätigt Stabträger.

„Sie löste immer Kriege aus, ob den Trojanischen oder tausend andere. Die ersten Imperatoren des römischen Reiches nannten SIE ihre Stammesmutter. DIE flüsterte Julius Cäsar ins Ohr, verdarb Kleopatra und manipulierte Augustus, Caligula und den Rest. Heute manipuliert SIE den modernen Möchte-gerne-Zaren, flirtet mit dem nordkoreanischen Diktator oder stichelt den amerikanischen Wahnsinn.“

„Was ist mit IHREM Gatten?“, fordert der Richter weiter Bericht von seinem Herold und Boten.[4]

„Der hat sich vollkommen in den Supervulkan im *Yellowstone National Park* in *Wyoming* zurückgezogen. Nicht auszudenken, was passiert, sollte SIE anfangen ihn für IHRE verderbte Sache zu gewinnen.“

„Das ist das Leid jedes Hephaistos“, verteidigt der große, in Licht gehüllte Schönling. „Das Schicksal IHRES Gatten ist sein Training. Nur in verschmähter Liebe durchbricht er seine Barrieren. In seinem Verlust erwacht seine Kreativität, die sein Erbe ist.“

„Lenken wir nicht ab“, setzt wieder der Bote ein. Er winkt mit seinem geflügelten Stab. „SIE muss IHRE Rolle spielen oder ...“,

Blitze zucken. Ich ducke mich in meinem Versteck.

Weder Ankläger noch Verteidiger sind davon beeindruckt. Sie erwarten den Richtspruch.

„Drei Kandidaten! Zwei Frauen und er. Habt ihr beiden einen erwählt?“

„Den gibt‘s! Apollon hat ihn gefunden und ausgesucht.“ Der junge Mann hebt seinen Stab und zeigt damit auf den Lichtgekrönten.

Davon kann ich nicht ein einziges Wort verstehen. Ich ducke mich hinter der Säule und krabble lauschend näher.

„Die Ausbildung müsste fernab vom aktiven Weltgeschehen passieren. Ich schlage dazu Sydney in Australien vor.“ ◀

Verwirrt lasse ich die Seiten mit Rhydians Tagebucheintragung sinken. Entweder war Rhydian schon vor seiner Abreise verrückt geworden oder

---

[4] Mehr zu den beiden in „Apollon und Mercury“ Band I: „Wahre Träume leben“; und Band II: „Einer muss sterben“

er glaubte, was in seiner Traumschau gesagt wurde. Sah er sich selbst als eine Art Auserwählten? Für was?

Auf einer weiteren der losen Seiten lese ich: *Sydney, 11. Januar. Ausgeraubt. Ausgetrickst und in die Enge getrieben. Erfüllt sich mein Schicksal? Nichts bleibt mir aus meinem alten Leben, bis auf eine Jeans, ein altes T-Shirt, meine Boxershorts und meine Turnschuhe. Brauche ich mehr?*

Von Verzweiflung oder Angst finde ich nichts in Rhydians sehr knapper Schilderung seines ersten Tages in Sydney. Auf der Rückseite steht, mit einem anderen Kugelschreiber gekritzelt, wahrscheinlich zu einem späteren Zeitpunkt hinzugefügt: *Meine Schritte werden gelenkt. Ich muss vertrauen und mich vollkommen darauf einlassen! Der Striptease in Miss Muriels Show auf der Bühne gehörte dazu, wie Marricks fauler Trick, mich auf dem Katamaran meiner Hosen zu berauben.*

Neugierig wühle ich durch die Papiere und finde einen Hinweis, auf Rhydians Sicht der Dinge zu den Geschehnissen auf dem Katamaran: *Ich werde beobachtet. Nicht nur von jedem der Männer an Bord, vom Fuchs, der mich einstellen will und dem Wolf, in dessen Bau ich hause, sondern auch vom Boten und vom Sonnengekrönten aus einer anderen Dimension heraus. Jeder hat mich im Visier. Warum ist es so wichtig, dass ich mich meinem Schicksal nackt stelle?*

Marrick wäscht hinter mir kniend meine Jeans aus. Soll ich mich neben ihn setzen oder weiter jedem meinen nackten Arsch zeigen? Erscheint gleich wieder der Sand aufwirbelnde Aborigine, wenn ich weiter auf die Wellen starre, statt mich meinem Publikum zu stellen? Ohne mein bewusstes Einverständnis, wird sich alles gegen mich wenden. Was muss knospen, damit ich reifen kann?

Mein Kopf glüht vor Scham und der Hitze. Marrick sieht ständig zu mir rüber. Sein Dicker ist steinhart. Ihn schert es nicht! Er ist ein professioneller Sexarbeiter. Der Fuchs will auch mich in sein Team aufnehmen. Soll ich künftig seinen roten Pelz kraulen oder ihm blinde Hühner zum Fraß vorwerfen? Das Sonnenlicht tanzt blitzend auf den Wellen. Eine weitere Prüfung? Nackt und schutzlos bin ich allem ausgeliefert. Es gibt nichts mehr, mit dem ich mich bedecken oder vor der Welt schützen könnte. Bin ich wirklich für etwas Verrücktes auserwählt worden?

Ich will nicht sterben!

Seit ich in Australien gelandet bin, fühle ich ES. ES ist fremd, mächtig und ruhelos. Oft fühle ich ES, wie es aus meinen Augen schaut, flirtet und bezirzt. Der Fuchs hat es erkannt, und der Wolf lechzt ebenfalls danach.

Plötzlich steht Marrick dicht hinter mir und nimmt mich in seine Arme. Sein Mund küsst meine linke Ohrmuschel, während er mir Liebkosungen zuflüstert und ermutigt, mich gehen zu lassen. Ich solle mir das Wasser zum Vorbild nehmen. Es passe sich allem an, verändere seine Form ständig und bliebe doch immer Wasser. Es ermögliche das Leben. Nichts vermag es zu stoppen. Ich solle den Schaumkronen der Wellen meine Aufmerksamkeit schenken. Aus ihnen entstieg einst Aphrodite, um die Qualitäten des Wassers der Welt zu schenken. Kühlend, aufgewühlt, verdampfend oder regnend; peitschend und ertränkend; alles befeuchtend und anregend ist Venus der ewige Quell der Erneuerung, der Zerstörung und der Veränderung. Aphrodite ist wie ein Tropfen, der in sich den Ozean erkennt. Rhydian sei wie der Ozean. Sei dir bewusst, dass jeder Tropfen dein Leib ist.

Während Marricks Atem heiß meine Wangen streift, wandern seine Hände erforschend über meinen nackten Leib; reizen ihn und lassen ihn knospen. Als meine Erektion nicht mehr härter werden kann, zwackt er mich in den Po. Ich soll den Männern auf dem Katamaran zeigen, wer sie künftig anführen wird. Ich soll mich offenbaren und wie der nahende Sturm über sie kommen.

Als ich mich dann erstmals umdrehe, fühle ich die Veränderung sofort. ES pocht nicht nur klopfend in meiner Latte, sondern wütet wie Lava durch meinen ganzen Körper. Als mich Marrick danach mit Sonnenöl einreibt, erkenne ich darin die Salbung für meine Mission. Ich muss aus den Wellen steigen, um zum Quell zu werden. Er liebe mich, haucht mir Marrick ins Ohr, während sein Dicker es fordernd bestätigt. Als ich meinen Samen in den Ozean schieße, lächle ich meiner Kindheit hinterher, die langsam in den Wellen versinkt.

Weitere Informationen enthalten Ähnliches, was mir Jayden, Miss Muriel, Coogee oder Peitho schon erzählten. In seinen eigenen Notizen fühle ich Rhydians Verwandlung. Seine kindliche Unschuld, sein übermütiger Stolz und seine Verletzlichkeit schwingen genauso mit, wie seine reifende Lust, die ihn weit über sich selbst hinaus treibt.

Nackt fühle ich die Kraft, wie sie mich prickelnd belebt und stärkt. Reize ich andere, nähren sie mich im Gegenzug mit ihrer Gier, ihrer Lust und ihrem Begehren. Jayden ebnet mir den Weg an die Uni, und Peitho reißt die Schranken im Schwimmclub für mich nieder. Der Fuchs und der Wolf versorgen mich mit Gelegenheiten neue Macht ansammeln. Scham ist nur versteckte Angst, über mich selbst hinauszuwachsen. Himeros reizt mich stetig weiter zu gehen. Bei der Fotosession stachelte er meine Eitelkeit an, weckte aber auch mein Verlangen, mich zu zeigen und das tief in mir Schlummernde zu offenbaren. Auf dem Nacktspaziergang in Manley Beach erkannte ich erstmals, dass ich kein Nuddy, wie Jayden; kein selbstverliebter Narziss wie Peitho; oder kein Exhibitionist, wie Marrick, sondern dass in mir ein Schaumgeborener darauf wartet, geboren zu werden. Ich muss sterben!

Eine letzte Notiz, aus kopierte Tagebuchseiten, spare ich mir für morgen auf. Müde und gleichzeitig innerlich überdreht, schleppe ich mich ins Badezimmer. Irgendwann hole ich den Plastikstuhl vom Balkon und stelle ihn in die Duschkabine. Mutig setze ich mich darauf und drehe den Wasserhahn. Als mich das Nass von oben berührt, bleibt die Panik weg. Trotzdem bin ich Sekunden fertig.

Auf meinem Rücken im Bett liegend starre ich in die Leere meines dunklen Zimmers. Was passierte meinem Halbbruder vor drei Jahren hier in Sydney?

Zwei Verrückte auf dem Kleiderbügel

Am nächsten Morgen steige ich über am Boden ausgebreiteten Notizen. Ich schnappe mir das ungelesene Bündel und stopfe es in mein Notizbuch zum Laptop in den Rucksack. Die anderen Schriftstücke wandern in den Hotelsafe.

Vor dem Badezimmerspiegel mustere ich meinen Bart. Um später nicht aus Versehen mit einem Kiffer-Kumpel des verrückten Surfers verwechselt zu werden, trimme ich mir die Barthaare mit dem Rasierer auf drei Millimeter. Die wenigen Tage in Sydney haben meine Haut nicht nur erröten lassen, sondern sorgten für eine leichte Bräune. Ob mir meine Depression noch immer anzusehen ist? Mein neuer Umgang mit Nudisten, Exhibitionisten und Strippern färbt ab. Für meine Verhältnisse sehr textilfrei, verzichtete ich auf Socken in meinen Turnschuhen. Nach einem hastig verschlungenen Frühstück im Hotel Restaurant kaufe ich mir im Souvenir Shop ein schwarzes ärmelloses T-Shirt zu einer ebenfalls schwarzen kurzen Sportshorts. Umgezogen betont das Shirt meine Muskeln und meinen Torso. Die Shorts bedeckt nur die Hälfte meiner bleichen Oberschenkel. Nach dem Eincremen mit Sonnenschutzfaktor Fünfzig, meinen *Sunnies* und einem Cap fühle ich mich bereit, einem weiteren heißen Hochsommertag zu begegnen.

Stolz, mich nicht mehr wie ein trauriges Häufchen-Elend zu kleiden, spaziere ich durch *Potts Point*, folge dem *Woolloomooloo Bay* und gelange so hinüber zum *Royal Botanic Garden*. In der Ferne erkenne ich die *Opera*, deren weiße Flügel in der Sommerhitze flimmern.

„Angeblicher-Bruder-von-Rhydian?“ Als ich mich der Stimme zudrehe, sitzt auf den Stufen zum Haupteingang des Opernhauses Marrick Braxton. Der zottelige Kerl trägt nur einen schäbigen Schottenrock. Wenn das Teil auch länger, als die Miniversion von Miss Muriel ist, so wird beim zweiten Hinschauen unmissverständlich klar, dass der verrückte Exhibitionist darunter nichts trägt. „Ja, du! Dich meine ich!“ Er winkt mich zu sich.

„Warum nennst du mich nicht einfach Valdrin?“

„Von mir aus! Du hast auf der Rückfahrt echt etwas verpasst. Valdrin, die Kerle der Voyeur-Fahrt waren total enttäuscht, weil du dich feige vom Boot geschlichen hast.“ Marrick steht auf, rückt sich den Stoff zurecht und klopft mir zur Begrüßung auf die Schulter. „Meine Show hätte dir gefallen. Ein Duett wäre gut angekommen!“

„Ich bin nicht Rhydian Elpis!“, wiederhole ich, was ich Marrick schon auf dem Katamaran einzubläuen versuchte.

Der Surfer mustert mich. „Valdrin, glaubst du wirklich, dass Rhydian tot ist? Ich meine so richtig tot-tot! Unwiderruflich futsch?“

„Warum bezweifelst du diese Tatsache?“

„Weil ich seit ein paar Nächten von meinem Hasen träume. Wäre er wirklich richtig tot ...“ Marrick verstummt und senkt sein Haupt. Sein Schottenrock wird von einem Windstoß aus der Bucht erfasst und hochgehoben. Weil ein Kerl ihn sofort lüstern avisiert, grinst der Stripper und setzt er sich im Schneidersitz zurück auf die Treppe. „Valdrin, soll ich dir vom Jahrhundertsturm erzählen?"

„Der Tag, als Rhydian in den Tod sprang?"

„So war es nicht!"

„Sondern?" Ich hole meinen Laptop aus dem Rucksack und setze mich neben den fast nackten Macho auf die Treppe.

„Ohne dein Hackbrett geht bei dir nix?", grunzt der vulgäre Kerl und boxt mir grob in die Seite. „Welche Rolle spielst du eigentlich?"

„Das ist keine Rolle!", verteidige ich mich. „Ich versuche das Leben meines Halbbruders zu rekonstruieren, um es später ..."

„Ja, ja! Schon kapiert! Du bist nur ein weiterer Möchte-Gerne, der sich in Rhydians Glanz sonnt und daraus Kapital schlagen will."

„Marrick..."

„Ares!", schnauzt mich das Raubtier an. „Verdammt noch mal, hake meinen Namen ins System oder ritze ihn dir auf den Handrücken!"

„Sorry! Ares, wollen wir uns nicht lieber drüben in den Park in den Schatten setzten?" Ich zeige auf den *Royal Botanic Garden* mit seinen schattenspendenden Feigen und Akazien auf dem rollenden Hügel.

„Willst mir dort an die Wäsche?" Ares grinst sexhungrig, steht auf und zieht mich an meiner rechten Hand von der Treppenstufe hoch. Seine Hand fühlt sich rau, stark und seit unserem Ausflug auf dem Boot auch vertraut an. Der Wind zerrt am rotkarierten Stoff, den der Verrückte nur mit einer Sicherheitsnadel seitlich geschlossen hält. Offensichtlich ist er so hergekommen, denn er schnappt sich beim Aufbruch weder Tasche noch Rucksack. Barfuß und oben ohne spaziert er hinter der Oper über den Platz voraus.

Am Ziel, außer Sichtweite spielender Kinder und spazierender Touristen, legt sich der Muskelmann im Rasen auf seinen Bauch unter die ausladenden Äste einer grobblättrigen Feige. Sein Schottenrock verschiebt sich und offeriert Blicke auf seine nahtlos gebräunten Backen. Die Haare auf seinen getrimmten Beinen und seinem Arsch erscheint wie Goldflaum. Er dreht sich mir seitlich zu, dass seine Hoden unter dem Stoff rausschauen und sein kurzes Brusthaar im Sonnenlicht wie Sommerstroh glänzt.

„Was?", schnauzt er mich an. „Wer hier im Park meinen Arsch anglotzen will, kann das gerne tun. Rück näher!", fordert er mich auf. „Noch besser, du ziehst dir deine Shorts aus und setzt dich auf mich!"

„Keine Chance!" Lachend winke ich ab.

„Ich ficke dich nachher!"

„Vergiss es!"

„Willst du es mir besorgen?" Der Surfer löst die Sicherheitsnadel, befreit sich vom Stoff und kniet sich breibeinig vor mich. „Kraulst du mir wenigstens die Eier, während ich erzähle?"

„Träum weiter!"

Marrick Braxton, der sich selbst Ares nennt, packt aus:

► Mein Hase hatte zwei Tickets für die Besteigung der *Sydney Harbor Bridge*. Da ich früher selbst für kurze Zeit als Führer über den *Coathanger* tätig war, kannte ich noch ein paar der Angestellten. Am 3. Februar traf ich meinen Hasen am Fuß der Brücke.

Rhydian wirkte bedrückt. „Ich wurde schon wieder ausgeraubt! Während einer Live Performance schlich sich ein Dieb in die oberen Stockwerke des *Mustang* und brach in alle Zimmer ein."

„Bloody shit! Was ist weg?"

„Mein neues iPhone, mein Laptop, all meine Fotos wie das Geld, das ich sparte."

„Fotos?"

„Ja! Die der beiden Fotosessions!"

„Piece of piss! Hunter Cook wird dir bestimmt neue Abzüge machen. Blase ihm einen, dann werden daraus Poster!"

„Es waren auch Fotos darunter, die ich mit meinem neuen iPhone geschossen hatte. Fotos, die mir sehr wichtig waren."

„So spielt das Leben. Futsch ist Futsch!"

„Ich wollte damit Kensington erpressen!"

„Den Snob der Uni-Haschisch-Dealer-Bande?"

„Genau der! Mit den Fotos hatte ich ihn an der kurzen Leine."

„Na, so ein Pech!", grunzte ich. „Ich würde mich an deiner Stelle nicht mit den Reichen anlegen, sondern sie für Sex bezahlen lassen."

„Jetzt habe ich eh jedes Druckmittel verloren."

„Und falls einer aus der Fraternity eingestiegen ist?", fragte ich meinen Hasen, der niedergeschlagen aussah. „Der Raub könnte ..."

„Kann ich meine wenige Habe in Zukunft bei dir lagern?"

„In meiner Bude? So etwas kann nur jemand fragen, der meinen Lebensstil nicht kannte. Hase, frage lieber Nelson. Der hat in jedem seiner Sportgeschäfte Tresore."

„Das kann ich nicht! Der vergoldete Lorbeerkranz und der Cockring, den er mir am Polterabend schenkte, gehören auch zur Diebesbeute. Mann, wenn ich den Einbrecher erwische, dann ..."

„Was ist mit deinen neuen Klamotten und dem Kram, den dir Henley schenkte?"

„Auch alles weg! Abermals blieben mir meine Jeans, die ich anhatte und eine transparente Jogginghosen, die unters Bett gerutscht war."

„Du bist echt vom Pech verfolgt! Ist die Februarmiete im *Mustang* wenigstens schon bezahlt?"

„Ja, mit dem Geld vom Polterabend! Ich muss wohl doch Henley wegen *SOS* anfragen."

„Leichtverdientes Geld!", ermutigte ich Rhydian.

„Als Callboy?"

„Escort! Warum nicht?" Bevor Rhydian aufbrausen konnte, zog ich ihn an seiner Hand zum Treffpunkt für die Brückenbesteigung. „Spar dir deine Energie für den Befreiungsschrei auf der Spitze oben!"

Wir erhielten in einem Schuppen neben der Brücke beim *Bradfield Highway*, wo sich zwanzig weitere Brückenbesteiger schon eingefunden hatten, blaue Jacken und Überhosen und für den barfüßigen Rhydian stabile Schuhe. Nach der Besprechung der Regeln, der Sicherheitsbestimmungen und dem Ablauf führten uns vier Begleiter über einen *Catwalk* unter der Fahrbahn zum eigentlichen Aufstiegsort, der durch hohe Gitter gesichert im Südost Pfeiler lag. Endlos kletterten wir zuerst vier lange Leitern zum Bogen hoch. Verständigen konnten wir uns beim Lärm der Autos und eines Zuges auf den Brückenfahrbahnen unter uns nicht. Endlich am Anfang des Bogens angekommen, mit direkter Sicht auf *Downtown* und die *Opera,* wanderten wir danach immer weiter bis zum höchsten Punkt des Kleiderbügels. Tief ging es runter und weit war der Blick. Natürlich brüllte Rhydian seinen ganzen Frust in einem nicht enden wollenden Schrei über den *Port Jackson*, als wir das Ziel erreichten. Er war nicht der Einzige, der Tarzan spielte. Jeder brüllte, kreischte oder schrie.

Als die Dämmerung einsetzte, blickte jeder gegen Westen. Niemand achtete auf die dunklen Wolken, die sich weit im Ostern über dem Ozean immer gewaltiger aufbäumten. Mir fiel es nur auf, weil mich Rhydian darauf aufmerksam machte. Der Sturm nahte jetzt wirklich.

Später überquerten wir, als Bestandteil der Tour, am höchsten Punkt die Fahrbahn auf einem Verbindungsweg, um den Sonnenuntergang auf der *Darling Harbour Seite* der Brücke besser genießen zu können. Jeder schoss Fotos oder ließ von sich die üblichen Erinnerungsbilder knipsen; jeder, bis auf Rhydian. Statt der Romantik zu frönen, starte er als einziger gegen den Ozean und den Sturm. Die romantische Idylle interessierte ihn kein bisschen.

Als der Wind auffrischte, drängten die Führer zum Aufbruch. Jetzt, da die Sonne untergegangen war und das Grau der Dämmerung die letzten Farben verschluckte, zündeten alle ihre Taschenlampen an und ignorierten weiter den viel zu schnell nahenden Sturm.

„Ziehen wir es trotzdem durch?", fragte ich Rhydian.

„Deswegen bin ich hochgeklettert! Kneifst du?"

„Ares kennt keine Angst!", versicherte ich Rhydian. Direkt in sein Ohr flüsternd teilte ich ihm meinen Ablenkungsplan mit. Wegen dem Sturm, und weil mich zwei der heutigen Führer von früher her noch kannten, überließen sie mir die Aufgabe des Schlusslichts. So konnte sich Rhydian von der Gruppe absetzen und auf der Brücke zurückbleiben. Damit später im Schuppen niemand auf die Idee kommen sollte, ein Set Schutzkleidung würde fehlen, strippte Rhydian im Schutze der Dunkelheit und übergab mir seine Jacke, seine Hose und die Schuhe.

Weil der Wind stetig heftiger an der Kleidung zerrte, beeilten sich die Touristen mit dem Abstieg. Keiner blickte zurück. Jeder wollte nur vor dem Ausbruch des Sturms von der Eisenbrücke runter und in Sicherheit sein. Weil ein erster Regenschauer die Sicht verschleierte und die Touristen noch mehr zur Eile antrieb, diente die Aufregung als zusätzlich perfekte Ablenkung.

„Alle hier!", log ich die Crew an und verschloss hinter mir das Gitter im Südostpfeiler, als wir unten angekommen waren. Weil ein heftiger Regenschauer einsetzte, beeilte sich jeder im Schuppen Schutz zu suchen. Rhydian blieb alleine auf der Brücke zurück, um auf meine Rückkehr zu warten. Wegen des Adrenalins, das noch immer durch die Blutbahnen der Touristen flutete und der elektrisierenden Aufregung wegen dem nahenden Sturm bemerkte niemand das Fehlen eines der Abenteurer. Da am Ende alle Jacken, Hosen, Taschenlampen und selbst die Schuhe vollzählig abgegeben wurden, funktionierte mein Plan. Leider überprüften zwei der Brücken Crew nochmals, ob das Schloss für den Aufgang auch wirklich gesichert sei. Ich hatte das Tor nur angelehnt. Erst danach verzogen sie sich, um auch im Schuppen die letzten Lichter zu löschen und für heute Feierabend zu machen.

Als ich erst neunzig Minuten später wieder beim Aufstieg war und nach Rhydian rief, ließ er mir das Seil herunter, das ich gestern schon oben versteckt hatte. Daran konnte ich bis zur ersten Leiter hochklettern und das versperrte Gatter umgehen.

„Warum dauerte das so lange?", klagte Rhydian. Obwohl splitternackt fror er nicht. Die Temperaturen sanken stetig. Der Regen hatte zum Glück aufgehört. „Von wo aus springen wir?"

„Von der Fahrbahn!"

„Nicht von ganz oben?" Er klang total enttäuscht.

„Das Seil ist fünfzig Meter lang, damit kommst du fast bis zu den Wellen und kannst eine der höheren vielleicht sogar berühren, bevor du wieder hochschnellst."

„Ich könnte mich losschneiden und an Land schwimmen?"

„Verdammt gefährlich! Aber ja, das könntest du tun! Wir müssen aber trotzdem ganz nach oben, um die Sprungseile zu holen. Ich habe sie dort in einem Depot für Ersatztaschenlampen versteckt."

„Cool!" Rhydian tanzte wie ein überdrehter Kobold von einem Fuß auf den anderen und hetzte vor mir die unendlich vielen Stufen wieder nach oben. Die Sprungseile und alles, was wir für den Sprung brauchen würden, waren noch im Versteck. Rhydian wusste natürlich, dass ich die Nacht zuvor eingebrochen war, um alles vorzubereiten. Es würde nicht mein erstes *Bungee Jumping* werden, doch das erste von der *Sydney Harbour Bridge*. Meine Sprung-Kumpels hatten mich im Sportgeschäft genau instruiert, wenn sie auch nicht ahnten, dass ich von der Brücke springen wollte. Es war total verboten!

„Können wir nicht wenigstens so tun als ob?", bettelte Rhydian. „Ich will das Feeling erleben! Bitte, lege mir das Seil an!"

Nur weil er einfach nicht aufhörte zu betteln, willigte ich zum Spaß ein. Fachmännisch befestigte ich die Fußzeilen und überprüfte immer wieder, dass jeder Knoten genauso angebracht war, wie ich es gelernt und etliche Male geübt hatte. Die Berechnung der Seillänge fiel vorerst weg, denn von hier oben war unten nichts im Weg. Für den eigentlichen Sprung später von der Fahrbahn unten uns, hatte ich bereits Rhydians Gewicht einberechnet, damit ich das Seil dementsprechend verlängern konnte. Als ich fertig war, begann es abermals zu regnen. Es goss jetzt wie aus Kübeln.

Mein nackter Hase leuchtete vor Begeisterung, akutem Wahnsinn und Draufgängertum. „Stinkende Känguru Kacke!", fluchte Rhydian. „Ist der Regen ein Problem?" Er stand nackt mit dem Bungee-Seil an den Fußschlaufen verbunden vor mir.

„Solange der Wind nicht stärker wird, sollte es gehen!", beruhigte ich ihn, musste aber wegen dem nahenden Sturm schreien. „Binde dir das hier um!" Ich reichte ihm einen Dolch an einem schmalen Gurt.

„Wozu brauche ich das Buschmesser? Zum Haie killen?"

„Nach dem Absprung geht es im freien Fall abwärts!"

„Sperma-geil!", brüllte Rhydian.

„Nachher, beim eigentlichen Sprung von der Fahrbahn unten, wird das Seil am tiefsten Punkt zu spannen beginnen. Durch die Elastizität des Gummiseiles erfolgt das Abbremsen kurz vor dem Eintauchen in den Ozean mit einem sanften Ruck. Du wirst danach wieder in die Höhe gezogen. Das Ganze wiederholt sich. Es passiert mehrmals, bevor du schließlich ausbremst. Der Dolch ist nur zur Sicherheit, falls ich es wegen dem Sturm nicht schaffen sollte, dich hochzuziehen.

„Ich kappe das Seil über meinen Füssen?"

„Nur, bei Komplikationen! Kriegst du das hin?"

„Und falls nicht?"

„Hängst du wie ein Fisch an der Angel, bis dich morgen die Küstenwache aus der Misere befreit und dich wegen verbotenem Sprung von der Brücke ins Gefängnis wirft."

„Holy Doodle!"

„Rhydian, falls es zum Kappen des Seils kommen sollte, schwimme sofort an Land. Ich packe hier oben alles ein und komme so rasch, wie möglich nach unten."

„Marrick, du springst nicht auch?"

„Bei dem Unwetter kommen wir später nicht mehr hoch", schreie ich

Rhydian an, denn der Regen wurde inzwischen so schlimm, dass ich ihn kaum noch vor mir stehen sehen konnte.

„Ares, du kneifst?"

Ich umarmte Rhydian. Seine harte Vorfreude bohrte sich wie ein Speer in meinen Bauch. Er war aufgeregt, total erregt und zu allem bereit. Er knipste drei Taschenlampen an und befestigte sie neben dem Dolch am Seil um seinen Bauch. Als er geschickt über die Absperrung kletterte, um auf dem nassen Stahl in Position zu gehen, versuchte ich ihn zurückhalten. „Nicht von hier oben!", beschwor ich ihn. „Rhydian, du springst in den sicheren Tod! Der Sturm könnte dich gegen die Stahlträger schleudern!"

Er hörte mich nicht, denn ein gewaltiger Blitz zerriss den Himmel über Sydney und der folgende Donner verriet, dass der Sturm die Küste längst erreicht hatte. Die neuen Blitze erleuchtete den Nackten, wie einen Halbgott oder einen Dämon. Vergeblich schrie ich ihn an, dass wir erst auf die Fahrbahn runterklettern müssten.

Er hörte mich nicht. Er jubelte und sprang im gleichen Moment, als ein neuer Blitzt in die Brücke einschlug.◀

„Was?", rufe ich aus. „Rhydian sprang während eines Sturms und Blitzen von der *Sydney Harbour Bridge*?" Schon während der Erzählung versuchte ich es mir nicht zu bildhaft vorzustellen. Mir wird schon schwindelig, stehe ich nur auf einem Stuhl. Wie muss es auf einem glitschigen Stahlbogen in hundertvierunddreißig Meter Höhe sein?

„Valdrin, mein Hase kannte keine Angst!"

„Das hat nichts mit Mut, sondern mit durchgeknalltem Wahnsinn oder einer Todessehnsucht zu tun!", kläre ich Ares auf. „Was passierte danach?"

„Der Sturm riss mich oben von den Füssen, dass ich mich an den Eisenstufen festklammern musste. Durch den starken Regen versuchte ich die drei Lichter der Taschenlampe auszumachen. Als das Seil ein erstes Mal zurückschnellte, starrte ich nach unten und konnte die Lichter auf mich zu rasen sehen. Kurz darauf hing Rhydian wieder im Seil über der Fußgänger Paserelle tief unter mir und wurde von neuen Blitzen beleuchtet."

„WAS?"

„Dann passierte es! Ich konnte von oben nur seinen abermals aufleuchtenden Körper sehen. Ein Blitz schlug direkt in ihn ein. Das Seil spannte sich danach nicht wieder. Entweder hatte der Blitz es verbrannt oder Rhydian hatte sich frei geschnitten."

„Rhydian wurde vom Blitz getroffen?"

Ares nickt und sein nackter Arsch leuchtet in der Mittagssonne im *Royal Botanic Garden*. Da noch immer niemand sonst in unserer Nähe unterwegs ist, rekelt sich der Exhibitionist textilfrei im Rasen.

Ich kicke nach dem Wahnsinnige, doch der dreht sich nur auf seinen Rücken. „Rhydians Todessprung erregt dich!" Schockiert zeige ich mit meinem rechten Fuß auf Ares' Latte.

„Niemals traf ich einen so mutigen oder todesverachtenden Mann, wie meinen Hasen. Rhydian Elpis sprang während des Jahrhundertsturms vom höchsten Punkt der Brücke, und das mit einem viel zu kurzen Seil."

„Das überlebte er?"

„Entweder blies ihn den Sturm über die Paserelle hinweg oder der Blitzeinschlag schleuderte ihn fort? Sicher ist, Rhydian stürzte in jener Nacht in die aufgewühlte pechschwarze See. Von Augenzeugen wurde später in den Nachrichten berichtet, dass ein Nackter vom Blitz getroffen von einer gewaltig schäumenden Welle verschluckt wurde. Es gab sogar eine Amateuraufnahme von seinem Sprung. Ein YouTuber wollte ursprünglich Blitzeinschläge filmen. Was er festhielt schockierte die ganze Stadt. Leider blieb, selbst nach x-maliger Vergrößerung und technischer Nachbearbeitung nicht zu erkennen, dass es sich beim nackten Springer eindeutig um Rhydian handelte. Dass der Springer ein nackter Mann war, der wirklich vom Blitz getroffen wurde, konnte aber einwandfrei bewiesen werden."

„Was für ein Selbstmord!"

„Tod?" Ares hockt sich auf und stützt sich mit seinen Händen hinter sich im Rasen ab. Immer wieder schüttelt er seine zotteligen Haare. „Rhydian blieb drei Tage vermisst. Erst als der Sturm sich zurück in den Ozean verzog, tauchte er wieder auf."

„Mein Halbbruder überlebte? Wie? Kein Mensch überlebt einen Sturz aus dieser Höhe! Kein Mensch wird vom Blitz getroffen und ..."

„Rhydian sprach niemals mit mir darüber."

„Wo war er während dem Sturm geblieben? Kämpfte er im Ozean

ums Überleben?“

Der Naturbursche zuckt nur mit der Schulter, langt nach seinem Schottenrock und steht auf, weil sich eine Gruppe Kinder unserem Platz nähern. Ares verschließt die Sicherheitsnadel und zieht mich mit sich tiefer in den *Royal Botanic Garden* hinein. „Valdrin, ich sag dir! Himmel und Erde berührten sich in jener Nacht. Vielleicht vergewaltigte das Himmelsgewölbe auch die Mutter Erde? Rhydian sprach Tage davor ständig davon. Vielleicht war es wirklich Rhydians Dolch, der *Uranos* kastrierte, damit eine neue Zeitrechnung sich zwischen Himmel und Erde schieben konnte.“

„Ich verstehe kein Wort!“, lüge ich.

„Ach, Valdrin! Rhydian war nach dem Sturm ein vollkommen anderer geworden! War er zuvor wagemutig und experimentierfreudig, wurde aus dem Meerschaum etwas total Neues geboren.“

„Venus?“

„Du glaubst die Geschichte?“

Ich verdrehe nur meine Augen, bis der Depp schnaubt.

Zwei Echsen kämpfen in der Nähe im Dickicht aus Gräsern und Orchideen um den Kadaver eines Vogels. Zwei Kakadus beschimpfen sie. Das Paradies zeigt seine Sonnen- und Schattenseiten. Wir erreichen einen der Wege durch den Park und spazieren, jeder schweigend in seinen eigenen Gedanken vertieft, Richtung *W'Mooloo*. Dort, wieder aus dem Park, umarmt mich Ares spontan.

„Rhydian Elpis kann nicht tot sein!“, versichert er mir. „Wer vom Blitz getroffen in Meerschaum stürzt, kann nicht sterben. Rhydian hat sich doch bestimmt transformiert.“

„Das versuche ich herauszufinden“, murmle ich.

„Er überlebte! Das ist sicher! Als ich Rhydian nach der Tragödie in meine Arme schloss, war mein Hase zum Drachen geworden!“

Mir ist nicht mehr nach Reden. Was ich heute alles erfahren habe, jagt mir eine Scheißangst ein.

„Ich habe Rhydian nicht umgebracht“, beteuert Ares. „Ich liebe meinen Schaum-Hasen! Er überlebte den Jahrhundertsturm! Du kannst alle danach fragen! Ich hätte Rhydian niemals Schaden zugefügt!“

„Danke für die Story“, murmle ich. „See you!“

„Hooroo!“ Damit verschwindet Ares zurück in den Park.

Kaum ist der Wahnsinnige außer Sicht, suche ich mir im Schatten eines Eukalyptus eine Bank und lange nach Rhydian Elpis' Tagebucheintragungen.

Der Schaumgeborene

Warum vertraute Rhydian diesem geistig zurückgeblieben Narzissten? Und wie durchgeknallt muss man sein, wenn man seinen angeblich besten Freund bei einem Monster-Unwetter aus hundertvierunddreißig Meter in eine sturmgepeitschte See springen lässt? Ares kannte die Unwetter in Australien und wusste sehr genau, was in den Tiefen des *Port Jackson* seine Bahnen zog. Nein, ein solcher Mann kann man nicht als Freund bezeichnen. Kopfschüttelnd glätte ich die Tagebuchseiten.

Aus den wenigen Tagebuchaufzeichnungen von Rhydian Elpis:

► Bisher konnte ich mich gut auf meine Intuition verlassen. Sie lenkte und führte mich, riet mir zu dies und jenem, oder warnte mich vor Schurken oder Dummheiten. Selbst wenn ich dennoch nicht immer tat, was mir die Intuition zuflüsterte, war ich aber zumindest gewarnt. Dennoch, noch tiefer in mir drin ruhte schon immer eine noch mächtigere Kraft als die Intuition. Diese trieb mich an, mich dem Wolfsrudel anzuschließen und mit dem Fuchs einen neuen Bau zu graben.

Jetzt stehe ich auf dem eiskalten Eisen. Um meine Hüfte schnallte ich mir Ares' Gürtel mit dem Dolch und drei Taschenlampen. Meine Füße sind zusammengebunden und am langen Gummiseil befestigt, dass Ares mehrfach gesichert daran festgebunden hat. Meine Zehen krallen sich auf der rutschig geworden Oberfläche am höchsten Punkt des Brückenbogens. Der Regen bildet eine Wand vor und eine undurchdringliche Mauer unter mir. Mein Herz hämmert wie verrückt und meine Latte zuckt, als ob sie ihre Begeisterung gleich abspritzen wollte. Niemals zuvor in meinem Leben war ich so geladen. Jeder Nerv ist gespannt und meine Instinkte sind voll erwacht.

Immer gewaltiger drückt der Himmel. Es ist, als ob ein Titan sich über die Erde legen würde, um sie zu erdrücken oder zu vergewaltigen.

Vorsichtig ziehe ich den Dolch aus der Halterung und fahre mit meinem Daumen über die Klinge. Sie ist rasierklingenscharf. Der Druck des Regens zwingt mich in die Knie, um mich mit meinen Händen zusätzlich am Bogen des gewaltigen *coathangers* festzukrallen. Tief unter mir schreit die Welt. Hohe Wellen schäumen und stöhnen ab der Gewalt des Himmels, der bald jeden Raum zum Atmen und zum Leben unter sich niederdrücken und ersäufen wird. Immer greller zucken die Blitze um mich herum.

Ares hinter mir auf der Brücke stehend, schreit mir etwas zu. Ich kann ihn nicht hören. Will er, dass wir abbrechen? Immer neue Blitze erhellen Teile von Sydney. Vor mir im Hafen schaukeln in den gewaltigen Wellen Boote und Fährschiffe. Gischt spritzt an die Ufermauern, wenn das Licht neuer Blitze sie erhellt.

Das Schlummernde in mir will erwachen. Es will sich aus seinen Ketten befreien und mich erlösen oder ermorden. Seit Tagen zucken über dem Ozean diese Blitze. Sie wagten sich schon nahe an die Küste, schreckten aber immer wieder zurück, wenn ich sie fokussierte. Jetzt sind sie da. Alle! Sie haben mich eingekreist. Die mutigsten schleudern ihre Elektrizität nach mir auf der Brücke stehend.

Ob SIE dahintersteckt? Ahnt SIE, dass ich SIE vom Thron stoßen werde? Dies ist der Moment, der alles entscheiden wird. Heute Nacht sterbe ich oder erwache zu dem, was ich nicht werden will.

Hermes erschien mir gestern Nacht und hatte die Gestalt meines guten Freundes Markku Moor aus Basel[5]. Er warnte mich, ermutigte mich aber gleichzeitig meinem Schicksal nicht zu trotzen.

Hermes beschwor, mich immer daran zu erinnern, dass die einzige Macht, die zählt, die Liebe sei.

Mit diesen Gedanken stehe ich mit dem Dolch bewaffnet auf dem Brückenbogen und starre in die fast undurchdringlich gewordene Tiefe. Wenigstens kann ich den Boden nicht sehen. Springe ich, spielt es keine Rolle ob es einen Meter oder ein Kilometer sein wird. Ich werde fallen – fallen und fallen bis das Seil mich ausbremst. Wahrscheinlich tauche ich so tief in den Regen ein, dass es sich anfühlen wird, als ob ich in die Gischt der Wellen eintauchen würde, die sich inzwischen meterhoch bäumen.

[5] mehr zu Hermes in den Büchern: *Apollon und Mercury I + II* und *Am Quell der Weisheit*

Neue Blitze! Sie schlagen fast ununterbrochen im weiten Kreis um mich herum ein. Ich muss bereit sein!

Mit der rechten Hand packe ich den Knauf des Dolches, den ich zurück in die Halterung geschoben habe, und mit der linken winke ich meinem Schicksal zu.

Ein feuriges Licht verbrennt meine Angst. Gleichzeit erschlägt der Donner mein früheres Selbst. Blitze zucken jetzt immer dichter um mich herum. Die *Sydney Harbour Bridge* wackelt. Der Druck des Himmels auf die Erde ist kaum noch zu ertragen.

Jetzt!

Bevor mich die Vernunft oder Ares hindern kann, lasse ich los.

Ich springe!

Ich falle!

Ich schreie!

Flink zücke ich den Dolch. Ein weiterer Blitz schlägt ein. Er trifft mich mit seiner ganzen Gewalt. Ich heule vor Schmerzen auf. Mein rechter Arm brennt und meine Nerven stehen in Flammen. Das Seil spannt ein weiteres Mal. Bevor ich den tiefsten Punkt abermals erreiche, um danach hochgeschnellt zu werden, hole ich mit meinem Dolch aus. Ein neuer Schmerzschrei übertönt selbst den Donner. Heiß läuft Blut über meinen Körper und vom Regen verdünntes Sperma schmeckt salzig auf meinen Lippen.

Mein sterbliches Selbst wird vom Sturm gepackt und davon geschleudert. Ich stürze abermals. Im Moment, als der tiefste Punkt erreicht ist, verschluckt mich die nächste Welle mit ihrem gefräßigen Mund. Gischt schäumt schmatzend. Blut mischt sich mit Sperma und türmt sich weiß um mich herum. Immer dichter wird der Meerschaum und blendet grellweiß.

Danach verschluckt die Dunkelheit den Schaum.

Ich verschwinde.

Die Blitze ziehen sich über den Ozean zurück. Unbarmherzig zerrt mich die Strömung in die Tiefe. Absolute Schwärze umhüllt mich. Die Zeit steht still.

„Rhydian Elpis, du musst sterben, um wiedergeboren zu werden!"

Ich höre die Stimme, kann aber niemanden erkennen. Es ist Markku aus Basel. Eiskalt umarmt mich die See und reißt mich mit sich fort.

„Lass los! Gib dich der schaumgeborenen Macht vollkommen hin."

Unter Wasser geht mir der Atem aus. Ich schlucke Uranos Säfte. Meine Lungen versucht es auszukotzen. Vergeblich! Es brennt wie flüssiges Feuer in mir, dann wiederum gefriert es meine Knochen und mein Fleisch. Eine Milliarde Sterne funkeln und explodieren in und um mich herum.

Ich sterbe.

Statt tief unter Wasser im *Port Jackson*, stehe ich jetzt mit Hermes auf einem in der Sonne rot beleuchteten Fels. Soweit ich in jeder Richtung sehen kann, erstreckt sich das *Outback* Zentralaustraliens.

Hermes ist nackt. Er trägt nur Goldsandalen mit weißen kleinen Flügeln an den Fersen. Seine Augen funkeln, wenn sein Gesicht auch durch ein blendend helles Licht verschluckt wird. Dann lacht er. „Es ist vollbracht! Elpis, du hast es geschafft!"

„Bin ich tot?"

„Klar!" Der nackte Hermes klopft mir anerkennend auf die Schulter. „Elpis, dein altes Selbst musste sterben, damit du fassen kannst, was dir offeriert wird. Du musst jetzt wählen."

„Schon wieder!", murre ich. „Reichte es nicht, freiwillig in den Tod zu stürzen?"

„Das war nur der Schritt aus der Sterblichkeit in die Unsterblichkeit hinein. Dein Leib treibt in den Wellen des *Port Jacksons*. Deine Schwimmerinstinkte funktionieren, selbst in deinem körperlich bewusstlosen Zustand."

„Dann lebe ich noch?"

„Dein Leib, ja! Gerade noch so. Elpis, bist du bereit, Aphrodites Pfad durch die Welt der Götter zu wählen?"

„Markku, bist du verrückt?"

Ohne darauf einzugehen, fährt Hermes mit seinem Wahnsinn fort: „Jeder Mensch trägt das Potential eines Gottes in sich. Die Wenigsten habe auch nur eine Ahnung davon, wer oder was sie sein könnten. Die Handvoll, die tief in ihr Herz blick, erschrickt vielleicht vor dem, was dort auf sie wartet. Großes erfordert Großes; Göttliches fordert alles, was du zu geben hast."

„In mir will wirklich eine Göttin erwachen?"

„Wer immer den Gott oder die Göttin in sich erblickt hat – und sei es auch nur für den Moment – wird nie mehr derselbe sein. In dessen Herz erhebt sich der Wind der sieben Sphären. Oft anfangs kaum wahrnehmbar, schwillt der Wind zum mächtigen Rauschen an, bis irgendwann das ganze Wesen von diesem Klang erfüllt ist. Elpis, in deinem Herz strahlt die Liebe hell und mächtig. Dein persönlicher Weg diese Liebe in ihrem Kern zu erfassen und auszudrücken, liegt in der Handhabung Aphrodites Schicksal."

„Na toll!" Ich sehe mich um. Der *Uluru* glüht jetzt, als ob er wirklich brennen würde. Natürlich ist das ebenso eine Illusion wie die Tatsache, dass ich mit Markku Nikko Moor aus Basel auf dem *Eyers Rock* stehe.

„Ich musste mir die Flügelsandalen, meinen Helm und den Cadeceus auch hart verdienen.[6] Elpis, dein physischer Körper wird sich der Aphrodite in dir nur geringfügig anpassen. Nicht so dein Sternenleib, dieser wird heller leuchten, als alle Sterne der Milchstraße zusammen."

„Das ist ein Fluch!", stöhne ich. „Ich will das nicht!"

Ein Sog aus Licht erfasst mich. Der von der Sonne rotbeleuchtete *Uluru* bleibt weit unter mir in der Dämmerung zurück. Ein Summton packt nach mir, dann dröhnen Glocken und Klangschalen bis ein pfeifender Wind alle anderen Geräusche übertönt. Explodierende Sterne, Lichtsäulen und Sonneneruptionen aus so hellem Licht, dass ich blind und dennoch ganz neu sehend immer neue Welten vor mir erkenne, verwandeln mich. Illusionen, Wirklichkeiten, Träume, flüchtige Gedanken und Realitäten lösen sich ab, wirbeln um mich herum und zerren an meinen Gewohnheiten, Gedankenstrukturen, meinem Glauben und meinem Verstand. Ich werde in alle Richtungen gleichzeitig gezerrt, zerrissen und zerfetzt. Der Schmerz ist mit nichts zu vergleichen, doch die Freiheit, die langsam aus mir heraus geboren wird, lässt mich alles ertragen. Was war, war gut, doch es muss sterben. Im neuen Licht meines erwachenden Bewusstseins kann nichts mehr bestehen, außer dem immerwährenden Jetzt, diesem Moment in der Gegenwart der Liebe.

Als mich die See wieder ausspuckt, treibe ich ausgekotzt auf einem Schaumbett mitten im *Port Jackson*. Ein letztes Aufleuchten, der sich zurückziehender Blitze verrät mir, wo sich die *Sydney Harbour Bridge*

---

[6] Nachzulesen in den beiden Büchern: *Apollon und Mercury: Wahre Träume leben* und *Einer muss sterben* wie im Buch: *Am Quell der Weisheit*

befindet – Kilometer hinter mir. Der Schaum wiegt mich, streichelt mich zärtlich und prickelt. Ich habe überlebt! ◀

Schockiert lasse ich die letzte Seite aus Rhydian Elpis' Tagebuch sinken. Unkontrolliert weine ich los. Ich kann überhaupt nicht mehr aufhören. Die besorgten Blicke passierender Touristen und sorgevoller Mütter ignoriere ich. Der Schmerz über den Verlust meines Halbbruders erfasst mich so gnadenlos, dass ich alles um mich vergesse.

Der Rhydian Elpis, an den ich mich nicht erinnern kann, ist tot!

Erst – bestimmt Stunden später – als ein Kakadu auf der Rücklehne meiner Bank landet und mehrmals seinen Kamm stellt und nickt, kehre ich in die Wirklichkeit zurück. Mein Schmerz benebelt meine Wahrnehmung, doch vielleicht sind es auch meine ausgeweinten Augen, die höllisch brennen. Der weiße Vogel hüpft frech näher und blickt immer wieder auf die nass geweinten Seiten in meinen verkrampften Fingern. Erst, als er auf meinem Knie landet und versucht, mir eine der Seiten zu entreißen, kehrt erstmals etwas Vernunft zurück.

Ein Toter schreibt keine Tagebucheintragungen! Jenen Sturz von der Brücke überlebte Rhydian Elpis. Überstand er diesen Wahnsinn, dann vielleicht auch die Attacke eines großen Weißen oder die Machenschaften eines Wolfes oder eines Fuchses. Plötzlich lächelnd versuche ich den Kakadu zu packen, was dem aber ganz und gar nicht gefällt. Wütend krächzt, öffnet seine Flügel und plustert sich auf.

„Danke!", flüstere ich ihm zu.

Der Vogel hüpft zurück auf die Rückenlehne, hebt ab und kehrt in den nahen Park und zu seinen gefiederten Kumpels zurück. Kopfschüttelnd wische ich mir die letzten Tränen von den Wangen, packe Rhydian Elpis' Tagebuchseiten zurück in meinen Rucksack und schultere ihn.

Teil III: WOLLONGONG

Ich bin die Vermittlerin zwischen dem Unsichtbaren und dem Sichtbaren, zwischen dem Geist und der Materie. Meine ätherischen Fluten sind das Bindemittel zwischen den Welten. Ich bin das Innen und das Außen des Universums. Mein Licht trennt die Realitäten und verbindet sie. Ich bin die täglich neue Hoffnung.[7]

Der Kuss der Illusion

Niedergeschlagen schlendere ich zum *Circular Quay*. Jede ankommende Fähre teilt mit ihrem Bug schäumend die Wellen. Schreckliche Bilder, wie mein Halbbruder vom schmatzenden Mund der See verschlungen wird, lassen mich Schaudern. War es Mut oder Flucht, als er von der Brücke sprang? Liegt der Irrsinn in unserer Familie? Möwen sitzen auf einem leeren Kahn und starren mich alle. Erkennen sie einen Feigling, wenn sie einen sehen?

„Die Realität ist nicht, was wir zu sehen oder zu hören glauben."

Schockiert schüttle ich meinen Kopf und reibe mir die Augen. Eine Möwe öffnete und schloss ihren Schnabel.

Hinter mir lacht ein Mann. „Selbst wenn es gerade wirklich so aussah, als ob der Vogel mit dir gesprochen hätte, war es nur eine weitere Illusion. Valdrin, ich beobachte dich seit Tagen!"

„Mich?" Verstört starre ich den Stalker an. „Woher kennst du mich?" Es ist ein junger Ureinwohner. Bis auf einen goldigen Lorbeerkranz auf seinen grauen Haaren trägt er nur noch einem Lendenschurz umgebunden. Ohne sein graues Haar und diese Augen, die aussehen als ob sie die Geburt der Zeit miterlebt hätten, würde ich ihn auf maximal sechzehn schätzen. Außer mir beachtet ihn keiner. Sowohl die Touristen wie die Einheimischen, die von einer angekommenen Fähre strömen, schenken weder ihm, noch mir einen zweiten Blick. Fällt niemandem das funkelnde

---

[7] Aus: Apollon und Mercury, „Wahre träume leben"

Gold auf seinem Kopf auf oder werden die Aborigines generell ignoriert?

„Fast alles, was sich unserem Bewusstsein aufdrängt, präsentiert sich zuerst relativ. Erst, wenn du beginnst die Totalität des Seins zu erfassen, durchblickst du die Illusionen. Realität – deine Realität – hängt von deiner Fähigkeit ab, den Schleier der Zeit zu durchdringen."

„Den Schleier der Zeit?"

„Nichts ist von sich aus richtig oder falsch. Jeder kreiert selbst die Welt in der er leben will – jeder."

„Aber Sydney ist real!", widerspreche ich.

„Welches Sydney? Dein Sydney oder das Sydney dieser Frau dort drüben mit ihren zwei Kindern?" Der Fremde zeigt zu einer Mutter, die eines ihrer weinenden Kinder tröstet und gleichzeitig das andere mit einem bösen Blick bestraft. „Valdrin, irrst du durch dein Sydney oder durch das von Rhydian Elpis? Warum klammerst du dich an Schmerz und Einschränkungen? Lass los!"

„Wer bist du?"

„Nenne mich Wollongong!"

„Wollo-Was?"

„Wollongong, das Meeresrauschen. Mich kann nur sehen, wer vom Strudel der Zeit erfasst wurde und darin festhängst."

Ertappt starre ich auf meine Turnschuhe. Mein Blick streift dabei meine Oberschenkel. Wie schnell die Sonne hier weiße Haut in rötliches Braun verwandelte? „Hier in Sydney starb vor drei Jahren mein Halbbruder. Ich muss doch wissen, was damals mit ihm passierte."

„Dein Verstand projiziert ununterbrochen, bewusst oder unbewusst, Bilder deiner Wahrnehmung in den Raum. Diese Bilder betrachtet und beurteilt dein Bewusstsein. Was du siehst, ist deine eigene Schöpfung, die du als die Wahrheit wertest."

Ich zeige auf die *Sydney Harbour Bridge*. „Mein Halbbruder sprang beim Jahrhundertsturm von dieser Brücke."

„Es war ein mutiger Sprung. Jener Sucher nach der Wahrheit ließ los! Jener umarmte sein Schicksal und akzeptierte es."

„Mutig? Mein Halbbruder hätte sterben können", widerspreche ich.

„Es gibt so viele Wahrheiten, wie es mögliche Betrachtungsweisen und Ansichten gibt. Verlasse deine stillstehende Zeitkapsel und lebe!"

„Meine Zeit steht nicht still!", reklamiere ich und spaziere Richtung *coathanger*. Der Fast-Nackte folgt mir.

„Du pickst aus der Vielfältigkeit deiner Blickpunkte nur die heraus, die dich faszinieren oder schockieren. Doch bedenke, weder dein Fokus noch dein Interesse sind Garantien für Wahrheit."

„Danke! Ich muss weiter!" Der Straßenkünstler folgt mir weiter auf Schritt und Tritt. Vergeblich versuche ich den Peinlichen mit seinen verrückten Ansichten abzuschütteln. Wollongong bleibt beharrlich an mir dran. Genervt frage ich: „Kanntest du Rhydian Elpis persönlich?"

„Ist die Vergangenheit mehr, als eine Reflexion des zukünftigen Traums? Valdrin, du lebst nicht in der Gegenwart. Akzeptiere den goldigen Moment des Augenblicks. Hier!" Der halbnackte Penner nimmt den goldigen Lorbeerkranz von seinem Kopf und setzt ihn mir aufs Haupt. Seine Haltung ist ernsthaft und sein Blick strahlt dabei Würde aus. „Ohne dein bewusstes Einverständnis wird sich alles gegen dich wenden. Um mich wütet ein Sturm! Die Tage der Prüfungen sind nah!" Plötzlich lächelt Wollongong, tritt einen Schritt zurück und sieht mich an. „Erkenne dich selbst, und du erkennst deine Schöpfung!"

„Ja, ja!", knurre ich und will mir das Diebesgut vom Kopf reißen.

Wollongong packt blitzschnell nach meinen Händen, zieht mich an sich heran und küsst mir die Stirn.

„Hast du sie nicht mehr alle!" wimmle ich ihn ab.

Er lacht amüsiert auf. „Der Kuss der Illusion ist erneuert! Trotzdem, ich und meine Brüder können dich bald nicht mehr beschützen!"

Weil er mich loslässt, packe ich nach dem filigranen Goldschmiedekunstwerk, ziehe es mir vom Kopf und starre es an. Als der Schwätzer schweigt, blicke ich auf. Wollongong ist verschwunden. „He, Wollongong!", brülle ich seinen Namen. „Du hast dein Diadem vergessen!" Nirgends gibt es hier Deckung. Sprang der Verrückte in den Ozean und tauchte unter eines der Boote? Scheu blick ich ins Wasser: kein Schaum. Erleichtert atme ich auf. Was mache ich jetzt mit dem Kranz? Das Ding ist ein Vermögen wert. Bei Gelegenheit muss ich es der Polizei übergeben. Verlegen packe ich das Gold in meinen Rucksack.

Über das Geplapper des Diebes nachdenkend schlurf ich weiter auf der Promenade. Als ich unter der *Sydney Harbour Bridge* ankomme, starre ich ehrfürchtig nach oben. Winzig klettern Touristen ganz oben auf dem Bogen. Fassungslos messe ich die Höhe und blicke für einen Moment in den Ozean. Wer springt freiwillig in diesen finsteren graublauen Abgrund? Befand sich neben Marrick auch der Mörder von Rhydian auf der Brücke? Wurde mein Halbbruder geschupst? Wie lange ich hypnotisiert die Brücke anstarrte und mir die schlimmsten Szenarien ausmale, entzieht sich meiner Kenntnis.

Als die Dämmerung einsetzt, knurrt mein Magen. Weit vom Wasser entfernt verspachtle ich in einem Restaurant Fish n' Chips und tippe ein paar Fragen in meinen Laptop.

Ist die Vergangenheit mehr, als eine Reflexion des zukünftigen Traums?

Verpasse ich den goldigen Moment des Augenblicks?

Wie erkenne ich mich selbst und meine Schöpfung?

Warum küsste mich ein Dieb und schenkte mir Gold?

„Verdammt noch mal", fluche ich leise vor mich hin. Meine Hoffnung durch das Aufklären von Rhydians Vergangenheit Heilung zu finden, verdreht sich ins Gegenteil. Ich darf mich nicht in die Abgründe *seines* Wahnsinns verlieren! Addiert sich zu meiner Depression jetzt noch paranoide Schizophrenie?

„Slap the goon! Du bist es! Kannst du mir das Heft signieren?"

„Was?" Als ich aufblicke, steht ein Kerl um die Dreißig hinter mir am Tisch und schiebt mir ein Gay Pornoheft vor die Nase.

„Kannst du schreiben: *Für einen treuen Fan!*"

Als ich mir das Cover genauer ansehe, lache ich verlegen. Jemand verwechselt mich mit Rhydian. „Ich bin nicht ..."

„Pst!", haucht der Mann und setzt sich zu mir an meinen Tisch. Er schiebt die leere Box meines Abendessens von sich und starrt mir in die Augen. „Unglaublich! Ich verrate niemandem, dass du zurück bist!"

„Ich bin nicht ..."

„Ja, schon klar!", nuschelt der Fan und deutet auf das Coverfoto des Porno Magazins. „Dein Bart und dein Pelz sind gute Tarnungen!" Augenzwinkernd fügt er an: „Ohne alles gefällst du mir besser!"

Mein Halbbruder kniet breitbeinig an Deck eines Kreuzfahrtschiffs mit der *Sydney Opera* im Hintergrund. Auf seinem Kopf trägt der hellblonde Pin-up schief aufgesetzt eine Kapitänsmütze. Seine rechte Hand liegt auf seinem Arsch und seine Linke streichelt seine Schamregion. Wie stolz er aussieht! *Rhydian Elpis – Stripper and Showmaster*! Darüber steht *Boner Boy*, der Name des Hefts.

„Bitte setze dein Autogramm nicht über dein bestes Stück!"

Weil er einen Kugelschreiber aus seiner Jacke fischt und mir zuschiebt, lange ich danach. „Wie heißt du?", frage ich den Fan meines Halbbruders.

„Owen!"

Um hier möglichst ohne Aufsehen verschwinden zu können, kritzle ich auf Rhydian Elpis' Torso: *Für Owen, einen treuen Fan.* Ich komme mir erst wie ein Verräter, dann wie ein Hochstapler vor, gleichzeitig erfüllt die Tat mein feiges Herz mit Stolz von einem Fremden für meinen unglaublich mutigen Bruder gehalten zu werden. Weil Owens Augen fechtgeworden glänzen, setze ich schwungvoll den Namen meines Halbbruders unter den Text.

„Danke!" Owens' Wangen glühen. „Fickst du mich?"

„Sicher nicht!"

„Ich bezahle natürlich dafür! Reichen dreihundert?"

„Keine Chance!"

„Vierhundert!"

„Nein!" Hastig packe ich nach meinem Rucksack. Er öffnet sich.

„Diesen Lorbeerkrank kenne ich doch!" Owen himmelt mich an.

„Der gehört mir nicht!" Das goldige Ding hatte ich vergessen.

„Den hast du am Polterabend von Russell getragen. Rhydian, du warst die Personifikation *Apollons*. Ich bin so aufgeregt, dich wieder hier in Sydney anzutreffen. Wo warst du nur all die Zeit? Kannst du den Lorbeerkranz für mich aufsetzen und deine Hosen ausziehen?"

„Ich muss los!" Als ich mich hinter der Bank vorschiebe, greift mir der unverschämte Kerl in den Schritt und grinst, als er meine Latte durch den Stoff hindurch zu fassen kriegt. Die Aufregung und der anfängliche Spaß wegen der Verwechslung erregten mich.

„Steinharte dreiundzwanzig Komma zwei Zentimeter!", schwärmt Owen. „Fünfhundert?"

„Sorry! Ich werde erwartet." Bevor es noch peinlicher werden kann, schnappe ich mir meinen Laptop und Rucksack, um zu türmen. Draußen winke ich einem Taxi und atme auf, als es kurz darauf mit mir losfährt. Wie kann nur ein Fremder in mir einen Pornostar vermuten?

Im Hotelzimmer stelle ich mich vor den Spiegel. Gerne hätte ich jetzt eine Ausgabe der *Boner Boy* Ausgabe um zu vergleichen. Kopfschüttelnd fahre ich mir durch meine halblang lockigen Haare, die von der Hochsommersonne schon ziemlich gebleicht wurden. Entschieden ziehe ich mich aus. Meine Körperbehaarung, der wilde Busch und Bart lassen mich älter erscheinen, als ich bin. Owen muss auf seinem Heimaltar noch andere Fotos meines Halbbruders anbeten. Ich sehe überhaupt nicht wie der rasierte Porno Star aus! Plötzlich an den Lorbeerkranz erinnert, hole ich ihn aus meinem Rucksack, um ihm mir aufzusetzen. Augenblicklich erregt mich die Vorstellung in die Rolle meines Callboys-Halbbruder zu schlüpfen so sehr, dass ich sogleich heftig abspritze. Von meiner eigenen Geilheit überfordert, starre ich meine Reflexion an. Schizophren und Sexsüchtig! Na, danke auch!

Überdreht lege ich mich schlafen. Anstatt von angeblichen Fans zu träumen, stürze ich einmal mehr in die bodenlose Schwärze, die mich schon zuvor in tausend Albträumen zerrte.

Am Morgen verblassen glücklicherweise die grauenhaften Details im hellen Licht Australiens, nicht so eine Szene. Kurri Kurri, Kalamunda und Wollongong standen auf dem Uluru im Kreis um mich herum und warfen ein Netz aus glitzernden Tautropfen über mich. Im Chor riefen sie: *Viel zu oft hast du dich am Schmerz und Elend gelabt. Die Sättigung ist bald erreicht! Fluchtversuche in die Finsternis funktionieren bei einem erwachenden Geist nicht mehr. Der Koala ist erwacht, das Große Kangaroo richtet sich zum Kampf auf und die Regenbogenschlage überwacht deine nächsten Schritte.*

Zum ersten Mal – seit ich mich überhaupt an etwas erinnern kann – schlief ich nackt. Es fühlt sich auch wach noch gut an. Ich spüre die dünne Leinedecke mit ihrer Struktur und wenn ich sie aufdecke die leichten Temperaturunterschiede oder einen Luftzug vom gekippten Fenster her. Ich lange nach meinem Laptop, fahre ihn hoch und tippe im Bett liegenbleibend meinen Traum ein.

Labe ich mich am Elend meines Halbbruders? Flüchte ich in seine Vergangenheit, weil mein eigenes Leben totlangweilig ist? Ich schnappe mir den Lorbeerkranz. Ein Kribbeln jagt durch meinen Körper. Das Gold auf meinem Haupt und mein hellwacher Morgenstolz verändern meine

Haltung. Überdreht schreite ich wie ein Pornostar durch mein Hotelzimmer. Im Badezimmer schmeiße ich den Plastikstuhl aus der Duschkabine. „Jetzt!“, brülle ich meiner Angst den Krieg erklärend zu. Schwungvoll drehe ich Wasserhahn voll auf. Anstatt mich zu verkrampfen, entspanne ich mich. Der eiskalte Regen, den ich normalerweise fühle, verwandelt sich in pure wohlige Erquickung.

Nass mit dem Siegeskranz eines antiken Helden gekrönt, gaffe ich in den beschlagenen Spiegel. Mein wolliger Bart und mein Brusthaar erinnern mich an schmutzigen Schaum, warum ich beides mit dem Trimmer drastisch kürze.

Die Reise durch den Schaum

Obwohl mir der kiffende Wollmützenträger seit unserem Ausflug zum *Obelisk Beach* zutiefst unsympathisch ist, weiß er mehr über Rhydian, als sonst einer. Immerhin lebte mein Halbbruder in Coogees Rudel. Heute fühle ich mich erstmals, seit sehr langer Zeit, so richtig sauber und stark. Der Dreck eines Wolf Baus schreckt mich nicht ab.

„Der Feigling lässt sich wieder blick? G’Day Valdrin!“

„Ich habe meine Prinzipien!“, verteidige ich mich.

„Was ist schon dabei, seinen Körper für einen ansehnlichen Batzen schaulustigen Touristen zu zeigen?“

„Kein Kommentar dazu! Ich nehme einen Ananassaft.“

„Himeros war hier! Ich erzählte ihm von dir. Er will dich treffen!“

„Himeros?“ Bevor mir Coogee antworten kann, nicke ich. „Ach, ja, der Fotograf. Wo?“

„In seinem Studio in der *Pitt Street*, drüben in Downtown. Hier Hunter Cooks Visitenkarte.“ Coogee mustert mich lange und runzelt seine Stirn. Abermals trägt er flippige Flatterhosen zu einer feuerroten offenen Weste und einer rosa Wollmütze. „Valdrin, heute siehst du deinem Halbbruder erstmals so ähnlich, dass ich dir eure Blutsverwandtschaft tatsächlich glaube.“

„Das liegt nur am Bart.“

„Vielleich? Ja, das könnte es sein!“

Als Coogee mir den Ananassaft reicht und mich an der Bar alleine lässt, um draußen neu eingetroffenen Gäste zu begrüßen, verdrücke ich mich in eine dunkle Nische. Der Wolf sieht sich nach seiner Rückkehr nach mir um, schnappt sich die *Aussies*, die ich für den Drink an der Bar hab liegen lassen und zuckt mit seiner Schulter. Meine Antipathie für den Wolf verstärkt sich durch seine lüsternen Blicke. Ich will nicht als potentieller Stricher hier im Bau enden. Längst ist mir aufgefallen, dass junge Kerle anfangs zwanzig im *Mustang* anschaffen. Auch jetzt am Morgen. Einer gabelt sich gerade einen Geschäftsmann auf und schlendert auf der Treppe voraus in die oberen Stockwerke.

„Warum versteckst du dich hier hinten? Hast du schon genug vom hellen Licht deiner neuen Erkenntnisse?"

„G'Day Sam! Nein ich wühle mich durch Rhydians dunkelste Momente seines kurzen Lebens."

„Lass mich raten!" Damit stöckelt die Drag Queen in extrem hochhakige Stiefel auf mich zu. „Seine Transformation?"

Ich nicke und gaffe Sam an. Er trägt zu den Stiefeln nur noch einen mit Brillanten besetzten phosphorgrünen giftigen Mini-Minislip. Das Ding ist eigentlich nichts weiter, als ein Beutel für seine Kronjuwelen. Das grelle Päckchen hält sich nur vor Ort, weil Drähte sich perfekt an die Physionomie anpassen. Seitlich und von hinten betrachtet, sieht es aus, als ob die Drag Queen kein Häschen tragen würde. Um das noch mehr zu betonen gehört zum Kostüm nur noch ein kurzes Jäckchen aus einem Material, das an Gras erinnert. Sam könnte kaum weniger anhaben. Seine sichtbaren Nippel hat er sich mit goldig-grün glitzernden Aufklebern betont, passend zu seiner Schminke und einer klassischen Fliegerklappe aus grünem Leder mit grünen Gläsern in der Schutzbrille. Weil ich den Paradiesvogel viel zu interessiert mustere, dreht sich Sam um die eigene Achse, wackelt mit seinem Apfelarsch und klimpert mit den falschen Wimpern.

„Krieg dich wieder ein, Sweety! Ich moderiere in einer Stunde einen Sponsor Event für *Mardi Gras*. Dieses Jahr bin ich das Grün des Regenbogens. Valdrin, du könntest mein Rot sein! Ich finde bestimmt etwas Passendes für dich."

„Keine Chance! Zudem will mich mit Himeros treffen." Vergeblich versuche ich meine Augen vom guttrainierten Tänzerkörper und dem gewölbten giftigen Glitzersack abzuwenden.

„Gefall ich dir so gut in Grün?“ Sam küsst mich mit seinen giftgrünen Lippen auf meine Stirn und beugt sich dabei weit zu mir runter, denn seine Stiefel haben bestimmt zwanzig Zentimeter hohe High Heels. Als er sich wiederaufrichtet, ist sein Minislip noch praller gefüllt. „Himeros ist heute noch frei?“ Die Drag Queen öffnet eine Innentasche ihrer Grasjacke, zückt ihr Smart Phone und wählt eine Nummer. „Hunter, Valdrin erzählt mir gerade, dass du noch freie Termine hast. Komm später ins *Crazy Queens*!“ Sam zwinkert mir zu und streichelt sich dabei gelangweilt mit der linken Hand seinen flachen Bauch.

„Ist er! Ja!“ Sams neue Lächeln lässt mich erröten, vor allem, als er mit seiner Hand tiefer fährt und sich die unbedeckte Schamregion liebkost. „Ich sag's ihm! Bis gleich! Ah, noch was!“ Sam fährt mit seinen giftgrün bemalten Fingernägeln den Beutel in Zeitluppe ab. „Mein heutiges Outfit wird dir gefallen.“ Weil Miss Muriel danach losgackert, abwinkt und sich einmal um die eigene Achse dreht, vermute ich, Himeros flirtet mit dem Wesen durchs Telefon. „Genau! Das ist Rhydians Einfluss!“ Wieder an mich gewandt: „Hunter Cook wird spontan beim Event im *Crazy Queens* fotografieren.“

„Rhydians Einfluss? Nach drei Jahren noch?“

„Oh!“, lächelt die halbnackte Drag Queen und versorgt ihr Telefon zurück in der Grasjacke. „Ohne das wildwuchernde Gestrüpp in deinem Gesicht und in deinen neuen sexy Klamotten erinnerst du mich mehr denn je an Rhydian Elpis.“

„Er war mein Halbbruder. Logisch, sehen wir uns ähnlich.“

„Ja, ja! Logisch!“, kichert Sam und wechselt in seine tiefe Bassstimme. „Verberge niemals, wer du bist und zu zeige, was du zu geben hast. Das war Rhydians Leitspruch. Dir gefällt doch mein Outfit?“

Mit heißen Ohren und einem trockenen Mund nicke ich.

„Rhydian riet mir immer mehr den Mann in mir zu zeigen, anstatt eine Frau zu mimen, die ich nicht bin. Speziell nach seinem Sprung vom *coathanger* war er in allem ehrlich. Spielte er zuvor oft Rollen, war er danach einfach wirklich hundert Prozent sich selbst – vollkommen egal, was er tat. Versteh mich nicht falsch! *Thousand Face* war schon vor seiner Transformation freizügig mit seinen Reizen und weit mutiger, als alle, die ich kannte und kenne. Es scherte Rhydian Elpis nie, sich zu zeigen, wie es ihm gerad passte. Scham war ihm vollkommen fremd.“

„Als Schwimmer gewöhnt man sich wahrscheinlich daran, dass einem jeder auf die Beule in der Badehose starrt?“

„Ja, ja!“, seufzt Sam.

„Wie hatte sich mein Halbbruder nach seinem Sprung von der Brücke verändert? Erzähl!“

„Was aus dem Schaum neugeboren wurde – wie soll ich es sagen – wusste. *Thousand Face* war kein Sucher mehr. Setzte er seine Nacktheit davor hauptsächlich für übermütige Scherze oder skurrile Mutproben ein, war seine Nacktheit danach sein natürliches Gewand. Ja, Rhydian provozierte nicht mehr. Er war nach dem Sturm einfach sich selbst in tausenderlei Gestalt. Rhydian Elpis wurde zum Mysterium, zum Vorbild oder zum neuesten Gesicht der dunkelsten Versuchungen.“

„Wie meinst du das?“

„Schau mich an!“

Ertappt schlucke ich leer. „Extrem cooles Outfit!“

„Rhydian inspirierte mich, mein wahres Wesen zu offenbaren.“

„Und das wäre?“

„Als Drag Queen bin ich ein Mann, der sich schamlos auslebt. Ich bin ein Mann, der sich durch nichts einschränken oder beengen lässt. Früher spielte ich mit den Geschlechtern. Seit meine Outfits klar den Mann im Fummel zeigen, habe ich viel mehr Erfolg. Queen Darlinghurst gefiel vor drei Jahren meine neue Art nicht. Wir trennten uns kurz nach Rhydians Verschwinden.“

„Wart ihr lange als Duett unterwegs?“

„Eigentlich nicht! Queen Darlinghurst traf im November vor drei Jahren in Sydney ein. Wir begegneten uns zum ersten Mal, als sie im *Kookaburra* eine Burlesque Show moderierte. Wir sahen und wir fanden uns! Im Dezember jenes Jahres engagierte uns *Salamanca* für eine Travestie Show in seinem Theater.“

„Ist das *Kookaburra* das Theater, in welchem ...“

„Genau! Ihre Performance hatte das gewisse Etwas, was ich zuvor noch nie gesehen hatte. Nicht nur war Queen Darlinghurst eine der schönsten Frau, der Kerl in ihr war auch witzig und total überzeugend. Bis auf Rhydian kenne ich sonst niemanden, der andere derartig verzaubern konnte. Queen Darlinghurst war göttlich. Unserer Shows waren immer ausgebucht. Oh, mein Süßer, das war eine fantastische Zeit!“

„Warum habt ihr euch getrennt?"

„Ich vermute, meine Drag-Kollegin spielte bereits länger mit dem Gedanken DIE Operation machen zu lassen. Offensichtlich schluckte sie bereits seit Jahren Hormone, denn – ganz ehrlich!" Sam rückt dichter an mich heran und flüstert mir verschwörerisch ins Ohr: „Sie war einfach viel zu perfekt. Zugegeben, ich sah sie nie in Männerkleidung – niemals! Zu jeder Show kam sie bereits in einem ihrer Ausgeh-Fummel und war aufwendig geschminkt. Kurz nach Rhydians Verschwinden schrieb sie mir einen Brief, dass sie nach *Palm Springs* in Kalifornien reisen werde, um sich dort ..."

„Den Pimmel abschneiden zu lassen?"

„Jedem das seine!" Sam verzieht seine grünen Lippen. „Ich hingegen ..." Der Mann in Grün dreht sich abermals um die eigene Achse, „habe mich neu erfunden. Bevor ich Rhydian begegnet war, hatte ich vergessen, wer ich sein könnte."

„Ein strippender Travestie Entertainer?"

„Ich verwandelte mich vom Travestie-Künstler zum Burlesque Artisten. Seither gehört mein Doodle zur Show." Sam packt nach dem kaum Verpackten im Glitzersäckchen.

„Und dein Knackarsch!" Kaum ausgesprochen, erröte ich.

„Aha!", lacht Sam auf. „Offensichtlich gefällt auch dir mein heutiges Moderations-Kostüm? Warum nicht mit dem punkten, was *Mann* zu bieten hat? Mehr als meine blanken Backen zeige ich aber nie."

„Und diese Verwandlung verdankst du Rhydians Einfluss?"

Sam zwinkert bejahend mit seinen falschen Wimpern.

„Weißt du, wo er nach dem Sprung war? Er galt als Verschollen."

„Rhydian Elpis trieb zwischen Leben und Tod im Ozean durch die Bucht. Der Schaum trug ihn, wiegte ihn und verhinderte, dass er sank, ertrank oder von einem Weißen Hai gefressen wurde."

„Schaum?"

„Das ist das weiße Zeug, das Wellen in der Brandung erzeugen."

„Arsch!"

„Willst du anfassen?" Sam springt vom Stuhl hoch. Er hält sich an der Stuhllehne, stellt sich mit ausgestreckten Beinen in einer Tänzerpose vor mich und lehnt sich mit durchgestrecktem Rücken vor. Ich kriege sehr viel mehr zu sehen, als er vielleicht beabsichtigte. Mein Puls rast und meine Hose beginnt zu spannen. Komischerweise scheue ich mich nicht, kurz zuzupacken.

„Valdrin!", gespielt schockiert dreht die Drag Queen ihren Oberkörper zu mir um. „Ich lasse mich doch nicht *vor* einer Show ficken!"

„Ich wollte nicht ..."

Die Drag Queen legt mir ihren rechten Zeigefinger auf meine Lippen. „Ein Gentleman genießt und schweigt; während eine Drag Queen jedes Kompliment verschlingt." Bevor ich darauf reagieren kann, setzt sich Sam wieder neben mich. „Rhydian inspirierte mich, meine Schamgrenze zu überschreiten. Ich ging dabei aber niemals so weit, wie er. Das eben", verteidigt sich Sam, „war spontan! Seit du hier in Sydney bist ... Ach was!" Der Burlesque Künstler schlägt keusch seine Beine übereinander und zupft im Grass seines Jäckchens. „Rhydian wurde zum Inbegriff von Sex."

„Lag das am Schaum?", frage ich dumm.

„Rhydian behauptete das. Sein Körper wurde am Morgen nach dem Jahrhundertsturm im *Watson Bay* angespült und von Life Guards entdeckt. Die einzigen Worte, die Rhydian bei seiner Bergung herausbrachten waren: *Nelson Morley*! Da sein nackter Körper nicht unterkühlt war oder andere Symptome, die auf einen lebenskritischen Zustand hinwiesen zeigte, brachten ihn die beiden Lebensretter mit ihrem Gummiboot zu ihrem Stützpunkt, wo sie Nelson Morleys Kontaktdaten im Internet fanden und baten den nackten Schwimmer abzuholen."

„Er war unverletzt? Mein Halbbruder stürzte von hundertvierunddreißig Metern in die See. Das Bungeejumping-Seil war nur fünfzig Meter lang und ..."

„In jener Nacht war vieles ungewöhnlich!"

„Ungewöhnlich? Einen solchen Sturz zu überleben ist unmöglich!"

Sam zuckt mit der Schulter. „Wie auch immer! Nelson holte ihn im Life Guard Haus ab und ließ ihn im Hospital gründlich durchchecken. Rhydians Vitalwerte waren perfekt. Er war nicht nur kerngesund und topfit, er schien sogar mehr als das. Bevor die Ärzte mit ihm neue Tests machen konnte, floh er mit Nelson aus der Klinik."

„War das der Anfang ihrer Romanze?"

Sam schneidet eine Grimasse und schweigt sich darüber aus.

„Was jetzt?"

„Frag Nelson! Das ist seine Geschichte."

„Wie hat sich Rhydians Veränderung gezeigt?"

„Du meinst seine Transformation als Schaumgeborener?" Sam schielt auf meine Armbanduhr. „Valdrin, wir haben noch fast zwei Stunden Zeit, bis meine Show beginnt. Du begleitest mich doch?" Als ich nickte, lächelt das grüne Wesen erleichtert.

Sam, der sich selbst Miss Muriel nennt, erinnert sich:

▶ Rhydian war mir vom ersten Moment an ein Rätsel. Seine Veränderung begann langsam. Es war ein Prozess, der mit seinem Sprung von der Brücke zum Ende kam. Sicher ist, der Morgen vor dem *Australian Day* vor drei Jahren, war ein wichtiger Tag für ihn. An jenem 25. Januar las ich im *Mustang* an der Bar sitzend die Tageszeitung. In einer der Buchten fand man den nackten Leichnam einer jungen blonden Frau. Der Fall war Tagesgespräch, denn es war bereits die zweite blonde Frau, die angeschwemmt wurde. Gemeinsam hatten die Opfer, dass sie alle ausgesprochen schön waren; und dass beiden mit einem Dolch ein *F* in die Brust geritzt war. *The Sydney Morning Herald* sprach noch nicht von einem Serienmörder, doch es wurde darüber getratscht. Rhydian saß alleine auf der Veranda und trank einen Cappuccino.

„G'Day, schöner Mann! Morgen feiern wir den *Australian Day*? Hast du schon Pläne dafür?"

„Was ist das?"

„Ernsthaft?" Ich erinnerte mich, dass er erst vor kurzem aus Europa ankam und verzieh ihm sein Unwissen. „Zuckermund, das ist unser Nationalfeiertag! Es war der 26. Januar 1788, als nach James Cook Landung hier auf dem *Rock* elf Schiffe mit den ersten rund tausend Siedlern ankamen."

„Die Invasion Australiens?"

„So nennen die Aborigines unseren Nationalfeiertag tatsächlich! Wirst du dir das Feuerwerk ansehen?"

„Vielleicht?"

Der schöne Blonde trug nur eine knallgelbe Shorts und rekelte sich darin genüsslich in der Sonne. Seit seinem Auftritt beim *Underwear Contest* konnte ich ihn mir nicht mehr wirklich angezogen vorstellen. Er spielte mit einer Fünfzig-Cent-Münze. Er war offensichtlich einmal mehr pleite. „Rhydian, in dir steckt ein Entertainer."

„Weil ich auf der Bühne Witze riss? Das tat ich nur, um mein Lampenfieber und meine Hemmungen zu überspielen."

„Hemmungen?" Ich lachte los.

Er legte seine Füße auf den Stuhl vor uns hoch und wackelte mit seinen pedikürten Zehen. „Marrick riet mir, meinen inneren Feigling zu erwürgen und zu tun, was niemand erwartet."

„Oh, du hast jede Erwartung um mindestens zwanzig Zentimeter übertroffen!"

Thousand Face lachte laut auf.

„Ärsche und Schwänze gehören zum *Mustang*. Doch dein Auftritt war mehr, als nur eine neue Latte."

„Was daran? Als ich in deiner Travestie-Show von dir vorgeführt wurde, zeigte ich bereits schon einmal alles!"

„Das war etwas vollkommen anderes. Damals warst du noch ein Küken und das Opfer aus dem Publikum!"

„Damals?" Abermals lachte *Thousand Face* schallend auf. „Sammy, das war vor genau zwei Wochen!"

„Ja, vor einer Ewigkeit! Wie auch immer! Während dem Wettbewerb war deine Unverschämtheit überwältigend. Das steht außer Frage! Doch darin warst du nicht anders, als jeder Stripper, der seine Macht über andere ausnutzt."

„Wie unterschied sich meine Performance?"

„Durch dein Herz!"

„Aha!" Rhydian lachte wieder los. „Im Erst jetzt?"

„Es strahlte wie eine Sonne. Das war außergewöhnlich!"

„Ich habe ein Sonnenherz? Verarschst du mich?" Weil ich *Thousand Face* nur schweigend anlächelte, schnitt er eine Grimasse. „Alter Schmeichler! Sammy, willst du mir wieder an die Wäsche?"

„Aber doch nicht am helllichten Tag", fuchtelte ich mit meinen Händen. „Falls du heute Nachmittag noch nichts anderes vorhast, kannst du mich zu einem Casting begleiten."

„Als dein Höschen-Träger oder der Schwanz in deinen Songs?"

„Nichts dergleichen! Ich bin morgen zur *Australian Day-Feier* eines alten Freundes von mir eingeladen. Heute Nachmittag sprechen drei mögliche Conférenciers für die morgige Show in seinem kleinen Theater vor. Zwei von ihnen kenne ich, ein dritter ist von Perth zu Gast in Sydney. An solchen Anlässen tauchen aber auch immer spontan weitere Kandidaten auf. Castings sprechen sich schnell herum. *Salamanca* will meine Meinung hören."

„Wen schlägst du vor?"

„Mir schwebt da jemand vor! Salamanca will im *Kookaburra* eine Gründerparty mit ein paar Showeinlagen und einem anschließenden Bankett für seine fünfzig geladenen Gäste veranstalten."

„Eine Gründerparty?"

„Rhydian, du würdest dich langweilen. Ein Treffen alter Leute in uralten Kostümen und derlei Kram."

„Ich war noch nie an einem Kostümfest. Nimmst du mich mit? Bis eben wusste ich nichts von eurem Nationalfeiertag."

„Mal sehen! Das *Kookaburra* feiert zudem in diesem Jahr sein fünfzigjähriges Bestehen. Salamanca nutzt den *Australian Day* als Generalprobe. Jede Show, die gut ankommt, will er dafür verpflichten."

„Ich hörte noch nie vom *Koobaburra*!"

„Früher war es ein Gay Dancing mit Shows. Während den *Mardi Gras* Wochen finden dort Burlesque Shows statt. In diesem Jahr wird zudem das *Queer Erotic Festival* dort abgehalten. Sonst ist das Theater für private Partys, Konzerte, Feiern oder auch politische Diskussionsabende und dergleichen zu mieten. Es bietet fünfhundert Zuschauern Platz, ist aber in die Jahre gekommen. Salamanca wird das *Kookaburra* wahrscheinlich verkaufen. Eine moderne Shopping Mall ist für die Gegend bereits geplant."

„Warum hat Salamanca nicht dich für die Moderation angefragt?"

„Schlingel!" Ich klatschte Rhydian auf seinen rechten Oberschenkel. „Ich war tatsächlich seine erste Wahl."

„Warum hast du ausgeschlagen?"

„Weil ich sein Ehrengast bin. Im Dezember trat ich jeden Abend zusammen mit Queen Darlinghurst im *Kookaburra* auf. Jetzt will ich endlich einmal an einem Feiertag nicht arbeiten müssen."

„Ein Showmaster Casting ist keine Arbeit?" Rhydian rollte den Stoff seiner Sporthose hoch. „Was? Ich will nahtlos braun werden!"

„Begleitest du mich zum Casting?"

„Sagte ich das nicht schon? Ich trainiere heute Abend an der Uni. Bis dahin habe ich nichts anderes vor. Hast du einen Favoriten?"

„Ja, Aphrodite!"

„Einer der Kerle nennt sich *Aphrodite*?"

„Genauso wie Himeros, Peitho und Ares gehört auch Aphrodite zu den vielen Gays von Sydney, die sich für *Mardi Gras* einen Götternamen verpassten. Aphrodite ist ein ausgesprochen schöner Kerl und ein Naturtalent auf der Bühne. Er trat im Dezember im *Kookaburra* an einem Abend als Überraschungsgast in unserer Travestie Show auf."

„Und verlor dabei seine Unterhose?"

„Nein! Aphrodite sang zusammen mit Queen Darlinghurst und mir im Trio. So genug getratscht!"

Eine halbe Stunde später trafen Rhydian und ich mit einem Taxi im Stadtteil *Chippendale* vor dem *Kookaburra* ein. Ähnlich dem *Mustang*, war auch dieses Gebäude ein altes viktorianisches Haus mit den typischen Balkonen und Terrassen. Durch den Haupteingang gelangte man ins Foyer und von dort aus über Treppen entweder in den Hauptsaal, zu den Toiletten oder zur Hinterbühne. Ich zog Rhydian mit mir die Treppe hoch zu einem von drei Eingängen in den Vorführraum.

„Das ist ein Theater? Sieht aus wie ein altes Kino in der Schweiz!"

„Gelegentlich werden hier auch Filme gezeigt. Dort vorne sitzt Salamanca in der ersten Reihe. Bestimmt werden die drei Conférenciers gleich ihr Können zum Besten geben."

„Sam?" Salamanca dreht sich in seinem roten Plüschsitz zu uns um. „Mir war, ich hörte deine Stimme." Nach Small Talk und immer wieder gründlichen Blicken auf Rhydian – der sich geweigert hatte für den Besuch mehr, als nur seine gelbe Shorts anzuziehen – fragte ihn Salamanca, ob er ihn irgendwoher kenne.

„Mich?", staunte Rhydian. „Ich bin erst seit etwas mehr als zwei Wochen in Sydney. Ich wohne im *Mustang*. Vielleicht hast du mich einmal dort gesehen?"

Salamanca schüttelte seinen Kopf. „Nein, dort verkehre ich nicht. „Bist du Sänger oder sonst irgendwie im Showbusiness tätig?"

Rhydian grinste schief. „Ich trat schon zweimal im *Mustang* auf. Beide Male verlor ich dabei meine Unterhose. Das war's auch schon."

„Du bist kein Burlesque Künstler?"

„Was soll das sein?"

„Ein Sänger, Tänzer oder Schauspieler, der in schrillen Kostümen auftritt und geheime Fantasien beflügelt", erklärte ihm Salamanca.

„Erfüllt oder stimuliert nicht jede Art von Kunst unsere heimlichen Sehnsüchte und verborgenen Wünsche?"

„Willst du dir die Hinterbühne ansehen, während ich mit Sam den Ablauf des Castings bespreche?"

„Cool! Klar, gerne!"

Als Salamanca über ein paar verborgene Stufen die erhöhte Bühne betrat, winkte er uns beiden zu, ihm zu folgen. Der schwere Vorhang war geöffnet. Rhydian sah sich sofort alles fasziniert an und fand bald rechst an Requisiten, Spots und Tischen vorbei den Weg zur Hinterbühne. Wir folgten seiner Neugier. Ein junger Zimmermann schraubte ein Gestell zusammen und andere Bauarbeiter schleppten ovale Tische hinter die Bühne oder reinigten einen Kronleuchter, der jetzt noch, an Stahlseilen gebunden, auf dem Boden lag. Jedermann war beschäftigt. Auf einer rollbaren Kleiderstange hingen diverse Outfits, wie sie die Briten im Achtzehnten Jahrhundert getragen hatten.

„Rhydian, Sam und ich casten die Kandidaten im Zuschauerraum. Falls du willst, kannst du für den Job morgen Abend vorsprechen. Dein Gesicht und dein Körper sind für die Bühne wie geschaffen."

„Ich?", staunte Rhydian.

„Den Text bestimmst du selbst. Auf einem der Tische liegt das Programm von morgen. Überrasche uns!"

„Echt jetzt?" In Rhydians Stimme schwang Leidenschaft und Stolz mit. Mir war sofort klar, er würde alles daran setzten, seine Konkurrenten auszuschalten. „Was kriege ich dafür?"

„Tausend, wenn du mein Mann bist!", offerierte Salamanca.

„Was muss ich dafür tun?" Rhydian strahlte wie ein Teenager, der gleich die gefährlichste Achterbahn der Welt besteigen will.

„Sei unberechenbar und mysteriös!"

„Ich kann machen, was ich will?", versicherte sich Rhydian und sah sich nach der Garderobe um, schnappte sich einen hohen weißen Zylinder und setzte ihn sich auf seine blonden Haare.

„Es muss dem Anlass entsprechen und die Gage wert sein."

„Ganz schön heftige Erwartungen!“ Siegessicher stemmte sich Rhydian Elpis seine Fäuste in die Hüfte und forderte in seiner gelben Shorts und dem aufgesetzten Zylinder, Salamanca heraus.

„Du nimmst die Herausforderung an?“

„Aber sich! Wie lange habe ich Zeit, mich vorzubereiten?“

„Nicht lange. Noch Fragen?“

Kopfschüttelnd widmete sich Rhydian den Kostümen, während Salamanca und ich uns nach vorne verdrückten.

Die drei Männer waren alle gleich gut oder schlecht. Aphrodite, der vierte fehlte ohne Abmeldung. Ich brannte für keinen der Kandidaten. Salamanca erging es genauso.

Als ich mich auf die Hinterbühne und auf die Suche nach unserem Überraschungskandidaten machte, fand ich ihn als englischer Marine Kapitän verkleidet in einer weißen Hose und blauer Uniform. Er wirkt keck und galant – aber nicht wirklich auffallend anders, als die drei Männer, die zuvor auf der Bühne standen. Ich wollte ihm schon zuwinken, als ich Queen Darlinghurst in einem aufwändigen Reifenrock aus dem viktorianischen Zeitalter bekleidet neben Rhydian auftauchen sah.

„Die Bühne ist eine Zeit außerhalb der Normalzeit und des Normalraumes. Zwischen Traum und Manifestation kannst du alles sein, was du dir nur vorstellen kannst. Hast du gewählt, musst du bei diesem Bild verbleiben und es stetig in Gedanken aufrechterhalten. Schenke diesem Image deine volle Aufmerksamkeit und füttere es mit all deinen Gefühlen“, redete sie auf Rhydian ein.

Der starrte die schöne Falsch-Frau mit riesigen Augen an. Offensichtlich hatte er Queen Darlinghurst verzeihen, dass sie es war, die ihn dem Publikum im *Mustang* als harter Junge outete.

„Jetzt sehe ich einen jungen Mann vor mir, der versucht einen Kapitän der Invasionsflotte zu mimen.“

Rhydian drehte sich um die eigene Achse. Er sah gut aus, aber meine Kollegin hatte Recht, überzeugen konnte er in diesem Aufzug oder in seiner Haltung keinen. Jeder durchschaute sofort seine Absicht, die vielleicht sogar ernsthaft und ehrlich gemeint, aber dennoch nichts weiter als eine Verkleidung war.

„Falls du dein Publikum davon überzeugen willst, dass du die Weltmeere bezwingen kannst, dann musst du die Sehnsucht nach der Weite des Ozeans, seine Gefahren und Geheimnissen erwecken. Dein Publikum muss die gnadenlose Hitze einer windstillen See genauso sehen und hören können, wie turmhohe Wellen und kotzende Matrosen. Bringe dein Publikum dazu, vor Durst zu schwitzen oder vor Hunger den Kadaver eines verrottenden Wals schmatzend anzustarren. Gib ihnen die illusionäre Freiheit der *Bounty* und den Wahnsinn eines *Captain Ahabs*. Wenn dein Publikum zittert, weint oder in der Hose heimlich abspritzt, dann kannst du dich mit den besten messen. Jetzt, überlasse die Bühne den Profis." Queen Darlinghurst schob Rhydian galant beiseite und stöckelte auf hohen Absätzen in ihrem gewaltigen Kleid auf die eigentliche Bühne, um als Überraschungskandidat zu punkten.

Rhydian folgte ihr.

Als er mich passierte, verließ ich mein Versteck und zog ihn hinter den Vorhang. „Was macht die denn hier?", fragte ich Rhydian, der natürlich keine Ahnung hatte.

„Queen Darlinghurst ist eine Heldin!", schwärmte Rhydian. „Sie ist, was immer sie sein will. Schau sie dir an!" Der verkleidete Jüngling zeigte fasziniert auf die Bühne, auf der seine Konkurrentin eine Performance bot, die einer Königin würdig war. „Ich will das auch!"

„Diese Chance hast du vertan. Salamanca wollte eigentlich dich, einen hübschen Kerl, der auch ohne Hemd durchs Programm führt."

„Aber Queen Darlinghurst ist der Mittelpunkt der Welt – zumindest gerade hier und jetzt", widersprach mir Rhydian. „Sam, kannst du es denn nicht fühlen? Sie zieht die Fäden, um die Sterne neu zu ordnen. Sie ruht im Zentrum der Schöpfung und langt gleichzeitig hinaus, um selbst den verwirrtesten Kometen zu finden und in ihre Umlaufbahn zu zwingen. Wie macht sie das?"

„Das mein Lieber, ist Show Business! Das ist die Kunst der Gesichter und der Masken. Queen Darlinghurst ist sie selbst; und das ganz und gar." Ich selbst war von der Performance meiner Kollegin geblendet, verzückt und wütend zugleich. Sie hatte Rhydian den Spiegel vorgehalten – ihren Spiegel. Darin sieht jeder wie eine unerwünschte Zweitbesetzung aus. Ich selbst habe oft während unseres gemeinsamen Gastspiels in diesen Spiegel geblickt.

„Aber diese Drag Queen ist fantastisch! Wähle sie! Sam, du musst mir keinen Gefallen erweisen. Bevor ich nicht der bin, der ich sein könnte, bleibe ich dort, wohin ich gehöre: ins Schwimmbecken!" ◀

Sam bricht mitten in der Erzählung ab und packt nach meinem Handgelenk, um auf meiner Armbanduhr die Zeit abzulesen. „Valdrin, wir müssen los!"

„Was passierte danach?"

„Valdrin, ich sagte dir zu Beginn: die Begegnung mit Queen Darlinghurst im *Kookaburra* war eine wichtige Etappe seiner Reise *Thousand Face* zu werden. Der Prozess der Verwandlung war damals noch längst nicht abgeschlossen. Oft denke ich, Queen Darlinghurst war eine Art Mentor für den jungen Helden. Niemand ahnte, dass ihre Worte mitverantwortlich für seinen Todessprung waren. Ihre Worte schupsten Rhydian Elpis von der Brücke in den Sturm."

Ohne auf meine Widerworte zu warten, steht Sam auf. Die halbnackte Drag Queen steuert die Bühne an, klettert hoch und verschwindet hinter dem silbrig glitzernden Vorhang. Als Sam zurückkommt, trägt er einen giftgrünen Jupe.

„Schau mich nicht so enttäuscht an. Auf der Bühne oder auch hier im Club bin ich, wer ich geworden bin, doch auf der Straße oder in der Öffentlichkeit spiele ich weiter meine diversen Rollen. Mein Minislip-Image ist nur eine Rolle – nicht mehr und nicht weniger!"

Ich verkneife mir jeden Kommentar, hake mich bei der riesigen Drag Queen unter und verlasse mit ihr zusammen das *Mustang*. Kaum auf der Straße, verändert sich Sams Haltung. Aus dem Mann im reizvollen Outfit wird eine Ikone, die von vielen erkannt und mit Winken und Rufen auf dem Weg durchs Gay Viertel begrüßt wird. Offensichtlich hatte sich damals auch Sam von Queen Darlinghursts Worten inspirieren lassen. Offensichtlich verschwimmt das Tag-für-Tag-Image gerade mit dem zeigefreudigen Show-Image, oder Sam ist noch auf der Suche seines wahren Selbst.

„Rhydians Reise durch den Schaum verwandelte ihn zu dem Mann, den ich in mein Herz geschlossen habe. Er wurde mein neuer Spiegel. Blickte ich in seine sonderbaren Augen, erkannt ich mich, wie ich selbst sein könnte: ein Original und keine Zweitbesetzung!"

„Du hast Rhydian nachgeahmt?"

„Nein! Ihn zu kopieren war unmöglich. Es war auch niemals meine Passion. Rhydian Elpis war Inspiration, er war pure Lust, die einem verschlingen konnte, krallte man sich nicht am bisschen Verstand fest, das einem in seiner Gegenwart blieb."

„Rhydian hypnotisierte dich?"

Die giftgrüne Drag Queen schüttelt ihren Kopf mit der Fliegerhaube. „Valdrin, kennst du das Gefühl, wenn dich deine eigenen Emotionen vollkommen überschwemmen? Wenn du dich entscheiden musst, darin zu ertrinken oder freiwillig den letzten Tropfen austrinkst, nicht wissend ‚ob du es überlebst?"

„Ja!", antworte ich Sam. „Seit dem Tod meines Halbbruders ersaufe ich täglich in meinem Kummer."

„Ach, Valdrin! Mir erging es nach seiner Reise durch den Schaum oft so. Es war, als ob ich bisher nie das sah, was wirklich vor mir war. Seine Gegenwart rüttelte stetig an meinem Realitätsempfinden, als ob mich der sonderbare junge Mann aus einem tiefen Schlaf wecken wollte. Seine physische Nähe war ein Bad in glühender Lava, vernichtend und tödlich. Ängste tobten in mir, als ob Furien mich zerreißen wollten; und gleichzeitig tanzte ich mit Nymphen und Faunen in hellster Verzückung. Ach, Valdrin!", seufzt die Drag Queen.

„Du hattest Angst vor Rhydian?"

„Ja, vor dem, was in ihm erwacht war!"

„Dennoch bezeichnest du ihn als Freund?"

„Rhydian war – ist – die Liebe meines Lebens. Mir war immer klar, dass wir niemals ein Paar im herkömmlichen Sinne werden würden. Aber mir war alles recht, solange ich in seinem Kielwasser mitschwimmen konnte. Da fühlte ich mich wohl, tummelte mich wie ein Delfin, wagte gefährliche Sprünge und wuchs über mich selbst hinaus. Die Abgründe, die sein neues Wesen begleiteten, konnte ich nur so ertragen: verspielt und abenteuerlustig. Valdrin, versteh mich nicht falsch! Rein äußerlich war Rhydian nach dem Jahrhundertsturm der Gleiche geblieben. Die einzig sichtbare Veränderung war, dass er nach seinem Todessprung beinahe nur noch nackt anzutreffen war."

„War er nicht zuvor schon Nudist?", werfe ich ein.

„Mehr als Meerschaum bräuchte er nicht mehr! Das sagte er oft, wenn ihn jemand darauf ansprach. Jeder kaufte ihm das ab. Jeder akzeptierte es, als ob es vollkommen normal wäre und genauso sein müsste. Ich bin mir ziemlich sicher, Rhydian Elpis war weder ein Exhibitionist noch ein Nudist. Er war nackt, weil es nur so wirklich richtig war. Vieles, was in Rhydians Präsenz passierte, ließ sich nicht immer bei klarem Verstand erklären. Er verzauberte. Er blendete. Er reizte und stachelte Freund gegen Freund auf, zerriss Familienbanden und verbrüderte Feinde. Er erfüllte Träume und zerschmetterte Illusionen, um neue zu schaffen."

„Klingt ziemlich verrückt!"

„Ist es das?" Sam boxt mir in die Seite. Dann lacht er, wirft seine Schulter zurück und knöpft sich die Grasjacke vorne ganz auf. So schreitet das Wesen, wie eine echte Drag Queen – oder ein vollkommen Durchgeknallter – die Straße entlang. Ein Sonnenstrahl blitzt in seinem Brustwarzenschmuck. Von wegen, er trennt sein zeigefreudiges Tageslicht-Image von dem des skurrilen Nachtschwärmers!

„Aber warum passierte all das?", bohre ich weiter.

„Weil Rhydian zur Aphrodite wurde!", verkündet der Exot. „Er wurde zur überschäumenden Lust; zur Venus, der Herzensbrecherin."

„Nannte er sich selbst je *Aphrodite*?"

„Niemals! Bis auf Nelson und mich – oder vielleicht noch Ares – ahnte niemand, was wirklich beim Jahrhundertsturm mit Rhydian passiert war. Jeder erkannte, dass dieser junge Mann anderes war. Doch was es damit auf sich hatte, blieb allen verborgen. Himeros war davon wie die Motte vom Licht angezogen; und Henley witterte Geld."

„Der rote Fuchs?", frage ich.

„Rhydian nannte ihn *Fuchs*, *Fox* oder *Big F.* Henley öffnete seinem *Goldjungen* in Kürze jede Tür in Sydney."

„Wie?"

„Ahnst du das nicht?" Weil ich meine Augen verdrehe, zwinkert die Drag Queen mit ihren falschen Wimpern. „Hier ist es!" Sam klingelt an einer unscheinbaren Tür eines mehrstöckigen Wohnhauses. Mir war überhaupt nicht bewusst, dass wir mehrere Blocks spaziert waren.

„Hier ist das *Crazy Queens*?", staune ich.

„Nein, hier wohnt der Besitzer", berichtigt Sam.

Mit dem Lift gelangen wir direkt ins Penthouse. Ein Mann Ende dreißig in einem hellen Anzug erwartet uns und wird von Sam zur Begrüßung mehrfach auf beide Wangen geküsst.

„Das ist Valdrin Loris aus der Schweiz. Er ist Rhydian Elpis' Halbbruder und ist mit ihm seit frühester Kindheit eng vertraut", stellt mich Sam dem adretten Mann mit dem feingestutzten Dreitagebart vor.

„Willkommen! Ich bin *Maroubra*." Mit einem Seitenblick zu Sam, hebt Maroubra seine rechte Augenbraue. Als Sam den Kopf schüttelt, reicht mir der Anzugstyp seine Hand zum Gruß. „*Sunny-Boys* Freunde sind mir immer willkommen!"

„Halbbruder!", korrigiere ich.

„Ach ja?" Abermals wechselt der gutaussehende Mann Blickkontakt mit Miss Muriel. „Verstehe!"

„Maroubra, kanntest du Rhydian gut?", nutze ich sofort die Chance einen weiteren Bekannten vom Verstorbenen zu interviewen.

„*Sunny-Boy* war hier Stammgast. Er war der King der Queens!"

„Der König der *Crazy Queens*?"

„Gelegentlich auch für diese Königinnen der Nacht!"

Weil es an der Tür klingelt, zeigt der Gastgeber zum Salon am Ende des Flurs. Seine Wände zieren bestimmt zweihundert, teils zu Postern vergrößerte, Schwarz-weiß-Fotografien in Weißgoldrahmen. Jedes Bild zeigt junge fast oder ganz nackte *Eroten*, die von Männern in Anzügen sexuell verführt oder hart rangenommen werden. Als ich auf einem der Fotos meinen Halbbruder erkenne, bleibe ich davor stehen. Rhydian sitzt ohne Hosen, nur im offenen Seidenhemd, Maroubra auf dem Schoss. Der *Sunny-Boy* lächelt verführerisch. Mit seinen ausgestreckten Armen um den Hals des Mannes im Anzug gelegt, lässt er sich streicheln. Um das ungleiche Paar sitzen oder stehen Geschäftsmänner und beobachten die Szene. Auf meine stumme Frage an Sam, was es damit auf sich habe, zupft die Drag Queen an ihrer Grasjacke.

„Jetzt sag schon! Von jedem *Eroten* gibt es eine Miniserie, die in Varianten die immer gleiche erotisch pornografische Geschichte erzählt: Unschuld, Verführung und Eroberung. War Rhydian ein mietbarer Fick-Boy?"

„Vielleicht ist es genau das, was du siehst?“, bleibt Sam vage und spaziert ins Wohnzimmer.

Von meinem hellwachen Voyeurismus getrieben inspiziere ich jedes der erotischen Kunstwerke. Warum hängen an der Wand von Rhydian ausnahmslos immer nur ein Bild pro Anlass: Entweder eines seiner Unschuld oder eines seiner Verführung? Wurden die Bilder seiner Eroberung zensiert? Auf einem der Unschuldsbilder steht Rhydian im Kreis von auf Sessel sitzenden Geschäftsmännern. Seine dunkle Anzughose ist geöffnet und offeriert Blicke auf seine Standfestigkeit. Frech in die Kamera grinsend, spielt mein Halbbruder mit seinem bis zum Bauchnabel aufgeknöpften Hemd und zieht es sich keck über das linke Schulterblatt hinunter. Ähnliche Szenen entdecke ich immer wieder. Endlich finde ich ein Bild der Verführung. Rhydian liegt nackt auf einer Couch. Sechs Geschäftsmänner stehen oder knien um ihn herum. Einer lutscht an seinen Zehen, einer streichelt seine Erektion und ein dritter küsst seinen Nacken. Ich kann Rhydians Lust und sein Vergnügen daran regelrecht spüren. Verlegen ziehe ich mir meinen Rucksack vom Rücken und presse ihn vor meine Shorts.

Neue Gäste ziehen an mir vorbei. „Nur die Besten schaffen es an die Trophäenwand!“, verrät mir einer in Nadelstreifen.

„Valdrin, gefallen dir die Aufnahmen?“ Maroubra steht plötzlich hinter mir. „*Sunny-Boy* war mein bevorzugter Lustknabe!“

„*Sunny-Boy* liebte es von uns angestachelt zu werden, um Grenzen zu überschreite!“, verrät Nadelstreifen. „Ich erinnere mich an mindestens neun seiner SOS-Besuche hier im Penthouse.“

„*Sunny-Boy* war mit Abstand der Geilste von allen“, lobt Maroubra.

„Er war immer ein gerne gesehener Gast und Freund. Er spielte in einer komplett anderen Liga, als all seine Kollegen. Buchte ich *Sunny-Boy* für Geschäftsmeetings schrieb er nicht selten das Protokoll zur Sitzung, half beim Verteilen der Berichte oder assistierte mir – das tat sonst keiner. *Sunny-Boy* war der perfekte Büroassistent. Umso mehr überraschte es die nichtsahnenden Geschäftsmänner, als ausgerechnet er nach den Präsentationen die Rolle wechselte. Oft präsentierte er die zu signierenden Verträge barfuß und ohne Hemd, warum oft Klauseln oder Kleingedrucktes übersehen wurden. Als *Sunny-Boy* danach zur Feier der erfolgreichen Geschäftsabschlüsse Cognac oder Champagner reichte, strippte er oder ließ das von den Männern für ihn erledigen."

„Rhydian assistierte als Sekretär?", frage ich Maroubra.

„Buchte ich ihn, gehörte das mit zum Deal. *Sunny-Boy* verstand es Illusionen zu kreieren und die heimlichsten Wünsche meiner Geschäftspartner zu erfüllen. Nicht selten dauerten seine Einsätze den ganzen Tag und anschließenden Abend. Seine natürliche Art, sich irgendwann splitternackt unter all den Angezogenen zu bewegen und dabei weiter über Transaktionen, Aktien oder das Gesagte am Meeting zu diskutieren, faszinierte jeden. Nicht selten begrüßte er bei hartnäckigeren Folgemeetings die gleichen Geschäftspartner schon zu Beginn mit steinharter Erektion. Egal was *Sunny-Boy* tat, er war niemals vulgär oder billig. Jeder liebte ihn. Jeder schätzte sowohl seine Klugheit und sein Fachwissen wie auch seinen fantastischen Schwimmer-Body und seinen langen Schwanz."

„Und danach?"

Maroubra weicht mir aus. „*Sunny-Boy* war ebenso oft mein gebuchter Ehrengast bei Veranstaltungen, zu denen ich neue Sponsoren für Gay Projekt einlud. Keiner ahnte beim Willkommen oder vorherigen Abendessen, dass es der gesprächige und immer gut gekleidete Rhydian Elpis sein könnte, der später zum Dessert wird."

„Zum Dessert?"

„Ihm verdanke ich meine besten Ficks!", lobt Nadelstreife.

Verlegen verdrücke ich mich in den Salon. Sam entledigte sich bereits seines Jupes und präsentiert stolz seinen trainierten Tänzerkörper. Ob der giftgrüne Paradiesvogel später den Geschäftsmännern Wünsche erfüllen wird? Als ich eine Gruppe *Eroten* in ultraknappen Shorts entdecke, ahne ich, dass sie als Naschwerk verpflichtet wurden.

Sam winkt mich zu sich und boxt mir kumpelhaft in die Seite, kaum dass ich neben ihm stehe. „Rhydian war ein Star!"

„Weil er für Geld jedem zur Verfügung stand?"

Die Drag Queen fasst mich an der Schulter und dreht mich zu sich, um mich zu fokussieren. „Und er war darin fantastisch!"

„Sprichst du aus Erfahrung?", würge ich hervor.

„Diese Frage beantwortete ich dir bei unserem ersten Interview."

„Gegen Cash?"

„Liebe Freunde des *Crazy Queens*!", erhebt Sam seine tiefe Stimme und lässt mich ohne Antwort stehen. Die aufgetakelte Drag Queen stöckelt zu einem Podest, das neben einer Fächerpalme aufgebaut ist, nimmt die drei Stufen hinauf und verneigt sich in alle Richtungen. Ob Sam damit jedem seinen Arsch feilbieten oder einfach lustig sein will, kann ich nicht mehr unterscheiden. Der sonderbare Tänzer ist in seinem Element und bombardiert die Gesellschaft mit erotischem Scharm und mit doppeldeutigen Witzen.

Himeros gibt mir mit einem Kopfnicken zu verstehen, dass er sich später mit mir treffen will. „Jetzt sind Sams prall gefülltes Päckchen, sein glitzernder Brustwarzenschmuck und sein Arsch wichtiger, als Erinnerungen an Rhydian“, verrät mir der Fotograf. Himeros knippst nicht nur die stetig quasselnde Drag Queen ohne Kleid, sondern ebenso das Publikum. Um nicht als vermeintlicher Voyeur oder Stricher an der Trophäenwand zu enden, verdrücke ich mich in die hinterste Ecke.

Als später das Ensemble der *Crazy Queens* den Raum betritt, beendet Sam seinen eigenen Auftritt mit der Ankündigung der Travestieshow und steuert mich an. Immer wieder streicheln ihm Männer seine bloßen Backen, als er sich an ihnen vorbei schiebt.

„Mein süßer Valdrin, nach der Show der *Crazy Queens* wird's langweilig. Ich werde über den Schuppen referiere und dabei Bar Checks entgegennehmen. Maroubra wird die Zahlen an einer Tafel notieren, während ich versuche den Stolz der Sponsoren anzukurbeln, damit sie ihre Kollegen nochmals überbieten. Das Übliche!“

„Packst du dabei deinen Mini-Beutel aus?“

„Lüstling!“, schimpft Sam. „Reicht dir mein rosa Röschen nicht?“

„Aber“, räuspere ich mich, „würde dein Schwanz nicht ...“

„Eine Drag Queen hat doch keinen Schwanz!“ Miss Muriel schlägt mir erbost auf meine Finger. „Eine Drag Queen hat vielleicht eine Liebesflöte, einen Zauberstab oder einen Dirigentenstock.“

„Aha!“ Gekünstelt lachend überspiele ich meine Verlegenheit.

„Lieber Valdrin, ich bin nicht Rhydian Elpis und strebe auch nicht nach seinem Platz. Ich hoffe noch immer, er wird sich irgendwann, wie Phoenix aus der Asche erheben. Er liebte das Spiel mit dem Feuer.“

„Mein Halbbruder ist aber tot!“

Sam quietscht, als einer der Männer nach seinem Zauberstab im glitzernden Slip packt. „Nicht jetzt Nold! Ich rede mit meinem jungen Freund.“ Als ob nichts wäre, fährt der schrille Mann in der Grasjacke zu mir runter gebeugt fort: „Rhydian braucht den Sex zum Überleben und um sich seiner selbst bewusst zu werden."

„Mein Halbbruder braucht*e* Sex. Er ist tot!", wiederhole ich.

„Ist er das?", fragt Sam und zwinkert mich an. „Er ist der Schaumgeborene!" Sam sieht sich um, ob Lauscher in der Nähe stehen. Der Grabscher von vorhin schnappte sich einen der willigeren Lustknaben. Als ich abermals Luft hole, um etwas zu sagen, hält mir Sam seinen Zeigefinger mit dem grün lackierten Nagel auf meine Lippen. „Sprechen wir *jetzt* nicht darüber! Himeros will direkt nach dem Auftritt der *Crazy Queens* aufbrechen, um in seinem Studio die Bilder zu bearbeiten. Bestimmt hat er Deadlines. Begleite ihn doch!"

„Danke, dass du mich hierher mitgenommen hast. Die Fotos im Flur sprechen eine unmissverständliche Sprache. Rhydian war kein Opfer von Zuhältern oder Freiern, sondern ein Genießer."

„Valdrin, sein vorsichtig!", warnt mich Sam. Zur Antwort auf meinen fragenden Blick, haucht er mir nur einen Kuss auf die Stirn.

„He!" Verwirrt halte ich Sam zurück, als er sich wieder in die Traube arschgrabschender Verehrer davonmachen will. „Vor wem?"

„Das Sexbusiness folgt eigenen Regeln. Rhydian ignorierte das."

„Ist er deswegen tot?"

„Valdrin, pass einfach auf dich auf! Rhydian kannte Geheimnisse. Halte dich bedeckt. Noch etwas: Du siehst Rhydian täglich etwas ähnlicher. Wurdest du noch nicht mit ihm verwechselt?"

„Du denkst, ich sehe dem Supermodel ähnlich?"

„Ja, Valdrin! Das tust du!"

„Aber ich bin nicht ..."

„Pass einfach auf dich auf!", ermahnt mich Sam erneut. „Hast du dir die Männer im Hintergrund von Rhydians Fotos gut angesehen?"

Ich folge Sam in den Flur zurück. Wie ein Detektiv eile ich von Bild zu Bild, um nach mir bekannten Gesichtern zu suchen. „Ist das Kensington?" Ich zeige auf den schlanken Nerd, den ich plötzlich auf mehreren Bildern entdecke. „War er einer von Rhydians Kunden?"

Bevor mir Sam antworten kann, taucht der Fotograf auf. „Ich habe alles im Kasten!" Himeros stellt sich hinter Sam, packt mit seiner rechten Hand hart nach Sams Arsch und knetet ihn, bis die Drag Queen wollig flötet. „Sam, dein neues Ich gefällt mir! Falls du jemals ..."

„Keine Chance! Ich bin kein *Boner Boy!*“ Damit stöckelt Sam davon, wackelt aber etwas zu willig mit seinem nackten Arsch.

„Irgendwann ficke ich dieses geile Luder!“ Der Fotograf fährt sich mit seiner linken Hand über seine kurzgeschnittenen Haare und schiebt gleichzeitig seine Minolta mitsamt dem aufgeschraubten Teleobjektiv in die Kameratasche, die über seiner Schulter hängt. „Valdrin, ich muss zu mir ins Atelier. Wegen dem *Australian Day* morgen bin ich bereits heute Nacht spontan verpflichtet worden. Am Sonntagnachmittag bei mir?“

Holey Roo! Wie lang wird der noch?

„Erinnerst du dich an mich?“, fragt mich ein rotblonder Mann um die Dreißig in einer Jeans und Unterhemd. Kopfschüttelnd mustere ich ihn. Er ist kräftig, wirkt aber nicht wie ein Sportler, sondern eher wie ein Bauarbeiter. Diese Vermutung untermalen seine mit Farbtropfen befleckten Schuhe mit Stahlkappen. „Echt nicht?“ Er flüstert mir ins Ohr: „Es war vor drei Jahren Backstage im *Kookaburra* während der Goldparty! Ich war der Handwerker, der dich zum Outfit inspirierte.“

„Du verwechselst mich!“

„Bist du nicht *Nine Inches*?“ Der Rotblonde mustert mich kritisch. Dann packt er nach meinen rechten Oberarm, um meine Muskeln zu überprüfen. „Stahlhart! Schwimmst du noch immer täglich?“

„Ich schwimme niemals, aber ich stemme regelmäßig Gewichte.“

„Ich hätte schwören können, wir hatten zügellosen ...“

„Nicht mit mir! Du verwechselst mich mit meinem Halbbruder“, fahre ich dem Handwerker übers Wort.

„Du bist nicht *Nine Inches*?”

„Definitiv nicht! Kanntest du Rhydian Elpis gut?“

„Genau! Das war sein Künstlername“, bestätigt der Handwerker im Unterhemd, dass bestimmt schon tausend Mal getragen wurde.

„Das war sein *richtiger* Name!“, korrigiere ich.

„Du bist nicht Rhydian?“ Als ich abermals verneine, kratzt sich der Rotblonde am Kopf. „Ich hätte schwören können, wir ...“

„*Nine Inches*?“, unterbreche ich den Mann, der hier so fehl am Platz scheint, abermals. „Ich dachte ihr Australier rechnet in Zentimeter.“

„Tun wir auch! Als Teenager lebte ich in Houston, Texas. *Nine Inches* klingt irgendwie besser, als *Twenty-three point Two*?"

„Kanntest du meinen Halbbruder gut?"

„Was genau verstehst du darunter?" Der Handwerker stellt sich vor mich und starrt mir weiter ungläubig in meine Augen.

„Du hat Rhydian während der Goldparty kennengelernt?"

„Allerdings! Wir pflegten hinter der Bühne diverse innige Verbindungen." Als ich nicht darauf einsteige, kneift der Handwerker seine Augen zusammen, um mich abermals von Kopf bis Fuß zu mustern. „Du hast total andere Augen als *Nine Inches*! Dennoch!" Lust funkelt in seinen Augen. „Mann, deine Oberarmmuskeln sind so hart, wie seine und dein Torso könnte der eines Schwimmers sein. Ich verrate es schon niemandem", flüstert er verschwörerisch. „Du bist es doch?"

Ich verneine abermals. „Erzählst du mir von Rhydian?", bettle ich.

„Aber nicht hier im Getümmel! Draußen führt eine Feuertreppe von der Terrasse aufs Flachdach hoch. Dort sind wir ungestört."

„In der prallen Sonne?"

„Lass dich überraschen!" Mit einem eindeutigen Kopfnicken gibt mir der Handwerker zu verstehen, ihm zu folgen.

„Warte!", halte ich ihn an der Schulter zurück. „Wie heißt du?"

„Diesmal interessiert dich mein Name?"

„Ich bin nicht mein Halbbruder!", versichere ich ihm abermals.

„Lachlan!", stellte er sich mir vor und scheint meinen Namen nicht hören zu wollen. Ich nenne ihn ihm trotzdem.

Wir drängen uns durchs Publikum der Show der *Cracy Queens* auf die Terrasse heraus. In einer durch Topfpalmen verdeckten Nische vergnügen sich Freier mit zweien der *Eroten*. Lachlans Augen verraten mir, dass er mit mir das Gleiche vorhat.

„Darf ich mitschreiben?"

„Wobei?" Lachlan lässt meine Beule unter meiner schwarzen Shorts nicht für einen Moment aus den Augen.

„Bei deiner Geschichte, wie du meinen Halbbruder vor drei Jahren im *Kookaburra* kennengelernt hast."

„Das war kein Witz? Willst du mich nicht ficken?"

Überrumpelt, verwirrt und meiner selbst nicht mehr sicher, zucke ich mit der Schulter.

„*Val*, du erinnerst mich wirklich an *Nine Inches* und die besten Nummern meines Lebens!"

„Valdrin!", korrigiere ich ihn.

„Von mir aus! Ich erzähle dir gerne davon." Lachlan zieht mich an meiner Hand hinter eine Bambushecke, wo in die Wand gemauerte Stufen aus Stahl nach oben führen. Beim Gedanken ohne Schutz die Wand des Hauses zu erklimmen schwindelt mir, immerhin befinden wir uns bestimmt im sechsten Stock oder gar höher.

„Höhenangst?", sorgt sich Lachlan. Als ich nicke, schüttelt er seinen Kopf. „Nein, du kannst wirklich nicht der Brückenspringer sein! Gut, bleiben wir unten. Reicht dir der Schatten des Bambus?"

Erleichtert, dass er nicht aufs Flachdach besteht, packe ich meinen Laptop aus und setze mich an einen der Terrakotta Tröge gelehnt hin.

Im Schneidersitzt platziert sich der Handwerker vor mich.

Aus den Erzählungen von Lachlan, dem Handwerker:

►Ich erinnere mich gut an meine erste Begegnung mit dem blonden Schwimmer und Moderator, denn es war der 25. Januar, der Nachmittag vor dem *Australian Day*; also auf den Tag genau vor drei Jahren. Er kam mit einer der beiden Drag Queens, die im Dezember jeden Abend im *Kookaburra* aufgetreten waren, an. Ich beobachtete den Blonden in der leuchtend gelben Badehose. Ich vermutete, er würde in einer der Burlesque Shows am nächsten Abend auftreten, denn diese Show-Typen trugen meist kaum mehr als der Blonde. Salamanca ruft mich immer, wenn es um Neu- oder Umbauten von Kulissen geht. Seit Tagen war ich bereits im *Kookaburra* beschäftigt. Als der Blonde nach einer Führung durch Onkel Salamanca alleine hinter der Bühne zurückblieb, wühlte er sich durch die Kostüme. Offensichtlich würde er für Moderatoren-Job vorsprechen.

Ich wollte ihn schon seinem Schicksal überlassen und mein Gestell weiter zusammenschrauben, als er sich seiner Hose entledigte. Auf meinen Knien an der Kulisse bastelnd, beobachtete ich den jetzt Nackten. Er zog sich einen weißen Zylinder an und betrachtete sich darin in einem der rollbaren Spiegel hinter der Bühne.

„Ich garantiere dir, in diesem Kostüm wirst du in Sydney in Kürze eine Berühmtheit werden!", flirtete ich mit ihm.

„Etwas zu gewagt?" Schamlos drehte er sich um die eigene Achse, fasste nach einer weißen Seemannshose und schlüpfte hinein.

„Hier im *Kookaburra* wird mit Kostümen sparsam umgegangen!", weckte ich seine Neugier. Bevor er darauf einsteigen konnte, tauschte er seinen Zylinder gegen eine James Cook Admiralsmütze und wurde, kaum fertig kostümiert, von einer Drag Queen in Beschlag genommen. Natürlich kannte ich Queen Darlinghurst von den Vorstellungen im Dezember. Weil das extrem schöne Manns-Weib den jungen Schauspieler zur Seite zog, widmete ich mich wieder meinen Zimmermannsarbeiten. Als die Dame im Reifrock später die Bühne betrat, blieb der Blonde alleine Backstage zurück.

„Sie kann eine ganz schöne Zicke sein!", flüsterte ich dem jungen Schönling im Captain Cook-Kostüm zu. „Sie duldet keine Konkurrenz. Zugegeben, die Bühnenpräsenz dieser Drag Queen ist gewaltig."

Der Fremde murmelte etwas Unverständliches und begann aus dem Kapitänskostüm zu schlüpfen. Weil ich ihn auf keinen Fall von seinem Strip ablenken wollte, sah ich ihm schweigend zu. Kaum wieder nackt, langte er abermals nach dem Zylinder und setzte ihn sich wieder auf. „War das vorhin eine echte Prophezeiung?", fragte er mich.

Ich hatte längst vergessen, was ich ihm sagte; ging es mir doch nur darum, seine Aufmerksamkeit zu erregen. „Wie? Was?" Dabei starrte ich ihm auf seinen extralangen schlackernden *Donger*.

„Queen Darlinghurst sagte mir: Bühnenpräsenz sei eine Zeit außerhalb der Normalzeit und des Normalraumes."

„Aber sicher! Ich arbeite nur Backstage, doch das kann ich bestätigen. Manchmal ist diese Magie auch nach den Vorstellungen noch eine Weile lang zu gegen. Bei den Auftritten der Drag Queens war es immer am stärksten. Bestimmt, weil sie durch die stetigen Rollenwechsel und dem Spiel mit den Geschlechtern bewusster Illusionen zum Leben erwecken. Du hast dieses Etwas auch an dir!"

„Denkst du?" *Riesen-Donger* war von meinem Kompliment gerührt.

„Komm mit! Ich weiß, wo die Goldparty-Kostüme gelagert sind."

„Dazu bin ich nicht eingeladen! Genaugenommen werde ich nicht einmal mehr zum Casting für morgen vorsprechen", bemerkte er.

Mein Entschluss stand fest: Ich würde ihn in der Garderobe flachlegen. Doch es kam dort ganz anders. Seine Nacktheit war so vollkommen, dass ich mich scheute, ihn zu berühren. Diverse goldige, gelbe oder hellgelbe Tuxedos hingen an Bügeln, doch es gab auch gelbe Lederkostüme, Latex und alles, was das Herz eines Schauspielers, der auf solchen Goldkram steht, höherschlagen lässt. Ihm gefiel, was er sah, denn sein *Donger* richtet sich langsam auf.

„Holey Roo!", fluchte ich. „Wie lang wird der noch?"

„Dreiundzwanzig Komma zwei Zentimeter!"

„Da hat aber einer sehr genau gemessen!"

„Das waren meine Kumpels im Schwimmclub!"

„Mehr als nine inches! Hätte ich einen solchen, würde ich ihn auch jedem zeigen wollen."

Nine Inches zog sich einen ersten der Goldanzüge an und betrachtete sich darin in einem der Spiegel. Da er keine Unterhosen trug, zeichnete sich sein harter *Donger* deutlich unter dem Stoff ab. Später, barfuß, doch sonst von Kopf bis Fuß perfekt eingekleidet, wirkte er wie ein rebellischer Prinz vor seinem gesellschaftlichen Debüt. Als ob ich zu seinem persönlichen Garderobier geworden sei, händigte er mir die Kleidungsstücke – kaum wieder ausgezogen – aus, um neue anzulegen. So ging das eine Weile. Schon nach dem dritten Umziehen ließ er die Hose weg. Doch selbst nur in Hemden, der passenden Weste, dem Jackett und einer Krawatte dazu, machte er eine tadellose Figur.

„Leider traut sich kein *Master of Ceremony* eine seriöse Show so provokativ zu moderieren", lobte ich sein Outfit. Sieht verdammt geil aus!"

„Rhydian, hier steckst du?" Miss Muriel, die ich vom Sehen her kannte, öffnete die Garderobentür und trat herein.

„Lachlan, die Kulissen bauen sich nicht von alleine auf!" Mein Onkel stand plötzlich hinter der Drag Queen und schickte mich hinaus.

„Okey-Dokey, Salamanca. See you, *Nine Inches*!"

Das Model ignorierte mich vollkommen, denn mein Onkel überschüttete ihn mit Komplimenten zu seinem Aufzug – meinte aber bestimmt etwas ganz anderes. Onkel Salamanca bemerkte im Flur vor der Garderobe Handwerken, die herumtrödelten. Er verließ den Raum, um sie anzuschreien. In der Nähe herumlungernd lauschte ich dem Gespräch zwischen Miss Muriel und *Nine Inches*. Die männliche Miss erzählte ihm vom Casting. Aphrodite wäre sein Favorit gewesen, bis Queen Darlinghurst auftauchte. Sie spottete über den Namen des jungen – zugegeben ziemlich tuntigen Künstlers – und spielte ihn mit ihrer eigenen Performance an die Wand. Aphrodite gab auf und zog ab.

Onkel Salamanca betrat abermals die Garderobe und versprach *Nine Inches*, falls er sich für Gold begeistern könne – nicht zu viel davon! – dürfte er am Casting für die Goldparty vorsprechen. Jenes Casting versäumte ich. *Nine Inches* – ob er tatsächlich am Casting auch ohne Hosen vorsprach, weiß ich nicht – hatte aber das Rennen gemacht. Aphrodite war die Alternative, doch seinen Leichnam fand man nackt im *Port Jackson* treiben. Wie den Ladys zuvor, war auch ihm ein großes *F* in die Brust geritzt worden. Er war bereits das vierte Opfer des Serienmörders. Als man ihn fand, war er geschminkt. Vielleicht verwechselte ihn der Killer mit einer jungen Frau? Schlimme Geschichte!

Es war der 12. Februar vor drei Jahren, als ich *Nine Inches* zum zweiten Mal traf. Er ignorierte mich oder meine Kollegen, die noch immer mit letzten Feinarbeiten der Kulissen für die Goldparty beschäftigt waren. Alles sollte heute Abend goldig glänzen, egal ob als Glittervorhänge, montierten Goldplatten an den Wänden, in denen sich das Licht reflektiert oder den Tischtüchern und überhaupt allem. Seit Tagen waren meine Crew und ich dabei gewesen, die zwanzig vorderen Sitzreihen auf den flachen Plattformen herauszuschrauben, um dafür runde Tische für jeweils sechs Personen dort zu platzieren. Jetzt deckten diese eine Catering Firma golden ein.

„Hi! Dich kenne ich doch?“ *Nine Inches* schritt, kaum dass er mich am Boden auf der Bühne kniend etwas festschrauben sah, auf mich zu. Wie schon bei unserer ersten Begegnung trug er kaum Kleidung. „Du hattest Recht mit deiner Vorhersage!“

Abermals hatte ich keine Ahnung, an was er sich erinnerte. Ich hatte nur Augen für seinen *Donger*, den seine durchsichtige Jogginghose nicht verbarg. Der exhibitionistische Künstler hatte sich seit den siebzehn Tagen, als ich ihm zum ersten Mal begegnet war, verändert. Es lag nicht an seiner schamlosen Zeigefreudigkeit. In seinen Augen funkelte etwas, dass ich noch niemals zuvor bei jemand anderen wahrgenommen hatte. Es war nicht Stolz oder Eitelkeit – das sah ich in diesem Theater täglich. Nein, es war Güte, Weisheit und eine Lust, die mich augenblicklich steinhart erregte.

„Habe ich die gleiche Garderobe wie damals?“, fragte er ernsthaft.

Salamanca, der uns ansteuerte, kam mir mit Antworten zuvor. „*Gold Fella*, all deine Anzüge und Kostüme stehen auf der Hinterbühne für dich bereit. Als *Master of Ceremony* wirst dich am häufigsten umziehen müssen. Weil einige der Show-Darbietungen nicht lange dauern, bleibt dir keine Zeit für lange Wege. Lachlan, kannst du unserem heutigen Conférencier zeigen, wo er später alles findet?“

„Okey-Dokey!

Kaum hinter der Bühne zog sich *Nine Inches* seine Hose aus, suchte nackt nach dem Zylinder, den er schon bei der ersten Probe anhatte und setzt ihn sich auf. „Den trage ich als Wiedererkennungsmerkmal!“

„Glaubst du wirklich, jemand könnte *dich* vergessen?“, spottete ich.

„Kannst du ihn mit einem goldigen Band dem Anlass entsprechend umwickeln?“, fragte er mich.

Weil ich schon am Morgen all seine Kostüme sortierte hatte – ich bat meinen Onkel, *Nine Inches* als Garderobier zu assistieren – wusste ich, wo ich das Band finde. Ich schnappte mir die Rolle und stellte mich vor *Nine Inches*, um ihm seinen *Donger* goldig zu umwickeln.

Lachend ließ er mich gewähren. Als ich fertig war, stellte er sich damit vor den Spiegel. „Eigentlich dachte ich an ein Hutband!“

Ich half ihm an jenem Nachmittag aus dem goldigen Fundus das Richtige für jede seiner Ansagen zusammenzustellen. Jeden anderen hätte ich ins *Outback* gejagt, hätte er mich zu dieser Arbeit verdonnert. Immer wieder tauschte *Nine Inches* Krawatten gegen Fliegen oder umgekehrt, übte sich im raschen Knöpfen von Westen und im Wechseln seiner Garderobe. Er lachte ununterbrochen und verströmt eine Ruhe und Lust, dass ich alles für ihn getan hätte. Für die Ouvertüre und seine Begrüßung wählte er einen vergoldeten Leder-Harnes über den er eine über dem Bauchnabel abgeschnittene Glitzerjacke und dazu passende Hosen mit extrem tiefem geschnürten Bund auswählte. Ich half dem *burlesquen Künstler* dabei, sein hartes Fleisch so unter der Verschnürung zu platzieren, dass alles zu sehen, aber nicht herausschnellen konnte.

„Erzeugt das Spannung und weckt Neugier?“, frage er ernsthaft. ◀

Als der rotblonde Handwerker mitten in der Geschichte stoppt, aufsteht und durch die Bambushecke hindurch der Orgie auf der anderen Seite der Terrasse zusieht, zupfe ich ihn an seiner Jeans.

„War's das? Ich dachte, ihr beiden hättet …"

„Ja, ja! *Nine Inches* stand den ganzen Abend seinen Mann. Die Verschnürung der präparierten Hose öffnete sich noch während der Begrüßung. Das Herausschnellende sorgte für langen Applaus. Ab dann trug der erotische Darsteller keine Hosen mehr, wenn er auch sonst perfekt gestylt blieb. Ja, ja! Er war der Star des Abends. Jetzt schau dir doch diese beiden Stricher an!" Der Handwerker zieht mich auf meine Füße hoch, damit ich durch die Bambushecke hindurch spannen kann.

Warum wir nicht einfach darum herum gehen, und wie alle anderen auch ganz offen zusehen, verstehe ich, als ich im Versteckt auf Lauer gehe. Heimlich zu spannen ist es aufregend!

„Schau dir den Braunhaarigen mit dem dichten Busch an!", zeigt Lachlan auf einen der Stricher, der von einem älteren Mann hart gerammt wird. „In dieser Yoga-Stellung fickte mich *Nine Inches* Backstage direkt nach seiner Begrüßungsansprache."

„Was?" Ich starre den korpulenten Handwerker ungläubig an.

„Ich war vor drei Jahren dünner!", grinst er. „*Nine Inches*' Darbietung machte mich so geil, dass ich mir hinter der Bühne meine Kleidung vom Leib riss und auf dem Rücken liegend seine Rückkehr erwartete. So bot ich mich ihm den ganzen Abend vollumfänglich für absolut alles zur Verfügung."

„Was tat mein Halbbruder?"

„Was wohl? Er war extrem gelenkig und einfallsreich!", schwärmt Lachlan. Weil ich kopfschüttelnd durch den Bambus der Live Show auf der Terrasse folge, packt mich der starke Bauarbeiter. „*Nine Inches* verriet mir, dass Sex ihn in Stimmung für seine unvergessliche Moderation brachte!" Plötzlich wechselt der Blick des Rotblonden. „Willst du es wieder tun?"

„Ich bin nicht mein Halbbruder!", bläue ich dem geilen Lüstling ein. Da er sich seine Jeans aufgeknöpft, schnappe ich mein Zeug und entkomme durch die Traube aus Schaulustigen.

Erst als ich draußen auf der Straße stehe, wird mir bewusst, dass ich harterregt bin und keuche. Ob mein Halbbruder wirklich tat, was Lachlan behauptete? Erst darüber nachdenkend, dann wütend über meine Feigheit und schließlich stocksauer, dass ich eine gute Gelegenheit auf Sex nicht nutzte – Lachlan war ein heißer Typ! – spaziere ich über eine Stunde lang zurück ins Hotel.

Am *Australian Day* treffe ich mich – leider erst abends kurz vor dem Feuerwerk – mit Jayden am Eingang zur *Sydney Opera*. Als wir uns nahe dem Ufer das Spektakel zusammen ansehen, hält er ständig meine Hand. Beim funkensprühenden Finale schiebt er seine Hand vorne in meine Shorts und schnurrt mir lüstern ins Ohr: „Dreiundzwanzig Komme Zwei Zentimeter sind genau mein Ding!"

Mir ist nicht nach Geschichten über meinen toten Halbbruder. Wir schwatzen über Belangloses und turteln frischverliebt. Später liegen wir im Rasen des *Royal Botanic Garden*, schweigen und betrachten die Sterne. Jaydens Kuscheln wärmt mein Herz. Als er sich seine Hose auszieht, um sich nackt auf mich zu legen, passiert etwas. Seine Küsse brechen den Fluch – vielleicht sind es auch die diversen Longnecks? Wir schmusen und streicheln uns, während um uns herum Lampions entzündet werden und eine Band mit einem Live Konzert tausende Versammelten unterhält.

Bald riecht es in der Nähe nach Popcorn und Räucherwerk. Weil das Gedränge um uns jedoch wegen dem Konzert dichter wird, ziehen wir uns weiter den Hügel hoch zurück. Jayden organisiert mehr Longnecks und wir betrinken uns unter freiem Himmel. Mir ist alles egal! Heute Nacht gibt es für mich nur Jaydens dreizehn Zentimeter, seine Küsse und seine heilende Gegenwart.

Als wir nach vier Uhr in der Früh, beide stark angetrunken, dem *Woolloomoolo Bay* entlang nach *Potts Point* torkeln, trage auch ich nur noch meine Unterhose. Meine Shorts, mein Hemd und meine Turnschuhe habe ich irgendwo liegenlassen. Wir sind am *Australian Day* nicht die Einzigen, die es mit dem Feiern übertreiben. Keiner der Nachtschwärmer stört sich an Jaydens Nacktheit oder meinem falschen Singen. Erst vor dem Hotel steigt Jayden in seine Shorts, winkt einem Taxi zu und verabschiedet mich mit einem langen Kuss.

„Valdrin, du hast morgen einen Termin bei Hunter Cook. Vermassle es nicht! Sei du selbst! Sehen wir uns später?"

„Worauf du wetten kannst!" Lallend zwacke ich ihm in den Arsch und schwanke zum Eingang des *Holiday Inn*.

Ein verdammt gefährliches Spiel

Als ich kurz nach Mittag aus dem Bett klettere, brummt mein Schädel. Dass ich danach so selbstverständlich unter die Dusche stehe, als ob ich das schon immer so gemacht hätte, schreibe ich meinem Kater und Jaydens Einfluss zu. Weil das kühle Nass mich total erquickt, gerate ich in eine Art Hysterie. Erst rasiere ich abermals meinen Bart auf einen Millimeter mit meinem Rasiereraufsatz und kann dann einfach nicht aufhören Haare zu kürzen. Warum ich mir danach meine Brust- und die Achselhaare trimme und mir auch gleich noch meine Schamhaare vornehme, verstehe ich selbst nicht. Beim finalen Kontrollblick später im Spiegel kommt jede Reue zu spät. Wie jung ich plötzlich wirke? Weil mir aber gefällt, was ich sehe, will ich es nicht verstecken, sondern zeigen. Meine schwarzen Shorts verlor ich am Nationalfeiertag. Jetzt, keine Lust auf eine meiner konservativeren Hosen, schlüpfe ich in eine meiner Jeans und spaziere barfuß und oben ohne zum Hotel Shop neben der Rezeption in der Lobby. Keiner zeigt auf mich oder findet meinen Aufzug seltsam. Übermütig auf meinen neu entdeckten Mut, kaufe mir dort eine weiße Sporthose und ein dazu passendes Sportoberteil. Bevor mein Verstand sich vollkommen vom Rausch der letzten Nacht erholt oder bevor Zweifel meinen lausbübischen Abenteuergeist angreifen, schlüpfe ich rasch ins neue Outfit und Turnschuhe, um mit meinem Rucksack das zu verlassen Hotel.

Da einfach kein Taxi auftaucht, nehme ich es als Zeichen, erst zu Frühstücken. Im *Quokka* verspachtle ich Fish n' Chips, schlürfe Cappuccino und fühle mich danach bereit, dem Fotografen in seinem Studio einen Besuch abzustatten. Hunter Cook muss Details kennen. Vielleicht hat er einen Verdacht, wer meinen Halbbruder zum Schweigen bringen und schließlich umbringen ließ. Kurz vor zwei Uhr treffe ich in der *Pitt Street* nahe beim *Circular Bay* vor dem Gebäude, in dem sich *Hunter Cooks' Studios* befinden ein. Ich klingle. Als Himeros meine Stimme in der Gegensprechanlage erkennt, lässt er mich sofort ein. Sein Loft nimmt die obersten zwei Stockwerke ein und weist eine enorme Fensterfront mit Aussicht auf *Darling Harbour* auf. Drei verschlossene Türen führen entweder in private Räumlichkeiten oder zu weiteren Studios. Eine Wendeltreppe verbindet ein Zwischenstockwerk und führt aufs Dach. Ein Hinweisschild warnt vor dem Betreten. Den Wänden entlang stehen Spots auf Ständern oder hängen an Stangen von der Decke. Kostüme quellen aus einem offenen Schrank, hängen an Bügeln oder an Haken daneben an der Wand.

„Schön dich zu sehen! Valdrin, suchst du noch immer nach Hinweisen, die zum Rufmord von Rhydian führten?"

„Rufmord?"

„Wieso würde er sich sonst umbenennen?" Der bullige Kerl fokussiert mich mit seinen braunen Augen. „Du musst wissen, Rhydian war niemals selbstmordgefährdet. Er war das sprühende Leben selbst."

„Aber Rhydian Elpis ist tot!", kläre ich den Fotografen auf. „Auch wenn der Leichnam, der damals angespült wurde nicht seiner war, so ändert das nichts an der Tatsache, dass mein Halbbruder fort ist!"

„Ja, das war definitiv nicht Rhydian Elpis, der vom Hai zerfressen in der *Rose Bay* gefunden wurde!", bestätigt Himeros und mustert mich aufmerksam, wie ich mir ein Rüschenhemd vor die Brust halte. Gerne würde ich die eine oder andere Theaterutensilien anprobieren.

„Stehst du noch immer auf Fummel?"

„Ich stand niemals auf Fummel! Das ist ein total geniales Hemd!", rechtfertige ich mein Stöbern durch mittelalterlich aussehenden Lederwesten und modernes Leder- und Latexzeug.

„Rhydian war total der harte Lederkerl!"

„Kanntest du meinen Halbbruder sehr gut?"

„Ich habe ihn entdeckt. Wenn er damals, bei unserer ersten Begegnung für die Fotos für die *Woolloomooloo Cleaning Services,* sich auch scheu gab, so erkannte ich trotzdem sofort den zeigefreudigen und schamlosen Kerl, als den ihn später jeder in Sydney kennenlernen sollte." Himeros, nur in einer abgeschabten Wildlederhose, schlurft barfuß zu einer Sitzgruppe und bietet mir einen Sessel an. Er langt nach einer Weste in der gleichen Machart, wie seine Hose, und zieht sie sich an.

„Hast du ihn oft fotografiert?", hake ich nach und starre dem Kerl im hellbraunen Leder auf die behaarte Brust.

„Bei jeder sich bietenden Gelegenheit!“ Stolz wölbt der Fotograf seine Brust. „Als ich Rhydian Elpis kurz darauf zum zweiten Mal in der Galerie von Arthur und Edmond drüben in *Manly Beach* wiedertraf, ahnte ich, dass wir sehr gute Freunde werden würden. Rhydian hatte alles, was sich ein Fotograf wünscht: einen muskelbepackten Körper, einen Doodle, der jeden vor ihm in die Knie zwang und eine Dominanz, die das auch von jedem einforderte.“

„Mein Halbbruder war ein Dominus?“

„Er war der Hengst, der jedes Fohlen und jede Stute bestieg!“

„Diese Seite beschrieb noch keiner.“

„Nicht?“, staunt der Fotograf. „Er war ein gefährliches Raubtier, das immer und überall auf Beute lauerte.“

Erstaunt schnappe ich mir einen Zylinder und setzt ihn mir auf.

„Du bist so verspielt, wie Rhydian, wenn er auf Softie machte“, bemerkt Hunter. „Wie auch immer, nach dem Galeriebesuch bestand er darauf, dass ich ihn, zusammen mit seinem kauzigen Skater-Kumpel, zurück nach Downtown begleite. Die beiden Jungs wollten ihr erstes kindsköpfiges Abenteuer als Nudisten fotografisch dokumentiert haben. Als Bezahlung bestand ich auf eine Fotosession hier im Studio. Natürlich willigte der Macho sofort ein.“

„Erzählst du mir davon?“

„Von der Fotosession?“ Weil ich sofort bejahe, checkt mich der Fotograf abermals ab. Er lacht, als ich gerade in einen Trenchcoat schlüpfe, den Kragen hochschlage und so tue, als ob ich ein Detektiv in einem Schwarzweiß-Gangsterfilm sei. „Was bezahlst du mir dafür?“

„War Rhydian nicht ein Freund von dir?“

Der Kerl in Wildleder fährt sich mit der Hand über seinen Schädel. „Was hat das damit zu tun? Nicht Rhydian Elpis will etwas von mir, sondern ein scheues Fohlen, das behauptet, der Halbbruder des Hengstes zu sein. Ist doch so?“

„Ich bin kein ...“

„Ja, ja! Auch Rhydian spielte gerne Rollen. Willst du das ganze Lederzeug sehen, in dem ich ihn fotografierte?“

„Logisch!“

„Folge mir! Kann ich dir eine Erfrischung anbieten?“

„Nur Wasser!“

„Warte hier! Himeros verschwindet in einen der verschlossenen Räume und kommt kurz darauf mit einer Karaffe und zwei mit Eiswürfeln und Zitronenscheiben gefüllten Gläser zurück.

Ich nehme einen großen Schluck.

„Bereit?“ Ohne auf meine Antwort zu warten, führt mich der Fotograf zur Wendeltreppe und steigt vor mir als erster hoch. Das Ding wackelt gefährlich, doch meine Neugier obsiegt. War mein Halbbruder wirklich ein knallharter Leder-Macho-Kerl?“

„Sehen wir mal, ob ihr beide noch andere Gemeinsamkeiten habt, als euer Gesicht, die Muskeln und Vorliebe fürs Verkleiden!“

Fasziniert sehe ich mich im Zwischenstockwerk um. Es handelt sich um einen offenen Raum, der an der Rückseite des Lofts entlang führt und nach vorne nur durch eine niedrige Mauer abgeschlossen wird. Alles ist schwarz gestrichen oder ist künstlich auf alt und verwahrlost gemacht. Vor der grob überstrichenen Backsteinrückwand stehen zwei Liebesschaukeln aus Stahl mit allem Drum und Dran.

„Hier binde ich willige oder zu zähmende Kerl fest“, erklärt Himeros und zeigt auf fest montierte Hand- und Fußfesseln.

„Hunter, was verlangst du für Auskunft über Rhydian?“, komme ich auf mein Anliegen zurück.

„Nenne mich Himeros, das ist inzwischen mein Szenename. Valdrin, du gleichst gerade einem sauren Apfel, in den ich aber unbedingt hineinbeißen will. Ich mag deine wilden Haare, dein jugendlich verlebtes Aussehen und deine stoppelige Körperbehaarung. Warum hast du dir deine Brust- und Achselhaare getrimmt? Mir hat dein Naturburschen-Look gefallen. Schneide dir bloß deine blonden Zotteln nicht auch noch ab!“ Verlegen lasse ich meine rechte Hand durch meine Haare fahren. Weil mir keine passende Antwort einfällt, spekuliert Himeros weiter: „Rhydian trug ausnahmslos blitz-blank. Er verriet mir, damit er gut in seine Latex- und Leder-Kostüme hinkäme. Zudem war er ölig verschwitzt bei Orgien nicht leicht zu packen.“

„Darum habe ich mich heute Morgen definitiv nicht rasiert!“, versichere ich dem Kerkermeister.

„Aber du spekulierst darauf, dass dich Leute verwechseln?“

„Vielleicht? Halten sie mich für meinen Halbbruder, erfahre ich womöglich Geheimnisse.“

„Blondy, du treibst ein verdammt gefährliches Spiel! Rhydians kannte Kerle, die dich zum Spaß nach dem Frühstück vergewaltigen. Seine Feinde sind wohl untergetaucht, aber Gerüchte über Rhydians Rückkehr könnte sie alle wieder aus ihren Verstecken locken."

„Welche Geheimnisse?", frage ich und verdränge den Rest.

„Valdrin, wie alt bist du?"

„Ich sehe verlebt aus?"

„Allerdings! Konsumierst du Drogen?"

„Die letzten Jahre schluckte ich einen Medikamenten Cocktail."

„Du bist ein Junky?"

„Nein! Ich litt unter Depressionen, Paranoia, Angstzuständen und Schlaflosigkeit!", gestehe ich Himeros. „Vor zwei Monaten begann ich zu reduzieren und seit ich in Sydney weile bin ich clean."

„Depressionen sind heilbar", kommentiert der Fotograf. „Findest du in Australien zu deiner Lebensfreude zurück?"

„Meine Haare sind nicht blond!" Mir ist nicht danach mit einem Fremden über meinen psychischen Gesundheitszustand zu quatschen.

Anstatt mit zu antworten, schiebt mich Himeros vor einen Spiegel gegenüber dem Sling. Dort zeigt er als Antwort auf meine Reflexion. „Wie alt bist du?", wiederholt der Fotograf seine Frage.

„Bald dreiundzwanzig!"

„Du bist gleich alt, wie Rhydian heute wäre? Seid ihr Zwillinge?"

„Halbbrüder!"

„Aha! Ich erzähle dir alles, was ich über Rhydian Elpis' Karriere weiß. Als Gegenleistung posierst du mir hier und jetzt als *Boner Boy* für das gleichnamige Gay Magazin."

„Sicher nicht!"

„Dir macht es doch Spaß in Outfits zu wühlen."

Ertappt lege ich einen Leder Harnes zurück in den Fundus. „Niemals lasse ich mich nackt – und schon gar nicht mit Erektion – von dir für ein Schmuddel Heft ablichten. Ich bin nicht Rhydian Elpis!"

„Ja, ja! Ich akzeptiere deine Entscheidung. Kein Problem! Ich habe Besseres zu tun, als dich mit meinen Sachen spielen zu lassen." Dabei nimmt mir der Fotograf einen Cockring aus meinen Händen.

„Warte!", würge ich heraus. „Kann ich dich für eine Geschichte über Rhydians Fotomodell Karriere nicht auch in *Aussies* bezahlen?"

„Jungs, wie dich, fessle ich an die Wand, ficke sie in einem Sling oder fotografiere ihre Lümmel. Das oder du bläst mir einen, während ich die Fotos von den Anlässen während dem *Australian Day* am Computer nachbearbeite. Deal?“

Schockiert gaffe ich den anfangdreißigjährigen Mann mit dem runden Gesicht an. „Ich bin nicht Rhydian!“, wiederhole ich und grabsche nach einer mit Nietenbesetzten Leder Jock Straps.

„*Wowser*! Aber es ist deine Entscheidung!“ Der Fotograf lässt mich einfach stehen und verschwindet über die Wendeltreppe nach unten. Verwirrt folge ich ihn. Himeros öffnet eine der drei verschlossenen Türen und verschwindet im Raum. Als er kurz darauf zurückkommt, bin ich noch immer erstarrt und unfähig, eine Entscheidung zu treffen. Warum ich das arschfreie Teil mit den Nieten noch immer in meinen Händen halte, schreibe ich meiner Nervosität zu.

„Vielleicht hilft dir das bei deiner Unentschlossenheit!“ Himeros hält ein Hochglanzmagazin in seinen Händen. „Dies hier ist die *Boner Boy* Märzausgabe von vor drei Jahren. Jeder junge Schwanz, der in Australien berühmt werden will, tut fast alles, um der Coverjunge der *Mardi Gras*-Ausgabe zu werden. Wer auch immer den Titel ziert, dem stehen alle Türen in der Gay Szene offen – und nicht nur dort! Das Magazin sucht immer nach neuen *Boner Boys*. Du hast dieses vulgäre Etwas dafür. Interessiert?“

„Vulgär?“, grunze ich.

„Dein Blick ist wild und dein Äußeres ist zum Anpissen!“

„Was!“, schnaube ich. „Trotz meiner tausend Ängste vernachlässigte ich mein Training niemals!“ Um es dem Fotografen zu beweisen, hebe ich mein T-Shirt vorne hoch, um mit mein Six-Pack anzugeben.

„Du schwimmst noch?“

„Bodybuilding! Mein Therapeut bestand auf täglich sportliche Betätigung. Früh morgens war ich immer alleine im Fitness Studio, warum ich es trotz meiner Depression und Phobien dort aushielt.“

„Und dein Fell?“

„Was für ein Fell?“ Ich fahre mir über die getrimmte Brust und folge der extrem gekürzten Haarstraße bis zum Bund meiner weißen Turnhose. Weil Himeros eine Grimasse des Abscheus schneidet, schiebe ich den Bund etwas tiefer, um ihm den Ansatz meines ebenfalls kurzgetrimmten

Busches zu zeigen.

„Na, geht doch!", lacht er los. „Ihr zeigegeilen Jungs seid doch alle gleich. Provoziert man euch, schwellt ihr die Brust und wackelt mit dem Schwanz."

Ertappt schiebe ich den Hosenbund wieder hoch und lasse mein Shirt sinken. Weil ich ahne, wer das Cover, das Himeros in seinen Händen hält, ziert, strecke ich meine Hand danach aus.

Er entzieht das Magazin meinem Griff. „Diese Ausgabe kannst du in jedem Gay Shop Australiens kaufen. Sie wurde bereits zum viert Mal neu aufgelegt. Willst du die Geschichte dazu erfahren?"

„War Rhydian der Coverboy?" Ob es sich um die gleiche Ausgabe handelt, die ich kürzlich für einen Fan, der mich mit Rhydian verwechselte, signierte?

„Zurück zum Deal! Du kannst wählen. Variante Eins: Du ziehst dir etwas aus meinem Fundus an und lässt dich beim Strippen fotografieren. Variante Zwei: Du wirst mein Sexsklave im Zwischenstockwerk und lutschst mir den Kolben. Variante Drei: Verschwinde!"

„Stripper, Schlampe oder Feigling?", fasse ich zusammen.

„Nein: Star Model, pures Vergnügen oder, ja, Feigling!"

„Damit du mir von Rhydians Karriere erzählst, muss ich zum Coverboy werden?"

Himeros lacht schäbig. „Ihr notgeilen Jungs seid alle gleich! Erst sträubt ihr euch, dann wollt ihr den Hauptgewinn. Nein, mein depressives Unschuldslamm, so läuft das nicht! Ich fotografiere dich als *Boner Boy* und reiche danach die Fotos an die Redaktion ein. Bist du gut, kommst du vielleicht auf die Seite *Boners des Monats*. Das ist eine Doppelseite, auf der sechs Kerle mit Ständer abgebildet werden. Dein Foto wird mit einem Hunderter gewürdigt. Bist du sehr gut, bekommst du eine Innenseite mit drei Fotos von dir und einem knappen Text dazu. Dafür kassierst du fünfhundert *Aussies*."

„Was war Rhydian?"

„Er gehört in eine andere Kategorie! Willst du seine Geschichte?"

„Ich will keinen Sex!"

„Wer redet von Sex? Du sitzt unter dem Tisch und zeigst mir, was du mit deiner Zunge anstellen kannst oder …"

„Warte!", unterbreche ich Himeros. Meine Knie schlottern, doch irgendetwas pickst meinen Stolz. „Ich bin einverstanden, dir Modell zu stehen!" Warum ich jetzt Sporthandschuhe trage, blende ich aus.

„Aha!" Himeros mustert mich erneut.

Kaum beim Wort genommen, gerate ich ins Schwitzen.

„Du musst nicht vollkommen nackt sein, doch der da", nickt der Fotograf auf meine Turnhose, „der muss ..."

„Ja, ja, schon kapiert!" Stehe ich unter Drogeneinfluss? Schüttete mir Himeros ein Gefügig-mach-Zaubertrank in den Drink?

Dämonisch grinsend zückt Himeros seine Kamera. „Wenn ich das erste Mal abdrücke, gibt es kein Zurück mehr. Valdrin, ist dir das klar?"

Verwirrt sehe ich mich im Studio um. „Ich muss mich nicht vollkommen ausziehen, und ich wähle selbst ein Kostüm?"

„Kostüm? Nein, nein! Mehr als Utensilien wirst du nicht tragen."

„Erotik?"

„Nein!", widerspricht Himeros. „Du verkörperst das Versprechen auf hemmungslos wilden Sex! Jedes einzelne Foto muss diese Botschaft vermitteln, egal wieviel du anhast oder verbirgst. Keine Sorge, auch Rhydian Elpis musste erst zum Star gemacht werden."

„Du meist wohl zum Stripper und Callboy verführt!"

„Er stand für Fantasie, Hoffnung und Albträume!"

„Hoffnung war sein Name!"

„Elpis war sein Familienname? Du heißt aber Loris!"

„Als Halbbrüder hatten wir ..." Ich stoppe und starre Himeros an.

Er mustert mich, als ob er mir die Klamotten vom Leib reißen wollte, um mich oben irgendwo zu fesseln. Verlegen scharre ich mit meinen Turnschuhen auf dem Boden. Könnte mir der Kerl, der schon meinem Halbbruder half aus sich herauszukommen, auch mir dabei helfen? Aber ist das Ablegen von Kleidung gleichbedeutend mit dem Ablegen von fixen Denkmustern? Was, wenn Himeros' Fotosession mir wirklich einen Ausweg aus meinem mentalen Gefängnis zeigt? Muss ich in seinem Kerker erst gefesselt werden, um Freiheit zu erleben? Verstohlen schiele ich zu einem der Spiegel an der Rückwand des Studios. Meine Haare sind wirklich blond geworden. Aber sie sind definitiv nicht zottelig!

„Such dir etwas aus, das dich hart macht!"

„Jetzt?"

„Nein!", schüttelt Himeros seinen Kopf. „Natürlich erst am jüngsten

Tag!“ Weil ich zögere, schiebt er mich zum Hocker, der vor der Green Screen steht. „Erst Probeaufnahmen!“

„Jetzt?“ Weil der Fotograf seine Augen verdreht, füge ich an: „Eigentlich interessiert mich nur die Geschichte meines Halbbruders. Ich will verstehen, warum er vor drei Jahren getötet wurde.“

„Valdrin, du kennst den Deal! Heute ist dein persönlich jüngster Tag. Wie fühlst du dich?“

„Abenteuerlustig?“, versuche ich keck zu sein und stelle meinen rechten Fuß auf den Hocker hoch. Wie schon heute Morgen unter der Dusche fühle ich eine Art Euphorie in mir hochsteigen.

„Zieh deine Turnschuhe und dein T-Shirt aus!“, befiehlt mir der Fotograf. Weil ich wie in Trance gehorche, knipst mich Himeros dabei. „Die Session hat begonnen!“, verkündet er.

„Jetzt gibt's kein Zurück mehr?“

Er schüttelt seinen Kopf und umrundet mich, um weitere Bilder zu schießend. „Du hast ein grimmiges Grinsen.“

„Muss ich lächeln, wie ein Bekloppter?“, knurre ich.

„Sei so frech, so vulgär oder verrückt, wie du immer sein willst!“

Seine Provokation spornt mich an. Plötzlich fühlt es sich so an, als ob sich Etwas oder Jemand vor die verdreckten Fenster meiner Psyche stellen würde, bereit mit einem schäumenden Schwamm den Schmutz und die Krusten zu entfernen, die das Licht so lange aussperrten. Als Himeros bestimmt schon zwanzig Bilder von mir im Kasten hat, gibt er mir mit Kopfnicken zu verstehen, ich solle mich zum Schreibtisch bei der Fensterfront begeben.

„Ich habe immer Standardverträge bereitliegen. Fülle alle leeren Felder aus und bestätige die Angaben mit deiner Signatur. Du kannst anstatt deinem richtigen Namen auch ein Pseudonym einfügen. Das machen alle. Wenn du fertig bist, ziehst du dich um!“

„Rhydian hat das alles auch gemacht?“

„Unterschreibe und du wirst es erfahren!“

Beim Feld *Porno-Name* schreibe ich *Basel* hinein, streiche es wieder durch und nenne mich *Bunyip*. Himeros checkt alle ausgefüllten Felder und meine Unterschrift. „*Bunyip?* Echt jetzt?“ Weil ich nicke, schüttelt der Fotograf seinen Kopf. „Du kannst dich, falls er zur Veröffentlichung kommen sollte, auch noch kurzfristig umbenennen!“

„Warum sollte ich?"

„Dann lass mal sehen, wie eine erfundene Kreatur aus dem *Outback* nackt aussieht!"

„Ich darf etwas anbehalten", beharre ich auf diese Freiheit. Als Himeros nickt, drehe ich mich verlegen ab, um mich durch seinen Fundus an Utensilien und Wäsche zu wühlen. Schließlich entscheide ich mich für eine Jeans, deren Beine hoch im Bund abgerissen wurden, dazu nur eine blaue Wollmütze. Hinter einer Stellwand ziehe ich mich um. Der blaue Stoff verdeckt geradeso knapp das Allernötigste. Jayden würde mich anspornen, die Risse zu vergrößern. Mit dem Gedanken, später meinem neuen Freund davon zu erzählen, stelle ich mich mit rotem Kopf und der Wollmütze tief ins Gesicht gezogen Himeros.

„Was stellst du dar? Einen Junky bei seinem Trip ins Nirwana?"

„Ich spiele einen Autostopper!"

„Und weiter?"

„Was weiter?" Verunsichert ziehe ich am wenigen Stoff der Jeans und hoffe, dass nicht bei der ersten Bewegung schon alles rausrutscht.

„Welche Fantasien willst du beim Betrachter wecken?"

„Ich bin verzweifelt und tue alles, um mitgenommen zu werden."

„Jetzt hast du's! Überzeuge mich, für dich anzuhalten!"

Warum jetzt eine meiner üblichen Panikattacken ausbleibt, zolle ich Himeros' Provokationen und meinem Trotz, dem Fotografen zu beweisen, dass ich kein Weichei bin. Als sich in seiner Wildlederhose seine wachsende Begeisterung hart abzeichnen, verstehe ich sie als Beweis, dass meine Rolle glaubhaft rüberkommt.

„Erzählst du mir Rhydians Geschichte während ich …"

„Nein! Ich liefere nur erstklassige Fotos ab. Mein Fokus gilt alleine dem aufreißenden Hitchhiker. Du kriegst deine Geschichte. Ich stehe immer zu meinem Wort – auch ohne Signatur auf einem Vertrag!"

Es muss mitleiderregend aussehen, wie ich mit zusammen gekniffenen Beinen meinen rechten Daumen zum Autostopp hochstrecke.

„Was wird das? Bist du ein erschrecktes Reh, das paralysiert mit hypnotisierten Augen auf den Aufprall wartet?"

„Die Hose ist zu kurz! Kann ich wechseln?"

„Das Outfit ist perfekt. Die Rolle passt! Warum bist du zu Tode geängstigt? Ich dachte, deine depressive Phase sei überwunden?"

„Ertappt!“, bestätige ich. „Ich habe eine Scheißangst!“

„Valdrin, Fotos widerspiegeln nur den Bruchteil einer Sekunde. Kein Foto, egal wie gut oder authentisch es auch immer sein mag, kann dein wahres Wesen einfangen. Jedes Bild ist immer nur eine temporäre Momentaufnahme aus dem Fluss der Veränderungen.“

„Das soll mich entspannen?“

„Nein, provozieren! Vergiss deine Identität als Valdrin Loris. Lasse deine Suche nach Geheimnissen und einer fremden Vergangenheit los. Werde ganz und gar zum Hitchhiker, der den nächsten Wagen um jeden Preis stoppen muss. Gib alles! Es geht um Leben oder Tod.“

Wenn ich auch überhaupt nichts über die Schauspielerei weiß, dann doch, dass Rollen nichts weiter, als Illusionen sind, die momentan zum Leben erweckt werden. Queen Darlinghurst riet meinem Halbbruder im Kookaburra: *Du kannst in diesem Zustand zwischen Traum und Manifestation alles sein, was du dir nur vorstellen kannst. Schenke diesem Image deine volle Aufmerksamkeit und füttere es mit all deinen Gefühlen.*

„Valdrin, stelle dir vor, du selbst wärst Rhydian Elpis.“

„Niemals!“

„Warum nicht?“

„Mir kauft doch keiner den selbstsicheren Nudisten und Callboy ab. Was ich spielen könnte, wären nur Fragmente aus den Geschichten, die mir andere über meinen Halbbruder erzählten. Noch immer fehlen mir alle eigenen Erinnerungen an ihn. Nicht ein einziges Bild unserer gemeinsamen Jungend in Basel tauchte bisher auf!“

„Das ist kein Spiel? Du leidest an Amnesie?“ Himeros sieht mich seltsam mitleidig an. „Hör zu! Schlage ich anderen Modellen vor, sich in die Haut von Rhydian Elpis zu versetzen, kommt jeder aus sich heraus. Rhydian Elpis war für sehr viele ein echtes Vorbild.“

„Du darfst aber nicht lachen!“

„Schlappschwanz du langweilst mich!“ Weil Himeros seine Kamera sinken lässt und gähnt, knurre ich:

„Verdammter Voyeur!“ Aus Wut tanze ich, wie ein tollwütiger *Bunyip* tanze ich rituell den *Haka* der *Māori* und strecke immer wieder meine Zunge raus. Meine Wut verbrennt meine Hemmungen. Da mich Himeros augenblicklich gebannt fokussiert, erwacht mein Ehrgeiz. Kaum rutscht mein Pimmel unter dem viel zu kurzen Stoff heraus, erwacht meine Lust. Frech öffne ich den obersten der drei Hosenknöpfe. An das Gefühl meines gekürzten Schamhaars muss ich mich erst noch gewöhnen. Herausfordernd stelle ich mich an den imaginären Straßenrand, fletsche meine Zähne und bin bereit den nächsten Wagen mit meiner Brechstange zu stoppen. Das Adrenalin rast durch meinen Körper. Knopf um Knopf öffne ich die Jeanshose.

Himeros umrundet mich.

Was würde Rhydian tun? Er würde definitiv alles daran setzten, der geilste Hitchhiker zu sein. Entschlossen streichle ich mir meinen Bauch und lasse meine Hände über mein entblößtes Schamhaar tiefer wandern. Selbstsicher halte ich jetzt nicht nur meinen Daumen steil nach oben. Trage auch ich tausend Gesichter oder Masken? Definitiv habe ich etwas aus dem Fundus meines Unterbewusstseins gezogen, das mich verwandelt.

Himeros liegt mal unter mir auf dem Boden oder steht auf einer Leiter, um mich aus jedem Winkeln ins Bild zu kriegen. Sein Gesicht glüht von meiner Lust angesteckt. „Bereit für den zweiten Stock?“

Ich schleudere die Wollmütze von mir und stolziere über die Wendeltreppe nach oben. Immer wieder nehme ich auf der Treppe kecke Posen ein und sehe nach Himeros nach unten. Oben schlüpfe ich in einen der Harnes, wozu ich auf die Hotpants verzichten muss, um glaubhaft der Rolle als Lederkerl zu entsprechen. So stelle ich mich rücklings vor das Andreaskreuz, spreize meine Beine, als ob meine Füße angebunden wären und schiebe meine Hände in die Handfesseln.

Himeros schüttelt seinen Kopf und lässt seine Kamera sinken. Warum er mich einfach stehen lässt, verstehe ich nicht. Ich ziehe meine Hände aus den Halterungen und folge ihm in meinem neuen Outfit nach unten. Er sitzt am Schreibtisch bei der Fensterfront. Er verbindet mit einem Kabel seine Kamera mit seinem Computer, an den drei Bildschirme angeschlossen sind.

„So zu tun, als ob ich Rhydian wäre, half!“

Warum Himeros darüber so lacht, verstehe ich nicht. „Du hast deinen Part erfüllt. Mache es dir auf den Sesseln bequem, ich speichere nur die Bilder ab und komme gleich nach.“

Zurück im Loft hole ich meinen Laptop aus meinem Rucksack und posiere mich damit auf einem der Sessel. Noch immer im Rausch meiner

Lust warte ich auf die Geschichte.

Der Fotograf Hunter Cook, der sich Himeros nenne, packt aus:

► „Du hast was getan?", fuhr mich Rhydian Elpis an, als ich ihm gestand, dass ich die besten seiner Fotos vom *Underwear Contest* im *Mustang* und vom nachmittäglichen Nacktspaziergang durch *Manly* bei der Redaktion von *Boner Boys* eingereicht hatte. „Ohne mich zu fragen?"

„Hättest du abgelehnt?", konterte ich und amüsierte mich über sein aufbrausendes Wesen. Wir zankten uns eigentlich immer. „Wer seine Latte auf einer Bühne jedem feilbietet oder in verbotenen Gegenden am helllichten Tag, sollte dafür berühmt werden."

„Als Wichsvorlage?", schrie mich Rhydian an.

„Nur zu, Schlappschwanz! Pack ihn aus!", forderte ich ihn heraus.

Rhydian tat es nur nicht, weil wir uns an jenem frühen Morgen zufälligerweise im *Hyde Park* getroffen hatten. Er war auf dem Weg zum *Circular Bay*, um mit der Fähre durch den *Port Jackson* zu cruisen und ich hatte einen Fototermin auf einem Kreuzfahrtdampfer im Hafen. Er erzählte mir von seinem Training und dass in Kürze einer der Juroren der *Australien Gay Swim Pride* für die offiziellen Fotos aufkreuzen würde.

„Wer fotografiert? Ich könnte den Job übernehmen?"

„Diese ewig-geilen Voyeure wollen doch nur ..."

„Zu welchen Farbe und Machart deiner Badehose hast du dich entschieden? Trittst du im Club Trikot an?" Ich stieg nicht auf Rhydians Provokation ein. „Schwimmst du normalerweise wirklich nackt?"

„Nelson fertigt mir für den Wettkampf etwas an."

„Nelson Morley, dem die Sportgeschäftskette gehört?"

„Genau der! Er ist zudem Hobby Goldschmied."

„Badehosen aus Gold?"

„Was weiß ich!" Rhydian lachte, blieb unter einem Feigenbaum stehen und fokussierte mich. „Hast du Bescheid bekommen?"

„Ich dachte schon, du fragst mich nie!"

„Los, sag schon!"

„Kannst du dir eine Fotosession als *Coverboy* vorstellen?"

„Ich soll aufs Titelbild? Echt jetzt? Ich?" Rhydian zupfte an Blättern des Feigenbaums, riss eines ab und hielt es sich vor seine Shorts. „Nur mit einem Blatt als Sichtschutz?“

„Warum nicht? Ich bekam Antwort von der Redaktion. Sie wären gerade dabei die *Mardi Gras*-Ausgabe fertigzustellen. Das bisherige Model sei wohl gut, aber dich hätten sie lieber.“

„Mich? Nur weil ich mit einer Latte auf der Bühne stand?“

„Die Deadline für neue Fotos ist morgen! Falls du auf das wichtigste Cover des Jahres willst, musst du dich sofort entscheiden.“

„Warum ist ein Pornoheft so populär?“

„*Boner Boy* rühmt sich nicht nur der geilsten Kerle, sondern hat auch den besten Kalender aller Gay Events Australiens. Zudem nennt das Magazin alle offiziellen und inoffiziellen Anlässe rund um *Mardi Gras*. Jeder schwule Mann auf dem Kontinent wird sich darum reißen.“

„Dann müsstest du mich heute oder morgen fotografieren?“

„Schlau ist der Lattenboy auch noch?“

„Bekomme ich Gage?“

„Einen Tausender, dazu Eintrittstickets für alle Spezial Events während *Mardi Gras* und viele Fans, die dir bestimmt danach jeden Wunsch von deinem nackten Körper ablesen werden.“

„Ich muss mich nur ausziehen und mit meiner Latte wackeln?“

„Ambrosia gehört natürlich mit zu deiner Vorstellung.“

„Abspritzen?“ Rhydian checkte seine Armbanduhr. „Es ist erst neun Uhr morgens. Ich habe noch nicht gefrühstückt.“

„Essen wir auf dem *Cruising Ship*. Das Frühstücksbuffet ist fantastisch. Zudem bietet der Dampfer ne verdammt coole Kulisse.“

„Lädst du mich zum Frühstücksbuffet ein? Mir wurde mein neuester Brotjob gekündigt.“

„Geht auf Spesen!“

Um nicht weiter Zeit zu vertrödeln, nahmen wir uns auf der *Elizabeth Street* ein Taxi zum Hafen. Schwule Schiffsjungen in blau-weiß gestreiften Leibchen, die weit über dem Bauchnabel abgeschnitten waren, in kurzen weißen Hosen und Matrosenmützen aufgesetzt, erwarteten uns am Steg zum *Cruising Ship*. Sie salutierten, kicherten und outeten sich als verkleidete Gäste der Gay Tour. An Bord führte ich Rhydian erst herum. Überall tummelten sich halbnackte männliche Gäste, lehnten über die Reling oder sonnten sich auf einem der Decks um die diversen Swimmingpools. Es gab Bereiche, die für Frauen und Lesben nicht zugänglich waren.

„Lattenjunge, geh schon zum Frühstück vor! Ich treffe jemanden von der Crew, um alles Weitere zu besprechen."

„Musst wohl erst noch ein paar Schwänze lutschen, um an Bord fotografieren zu dürfen?", konterte Rhydian frech. Während er sich im Frühstücksrestaurant übers Buffet hermachte, erledigte ich meinen Teil des Jobs. Ich buchte für ein paar Stunden eine der Suiten mit Zugang zu einem der kleineren *Man only* Decks und bestätigte den Fototermin um elf Uhr mit einem der Passagiere. Als mir die drei verkleideten Matrosen nochmals begegneten, engagierte ich sie als Statisten. Im Restaurant fand ich mein Modell am Tisch einer Musikergruppe, die jeden Abend in einer der Lounges für Stimmung sorgen, sitzend. Er lachte und erzählte, dass er heute Nachmittag irgendwo an Bord als neuester Coverboy für das hiesige Gay Magazin fotografiert werden sollte.

„Wo spielt ihr normalerweise?", stieg ich sofort ins Gespräch ein.

„Früh abends in der Kapitänslounge und danach abwechselnd in einem der drei Dancings", berichtete *Cooper*, der Bandleader.

„Und jetzt?", wollte Rhydian wissen.

„Wir üben tagsüber in der VIP-Lounge, die bleibt bis Mitternacht für Gäste geschlossen." Plötzlich lachte Cooper. „Jungs, könnt ihr euch vorstellen die Show dieses blonden Pin-Ups musikalisch zu begleiten?"

„Leute?", schreckte Rhydian hoch. „Ich wichse doch nicht zu Background Geklimper! Spielt ihr fetzigen Jazz? Ich will in Fahrt kommen und nicht vor Langeweile einnicken!"

Ich klärte die schallend lachenden Bandmitglieder auf, dass ihr Name im Text zu Rhydians Bilder genannt würde, doch keine Gage ausbezahlt werden könne. Cooper stimmte zu. Rhydian erzählte, wie dämlich er war, als er am ersten Tag in Sydney ausgeraubt wurde und von allerlei anderen Peinlichkeiten während seiner Gelegenheitsjobs. Ob ihn all die Missgeschicke, die er blumig erzählte auch tatsächlich widerfahren waren, blieb sein Geheimnis.

Als ein älterer Mann mit einem Koffer am Tisch erschien, war dies das Zeichen, mich meinem ersten Job zu widmen. „Ich bin in einer Stunde zurück. Rhydian suche dir im Theaterfundus für Kostümbälle an Bord etwas aus. Ich gab dort Bescheid, dass du auftauchen wirst?"

„Alter, ist mein Körper nicht Kostüm genug?"

„Wir haben etwas Besseres für dich!", flüsterte ihm Cooper zu. Mir rief er zu: „In einer Stunde in der VIP Lounge auf Deck zwölf!" Der Bandleader drückte mir eine Magnetkarte in die Hand.

Als ich später am Treffpunkt auftauchte, spielte die Band und Rhydian versuchte sich als Drummer hinter dem Schlagzeug. Er trug breite mit Nieten übersäte schwarze Lederbänder an seinen Handgelenken, über seine Oberarmmuskeln gespannt, passende an seinen Fußgelenken und ein breites Halsband dazu. „Du hast ohne mich angefangen?"

„Alter, das ist mega-abgefahren! Wir üben seit einer halben Stunde." Rhydian sprang vom Hocker hinter den Drums auf und eilte auf mich zu. Zu den breiten Lederbändern trug er nur noch einen schwarzen Netz Slip.

„Wohin so eilig?" Cooper zerrte an einer Leine und Rhydian wurde, da diese an seinem Halsband festgeklickt war, leicht gewürgt.

„Was geht denn hier ab?" Sofort begann ich zu fotografieren.

„Der junge Wichser wollte vorhin schon loslegen", erklärte mir einer der anderen Bandmitglieder. „Erst mussten wir ihm seine Hände mit den Handschellen auf den Rücken fesseln, um zu verhindern, dass er sich den Slip zerfetzt. Da rieb er sich an einer der Boxen. Erst, als wir ihm erlaubten, sich am Schlagzeug auszutoben, beruhigte er sich."

„Rhydian kannst du singen?", fragte ich den Kindskopf.

„Alter, ich heule wie ein angeschossener Kojote!"

„Das passt! Ich fotografiere ohne Ton. Hat einer ein Mikrofon?"

Der Sänger der *Black Ratbag Band* händigte dem Halbnackten eines aus und zerrte sofort am Halsband, als der hineinheulte. „*Tasmanian Devil,* ich bin der Band Leader! Du bist nur der erotische Background Sänger. Verstanden?" Kaum hatte auch Cooper ein Mikrophon in der Hand, gab er der Band das Zeichen in den ersten Song einzustimmen.

Ich spielte mit der Disco Beleuchtung hinter dem Schaltpult und markiere schließlich mit einer Kreide auf dem Boden in welchem Radius Rhydian sich bewegen sollte, damit das Licht für die Fotos optimal bliebe. Aus dem Fotoshooting wurde eine Jazz Session. Rhydians Stimme war echt beeindruckend. Noch bevor ich vor dem zweiten Song etwas sagen konnte, verrenkte sich der wilde Tasmanische Teufel vor Cooper und ließ sich von ihm an der Leine führen. Einen derartig einfachen Job hatte ich noch niemals bei einer Coverboy Fotosession. Ich musste nur knipsen. Der Wahnsinnige in der Netzhose war steinhart erregt, als er bei *Satisfak-*

tion von den *Rolling Stones* mitsang und dabei das Netz zerfetzte.

Weil ich nach der Nummer abwinkte, blickte er mich schockiert an.

„Alter, ich hab noch nicht abgespritzt!", reklamierte er.

„Komm zum Finale!"

„Tattergreis!", schimpfte er mich. „Nur, weil du ihn nur einmal pro Monat hochkriegst, bedeutet das nicht, ich könnte nicht täglich mehrmals abfeuern! Jungs, noch fit für einen spritzigen Song?"

Bevor ich darauf antworten konnte, löste Rhydian sämtliche Lederbänder, schob einen Barhocker auf die Bühne und nickte der Band vielsagend zu. Bei einem Schmusesong hielt sich Rhydian nicht mehr zurück. Ich kniete mit meiner Kamera bewaffnet andächtig vor dem Hohepriester und ließ mich mit seinem weißen Weihwasser salben. Danach umarmte und küsste jeder den schrägen Wichser zum Abschied, überhäufte ihn mit Komplimenten und Angeboten.◀

„Valdrin, du bist anderes!" Himeros beugt sich zu mir vor und küsst mein rechtes Knie. Mit meinen linken Fuß schupse ich ihn hart von mir, was ihn nur noch mehr anstachelt. Sein neuer Griff nach meinem linken Fuß ist diesmal härter und entschieden fordernder.

Ich fühle seine Lust wie eine Feuerwand auf mich zurasen.

„Rhydian war eine Bestie! Kein Wunder, dass er oft ein Halsband trug. Nach dem Jahrhundertsturm hätten selbst Eisenketten das Entfesselte nicht mehr bändigen können. Ich weiß es. Ich versuchte ihn oft auf der Liebesschaukel hier im Studio oder in Clubs anzuschnallen. Wenn er es auch gelegentlich zuließ, so zwangen mich seine Blicke schließlich immer in die Knie, um ihm zu huldigen." Himeros streichelt meine Zehen und rückt näher an mich heran.

Längst habe ich meinen Laptop auf den Tisch neben den Sesseln gelegt und präsentiere sexhungrig, was er haben kann. „Wie endete die Fotosession?", stammle ich und hoffe, er packt zu.

„Der Rest ist rasch erzählt." Himeros legt mir seine rechte Hand auf meinen Oberschenkel und kräuselt mein Schamhaar.

▶Die drei verkleideten Matrosen warteten auf uns in der gemieteten Kabine. Der Co-Kapitän, ein alter Freund von mir, war ebenfalls zugegen. Rhydian schnappte sich dessen Kapitänsmütze und zog sie sich über.

Bevor sich mein Freund beschweren konnte, war Rhydian aus seiner Hose. Ohne auf meine Anweisungen zu warten, verließ er die Kabine und spazierte zum Privatdeck. Die in der Sonne liegenden Männer ignorierte er, ermutigte die verkleideten Matrosen im Hintergrund mit ins Bild zu kommen und kniete sich breitbeinig auf die Planken. Im hellen Sonnenlicht mit der *Sydney Opera* im Hintergrund verwandelte er sich zum Profi-Erotik-Model. Es scherten ihn weder die verlegen kichernden Matrosen, die Männer auf den Liegestühlen oder der Co-Kapitän, der ihn anhimmelte. Rhydian lieferte mir die Bilder, die für ein Cover und eine Bildstory einfach perfekt waren. Seine Entdeckung war mein persönlich größter Erfolg. Ich vermisse den Rhydian Elpis, den ich vor drei Jahren kennenlerne, jeden Tag! Wer auch immer den Star in ihm ermordet hatte, soll in der Hölle schmoren! ◀

Himeros streichelt meine Hoden und sieht mich dabei plötzlich mit ganz neuen Augen an. Mir wird sofort klar, dass nichts aus Sex wird. Ebenso, dass er mir nicht mehr erzählen wird. Himeros liebte Rhydian. Mein Halbbruder war seine *Mona Lisa* oder sein *David*. Ich bin nur eine Fälschung.

„Behalte die Hot Pants wie das Outfit, das du gerade anhast. Nimm auch das Magazin mit. Jetzt geh!"

Verlegen stehe ich auf und schlüpfe in meine Turnhose, die in der Nähe am Boden liegt. Weil Himeros zur Eile drängt, behalte ich den Harness an, als ich mir auch noch das Sporthemd überziehe.

„Valdrin, ich informiere dich, ob *Boner Boy* deine Fotos haben will."

„Danke!", flüstere ich. „Das war ..."

Himeros wirkt gestresst. Das ist mein Zeichen das Pornoheft, zusammen mit den Hot-Pants einzupacken und zu verschwinden.

Aufgewühlt durch mein überraschendes Outing als *Boner Boy*, nehme ich mir ein Taxi zum *Bondi Beach.* Dort in der Sonne im Sand liegend, sehne ich mich nach Sex. Hatte ich vor meiner Depression und dem Verlust meines Gedächtnisses jemals Sex gehabt? Ich kann mich nicht erinnern. Noch heute Morgen hätte ich mir niemals vorstellen können, für ein Porno Magazin zu posieren. Trotzdem habe ich es getan. Warum ich am Strand den Harness anbehalte, schreibe ich meiner Lust, Neues auszuprobieren oder zu provozieren zu. Alles verändert sich.

Schon eine Weile in der Sonne brutzelnd, erinnere ich mich an das Pornoheft. Aufgeregt wühle ich in meinem Rucksack und schlucke leer, als mir Rhydians Lächeln auf dem Titelbild entgegenstrahlt. Der Artikel zur Bildgeschichte ist wahrscheinlich von A-Z erfunden wie bestimmt auch jeder andere, der jemals über einen *Boner Boy* geschrieben wurde. Darum lese ich ihn auch nicht. Die Fotos auf der innersten Doppelseite zeigen meinen Halbbruder als Nackt-Sänger an der Leine. Ob ich als aufreißender Hitchhiker auch so verdammt sexy wirken werde? Trotz der aufschäumenden Lust, bleibe ich dem Ozean fern. Für heute habe ich genug Veränderungen und durchgeknallten Leichtsinn erlebt.

Nach Sonnenuntergang kehre ich ins Hotel zurück. Lange stehe ich nur im Harness vor dem Spiegel und kann kaum glauben, was ich sehe.

Himeros teilt mir spät nachts per SMS mit, dass das *Boner Boy Magazin* meine Hitchhiker-Bilder als Bildgeschichte veröffentlichen wird. Einerseits stolz, erschreckt mich andererseits die Tatsache, dass mich bald jeder in der australischen Gay Szene erkennen wird.

Dieses Gold ist eines Gottes würdig!

Am nächsten Morgen sagt mir Jayden ab. Er wolle die Sommerferien nutzen, an der Uni ein Projekt abzuschließen. Keine Lust den Tag alleine zu verbringen, verabrede ich mich mit Peitho am *Bondi Beach.* Mutig ziehe ich mir die gestern geschenkt bekommenen Hot Pants an. Mein eigenes Spiegelbild blickt mir darin aber so feige entgegen, dass ich mir eine meiner weitesten Shorts darüber ziehe. Bevor der Feigling zurückkehrt, wende ich mich vom Spiegelbild ab. In frischgekauften Flip-Flops und einem seitlich geschlitzten Trägershirt fühle ich mich rebellisch. Um ehrlich zu sein, sehe aus wie jeder australische Mann, der im Hochsommer an den Stand fährt.

Um zehn Uhr warte ich am Eingang zum *Bondi Bath* auf Peitho. Übers Geländer gelehnt blicke ich auf die Klippe mit den beiden Schwimmbecken. Eine weiß bemalte Steintreppe führt nach unten. Der halbasiatische Muskelmann mit der breiten Nase und den wellig dunklen

Haaren klingelt mit seiner Fahrradklingel, als er mich ansteuert. Bis auf einen rosaroten String Tanga ist er nackt. Seinen Bauchnabel ziert auch heute ein Brillant, genauso wie auch seine beiden Brustwarzen und Ohrläppchen. Die Edelsteine glitzern und funkeln in der Sonne, als er sich vom Sattel schwingt. Als er mich zur Begrüßung in eine Umarmung zieht, berührt seine Wölbung meine eigene. „Was ist?"

„Nichts!", lüge ich und gaffe dabei auf Peithos breiten Cockring.

„Ich habe ne Latte!", bemerkt er. „Du ja auch!"

„Das liegt an der Hitze!", lenke ich davon ab. Obwohl das Bad gigantisch aussieht, schrecken mich die vielen Leute ab, die sich bereits in unserer Nähe vor dem Eingang für den Eintritt anstellten. Diese Ausrede vorbringend, zeige ich auf den Strand hinunter. Peitho muss nicht wissen, dass mich in Wahrheit der Schaum ängstigt, den die Wellen, die sie laut an den Felsen brechend erzeugen, bevor sie sich in den Pool ergießen. Zudem hoffe ich, dass er sich, wenn wir unter uns sind, vielleicht wieder von mir einölen lässt. Mein sexueller Appetit ist ungestillt.

„Beach ist cool! Seit Rhydians Verschwinden, besuche ich das Bad nur noch fürs Training."

Auf dem Spaziergang durch den heißen weißen Sand, prahle ich: „Kauf dir unbedingt die nächste Ausgabe *Boner Boy*!"

„Die habe ich abonniert. Warum?"

Mein Kopf glüht und mein Herzschlag rast, als ich weiter protze: „Weil dieser Supermann", zeige ich auf den Feigling, der mich heute Morgen noch im Hotelspiegel mitleidig belächelte, „Australien beweist, dass er ..."

„Valdrin, kriegst du das Cover?", unterbricht mich Peitho.

„Nein!", lache ich verlegen, da mir Peitho solches zutraut. „Es wird nur eine Bildgeschichte mit Fantasietext werden."

„Viele versuchen es, doch nur wenige schaffen es!"

„In einem Schmuddel Heft ihre Latte zu zeigen? Das Magazin muss doch dankbar sein, wenn sich überhaupt Kerle dazu melden."

„Das *Boner Boy* Magazin ist der Playboy des australischen Kontinents Wer dort abgebildet wird, ist entweder berühmt oder es wert von einer Millionenleserschaft gefeiert zu werden. Wer fotografierte dich?"

„Hunter Cook!", bestand auf eine Fotosession.

„Himeros ist der Beste der Branche. Bei ihm lassen selbst die schwer zu knackenden Heteros ihre Hosen fallen. Seine Gabe in jedem ein sexuelles Verlangen zu erwecken, ist in Sydney sprichwörtlich."

„Aber warum ich?", wundere ich mich.

„Der Lüstling schwärmt von *seinem* süßen Schweizer. Das war schon immer so!"

„Schon immer? Der Fotograf kennt mich ja kaum!"

Peitho zuckt nur mit der Schulter, steuert einen Teil des Strandes an, wo nur ein paar Kerle liegen, stellt seine Strandtasche ab und breitete ein riesiges Regenbogen-Badetuch im Sand aus. Mutig steige ich aus der weiten Shorts. Die gerade noch verträumten Augen des Tangaträgers verwandeln sich in fokussierende Kameralinsen. „Was wird das?"

Verlegen murmle ich: „Ich war so lange bloß Zuschauer des echten Lebens. Du, Jayden, Sam oder auch Ares lebt, was und wie ihr sein wollt. Ich nehme mir euch als Vorbild." Übermütig lasse mich in der einsichtigen Hot Pants auf das Strandtuch plumpsen.

„Deine Früchte sind reif zum Pflücken!"

Mit rotem Kopf versuche ich den ausgefranzten Saum der abgeschnittenen Jeans zu ignorieren wie auch die Tatsache, dass er meine Hoden nicht mehr bedeck. „Anfangs hatte ich Panik, doch dann ..."

„So wie jetzt?" Der Halbasiate setzt sich zu meinen Füssen aufs Badetuch. „Valdrin, wir hätten zum Nacktbaden an den *Obelisk Beach* oder zur *Lady Bay* fahren sollen. Hier ist es ganz nackt offiziell nicht erlaubt, wird aber gelegentlich toleriert."

Meine Wangen glühen und die Hot Pants spannt immer mehr.

„Willst du ihn mit einem meiner Cockringe schmücken?"

Ohne ihm darauf zu antworten, stütze ich mich mit meinen Händen rücklings ab und strecke meine Beine aus. Peitho fischt Sonnenöl aus seiner Sporttasche und träufelt mir davon auf meinen Bauch. Da ich nicht zurückschrecke, verreibt er das Zitrusöl und schiebt dabei frech seinen Zeigefinger unter den Stoff. In seiner Gegenwart fühle ich mich sicher – und so geil, dass ich mir auf die Zunge beißen muss, nicht wohlig zu schnurren. Peithos Händen wandern zielsicher und packen erstmals zu. Endlich Sex!

Ein junger Kerl, der mit anderen in unserer Nähe im Sand sitzt, winkt Peitho zu. „Ist *Er* das?", fragt der Fremde. Als mein Masseur nickt, tuscheln die Kerle zusammen und fokussieren uns neugierig.

„Bin ich wer?", flüstere ich und unterdrücke einen Seufzer, als Peitho den Stoff hochschiebt, damit er rausschnellen kann.

„Mein geiler Lustknabe?", rät er und zeigt ungeniert den Zuschauern den Fang, den er sofort mit seiner Pranke packt.

„Bin ich das?" Eine Panikattacke lauert im Schatten meines Unterbewusstseins. Gleichzeitig versucht das helle Licht der Sonne meine Hemmungen auszubrennen. Meine Ängste waren immer meine Gewohnheit, wenn auch übel, so lernte ich mit ihnen zu leben. Doch mit dieser neuen Lust, die immer gewaltiger in mir aufschäumt, weiß ich nicht umzugehen. Ertränkt sie mich, falls ich ihr bedingungslos nachgebe? Verliere ich mich in einem neuen Labyrinth?

„Gerade schon!" Peitho küsst meine ölige Erektion.

„Gibt es auch eine Fotoserie von dir?", lenke ich von meinem inneren Kampf ab.

„Keine, die in einem *Boner Boy* veröffentlicht wurde. Aber klar gibt es Fotos von mir. Nelson Morley bucht mich oft als Model, um ausgefallene Badehosen bei Modeschauen oder für Katalogbilder vorzuführen. Weil sein heiß geliebter Rhydian lange nicht mehr zur Verfügung stand, sprang ich wieder in die Bresche."

„Wie meinst du das?" Mein Atem geht immer schneller, als mir Peitho die Knöpfe der Jeans – einen nach dem anderen – öffnet."

„Genauso, wie ich es sagte!"

„Waren Rhydian und Nelson ..." Mitten im Satz abbrechend, starre ich, auf dem Rücken liegend, zu Peitho hoch, der mir mit einem entschiedenen Ruck die Hot Pants bis zu meinen Knien runterzieht. Waren die Blicke der Kerle zuvor zurückhaltend, wechseln sie augenblicklich in die von Jägern. Sie pirschen sich sogar an ihre Beute heran.

„Scheu?", fragt mich Peitho, als ich mich schockiert aufsetze.

„Das ist sehr ungewohnt für mich!"

„Wie hast du die Fotosession als harter Schwanzjunge überlebt?"

„Ich war extrem geil", gestehe ich Peitho nuschelnd.

„Genau wie jetzt! Du hast es verdammt nötig, das sieht doch jeder. Jetzt lege dich wieder hin und lasse mich machen!" Weil ich mich sträube, langt er nach der Hot Pants und zieht sie mir ganz aus. „Wir sind am *Bondi Beach*! Um diese Tageszeit und bei dieser Wahnsinnshitze befinden sich kaum Badende hier. Zudem, in dieser Ecke des Strandes, liegen gerade nur eine Handvoll schwuler Männer. Entspann dich!"

„Wie haben sich die Zwei gefunden?", lenke ich ab. Mein Puls rast und meine Haut glüht. Würde sich meine Latte in Peitos Mund nicht so verdammt gut anfühlen, würde ich flüchten.

Peitho kann mir nur entweder huldigen oder sprechen. Leider spricht er: „Die beiden wollten heiraten!"

„Wäre Rhydian nicht ermordet worden", füge ich an.

„Valdrin, glaubst du noch immer an Mord?"

„Ich weiß schon lange nicht mehr, was ich ..." Jedes weitere Wort bleibt mir im Hals stecken, als Peithos Zunge sich wieder anderem als Worte zu formen widmet. Erschreckt wehre ich ihn ab, als zwei der Kerle plötzlich neben uns im Sand stehen und unverschämt zusehen.

„Soll ich aufhören?"

„Zu spät!", japse ich.

„Erinnerst du dich noch an mich?", fragt einer der Fremden.

„Von deinem Schwanz träume ich oft!", fügt ein Zweiter an.

Peitho schüttelt sofort seinen Kopf und scheucht die beiden Schaulustigen fort. „Die Show ist zu Ende! Verschwindet!"

Seufzend drehe ich mich auf den Bauch. Noch während Peitho nach dem Sonnenöl greift, um seine Massage auf meiner Rückseite fortzusetze, erzählt er: „Nelson verhielt sich nach Rhydians Verschwinden immer beinahe normal. Während Marrick sich täglich die Augen aus dem Kopf flennte und ins Komma soff, ging Nelson einfach weiter seinen Geschäften nach. Er ahnte immer, dass sein Rhydian irgendwann zurückkommen würde."

„Jeder geht mit Trauer anders um! Einige flüchten in Drogen, andere verleugnen die Tatsachen. Jetzt sag schon, wann fing es zwischen Nelson und meinem Halbbruder an?"

„Wann es genau losging, kann ich nur raten. Jayden glaubt, dass die beiden sich bei ihrer ersten offiziellen Nuddy Aktion zum ersten Mal begegnet sind. Aber Nelson schenkt niemandem einen goldigen Lorbeerkranz, wenn da nicht mehr gewesen wäre."

Ruckartig drehe ich mich Peitho zu. „Ein Lorbeerkranz?"

„Eine Schmiedekunst aus Gold, eines Apollons würdig! Jetzt lege dich wieder hin. Ich bin mit dir noch lange nicht fertig. Nelson ist Romantiker, aber er war niemals oberflächlich. Ich vermute, dass Nelson und

Rhydian sich schon am *Underwear Contest* nähergekommen waren oder noch früher. Sicher ist, die beiden benahmen sich am Abend, als Rhydian von den Schiedsrichtern für die *Australien Gay Swim Pride* interviewt und in seinem Outfit für den Wettbewerb fotografierte wie ein Paar."

Aus den Erzählungen von Zac Boyce, der sich Peitho nennt:

▶ „Die Regeln bleiben diesbezüglich vage!", versicherte ich Rhydian, als er mich zum wiederholten Mal wegen dem Outfit, das er beim Wettbewerb tragen darf, ausquetschte. Wir befanden uns im Keller des *Bondi Bath* in unserer privaten Club-Garderobe. „Champion, es spricht nichts klar dafür, aber auch nichts klar dagegen. Wage es doch einfach!"

„Ich trete sicher nicht nackt zum Wettkampf an! Vergiss es!"

„Die Schiedsrichter reklamieren, falls du den Bogen überspannst."

„Genau!", mischte sich Peter ein. „Rhydian, solange du *etwas* anhast, das einer Badehose entfernt ähnelt, erfüllst du die Vorgaben."

„Nelson will mir nachher etwas Ausgefallenes vorbeibringen. Ich wäre der Typ, der sowas tragen könnte."

Ich klopfte Champion auf die Schulter. „Na, siehst du! Damit ist das Nacktschwimmen vom Tisch."

„Und wenn mir Nelsons Vorschlag nicht gefällt?"

„Nelsons guter Geschmack ist legendär."

„Ja, ja!", grunzte er. „Doch was, wenn es zu sexy sein sollte?"

„Viele Teilnehmer an der *Australian Gay Swim Pride* bevorzugen Strings oder Jock Straps. Gegen arschfrei hatte bisher noch keiner etwas einzuwenden, auch nichts gegen Mini-Säckchen oder selbst gegen transparente Stoffe. Vergiss nicht, es ist ein Anlass zum Auffallen."

„Proud to be gay!", mischt sich Peter wieder ein.

Der große Blonde nickte ständig und tänzelte weiter splitternackt vor uns herum. Seit seinem ersten Schwimmtraining zog er sich hier im Club nie wieder etwas an. Nur ein Mal verdrehte einer der Bademeister seine Augen. Doch auch ihm war aufgefallen, dass mit unserem exhibitionistischen neuen Club-Maskottchen die Mitgliederzahlen ständig stiegen und damit auch die Umsätze des Bades."

„Was passiert heute sonst noch?", löcherte mich der Schweizer. „Peitho, du nahmst doch in vergangen Jahren selbst am Wettbewerb teil.

Jetzt erzähl schon! Brain wollte mir nicht verraten."

„Du wirst interviewt, vermessen und gewogen. Zusammen mit deinem Steckbrief wird ein Foto in deinem Wettbewerbsoutfit auf der Homepage der *Australien Gay Swim Pride* veröffentlicht."

„Wieso?"

„Damit deine Fans anreisen können, um dich anzufeuern."

„Nuddy!", rief Earl nach Rhydian. „Ein gewisser Nelson ist für dich oben am Beckenrand. Er trägt ein Geschenk!"

„Darf ich mitkommen?" Neugierig schob ich mich vor.

„Logo, Mann!" Rhydian boxte mir in die Seite. Er war augenblicklich noch nervöser und eilt aus dem Keller zu den Becken hoch.

Ich folgte ihm, winkte Nelson von weitem und blieb auf Distanz.

Rhydian begrüßte Nelson stürmisch und fiel ihm um den Hals, um ihn leidenschaftlich zu küssen. Als kurz darauf Rhydians ganzer Stolz Nelsons Anzugshose bohrte, ahnte ich erstmals, dass zwischen den beiden mehr laufen könnte. Die Blicke von uns anderen Clubmitgliedern wie auch gelegentliches Fotografieren störten ihn, seit er seine Wettschuld bei mir eingelöst hatte, nicht mehr. Aber zurück zu den Ereignissen am 11. Februar vor drei Jahren im *Bondi Bath*. Der schöne Blonde zerriss das feuerrote Geschenkpapier und fischte etwas aus einer Holzbox. „Kann ich das wirklich tragen?" Rhydians Zweifeln konnte nur bedeuten, dass Nelsons Outfit skandalträchtig war.

„Hi, Nelson! Was geht ab?" Frech drängte ich mich zwischen den humpelnden Goldschmied und seinen Lover.

„Zac, kannst du Mister Unwiderstehlich überzeugen, dass er *es* anprobieren muss." Nelsen legte mir kumpelhaft seinen Arm um die Schulter und nickte auf das Geschenk in Rhydians Händen.

„Eh?", wunderte ich mich über Rhydians Zögern. „Du hast Hemmungen *das* anzuziehen? Mehr als jetzt kannst du darin kaum zeigen!"

„Aber auch nicht weniger!", konterte Champion. „Es ist ..."

„Jetzt führe uns das Prachtstück schon vor!" Nelsons Goldschmied Kunstwerk sah aus wie ineinander verworrene Zweige, an denen Blättern und Beeren wuchsen.

„... aus echtem Gold!", beendete Rhydian seinen Satz.

„Aus vergoldetem Silber!", korrigierte Nelson und half Rhydian beim Anlegen. „Das gehört nach vorne." Er langte danach wieder in die Geschenkbox und holte feiner gearbeitete Zweige heraus. Geschickt und voller Zärtlichkeit schmückte er damit Champion. Zum Schluss trug der schöne Schwimmer einen Gürtel aus Efeuranken, die sich auch mehrfach um sein bestes Stück wandten. Die goldigen Blätter und die silbernen Beeren blitzten in der Abendsonne.

Neidisch fuhr ich mit meinen Fingern über das Geschmeide. „Das Ding ist eines Gottes würdig!"

„Siehst du?", pflichtete mir Nelson bei, weil Rhydian noch immer sehr skeptisch blickte. „Zac ist ein Kenner, wenn es um schönen Schmuck geht."

„Das soll eine Badehose sein?" Ungläubig zog Rhydian seine Stirn in Falten, präsentierte aber gleichzeitig stolz seinen Gürtel. „Funktioniert diese Vorrichtung auch, wenn er mir nicht steht?"

Nelson zuckte lächelnd mit seiner Schulter. „Deine Standfestigkeit habe ich beim Model natürlich mit berücksichtigt. Der Gürtel und die Manschetten werden auch im schlaffen Zustand nichts verrutschen."

„Abgefahren!", zischte Peter, als er mit seinem iPhone erste Fotos von der goldgeschmückten Latte des Champions schoss. „Mann, wie das funkelt und glitzert!"

Rhydian tanzte wie ein betrunkener *Emu*. „Passt, wie für mich gemacht!" Mit Tränen in den Augen küsste der Gegürtete zum Dank den Goldschmied. „Falls es die Jury erlaubt, werde ich diesen Gürtel beim Wettschwimmen tragen. Was genau soll es darstellen?"

„Den magischen Zaubergürtel der Aphrodite. Ihm wird nachgesagt, dass er den Träger unwiderstehlich macht. Ich dachte mir, als ein Schaumgeborener musst du etwas Derartiges unbedingt besitzen."

Statt über den Scherz zu lachen, erbleichte Rhydian und starrt sehr ernst geworden über den Ozean.

„Was ist denn das?" Brain wurde, wie zehn weitere Beckenrandschwimmer, vom Goldschmuck angelockt.

Die neue Aufregung brachte Rhydian in die Gegenwart zurück. Selbstbewusst verkündete er: „Das ist ab sofort mein offizielles Club-Maskottchen Outfit!" Der schöne Champion drehte sich um die eigene Achse und badete in den Komplimenten und Blicken seiner Schwimmkollegen. Es lag gewiss nicht am neuen Gürtel, doch er sah damit noch unwiderstehlicher als sonst aus.

„Dieser Gürtel könnte als ausgefallene Designer Badehose durchgehen“, bemerkte Brain mit glänzenden Augen. „Damit erhebst du definitiv Anspruch, der Goldjunge des Anlasses zu sein. Nur rate ich dir, nachher bei der Jury etwas weniger, wie ein Pornostar aufzutreten. Es wäre schade, sollte sie deine Standhaftigkeit davon abschrecken, dein Kostüm abzusegnen.“ Brain drehte sich dem Pumphaus am Stirnende des Beckens zu und brüllt: „Er ist gleich soweit!“ Wieder an Rhydian gewandt: „Schwimm erst ein paar Längen, bis der da“, nickte er auf die geschmückte Latte, „geschrumpft ist.“

„Ist das der Schiedsrichter?“, zeigte der Nackte auf einen Fremden, der aus der Distanz den Trubel beobachtete.

„Es sind drei! Zwei sind noch oben im Restaurant“, klärte ihn Brian auf. „Überzeugst du sie, ist dein Outfit geklärt.“

Rhydian lachte, zog sich seine blaue Badekappe an, setzte sich die Schwimmbrille mit den blauen Gläsern auf und nahm Anlauf. Mit einem doppelten Salto landete er im Pool.

Als sich später drei Männer in weißen Shorts und roten Leibchen auf Plastikstühle hinter ein Pult setzten, begaben wir uns alle zügig zu den Schiedsrichtern, um deren Urteil mitanzuhören. Von unserem Club nahmen in jenem Jahr nur Asby und Rhydian am Wettkampf teil. Asby stand schon zur Vermessung auf einem Podest. Erst als Asby fotografiert und damit abgefertigt war, stieg der goldgegürtete Nackte aus dem Wasser. Das tat er just im Moment, als hinter ihm eine größere Welle sich schäumend an der Klippe brach. Sein Leib perlte und schäumte, als ob er die ganze Macht des Ozeans auf seinen Schultern tragen würde. Sein Großer hing ihm schlaff und goldig umspannt zwischen den Schenkeln, als er sich vor die Jury stellte.

„Wenn hier nicht Venus höchstpersönlich aus dem Schaum gestiegen ist?“ Der jüngste der drei Schiedsrichter kam um den Tisch herum und begrüßte Rhydian mit Handschlag.

Die beiden anderen Schiedsrichter waren schlicht sprachlos. Ohne ein einziges Wort des Tadels oder um Regeln zu zitieren, die einen solchen Auftritt am Wettbewerb unterbinden könnten, waren alle vom Auftritt gebannt. Rhydian bezog vor den drei Stellung. Mit seinen Händen auf dem Rücken, geschwellter Brust und vorgeschobenem Becken beantwortete er alle Fragen des kurzen Interviews. Seine Schwimmbrille und Badekappe behielt er an. Wenn es auch nur die üblichen Fragen nach seinen Personalien waren, hörte dennoch jedes Clubmitglied zu, als ob Rhydian ein Gedicht vortragen würde. Danach ließ er sich vermessen.

„Rhydian Elpis, wir brauchen ein Foto von dir in deinem Wahltrikot. Falls du dich entscheiden solltest diesen auffälligen Goldgürtel aus Blättern beim Wettschwimmen zu tragen, dann stelle dich jetzt auf diesen Sockel!", instruierte der jüngste Schiedsrichter. Rhydian bestieg das Podest und präsentierte sich mit seinen Händen in die Hüfte gestemmt. Als er seine Schwimmbrille abnehmen wollte, verneinte der Schiedsrichter. „Was du jetzt trägst, wirst du auch am Wettkampf anhaben. Nicht mehr und nicht weniger." Danach schoss nicht nur der junge Schiedsrichter mehr Bilder, als nötig gewesen wären, sondern auch bestimmt die Hälfte der Club Mitglieder mit ihren Smart Phones und Tablets. Als Champion endlich seinen ganzen Stolz zeigte, fand das keiner übertrieben.◀

„Peitho, Rhydian trug beim Anlass nur ein Goldgeschmeide?" Erstmals drehe ich mich wieder auf meinen Rücken.

„Als am nächsten Tag die wichtigste *Boner Boy*-Ausgabe des Jahres herauskam, bei der Rhydian das Cover zierte, konnte es sich eh niemand mehr anders vorstellen. Champion wurde über Nacht zum meistbegehrtesten Fang von Sydney. Egal wohin er ging, jeder erkannte ihn, seinen herrlichen Körper und seine riesige Latte. Valdrin, strebst du eine ähnliche Karriere an?", foppt mich der Halbasiate und spielt wieder mit meiner Erektion.

„Rhydian löste seine Wettschuld bei dir ein?", lenke ich von mir ab.

▶Es war der Montagabend nach seiner gespielten Niederlage im *Bondi Bath*. Das Datum kennt jeder im Club, es war der 25. Januar vor drei Jahren. Rhydian schwamm an jenem Abend schon eine Weile im Becken. Als er mich reinkommen sah, tauchte er ab, dass nur noch sein Vollmond aus dem flachen Wasser schaute. War er ein nimmersatter Bottom-Boy? Seine Arsch-nach-oben-Stellung verriet es jedem. Natürlich war an jenem Wettschulden-Abend jedes Mitglied der *Sydney Dolphins* im Uni Schwimmbad. Jeder wollte dabei sehen. Erst als sich alle Schaulustigen am Beckenrand versammelt hatten, stelle ich mich in ihre Mitte. Unter viel Lärm wurde mir mein Tanga ausgezogen. Stolz, gleich meinen Preis einfordern zu können, sprang ich ins Wasser. Die Anfeuerungen der Club Mitglieder wurde immer eindeutiger.

Rhydian genoss das Spiel – denn ein solches war es für ihn. Seine ungezwungene Art brachte mich fast um den Verstand und sorgte für gute Fotos meiner Kumpels. Egal, ob er später rücklings auf dem Sprungbock lag, auf dem Fußboden zu Füssen der anderen Schwimmer oder auf allen Vieren am Beckenrand, sein Arsch war immer hochgestreckt und willig. Auch wenn Rhydian – diese offizielle Entjungferung fand vor dem Jahrhundertsturm statt – noch auf seinen Ruf bedacht war, so war noch nicht klar, wie dieser Ruf aussehen sollte. Sicher ist, nach unserer Nummer akzeptierte ihn jeder im Club als Maskottchen; hoffte doch jeder, er würde sich auf für ihn hinlegen.

Für mich war es harter und geiler Sex; für Rhydian ein reizvolles Spiel, um aufzufallen. Leider unterbrach Brain nach vierzig Minuten die Kopulation des Delfins. Natürlich war ich gekommen, schon drei Mal, und konnte einfach nicht von diesem nimmersatten Bottom-Boy ablassen. Rhydian sprang nach der Unterbrechung einfach ins Becken, um sein Training wieder aufzunehmen.◀

„Das war's?" Ich sehe zu Peitho neben mir auf dem Badetuch kniend.

„Ich sagte dir doch, für Rhydian war alles ein Spiel!"

„Du behauptest, mein Halbbruder war ein Bottom-Boy."

„Unser Fick im Club ist dokumentiert. Jeder *Dolphin* schaute zu! Rhydian war durch und durch ein Bottom!"

Verwundert darüber schüttle ich meinen Kopf. „Himeros erzählte mir, mein Halbbruder wäre der Mega-Macho-Stecher gewesen. Er trieb sich in der Lederszene herum und bestieg jeden."

„Nein!" Peitho sieht in die Ferne zum Ozean. „So kannte ich Champion ganz und gar nicht.

„Warst du oft dabei, wenn mein Halbbruder Sex hatte?"

„Valdrin, du stellst ja direkte Fragen."

„Sag schon!"

„Ja!", gibt Peitho zu. „Ich begleitete ihn gelegentlich, wenn er als Stripper an Privatanlässen gebucht wurde. Die Anbietung seines Arsches war immer das Finale. Das gehörte zum Angebot und jeder Gastgeber bestand auf dieser Klausel."

Bei Peithos Worten, drehe ich mich im Sand wieder auf meinen Bauch und beobachte den schönen Halbasiaten im pink farbigen String Tange. Mit offenen Augen träumend, spielt er mit seinen Fingern im weißen Sand. Sein silberner Cockring blitzt in der Sonne und seine Beule bleibt so gut wie unbedeckt.

„Valdrin, du musst wissen, das unscharfe Bild von Rhydian, wie er am Bungee Seil im Sturm von der Brücke hing und vom Blitz getroffen wurde, war bald ebenso in aller Munde wie die Titelseite des *Boner Boy* Magazins. Die Presse schrieb: *Kann man von der Tat eines Übergeschnappten ausgehen oder war es jugendlicher Übermut? Warum springt ein zwanzigjähriger Profischwimmer von der Sydney Harbour Bridge in den sicheren Tod? Wer war Rhydian Elpis?* Erst als sich Rhydian ein paar Tage nach dem Sturm am *Nuddy Day* an der Uni lebendig und gesund zeigte, wechselte die Berichterstattung. Die *Sydney Morning Herald* nannte den Übergeschnappten und Selbstmörder jetzt den Zweimalgeborenen und berichtete über das Wunder. Fachleute rätselten über den Blitzeinschlag und wie er den Sturz überleben konnte. Jeder hatte eine plausible Erklärung, die aber alle letztlich keinen Sinn ergaben."

„Wie hatte sich Rhydian verändert?", stochere ich weiter und liebkose mit meinen Blicken Peithos' harte Backen, denn er liegt jetzt neben mir auf seinem Bauch und blickt auf den Ozean hinaus. Wie gerne würde ich auch ihm seine Badehose ausziehen. Zu feige dazu, bleibt es bei schmachtenden Blicken. War ich vor meinem Gedächtnisverlust auch schon so drauf? In der Ferne krähen ein paar Raben. Alles ist hier anders; ja nicht einmal die Raben spreche eine Sprache, die mir bekannt vorkommt. Eine Möwe, die in der Nähe durch den Sand stolziert, stößt einen Schrei aus. Liegt das Erwachen meines neuen Ichs an Sydney oder einfach daran, dass ich ins Kielwasser von Rhydian Elpis' Magie geraten bin?

„Als ich Rhydian das erste Mal vor dem Hallenbad der Uni getroffen hatte, war er ein abenteuerlicher Geist, voller Unfug im Kopf, aber auch getrieben, sich selbst zu beweisen. Champion trainierte täglich mehrere Stunden entweder an der Uni, im *Bondi Bath* oder er kraulte im Ozean. Schwimmen war sein Ding, darin war er unschlagbar. Seine eiserne Disziplin beeindruckte mich und das, obwohl ich selbst Sportler bin. Ich war mir bis vor seinem Sprung von der Brücke sicher, dass auch seine Nacktheit nur dazu diente, ihn anzuspornen. Irgendwie musste er sich immer und überall beweisen. Tauchte eine Hürde oder Grenze auf, setzte Rhydian Elpis alles daran, sie niederzureißen. Er war fest entschlossen sein Potential voll auszuschöpfen. Er musste in allem der Beste sein! Als er bemerkte, wie wir uns alle in seiner Gegenwart veränderten, nutzte er das schamlos aus. Er manipulierte uns alle. Mit seinem Outing als rockiger steinharter Ledermann und als Coverboy im *Boner Boy*, setzte er seine eigene Messlatte noch höher. Was er sich selbst beweisen wollte, ahnte niemand. Ich persönlich glaubte nie an die Theorie, dass er mit dem Sprung von der Brücke seinem Ego entkommen oder es noch weiter aufzublasen wollte. Rhydian war eitel, das stand außer Frage, aber er war in erster Linie ein verspielter Held."

„Aber wie hat er sich nach dem Blitzeinschlag verändert?", bohre ich weiter und rücke näher an den fast nackten Mann. Peithos Körper ist von der Sonne aufgewärmt und seine Haut spannt sich glatt und tiefgebräunt über seinen trainierten Muskeln.

„Ich glaube, es war Jayden, der Rhydian nach seinem Verschwinden im Sturm als erster wiedergesehen hat. Frag ihn!"

„Ich will es aber von dir wissen! Zac Boyce, du warst einer seiner besten Freunde!"

„Ja, ich war sein Peitho. Ich war sein *Einflüsterer*, wie er mich gelegentlich nannte. Ich war sein Body, sein Freund und derjenige, der ihn als erster fickte."

„War das nicht Ares?", unterbreche ich.

„Sprich in meiner Gegenwart nie vom wahnsinnigen Alkoholiker!"

„Ja, ja! Sorry!", murmle ich.

„Unser Fick verband uns. Jedem neuen Mitglied der *Sydney Dolphins* stellte er mich immer, als seinen ersten Stecher vor."

„Rhydian prallte damit?"

„Warum er das jedem verklickerte, verstand ich auch nie. Andere verheimlichen solche Dinge. Eines der Fotos davon, hängt noch heute, drei Jahre danach, an der Außenseite seines Spints im Clubhaus."

„Es gibt einen Schrein?"

„Selbstverständlich! Zu deiner Frage." Peitho dreht sich auf seinen Rücken und sieht zu mir hoch, während er sich mit beiden Händen seine

Augen gegen das Sonnenlicht abschirmt. „Nach dem Sprung fehlte ihm jede Arroganz. Schwamm er zuvor nackt, tat er das fortan nur noch mit Latte. Ich kann mich überhaupt nicht mehr erinnern, wann ich seinen Mega-Doodle zuletzt schlaff gesehen hatte.“ Peitho schielt zu mir rüber und lächelt.

„Was?“, knurre ich. „Ich zeige dir meinen jetzt nicht!“ Demonstrativ bleibe ich auf meinem Bauch liegen.

„Du erinnerst mich sehr an ihn.“

„Weil ich dir meinen Doodle in den Mund stecke?“

Peitho lacht und tätschelt mir meine Backen.

„Erzählst du mir von der *Australian Gay Swim Pride*?“, bettle ich.

Bevor Peitho damit beginnt, grabscht er wieder nach seinem Sonnenöl und setzt sich mit der Flasche bewaffnet auf mich. „Valdrin, dein Arsch treibt mich noch in den Wahnsinn!“

„Himeros betitelte mich gestern als vulgär!“

„Das liegt bestimmt an deiner Behaarung.“

„Ich habe die Matten – oben und unten – gemäht!“

„Eine Total-Rasur würde dir bestimmt gut zu Gesicht stehen!“

„Ich mag meine Körperbehaarung. So kurz sogar noch besser!“

Peitho streichelt mir über meine leicht behaarten Backen und schlüpft dabei aus seinem Tanga. Bevor ich richtig mitkriege, was er vorhat, träufelt vom Öl über meine Kimme und sein Massagestab bearbeitet, zusammen mit seinen beiden Händen, die Stelle. „Stört es dich?“

Kopf schüttelnd bette ich mein Gesicht in den heißen Sand. „Wirst du jetzt auch *mein* erster Stecher?“

Aus den Erzählungen von Zac Boyce, der sich Peitho nennt:

►Am Samstag, den 27. Februar früh morgens betrat ich mit Rhydian, Brain und gut einem Dutzend der *Sydney Dolpins* zusammen den *North Sydney Olympic Pool*. Es war der Austragungsort der *Australian Gay Swim Pride*. Unser Star und Club-Maskottchen trug bereits sein Goldgeschmeide unter einer seiner transparenten Hose. Der schöne Champion fiel extrem auf. Ständig wurde er von Bekannten und Fremden begrüßt, und musste unzählige *Boner Boy* Covers signieren. Überall hingen Regenbogenflaggen, rosarote Luftballons und Girlanden. Bestimmt an die zehntausend Zuschauer drängten sich bereits auf der Tribüne, um den Pool und auf den extra hergerichteten Overflow Bereichen, wo riesige Bildschirme das Spektakel später übertragen sollten. Es herrschte Party Stimmung. Das erotische Knistern, wenn so viele schwule Männer an einem Ort versammelt sind, überlagerte alles andere. Vielleicht gab es auch Frauen zu dem Anlass? Mir ist keine einzige begegnet.

Eine hiesige Live Band spielte in Regenbogen-Trikots auf dem Liegerasen, doch parallel dazu dröhnten aus hundert Boxen über den diversen Fress- und Werbeständen andere Songs. Es war lärmig, bunt und extrem heiß. Über die Hälfte aller Besucher trugen nur Badehosen, und das in allen nur erdenkbaren Varianten. Selten bekam ich so viele Ärsche zu sehen – leider hätte ich auf den Anblick von mindestens einem Drittel davon gerne verzichtet.

Rhydian war kein Unbekannter. Vergrößerungen des *Boner Boy* Covers hingen so zahlreich wie Posters der diversen Wettkämpfer, die später gegeneinander antreten sollten. Das Rahmenprogramm für *Mardi Gras* war bereits seit einer vollen Woche im Gange. Jeder kannte Rhydian. Wer den erotischen Schwimmer Champion ignorierte, tat das bestimmt nur, um sich nicht als heimlicher Fan zu outen. Jeder am Wettkampf vertretene Club hatte seinen eigenen Stand, so auch die *Sydney Dolphins*. Als sein Maskottchen gehörte es zu Rhydians Verpflichtungen, sich dort zu zeigen, was er aber gerne tat.

Jayden, der am Tisch für die Anmeldungen neuer Mitglieder aushalf, strahlte übers ganze Gesicht und verteilte Flyers seiner Nuddy Aktivitäten genauso häufig wie den neuen Faltprospekt der *Sydney Dolphins*. Beides ging weg, wie lecker duftende Bratwürste, denn auf beinen Flyern war Rhydian splitternackt abgebildet. Am Club-Stand zog er seine durchsichtige Hose nur nicht aus, weil das erst nach dem offiziellen Einzug der Schwimmer und ihrer Begrüßung auf der Tribüne passieren sollte.

„Hase, warum so keusch?“ Ares packte Rhydian und zog ihn in eine seiner gewalttätigen Umarmungen. Dabei fasste er dem Schwimmer vorne in die durchsichtige Hose und spielte mit dem Harten. Danach kniete sich der verrückte Vollidiot einfach vor Rhydian hin, zog ihm den Stoff vorne runter und lutsche.

Ich kickte gegen den vulgären Alkoholiker.

Anders Rhydian. Keine Ahnung, was er an dem Adrenalin-Junky

fand? Während ihn der ungepflegte Surfer bedient, lehnte sich Rhydian einfach rücklings an den Stand und ließ das Tier gewähren. Als ob nichts dabei wäre, signierte er währenddessen weiter Covers und lächelte in unzählige Kameras.

„Verdammt noch mal, Braxton!“ Brain kickte dem Lutscher mit den zottigen Haaren in den Arsch und scheuchte ihn vom Sportler fort. „Wir machen hier Werbung für unseren Schwimmclub!“

„Ist nicht jeder der Schaulustigen hier, um den hier“, packt Ares nach Rhydians Doodle, „in Aktion zu sehen? Jungs!“, bellte der Primitivling in die Runde. „Wer will ...“ Hundert Ohren spitzen sich, doch Brian scheuchte den geistig zurückgebliebenen Bauarbeiter mit der haarigen Brust davon. Der Bulle schnaubte, fuhr sich über sein unrasiertes Kinn, schob sich seine viel zu tiefsitzende schwarze Lederhose hoch und kratzte sich danach seinen nackten Oberkörper. „Hase! Heute ficke ich dich noch auf der Bühne!“, prophezeite er, bevor er sich, als ob er auf dem Rugby Feld Gegner niederwerfen müsste, durch die Menge der Schaulustigen davonmachte.

„Was für ein hirnloser Schwachmatt!“ Brain schüttelte seinen Kopf und hievte einen Karton neuer Flyer auf den Tisch, damit Jayden über seine eigene Werbung hinweg, nicht vergaß, warum er heute hier sitzt. Schwabbels Bauch war dick angeschwollen, doch solche Äußerlichkeiten scherten unseren Club-Präsidenten nicht im Geringsten. „Rhydian, in einer halben Stunde wirst du auf der Tribüne begrüßt. Denke daran, deine Schwimmbrille und deine Badekappe aufzusetzen!“

„Klar, Chief!“

„Danach ist das Einschwimmen, während parallel dazu im zweiten Pool die Wassershow stattfindet.“

„Ich kenne den Ablauf!“, murrte Rhydian.

Als kurz darauf Nelson am Stand auftauchte, Rhydian ganz selbstverständlich vorne die Hose runterzog und sich geschickt daranmachte, jeden der Manschettenringe zu überprüfen, bemerkte es jeder. Die beiden waren ein sehr vertrautes Liebespaar. Anders als Ares‘ wilde Sexualität und seinen Besitzanspruch, war Nelson zärtlich und voller Liebe. Als der hinkende Goldschmied endlich jedes einzelne der Goldblätter überprüft hatte, schob er zufrieden Rhydians durchsichtige Hose wieder hoch, küsste seinen Liebsten sinnlich auf die Lippen und flüsterte ihm etwas ins

Ohr. Rhydian errötete, was bei seiner sprichwörtlichen Schamlosigkeit unglaublich erotisch aussah.

Immer mehr Zuschauer strömten auf das Gelände des *North Sydney Olympic Pools*. Der Lärm schwoll von Minute zu Minute an und die Spannung für den Auftakt war kaum noch auszuhalten. Jeder wollte dabei sein! Jeder wollte mitfeiern und an *Mardi Gas* neue Eroberungen machen.

Ich begleitete Rhydian durch die Menge zur Tribüne, was uns für den kurzen Weg fast zwanzig Minuten kostete. Dort angekommen, wurde er von den Juroren in Empfang genommen und bekam einen weißen Frotteebademantel mit einem Regenbogenflaggen Emblem vorne und auf dem Rücken mit dem Logo der *Australian Gay Swim Pride* verpasst.

Das war der Moment, auf den jeder wartete. Rhydian entledigte sich unter dem Bademantel seiner Hose und schloss danach den Bademantel mit dem Gurt. Er setzte sich seine blaue Badekappe auf und richtete sich die Schwimmbrille mit den blauen Gläsern. Weil ich die bessere Figur machte, als Schwabbel, würde mir später die Ehre zu teil werden, Rhydian auf der Tribüne aus dem Bademantel zu helfen und seinen rechten Arm bei der Nennung seines Namens in die Luft zu strecken. Leider musste ich mir dazu weiß Shorts und ein Regenbogen-Käppi aufsetzen, durfte aber meine Brillanten in den Brustwarzen und im Bauchnabel anbehalten.

Rhydian sprang sich aufwärmend, wie ein Gummiball neben mir auf und ab, ruderte mit seinen Armen und übte Schattenboxen. Immer mehr seiner Konkurrenten fanden sich ein. Sie kamen aus allen Ecken Australiens und vertraten jeden Gay Schwimmclub. Rhydian kannte all ihre Gesichter, Körper und Trikots von der Homepage des Veranstalters. Bei einigen war klar, sie nahmen nur spaßeshalber am Wettkampf teil. Doch es gab auch zahlreiche sehr ernst zu nehmende Gegner.

„Ganz schön mutig, dein Outfit!“, lobte ihn ein bulliger kleiner Schwimmer aus Perth. „Würde ich deine Muskeln und deine innere Ruhe nicht spüren, hätte ich dich für einen der erotischen Pausenclowns gehalten.“

„Hallo, Hayes!“, erkannte Rhydian den Champion des Vorjahres. „Ich schwimme nackt schneller!“

„Es wird sich zeigen, ob es gegen mich ausreicht! Meinen Respekt hast du. Außerhalb des Beckens bin ich dein Fan. Geiler Schwanz!“ Damit verzog sich Hayes zu seinem Trainer und schlüpfte ebenfalls in einen der weißen Frotteebademäntel.

„Er mag einiges kleiner, als du sein, doch Hayes‘ Schwimmstil ist legendär!“, informierte ich Rhydian.

„Ich habe mich im Internet bereits selbst über ihn schlau gemacht und mir Filme seiner Siege angesehen. Es wird Zeit, dass einer den amtierenden zweifachen Champion vom Thron stößt!“

„Hört, hört!“, kommentierte Parsley, ein weiterer ernstzunehmender Gegner aus Brisbane. „Unser Schweizer Import scheint nicht nur im Schwanzwedeln ein Hammer massige Nummer zu sein.“

So ging das, bis endlich eine Sirene erklang und sich nur langsam der Tumult und Lärm im *North Sydney Olympic Pool* legte. Als eine Ouvertüre über sämtliche Lautsprecher ertönte, erhob sich Maroubra, der damalig Präsident der *Mardi Gras* Veranstaltungen und trat hinters Standmikrofon, um die Spiele zu eröffnen.

„Jeder Schwimmer tritt drei Mal an“, verkündete Maroubra. „Im Freestyle, in Brust und im Butterfly. Bei der Zahl der Teilnehmer können wir heute mit guten zwei Stunden Mitfiebern rechnen.“ Er nannte diverse Daten und wann der Startpfiff für die ersten Schwimmer erfolgen würde. Endlich wurden die Teilnehmer alphabetisch aufgerufen.

Rhydian kam als dreiundzwanzigster an die Reihe, sich aufs Podest zu stellen, um offizielle namentlich für seinen Club begrüßt zu werden. Dabei sollte er auch gleich aus drei verschieden farbigen Schalen seine jeweilige Startnummer für die Disziplinen ziehen.

Ich stellte mich hinter Rhydian, als sein Name gefallen war, fasste von hinten um seinen Bauch und öffnete den Gurt seines Bademantels. Ich habe Rhydian nie zuvor stolzer gesehen, als ich seinen rechten Arm in die Luft streckte und lautes Johlen und Zurufe ihn anfeuerten. Seine Latte wippte, als er sich auf den Bock stellte und von der Meute feiern ließ. Jetzt war er in seinem Element. Endlich von der Hose befreit verströmte er eine Aura der Stärke, die mich, neben ihm stehend, beinahe umhaute. Ich blinzelte mehrfach, da seine Haut in der Sonne zu funkeln schien – oder so, als ob er abermals vom Blitz getroffen worden sei. Anstatt selbst in die Schalen zu greifen, bat er mich, den Präsidenten und einen Helfer, der ihm den Bademantel abgenommen hatte, seine jeweiligen Startnummern zu ziehen.

Jeder von uns zog die Nummer Eins. Einmal wäre Glück, zweimal ein

Zufall, doch dreimal? Da aber sowohl die Juroren, wie auch die Kameras, die alles auf die diversen Monitoren live übertrugen bezeugten, dass es keine Schiebung sein konnte, akzeptierte es jeder als Omen.

Rhydian lächelte, als ob er genau das erwartet hätte.

Himeros erschien auf der Tribüne und knipste sein Lieblingsmodel aus allen Perspektiven wie das auch diverse andere Reporter und Fotografen taten – auch schon zuvor bei den anderen Kandidaten. Als der Name des nächsten Schwimmers aufgerufen wurde, hatten sich schon zwei Zeitungen Rhydian für ein erstes Interview geschnappt. Die Eingangsfrage betraf den unglaublichen Zufall, schwenkte aber schon bald zu seiner ungenierten Standhaftigkeit.

„Wo immer du bist! Zeig dich!“, rief Rhydian plötzlich und total aus dem Zusammenhang der Interviewfragen in eines der Mikrophone. „Ich fordere dich heraus! Ich bin bereit! Ich bin der, den du suchst!“

Als er dazu befragt wurde, wich er aus. Es gab nur Spekulationen.

Die Festlichkeiten spitzen sich nach einer Pause, in der viele der Schwimmer sich im olympischen Becken aufgewärmt hatten – auch Rhydian – immer weiter zu. Dazu trat eine Live Band auf der Tribüne auf und Akrobaten zeigten ihr Können am Beckenrand.

Endlich war es soweit. Die Sirene kündigte das erste Tournier an.

Rhydians nackter Körper perlte nass in der Sonne, als er sich auf den Bock der ersten Bahn stellte. Seine Konkurrenten wirkten neben dem schwimmenden Erotik Star wie Statisten. Jeder der Tausenden von Zuschauern hatte nur Augen für den ungewöhnlichen Schwimmer aus der Schweiz. Wenn auch andere Wettkampfteilnehmer nur Stringtangas trugen und einer einen Penisschlauch, so war Rhydians Zurschaustellung ehrlicher – und um vieles kostbarer. Als er in Absprungstellung ging und mit seinen Händen seine Zehen berührte und dabei seinen Arsch in die Luft streckte, hielt jeder die Luft an.

Der Pfiff.

Rhydian schnellte wie ein Pfeil ins Becken und tauchte ab.

Warum das Wasser um ihn herum derart aufschäumte, konnte sich niemand erklären. Die Presse machte dafür seine außergewöhnliche Schwimmtechnik verantwortlich. Das war es aber nicht, das kann ich als Schwimmer bezeugen. Warum er so unglaublich schnell war und das Wasser um ihn aufschäumte, war vielleicht einem seiner Späße zu verdanken. Ich vermute, er hatte sich Seife unter die Badekappe gespritzt. Als Rhydian als erster am Beckenrand abschlug, verdrehten viele ihre Köpfe, den seine Zeit schien nicht zu stimmen.

„Weltrekord in Brust!", verkündete später der Präsident der Veranstaltung. „Leider kein offiziell anerkannter Weltrekord."

Wurde Rhydian zuvor noch von vielen als der Porno-Schwimmer betitelt, veränderte sich das bei seinem überragenden Sieg schlagartig. Ich verfolgte seinen Wettkampf natürlich live und danach nochmals in der Aufzeichnung über die Monitore. Der Schämende, wie Rhydian Elpis bald von Showmaster genannt wurde, schlug tatsächlich den Rekord um eine ganze Sekunde. Brain platzte fast vor Stolz und die Einträge im Passivmitgliederverzeichnis der *Sydney Dolphins* schossen in die Höhe.

Rhydian nahm das alles gelassen hin. Er stand an eine Säule gelehnt neben dem Pool und verfolgte interessiert alle weiteren Wettkämpfe seiner Konkurrenten. Nicht einen Augenblick erschlaffte seine Siegeshaltung, worüber natürlich später ebenfalls in vielen Berichten der diversen Gay Zeitschriften oder Internetportalen berichtet wurde.

Wenn er bei der nächsten Disziplin auch keinen Rekord brach, so führte er dennoch in der Tabelle. Bereits nach seinem zweiten Sieg zweifelte niemand mehr daran, dass er der neue Champion werden würde. Nach etwas mehr als zwei Stunden, war es dann endgültig entschieden: Rhydian Elpis, der für die *Sydney Dolphins* angetreten war, gewann die Goldmedaille und die Krone – so ein Ding, dass sich die Jury für die *Gay Swim Pride* ausgedacht hatten. War der schöne Blonde zuvor schon ununterbrochen fotografiert worden, wurde es, als er nach der Kür vom Siegespodest stieg, unerträglich. Brian und der Rest der *Dolphins* versuchten Rhydian irgendwie von der Meute abzuschirmen. Vergeblich! Jeder wollte den schamlosen Champion berühren und mit ihm zusammen fotografiert werden. Ich ahnte, dass er sich nicht nur Freunde, sondern auch Feinde gemacht hatte. Die Morddrohungen, die später fast täglich im Club eingingen, nahm wohl keiner Ernst – erst als es zu spät war. ◄

„Mein Halbbruder erhielt Morddrohungen?", unterbreche ich Peithos Erzählung. Leider blieb der nackte Masseur während seiner Erzählung einfach nur auf mir sitzen.

„Die Morddrohungen kamen von Verrückten, von christlichen Moralaposteln und durchgeknallten Fanatikern. Aber es trafen auch etliche Briefe von enttäuschten Fans mit gebrochenen Herzen ein; Irregeleitete, die glaubten eine Umarmung für ein Foto käme einem Heiratsantrag gleich. Und natürlich gab es Neider. All diese Hassnotizen wurden, nachdem Rhydian spurlos verschwand, von der Polizei beschlagnahmt. Manch einer dieser Wichtigtuer musste sich für seine Drohung vor Gericht verantworten oder mit Geldbusen und Strafanzeigen rechnen. Jeder war verdächtig!"

„Die Ermittlungen wurden eingestellt, als die Polizei annahm, der Wasserleichnam wäre tatsächlich mein Halbbruder. Meine Eltern akzeptierten den Tod von Rhydian. Damit war der Fall damals abgeschlossen." Nachdenklich blicke ich zum Ozean.

„Ja, bis du in Sydney aufgetaucht bist!" Peitho streichelt mir die Schulterblätter und kräuselt danach meine Haare im Nacken mit seinen Fingern. „Wurde der Fall wieder neu aufgerollt?"

„Ich wurde vor ein paar Tagen zur Blutabnahme bei der Polizei vorgeladen. Jetzt, mit einem Blutsverwandten, wird einwandfrei geklärt werden können, ob es sich beim Toten wirklich um meinen Halbbruder handelte. Eine Exhumierung der Leiche wurde bereits durch den Staatsanwalt beantragt. Die Tage erwarte ich Bescheid."

„Valdrin, du weißt aber jetzt schon, dass Rhydian nicht tot in der *Rose Bay* angespült wurde. Oder?"

„Könnte ich mich doch nur an meinen Halbbruder erinnern! Schwamm Rhydian auch nach der *Gay Swim Pride* noch regelmäßig?"

„Nur noch im *Bondi Bath* und im Ozean. Seine neue Freizeit nutze er, um mit Jayden seinen Nuddy Aktivitäten nachzugehen oder mit dem betrunkenen Surfer weißen Haie auf dem Surfbrett zu jagen."

„Das tat er?"

„Zumindest der vulgäre Wahnsinnige prahlte damit. Das erhärtete auch den Verdacht, dass es damals wirklich Rhydians Körper war, der dem weißen Hai zum Opfer fiel. Bestimmt lag es auch an diesem Taugenichts, dass der Fall bald abgeschlossen und deine Eltern in der Schweiz informiert wurden."

Als ich Peitho jetzt sanft von mir schiebe, lacht er. „Süßer Valdrin, deine Entjungferung muss warten! Wenn ich an Rhydians Verschwinden erinnert werde, wird mir jedes Mal schwer ums Herz."

„Glaubst du, dass einer der unbeachteten Fans Rhydian etwas angetan haben könnte?"

Der Halbasiate dreht sich auf seinen Rücken, grabscht nach seinem pink farbigen String Tanga und schlüpft hinein. „Das glaube ich nicht! Enttäuschte Fans leben in einer Scheinwelt mit einem Fantasiegebilde aus Märchenprinzen und imaginär Liebesbeziehungen. Ich vermute eher, dass Rhydian etwas aufdeckte, dass niemand wissen sollte."

„Drogen?"

„Vielleicht? Rhydian verkehrte in sehr gefährlichen Kreisen!"

„Seine *Special Office Services* für Henley und die *Woolloomooloo*?"

„Darüber kann ich dir nichts erzählen. Von dieser Seite kannte ich Rhydian nicht. Wenn wir beide zusammen waren, drehte sich alles ausschließlich um Sport. Weil er mit all seinen Gelegenheitsjobs und diversen Missgeschicken nach dem Sieg meist sehr beschäftigt war, sahen wir uns nur noch jeden Donnerstagabend im *Bondi Bath* oder gelegentlich zufälligerweise im *Mustang*."

„Oder bei seinen Stripperanlässen?"

„Ja, das auch! Leider kann ich dir keine anderen Geschichten über ihn erzählen. Halte dich an Jayden, wenn du noch mehr über die Vergangenheit erfahren willst. Mit dem Flitzer hing Rhydian ständig ab."

„Und mit Ares?"

„Ja, mit dem durchgeknallten Spinner natürlich auch! Ich rate dir, halte dich an Nelson Morley. Wenn einer von uns allen aus den vielen Facetten, die Rhydians Wesen ausmachte, ein einigermaßen reales Bild zaubern kann, dann vielleicht der Mann, der ihn heiraten wollte."

Mit Leib und Seele Eigentum der Firma

Die beiden nächsten Tage versuche ich mich mit Nelson Morley zu verabreden. Der Boss der Sportkette weile zurzeit nicht in Sydney. So wurde mir jedes Mal von Mitarbeitern ausgerichtet. Warum sich Jayden so rar macht, verstehe ich nicht. Sein Projekt muss ja mega wichtig sein! Weil mir die Lust fehlt, Ares unter die Augen zu treten, verbringe ich meine Zeit mit dem Lesen meiner diversen Einträge und Interviews, aber auch mit Ausflügen. So besuche ich den berühmten *Sydney Zoo* und suche sogar einmal den *Obelisk Beach* auf. Leider sinkt mein Mut, mich nackt zu zeigen, wie aufgewirbelter Staub, der sich bei Regen legt. Was ich aber beibehalte ist meine neue Vorliebe für geschlitzte oder zu kurze Sport Trikots wie auch das Barfußgehen. Je länger ich in Australien weile, desto freier fühle ich mich. Meine Albträume plagen mich auch nicht mehr jede Nacht. Ja, selbst das Duschen ist heute eine alltägliche Routine ohne Panikattacken geworden. Heile ich doch noch?

Am Mittwochmorgen ruft mich ein Polizeibeamter im Hotel an und bittet mich, bei der Kriminalpolizei vorbei zu kommen. Nach dem Frühstück mache ich mich sofort auf den Weg.

„Mister Loris, es stellte sich nach der Exhumierung der Leiche heraus, dass der junge Mann, der kopflos und ohne Hände angespült wurde, definitiv nicht mit ihnen verwandt ist. Ein DNA-Abgleich schließt es eindeutig aus!", erklärt mir der zuständige Untersuchungsbeamte.

„Allen Göttern sei Dank!", rufe ich aus. „Weiß man schon Näheres über den Toten? Stand der Fall mit dem Verschwinden meines Halbbruders in Verbindung?"

„Der Mordfall wird wieder neu aufgerollt. Unsere Forensik fand heraus, dass der junge Mann wahrscheinlich hingerichtet wurde. Die Hai-Bisswunden lenkten von Schnitten am Hals ab, die von einem Dolch stammen. Ebenso konnte inzwischen bewiesen werden, dass es sich bei Opfer um einen Junky handelte. Es wurden diverse Nadeleinstiche an den Fußgelenken und in den Armen gefunden."

„Rhydian Elpis hätte niemals Drogen genommen!", nuschle ich und kann aus Erleichterung, dass mein Halbbruder vielleicht noch am Leben sein könnte, kaum atmen.

„Der Tote wird mit einem der mächtigsten Drogenkartelle im Osten Australiens in Verbindung gebracht. Uns ist bekannt, dass auch Rhydian Elpis vor drei Jahren in diesen Kreisen verkehrte. Es ist nicht auszuschließen, dass Ihr Halbbruder das Opfer kannte oder sein Schicksal teilte."

„Rhydian soll im Drogengeschäft mitgemischt haben?"

„Mister Loris, diese Frage kann ich Ihnen nicht beantworten. Wir fanden am Leichnam Schnitte im Brustkorb wie auch ein Tattoo."

„Rhydian stand nicht auf Tattoos!", behaupte ich einfach mal.

„Es handelt sich um das Symbol eines Fuchses, kaum grösser als ein

20-Cent-Stück. Wir wissen von einem Callboy-Ring, der seine Jungs damit markiert."

„Ein Fuchs?"

„Wer es trägt, ist Eigentum der Firma; gehört ihr mit Leib und Seele. Schreckliche Geschichte! Meist trifft es junge Kerle, die aus Kleinstädten nach Sydney pilgern, um in der Metropole ein neues Leben zu beginnen. Schlepper und Zuhälter lauern ihnen an den Busbahnhöfen auf, schicken angestiftete Jugendbanden los, um die Jungs entweder zu verprügeln oder einfach auszurauben. Bankrott und am Ende ihrer Hoffnungen schnappt dann die Falle langsam zu. Meist taucht, wie zufällig, ein freundlicher Kerl auf, der ihnen eine günstige Bleibe organisiert. Harmlos mit einem Striptease oder ähnlichem rutscht das Opfer immer tiefer in die Prostitution, um seine ansteigenden Schulden bezahlen zu können."

„Aber der Leichnam ist zweifelsfrei nicht mein Halbbruder!", vergewissere ich mich ein weiteres Mal.

„Er ist es nicht! Aber Rhydian Elpis wird noch immer vermisst. Nach drei Jahren besteht wenig Zuversicht, dass wir ihn lebend finden werden. Wir überprüfen seit der Entdeckung des Fuchs-Tattoo alle Aufnahmen ihres Halbbruders, auf der Suche nach einem gleichen Tattoo. Bis jetzt fanden wir keines. Leider gab es, nach den diversen öffentlichen Auftritten während *Mardi Gras* vor drei Jahren, keine aktuelleren Bilder mehr von ihm. Mister Loris, falls Sie Zugang zu Fotos von ihrem Halbbruder nach *Mardi Gras* haben, also noch vor Ende März stammen, wären wir um Ihre Mithilfe zur Klärung des Falls dankbar. Ein Fuchs-Tattoo könnte beweisen, dass ihr Halbbruder vielleicht ein ähnliches Schicksal, wie der Unbekannte erleiden musste."

„Ich tue alles, um meinen Halbbruder zu finden!", versichere ich der Polizei. Einerseits erleichtert, dass die grauenhaften Fotos der Wasserleiche, die ich mir nach der Ankunft hier ansehen musste, nicht die Überreste meines Halbbruders sind, so beunruhigt mich andererseits die Neuigkeit eines Prostitution-Rings, der seine Stricher abschlachtet, überhaupt nicht. Rhydian war Callboy, das beweisen die Fotos in Maroubras Penthouse wie diverse eindeutige Erzählungen.

Den Rest des Tages muss ich mir ständig kalten Schweiß von der Stirn tupfen und das bei über vierzig Grad Celsius Außentemperatur. In einem

Imbiss verspachtle ich einen *Chicken Ceasar Salad*. Schon zwei Mal holte ich mir an der Bar frischen heißen Kaffee, doch irgendwie nutzt alles nichts; meine innere Kälte will nicht weichen. Wer könnte aktueller Fotos von Rhydian haben, als die Polizei? Himeros! Ich rufe ihn an, erkläre ihm aber nicht warum. Der Fotograf versichert mir, dass die letzten Bilder, die er von meinem Halbbruder geschossen habe, die von einer Benefiz-Veranstaltung wären, bei der Rhydian für das *Queer Erotic Festival* die Moderation übernahm. Als mir Himeros die Aufnahmen elektronisch übermittelt, muss ich das Lachen unterdrücken.

Alle Fotos sind mit Hunter Cook signiert und darüber steht bei jedem *Queer Erotic Festival*. Rhydian steht bei all den Aufnahmen auf einer riesigen Bühne mit einer Stripper-Stange im Zentrum. Er trägt rosarote Lackstiefel, die ihm bis zu den Oberschenkeln hochreichen, dazu, im gleich schrillen Pink, ein Oberteil, das aber nur seine Arme und Teile des Rückens bedeckt. Seine nackte Brust bleibt unbedeckt, wie der ganze Rest. Auf seinem Haupt trägt der erotische Clown eine gewaltige rosarote Löwenmähne aus hunderten von Plastikstreifen. Sein makelloser Körper ist durch sein hartes Schwimmtraining in Bestform, und seine stadtbekannte Latte glänzt mit Glimmer besprüht silbern in Licht der diversen Spots. Leider verdeckt die lächerliche Mähne Rhydians Genick auf jeder Aufnahme, weshalb das Entdecken eines tätowierten Fuchses unmöglich ist. Weil Rhydian auf vielen der Fotos herzlich lacht, scheint ihn das Kostüm nicht gedemütigt zu haben.

Himeros versichert mir per SMS, dass dies die letzten Fotos wären, die er von Rhydian geschossen hätte. Alle anderen, die während diversen *Mardi Gras* Veranstaltungen gemacht wurden auf Homepages, in der Presse oder in den Dokumentationen der Events veröffentlicht.

Da ich sicher bin, die Polizei war diesbezüglich gründlich, bleibe ich auf der Spur des letzten Events. Das *Queer Erotic Festival* fand in der letzten Nacht von *Mardi Gras*, am Sonntag, dem 6. März im *Kookaburra*, statt. Jayden wäre in jener Nacht Rhydians ständiger Begleiter gewesen, verrät mir Himeros mit einem letzten nachgeschickten Bild. Dieses Foto zeigt Rhydian, der im gleich schrägen Bühnenkostüm Kensington auf dem Schoss hockt und ihm dessen Hemd aufknöpft. Wie nahe standen sich die Beiden? Ärgert sich Jayden deshalb so sehr über den Nerd, weil er auf ihn eifersüchtig ist? Entschlossen das herauszufinden und ob Rhydian einen tätowierten Fuchs auf dem Hals trug, suche ich nach Kensingtons goldgestanzter Visitenkarte, finde sie bei meinen Handnotizen und rufe den Snob an. Er hätte morgen im Haus der *Sydney Parramatta Fraternity* Zeit für mich.

Den Abend verbringe ich alleine in einer Gay Bar und werde von vielen Kerlen angemacht. Fünf Mal verwechseln mich Kerle mit meinem Halbbruder, warum ich genervt – ohne schnellen Sex im Dark Room – alleine heim ins Hotel kehre. Einerseits schmeichelt es mir für Rhydian gehalten zu werden, andererseits nagt es an meinem neu erwachten Selbstwertgefühlt. Bin ich nur etwas wert, weil mich jeder für einen anderen hält? Und was, wenn sein Mörder jetzt mir auflauert?

Die giftigste Orchidee im Paradies

Extrem nervös Kensington zu begegnen, ziehe ich mir am nächsten Morgen sogar ein Hemd und eine Krawatte an, bleibe aber bei der Hochsommerhitze bei Shorts und meiner neuen Vorliebe für Flip-Flops, als ich mich nach dem Frühstück auf den Weg mache. Während der Sommerferien begegne ich keinem einzigen Studenten, als mich das Taxi am Haupteingang zum Campus absetzt und ich über den Rasen zu einem schlossähnlichen Gebäude spaziere. Zwei *Kookaburra* lachen hoch über mir in einem bestimmt fünfzig Meter hohen Eukalyptusbaum. Fasziniert von dem seltsam lachenden Geschnatter versuche ich die großen Vögel auszumachen – keine Chance. Drei griechische Buchstaben in Gold verraten mir, dass ich bei der richtigen Bruderschaft angekommen bin. Ich klingle.

Als Kensington mir in einer schwarzen Hose und einem offenen blumigen Seidenhemd barfuß die Tür öffnete, erkenne ich den Snob kaum wieder. Seine Haare wirken wild und seine Augen matt.

„Hallo, Valdrin! Komm rein! Ich bin eben erst aufgestanden." Der große Schlanke fährt sich mit beiden Händen durchs Haare und schiebt sich ein paar Locken zurück in seine ruinierte Frisur. Wie gut er aussieht, wird mir heute so richtig bewusst. Da Rhydian auf Dunkelhaarig mit Locken stand, gehörte Kensington eindeutig in sein Beuteschema. Erstaunt über Kensingtons Freundlichkeit und seiner legeren Art, folge ich ihm durchs Clubhaus. Alles wirkt teuer und vornehm, aber auch total altmodisch und irgendwie Britisch.

„Hier wurde Rhydian als einer der Brüder aufgenommen?"

„Wurde er das?" Kensington steuert einen von drei Gängen an, der vom Aufenthaltsraum abzweigt. Eine wuchtige Holztreppe führt nach oben. Wir passieren sie und dringen tiefer ins *Fraternity House* ein. Überall hängen Ölbilder, Teppiche, Waffen und unzählige gerahmte Fotos von ehemaligen Mitgliedern dieser erlesenen Bruderschaft. Der Snob drückt bei einer Wandschnitzerei, die einen Ritter im Zweikampf mit einem Drachen darstellt, in die beiden Augen des Ungeheuers. Eine zuvor unsichtbare Tür öffnet sich nach innen. Kensington tritt hindurch in sein Privatbüro. Kaum bin auch ich drin, schließt sich die Geheimtür automatisch. Anders als die drei griechischen Buchstaben über der Eingangstür steht hier in schwungvollen Lettern auf der Wand *Sydney Parramatta Fraternity*.

„Valdrin, einen Drink?"

„Orangensaft pur?"

Der barfüßige Schnösel schenkt mir aus einer Karaffe frischgepressten Orangensaft in ein Glas mit Eiswürfel ein und reicht es mir. Dabei berühren sich kurz unsere Finger. Mich fröstelt. Er reagiert nicht darauf. Nach einem kräftigen Schluck stelle ich das Glas vor mich auf den niedrigen Eichentisch bei Sesseln und nehme Platz. Kensington schenkt sofort nach und pflanzt sich mit einem Glas Cognac mir gegenüber in einen anderen Sessel. Seine Füße legt er auf den Tisch hoch. Seine perfekte Pediküre wirkt vornehm. Warum ich jetzt an Sex denke, schiebe ich meiner neuen Dauergeilheit zu.

„Weißt du Neues über *Silky Sash*?", fragt mich Kensington.

„Seidige Schärpe? Wer soll das sein?"

„*Silky Sash* ist der Spitzname, den Rhydian Elpis nach seinem Initiationsritual annahm. Ist er zurück?"

„Zurück?", wundere ich mich. „Nein! Die Polizei tappt noch immer im Dunklen. Wie gut kanntest du meinen Halbbruder?"

„Jayden rief mich an, als er und *Silky Sash* ihr erstes Engagement als *Nuddy Activists* erhielten. Da ich den jüngeren Bruder von Russell aus der Bruderschaft kenne, war es ein Leichtes, am Junggesellenabschied aufzutauchen."

„Du und Jayden?"

„Nicht, was du denkst! Mein jüngerer Cousin stand schon als Teenager auf Doktorspiele und alles, bei dem man sich ausziehen musste. Als ich ihm einmal erzählte, dass die Küken nackt zum Aufnahmeritual in die *Fraternity* antanzen müssen, um sich allerlei homoerotischen Spielereien zu unterwerfen, wurde er neugierig. Jayden war damals natürlich längst Ehrenmitglied, schmuggelte sich aber bei diversen Aufnahmeritualen als angeblicher Bewerber ein, so auch in die Gruppe, in der *Silky Sash* in die Bruderschaft initiiert wurde. Wichst mein Cousin nicht vor Cams, tut er das bei Initiationsritualen der Bruderschaft. Er fungiert gerne als Animator, um den Neulingen die Scheu zu rauben."

„Ihr beide seid verwandt?"

„Cousins! Jayden versteckt sich gerne hinter seinem Arme-Junge-Skater-Image, dabei gehört unserer Familie halb *Bellvue Hills* und einer der Häfen. Einer unserer Ahnen gründete die *Parramatta Fraternity*, die ursprünglich einem anderen Zweck diente, als heute."

„Erzählst du mir vom Initiationsritual?"

„Sicher nicht! Das ist geheim!"

„Im Ernst?"

„Frage meinen Cousin, der verspottet Regeln und Schwüre."

Kensington wackelt mit seinen Zehen und schlürft an seinem Cognac. Ist unnahbarer Snobismus auch nur eine Rolle, die arme reiche Jungs spielen müssen, um sich zu amüsieren? Kensington flirtet jetzt ganz offen mit mir, warum ich mich nervös unter seinen Blicken winde.

„Waren du und mein Halbbruder ein Paar?"

Kensington zieht ein Bein an und stützt sein Kinn auf sein Knie. „Ich glaube, ich verliebte mich in Rhydian, als ich ihn bei Russell mit dem goldigen Lorbeerkranz auf dem Kopf zum ersten Mal sah. Natürlich hatte er damals meine Einladung zum Aufnahmeritual bereits erhalten. *Silky Sash* war seit seinem ersten Erscheinen auf dem Campus ein Mann, den man nicht übersehen konnte. Als ich von Brain hörte, dass er konsequent nackt schwamm, wollte ich den Schwimmerprofi kennenlernen. Russells Junggesellenparty war die Gelegenheit dazu, wenn er an jenem Abend auch hauptsächlich an Nelson dran war, so spürte ich dennoch, dass er auch mich gelegentlich abcheckte. *Silky Sash* war kein Mann für eine feste Beziehung, sondern der Typ für Affären und Sex bei jeder sich bietenden

Gelegenheit. Da er sich mit meinem Cousin so gut verstand, und Jayden mir ständig von ihm erzählte, wusste ich, früher oder später würde sich eine Gelegenheit ergeben."

„Für Sex?"

„Für Fantasie, für Ausgefallenes und Ungewöhnliches", ergänzt Kensington. „Übrigens", wechselt der Schlanke im offenen Blumenhemd das Thema, „Jayden hat sich halsüberkopf in dich verknallt."

Überrumpelt schlucke ich leer.

„Es muss dir nicht peinlich sein! Wenn mich Jayden zurzeit auch hasst, verstehen wir uns doch noch immer recht gut."

„Jayden wimmelt mich aber jeden Tag ab. Er müsse ein Projekt an der Uni zu Ende bringen."

„Ja, er plant etwas! Zurück zu *Silky Sash*." Dabei versinken Kensingtons Blicke in meinen, dass mir ganz mulmig wird.

Kensington, der Präsidenten der Fraternity, weiht mich ein:

► *Silky Sash* wurde mir empfohlen. Wer immer sich um Mitgliedschaft bewerben darf, erfährt das kurzfristig und ohne Vorwarnung. So schrieb ich ihm: *Rhydian Elpis, die Sydney Parramatta Fraternity erachtet dich als würdig, dich einem Aufnahmeritual der Bruderschaft zu unterziehen. Sei am 13. Februar um acht Uhr abends beim Hintereingang unseres Frat-House. Je mehr man die Wahrheit erkennt, desto edler wird man. Feiglinge sind uns zuwider!*

„Anwärter", begrüßte ich den Schwimmer an jenem Abend. „Wir prüfen nicht nur deinen Mut, sondern auch deine Kreativität und dein Unterscheidungsvermögen. Stellst du dich als unwürdiger Schlappschwanz heraus, erhältst du im Verlaufe des Abends die schwarze Feder der Schande und musst das Clubhaus sofort verlassen. Schmücken wir dich mit der weißen Feder des Ruhms, bist du aufgenommen."

Er stellte keine Fragen. Mir war bewusst, dass er von Jayden wahrscheinlich in Einiges eingeweiht wurde, was ihn erwarten könnte. Ich schob ihm eine Verzichtserklärung unter, die er unterschreiben musste. Rhydian las den Wisch vom ersten bis zum letzten Buchstaben durch und signierte sein Einverständnis, über dieses Ritual für immer und ewig zu schweigen. Er strahlte diese Selbstsicherheit aus, die nur einer, der dem

Tod ins Antlitz blickte – und es überlebt hatte – haben kann. Die vielen Gerüchte um seine Person machten ihn mysteriös. Was danach passierte, bleibt geheim. Ich werde nichts verraten!

Einem Zufall verdankte ich, dass ich *Silky Sash*, bereits am Tag darauf wiedersehen sollte. Ich war an jenem Nachmittag in einem von Nelson Morleys Sportgeschäften. Der Besitzer lud mich spontan für den Abend zu seiner Valentins-Gartenparty ein.

Um acht Uhr am Valentinstag erwartete ich so Einiges: neue blutige Details zu Nelsons Attacke durch den weißen Hai, was zu seinem Hinkebein führte; oder mehr zu dieser *Mardi Gras*-Allüre, bei der sich plötzlich alle Namen von Gottheiten zulegten. Warum sich Nelson mit seinem markanten und symmetrischen Gesicht, das zeitlos und edel wirkt, ausgerechnet für *Hephaistos* entschied, erstaunte mich. Der antike Hephaistos muss ein wirklich abstoßend hässlicher Geselle gewesen sein. Das war Nelson ganz und gar nicht.

An der *Bay View Hill Road* am nördlichen Ende der *Rose Bay* parkte ich. Nelson erwartete offensichtlich einige Gäste zu seiner Party. Sein Grundstück nahe am Ufer wird fast vollständig von hohen Hecken aus Bambus, von mit Bougainvilleas und Efeu überwuchernden Mauern und dicht zusammenstehenden Eukalyptusbäumen gegen neugierige Blicke abgeschirmt. Nelson legte schon immer großen Wert auf Privatsphäre. Immer schon beneidete ich ihn um die fantastische Sicht auf den *Port Jackson* und in der Ferne auf die *Sydney Harbour Bridge*.

Bereit fürs Abenteuer folgte ich weißen Steinplatten durch den kurzgeschnittenen Rasen des Vorgartens zum eigentlichen Eingang des Hauses und zum Garten. Zwei Grapefruit Büsche dufteten so unglaublich gut, dass ich einige Male tief einatmete, bevor ich klingelte. Der Wind spielte mit einem Bambus-Mobile und entlockte ihm dumpfe Flötentöne. Warum mir das alles auffiel, hatte bestimmt mit dem Zauber zu tun, der über dem Grundstück lag. Ich war früher schon bei Nelson zuhause gewesen, doch an jenem Valentinstag war alles anders.

Kaum geklingelt, öffnete mir Nelson in einer dunklen Anzughose das Gatter und ließ mich in seinen Märchengarten hinter Bambusstauden und exotisch blauen und feuerroten Blumen ein. Er humpelte, verzichtete aber auf einen Gehstock. Sein weißes Hemd war vorne weit aufgeknöpft und eine silbergraue Krawatte hing ihm lose gebunden über der nackten Brust. Nelson lachte und wirkte glücklich. Der Anfangdreißigjährige glich einem verliebten Teenager. Er war barfuß und hatte seine Anzugshose unten einige Male hochgeschlagen, etwas, das ich an ihm noch niemals zuvor gesehen hatte. Wie immer trug der Schmuckfetischist mehrere Ringe, Silberarmbänder und Ketten.

„Alter Freund“, begrüßte er mich. „Meine Gäste sind noch am *Watson Bay*. Bis auf meinen Lover ist sonst keiner hier. Kennst du Rhydian Elpis schon?“

Wie aufs Stichwort teilen Hände einen Vorhang aus Efeu, der über einen der Felsen gewachsen neben dem Haus den Eingang in eine Liebesgrotte verbarg. Daraus trat *Silky Sash*. Bis auf einen Blütekranz auf seinem Kopf und einer geflochtenen Kette aus duftenden Jasmin Blühten und Mimosen um den Hals, trug er nur noch eines von Nelsons Goldschmiedekunstwerken als Gürtel. *Silky Sash* lächelte und küsste mich zur Begrüßung auf beide Wangen.

„Ausgeschlafen?“, spottete er und spielte auf das Ritual letzter Nacht an, das so derart aus dem Ruder gelaufen war.

„Erinnere mich bloß nicht daran!“

„Nelson bat mich seine Gäste zu unterhalten.“

„Singst du?“, spielte ich auf die Bildseite im *Boner Boy* an.

Sein neues Grinsen war entwaffnend. Er war so wunderschön wie tödlich. Er war die giftigste Orchidee im Paradies. Seine bunten Augen bohrten sich durch all die Schleier meines Selbst, um dahinter meine geheimsten Sehnsüchte zu erkennen. „Ich selbst werde nicht singen, doch vielleicht bringe ich dich dazu?“

Damit ging er an Nelson vorbei und folgte dem Pfad tiefer in den eigentlichen Märchengarten. Er war wie der Frühling, diese Naturgewalt, die fruchtbar alles segnet oder verdammt.

„Nelson, seid ihr beiden?“

„Nenne mich Hephaistos! Es klingt seltsam, aber ich habe lange vor Rhydians Ankunft in Australien etliche Male von ihm geträumt. Denke jetzt nicht, dass ich verrückt geworden, ein gläubiger Narr oder Esoteriker geworden sei. Als ich diesen Wunderknaben das erste Mal während Sams‘ Travestie Show auf der Bühne sah, traf es mich wie einen Blitz aus heiterem Himmel.“

„Keine Blitze mehr!", kommentierte der Blumengeschmückte.

„Ich sah ihn und ich versteckte mich in der hintersten Ecke des *Mustangs*. Kensington, bist du schon einmal jemandem begegnet, den du bisher nur aus deinen Träumen gekannt hattest?"

Ich sah den Nackten mit dem Goldgürtel herausfordernd an: „Bist du echt? Oder bist du ein Wunschtraum aus Nelsons Sexfantasien?"

Er schlug aus dem Stehen einen Salto und knie sich vor mich hin, wie es Zirkusartisten nach ihren Darbietungen tun. Plötzlich packte er nach meinen Füssen und brachte mich aus dem Gleichgewicht, dass ich vornüberkippte und mich neben ihm liegend im Rasen wiederfand. Flink hockte er sich auf meinen Brustkorb, packte nach meinen Händen und fixierte mich, während er vorrückte und mir seinen Doodle in den Mund schob. „Real genug?"

Nelson lachte nur. Er war nicht einen Moment eifersüchtig.

Rhydian ließ mich los, sammelte seinen Kranz auf, setzte ihn sich wieder aufs Haupt und richtete das Geschmeide, als ob nichts gewesen wäre. „Wann gibt's Essen? Ich verhungere!", knurrte er.

„Ich rufe Maroubra an und frage, ob der Rest der Gesellschaft sich schon auf dem Rückweg befindet. Kensington, falls du dich gegen die Moskitos schützen willst, ich habe eine Dose *Bushman* zum Einsprühen auf der Kommode neben der Haustür stehen."

„Danke! Was ist mit dir?", fragte ich den Nackten.

„Seit ich vom Blitz getroffen wurde, schmecke ich den *Mozzies* nicht mehr", lachte Rhydian.

„Wohnst du bei Nelson?"

„Mir gefällt's im *Mustang* ganz gut. Heute bin ich offiziell gebucht."

„Gebucht?"

„Ich bin das Dessert, das so rasch keiner vergisst!"

„Du arbeitest für Henleys neuen Service?"

„Schockiert?" Er rückte näher, um mich mit seinem Blick zu fokussieren. „Es ist immer das gleiche mit euch Doppelmoral-Aposteln! Junge Lämmer bei sogenannten *Frat Initiationsritual* hart ranzunehmen geht ist in Ordnung, doch fürs Vergnügen zu bezahlen nicht?"

„Verhandelt ihr beiden über den Preis?", kommentierte Nelson. „Keine Sorge, der heutige Abend geht auf mich!"

Weil plötzlich beide schallend auflachten, atmete ich erleichtert auf.

Als der Reste der Gesellschaft kurz darauf eintrudelte, waren wir zu neunt. Jeder der Männer schlüpfte für das Dinner in Maßanzüge, wenn auch alle barfuß blieben. Bis auf Maroubra kannte ich keinen. *Silky Sash* war der Jüngste in unserem Kreis. Er blieb in seinem Gartenparty-Lustknaben-Blumen-Outfit. Die lüsternen Blicke der Geschäftsmänner genoss er ungeniert. Er ergötzte sich an den Komplimenten, wehrte aber jede Hand ab, die mehr als seinen Arsch tätscheln wollte.

Als Nelson zur Tafel bat, verschwand der Goldgegürtete.

Zwei in weiß gekleidete Kellner einer Cateringfirma servierten Gaspacho und in Öl geschmorte Garnelen zur Vorspeise, an der reich mit Kerzen und Blumen gedeckten Tafel in der Laube. Erst als die Kellner Fackeln, Lampions und weitere Kerzen entzündeten, tauchte Rhydian wieder auf. Auch er trug jetzt Abendgarderobe. Den Frühling jetzt im weißen Smoking und schwarzer Fliege umgebunden zu sehen, war befremdlich. Damit hatte keiner gerechnet.

Silky Sash setzte sich neben Nelson ans Stirnende der Tafel, und der Gastgeber erhob sich zum Tost. „Liebe Freunde, ihr alle kennt Rhydian Elpis, den neuesten *Boner Boy*. Ich möchte heute zwei Ankündigungen machen: die erste ist geschäftlicher Natur, die zweite privat."

Es folgten spitze Bemerkungen, Komplimente und fragende Ausdrücke in den Augen der geladenen Gäste.

„Mein lieber Freund ist ab morgen Abend offiziell über die *Special Office Services* buchbar. Heute Abend feiern wir gemeinsam seinen Einstieg in Erotikgeschäft. Gute Bilder, seine Dienstleistungen und Preise sind auf der geschützten Seite der *Woolloomooloo Cleaning Services* gegen einen Mitgliederbeitrag einsehbar."

Ich starrte *Silky Sash* ungläubig an. Was er vorhin sagte entsprach der Wahrheit. Ab morgen konnte ihn jeder Mann buchen, der dafür bezahlte – auch ich! Er sah sich in der Runde um, als ob nicht er, sondern jeder, der ihn künftig buchen würde, die Hure sei. Obwohl jetzt klar war, dass er später für jeden zur Verfügung stehen würde, lachte er unbekümmert, führte intelligente Gespräche und überrasche alle an der Tafel. In heitere Gemeinsamkeit und sehr viel Gelächter wurde der Hauptgang aufgetragen, und später die leeren Teller wieder abgeräumt. Als die Kellner zum letzten Mal die Tafel abräumten und in der Küche alles für den morgigen Abtransport bereitstellten, verschwand Nelson im Haus. Als er wiederauftauchte, trug er einen flachen Karton in seinen Händen und darauf eine verzierte Schmuckschachtel. Nelson stellte beides vor sich auf den abgeräumten Tisch und erhob sein Rotweinglas.

„Liebe Geschäftskollegen und künftige Freier von Rhydian, bevor mein Lover seinen neuen Lebensabschnitt einläutet, noch die von mir angekündigte private Nachricht. Meine beiden Geschenke sollen meine tiefe Achtung, meine Freundschaft und meine Liebe für dich ausdrücken. Lieber Rhydian", dabei schob Nelson die Schmuckschachtel zur Seite und öffnete den Karton, um eine goldig schimmernde Weste herauszuziehen. „Du bist mein Goldjunge! Auf das dir diese Weste reiche Verehrer und goldene Momente der Lust schenken wird!"

Ich kannte mich mit Edelwesten aus. Diese war eine Luxusanfertigung, zu einem Smoking wäre sie eines Königs würdig. Gerührt nahm *Silky Sash* das exklusive Teil entgegen und versprach sich später darin zu zeigen.

Andächtig kniete sich Nelson vor seinen Lover in den Rasen und schnappte sich seine rechte Hand: „Rhydian Elpis", sprach er ernsthaft, „du bist die Hoffnung aus meinen Träumen. Du bist die Lust meiner Nächte. Du bist mein Leitstern an dunklen Tagen, und du bist mein Sonnenschein, wenn die Welt weint. Akzeptierst du mich als deinen Lover und Lebenspartner?"

Der Angesprochen schlang seine Arme um Nelson und küsste ihn auf den Mund. „Anders, als der *Hephaistos* in der Antike, werde ich dich nicht verschmähen! Selbstverständlich werde ich meine sexuelle Verbindung mit *Ares* aufrechterhalten wie künftig mit Tausend anderen ebenso. Nelson Morley, als deine *Venus* biete ich mich dir heute Nacht als erster an. Besiegeln wir unsere Verlobung, wie sich das in einem Garten der Lüste gehört. Ich bin bereit!" Plötzlich sah er in den Sternenhimmel hoch und brüllt so laut er konnte: „Siehst du mich? Ich akzeptiere deinen Job!" Als ihm der Himmel nicht antwortete, wiederholte Rhydian seine Worte noch lauter.

War Nelson jetzt sein Verlobter oder sein Zuhälter? Erstmals fragte ich mich, wer hinter Henley tatsächlich die Fäden zog. Rhydian öffnete die Schmuckschachtel. Es war kein Verlobungsring darin, sondern zwei feingearbeiteten Cockring aus Weißgold und Platin. Sie waren unterschiedlich groß, doch sonst identisch. Jeder sah aus, als ob zwei Hände sich zärtlich umfassen würden. *Silky Sash* las die Gravur im dickeren der beiden, lachte und versprach: „Ja, ich will!“

Im Garten war es bis auf die Lampions und Fackeln dunkel geworden. Nur noch wenige Kerzen brannten. Einzelne Lichter auf der Bay draußen verrieten auslaufende Fischerboote oder in den Hafen heimkehrende Segelschiffe. In Hephaistos vorbereitetem Lustgarten erklangen, wie von Geisterhand berührt, leise Glöckchen und ein warmer Sommerwind fegte wie Wolfsheulen über die Bucht zur *Rose Bay*. Das war *Silky Sashs* Zeichen. Als er zusammen mit seinem Verlobten die Tafel verließ, herrschte Spannung, Verwirrung und Vorfreude.

Für mich stand die Zeit still. Als der angekündigte Lustknabe wieder zu uns stieß, trug er nur noch seine neue glitzernde Goldweste, die er vorne mit drei Perlmutterknöpfen verschlossen hielt. Die feingearbeiteten Hände seines Verlobungs-Cockrings umarmten jetzt, was jeder gleiche berühren durfte. Der frischgebackene Liebesdiener drehte sich vor uns im Kreis und blickt dabei zu den Sternen hoch.

Nelson stellt sich neben ihn und sprach: „Rhydian, warum hältst du dich zurück? Ich kann es fühlen und auch sehen. In meinen Träumen warst du immer ungebändigt, wild und mächtig.“

„Ich bin der, der ich bin!“

„Der erste Eindruck ist das halbe Rennen. Einen zweiten bekommst du nicht!“

Der junge Stripper nickte.

„Eingeweihter, lass den Schleier aus Dunkelheit fallen!“, befahl Nelson. „Offenbare dein wahres Wesen und werde sichtbar. Zeige dich, oh herrliches Licht. Du hast den Himmel von der Erde getrennt, damit Leben entsteht. Du hast *Uranos* Feuer in dir aufgenommen, um aus dem Schaum des Ozeans neugeboren zu werden. Jetzt schwimm in diesem Ozean und tauche tief in die Geheimnisse des Urmeers ein. Öffne deine Arme und deinen Körper, oh Geliebter.“

Schockiert und fasziniert lauschte ich dem Echo der Worte. Der Wind heulte lauter. Ein fernes Donnerrollen wurde nur von der erwachenden Flut, die gegen die Felsen der *Rose Bay* donnerte, übertönt.

„Die Gabe lockt, zerrt und ruft. Lange kann ich ihr nicht mehr widerstehen“, hauchte Rhydian und sah abermals zum Sternenhimmel hoch, wo dunkle Wolken über den Ozean in die Bucht zogen.

„Dann gib dich ihr hin, oh Geliebter!"

„Abermals zerreißen mich Blitze", antwortet Rhydian. „Die Brandung bricht sich jetzt an meinen Knochen und an meinen Gedärmen. Welle um Welle zerschmettert meinen letzten Widerstand. Wesen aus Licht und Schatten winken mir zu. Nymphen tanzen im Reigen um mich herum, nur um mich mit Weidenruten zu peitschen, zu küssen und in die Irre zu führen. Wollüstige Jünglinge mit sabbernden Hundeschnauzen und Jungfrauen mit Krallen und Reißzähnen, grässlich, schön und gefährlich zugleich drängen mich, die Gabe aufzugeben, sie auf einem Steinaltar zu opfern und mich gänzlich von ihr zu befreien."

„Wie wirst du dich entscheiden, oh, Geliebter?", rezitierte Nelson, als ob er einen Text der Antike zu Besten geben würde.

„Ich bin bereit!" Demütig neigte Rhydian sein Haupt vor dem Mond. Um seine Worte sofort unmissverständlich klar zu machen, setzte sich Rhydian rücklings auf meinen Schoss, fasste nach meinen Händen und legte sie sich, genauso wie die kleinen Goldhände zum Zupacken in Position. Seine Haut glühte und sein Harter zuckte in freudiger Erwartung. Er war bereit und wollte es jedem beweisen. So ließ er sich von Schoss zu Schoss gleiten, überall berühren und liebkosen. Er lachte und verbog sich leidenschaftlich. Oft glaubte ich die hundeschnauzigen Jünglinge und die wollüstigen Nymphen zu sehen. Im Garten loderte ein Feuer, das nicht von dieser Welt war. Es verzehrte alles, was unwürdig war. Abermals näherte sich mir der Pan in der Goldweste, um mich zu packen. Grelle Blitze zuckten in der Ferne.

Als ich meine Augen öffnete, lag ich mit ausgezogener Hose in *Silky Sashs* Armen. Seine Küsse brannten glühend auf meinem Gesicht. Mein Verlangen nach seinem Körper und mein Begehren wurden zum Rausch, der mich gnadenlos mit sich fortriss. Was von all dem damals wirklich passierte, kann ich heute nicht mit Gewissheit sagen.◀

„Warst du so betrunken?", will ich von Kensington wissen.

„Ich weiß es nicht mehr. Doch *Silky Sash* stand zu seinem Wort. Muss ich mehr sagen?"

„Alle?"

„Als es wie aus Kübeln zu regnen begann, wälzten wir uns alle nackt im aufgeweichten Rasen, später im Schlamm. Jeder fickte den Wunderknaben. Ich vermute, wir besorgten es uns auch gegenseitig. Wie schon die Nacht davor, kann ich mich nur noch an den Anfang erinnern. Sicher ist, als ich und die anderen Männer am nächsten Morgen im zerstörten Rasen von Nelsons Lustgarten erwachten, waren *Silky Sash* und Nelson fort. Wir andere lagen uns nackt in den Armen."

„Eine Orgie?"

„Oh, es war eine Nacht, an die ich gerne zurückdenke. So heftig wilden Sex hatte ich noch nie zuvor erlebt – die vorgängige Nacht ausgeschlossen. Es erging aber nicht nur mir so. Während wir im Schlamm unsere Kleidung suchten, lächelte jeder von uns, und jeder versprach, die Schlampe noch diese Woche für sich selbst zu buchen."

„Hast du es getan?", will ich wissen.

„Ach, Valdrin!", seufzt Kensington. „Oft!"

Weil mich der schlanke Dunkelhaarige dabei sehr verliebt ansieht, steigt gerade meine Chance auf Sex. Doch als ich mit meiner rechten Hand seinen Fuß auf dem Tisch berühre, zuckt Kensington zusammen.

„Wir ficken, wenn Rhydian Elpis zurück ist! Nicht vorher!" Damit verabschiedet er mich und scheucht mich aus dem Frat-House.

Später im Taxi zurück ins Hotel wundere ich mich, wo die Zeit geblieben ist. Im Osten zieht bereits die Dämmerung auf. Nach einem ausgiebigen Abendessen beim Thailänder rufe ich Jayden an. Ich muss von ihm erfahren, was in der Einweihungsnacht in die Fraternity gelaufen ist. Wurde Rhydian im *Mustang* ausgeraubt, weil er etwas über Kensington und die Bruderschaft erfahren hatte, was niemand wissen durfte?

Streng geheime Rituale und Erpressungsfotos

Am nächsten Morgen fahre ich zeitig mit dem Bus zur *Bay Rose,* spaziere durch die *Bay View Hill Road* und dahinter auf verschlungenen Pfaden durchs Naturschutzgebiet, das direkt dem Strand entlang über die Klippe führt. Ich durchquere den *Nielson Park* und gelange zum *Vaucluse Bay*, dahinter zum *Parsley Bay* und weiter zum *Watsons Bay*. Am *Fishermans Wharf,* wo ich auf dem Rückweg wahrscheinlich die Fähre nach Downtown zurück besteigen werde, esse ich ein verspätetes Frühstück. Weil ich aus meinem Halbbruder einfach nicht schlau werde, lese nochmals meine Aufzeichnungen von gestern und ergänze sie nach meinen Erinnerungen.

Vor aufflatternden Möwen, die alle gierig auf meinen doppelten Cheeseburger und meine Pommes starren, tippe ich neue Erkenntnisse in meinen Laptop ein. Weil die Vögel immer zutraulicher werden, werfe ich ihnen Stücke des weichen Brotes zu, worum sie sich laut kreischend balgen. Der Himmel ist bewölkt, weshalb es später wahrscheinlich regnen wird. Leider ziehen auf meiner folgend einstündigen Wanderung die Wolken immer dunkler zusammen, warum ich am *Lady Bay Beach* der einzige Cruiser bin wie auch später beim Leuchtturm draußen an der südlichsten Spitze der langgezogenen Landzunge. Richtung Norden spähe ich über die breite Einfahrt in den *Port Jackson* und hinüber nach *Manly*. In den Wellen kommen die Fähren immer stärker ins Schaukeln. Im Westen liegt der *Middle Head* von Sydney. Ob Rhydian auch öfters hieher kam, um die Aussicht zu genießen? Weil mich um elf Uhr Jayden hier beim Leuchtturm am *Lady Bay* treffen will, harre ich im Wind aus und beobachte das Spektakel aus sich gigantisch aufbäumenden Wolken, den Wellen und die darin immer stärker schaukelnden Fährboote. Ob schon viele an Board kotzen?

„Valdrin!“, ruft eine bekannte Stimme. „Hierher, Bunyip!“

Ein nackter Kerl wedelt wie blöd mit den Armen und löst sich aus dem Schatten des Leuchtturms.

„Bunyip?“, frage ich und wundere mich, wie Jayden von meinen Künstlernamen als *Boner Boy* wissen kann.

„Neuigkeiten verbreiten sich rasch!“, beantwortet er mein Erstaunen. Selbstbewusst mit hart stehenden dreizehn Zentimetern kommt der Flitzer auf mich zu, umarmt mich und küsst mich flüchtig auf den Mund. „Bunyip, ich bin so stolz auf dich!“

„Warum?“

„Weil du kein schlaffes Weichei bist, sondern ein stolzer Doodle-Träger! Ich traf gestern Nacht Himeros im *Mustang*, da erzählte er mir von deiner Fotosession. Ich werde mir deine Bildseite in der nächsten Ausgabe zu Postern vergrößern lassen.“

„Ah ja!“ Verlegen scharre ich mit meinen Turnschuhen im staubigen Boden. „Es war die einzige Möglichkeit, um von Hunter Cook mehr Informationen über Rhydian zu erfahren.“

Jayden lacht schallend auf, stellt seinen Rucksack, in dem all seine Klamotten gestopft sind, vor sich und legt mir gönnerisch seinen Arm um die Schulter. „Es braucht mehr, als nur einen Harten, um eine eigene Seite im *Boner Boy* zu bekommen. Glaube mir, ich bin seit Jahren Abonnent der Ausgabe und kenne die Qualität."

„Hunter Cook ist Starfotograf! Er kann jeden ..."

„Ja, ja, schon klar!" Jayden boxt mir gönnerhaft in die Seite.

„Ist dir nicht kalt?"

„Alter, ich bin ein waschechter Nuddy! Seit ich meist ohne Alles unterwegs bin, macht mir das Wetter kaum noch etwas aus. Zudem", zeigt Jayden auf den Himmel, „in einer Stunde wird diese dunkle Wolkenfront weitergezogen sein und die Sommerhitze kehrt zurück."

Ehrfürchtig blicke ich zum Himmel. Wenn es blitzen sollte, wäre ich hier auf der kargen Klippe ein gutes Ziel.

„Um den Leuchtturm herum geht meist erst in der Dämmerung die Post ab. Unter uns auf den Felsen und auf dem Weg durch die Büsche zum Nacktstrand hinunter, ist aber auch jetzt tagsüber etwas los."

„Was soll hier los sein los? Ich schlendere schon eine Weile hier herum und bin noch keinem anderen Menschen begegnet."

Jayden checkt seine Armbanduhr.

„Wollen wir den ganzen Nachmittag hier auf der windigen Landzunge verbringen?" Bibbernd suche ich im Windschatten des Leuchtturms Schutz vor dem zerrenden Wind.

„Ich dachte an Nacktbaden am *Lady Bay Beach*. Als *Boner Boy* wirst du dein gutes Stück bestimmt nicht die ganze Zeit verstecken wollen." Der Flitzer fasst nach dem Hosenstall meiner Shorts und macht sich flink an den drei Knöpfen zu schaffen.

„Hier?" Scheu sehe ich mich um.

„Immer noch Hemmungen?", wundert sich Jayden. „Mein lieber Bunyip, sind die Bilder erst einmal veröffentlicht, werden dich in der Szene viele Gays wiedererkennen und ihn signieren wollen."

„Blödsinn!"

„Jetzt zieh schon endlich deine Hose aus! Mann, es nervt, dass du weiter den Verklemmten spielst!" Weil ich mich sträube, kniet sich der Einundzwanzigjährige vor mich hin. Schockiert verkrampfen sich meine Hände am Hosenbund. „Valdrin, lass los!"

„Ich bin nicht mein Halbbruder. Ich bin gehemmt und scheu!"

„Ein Pflaster reißt man am besten in einem Ruck runter! Hände weg!" Kaum getan, zieht mir Jayden mit einem Ruck meine Shorts bis zu den Knien runter. „Schon besser!", lobt er. Als sich der Schrumpelige sofort langsam streckt und in Sekundenschnelle aufzurichten, benutzt der Skater statt Worte seine Lippen, um mir zu beweisen, wie sehr er meinen Einsatz schätzt. Verwirrt über seine Bereitwilligkeit zum Sex am öffentlichen Aussichtspunkt wehre ich ihn ab. Jayden packt aber fest nach meinen Backen, und weil ich erstmals seine Zähne fühle, rühre ich mich nicht. „Bunyip", unterbricht er kurz, „das will ich schon tun, seit ich dich wiedergesehen habe."

„So wie bei Rhydian im Waschsaloon?"

„Du hast es nicht vergessen?" Jubelnd sieht er mit meinem Ding in seinem Mund zu mir hoch.

„Natürlich nicht! Ich habe mir die Geschichte aufgeschrieben."

„Ach so!" Enttäuscht nuckelt der Skater weiter. „Ich stehe nun mal drauf!", seufzt er und demonstriert mir sein Geschick.

Sofort halte ich die Luft an. Verzweifelt versuche ich mein Stöhnen zu unterdrücken, um damit nicht zufällige oder bis jetzt unsichtbare Wanderer auf uns aufmerksam zu machen. Unsicher, mich hier so zu zeigen, doch auch ängstlich, Jayden könnte aufhören, wenn ich mich weiter ziere, atme ich schneller.

„Valdrin, komm noch nicht!" Leider stoppt der Flitzer in seinem Tun. Selbstzufrieden, steht Jayden auf und zwackt mich in den Arsch. „Du schmeckst heute nach Lakritze!"

„Ist das gut oder schlecht? Heute?"

„Ich liebe Naschwerk!" Die zweite Frage ignoriert er. Er hockt sich abermals vor mich hin, doch diesmal nur, um mir ganz aus der Hose zu helfen. Da er sich danach nicht an meinem T-Shirt und der Windjacke zu schaffen macht oder mir auch meine Turnschuhe auszieht, reicht es ihm, dass ich mich hosenlos als Freiwild oute. Als seine rechte Hand in meine gleitet, er sich mit der linken seinen Rucksack schultert und den Pfad über die Klippe Richtung Nacktstrand anpeilt, hüpft mein Herz verliebt. Den beiden alten Männern, die kurz darauf mit einem Hund spazierend auf uns zukommen, winke ich liebestrunken zu.

„Das ist Bunyip!", verkündet Jayden. Als die Männer nach *G'Day* schmunzelnd auf unsere Harten starren, fügt der Flitzern an: „Leute, kauft euch den nächsten *Boner Boy*. Mein Freund zeigt dort wieder alles. Wenn ihr uns live sehen wollt", Jayden grabscht in einer Seitentasche seines Rucksacks und zieht einen Flyer heraus, „bucht eine Nuddy Aktivität. Ich organisiere regelmäßig Führungen durch die Nationalparks von Sydney. Die nächste ist heute Nachmittag drüben in *Manly*. Treffpunkt um vier Uhr beim großen Schild bei der langen Treppe zum *Sydney Harbour National Park*."

„Ich weiß, wo das ist", flüstert der Begleiter des Hundeausführers und gafft lächeln auf unsere harte Zeigefreudigkeit. „Ist dein strammer Freund", er nickt auf mich, „auch dabei?"

„Valdrin?", fragt er mich.

Ich nicke.

„Du begleitest mich?" Jayden schlingt seine Arme um meinen Hals und küsst mich so leidenschaftlich auf den Mund, dass ich die beiden Fremden total ausblende. Der Hundeausführer steckt den Flyer ein, zwinkert mir zu und zieht mit Hund und Partner weiter.

„Ich will verstehen, wer mein Halbbruder war. Dafür muss ich in seine Fußstapfen trete", entschuldige ich mein skandalöses Verhalten.

„Gelegentlich begleitet mich Ares bei den Nuddy Aktionen."

„Marrick Braxton, der versoffene Hinterwäldler?"

„Ares ist ein Super-Typ! Ich mag ihn total gerne. Ich treffe ihn sehr oft auf ein paar *Stubbies* in der Szene. Früher sorgten er mit Rhydian zusammen für aufregende Pick-nick-Pausen."

„Show?", hake ich nach.

„Was wohl?", zwinkert mir der Flitzer zu. Weil ich auf einen Bericht warte, der aber nicht folgt, lege ich Jayden meinen Arm um die Hüfte und ziehe den nackten Fratz näher an mich heran. Er bleibt stehen und lässt seine Blicke über die Bucht schweifen. „Es stimmt mich traurig, dass ausgerechnet hier der Leichnam eines unschuldigen Jungen angespült wurde."

„Das war hier?"

„Nicht direkt am Nacktstrand, sondern etwas weiter südlich am *Milk Beach*. Dort fanden Wanderer die aufgedunsene Wasserleiche und alarmierten die Polizei."

Leider ist es mit meiner Lust schlagartig vorbei. Wieder aus meiner

Verliebtheit in die eiskalte Realität gezerrt, frage ich: „Jayden, trug Rhydian ein Tattoo in Form eines Fuchses am Nacken?"

„Er sprach mal davon, sich vielleicht ein kleines Tattoo stechen zu lassen." Jayden umrundet mich, als ob er jetzt mich nach Tattoos absuchen wollte. „Nein, da ist nichts!"

„Was wird das?"

„Ihr standet euch doch nahe?", fragt er mich. „Vielleicht seid ihr ja ähnlicher, als du ahnst! Bei Zwillingen ..."

„Rhydian war doch nicht mein Zwillingsbruder!" Kopfschüttelnd blicke ich in Jaydens Augen. Das verliebte Glitzern darin, lässt mein Herz hüpfen. „Wann hast du Rhydian zum letzten Mal getroffen?"

„Ist diese Frage jetzt ernst gemeint?"

„Natürlich!", verwundert, beharre ich auf Jaydens Antwort. „Du und er, ihr beide hingt doch ständig zusammen ab."

„Du meinst vor drei Jahren?"

„Wann denn sonst?" Kopfschütteln blicke ich zu den Wolken, die sich in Windeseile weiter Richtung Westen ins Landesinnere bewegen.

„Bei der *Porno-Tour* während Ostern. Die letzte führten wir am Ostermontag, dem 28. März durch."

„Wie habt ihr den Titel gerechtfertigt?"

Jayden steuert auf einen schmalen Pfad, der durch einen Hain hinunter an den Ozean in die Bucht führt. Erstmals seit dem älteren Paar begegnet uns wieder ein einzelner Mann, der uns mit seinen Blicken verschlingt und mit dem Kinn Zeichen gibt, dass wir uns mit ihm in die Büsche verdrücken sollen. Endlich gibt mir der Nackte Antwort: „Nuddy liebt Sex! Er braucht ihn mehrmals am Tag."

„Warum sprichst du im Präsenz?"

Jayden steigt nicht drauf ein. „Rhydian schlug kein Angebot aus. Seine Berühmtheit, sein Charme und seine Lust lullten jeden ein. Wir hatten viele Stammkunden bei den Nacktwanderungen. An jenem Ostermontag waren es fast vierzig davon. Ich war dankbar für das Geld, denn als Student und Skater, bin ich ..."

„Du bist der Cousin von Kensington und ein *Parramata* Erbe!", unterbreche ich ihn und entziehe ihm meine Hand. „Kensington weihte mich ein."

„Verdammter Idiot!", knurrt Jayden.

„Dann ist es wahr?“

„Natürlich ist Kensington ein Vollidiot! Das steht außer Frage.“ Weil ich meine Hand abermals in seine schiebe, nickt er schließlich. „Einer unser Urväter war tatsächlich ein *Parramatta*. Er war im Seehandel tätig und verdiente mit seiner Flotte ein Vermögen.“

„Warum ist das ein Geheimnis?“

„Hat nicht jeder Geheimnisse?“, kontert Jayden sofort. „Na gut! Ich suche echte Freunde und keine, die nur auf mein Geld aus sind.“

„Kannte mein Halbbruder deine wahre Identität?“

„Es war damals nie wichtig!“

„Du hättest ihn in seiner Not finanziell aushelfen können.“

„Um den Freigeist damit zu einem kleinkarierten Schuldner zu machen? Rhydian hätte mein Geld eh nie angenommen. Er war nach Australien gekommen, um seine Bestimmung zu finden. Ein sorgenfreies Leben wäre der Erfüllung seinem Ziel nur im Weg gestanden.“

„Mein Halbbruder hätte sich nie für Geld …“

„Dann hätte er einen Weg gefunden, es gratis anzubieten. Die Atmosphäre um ihn war immer Sex geladen. Nach seinem Sprung von der Brücke war seine heiß glühende Aura beinahe sichtbar. Er vibrierte und versprühte Erotik, wo immer er hinging. Jeder fühlte es. Jeder wurde davon, wie Wespen von Zuckerzeug, angezogen.“

„Du auch?“

„Rhydian war mein bester Freund!“

„Hattet ihr nach der Episode im Waschsaloon oft Sex?“

Jayden schweigt. Am Strand angekommen wirft er seinen Rucksack in den Sand und watet ins Wasser. „Kommst du nicht auch rein?“

Bestimmt ein Dutzend nackte Männer liegen oder sitzen in der kleinen Bucht und beobachten uns. Jayden taucht in die nächste Welle ein. Hastig ziehe ich mich ganz aus, solange ich noch den Mut dazu aufbringen kann. Die schwarzen Wolken sind tatsächlich inzwischen kaum noch in der Ferne auszumachen. Jetzt, da die Sonne wieder sichtbar geworden ist, steigen auch die Temperaturen rasch an. Nackt zu sein, speziell, wenn ich dabei von diversen Männern so direkt beobachtet werde, irritiert mich extrem. Weil mir Jayden aus dem Wasser zuwinkt, laufe ich die paar Meter zu einen Felsen und setze mich außer Reichweite der kleinen Wellen darauf.

„Noch immer Wasserscheu?“, brüllt Jayden extrem laut. Wahrscheinlich hat er Wasser in den Ohren.

„Ich war nie eine Wasserratte!“, verrate ich ihm.

„Lügner!“, ruft er, dass sich alle nach ihm umdrehen. Damit schwimmt er ans Ufer zurück, wo er zu mir auf den Felsen hochklettert. Selbstsicher und stolz präsentiert er jedem Gaffer seine wieder angeschwollen dreizehn Zentimeter. „Valdrin, du musst ins Wasser!“

„Auf keinen Fall!“

„Doch, du musst dich vom Schaum überrollen lassen!“

„Niemals!“ Zitternd kralle ich mich am scharfen Fels mit den Muscheln fest, bis meine Finger bluten.

„Alter!“, sorgt sich Jayden. „Ist es so schlimm?“

Von meiner Panik abzulenkend streichle ich Jaydens Schienbein.

„He!“, reklamiert er. „Meine Beine sind kein Waschlappen.“

„Sorry!“ Erstmals wird mir bewusst, dass vier meiner zehn Finger bluten. Geschickt klettere ich vom Fels und wasche mir die Hände im Salzwasser. Wieder oben wische ich mit meinen noch nassen Fingern die Blutspur von Jaydens Bein. „Erzählst du mir, was in der Nacht von Rhydians Initiationsritual in die Bruderschaft passierte.“

„Was bietest du dafür an?“

„Einen Blowjob?“, rutscht mir raus.

„Deal!“ Jayden hockt sich hin und legt mir seinen rechten Arm um die Schulter. Eng nebeneinandersitzend, lassen wir unsere Beine baumeln und stützen uns mit unseren Armen rücklings ab.

Geheime Erinnerungen von Jayden Salisbury:

► „Kandidaten, im Vorbereitungsraum findet ihr angemessene Garderobe für den Abend. Wählt weise! Alles was ihr tut oder was ihr verweigert, entscheidet über Würde und Mut.“ Kensington war in seinem Element und ließ den Frat-Präsidenten raushängen.

Ich kannte die Prozedur. Es war nicht meine erste, sondern meine siebte *Frat-Night* dieser Art. Rhydian, der in seiner abgetragener Jeans und seinen Flip Flops neben mir stand, blickte starr geradeaus. Wir waren an jenem Abend sechs Anwärter. Einzeln wurden wir von Kensington in den Raum geschickt, in dem jeder Kandidat die Garderobe für den ersten

Teil des Abends auswählen sollte. In der Regel zog jeder den Tuxedo an, der als erstes ins Auge fiel.

„Kandidaten, verlasst umgezogen durch die Hintertür die Kammer und gesellt euch zu den versammelten Mitgliedern, die euch heute Nacht prüfen werden. Das Dinner wird um neun Uhr im Saloon serviert. Macht mir keine Schande!"

Ich hatte keine Ahnung, wie weit Rhydian gehen würde, um bei uns aufgenommen zu werden. Er brauchte Hilfe, um die offiziellen Aufnahmeformalitäten an der Uni zu umgehen. Wie bei jedem Ritual mimte ich zu Beginn den scheuen Neuling. Wie vorauszusehen war, trug jeder der Prüflinge den bereitgelegten Smoking, als er auf der anderen Seite des Raumes wieder herauskam. Auch ich! Doch wo blieb Rhydian? Er ließ uns auf ihn warten. Einige Mitglieder klopften schon genervt auf ihre Uhren.

Rhydian zeigte vom ersten Moment an Initiative. Er musste irgendwo in einem Schrank in der Kammer gewühlt haben, denn statt dem Smoking trug er eine seidene Schärpe in den Hausfarben und dazu nur Handschellen, die seine Hände auf dem Rücken fixierten. Sein makelloser Körper glänzte eingeölt. Selbstsicher steuerte er direkt Kensington an. Meinem Cousin gefiel natürlich, was er sah, versuchte es sich aber nicht anmerken zu lassen, denn bis auf mich, wusste sonst keiner, dass er schwul war.

„Mit der Wahrheit verhält es sich wie mit der Würde!", verkündete Rhydian laut und deutlich. „Beides kommt von innen. Sowohl Würde wie Wahrheit liegen im Urteilsvermögen und selbstverständlich im Bewusstsein des Betrachters. Ich brauche keine teuren Gewänder, um würdevoll zu feiern. Meine Seidenschärpe zeichnet mich als dieser Bruderschaft zugetan aus."

Einige der Brüder nickten zustimmend.

„Brüder dieses Hauses, hört mich an: Heute Nacht gehöre ich nur Kensington!", erklärte Rhydian. „Kensington kann mit mir machen, was er will! Er alleine wird mich in eure ehrenwerte Gesellschaft so einführen, wie er es für angemessen und richtig empfindet. Für heute Nacht bestimme ich ihn zum Hüter meiner Würde! So sei es!"

Rhydian hatte meinen damals noch ziemlich verklemmten Cousin voll durchschaut. Normalerweise befahl der Präsident den Kandidaten sich auszuziehen, um dem Ritual splitternackt zu begegnen. Jeder wusste, dass zu jeder Fraternity-Einweihung ein guter Fick dazu gehörte. Rhydian hatte die Regeln auf den Kopf gestellt. Kensington konnte sich nicht, wie sonst als einer der letzten über die Prüflinge hermachen – sozusagen im Gruppenzwang seine Gelüste ausleben – sondern er müsste den Anfang machen.

Ich stand bald nackt, zusammen mit den anderen fünf Kandidaten, an der Wand und beobachtete auf Anweisungen wartend. Als die Glocke zum Dinner erklang, folgte Rhydian Kensington zur Tafel und stellte sich dicht hinter ihn. Natürlich hätte jeder, außer meinem verklemmten Cousin, den geilen Bock in Handschellen den versammelten Wölfen zum Fraß vorgeworfen. Rhydian war purer Sex. Alle labten sich an seinem Schwimmerkörper und seinem langen Schwanz.

„Fick die Schlampe!", forderte einer meinen Cousin auf.

„Zeig dem *Boner Boy* seinen Platz in der Bruderschaft!"

Homoerotische Spielchen gehörten zur Demütigung. Rhydian stand hart erregt, reglos hinter Kensington und verzog keine Miene. Zwei der anderen Kandidaten mussten es sich gegenseitig mit den Händen besorgen; und ein dritter – ich – holte sich während dem Dessert einen runter. Mehr passierte nicht. Jeder hoffte darauf, dass Rhydian herumgereicht oder zumindest von den anderen Kandidaten als williger Arsch benutzt werden wird. Kensington gab keine diesbezüglichen Anweisungen, sondern verlangte es von den anderen Kandidaten. Weil diese sich verweigerten reihum gefickt zu werden – bestimmt nur, weil Rhydian sich selbst dazu nicht hingab – erhielt jeder von ihnen die schwarze Feder der Schande und wurde nach Hause geschickt.

„Bin ich ausgewählt worden?", fragt Rhydian, als nur noch er und ich auf das Urteil warteten. Statt einer Antwort, wurden wir beide in Kensingtons Büro geschickt.

„Was passiert jetzt?", löcherte mich Rhydian mit Fragen.

„Es kommt pro Abend immer nur einer rein, der Rest muss gehen!", erklärte ich ihm. „Wer, das entscheidet der bessere Fick."

„Dann kommen wir beide doch noch dran?"

„Darauf kannst du wetten!", bestätigte ich seine Vermutung.

„Wer wird es sein?"

„Alle! Das ist immer so, wenn es um den Stichentscheid geht!"

„Ha, ha!“

„Rhydian, wir müssen diese Kutten anziehen und uns auf der Couch dahinten hinknien. Die Brüder werden dann entscheiden, ob wir es uns gegenseitig besorgen sollen oder ob sie es machen.“

„Vorhin sagtest du, dass sie alle ...“

„Ja, beim Sieger!“

„Rhydian, auf ein Wort!“ Plötzlich stand Kensington in der Tür und schickte mich hinaus. Als ich nach bestimmt erst zehn Minuten wieder reindurfte, wurde mir meine Kutte abgenommen. Rhydian, mit der schwarzen Kutte übergezogen, die sein Gesicht und Körper verbarg, kniete rücklings auf der Couch. Seine Hände waren mit den Handschellen jetzt vorne am Sessel festgebunden und seine Füße mit jeweils weiteren Handschellen in gespreizter Stellung an den Stuhlbeinen fixiert. Als die Brüder, jetzt auch alle nur noch in schwarzen Kutten, nacheinander den Raum betraten, war ich der einzig ganz nackte.

Kensington befahl mir mit verstellter Stimme: „Du! Fick ihn!“

Rhydian würde mir gehörten? Damit hatte ich nicht gerechnet. Augenblicklich war ich steinhart und zitterte am ganzen Leib vor Lust. Einer der Brüder hob Rhydians schwarze Kutte hinten hoch und präsentierte mir im schummrigen Licht seinen weißen und willigen Arsch. Mit Öl rieb ich ihn erst ein und stieß das erste Mal zu. Der Eingang war eng, was mich nur noch mehr anstachelte. Wie sehr hatte ich davon geträumt, diesem Sportler endlich zu zeigen, wie sehr ich ihn begehrte. Als ich über seinen Rücken abspritzte – so war die Regel – schwelgte ich im siebten Himmel.

Der große Mönch trat wieder aus dem Schatten und zeigte auf einen seiner Brüder. Auch der besorgte es Rhydian, der diesmal noch lustvoller stöhnte, als bei mir. Erst als alle zehn Brüder den Neuen mit ihrer Lust als würdig empfunden hatten, verließen sie wieder den Raum. Nur der verkleidete Kensington, der reihum auf alle gezeigt hatte, blieb zurück. Er öffnete die diversen Handschellen und Rhydian stand auf und verließ aufrecht unter der Kutte den Raum, nur die Kapuze zog er sich tief ins Gesicht.

„Danke!“, sprach ich meinen Cousin an. „Das war der beste Fick meines Lebens!“

„War er das?“ Der Mönch lüftete seine Kapuze.

Erst vor Schreck, dann vor Scham, sackte ich einfach in die Knie. Vor mir stand Rhydian. „Du?“, gaffte ich ihn ungläubig an.

„Wer war der andere?“

„Einer, der es viel nötiger hatte, als ich! Ich fotografierte ihn, bevor ich euch anderen hineinließ. Man kann nie wissen, wozu ein solches Foto einmal gut sein wird.“

„Du wirst den Neuling erpressen?“

„Wer spricht denn von einem Neuling?“

„Kensington?“ Weil Rhydian nur breit grinste, riss ich meine Augen auf. „Ich habe meinen Cousin gefickt?“ ◀

„Hast du?“, frage ich Jayden, der bei der Geschichte ständig seine Dreizehnzentimeter lustvoll rieb. Sein breites Grinsen, ist mir Antwort genug. „Wollte er das?“

„Ich sagte dir schon, dass Rhydian eine Gabe hatte. Er erkannte auf einen Blick die sehnlichsten Wünsche seines Gegenübers.“

„Dass du deinen Cousin ficken wolltest?“

„Ich meinte Kensingtons Wünsche!“, verteidigt sich Jayden.

„Jetzt verstehe ich, warum mir Kensington gestern diese Geschichte nicht selbst erzählen wollte. Jayden, dein Cousin bewundert dich.“

„Ich weiß! Er mochte mich schon immer. Seit ich ihn gefickt habe, hoffte er auf eine Wiederholung. Kensington nahm deswegen oft an meinen Nuddy Aktivitäten teil.“

„Was ist gegen einen guten Fick einzuwenden?“ Als ich mich das sagen höre, komme ich mir wie ein Heuchler vor. Was weiß ich davon? Ich habe weder einen Cousin noch kam ich jemals aktiv oder passiv selbst in den Genuss einer Penetration.

„Es war damals geil, verdammt geil sogar. Aber weil ich glaubte, es wäre Rhydian. Hätte ich geahnt ... Ach! Keine Ahnung!“

„Wurde Rhydian in die Bruderschaft aufgenommen?“

„Da jeder glaubte, ihm die Ehre erwiesen zu haben, bekam er die weiße Feder des Ruhms zugesprochen – ganz offiziell!“

„Aber er bekam weder sein erhofftes Stipendium noch sein Studentenvisum? Habe ich Recht?“

„Ja! Denn später tauchten peinliche Fotos von Kensington auf. Jeder verdächtigte Rhydian, warum er aus der Fraternity rausflog.“

„Rhydian war ein Erpresser?“

„Keine Ahnung!“ Jayden zuckt mit seiner Schulter. „Sein Zimmer im *Mustang* wurde durchwühlt und fast alles gestohlen, auch die Fotos?“ Jayden blickt auf seine Armbanduhr. „In vierzig Minuten legte die Fähre am *Fishermans Wharf* im *Watson Bay* ab. Die darf ich nicht verpassen.“

Eros oder Aphrodite?

Zum Glück hat sich das Unwetter mit den darin lauernden Blitzen vollkommen verzogen, und die Wellen im *Port Jackson* flachten wieder ab. Es wird mein erster Trip auf einem der gelb-grünen Fährboote werden. Jetzt am Nachmittag nutzen viele Rentner, Touristen und Familien das Wassertaxi. An Bord ist es laut, denn jeder redet oder lacht.

„Nehmen viele am heutigen Ausflug teil?“, frage ich Jayden. Er sitzt mit seinen Händen hinter dem Kopf entspannt auf einer Außenbank und hat seine Füße auf dem Geländer liegen. Er genießt den Wellengang und die gelegentlichen Gischt Spritzer. Er trägt zu einer abgeschnittenen Jeans einen Sonnenhut und Turnschuhe. Seine nackte Hühnerbrust lässt er sich frisch eingeölt von der Sonne küssen.

„Seit Rhydian sich nicht mehr zeigt, sind es deutlich weniger geworden. Mein *Nuddy* war das Zugpferd! Jeder kannte ihn. Selbst *Boner Boy* zahlte viel, für ein zweites Cover.“

„Mein Halbbruder war zwei Mal auf dem Cover?“

„Habe ich das nicht erzählt? Er ist der Einzige, der das jemals geschafft hat. Jeder riss sich um ein Interview mit dem schönen exhibitionistischen Schweizer. Dazu kam sein enormes Engagement für die Gay Szene. Henley und Sam verschafften ihm während der vielen Rahmenveranstaltungen vor und während *Mardi Gras* viele Auftritte.“

„Ich sah ihn mit rosaroter Mähne!“

Jayden lacht auf. „Jenes Kostüm war der Trophäe nachgeahmt. Vier Jahre zuvor zum ersten Mal verliehen, war sie ursprünglich der Oskar-Statue nachempfunden. Doch der Künstler verpasste der Figur ein gewagtes Outfit, eine gewaltige Löwenmähne und einen fetten Ständer. Rhydian war der erste Moderator, der den Mut aufbrachte, sich genauso auf der Bühne zu präsentieren.“

„Rhydian sah als Trophäe total lächerlich aus!“

„Nuddy liebte es zu provozieren und sein Image ständig zu erweitern. Kaum legte ihn ein Interview auf etwas fest, konnte man sicher sein, dass er am Tag darauf genau das Gegenteil machte, um es zu entkräften. Das brachte ihm während *Mardi Gras* viel Presse ein und damit sehr gutzahlende Freier."

„Gibt es noch andere Fotos in Kostümen von ihm?"

„Schau in die März-Ausgabe des *Boner Boy*. Eine Doppelseite zeigt ihn in seinen diversen *Mardi Gras* Outfits. Rhydian hatte in jener Ausgabe aber auch noch das Titelbild, das ihn stolz in seinem Goldgürtel auf dem Siegerpodest stehend zeigt und die innerste Doppelseite. Ein Reporter schrieb über den Schaumgeborenen und zog Parallelen zu *Aphrodite*, der Göttin der Lust."

„Du glaubst diesen mythologischen Schwachsinn?"

„Ach, Valdrin!" Jayden boxt mir auf der Fähre in den Magen, das ich für einen Moment befürchte, gleich die Fische mit halbverdautem Cheeseburger und Pommes füttern zu müssen. „Kein andere hätte mit Latte ein Podest für eine Siegesehrung besteigen können ohne dabei verhaftet, ausgelacht oder gesteinigt zu werden."

„Du glaubst tatsächlich an seine Aphrodite-Besessenheit?"

„Nein, natürlich nicht! Aber ich erlebte sie täglich."

„Redet ihr von Rhydian Elpis?" Ein pausbackiger Mittvierzigjähriger mit dichten Löckchen und Übergewicht, rückt näher an Jayden heran. „Rhydian Elpis war mein Idol!", schwärmt der Mann in Polizeiuniform.

Jayden wechselt vielsagende Blicke mit mir.

„Vor drei Jahren auf Streife, hörte ich von einem Stricher, der in einem Hotel eine Demonstration abhalten würde. Ich übernahm den Job. Ein junger Gentleman im Armani Anzug spielte am Klavier *Gerschwin*. Die Körper aus Zuhörern formten eine Arena. Mitten drin stand Rhydian, bis auf eine edle Goldweste, splitternackt und hart erregt."

„In einem öffentlichen Hotel?", plappere ich dazwischen.

„Es war am Freitagabend vor der Parade zu *Mardi Gras*. Statt den Nudisten sofort zu verhaften und abzuführen, beobachtete ich ihn und die vorwiegend jungen Männer in der Runde. Als mich einer erblickte, kam er auf mich zu, um sich vorzustellen und Rhydians Auftritt zu erklären. Der Mann berichtete, dass sie einem Verein schwuler spiritueller Sucher angehörten."

„Tempelflitzer?“, spottet Jayden. „Bibel Freaks labten sich an Rhydians Latte?“ Verschwörerisch kickt mir Jayden ins Schienbein.

„Rhydian war ihr geladener Gast und würde nach der Pause den zweiten Teil seines Vortrags halten.“

„Vorträge?“ Fassungslos starre ich den Polizisten an.

„Die Frommen brauchten einen Vorwand einen Wichser zu buchen!“, grölt neben mir Jayden. „Leicht verdientes Geld“, nuschelt er.

„Das dachte ich auch! Darum gab ich per Funk Bescheid, dass die Lage entschärft sei.“

„Können Sie sich noch daran erinnern, was Rhydian sagte?“ Ich bin mir noch nicht sicher, ob der Kerl ein verkleideter Kumpel von Jayden ist, der mich verarschen soll.

„Rhydian betrat in seiner glitzernden Goldweste die Bühne. Er sprach von Eros.“ Der Polizist grabscht nach einem kleinen schwarzen Notizheft. „Normalerweise notiere ich mir hier Tatbestände, Telefonnummern, Adresse von Verdächtigen und dergleichen. Dieses Buch trage ich noch heute stets bei mir. Ich schrieb damals mit.

Rhydian sagte: *Eros ist der älteste der Götter. Heute nennt man Eros schlicht und einfach Liebe. Es ist die Liebe, die das Herz berührt. Liebe ist das göttliche Erbe, das jeder von uns im Herzen trägt. Einige nennen das Seele. So ist es die Liebe, die der Anfang und das Ende von allem ist. Die Liebe ist der Schlüssel zum Verständnis der Schöpfung und der Götter. Ohne Liebe gibt es kein Licht, keine Farben oder Schatten. Liebe ist das Leben selbst, der Energiestrom, der alles ermöglicht, erhält und belebt. Das ist Eros, die Liebe.*

Und was ist mit Aphrodite? Kennen sie nicht viele als die Göttin der Liebe? Oft wird sie sogar als Mutter von Eros genannt. Ich sage euch, das ist ein Missverständnis. Eros, also die Liebe, ist formlos und kaum zu fassen. Aphrodite hingegen verkörpert sich immer und immer wieder, um in jeder Generation und überall auf der Welt der Liebe ein Gesicht zu geben. Aphrodite oder Venus, wie die Römer sie nannten, ist die Lust. Sie repräsentiert ein viel bekannteres Gesicht, als Eros, den unfassbaren, den mythischen ersten aller Titanen. Seht mich an! Ich verkörpere Venus. Ich bin die zu Fleisch gewordene Lust. Mich könnt ihr anfassen. Aber vergesst niemals, die Lust ist nur ein Schatten der Liebe. Doch es gibt keine Schatten ohne das Licht. Blickt durch die Maske der Lust hindurch und ihr erkennt die Liebe, die sich ihren Weg bis in die physische Existenz bahnt.“

„Das verzapfte der Nackte den gläubigen Unschuldsengeln?“ Kopfschüttelnd erwarte ich, dass der Polizist sich gleich als Fake zu erkennen gibt.

„Rhydian Elpis zog sich daraufhin die Goldweste aus und stolzierte durch die Gruppe, damit ihn jeder anfassen konnte. Viele taten es. Ich auch. Dabei redete Rhydian Elpis weiter:

Ich bin das Fleisch und die Lust. Jungs, habt keine Angst davor. Genießt eure Lust und lasst euch von niemandem einreden, sie wäre Teufelszeug oder Sünde. Ohne Lust wäre keiner von euch geboren worden. Der Sexualtrieb ist der physische Schöpfungsakt, um neue Körper für die Liebe zu kreieren. Ihr alle seid schwul – oder glaubt es zu sein. Spritz eure Lust zum Vergnügen und benutzt sie als Ventil, wenn die Welt über euch einstürzt. Benutzt eure Lust als Kommunikationsform und um euch selbst besser zu verstehen. Denkt nur daran, die Lust ist nur das Tor zum Herz. Ums Herz geht es, da wohnt die Liebe.

Trotzdem setzte sich Rhydian Elpis auf der Bühne auf einen Stuhl und holte sich genüsslich einen runter. Als er heftig keuchend abspritzte, lachte er befreit: *Genießt eure Lust, das ist Aphrodites Geschenk und ihr Flucht!* Damit stand Rhydian Elpis von Stuhl auf, zog sich in aller Ruhe seine Goldweste wieder an und verließ den Vortragsraum.

Ich folgte ihm, um ihn zu ermahnen, dass er so nicht auf die Straße könne. Rhydian sah mir daraufhin nur tief in die Augen, nickte und betrat den Lift, um in die Lobby hinunter zu fahren.“

„Das soll ich jetzt glauben?“, zweifle ich noch immer.

„Wir kommen gleich in *Manly* an“, drängt Jayden zum Aussteigen.

„Danke für die Geschichte!“, murmle ich berührt.

„Du findest seine ganze Rede auf der Homepage der schwulen spirituellen Sucher von Perth.“ Der Polizist fokussiert mich. „Kanntest du Rhydian sehr gut?“

„Ich bin in der Schweiz mit ihm zusammen aufgewachsen. Ich bin sein Halbbruder.“

„Dann bist du Valdrin Loris? Ich dachte doch, du kommst mir sehr bekannt vor. Hast du etwas mit deinen Haaren gemacht? Du siehst irgendwie verändert aus.“

„Sie kennen mich? Ich habe mir nur meinen Bart abrasiert.“

„Ich helfe bei der Aufklärung des Todes des Jungen, der bis Dato mit Rhydian Elpis verwechselt wurde. Du siehst Rhydian wirklich ähnlich. Ohne deinen Bart und die Köperhaare …“ Der Polizist sieht mir tief in die Augen und auf mein vorne geöffnetes Hemd. „Rhydian hatte vollkommen andere Augen als du! Brüder?“

„Halbbrüder!“, korrigiere ich.

„Verstehe! Ich bin nur ein Helfer bei den Ermittlungen. Heute Morgen hörte ich, dass der Leichnam zweifelsfrei identifiziert wurde. Es handelt sich beim Toten um einen jungen Stricher namens *Barry Pyromont.*“

„Rhydian lebt vielleicht noch?“, frage ich voller Hoffnung.

Der Polizist mustert mich und öffnet seinen Mund, um mir zu antworten. Jayden packt den Polizisten sofort grob am Arm und schüttelt dabei immer wieder energisch seinen Kopf, bis der Bulle ihn böse ansieht, und Jayden wieder von ihm ablässt.

„Sicher ist, Barry Pyromont wurde ermordet. Was mit deinem Halbbruder passierte, bleibt eine offene Frage. Der Mordfall Rhydian Elpis wird zu den Akten gelegt.“

„Es wird nicht weiter nach Rhydian gesucht?“, wundere ich mich.

„Dafür ist eine andere Abteilung zuständig. Für die Kriminalpolizei von Sydney gibt es keinen Mordfall Rhydian Elpis. Jetzt wird nach dem Mörder von Barry Pyromont neu gefahndet.“

„Alter!“, schüttelt Jayden mich mit aller Gewalt.

„Hervorragende Neuigkeiten!“, bedanke ich mich beim Cop.

„Rhydian treibt sich auf einen *Walkabout* im *Outback* herum“, wechselt Jayden das Thema. „Traumwanderungen können sehr gefährlich sein! Schon viele verirrten sich in ihren Träumen.“

„In einem Traum gefangen?“, zweifle ich.

„Valdrin, das kann vorkommen!“ An den Polizisten gewandt: „Danke, danke! Sie hat das Schicksal auf diese Fähre geschickt.“

„Ich bin auch froh, dass Hoffnung besteht. Have a nice Day!“ Damit stapft der krausköpfig pausbackige Polizist von Bord. Bevor er im Strom der landenden Touristen verschwindet, sieht er sich nochmals zu uns um, kratzt sich am Kopf und lächelt plötzlich.

Jayden weint auf der Bank sitzend still vor sich hin. Als ich ihn in meine Arme nehme, flennt er. „Rhydian lebt noch“, schluchzt Jayden.

„Doch wo steckt er?“ Resigniert hebe ich meine Arme.

Plötzlich wütend boxt mir Jayden schon wieder grob in den Magen. „Verdammter Vollidiot!“

Schockiert gaffe ich den Kerl an, in den ich mich verliebt habe. Verletzt und wütend würge ich hervor: „Jayden, macht es dir etwas aus, wenn ich dich nicht auf deiner *Boner*-Tour begleite, sondern mit der Fähre zurück nach Downtown fahre?“

„Mach doch, was du willst! Was musst du denn noch hören?“ Jayden wischt sich sein Gesicht trocken und entschuldigt sich für seinen Ausbruch. „Sehen wir uns trotzdem heute Abend im *Mustang*?“

„Bei Coodgee?“ Ich rümpfe meine Nase, dann besinne ich mich um. Da Rhydian vielleicht noch lebt, finde ich beim kiffenden Ex-Hippie vielleicht weitere Spuren. „Na gut!“

„Lieber morgen! *Boner*-Touren können auch mal länger dauern, wenn du verstehst, was ich meine!“

„Ich bin morgen um Mitternacht im *Mustang*.“

„Cool! Valdrin, komm früher! Miss Muriel und Queen Darlinghurst feiern ein Comeback!“

Rhydian Elpis lebt!

Ich stehe vorne im Bug der Fähre und kann es nicht erwarten am *Circular Quay* zu landen. Gehetzt laufe ich von Bord und winke mir, kaum aus der Fußgängerzone, ein Taxi, um zum Polizeiposten zu fahren. Die Geschichte des Polizisten auf der Fähre wird mir offiziell bestätigt. Die Kriminalpolizei hat den Mordfall Rhydian Elpis offiziell geschlossen.

„Ich bleibe am Ball!“, verspreche ich dem Beamten, der aber kein Interesse mehr an meiner Mitarbeit zeigt. „Noch ist Rhydian Elpis nicht wiederaufgetaucht! Sie müssen ihn suchen!“

„Mister Loris, könnte es sein, dass der Rucksacktourist einfach weitergezogen ist? Vielleicht hing Rhydian Elpis sein Image einfach an den Nagel, um irgendwo anders ganz neu zu beginnen?“

„Sicher nicht!“ Weil ich von der Polizei keine weitere Hilfe erwarten kann, verlasse ich das Amt.

Draußen lasse ich meinen Frust an einer Mülltonne aus und rede wie ein Irrer auf einen der schwarz-weißen Kraniche ein. Mein Opfer steht im Schatten eines Eukalyptus und starrt mich nur an. Als ich endlich erkenne, wie total bekloppt ich mich benehme, gebe ich es auf.

Stundenlang irre ich ohne Ziel und Richtung. Warum ich irgendwann einen Bus besteige, die *Sydney Harbour Bridge* überquere um in *North Sydney* meine Odyssee fortzuführen, weiß ich selbst nicht.

„Er lebt! Mann, die Tickets kosteten mich ein Vermögen. Hast du deinen gefälschten Ausweis dabei?"

Ich belausche zufälligerweise zwei Teenager, die ziemlich laut reden. Wahrscheinlich haben beide entweder einen Ohrschaden oder sie tragen Minikopfhörer, um sich gleichzeitig den Sound ihrer iPhones reinzuziehen. Beide sind vollkommen weiß gekleidet.

„Und er wird wirklich da sein?", fragt der andere den ersten.

„Dill! Voll total wahr! Rhydian Elpis lebt! Er ist zurück nach Sydney gekommen!" Der kleinere der Beiden, der offensichtlich den neuesten Tratsch kennt, fuchtelt beim Erzählen mit seinen Händen.

Erschlagen von der Neuigkeit, schleiche ich mich näher, um die beiden Kids, die auf einer Bank unter einer Akazie zusammen diskutieren, zu belauschen. Sie warten auf einen Bus nach *Balmoral*, so verrät mir das Schild über ihnen. Einer trägt eine White Jeans, weiße Turnschuhe und ein weißes Glitzershirt, der andere nur eine schneeweiße Latzhose und Sandalen. Offensichtlich sind sie ein schwules Liebespaar, denn ihre Ringfinger zieren identische Regenbogen-Freundschaftsringe.

Der Kritiker in der Latzhose schüttelt mehrfach seinen Kopf in Unglauben. „Ich dachte, der Porno Star kehrte nach Europa zurück, um in England, sein Glück als Filmer zu versuchen!"

„Nein! Er war in Paris, um Modell für eines der Labels zu werden. Echt, Mann, du bist total nicht auf dem Laufenden!"

„Und jetzt ist Rhydian Elpis wirklich wieder in Sydney?"

„Er wurde mehrfach gesehen. Darum fahren wir ja hin." Glitzershirt fährt sich durch seine lockig braunen Haare.

Begeistert pfeift der andere durch seine Zähne.

„Er soll heute Nachmittag in *Balmoral* seine Latte bei einer *White Party* zeigen. Ein anderer Kumpel von mir kennt da jemanden, der jemanden kennt, der den Veranstalter kennt. Sie haben Rhydian Elpis als Ehrengast eingeladen."

Latzhose küsst seinen Freund auf den Mund und legt ihm dann seinen Arm um die Schulter. „Das ist das beste Geburtstagsgeschenk!"

Mein Halbbruder lebt und ist in Sydney? „Sorry, ich belauschte euer Gespräch. Ihr kennt Rhydian Elpis?", frage ich und stelle mich vor die beiden verliebten Turteltauben.

„G'Day!", begrüßt mich Latzhose. „Bist du auch ein Fan?"

„Was geht ab?", mustert mich Glitzershirt.

„Rhydian Elpis ist mein Halbbruder aus der Schweiz!"

„Angeber!" Glitzershirt winkt ab.

„Nein, wirklich! Ich bin extra aus Europa angereist, um hier nach meinem vermissten Bruder zu suchen. Wurde Rhydian wirklich lebend in Sydney gesehen?"

„Alter", blickt mit Glitzershirt gönnerisch an, „glaubst du, ich bezahle drei Hundert *Aussies* für eine *White Party*, wenn nicht der beste aller *Boner Boys* dort auftreten würde?"

„Dreihundert?" Latzhose verdreht seine Augen. „Nobbs, du liebst mich wirklich!" Zum Dank für das Ticket drückt er seinem in der Sonne glitzernden Nobbs nochmals einen Kuss auf den Mund.

„Hat einer von euch Rhydian Elpis schon zuvor einmal live gesehen?", forsche ich in den Gesichtern der beiden Teenager. Sie dürften kaum älter als sechzehn sein, warum ich bezweifle, dass sie vor drei Jahren meinem Halbbruder begegnet waren.

„Wir sind Fans!", verrät Latzhose. „Mann, in wenigen Stunden werden wir ihn live sehen! IHN! Ich bin ganz zappelig!"

„Kann ich euch begleiten?" Die Aussicht meinem Halbbruder heute Nachmittag zu begegnen, lässt auch mich vor Aufregung zittern.

„Wir fahren nach *Balmoral*. Klar, kannst du dich uns anschließen!" Glitzershirt bietet mir neben sich einen Platz auf der Bank an. „An die Party wirst du in deinen Klamotten aber nicht reinkommen. Zudem bezweifle ich, dass es vor Ort noch Tickets gibt. Die Party ist *sehr* privat. Ein Freund eines Freundes ..."

„Danke! Ich schließe mich euch gerne an!" Wie lange sich mein so lang verschollener Halbbruder wohl schon hier in *New South Wales* herumtreibt? Sollte ich den Polizisten von vorhin anrufen? Nein! Soll er doch später in der Zeitung von Rhydians Auftauchen lesen.

„Alter, du bist echt mit *Mister Gigantikus* verwandt?“, will später Latzhose wissen, als wir im Bus nach *Balmoral* sitzen und er sich zu mir nach hinten umdreht.

„Mister Gigantikus?“

„Seine Latte misst dreiundzwanzig Komma zwei Zentimeter. Ich habe zuhause das Poster davon in Echtgröße. Mann, diesen Kolben würde ich gerne ...“ Der Junge mit dem nackten Oberkörper drosselt seine Stimme und leckt sich die Lippen, um seine Absicht zu verraten.

„Ich bin tatsächlich sein Halbbruder!“, bestätige ich Latzhose.

„Voll geil! Alter, du musst uns später persönlich mit Rhydian Elpis bekanntmachen.“, lechzt er.

„Machst du doch?“ Damit dreht sich auch Glitzershirt zu mir um. Seine zuvor arrogante Haltung wechselt von kalt und distanziert augenblicklich in überschwänglich aufdringlich. „Ich habe zuhause jedes Poster und jeden Zeitungsausschnitt vom allerbesten *Boner Boy* gesammelt. Das ist übrigens Kelly!“, stellt er mir Latzhose vor.

„Logisch!“ Spiele ich mit. Werde ich meinen Halbbruder erkennen, wenn er vor mir steht? Natürlich weiß ich, wie Rhydian vor drei Jahren auf all den Fotos aussah, doch noch immer fehlen mir meine persönlichen Kindheitserinnerungen von Zuhause an ihn. Ob ein Blick in seine Augen endlich den Schleier lüften kann? Seine Berührung wird bestimmt helfen. Mich wird Rhydian doch wiedererkennen? Er muss einfach. „Leider habe ich keine Fotos von früher auf meinem iPhone abgespeichert. Manche sagen, wir würden uns entfernt ähnlich sehen.“

Latzhose checkt mich gründlich ab, rümpft seine Nase, dass seine Sommersprossen sich zusammenziehen und nickt dann trotzdem langsam. „Ja, da ist etwas Vertrautes an dir. Du hast die gleich breite Schulter und einen ähnlichen Mund. Aber deine Augen haben eine total andere Farbe. Wie lang ist dein“, er lehnt sich über seine Sitzbank weiter zu mir nach hinten und flüstert mir direkt ins Ohr, *„Boner*?“

„Ich habe echt noch nie selbst gemessen“, gebe ich zu.

„Wer dann?“, fragt der Freche, dessen linker Träger ihm über die Schulter nach unten gerutscht ist.

Jetzt hat mich auch Glitzershirt im Visier. Ich sehe es ihm an, dass er mich gedanklich mit all seinen Pin-Up-Fotos vergleicht. „Rhydian Elpis hat eine ähnliche Haarfarbe wie deine, doch eine ganz andere Kopfform. Zeig mal deine Hände!“ Kaum strecke ich sie dem Teenager zu, fasst er nach meiner rechten Hand und überprüft meine Finger und Nägel. Als er nach meinem Kiefer greift, um wahrscheinlich mein Gebiss zu checken, strecke ich ihm die Zunge raus.

„Tattoos?“, fragt Noobs, um seine Überprüfung fortzusetzten.

Ich schüttle meinen Kopf.

„Piercings?“, fragt jetzt Kelly und setzt das Verhör fort.

„Nein!“, bestätige ich und amüsiere mich über das Spiel.

„Alter Bär, du bist vielleicht haarig!“ Unverschämt direkt streichelt mir jetzt das Früchtchen über die Stoppeln meines Kinns, danach langt er mir oben in den Ausschnitt, um das gleiche mit meinem getrimmten Brusthaar zu tun. „Rhydian Elpis trug weder einen Bart noch war er ein Bär. Alter, du schon! Falls du ihm wirklich ähneln willst, opfere deinen Peltz und huldige so der Vorliebe für blitz-blank unseres Idols. Noobs und ich tun dass regelmäßig!“

„Rhydian war vor drei Jahren auch erst zwanzig. Mit zwanzig ...“

„Ja, ja!“, fährt mir der zutrauliche Kerl übers Maul. „Du siehst zehn Jahre älter, als unser Star aus. Warst du Rhydians Babysitter, als er noch klein war?“

„Vielleicht?“, bleibe ich vage. Oh, könnte ich mich doch nur daran erinnern! „Wie alt seid ihr Jungs?“

„Zwanzig“, lügt Glitzershirt und hält mir seinen gefälschten Ausweis unter die Nase.

„Denkst du“, flüstert mir Latzhose zu und seine Augen glänzen dabei, „wir dürfen Rhydians *Boner* anfassen?“

„Oder lutschen“, wispert Noobs und errötet dabei.

Sprachlos über die Frage und Absichten der beiden so jung aussehenden Kerle lache ich. Stimmen auch nur die Hälfte der Gerüchte über meinen Halbbruder, wird er diese Halbwüchsigen als Vorspeise vernaschen. „Wollt ihr das denn?“

„Ich schon“, verrät mir Latzhose und erntet dafür einen eifersüchtigen Blick seines spendablen Lovers. „Nur anfassen“, erklärt er Glitzershirt. „Nobbs, eine solche Gelegenheit lässt man nicht ungenutzt verstreichen.“ Offensichtlich hörte – oder ignorierte – er das vorherige Flüstern seines Freundes.

„Und falls du kein Ticket ergattern kannst?", bringt es der eifersüchtige Möchte-gerne-Lutscher auf den Punkt. „Alter Bär, wie willst du ohne Eintritt zur Fete an deinen Bruder herankommen?"

„Ich bin erfinderisch!", grunze ich und schiebe den Einwand mit einer Handbewegung entschieden von mir. Sollte mein Halbbruder wirklich als Ehrengast eingeladen sein, so wird er doch seinen eigenen Halbbruder sofort in der wartenden Menge erkennen, ihn in seine Arme schließen und selbstverständlich gratis zur *White Party* einlassen.

Latzhose nickt mehrfach und wiederholt: „Alter, ich will wirklich seinen *Boner* anfassen! Ich würde auch weiter gehen. Dein Halbbruder ist mein Vorbild, seit ich auf Jungs stehe." Weil sein Lover neben ihm knurrt, zwinkert mir Latzhose zu, setzt sich wieder richtig in seinen Sitz vor mir hin und grabscht nach der Hand seines Partners. Turtelnd vergessen sie mich. Den Rest des Weges ignorieren sie mich.

Wie wird Rhydian auf meine Anwesenheit in Australien reagieren? Warum hat er sich all die Jahre nicht gemeldet? Keiner von Rhydians Freunden wusste, wo sich mein Halbbruder versteckte und jetzt – zufälligerweise – treffe ich zwei Halbstarke, die mich direkt zu ihm führen. Was sage ich ihm? Wie erkläre ich ihm, dass ich wegen seinem spurlosen Verschwinden überschnappte? Tausend unbeantwortete Fragen, Zweifel und Ängste später kommt der Bus in *Balmoral* an.

„Alter Bär, treffen wir uns später auf dem Holzsteg?", fragt mich Latzhose. „Noobs und ich wollen bis zum Beginn der Party shoppen. Ich brauche noch eine sexy weiße Badehose für später!"

„Warum denn das?", will ich wissen.

Verschwörerisch flüstert mir der Teenager zu, dass er jetzt nichts drunter anhabe. Dabei stellt er sich so dicht vor mich, dass ich seitlich in seine Latzhose hineinsehen kann. Er muss zuvor seitlich die Knöpfe geöffnet haben, denn ich bekomme einen direkten Blick auf seinen Doodle. „Alter Bär, rätst du mir etwa davon ab?"

„Ganz und gar! Dein Outfit ist perfekt, wie es ist. Was du zeigst, sollen doch auch die anderen an der Party sehen. Oder nicht?"

Latzhose zwinkert mir verschwörerisch zu und errötet.

„Wir sehen uns!", verabschiedet mich Glitzershirt und zieht seinen zeigefreudigen Freund von mir fort Richtung Strandpromenade. „Weiß oder nackt!", ruft er mir, sich nochmals umdrehend zu.

„Alter Bär", hakt Latzhose nach, „anders kommst du auch mit einem Ticket oder in Begleitung deines Bruders nicht zur *White Party*!"

Balmoral ist extrem schön. Ich fühle mich vom ersten Moment an total wohl und irgendwie zuhause. Das geht so weit, dass ich vor mich her lachend einen *Kookaburra* imitiere, der in der Nähe auf einer Pinie sitze und die Touristen – und mich – verspottet. Die Temperatur ist wieder auf vierzig Grad Celsius gestiegen. Hastig stopfe ich meine Flip Flops in meinen Rucksack und schlendere barfuß über eine Treppe von der Promenade in den weißen Sand der Bucht. Den Frieden inhaliere ich, als ob er ein teures Parfum sei. Vielleicht ist es einfach das herrliche Duftgemisch aus schwitzenden Pinien und der salzigen Meerbriese.

Gleich werde ich meinen Halbbruder treffen! Plötzlich total übermütig ziehe ich mir mein Shirt aus, creme mich ein und fühle mich, wie ein ganz normaler junger Mann – ohne panische Angst vor nackter Haut. Warum ich so viele Jahre den verklemmten Puritaner mimte, verstehe ich im Moment selbst nicht mehr. Die Sommerhitze auf meiner Haut brennt Sorgen und Phobien aus, die mich solange knechteten. Je tiefer die Wärme in mich eindringt, desto klarer erkenne ich meine Ähnlichkeit mit einem Sonnenstrahl; einem Licht, das eine enorm lange Strecke zurücklegte, um irgendwo auf einem Planeten Leben und Energie zu schenken. Als ich im nassen Sand und den ankommenden Wellen im Wasser spaziere und mich sogar der Schaum, der dabei oft entsteht nicht in Panik flüchten lässt, atme ich erleichtert auf. Es gibt Hoffnung! Wie herrlich die Aussicht auf Palmen, die kleine bewaldete Halbinsel, zu der eine Bogenbrücke über den Sand führt und in der Ferne der Holzsteg mit den ankernden Yachten dahinter, doch ist. Eine angespülte Muschel erscheint mir wie der teuerste Schatz und ein einzelner Stein wie ein Kronjuwel. Beides trage ich in meinen Händen und trillere dazu ein Liedchen.

Später, im weiß gestrichenen Bootshaus an Anfang des Stegs, erkundige ich mich an der Theke bei Bestellen eines Orangensafts nach Tickets für die *White Party*.

„Dazu gibt es keine Tickets! Es ist eine exklusive Privatparty!", verrät mir der Kellner, ein barfüßiger Kerl um die Dreißig in weißem Pullover und Seglerhosen.

„Aber ich traf gerade zwei Jungs im Bus, die ..."

„Entweder haben sie dich angelogen, sie gehören zu den gemieteten *Eroten* oder sind mit dem Gastgeber verwandt. Du brauchst definitiv eine persönliche Einladung oder jemanden, der dich als Begleiter einschleust."

„Für Stricher waren die beiden etwas zu jung", bemerke ich.

„Das meinte ich nicht mit *Eroten*. Bexley, der Gastgeber, hat einfach gerne gutaussehende junge Männer um sich, die nicht zu viel anhaben. Sie sollen vom profanen Alltag ablenken und durch ihre bloße Gegenwart zum Träumen und Fantasieren inspirieren. Du entsprichst genau Bexleys Geschmack."

Das Kompliment verschlingend, tratsche ich: „Ich hörte, dass Rhydian Elpis als Ehrengast eingeladen ist. Kennst du ihn?"

„Ja, das hörte ich auch! Und ja, ich kenne ihn!"

„Emmett", spreche ich den einzigen Kellner des Bootshauses mit seinem angeschriebenen Namen an, „glaubst du, es besteht eine Chance, dass ich doch an die *White Party* komme? Du musst wissen, Rhydian Elpis ist mein Halbbruder. Ich suche schon seit Wochen nach Spuren von ihm."

„Du bist mit *Didgeridoo* verwandt?" Emmett starrt mich unverschämt direkt an und kommt dazu hinter dem Tresen vor.

„Nenne mich doch Valdrin", lenke ich von der peinlichen Fleischbeschauung ab. „Warum nennst du Rhydian Elpis *Didgeridoo*?"

„Weil er dieses Instrument ständig spielte, wenn er sich an der Promenade oder am Strand von *Balmoral* niederließ und weil sein steinhart stehendes Holz mich daran erinnerte."

„Mein Halbbruder spielte auf von Termiten verfressenen Ästen?"

„Und ob er das tat! Er liebte die kernigen Obertöne und konnte sich total in den Klangwellen verlieren. Es schien, als ob er beim Spielen in eine Art Trance fiel, um frei von Gedanken und Körper fremde Dimension und Welten zu erkunden."

„Bei diesem komischen Brummen?"

„Valdrin, du siehst *Didgeridoo* entfernt ähnlich. Er liebte *Balmoral* und kam oft hierher. Manchmal setzte ich mich in seine Nähe, wenn er nicht selten für eine Stunde oder länger sein Instrument spielte."

„Das tat er nackt?" Als der weißgekleidete Kellner nickt, zeige ich auf die Promenade hinüber. „In der Öffentlichkeit? Als ich vorhin dort spazierte, sah ich Familien und alte Leute, doch keine Deckung."

„*Didgeridoo* war dabei so natürlich, dass keiner darüber nachdachte. Seine Haut war meist mit Ureinwohner Malereien geschmückt."

„Aber mein Halbbruder war doch kein Aborigine!"

„Mit Eingeweihten in der Traumzeit legt sich keiner an."

„Rhydian war ein Eingeweihter?"

„*Didgeridoo* war ein Medizinmann und Hüter der Regenbogenschlage, er war ein Druide der Neuzeit."

„Verstehe ich nicht!", lüge ich. In Wahrheit sehe ich Bilder vor meinen geistigen Bildschirm auftauchen: einen gewaltigen roten Felsen im Outback, eine Schlange, eine großes oranges Kangeroo und einen Koala, die alle um mich herumtanzen. Weil Blitze die Bilder zerstören und grelles Licht alles auslöscht, schüttle ich meinen Kopf.

„*Didgeridoo* war ein Schamane. Spielte er sein Instrument, saßen oft viele gebannt im Kreis um ihn am Boden. Tanzte er, starb das menschliche, damit der Gott in ihm sich offenbaren konnte."

„Er tanzte?"

„Seine Bewegungen waren archaisch und ursprünglich. Seine Füße verschmolzen mit der Erde und sein Haupt wurde zur Sonne, während sein Körper, wie die Regenbogenschlage das Leben selbst ausmachte, es umarmte oder verschlang."

„Kiffte er?", rate ich.

„Nein, ganz und gar nicht! Er war geheimnisvoll?" Emmett winkt ab und grinst plötzlich breit. „Aber natürlich kenne ich auch die Fotoserien im *Boner Boy* und das Plakat, das überall in der Szene nach seinem Sieg bei den *Australian Gay Swim Pride* hing. Diese andere Seite deines Bruders faszinierte mich nicht minder. Du hast wirklich seine athletische Figur, seine starken Oberarme und den gleichen Schwimmertorso – und natürlich hast du auch sein Lächeln."

„Danke!"

„Ich bin mir sicher, im richtigen Outfit wird dich Bexley zur *White Party* noch so gerne einlassen." Emmett checkt seine Armbanduhr. „Du bist fast zwei Stunden zu früh. Leider sind die Klamotten Geschäfte um diese Zeit bereits geschlossen."

„Servierst du jetzt noch Mittagessen?", wechsle ich das Thema.

„Wir haben nur ein Tagesmenu!"

„Nehme ich!" Als ich mein Shrit für den Gang zum Tisch anziehen will, ermutigt mich Emmett es zu unterlassen. Schöne Körper sollte man nicht verhüllen. Unter einem der Sonnenschirme mit Blick auf die Yachten verspachtle ich kurz darauf gegrillte Scampi auf einem bunten Salatbett. Bis auf drei vollkommen in weiß gekleidete Herren, bin ich der einzig weitere Gast im Bootshaus. Keiner schert sich um meinen Aufzug oder dass ich wahrscheinlich laut schmatze, während ich die Krabbenschwänze aussauge. Ich denke nur noch an meine baldige Begegnung mit meinem Halbbruder.

In einem Zustand zwischen selbst hypnotisierter Stille und explodierender Ungeduld, sehe ich mich ständig nach meinem Halbbruder um. In jedem Kerl, den ich in der Ferne auf der Strandpromenade oder dem Steg sehe, hoffe ich Rhydian zu erkennen. Partyhelfer hängen beim ankernden Schiff weiße Lampions auf oder lassen mit Helium gefüllte Luftballone an langen Schnüren angebunden aufsteigen. Immer wieder überrollt mich der Frieden und die Schönheit *Ballmorals*. Natürlich betteln auch hier Möwen und freue sich über die ausgelutschten Krabbenteile, die ich ihnen zuwerfe.

Später, einen Ananas-Kokosnuss-Cocktail schlürfend, beobachte ich kleine Gruppen von weiß gekleidete Männer jeden Alters über den Steg zum festlich geschmückten Boot schlenkern. Ich winke Emmett.

Er setzt sich zu mir an den Tisch. „Ich war den ganzen Morgen mit dem Aufbau des Buffets auf der schaukelnden Lust-Barke beschäftigt. Die ersten Gäste trudeln ein. Willst du noch immer dazugehören?“

„Mit wollen hat das nichts zu tun. Ich muss meinen Halbbruder treffen! Deswegen bin ich überhaupt in Australien! Wann wird er zur Festlichkeit erwartet?“

„Ein Rhydian Elpis taucht immer als letzter auf! Er war nicht nur der in sich gekehrte Schamane, sondern auch eine extrovertierte Party-Sau, die große Auftritte inszenierte.“

„Du kanntest ihn ziemlich gut?“

„Ich las alles, was über ihn geschrieben wurde. Es gab vor drei Jahren diverse Blogger, die ihm auf Schritt und Tritt folgten. In seinem Licht tummelten sich *Nymphen* und *Eroten* wie in seinem Schatten Furien lauerten, bereit, alles zu zerstören und Ärger zu machen. *Didgeridoo* hielt alle in Schach – meistens. Verschwand er, kam es nicht selten zum Tumult, zu Schlägereinen oder wilden Orgien. Oft mussten durchgeknallte

Schläger oder total zugekiffte *Eroten* von der Polizei oder Notfallärzten abtransportiert werden. In seiner Gegenwart schäumten immer die Emotionen."

„Nahm mein Halbbruder Drogen?", frage ich den Kellner.

„Das passte irgendwie nicht zu ihm. Aber wer weiß das schon?"

„Ich frage ihn nachher selbst", komme ich aufs eigentliche Thema zurück. „Emmett, hilfst du mir ein passendes Outfit zu finden?"

„Erlaubt sind weiße Kleidung oder als Alternative Nacktheit!" Ich schlucke leer. Der Kellner lässt seine Blicke über meine Brust, meine Schenkel und meine auf dem Geländer liegenden Füße wandern. „Ja, warum nicht nackt? Du bist der Typ dazu!"

Weil er mir auf den Hosenstall starrt, als ob er gleich mein Didgerioo auspacken wollte, winke ich erschreckt ab. „Hundert Pro nicht!"

„Fehlt dir nur der Mut dazu?"

„Nein! Das ist nur einfach total nicht mein Ding!"

„Wie stehst du zur Toga?"

„Bettlaken?" Naserümpfend frage ich. „Könntest du mir eine ausleihen?" Weil Emmett nickt, schiebe ich ihm einen Zwanziger zu.

Emmett steckt das Geld ein und gibt mir mit einem Kopfnicken zu verstehen, ihm ins Clubhaus hinein zu folgen. Er führt mich zum *Storage Room*. Kaum ist die Tür hinter uns geschlossen, lehnt sich der Kellner selbstzufrieden rücklings dagegen, um mir den Fluchtweg zu rauben. „Ich habe dich natürlich sofort erkannt! Du brauchst dich nicht weiter zu verstellen. Bist du schon lange zurück in Sydney?"

„Ich bin zum ersten Mal in Australien!"

„Inkognito?"

Um einer Diskussion über die Verwechslung mit meinem Halbbruder auszuweichen, nicke ich nur und halte mir meinen rechten Zeigefinger auf meine geschlossenen Lippen. Da Rhydian später hier auftauchen wird, kann Emmett jetzt denken, was er will.

„Aha, verstehe! Von mir erfährt keiner etwas!", gelobt der verklärte Fan meines Halbbruders feierlich. „Bettlacken haben wir natürlich hier keine und unsere Tischtücher sind alle blau-weiß kariert. *Didgeridoo*,", spricht er mich mit seinem Spitznamen für Rhydian an, „was ich dir anbieten kann, sind Vorhänge, die der Vorbesitzer einst in der Bar aufgehängt hatte. Sie sind so gut wie neu. Ich bin mir sicher, der eine oder andere lässt sich ideal zur Toga umfunktionieren.“ Bevor ich widersprechen kann, wühlt Emmett in einer verstaubten Kartonschachtel und zieht daraus leichte schneeweiße Stoffe. „Halt ihn dir mal vor!“

Kritisch wiege ich den ersten Vorhang mit meinen Händen. Der federleichte Stoff ist nicht durchsichtig, aber aus Viskose. Umgewickelt müsste sich darunter alles exakt abzeichnen. Der Saum ist mit bestimmt zwanzig Zentimeter langen kitzelnden Franzen verziert, warum das Teil an eine weiße Stola erinnert, wie sie Südamerikanerinnen oder Spanierinnen gerne über der Schulter oder um den Bauch gewickelt tragen.

„Werfe mal über!“ Weil ich zögere, tut es der Kellner für mich.

Der Stoff fühlt sich angenehm kühl auf meiner nackten Brust an und die seidig gewirkten Fäden stimulieren ein wohliges Gefühl, das an Streicheleinheiten oder Liebkosungen erinnert.

„Ich entfernte die Vorhangringe damals schon, weil ich diese Stoffe gelegentlich beim Apéro für Hochzeiten als Dekoration benutze.“

„Ist ziemlich kurz!“, bemerke ich.

„Warte!“ Emmett fischt ein längeres Teil aus der Box. „Das taugt vielleicht als Scherbe.“

Über meine rechte Seite geworfen, hängt der Vorhang vorne und hinten an mir runter. Nicht nur meine linke Brustwarze bleibt so unbedeckt, sondern eigentlich meine komplette Seite. Egal wie ich das leichte, vielleicht knappe zwei Meter lange, fünfzig Zentimeter breite Stoffband drapiere, immer bleibt Wesentliches unbedeckt.

„So wird das nichts!“, protestiert Emmett, als ich mir den Stoff schließlich einfach als Wickeltuch um den Bauch knote. „Jetzt sieht es aus, als ob du übergroße Windel tragen würdest! Willst du dich als übergroßen Säugling oder als olympischer Gott präsentieren?“

„Eingetrocknete Kangeroo-Kacke! Alternativen?“ Ich hoffe, dass Emmett doch noch eine weiße Koch-Hose aus seinem Fundus zaubert.

„Nackt?“, wiederholt er.

„Niemals!“ Abermals werfe ich mir die Stoffbahn über mein rechtes Schulterblatt und versuche das gefranzte Ende wie eine Art Lendenschurz oben in meinen Hosenbund zu stopfen. Genervt zupfe ich am wenigen Stoff, der meine Shorts nicht bedeckt. Als ich zwei der Stoffbahnen zusammenknote und mich darin einwickle, lacht mein Kostümdesigner auf.

„Die lassen dich mit der dunkelblauen Short darunter nicht ein!

Bexley besteht auf die natürliche Schönheit des Körpers. Was du jetzt zeigst ist ein peinliches Studenten-Kostüm!“ Emmett macht sich an den Knöpfen meiner Shorts zu schaffen.

„Echt, ohne Hose?“ Meine Stimme verstärkt sich im Echo der Kammer hundertfach. Ich höre sie mich auslachen, mich der Scheu, der Scham und der Feigheit bezichtigen. Trotzig richte ich mich vor Emmett auf und wehre seine Hände ab. „Das kann ich selbst!“ Wenn mich der freundlichen Fremde auch manipuliert, spüre ich dennoch, dass kein Weg am Loslassen meiner alten Denk- und Verhaltensmuster vorbeiführt. Kaum rutscht meine Hose auf meinen Zehen herunter, kicke ich sie mutig fort. Verlegen schiebe ich augenblicklich die Franzen über meine Blöße, vergesse dabei aber ihr Kitzeln und ihr Necken.

„Du kannst das definitiv tragen!“, versichert mir der Mann. Seine lüsterne Zufriedenheit glüht dionysisch-diabolisch in seinen Augen.

Das seitlich übergeworfene Tuch verdeckt weniger meines Körpers, als ein Badetuch nach dem Duschen. „Ich muss diesen Lappen fixieren. Hast einen Gürtel?“

Emmett langt nach einer Kordel. „Ich habe noch von der stabilen Schnur, an der ich die Luftschlangen aufgehängt habe.“ Der Kellner schneidet mindestens das Zehnfache meines Hüftumfangs mit der Schere, zwirnt die Schnur zum Gürtel und bindet ihn mir um. Danach zupft er vorne und hinten an der Stoffbahn. Sichtlich stolz auf mein Tempelhure-Outfit verschränkt er seine Arme vor der Brust. Vorne bedeckt der Stoff knapp mein *Didgeridoo* und hinten lädt der Spagetti-Vorhang ein, meine weißen Backen zu besuchen.

„Unverschämt appetitlich!“, lobt Emmett. „Damit verführst du und lockst gleichzeitig in Abgründe.“ Er stellt sich hinter mich, um den Eingang in meine Unterwelt genauer zu inspizieren.

„Danke!“, knurre ich. „Kannst du meinen Rucksack hier im Bootshaus wegschließen?“

„Ja, für ein Erinnerungsfoto!“ Weil ich zögere, boxt mir Emmett in die unbedeckte Seite. „An der *White Party* wird das eh jeder tun.“

Seit Himeros mich zum *Boner Boy* überschwatzte, bin ich nicht mehr so gehemmt, achte aber darauf, dass mein *Didgeridoo* keusch unter dem Stoff bleibt, was sich schon bei meiner ersten Verrenkung als Herausforderung herausstellt.

„Nicht hier drin! Draußen auf dem Steg in der Sonne. Deine blonden Haare leuchten, wenn sie angestrahlt werden. Ich will der Gottheit huldigen, die sich durch dich manifestiert!“

Geschmeichelt spaziere ich im fließenden Stofffetzen durchs leere Lokal auf den Steg hinaus. Die Fransen streicheln meine Backen und Schenkel, was sich entschieden zu gut anfühlt.

„Es sieht aus, als ob du in Meerschaum gehüllt wärst!“, schwärmt Emmett, als ich mich in der Abendsonne seinem Voyeurismus stelle.

Männer in Weiß bleiben stehen, um mich interessiert zu mustern. Wie schon während der Fotosession bei Himeros oder Peithos Massage am *Bondi Beach* ließ ich meine Scheu mit dem Fallen der Hose hinter mir.

„Würden doch nur alle Kerle solche Kostüme tragen!“, seufzt ein älterer Mann, als ich mich für ein letztes Foto mit beiden Händen auf einem Pfosten abstützend vorbeuge. Während ich versucht gelangweilt in die Ferne blicke, schreit mein weißer Arsch nach Beifall.

„Schöner Halbgott, führt dich schon ein persönlicher Begleiter zum Ball?“ Ein schmachtender Smokingträger reicht mir seinen Arm.

„Ich treffe gleich meinen Halbbruder!“ Trotzdem hake ich mich beim gutaussehenden Mann in Weißen unter. Dankend zwinkere ich Emmett zu und spaziere in meinem Pseudo-Griechen-Kostüm über den Steg zur Abgrenzung durch die Ballons. Zu meiner Nervosität addiert sich jetzt noch die Furcht vor dem kleinsten Luftzug, einer frechen Hand, oder einer ungewollten Erektion. Weil meine verkrampfte Haltung alle Blicke auf mich lenkt, mime ich den Coolen. Mit einer todesverachtenden Gleichgültigkeit fokussiere ich das Einzige, was zählt: Meinen Halbbruder zu treffen. Funktioniert das nur in diesem mega-peinlichen Aufzug, dann ist das eben so! Ein Matrose in weißer Uniform verlangt unsere persönliche Einladung zu sehen. Mich lässt er ein, weil ich am Arm des geladenen Gastes hänge. Aber nicht nur der Schwellenhüter vermutet in mir einen *Eroten*. Beim Abchecken der Gäste wir mir sofort klar, dass nur die Leichtzuhabenden derart luftig und einfach zugänglich kostümiert sind. Nackte Haut gibt es viel zusehen, da einige Gäste nur Shorts oder zu einer Badehose ein offenes Hemd tragen. Ich sichte sogar einen weiteren Tanga-Träger und einer, der sich bloß mit einer extralangen weißen Federboa präsentiert. Trotzdem, die Mehrzahl der bestimmt schon über zweihundert eingetroffenen Gäste tragen Maßanzug, Tuxedo oder zumindest Hemd und Krawatte. Als ich Latzhose mit seinem Freund Noobs erblicke, winke ich ihnen zu.

„Mann-o-Mann, alter Bär!“, gafft mir Latzhose auf die Wölbung unter dem schmeichelnden Stoff. „Da gibt es noch eine weitere Ähnlichkeit mit deinem Halbbruder. Zeigst du ihn mir?“

„Sicher nicht!“ Weil der Teenager nach dem Stoff fasst, schlage ich ihm sofort auf die Finger.

„Von all den hier versammelten Leckerbissen, gefällst du mir am besten. Zeigst du später mehr?“, flüstert mir Latzhose zu.

Auch Glitzershirt checkt meinen nur halb bedeckten Torso, meine sichtbaren Oberschenkel und die Silhouette meines Gehänges unter dem Vorhangstoff genau ab. „Jetzt glaube ich dir erstmals die enge Verwandtschaft mit meinem Idol!“

„Alter Bär, du hast einen geilen Fickarsch!“, säuselt Kelly. Um mir das noch deutliche zu versinnbildlichen, stellt er sich so, damit ich in seine Latzhose blickend das Wachsen seines *Doodles* bezeugen kann. Da mich auf dieser Party eh jeder als Lustobjekt wahrnimmt, spiele ich einfach mit. „Danke!“ Mein Herzschlag hämmert in meinen Schläfen und meine Hände schwitzen. Ich scheu mich nur, sie am Stoff abzuwischen, weil Viskose nass durchsichtig wird. Bestimmt habe ich längst rote Ohren oder eine fiebrig wirkende Gesichtsfarbe.

„Gehen wir nach oben für einen besseren Überblick!“ Noobs auf der einen und Kelly auf der anderen Seite, haken sie sich bei mir unter und ziehen mich mit sich über die breite Treppe aufs Oberdeck des zum Party-Schiff umgebauten Lastkahns. Der Wind frischt auf, warum ich mich von meinen Anhängseln befreien muss, um den Bühnenvorhang weiter geschlossen zu halten. Ein reifer Gentleman kommt erwartungsvoll mit einem Tablett auf uns zu. Er reicht jedem von uns dreien ein Glas Champagner. Das leere Servierbrett legt er auf einen der Bistrotische und stößt klirrend mit uns an. „Willkommen zu meiner Geburtstagsparty!“ Seine Blicke ruhen auf meiner linken Brustwarze, als er Glitzershirt fragt: „Noobs, ist das Kelly?“

„Hallo, Onkel Bexley! Ja, das ist mein Lover Kelly. Wir sind schon seit bald einem Jahr fest zusammen.“

Bexley schüttelt Latzhose seine Hand. An mich gewandt: „Wie heißt du, mein Adonis?“

„Valdrin Loris aus der Schweiz!", antworte ich.

„Aha! Willkommen an Bord. Noobs und ich sind alte Bekannte. Willkommen, willkommen!" Bexley nimmt Abstand. „Wann ist die offizielle Enthüllung?"

„Ihr seid nicht verwandt?", wechsle ich das Thema.

„Noobs war schon früher Gast auf einer meiner Partys. Jungs, wenn es euch zu warm wird, ich habe den Steg gemietet. Wir sind unter uns." Er mustert mich sehr genau, bis sein Telefon klingeln. Baxley checkt eine Message und sieht mir danach in die Augen. „Valdrin, für einen Moment habe ich dich doch glatt verwechselt. Aber Rhydian Elpis wurde mir gerade per SMS angekündigt. Er ist auf dem Weg hierher. Wollt ihr den Star persönlich kennenlernen?"

„Rhydian Elpis ist unterwegs?" Meine Stimme krächzt vor Aufregung und meine Blicke jagen wie hungrige Raubtiere durch die Gäste des Oberdeckt. Ich beuge mich über die Reling und spähe auf den Steg unter uns. Dass sich dabei der Vorhang gänzlich teilt, versuche ich stoisch zu ignorieren.

„Ja!", bestätigt Bexley und tätschelt ungeniert. Er zeigt mit der grabschenden Hand in die Fern und beschattet sich mit der anderen seine Augen. „Ich sehe das Taxi. Rhydian Elpis wird gleich hier sein!"

Zu viert stehen wir auf dem Oberdeck an der Reling und scannend die Strandpromenade und das Bootshaus. Dass jetzt Kellys Hand sehr scheu und zärtlich meine Backen liebkost, schmeichelt mir. Weil es von der anderen Seite kurz darauf auch noch eine von Noobs Händen tut, vermute ich, Glitzerhemd will seinem Freund beweisen, dass er nicht eifersüchtig ist.

„Da!", rufe ich aus. In der Ferne erkenne ich Emmett mit einem hellblonden Schönling an seiner Seite. Über meine Vorfreude hinweg gleich meinem Halbbruder lebendig und wohlauf zu begegnen, ignoriere ich weiter Kellys Hand, die unter dem Vorhang über meine Hüfte nach vorne gleitet. Erst als der freche Teenager mein kurzgeschorenes Schamhaar inspiziert, wimmle ich ihn ab.

Rhydian Elpis kommt immer näher.

Kellys erneuten Annäherungsversuch blende ich total aus. Der Mann an Emmetts Seite trägt – genau wie ich – eine Toga. Seine ist um einiges länger und aus einem fixen Material – vielleicht Leinen. Stolz schreitet der Blonde über den Pier, während gleichzeitig Kellys Finger sich wieder meinen Schamhaar widmen.

„Rhydian Elpis lebt!", rufe ich aus. „Mein Bruder ist nicht tot!"

Auch Noobs wird zutraulicher. Seine Finger fahren meine Kimme ab. Das Gefühl, das ich dabei erlebe, lässt mich schaudern, noch mehr, als Kellys Hand immer neugieriger den Ansatz meines *Didgeridoos* erkundet. Irgendwie beinahe froh, dass ich durch die Stimulation der beiden etwas von meiner Nervosität abgelenkt werde, versuche ich sie aber trotzdem ausblendend. Natürlich gelingt mir das nicht gänzlich. Meine Augen mit beiden Händen beschattend, richte ich meine ganze Aufmerksamkeit nur auf die Ankunft meines Halbbruders. Wie viele Jahre Kummer habe ich seinem plötzlichen Verschwinden zu verdanken? Wie begrüße ich ihn? Was sage ich zu ihm? Werde ich einen guten ersten Eindruck erwecken?

Rhydian Elpis ist groß und muskulös. Ob er noch immer täglich schwimmt? Sein Torso wirkt dazu irgendwie zu wenig aufgepumpt. Alle Gäste lehnen unten oder oben über die Reling oder stehen auf dem Steg Spalier. Selbstischer schreitet mein Halbbruder wie ein römischer Imperator durch sein Volk. Im Moment, als Rhydian die Schranke mit den Ballons passiert, lässt er seine Toga über seine Schulter gleiten, dass sie einfach, wo er gerade steht, auf seine Zehen segelt. Splitternackt steigt er aus dem Weiß und präsentiert sich mit in die Luft gestreckten Armen den Gaffern. Sein Doodle schwillt immer härter an, was durch einen schneeweißen extrabreiten Cockring noch mehr betont wird. Selbstbewusst schreitet Rhydian Elpis stolz wie ein Gottkönig zur Blanke. Der schöne VIP balanciert darüber an Bord.

„Das ist mein Halbbruder!", juble ich. „Rhydian! Rhydian!"

Dass die beiden Jungs mein *Didgeridoo* hart mit ihren Händen bearbeiten, kriege ich aus Vorfreude nicht mit. Ich bin im Wiedersehensrausch und taumle in erwartungsvoller Verzückung ins Nirwana. Nichts ist mehr wichtig, außer, gleich den Mann zu treffen, von dem alle meine neuen Freunde hier in Sydney seit Wochen Geschichten erzählen.

Erst als Rhydian das Oberdeck erreicht und mich fassungslos anstarrt, schüttle ich die beiden *Eroten* an meiner Seite ab. Verlegen rücke ich mir den Vorhang – mehr schlecht als recht – über mein spielbereites Instrument.

„Bruder!", begrüße ich den Fremden. Leider rückt mein Gedächtnis mit keiner einzigen Erinnerung heraus. Ich strecke Rhydian Elpis meine beiden Hände und unfreiwillig auch mein *Didgeridoo*, das sich zwischen den Franzen seinen Weg ins Freie bohrte, entgegen. „Endlich haben wir uns wieder!"

Rhydian tritt auf mich zu. Sein Blick wirkt verunsichert. Immer wieder sieht er sich hilfesuchend nach Bexley um, der den nackten Ehrengast hellbegeistert angafft.

Endlich berühren sich unsere Hände.

Nichts! Ich fühle rein gar nichts Vertrautes in mir aufflackern. Nicht einmal eine scheue Ahnung lässt sich blicken.

„Liebe Freunde und Gäste", stellt sich Bexley zwischen uns, „begrüßt mit mir zusammen Rhydian Elpis!" Statt nach der Hand meines Halbbruders zu fassen, langt der Gastgeber nach seiner Latte und gleichzeitig nach meinem *Didgeridoo.* Genüsslich und ganz selbstverständlich reibt er unsere Zepter. „Nur ein echter *Boner Boy* tritt so auf, wie du, mein lieber Ehrengast!"

Rhydian befreit sich aus der Hand, verneigt sich tief in alle Richtungen, lässt sich fotografieren und von jedem begrabschen. Mich lässt er einfach im Griff von Bexley stehend zurück. Immer mehr Männer bilden eine Traube um meinen Halbbruder und rufen laut seinen Namen.

„Deine Latte ist länger als seine!", flüstert mir Kelly ins Ohr, als Bexley mich endlich loslässt und Latzhose wieder zupackt.

„Ja, ja!", wimmle ich den Teenager ab, um mich den Fans meines Halbbruders anzuschließen. Dass ich gerade, genauso wie mein Halbbruder, allen vorgeführt wurde, versuche ich zu verleugnen. Die Begeisterung der Party-Gäste über Rhydians Erscheinen lässt einfach nicht ab, warum ich nicht wieder an ihn herankomme. Mit meinen beiden persönlichen Grabschern im Schlepptau, lehne ich an der Rückwand des Führerhauses im Oberdeckt und gaffe meinen Bruder an.

Selbstsicher lässt er sich feiern, sucht aber, weil er mich in der Menge ausmacht, immer wieder Blickkontakt. Ich winke ihm zweimal zu, doch Rhydian bleibt auf Distanz. Nicht so Noobs und Kelly. Weil ich mich an ihre Nähe und Liebkosungen gewöhnt habe, lasse ich sie machen. Glaubt jeder, ich gehöre wirklich zu den gemieteten *Eroten* und zum Gefolge meines berühmten Halbbruders steigen meine Chancen, dass ich in seiner Nähe geduldet werde. Jetzt wieder von Rhydian getrennt zu werden, würde ich nicht verkraften. Weil jeder meinen Halbbruder überall berührt, und er es sichtlich genießt, scheue ich mich selbst auch nicht mehr. Er soll in mir einen Verbündeten erkennen. Er soll sehen, dass ich keiner bin, der wegen seiner Berufung verdammt.

Einige der Schaulustigen haben längst auch mich als eine erotische Darbietung ausgemacht. Offen glotzend laben sie sich an den zärtlichen Berührungen der beiden Jungs und ihrem handwerklichen Geschick. Die Nähe zu meinem Halbbruder weckt wohl keine Erinnerung, aber wirkt total enthemmend auf mich. Schämt sich Rhydian vielleicht, weil ich als enges Familienmitglied sein gut gehütetes Geheimnis jetzt kenne? Am liebsten würde ich ihm zuflüstern, dass auch ich schwul sei und es mir egal ist, wenn mir andere nach der Latte greifen. Je länger ich hoffe, dass Rhydian mich endlich als seinen vermissten Halbbruder in seine Arme schließen wird, desto provozierender gebe ich mich selbst. *Schau her!*, rufe ich in Gedanken. *Ich bin wie du!*

Als Kelly sich hinter mich stellt, um mir den Stoff über die Schulter herunter zu ziehen, lasse ich es einfach geschehen. Auch als der luftige Stoff danach nur noch durch die Schnur um meine Hüfe gehalten wird, stört mich das gerade kein bisschen. Von der Abendsonne aufgeheizt, angestachelt durch die vielen wertschätzenden Blicke und die sexuelle Stimulanz der beiden *Eroten*, fühle ich mich frei und geliebt.

Rhydian sieht immer öfters zu mir herüber. Fordert er mich hier und jetzt heraus? Ich will meinem Bruder beweisen, dass ich kein verkorkster Feigling bin. Frech drehe ich mich Kelly zu. Latzhose strahlt mich verliebt an, warum ich ihn auf den Mund küsse. Weil sein Lover mir auf der anderen Seite stehend meine Brustwarzen streichelt, küsse ich danach auch Glitzershirt. Schmeckte Kelly nach Pfefferminze, ist Noobs Kuss fruchtig. Warum ich mich auf das sexuelle Spiel mit den beiden *Eroten* einlasse, verstehe ich nicht. Es ist mir auch total egal. Mich beschäftigen plötzlich ganz anderen Fragen: Waren Rhydian und ich als Kinder Rivalen? Mochten wir uns überhaupt?

Rhydian fixiert mich noch intensiver. Er küsst jetzt ebenfalls einen Kerl. Der ist aber nicht so scheu und zärtlich, wie meine beiden jungen Fans, sondern fordernd. Der Bullige stellt sich hinter meinen Halbbruder und packt von hinter nach seiner Erektion, um sie grob zu reiben.

Wir mussten Konkurrenten gewesen sein! Anders kann ich mir

Rhydians Verhalten mir gegenüber nicht erklären. Kampflustig zwinkere ich Kelly zu und deute mit meinem Kinn auf meinen Halbbruder. Rhydian nimmt die Herausforderung zum Duell an. Kelly kapiert sofort, hebt den Vorhang an und zückt meinen geladenen Colt.

Jeder auf dem Boot starrt uns an, fotografiert oder filmt.

Endlich löst sich Rhydian von seinem gierigen Eroberer und kommt direkt auf mich zu. Mein Herzschlag setzt für einen Moment aus. Jetzt werde ich mich gleich wieder an alles erinnern! Gleich werde ich verstehen, warum er vor drei Jahren seinen Tod fingierte und untertauchte. Rhydian legt mir seine Arme um meinen Hals und fokussiert meine Augen, dabei berühren sich unsere Nasen und Colts. Die beiden *Eroten* lassen von mir ab und treten einen Schritt zurück. Irgendjemand schneidet mit einer Schere die Schnur um meine Hüfte durch, damit die Vorhang-Toga zu Boden segeln kann.

„Wer bist du?“, fragt mich Rhydian Elpis.

„Y bi di Bruder us Basel! Erkennsch mi denn nid? Mir sin zämme ufgwachse! Sit Wuche such y nach dir“, flüstere ich ihm in Basler Dialekt zu.

Rhydian gafft mich nur konsterniert an, rückt aber nicht einen Millimeter von mir ab. Sein Atem riecht nach Honigmelone und sein Parfum aus Jasmin und Zitrone lullt mich ein. Dann küsst er mich auf den Mund. Weil seine Zunge gierig Einlass fordert, öffne ich verwirrt meine Lippen, doch ich erwidere seinen Kuss nicht. Er langt nach unten und packt nach meiner Latte, um sie sehr genau mit seinen Fingern zu untersuchen.

„Was machsch? Mir sin Brieder! Y ha mer a Wiederseh total andersch vorgstellt!“

Rhydian reagiert nicht auf meine Worte, gerade so, als ob er sie überhaupt nicht verstehen würde. „Fuck me!“, haucht er, doch so laut, dass es alle im Umkreis hören können. Um seine Bereitschaft zu verdeutlichen dreht er sich um und beugt sich vor, fasst rücklings greifend wieder nach meiner Latte und bringt sie in Position. Bevor ich richtig mitkriege, was passiert, hat er sein Becken zurückgeschoben und ich stecke in ihm fest.

„Hesch sie nüm alli?“ Entsetzt meinen Bruder hier vor versammelten Partygästen zur Begrüßung zu ficken, stoß ich Rhydian von mir.

Sehr leise flüstert mir Rhydian auf Australisch ins Ohr: „Du bist der geilste Rhydian-Imitator, der mir je begegnet ist. Echt, du hast einen fantastischen Schwanz! Fick mich! Ich will dich in mir spüren! Das erwarten doch eh alle von einem Rhydian-Elpis-Double."

„Du bist nicht mein Halbbruder!" Angewidert schupse ich den falschen Rhydian Elpis von mir.

„Natürlich nicht!", gesteht er mir. „Bist du kein Imitator?"

Fassungslos enttäuscht über diese Enthüllung ist mir zum Weinen.

„Du machst das verdammt gut! Ich bin Rhydian Elpis vor drei Jahren oft persönlich in der Szene begegnet. Er war dir verdammt-noch-mal ähnlich. Nicht nur körperlich, sondern auch in der Art, wie du dich bewegst und gibst. Die beiden Stricher haben dich nicht erobert, sie haben dir gehuldigt. Sie lieben dich wirklich, genauso wie die Fans das Original, das wir beide heute kopieren."

„Du lebst davon, dich mit Rhydian Elpis' Federn zu schmücken?"

„Der Nackte nickt. Bexley bezahlt extrem gut dafür. Ich lasse mich dafür von ausgewählten Gästen öffentlich ficken. So erweitere ich meinen Kundenstamm. An solchen Partys finden sich immer Männer, die für Nachschlag einiges hinblättern."

„Du bist ein Callboy?"

„Du etwa nicht?"

„Nein! Ich bin wirklich Rhydian Elpis' Halbbruder!"

„Das ist natürlich ne gute Masche! Obwohl du locker als Double durchgehen könntest. Dein Schwanz ist galaktisch und deine Figur, die eines Leistungssportlers. Falls du Interesse hast, könnten wir zusammen auf Tour gehen. Du lässt dich doch ficken?"

Dass der Mann, in dem ich meinen vermissten Halbbruder erhoffte, ein billiger Stricher ist, schockiert mich nicht, es ärgert mich maßlos.

Er quatsche einfach weiter: „Einer meiner Freier riet mir meine Haare blond zu färben, mich überall zu enthaaren und Viagra zu schlucken, wenn ich mich sehen lassen. Rhydian war ein Nudist mit Dauererektion. Letzteres bin ich nicht, doch mit Viagra funktioniert es ganz gut! Was schluckst du?"

Weil wir noch immer von einem Ring Schaulustiger umgeben sind, die alle eine geile Rhydian-Elpis-Show erwarten, kniet sich der Hochstapler vor mich hin und küsst meine Erektion. Angewidert hebe ich meine Toga auf, werfe sie mir provisorisch über die Schuler und stapfe, mir einen Weg durch die Gaffer bahnend, davon.

Kelly und Noobs folgen mir sofort.

Weil keiner meine geflüsterte Konversation mit dem Rhydian-Double mitbekam, gehen die Zuschauer davon aus, dass wir beide an unterschiedlichen Orten unsere individuellen Shows abziehen werden. Darum folgt mir gut die Hälfte der Zuschauer die Treppe herunter und über die Blanke zurück auf den Steg. Bei einer Leiter ins Wasser setze ich mich hin und lasse meine Beine baumeln. Mir ist alles egal. Mir ist zum Kotzen.

„Wann beginnt deine Show?", will einer der Schaulustigen wissen.

Weil ich genervt auffahren will, setzen sich Noobs und Kelly rechts und links neben mich auf die Holzblanken. Mit eindeutigen Handzeichen verscheuchen sie die Wartenden, lasse aber Hoffnung durchschimmern, dass ich später definitiv zu mehr bereit wäre.

„Dir ist es ernst mit der Suche nach deinem Halbbruder?", sorgt sich Kelly und rückt dicht an mich heran. Als er mir seine Hand auf meinen Oberschenkel legt, wimmle ich ihn nicht ab. Seine Körperwärme ist mir inzwischen vertraut wie auch seine zärtlichen Fingerspitzen, die wieder auf Erkundungstour aus sind.

„Wie alt bist du wirklich?", will ich von ihm wissen.

„Zwanzig, wie auch Noobs. Hier", Kelly zeigt mir seinen Ausweis und einen zweiten gefälschten. „Wenn wir jedem sagen, wir wären erst siebzehn, haben wir eine größere Fan-Gemeinde."

„Was macht ihr wirklich hier?"

„Wir sind gemietete *Eroten*!", verrät mir Noobs. „Bexley steht drauf, uns beiden beim Sex zuzusehen."

„Dann seid ihr kein Liebespaar?"

„Oh doch!" Noobs fasst nach Kellys Hand, die noch immer auf meinem Oberschenkel liegt. „Doch wir treiben es gerne vor Zuschauern und lieben einen guten Dreier. Wollen wir wieder zurück an Deck?"

„Um es dort zu treiben?", rate ich.

„Um es dir zu besorgen!", nuschelt mir Kelly ins Ohr.

„Gibt es in Sydney viele Rhydian-Elpis-Imitatoren?"

„Während *Mardi Gras* tauchen sie überall auf. Dein Halbbruder war für viele ein Vorbild. Das lag nicht nur an seinem Schwanz."

Weil Kelly wieder etwas verliebt damit spielt und ich Frust-Sex gerade gut gebrauchen kann, küsse ich ihn auf seine Lippen. Ich war meinem Halbbruder heute so nahe und gleichzeitig ferner denn je. Mein Ärger ringt mit meiner Enttäuschung, doch meine Lust zwängt sich dazwischen und übernimmt die Führung. Mein Körper bäumt sich immer wieder unkontrolliert auf. Es fühlt sich an, als ob Erdbeben uralte Krusten zerbrechen müssen. Neue Wege müssen entstehen, damit das Glühende sich aus den tiefsten Kammern meines Herzens und Wesens befreien kann. Alles was mich bisher fesselte und knebelt, schmilzt in der Glut der aufsteigenden Lust. Die gaffenden Männer hinter uns nehme ich nur noch als Statisten wahr. Meine Ängste und meine Scham verbrennen zu Asche.

Ein roter Felsen türmt sich im Outback und ruft mich zu sich.

Kelly schlüpft aus seiner Latzhose und Noobs entledigt sich seiner White Jeans und seines Glitzershirts. Als mir Kelly den Nacken küsst, explodiert mein Vulkan. Statt Lava entlädt sich ein Feuerwerk aus blendenden Licht, dass die Abgründe und Finsternis in mir endgültig in ihre Schranken weist. Ich stehe plötzlich am Ort, wo Dunkelheit über die Zeit wacht und das Licht der Erkenntnis sich bunt brechend der Schöpfung zum ersten Mal offenbart. Der rote Fels unter mir wankt. Drei nackte Aborigine stehen im Kreis um mich herum und schleudern ihre Schwirrhölzer.

„Jetzt!", befehlen mir Kurri Kurri, Kalamunda und Wollongong gleichzeitig. „Greif zu!"

Ich tue es!

Ein Blitz teilt den schwarzen Himmel, um in mich einzufahren.

Ich schreie in Agonie und Verzweiflung auf. Mein altes Selbst zersplittert in eine Million Scherben, um als Sterne eine neue Milchstraße zu formen. Jeder Brocken Materialität muss von mir abfallen, sich in einen Stern verwandeln oder verglühen. Erst als meine Transformation ins All und Alles abgeschlossen ist, brandet Schaum auf mich zu. Schreiend begräbt er mein neu erwachtes Bewusstsein, befruchtet und nährt es. Nichts wird Eins; und aus dem Schaum erwacht die Essenz des Urozeans. Immer blendender entzündet sich mein inneres Licht. Regenbogen schießen von Horizont zu Horizont.

„Rhydian Elpis lebt!", höre ich im Chor die Zuschauer jubeln, als die kundigen Münder der beiden Jungs meinem *Didgeridoo* sein überschäumendes Geheimnis entlocken.

Ein schrilles Geräusch stört meine Ekstase.

Ich will mich zeigen und feiern lassen. Ich greife hinaus, um die Lust aller anzustacheln, sie zu verführen und in meinen Bann zu ziehen.

Das Geräusch wird immer fordernder, bis ich meine Augen öffne, den Wecker packe und an die Wand schleudere.

Nackt liege ich im *Holliday Inn* auf meinem Bett. Klebrig brennt mein Samen auf meinem Bauch und rinnt mir übers Gesicht. Wie nötig ich Sex habe, beweist mein lebhafter neuester Erotiktraum. Ob es diesen runden Steg, der eine Badebucht umschließt, in *Balmoral* wirklich gibt? Serviert wirklich ein Kellner namens Emmett im Bootshaus? Kennt er tatsächlich meinen Halbbruder als Didgeridoo Spieler, Druide und Schamane? Und was ist mit Rhydian-Elpis-Imitatoren? Wie und wann kam ich gestern nach dem Besuch auf der Polizeistation überhaupt nach Hause?

Getrieben, all das herauszufinden, suche ich meine weißen Shorts und bis auf ein weißes Trägershirt verzichte ich auf alles andere – selbst auf Schuhe. Bevor mich die Scham oder Scheu überkommt, verlasse ich mit meiner Sonnenbrille auf der Nase und einem Baseball Cap auf meinem Kopf das Hotel.

Hochstapler sterben grausam

Ich nehme die gleiche Bus Route wie im Traum. An den Weg über die *Sydney Harbour Bridge* nach *North Sydney* hinüber kann ich mich noch erinnern, auch an die Station, an der ich Noobs und Kelly belauschte. Der Rest des Weges bleibt vage. *Balmoral* hingegen ist exakt so, wie in meinem Traum. Kaum mit meinen nackten Füssen den Boden berührt, überkommt mich das Bedürfnis zu singen und zu tanzen. Es ist so wunderschön hier. Ich war tatsächlich schon hier! Noch niemals zuvor hatte ich einen Traum, der sich so real anfühlte. Selbst der Duft der schwitzenden Pinien, der sich mit der salzigen Meeresbrise mischt, ist traumidentisch. Erschlagen vom Licht hier, der Hochsommerhitze und meiner neu entdeckten Freiheit taumle ich wachtrunken in einem Hochgefühl, das für mich neu ist. Bevor mich die unbeschreiblichen Glücksgefühle gnadenlos erschlagen, setze ich mich auf die niedrige Mauer der Strandpromenade und blicke mit tränennassen Augen auf den Ozean hinaus.

Was passiert hier? Warum löst dieser Ort eine derartige Euphorie in mir aus? Um mich noch mehr wie im Traum zu fühlen – und weil ich einfach gar nicht anders kann – ziehe ich mir mein Shirt aus, creme mich ein und fühle mich nicht einen Moment lang ausgestellt, seltsam oder so, als ob ich etwas Verbotenes tun würde. Keinen schert es, ob ich barfuß bin oder ob ich ein Shirt oder keines trage. Leider vergaß ich meine Sonnenbrille im Hotel. Trotzdem schlendere ich auf der Promenade bis zur geschwungenen Brücke über den weißen Sand auf die kleine Halbinsel hinaus. Kaum betrete ich *Rocky Point Island* überkommt mich die Gewissheit, hier schon zuvor gewesen zu sein. Im Traum sah ich die Halbinsel jedoch nur aus der Ferne. Meine Neugier ist hellwach und der Forscher in mir sieht sich jeden Stein, jeden Baum und Busch genau an.

„Endlich besuchst du mich!"

Ich wirble der Stimme zu und erkenne den jungen Aborigine sofort wieder. Es ist Wollongong, der mir in der Nähe des *Circular Quay* den goldigen Lorbeerkranz aufs Haupt setzte.

„Nichts ist von sich aus richtig oder falsch. Jeder kreiert selbst die Welt in der er leben will – jeder. Auch du, mein verkorkster Freund!" Wie schon bei unserer ersten Begegnung reicht auch heute dem Ureinwohner ein Lendenschurz als Kleidung aus. Um seinen Hals trägt Wollongong eine Kette aus *Honky Nuts*, die er an ihren Stielen mit der verdrehten Schnur festgebunden hat. Einige der Eukalyptus-Samenkapseln erinnern an Glocken ohne Köppel, andere als Schnapsgläser oder winzige bauchige Kupferkessel. Der so jung aussehende Mann zupft die größte *Honkey Nut* von seinem Halsschmuck und reicht sie mir.

„Danke!", murmle ich. Ich schüttle sie und weil darin etwas raschelt, halte ich sie mir ans Ohr.

„Es wird Zeit, dass du dein Innerstes aus seinem Schlaf erweckst. Wie die Herrlichkeit, des noch nicht gekeimten Eukalyptus-Baumes, der sich als Samen im Schutze der *Honkey Nut* verbirgt, ist auch deine Zeit gekommen, fruchtbaren Boden zu finden, um zu keimen."

„War ich schon einmal hier auf *Rocky Point Island*?"

„Bin ich da, um deine Fragen zu beantworten?", schnauzt er mich an. „Was ist los mit dir? Wachstum entsteht durch Mut. Kein Same keimt, wenn er nicht erst die harte Kapsel sprengt, die ihn vor der Verwandlung schützt. Transformation ist immer eine Opferung des Alten für das Neue."

„Ich habe heute Morgen meine Schuhe zu Gunsten eines neuen Gefühls der Freiheit geopfert!", prahle ich und wackle mit meinen staubigen Zehen.

„Deine persönliche Morgendämmerung zieht auf. Die dunkle Nacht der Seele ist bald überwunden. Deine Schöpfung muss eine Tatsache und zu deiner persönlichen Realität werden."

„Welche Realität?"

„Folge deinen Träumen! Als ein Traumwanderer ist es dir möglich den Anfang vom Ende im ewigen Kreislauf der Dinge zu erkennen. So durchbrichst du die Illusionen, um deiner Wahrheit die Wiedergeburt zu ermöglichen."

„Ich verstehe kein Wort!", motze ich.

„Ist das mein Problem?"

„Wo finde ich, was ich verloren habe?"

„Warum nicht hier und jetzt?", antwortet mir Wollongong.

„In *Balmoral*?"

„Die tausend Tage enden in Kürze!"

„Welche tausend Tage?"

Kopfschüttelnd lässt mich der Aborigine einfach stehen und spaziert auf dem einzigen Weg über die Halbinsel zurück zur Brücke über den Strand.

„Warte!", rufe ich ihm nach. „Bitte, hilf mir!"

„Das tat ich tausend Tage lang! Mehr vermag ich nicht zu tun. Beeile dich langsam und bleibe bescheiden in deinen Bemühungen, das zu sein, was du schon immer warst."

Verwirrt streichle ich die *Honkey Nut* in meinen Händen. Als ich wieder aufblicke ist Wollongong verschwunden. Ich stopfe die Samenkapsel in meine weiße Turnhose und bin entschlossen weitere Traumsequenzen mit der gegenwärtigen Realität zu vergleichen. Es gibt zwei Zugänge, einer über ein paar Stufen vom Strand aus, wo ich mich gerade befinde, und der zweite beginnt beim Bootshaus. Touristen und Einheimische schlendern über den weiten Kreis, was ich ebenfalls tue. In der durch die Pfosten und Netze gesicherten Mitte schwimmen Studenten und Schüler, die ihre Sommerferien genießen. Alle Schiffe ankern weiter draußen in der Halbmondbucht. Das Bootshaus sieht dann aber fast genauso, wie in meinem Traum aus. Als ich an der Theke einen Orangensaft bestelle, steht da tatsächlich Emmett.

Als er mir mein Getränk reicht, berühren sich kurz unsere Finger am Glas. „Kennen wir uns?", fragt er sofort.

„Ich bin heute zum ersten Mal in *Balmoral*", dehne ich die Wahrheit, denn anders als Wollongong setze ich Traumerfahrungen mit den Erlebnissen in der Alltagswelt nicht auf die gleiche Realitätsebene. Zudem würde mir Emmett wohl kaum glauben, wenn ich behaupte ihn aus einem Traum zu kennen „Arbeitest du schon lange als Kellner?"

Emmett lacht flirtend. „Mir gehört das Bootshaus. Warst du wirklich noch nie zuvor hier? Ich könnte schwören, ich kenne dich!"

Kopfschüttelnd verwickle ihn in ein Gespräch und befrage ihn nach der *White Party*, die hier gefeiert wurde.

„Was hast du von der Party gehört?", fragt mich Emmett und sieht mich abermals so an, als ob er versuchen würde sich zu erinnern.

Schulterzuckend schlürfe ich den Saft. „Das eine oder andere!"

„Morgens um diese Zeit habe ich selten Gäste." Emmett nimmt mir das Gas ab und trägt es zu exakt dem gleichen Tisch, an dem ich schon in meinem Traum saß. „Die Party war ein Skandal! Ein Callboy gab sich als *der schamlose Schamanen* aus."

„Wer ist der schamlose Schamane?"

„Rhydian Elpis!", bestätigt der Kellner meine Befürchtung. „*Der schamlose Schamane* erfuhr, dass ein Hochstapler ihn imitieren will. Das brachte Rhydian in Rage. Der Imitator hatte keine Ahnung, dass das Original sehr oft Zeit in *Balmoral* verbrachte. Rhydian hasste Kopien!"

„Rhydian Elpis war wütend?"

„Oh, ja! Allerdings!"

„Was passierte?", hoffe ich auf brutale Details.

„Was schon!"

„Lass mich raten", unterbreche ich Emmett. „Rhydian Elpis hatte kein weißes Kostüm dabei, warum du ihm einen Vorhang mit Franzen ausgeliehen hast?"

„Du warst vor drei Jahren auch an der *White Party*?" Der Bootshausbesitzer lacht auf. „Ich wusste doch, du kommst mir bekannt vor."

„Was passierte danach?" Natürlich verneinte ich seine Frage.

„Im Fundus bei der Hochzeitsdekoration fand ich etwas Geeignetes. *Der schamlose Schamane* trug den alten Lappen mit den Franzen, als ob es eine königliche Robe sei. Natürlich wählte er das kürzeste Tischtuch, warf es sich locker rechts über die Schulter und verlangte nach meinem Gürtel. Er drapierte die schmale Stoffbahn und achtete dabei darauf, dass sein Knackarsch und sein *Didgeridoo* unbedeckt blieben."

„Didgeridoo?", fische ich nach weiteren Bestätigungen.

„Ja, das Instrument, das er meist bei sich trug. *Der schamlose Schamane* schob es in den Ledergurt, als ob es seine Waffe sei."

„Nanntest du ihn auch *Didgeridoo*?"

„Warum sollt ich? Nein!"

„So wollte Rhydian den Hochstapler bloßstellen?"

„Oh, er tat es! *Der schamlose Schamane* duldete keine Nebenbuhler."

„Emmett, warst du damals auch an Bord des Lustschiffes?"

„Elpis' Freund, ein gewisser Jayden, lud mich zum Showdown ein. Ich erinnere mich gut an den Nudisten-Skater, weil Jayden noch immer gelegentlich hier im Clubhaus vorbeischaut."

Ich lasse mir Details erzählen und staune, wie präzise sie zu meinem Traum passen. An einen Kelly oder einen Noobs kann sich Emmett nicht erinnern, doch sonst spielte sich einiges ähnlich, wie in meinem sexuellen Traum ab; natürlich ohne mich, der auf seinen Halbbruder hoffte. Verwirrt darüber, dass ich im Traum Einblicke in vergangene Ereignisse bekomme, wippt mein rechtes Bein plötzlich unkontrolliert. Empfange ich jetzt neuerdings Botschaften meines vermissten Bruders aus seiner Traumwanderung? Irrt mein Halbbruder wirklich in einer Welt zwischen Wachsein und Illusion?

„Nervös?" Emmett nickt auf mein Bein.

„Was passierte mit jenem Callboy, der sich als Rhydian Elpis ausgab? Tritt er noch immer als Imitator auf?", lenke ich ab.

„Traurige Geschichte!" Emmetts Stimme wird ernst. „Es stand gestern über ihn in der Zeitung." Nachdenklich blickt mir Emmett in meine Augen und warnt mich plötzlich eindringlich: „Pass auf dich auf! Du siehst dem *schamlosen Schamanen* verdammt ähnlich. Das ist ebenfalls lebensgefährlich!"

Kopfschüttelnd will ich unbedingt mehr wissen. „Warum?"

„*Barry Pyromont* hatte seine Imitatoren Rolle länger inne, als er das jemals plante!"

Da mir der Name irgendwoher bekannt vorkommt, suche in meinen Erinnerungen danach. Als der Groschen endlich fällt, starre ich Emmett an. „Nein! Der?"

„Barrys Grab wird nun mit seinem richtigen Namen beschriftet."

„Jemand ermordet Rhydian-Elpis-Imitatoren?"

„Vor drei Jahren verschwanden Leute. Erst drei junge blonde Frauen und ein hübscher Travestie-Künstler. Die Polizei brachte die neue Mordserie nicht mit der anderen in Verbindung. Wahrscheinlich, weil den kopflosen Kerlen kein Buchstabe in die Brust eingeritzt war."

„Es gab mehrere Haiunfälle?"

„Das will uns jeder glauben machen. Die jungen Männer verloren ihre Köpfe, weil sie wie *der schamlose Schamane* aussahen."

Mir läuft es eiskalt über den Rücken. „Du glaubst, Rhydian hat sie alle abgemurkst?"

„Was?" Emmett starrt mich ehrlich entsetzt an. „Niemals! Der *schamlose Schamane* war ein Liebender allen Lebens."

„Du hast ihn sehr gemocht?"

Emmett schüttelt verwirrt seinen Kopf, nachdem er mir eine Weile in meine Augen geblickt hat. „Damals gab es unzählige Gerüchte, die seit dem Bericht gestern alle wieder neu aufleben. Einige vermuten, dass es damals um Heroin ging, andere glauben, um die Infiltrierung eines Spionagerings. Fakt ist, es gab viele Tote. Ich persönlich vermute, dass der Mörder noch immer in Sydney weilt."

„Spionage? Woher weißt du das alles?"

„Die Leute erzählen sich Geschichten! Um die Sache damals zu vertuschen, berichtete die Presse von Callboys. Keiner interessiert sich lange um das Schicksal von Huren."

„Rhydian Elpis war doch auch …"

„Niemals!", widerspricht mir Emmett. „Falls *der schamlose Schamane* überhaupt im Sexbusiness tätig war, dann im Begleitservice. Der erregte Didgeridoo-Spieler war Entertainer und jemand, den man gerne um sich hatte."

„Was ist der Unterschied zwischen einem, der sich über einen Begleitservice buchen lässt und jemandem, dem man direkt anrufen kann?"

„Callboys bucht man für sexuelle Dienste, einen Escort hingegen als Begleiter zu gesellschaftlichen Anlässen oder als moderne Geisha, also zur privaten künstlerischen Unterhaltung. Natürlich kann Erotik dazugehören. Da der *schamlose Schamane* ein stadtbekannter Nudist und *Boner Boy* war, kann ich mir nicht vorstellen, dass er einen Abend lang bekleidet blieb. Er tat es ja nicht einmal am helllichten Tag."

„Bemalte er sich?"

„Oft trieb er sich mit einem oder drei Aborigines herum. Die taten das für ihn. *Der europäische Druide* gehörte zu ihrer Clique, was für einen Weißen und Ausländer extrem ungewöhnlich war."

„Kurri Kurri, Kalamunda und Wollongong?"

„Keine Ahnung, wie die Aborigines sich nannten! Woher kennst du ihre Namen? Die standen niemals in der Zeitung oder in Blogs."

„Irgendwo aufgeschnappt!", lüge ich.

„Ich vermisse *den schamlosen Schamanen* mit seinen verrückten Ideen", seufzt Emmett. „An *Mardi Gras* vor drei Jahren habe ich ihn an diversen Veranstaltungen als Moderator, Burlesque Künstler oder Sänger erlebt. Jeder war in ihn verknallt. Jeder wollte ihn. Aber *der europäische Druide* war sakrosankt und somit unantastbar!"

„Sakrosankt? Da hörte ich ganz andere Geschichte!"

Emmett zuckt nur mit der Schulter. „*Der schamlose Schamane* war nicht der Typ für sexuelle Eskapaden. Er war aber durch und durch eine nackte Ikone. Hier in *Balmoral* kennen ihn viele unter den Namen, die ich schon nannte oder als den furchtlosen Traumwanderer."

„Er war ein *Boner Boy*!"

Emmett schielt mir auf den Hosenstall. „Natürlich, war er das! Das gehörte zu seiner Tarnung als Spion."

„Das glaube ich nicht!"

„Er war einem Drogenring auf der Spur", weiht mich Emmett ein.

„Blödsinn!", rutscht mir raus.

„Das war damals der Grund, warum er sich so oft in *Balmoral* herumgetrieben hatte. Die Drogen kam mit Yachten hier an. Speziell ein Katamaran ankerte oft hier. *Der schamlose Schamane* saß oft stundenlang hier auf der Terrasse und beobachtete das Boot."

„Emmett, bist du dir sicher, dass die *Early Bird* nicht einfach Touristen hierher brachte?"

„Das war der Name!“ Abermals ruht sein Blick auf der Beule in meiner Hose. „Ich sag ja nur! Pass auf dich auf!“

Emmett leidet offensichtlich an einer zu lebhaften Fantasie. Kein Wunder, jetzt da seine Verschwörungstheorie mit der Identifikation von Barry Pyromont neues Futter bekam. Weil eine Familie das Restaurant betritt, erhebt sich Emmett, um sie an der Theke zu bedienen. Ich nutze ich Gelegenheit zum Aufbruch und verabschiede mich.

„Pass auf dich auf!“, warnt mich Emmett abermals.

Verwirrt über all die Ereignisse und speziell wegen all der Übereinstimmungen aus meinem Traum, kehre ich mit dem Bus nach Downtown zurück. Mein Halbbruder soll ein Spion gewesen sein? War er tatsächlich *Thousand Face*?

Total in Gedanken schlendere ich nach meiner Rückkehr vom *Circular Quay* durch Sydney. Wie verdammt geil es sich ohne Shirt und barfuß anfühlt, hätte ich niemals für möglich gehalten. Als ob ich Sensoren unter den Sohlen hätte. Meine nackte Haut fühlt sich wie Antennen oder eine Satellitenschale hat, die Gefühle und Gedanken der Passanten verstärkt. Von unterschiedlichen Bodenstrukturen und unsichtbaren Vibrationen geleitet nehme ich die Welt um mich zum ersten Mal als lebendiges Wesen oder ganzheitlicher Organismus wahr. Warum mich diese neue Art der Wahrnehmung ausgerechnet zum *Mustang* führt, nehme ich einfach als ein Zeichen an. Die Absteige erscheint mir aus ungekannten Gründen heute wie ein Zuhause.

Finstere Pläne und explodierende Lichter

„Der Feigling kehrt zurück?“, begrüßt mich Coogee hinter der Bar.

„Rhydian Elpis lebt wahrscheinlich noch“, steige ich nicht auf die Beleidigung ein, sondern verkünde die frohe Botschaft.

„Dann hat sich *Hope* vom Bunyip-Biss im Outback erholt?“

„Was?“

Coogee winkt ab.

„Sicher ist, die Wasserleiche ist ein anderer.“

„Das weiß jeder! Valdrin, das stand in der Zeitung. Barry war hier im *Mustang* Stammgast."

„Du kanntest ihn?" Augenblicklich erwacht der Schnüffler in mir.

„Sagte ich das nicht eben? Valdrin, du siehst heute anders aus. Wurdest du wieder beraubt?" Coogee rückt seine heute grüne Wollmütze zurecht und checkt mich ab. „Glaubst du auch nur einer wird dich tatsächlich für den echten *Hope* halten? Es braucht mehr dazu, als obenohne und barfuß hier aufzukreuzen."

Ertappt senke ich meinen Blick. „Sehe ich ihm nicht ähnlich?" Spricht sich rum, dass Rhydian Elpis wieder im *Mustang* anschafft, lockt das bestimmt meinen Halbbruder aus dem Outback, um die Fälschung – mich – zu entlarven.

Coogee rückt näher. „Du willst *ihn* spielen?"

„Keine Ahnung?", gebe ich zu. „Es fühlt sich richtig an."

„Verstehe!" Coogee lehnt sich weit über den Tresen, dass seine Wollkappe mein Baseball Cap berührt. Sein Atem stinkt nach Schnaps. „Der Kopflose ist ein anderer, und du glaubst natürlich sofort darin einen Silberstreifen Hoffnung am Horizont zu erblicken. Dann sei *Hope*! Sei nur vorsichtig! Hochstapler verlieren in Sydney ihren Kopf."

„Wie?", nuschle ich genauso leise wie Coogee, als ob wir hier in der Kneipe zusammen einen Plan aushecken würden.

„Mit einer Säge?"

„Das meine ich nicht! Hilfst du mir die Illusion aufzubauen?"

„Wie weit wirst du gehen?" Coogee dreht sich um, langt nach ein paar Orangen, schneidet sie auf und schiebt sie in die Presse. Den Saft stellt er mir vor die Nase. „Geht aufs Haus!"

„Thanx!" Nach einem Schluck raffe ich weiter meinen Mut zusammen. „Ich wurde bereits mit meinem Halbbruder verwechselt!"

„Du?" Coogee lacht schallend auf. „Zugegeben, rein äußerlich besteht Familienähnlichkeit. Doch damit hört es auch schon auf. Glaube mir, ich kannte *Hope* recht gut. Er wohnte vom 11. Januar bis zu seinem Verschwinden anfangs April unter meinem Dach. *Hope* hatte etwas an sich, dass keiner seiner Imitatoren spielen konnte – egal wie gut sie waren oder glaubten *Hope* zu kennen."

„Was muss ich tun?"

„Da fragst du ausgerechnet mich nach Rat? Hängst du nicht ständig mit Jayden, Zac, Sam, Marrick oder Hunter zusammen?" Weil ich nicke, kratzt sich der Angetrunkene am Kopf. „Zieh hier ein und arbeite für mich!“ Dazu beugt sich der Betreiber des Gay Etablissements über den Tresen und spricht so leise, dass ich ihn kaum verstehen kann.

„Als was?“

„Was denkst du denn?“

Ich schlucke leer. Nach all den Geschichten über meinen Halbbruder weiß ich nur eines mit Sicherheit: Rhydian war Nudist und stolzer *Boner Boy*. All der Rest widerspricht sich. „Was genau müsste ich tun?“ Bevor meine Vernunft und meine alten Ängste meinen Plan zunichtemachen, mime ich den abgebrüht Coolen. Ich nehme einen weiteren Schluck vom Orangensaft, lege meine Ellbogen auf den Tresen und fokussiere Coogees Augen. „Arbeiten die Jungs noch immer im zweiten Stock?“ Ich rate einfach drauf los.

„Als *Der-neue-Rhydian-Elpis-im-Dienst*, brauchst du Unterricht!“

„Worin?“

„Im Moment magst du ein paar liebestrunkene Schwärmer oder durchgeknallte Fans vielleicht davon überzeugen, du wärst *Hope*. Doch glaube mir, ich fordere mehr von einem Rhydian-Double, das hier in seinem Zimmer wohnt und anschafft.“ Beim letzten Wort bin ich versucht alles hinzuschmeißen. Bevor ich einen Rückziehen machen kann, streckt mir Coogee seine Hand über die Bar zu. „Siebzig-Dreißig! Zusätzlich zu deinen dreißig Prozent wohnst du hier umsonst, alle Getränke gehen aufs Haus und das Training durch Kelly und Noobs bezahle ich auch!“

„Du meinst mit meinen siebzig Prozent“, werfe ich ein.

„Aha! Da ist ja ein Funke Hoffnung. Hope musste auch immer das letzte Wort haben. Deal?“ Noch immer liegt die Hand auf dem Tresen, bereit zum Pakt. Ich muss Rhydian aus dem Outback nach Sydney locken. Aber funktioniert das als einer seiner Imitatoren?

„Was du den Freiern anbietest, bestimmst du selbst. Doch die Minimum-Tarife werden nicht unterboten. Du kannst an der Bar und in der Disco auf Kundenfang. Kein Sex hier unten! Verstanden?“

„Und die siebzig Prozent? Wie berechnen sie sich?“

„Du verhandelst?“ Coogee lacht auf. „Kelly und Noobs werden dir die Regeln erklären. *Hope* zu sein ist nicht leicht. Er war verdammt gut, ihm warfen die Kerle das Geld einfach so nach. Keiner der bisherigen

Imitatoren schaffte das. Für Geld musste sich jeder flachlegen lassen und auf seinen Knien Schwänze lutschen."

„Mein Halbbruder verdiente sein Geld im Stehen?"

„Was weiß ich! Willst du der neue Rhydian-Elpis-Imitator werden und hier anschaffen oder nicht?" Noch immer liegt die Hand auf dem Tresen und teuflisch gierige Augen funkeln mich an. „Valdrin", säuselt der Dämon plötzlich zuckersüß, „du kriegst auch *Hopes* Zimmer. Seine wenige Habe stehen noch immer dort. Ich habe es nicht übers Herz gebracht etwas davon wegzuwerfen."

Ich erinnere ich an Wort von Wollongong: *Nichts ist von sich aus richtig oder falsch. Jeder kreiert selbst die Welt, in der er leben will – jeder. Auch du, mein verkorkster Freund!* Ich grabsche nach der *Honkey Nut* in meiner Tasche und drücke sie mit meiner linken Hand. In Gedanken gebe ich mir ein Versprechen: Auf das der Same keimt! Laut verkünde ich: „Okey-dokey!" Ich packe nach Coogees Hand und drücke sie so fest, bis der dünne Zuhälter sein Gesicht vor Schmerz verzerrt. Jetzt gehöre auch ich zum Wolfs-Rudel und hause im Bau.

Mit dem wahnsinnigen Plan in Gedanken herumspielend, hole ich mir aus meinem Hotel in *Potts Point* nur das Allernötigste. Vorsichtshalber buche ich mein Zimmer im *Holliday Inn* fix für eine weitere Woche. Dieses Hotelzimmer soll mir, fern ab von allem, als sicherer Hafen und Hauptquartier dienen.

Wie kleidet sich ein Stricher? Oder treffender, was hatte mein Halbbruder im *Mustang* normalerweise an? Er konnte ja nicht immer nackt dort herumhängen. Mutig packe ich nur die Hot Pants, die mir Himeros nach der Fotosession überließ, meine neuen Shirts, Flip-Flops und meinen Kulturbeutel in meinen Rucksack. Meinen Pass, das Geld, meinen Laptop und all meine Notizen, gesammelten Flugblätter, Tickets, Posters und Hefte schließe ich im Hotelsafe weg.

An einem Samstagabend in einem Tanz- und Aufreißer-Schuppen einzuchecken, ist nicht gerade intelligent. Trotzdem lache ich und fühle mich so vergnügt, wie seit Wochen nicht mehr. Spiele ich die Rolle eines Doppelgängers überzeugend, wird er auftauchen. Er muss einfach! Er duldet keine Imitatoren!

Da ich mich noch immer barfuß und ohne T-Shirt bewege, falle ich um neun Uhr abends, als ich mich wieder im *Mustang* zeige, auf. Ist tatsächlich alles nur eine Frage der Gewohnheit? Das Abchecken irritiert mich nicht – oder nur ein wenig. In einigen fragenden Blicken vermute ich, die Kerle verwechseln mich. Oder hoffen sie auf eine schnelle Nummer? Muss ich mich jetzt wirklich auf beides einlassen?

„Hier dein Schlüssel!" Coogee winkt mir damit an der Bar stehend zu. „Kein Gepäck?"

„Brauch ich mehr fürs Training?"

„Noobs und Kelly sind informiert. Sie wissen, was zu tun ist und erwarten dich im zitronengelben Zimmer auf deinem Stockwerk."

Warum ich wie ein Bekloppter singend die Treppe des ziemlich verwahrlosten Hotels hochsteige, schreibe ich meinem akuten Wahnsinn zu. Erstmals betrete ich Rhydians Kammer – denn mehr ist es nicht. An den Wänden hängen die Poster, von denen ich schon so viel hörte und natürlich inzwischen auch die meisten davon kenne oder fotografierte. Im offenen Schrank liegen *Boner Boy* Ausgaben vom Februar und vom März vor drei Jahren.

Neugierig blättere ich durch die März-Ausgabe und erschrecke, als ich mir die Einzelseiten dreier *Boner Boys* des Monats ansehe. Ihre harten Tatsachen schnellen regelrecht aus der Seite, der Rest hingegen bleibt Dekoration. Jetzt bin auch ich auf dem Highway, um zur Schlampe zu werden. Ob es hier versteckte Kameras gibt? Sofort durchsuche ich das Zimmer auf Wanzen und Überwachungskameras. Entweder sind sie zu gut versteckt oder mir fehlt einfach das Auge dafür. Mich in Sicherheit wiegend, hocke ich mich im Schneidersitz aufs Bett und widme mich wieder der *Boner-Boy*-Ausgabe. Ständig muss ich schallend über Rhydians diverse Kostüme lachen, die er bei den verschiedenen *Mardi Gras* Events vorführte. An der offiziellen *Gay Pride* trug er das Outfit seiner Verlobung und Premiere als Callboy. An einem anderen der Rahmen Events steht Rhydian an der Bar in einer Disco. Der verrückte Exhibitionist hat nichts weiter auf dem Leib als Netzstümpfe und um seinen Hals eine schwarze Fliege. Ob ich Noobs und Kelly in ihrem zitronengelben Zimmer jetzt schon aufsuchen sollte? Abgelenkt von neuen Fotos, verschiebe ich es. Speziell aufregend ist ein Body Painting mit australischen Symbolen der Ureinwohner. Rhydians gebräunte Haut ist mit ocker- und rotfarbiger Erde bemalt, mit Punkten, Wellenlinien und drei stilisierten Tieren. Die *Byamee* windet sich um seinen Hals und seine Schulter. Ihre gemalten Augen sind so realistisch durchdringend als ob nichts ihnen je entgehen könnte. Das *Große Kangaroo* auf seiner Brust spitzt seine Ohren, um das leiseste Geräusch wahrzunehmen. Der *Koala*, der sich um seinen Unterleib klammert, gähnt erwachend. Erschreckt lasse ich das Heft sinken. In einem meiner eigenen Träume sah ich exakt die gleiche Zeichnung. Damals nicht bei meinem Halbbruder aufgemalt, sondern an *Kurri Kurri*, einem der drei Hüter der Zeit und Bewacher der Pforten in die Traumzeit. Nervös schlage ich die Seite wieder auf. Rhydian ehrte so bemalt eine Gruppe Native Gays.

„Rhydian", flüstere ich zum *schamlosen Schamane*. „Wo bist du nur?" Natürlich antwortet mir weder das Foto, noch höre ich eine Geisterstimme aus der Dimension der Traumwanderer.

Als es an meine Zimmertür klopft, verlässt mich augenblicklich all mein Mut. Was werden Noobs und Kelly von mir fordern? Das Klopfen wird intensiver. An Flucht ist nicht zu denken. Entweder ich stehe jetzt für mein an Coogee gegebenes Wort ein oder ich verlasse augenblicklich – und diesmal für endgültig immer – das *Mustang*. Noch immer nur in meiner weißen Turnhose bekleidet öffne ich die Tür. Es ist Sam in einem Fummel aus Ketten.

„Du?", starre ich die Drag Queen an.

„Coogee erwähnte, dass du jetzt Rhydians Zimmer bewohnst."

„Rhydian befindet sich auf einem *Walkabout* oder hat sich in der Traumwelt verirrt!", platze ich sofort mit der Neuigkeit heraus.

„Woher weißt du das?" Sam tritt in die Kammer.

„Die Wasserleiche wurde identifiziert. Es ist nicht Rhydian."

„Wer weiß sonst noch davon?", sorgt sich Sam.

„Es ist offiziell, es stand im *Sydney Morning Herald*. Der Leichnam ist ein gewisser Barry Pyromont. Die Polizei hat die Fahndung nach seinem Mörder bereits eingeleitet." Weil Sam unter all seiner Schminke erbleicht, starre ich ihn an. „Du wusstest es? Die ganze Zeit über?" Als die Drag Queen nickt, schreie ich den geschminkten Mann im Fummel an: „Verdammte Tunte! Ich weine mir die Augen aus dem Kopf und verzweifle, während du schweigst!"

„Das tut mir alles sehr leid. Ehrlich! Als Nelson die Wasserleiche vor drei Jahren zufälligerweise bei einem Spaziergang in der *Rose Bay* treibend entdeckte, nutzen wir die Gelegenheit, um Rhydian zur Flucht zu verhelfen. Die Ähnlichkeit des toten Jungen wie die Tatsache, dass sein Kopf und seine Hände fehlten ..."

„Habt ihr den Kopf und die Hände ..."

„Valdrin, was denkst du bloß von uns? Nein, natürlich nicht!" Sams falsche Wimpern schnellen ständig auf und zu. „Es war Rhydians Idee eine Vermisstenanzeige aufzugeben und am nächsten Morgen dafür zu sorgen, dass die Wasserleiche, die schon Tage im Ozean trieb, gefunden würde. Rhydian reiste in der Nacht in aller Heimlichkeit ins *Outback* ab. Er nahm nichts mit. Jeder sollte denken, er wäre tot!"

„Auch seine Eltern und ich?"

„Daran hatte niemand gedacht. Jetzt, da seine Tarnung aufgeflogen ist, wird auch *Sie* ihre Suche wieder aufnehmen."

„Sie?"

„Rhydian kannte *Sie* aus seiner Traumschau."

„Diese Aborigine-Traumfänger oder Traumwanderungstechniken funktionieren tatsächlich?"

„Rhydian zog sich auf den *Uluru* im Zentrum Australien zurück, um seine neue Kraft in der Einsamkeit besser zu verstehen und um zu lernen, damit umzugehen. Als er erkannte, dass all seine Albträume immer realer wurden, bekam er es mit der Angst. Als *Sie* ihm immer öfters in Träumen und Visionen erschien, ahnte er, *Sie* würde ihn bald physisch aufsuchen, um ihn zum Zweikampf herauszufordern."

„Aphrodite?", spreche ich es einfach aus. Weil ich sogleich lauthals loslache, hält sich Sam seinen lackierten rechten Zeigefinger auf seine geschlossenen Lippen. „Jetzt ernsthaft?", zweifle ich am Verstand der Drag Queen.

„Ich muss Nelson informieren, damit er heute noch nach Sydney zurückkehrt. Valdrin, es wird Zeit, dass du ihn aufsuchst."

„Mann, den Kerl versuche ich seit meiner Ankunft hier zu sehen."

„Er wird mit dir Kontakt aufnehmen. In einer Viertelstunde trete ich unten auf der Bühne zusammen mit *Queen Darlinghurst* in einem Comeback auf. Falls du willst, wir brauchen einen Jungen, der seine Hose verliert!"

„Vergiss es!", schnauze ich Sam an.

„Falls du doch noch Lust bekommen solltest, sein einfach nachher vor der Bühne, dann hole ich dich als Freiwilligen in die Show."

„Rhydian lebt!", murmle ich.

„Ja!", bestätigt Sam. „Das tut er!"

Kaum hat Sam meine Kammer verlassen, lege ich mich aufs Bett. Drehen hier alle vollkommen durch? Hat ihnen das Ozonloch die Gehirne gebraten? Wenigstens habe ich jetzt die Gewissheit, dass mein Halbbruder wirklich noch lebt und sich irgendwo in Australien versteckt; aber vor Aphrodite?

Meine Wut auf Sam als Antrieb nutzend, raffe ich mich auf. Das zitronengelbe Zimmer – die Tür ist so bemalt – befindet sich um die Ecke. Ich klopfe an. Weil eine männliche Stimme „Ja, ja, immer rein mit dir!" brüllt, folge ich der Anweisung.

„Holy Shit!", stößt Noobs aus. „Du siehst exakt aus wie *Er*!"

Ich erkenne Glitzershirt sofort wieder. Wie in meinem Traum steht er offensichtlich auch in dieser Realität auf schillernde Outfits. Sein hautenges Oberteil schmiegt sich silbern über seinen schlaksigen Leib, ist aber so kurz, dass sein Bauch freibleibt. Dazu genügen ihm ein Tanga und Silberstiefel.

„Ich bin Valdrin Loris!", stelle ich mich ihm vor.

Das zitronengelbe Zimmer ist in Wahrheit ein Kosmetiksalon mit einem Barbierstuhl, Waschbecken für die Haare, einer Liege für Massagen und einem Doppelbett für andere Dienste. An den Wänden hängen diverse Spiegel, die mit grossen Glühbirnen umrandet sind, genau wie in Garderoben von Stars und Sternchen. Kelly kommt aus dem Badezimmer und ist bis auf rote Aussiebums und Hosenträger nackt. Seine Sommersprossen versuchte er mit aufgetragenem Puder zu verbergen und seine mit Mascara geschminkten Augen sind stark betont. Aber sonst sieht er exakt wie in meinem Traum aus.

„Jetzt wird offensichtlich, was hier gespielt wird!", verkündet er und schlägt bei Noobs mit High Five ab. „Lass dich umarmen!" Er packt mich und drückt mich, wie einen alten Freund an sich. Bevor ich richtig mitkriege, was abgeht, hat er seine rechte Hand bereits vorne in meine Shorts geschoben. „Alter Bär, wir haben noch viel Arbeit vor uns, doch das Rohmaterial ist stimmig."

„Arbeitet ihr beiden für Coogee?", frage ich das Offensichtliche.

„Wir beide sind Füchse!", antwortet mir Noobs.

„Doch wenn der Wolf knurrt, helfen wir gerne", ergänzt Kelly. „Du bist von all den Kandidaten der Beste für die Transformation."

„Transformation?" Ich ziehe Kellys Hand aus meiner Hose.

„Geiler Schwanz!" Keck zwinkert Kelly Glitzershirt zu. „Rhydian Elpis trug weder einen Bart noch war er ein Bär. Alter, du schon! Falls du ihm nicht nur ähneln, sondern dich als ihn ausgeben willst, opfere deinen Peltz und huldige so der Vorliebe für blitz-blank unseres Idols."

„Ich bin kein alter Bär!" Heimlich grinse ich über den Spitznamen.

„Und was ist das?" Der Sommersprossige mit den Hosenträgern streichelt mein getrimmtes Brusthaar und lässt seine Hand wieder tiefer wandern. Bevor sie abermals vorne in meiner Hose verschwindet, schlage ich ihm auf die Finger. „Scheu?", fragt mich das Früchtchen.

„Wie habt ihr meinen Halbbruder kennengelernt?"

„Alter Bär", boxt mich Kelly, „du willst Rhydians Bruder sein?"

„Ich behaupte es nicht nur. Ich bin es!"

„Yabber, yabber! Willst du uns jetzt texten oder sollen wir dir dabei helfen, dass du nach unserer Behandlung deinem Idol wie ein Ei dem anderen gleichst?" Noobs umrundet mich. Seine Arschbacken sind genauso flach, wie seine Brust und sein Bauch. Würde ich das wahre Alter der Jungs nicht aus meinem Traum kennen, ich würde die beiden für minderjährige Teenager halten.

„Was muss ich tun?"

„Rhydian war stolz auf seine extralange Schweizerwurst. Also raus aus der Hose!", instruiert mich Kelly. Bevor ich mich rumdrücken kann, stellt sich Hosenträger hinter mich und lässt seinen Worten unmissverständliche Taten folgen. „Alter Bär, warum ist dein Arsch so weiß wie tote Muscheln?" Er streichelt mir meine Backen. „Hart wie polierter Eukalyptus! Den Flaum können wir stehen lassen. Rhydians Backen waren genauso."

„Du kanntest meinen Halbbruder ziemlich gut?"

„Yabber, yabber!", unterbricht mich Noobs abermals.

„Wir beide waren seine Kosmetiker", flüstert mir Kelly ins Ohr. „Kannte jemand *Galaktikus* intimste Geheimnisse, dann wir beide."

„Kosmetiker?"

„Wir frisierten, rasierten, enthaarten, zupften ...“, beginnt Noobs mit aufzählen.

„... und feilten“, ergänzt Kelly. „Zeig mal deine Nägel!“, befiehlt mir Hosenträger. „Alter Bär, wann warst du das letzte Mal zur Mani- und Pediküre?“

„Noch nie!“, gebe ich zu.

„Ich schneide seine Haare und schäume ihn ein“, zählt Noobs auf.

„Und ich mache mich an seine Nägel!“

Bevor ich richtig mitkriege wie mir passiert, sitze ich auf dem Barbierstuhl, meine Füße baden in einem mit warmem Wasser gefüllt Plastikbecken und Noobs fummelt mir in meinen Locken.

„Nicht zu kurz!“ reklamiere ich, als er mit einer Schere ansetzt.

„Seine Schwimmerfrisur war ganz cool, doch deine Locken sind echt der Hingucker!“ Noobs schneidet nur die Spitzen.

Warum ich mir das alles – und das splitternackt – gefallen lassen, schreibe ich der vertrauten Gegenwart dieser beiden Kosmetiker zu. Ihre Hände fühlen sich auf meinem Körper genauso toll an, wie sie es schon im Traum taten. Kaum mit dem Haarschnitt fertig, schäumt mir Glitzerhemd meine Brust, Achseln und die Schamregion dick ein. Dass mich Schaum noch vor wenigen Tagen beinahe in den Wahnsinn trieb, kann ich mir gerade kaum noch verstellen. Kelly unterdessen ist mit meinen Händen und Füssen fertig geworden und hilft Noobs bei meiner vollständigen Enthaarung. Immer wieder lache ich wie blöd, wenn sie meinen Knüppel zur Seite schieben, um an intimere Stellen zu gelangen oder um einfach immer wieder meine sexuelle Bereitschaft in den nächsten Gang hoch zu schalten. Ob von meiner Geilheit geblendet oder von einem Zusatz in Coogees Orangensaft eingelullt, lasse ich fast alles mit mir machen.

Vierzig Minuten später helfen mir beide aus dem Stuhl, auf dem ich zuletzt rücklings knien musste, weil sie auch meiner Kimme gründlich wachsten. Zum Schuss kam ich nur nie, weil das Enthaaren mit heißem Wachs verdammt schmerzhaft ist, speziell in der Intimzone.

„Wie habt ihr das gemacht?“, staune ich. Der neue Valdrin, der mir aus den diversen Spiegeln entgegenblickt, sieht den Rhydian-Elpis-Postern in meinem neuen Zimmer zum Verwechseln ähnlich. Ja selbst mein *Boner* wirkt blitz-blank geradezu imposant.

„Zauberhände!“, verrät mir Noobs. „Wir sind *Eroten* und kennen

Tricks, die den Sterblichen unbekannt sind!“

„Yabber, yabber!“, provoziere ich Glitzerhemd. „Geiler Haarschnitt!“ Meine Haare sind fast so lang wie zuvor, doch mit dem neuen Schnitt wirke ich um Jahre jünger.

„Bereit für einen ersten Auftritt in der Öffentlichkeit?“ Kelly stellt sich hinter mich und umarmt mich.

„So?“

„*Galaktikus* würde es tun!“ Kelly küsst mir die Schulter und streichelt mit seinen beiden Händen über meine enthaarte Intimzone. „Was hast du an Garderobe für eine Premiere dabei?“

„Hotpants? Ich trug sie bei der Fotosession für den *Boner Boy*!“

„Nein!“ Noobs winkt entschieden ab. „Verrate niemals eine Pointe! Besser nur eine Jeans oder im Notfall ein umgebundenes Badetuch.

„Habe ich beides nicht dabei!“

„Im Kleiderschrank findest du bestimmt ein Bühnenkostüm. Husch-husch!“, scheucht mit Noobs aus dem zitronengelben Zimmer.

Kelly lässt mich erstmals los. „Später zeigen wir dir die Tricks.“

„Das Training noch geht weiter?“

„Wir haben noch nicht einmal damit begonnen!“

Für den kurzen Weg zurück in mein Zimmer ziehe ich mir meine weiße Turnhose wieder an und bin erstaunt, wie anderes sich der Stoff mit einer vollständigen Intimrasur auf der Haut anfühlt. Im Schrank finde ich am Boden, von einer Wolldecke bedeckt eine Schachtel und darin lederne Hand- und Fußfesseln, ein breites mit Nieten besetztes Halsband wie eine Leine und einen dicken ledernen Cockring. War mein Halbbruder doch ein Leder-Macho? Neugierig ziehe ich mir alles an. Gerade als ich mir auf dem Bett sitzend die letzte Fußfessel festzurre, höre ich an der Tür Geräusche. Da ich Noobs, Kelly oder Sam, der nach seiner Show nach mir sehen will, vermute, reagiere ich nicht.

Die Tür öffnete sich.

Da ich mit dem Rücken zum Eingang sitze, nehme ich nur den Schatten wahr, den der Lichtpegel aus dem Flur am Boden erzeugt. Ich sehe nicht hoch, auch nicht als eine zweite Person eintritt.

Plötzlich packt jemand grob nach meiner Schulter. Gleichzeitig zwängt der andere meinen Armen nach hinten und drückt meinen Kopf vornüber in meinen Schoss.

„Verdammt noch mal! Ich komm auch ohne eure Dominus-Spielchen nach unten! Ich brauch nur noch eine schwarze Unterhose!“

Dazu kommt es nicht mehr.

„Schwuchtel-Boy schon Fesseln selbst angelegt?“, spricht jemand in sehr gebrochenem Englisch.

Die Hacken der Manschetten um meine Handgelenke rasten ein. Meine Hände sind mir so auf den Rücken gefesselt. Eine Hand schiebt mir einen Knebel in den Mund, drückt aber gleichzeitig meinen Kopf weiter nach unten. Danach folgt ein Sack, der mir sofort die Sicht raubt. Vergeblich versuche ich, zu schreien und mich zu wehren.

„Guter Fang!“, stellt der Mann mit dem komischen Akzent fest.

Eine Frauenstimme bestätigt mit einem unverständlichen Murmeln: „Warten wir, bis Sam mit seiner zweiten Solo Nummer beginnt, dann achtet niemand auf die Hintertreppe. Kannst du ihn alleine durch den Hinterausgang schleppen und entsorgen?“

„Soll ich kaputt machen?“

Die Antwort der Frau kann ich nicht mehr hören. Etwas pickst mich. Augenblicklich explodiert die Dunkelheit unter dem Sack in Tausend Farben.

Teil IV: JONDALUP

Ist die Liebe der Schaum, der durch die stürmische Brandung eines erfüllten Lebens entsteht? Oder ist die Liebe der Ozean, der schäumend mit seinen Wellen gnadenlos alles überrollt? Und welche Rolle spielen im Liebesdrama die Lust und die Hoffnung?

Die Jauche stinkt zum Kotzen

Als ich wieder zu mir komme, sitze ich mit meinen Lederhandschellen an einen Stuhl gefesselt in einem leeren Raum mit Aussicht auf den *Port Jackson.* Da ich die *Sydney Harbour Bridge* von der Rückseite in nicht allzu großer Entfernung sehen kann, muss ich mich irgendwo in der Bucht des *Cove River* befinden, vielleicht am *McMahons Point*. Die Sonne steht hoch, weshalb ich den Morgen über weggetreten sein musste.

„Er ist endlich wieder da!", stellt die Männerstimme fest, die ich schon bei meiner Entführung aus dem *Mustang* hörte. Der Mann steht hinter mir, warum ich ihn nicht sehen kann. Meine Fußfesseln, durch deren Ringe eine Kette meine Beinfreiheit arg einengt, verhindern, dass ich mich in meinem panischen Rumzappeln befreien kann. Zusätzlich sorgen meine hinter dem Rücken fixierten Hände, dass ich nicht um mich schlage. Nur meinen Kopf vermag ich zu drehen.

„Was wollt ihr von mir?" Meine Stimme wimmert, warum ich mich räuspere. Meine Knie zittern und eiskalter Schweiß rinnt mir über meinen Rücken und die Stirn. Ich trage noch immer nur den breiten Cockring. Ob, um mich zu demütigen oder einen Fluchtversuch zu erschweren, will ich gar nicht wissen. Da die Fesseln schürfen, vermute ich, die Entführer erwarten heftigen Widerstand. Tapfer drehe ich meinen Kopf noch weite zurück. Hinter mir sitzt eine Frau mit langem blondem Haar. Weil ich auch hinter ihr durch ein Fenster auf Wasser blicke, liege ich mit meiner Vermutung wahrscheinlich richtig. Die Frau steht auf und umrundet mich. Ihre geschminkten Augen wirken, wie die einer hungrigen Raubkatze, die ihre Beute abcheckt, bevor sie mir ihre silbern lackierten Krallen ins Fleisch schlägt, um ein saftiges Stück heraus zu reißen.

Der Mann, ein gefährlich aussehender Brutalo mit einer langen

Narbe im Gesicht und harten Muskeln grinst, doch vielleicht ist das auch nur eine Folge seiner Entstellung. Er trägt schwarze Lederhosen, Stiefel und eine vorne offene Lederjacke. In seinem dichten Brustpelz glitzert eine wuchtige Goldkette. Sein Bart wirkt hingegen gepflegt, wie auch seine Frisur und Fingernägel. Das fällt mir auf, weil er mit einem Dolch zum Krokodile -Aufschlitzen spielt.

„Soll ich Hochstapler-Ding da", zeigt er auf mich, „markieren, Kopf abschneiden und im *Port Jackson* versenken?"

Mit zugeschnürter Kehle, japse ich: „Ich bin nicht der, den ihr sucht!" Mein Hals schmerzt vor Durst.

Der Drogendealer – oder Berufskiller – langt nach einem Putzkessel und schüttet mir lauwarmes Wasser ins Gesicht. „Kerl stinkt, wie Zobel! Er hat sich vollgepisst!"

Verschnürt an Leib und gebunden im Geiste taumle ich über einem Abgrund hundert möglicher Albträume, jeder eine Tür in Schreckensszenarien, in die ich auf keinen Fall hineinstürzen will.

„Sollen ich mit Fuchsmedaillon Brandzeichen tun oder Buchstaben einritzen?", fragt er in gebrochenem Australisch. Der Bärtige krault sich den Pelz, langt nach der Zuhälterkette und fummelt an einem kleinen Gegenstand daran. „Kann auf Herdplatte legen! Hitze dort heiß!"

Die Raubkatze schüttelt ihre Mähne, umkreist mich, zieht einen Stuhl heran und setzt sich. Ihr weißes Kleid mit Säumen aus aufwendig bestickten Goldfäden umspielt ihre langen Beine. Üppig spannen ihre Brüste mit Nippeln hart wie Rosenknospen ihr Ballkleid. Verwirrt über ihre perfekt modellierte Erscheinung und der Tatsache, dass ich sie mag, ja sie sogar verliebt anblicke, schockiert mich mehr, als das Klischee des Zuhälters, der mich verstümmeln und ermorden will. Sie zwinkert mit ihren pistaziengrün geschminkten Augenliedern, lächelt und ihre Augen blitzen noch eindrücklicher, als das Stirnband aus Brillanten, das immer wieder unter ihrer Haarbracht sichtbar wird. Smaragde hängen groß, wie unreife Zwetschgen an ihren Ohren, passend zu ihrem Collier, das ihren Busen schmückt. Jedes dieser Schmuckstücke muss ein halbes Königreich wert sein. Sie öffnet ihre weichgeschwungenen Lippen und leckt sie sich, als ob sie ein unschuldiges Mädchen sei, dass Naschwerk erblickt hat. Niemals zuvor sah ich eine so betörend schöne Frau.

Als mein Pimmel sich steinhart aufrichtet, schäme ich mich dafür.

Bin ich doch nicht schwul? Verwirrt und vollkommen geblendet von der Erscheinung der Fremden wimmere ich unkontrolliert. Hypnotisiert starre ich der schlanken Verführung auf ihre großen Brüste, dann in ihre Augen. Ihr Blick gleicht *Eos*' Segen, der jeden Morgen in herrlichsten Orangefarben die Welt mit Hoffnung überschüttet.

Ich stöhne und spitze heftig ab.

„Er ist es auch nicht!" Gelangweilt steht die Göttin auf. „ER würde mir widerstehen. Das Dinge hier", nickt sie verachtend auf mich, „ist nur ein gewöhnlicher Mann! Den Willen eines Gays zu brechen, bereitet mir schon lange kein Spaß mehr."

„Soll ich entsorgen Kerlchen?", fragt der Russe.

„Warte!", gebietet sie. Abermals fokussiert mich ihr Blick, jeder Liebreiz ist daraus verschwunden. War sie eben noch das begehrenswerteste Wesen, die *Muse* all meiner Fantasien und die Göttin meiner Leidenschaft, starrt mich jetzt eine Furie? an. Dunkler, als eine sternenlose Nacht, dringt ihr Geist in den meinen ein.

In Panik winde ich mich unter dieser Vergewaltigung. *„Skotía*!", schreie ich sie an. *„Anosía,* weiche von mir!" Erstaunt über meine Worte, verschwindet die dunkle Hüterin der Gräber und Gebeine. Statt der Unheiligen fokussiert mich jetzt *Arma,* die Gerüstete, die waffentragende Liebesgöttin.

Sie spukt vor mir auf den Fußboden. Sie lechzt jetzt nach meinem Blut. „Woher kennst du diese Namen? Sprich, Ding!"

Ich zittere am ganzen Leib. Mein Samen rinnt klebrig über meinen Schenkel. Das brache Wasser, das mir ihr Zuhälter anspritze, verdampft bei der Hitze meiner Lust, Wut und Verzweiflung. Mein männlicher Stolz schrumpft zusammen, was auch der Cocking nicht zu verhindern vermag. Weder an die Namen, die ich aussprach, noch an meinen mentalen Widerstand kann ich mich erinnern. Ich weine.

„Niemand nennt mich bei diesen Namen, ohne mein wahres Wesen zu erahnen. Wer bist du, Ding?"

Unfähig klar zu sprechen, kotze ich ihr meinen Namen vor die Füße: „Valdrin Loris."

Der Zuhälter schüttelt seinen Kopf. „Nie gehört von Ding mit diesem Namen!"

„Das ist der Schnüffler!" Die Blonde wendet sich von mir ab.

„Er wohnen im richtigen Zimmer und sehen aus wie ER!“, widerspricht der Ledermann.

„Dieses Ding ist ein Nichts! Ein Wurm! Er sucht genauso nach IHM, wie wir! *Deimos*, du hast mir abermals den Falschen gebracht!“

„Ding aber sehen aus wie auf Bilder und behauptete ER zu sein!“

„Auch er ist nur einer seiner Imitatoren. Jedes Jahr zu *Mardi Gras* tauchen sie wieder auf, um sich in *meinem* Glanz zu suhlen!“

„Darf ich jetzt abschneiden Gesicht?“

Verstümmelte dieser Zuhälter Rhydian-Elpis-Imitatoren? Verschwinden darum ihre Köpfe? Zitternd vor Angst rasen meine Gedanken. Fällt mir nicht gleich etwas ein, wird mein Körper gebrandmarkt, geschändet und mein Leichnam geköpft im Ozean entsorgt. „Ich kenne Rhydian Elpis!“, hasple ich hervor. Kaum ausgesprochen, bereue ich es.

„Du kennst den schwimmenden Dieb? Durch seinen Körper bannte *mein* Glanz Sydney einen Sommer lang.“ Die Entführerin checkt mich ein weiteres Mal sehr kritisch und gründlich ab.

„Rhydian Elpis ist mein Halbbruder“, stammle ich.

„Wo versteckt ER sich seit drei Jahren?“

„Dieser hier hat Aussehen, das passt!“, grunzt der Russe. „Er vielleicht ER sein? ER gewitzt und schamloser Lügner! ER dich besiegt und mächtiger als du.“

„Dieses hässliche Nichts?“ Die schöne Todesgöttin lacht verachtend. „Du magst vielleicht so aussehen wie ER, doch *meinen* Glanz besitzt du nicht.“

Wie wende ich meinen geplanten Tod ab? Meine Gedanken laufen wie ein Hamster im Rad. Vergeblich hoffe ich auf eine rettende Idee. Aber jedes Mal, wenn der Blick der Schönheit mich trifft, verschwimmt alles in blutrotem Schaum, bis jeder Hoffnungsschimmer von einem bodenlosen Abgrund verschluckt wird. Nur, weil ich bereit volle drei Jahre gegen diesen Wahnsinn ankämpfte, reißt er mich jetzt nicht in die Tiefe. „Rhydian Elpis lebt!“, hauche ich und bin danach so erschöpft, als ob ich den ganzen *Port Jackson* durchschwommen hätte.

„Wer bist du?“, will die Frau gefährlich leise flüsternd wissen.

„Ich bin Valdrin Loris“, wiederhole ich meinen Namen. „Ich bin wirklich Rhydian Elpis‘ Halbbruder!“

„Wo ist ER?“ Sie versenkt ihren Blick in meinen

Ich schreie vor Schmerz auf. „Rhydian Elpis ist in Australien!"

„ER tanzt direkt vor Nase! ER super mächtig!", labbert der Russe.

„Aber warum können wir ihn nicht sehen?", wundert sich die weißgekleidete Frau und umrundet mich. „Er ist ein Anfänger!"

„Weil ER Du geworden", schnaubt der Ledermann. „ER jetzt einer von Zwölf! Irgendetwas verbirgt wahres Wesen von ER. Vielleicht er haben Hilfe?", schlussfolgert der Mörder mit dem Dolch.

„Die Horen-Brüder Australiens!", ruft die Frau aus. Dabei knirscht sie so laut mit ihren Zähnen, dass es wie fernes Donnergrollen klingt. „Nur sie können diese Abschirmung bewerkstelligen. Keiner sonst ist hier am Ende der Welt so mächtig." Ihre vormals leuchtend grünen Augen wechseln ihre Farbe, um jetzt rot zu flammen.

Ich vermute meine Halluzinationen rühren noch vom Betäubungsmittel, dass der Mörder mir im *Mustang* spritzte. Keiner hat einmal grüne, dann schwarze oder gar Augen wie glühende Kohlen. Niemand, außer Rhydian!

„Du!" Die Frau türmt sie vor mir auf und blickt mit ihrer ganzen Verachtung auf mich nieder.

Ich weine sofort los. Diesmal nicht aus Angst, sondern weil sie ihre Liebe vollkommen von mir abgezogen hat. Ich vermisse ihren Charme, bettle danach, wie ein Junky vor dem nächsten Schuss.

„Wurm, wer bist du wirklich?"

„Valdrin Loris", würge ich zum dritten Mal hervor. Von einem Moment auf den anderen hasse ich das Weib vor mir aus der Tiefe meiner Seele. Abwechselnd wimmere ich, nur um mich sogleich wieder wie ein verliebter Teenager hoffnungslos nach ihr zu sehen. Meine Abscheu vor meiner emotionalen Achterbahnfahrt schmeckt nach Jauchegrube und stinkt zum Himmel.

„Was weißt du über den Verdammten, der mich beklaute?"

„Er ist mein Halbbruder!"

„Lügner!"

„Wir sind in Basel zusammen aufgewachsen!"

„Lügner!"

„Was ist Basel?", will der Zuhälter wissen. „Kann ich mir Gesicht von rasiertem Jungen aufsetzen?"

„Wo ist ER jetzt?"

„Im australischen *Outback*!" Meinen Widerstand gegen die Hexe erwacht. Tief in mir drin bäumt sich etwas auf.

„Dieser ganze verdammte ausgetrocknete Kontinent ist das *Outback*!", knurrt die Lady. „Wo genau?"

„Rhydian Elpis lebt!"

„Natürlich, lebt ER! Wäre er tot, wäre *meine* Macht wieder mein."

„Rhydian hat dich besiegt?", schlussfolgere ich.

Sie schreit hysterisch: „ER verbirgt sich vor der Welt. Selbst in seinen Träumen wirft er den Glanz über sich – *meinen* Glanz!"

„ER schneller gelernt, als du damals", stellt der Russe sachlich fest und schenkt der Frau einen mitleidigen Blick, was diese noch mehr in Rage versetzt. „Wenn du ihn nicht herausforderst und besiegst, ER werden vollkommen zu DU – ganz und gar!" Der Mörder hält mir sein Messer an die Gurgel. Ein Blutstropfen rinnt mir heiß aus der Wunde über den Hals. „Wenn Ding tot, du wieder werden DU?"

„Ach, halt die Klappe, Deimos!", faucht sie den Brutalo an. „*Mein* Glanz muss erst voll in ihm glühen, bevor ich ihn töten kann!"

„Du wissen, falls du versagst, zerreißen alle Verbindungen. Aphrodite, du dann nur noch gewöhnliche Frau ohne Macht, und ich kehre zu *Phobos* und *Ares* nach Afghanistan zurück!"

„Schweig!", faucht sie ihn an. „Ares lässt mich nicht fallen!"

„Ich kenne Ares!", flüstere ich. „Er ist ein vulgärer Säufer, Schläger und ..."

„Es gibt nur einen Ares, Wurm!" Trotzdem scheint sie meine Beschreibung irgendwie zu amüsieren. „Auch wenn in Tausenden seine Gaben aufflammen, ist nur mein Ares der echte. *Deimos* hier", zeigt sich auf den Ledermann, „ist die vollkommene Inkarnation des Grauens, das dich vernichtet, wenn du mich weiterhin anlügst!" Ihre Augen blitzen, um nur einen Moment danach liebreizend zu glitzern. „Genauso bin nur ich *die einzig wahre Aphrodite-der-Gegenwart*!" Die Frau baut sich vor mir auf, dass ihr Kleid verrutscht und ihre Brüste befreit.

„ER aber haben deine Macht!", widerspricht die angeblich lebende Verkörperung des Grauens. Die Blonde schlägt ihm einfach ins Gesicht. Deimos lächelt triumphal. „ER dich überlisten!"

„Was wir entführten, ist nur ein Schatten, ein Geist und eine leere Hülle!", nuschelt Aphrodite.

„He!“, protestiere ich, wimmere aber sofort, als Deimos mir abermals seinen Dolch an die Kehle drückt. Mutig spreche ich weiter: „Ich weiß nicht, wo Rhydian Elpis sich versteckt. Ich suche ihn selbst. Aber ich kenne seine Freunde hier in Sydney!“ Kaum ausgesprochen, will ich mich selbst in den Dolch stürzen.

„Ding hier ist nicht nur Feigling, sondern auch schwanzloser Verräter!“, brummt das Grauen. „Sprich Namen aus!“

Bevor ich mir Lügen ausdenken kann, rückt die abgesetzte Göttin der Lust ihren Stuhl dich vor meinen, dass mir ihr betörender Jasmin-Rosen-Duft die Sinne raubt. Mit einem Blick, der mich verliebt alles andere vergessen lässt, säuselt sie: „Valdrin, wer seiner Freunde ist Rhydian Elpis der Liebste von allen?“

„Jayden Salisbury!“, antworte ich ohne nachzudenken. „Er ist sein bester Freund!“ Kaum ausgesprochen, will ich mir die Zunge abbeißen.

„Ich kennen!“ Deimos dreht sich um und verschwindet aus dem leeren Appartement des Hochhauses.

„Nein!“, rufe ich ihm nach. „Bitte, lass Jayden in Ruhe!“

„Wer noch?“, dringt die hypnotische Stimme der Frau weiter in meinen Geist vor.

Im tiefen Abgrund, in den ich mich zurückziehe, um mich vor ihr zu verbergen, beginnt die Jauche zu brodeln. Dieses Labyrinth kenne ich. Gerade ist es mir Schutz und Heimat. Knietief stehe ich in Gedanken in der dunkelsten Hölle meiner Depression. Übelriechend bilden sich daraus braune Blasen. Je mehr dieser Stinkkugeln aus meinem Unterbewusstsein aufsteigen, desto schlimmer wird der Gestank. Langsam verfärbt sich das Blubbern. Uringelb dampft die Jauche. Immer mehr der Blasen zerplatzen. Ich ringe nach Atem und starre gleichzeitig der Frau, die einmal wunderschön, dann wieder die Fratze eines Ungeheuers aufweist, ins Antlitz. Unter meinen Füßen wütet das Sumpfloch, als ob es gleich explodieren wolle.

„Wer versteckt deinen Halbbruder?“ Mit meinem Willen ringend, dringt die Stimme der Hexe tiefer in meinen verschmutzten Geist vor.

Die Jauche stinkt zum Kotzen. Bereits wandert das Übel meine Oberschenkel hoch und kriecht über meine Hüfte zum Bauch. Der Gestank ist bestialisch. Ich kriege kaum noch Luft. Ich keuche nach Atem schnappend. Warum ich mich in meiner Misere ausgerechnet an die

Worte des Polizisten auf der Fähre erinnern kann, der über seine Begegnung mit Rhydian Elpis sprach, verstehe ich nicht.

Und was ist mit Aphrodite? Kennen sie nicht viele, als die Göttin der Liebe? Oft wird sie sogar als Mutter von Eros genannt. Ich sage euch, das ist ein Missverständnis. Eros, also die Liebe selbst, ist formlos und kaum zu fassen. Aphrodite hingegen verkörpert sich immer und immer wieder, um in jeder Generation und überall auf der Welt der Liebe ein Gesicht zu geben. Ich bin Rhydian Elpis, ich verkörpere Venus. Ich bin die zu Fleisch gewordene Lust. Aber vergesst niemals, die Lust ist nur ein Schatten der Liebe. Doch es gibt keine Schatten ohne das Licht. Blickt durch die Maske der Lust hindurch und ihr erkennt die Liebe, die sich ihren Weg bis in die physische Existenz bahnt.

Plötzlich wird mir bewusst, was ich zu tun habe. Ich muss in die Liebe eintauchen. Ich muss vollkommen zum Licht hinter dem Schatten werden. Weil mir nichts anderes einfällt, tauche ich in Gedanken in die Jauchengrube ein. Als der Unrat mir bis zum Kinn reicht, schaudert mir. Weil ich gleichzeitig weiter die Stimme der Hexe höre, die mich nach Namen und Daten von Rhydians' Freunde auszuquetschen versucht, halte ich die Luft an und tauche ab. Erst warm, dann heiß umhüllt mich die Scheiße, die sich in meinem Unterbewusstsein angesammelt hat. Der Drang aufzutauchen wird immer mächtiger. Ich unterdrücke all meine Überlebensinstinkte. Hier unten kenne ich mich aus. Ich lasse mich fallen, dann stürze ich ins Bodenlose. Aufschreiend schlucke ich Exkremente. Besser hier und jetzt sterben, als auch noch anderen Freunde von Rhydian – die auch mir ans Herz gewachsen sind – zu verraten. Hoffentlich kriegen sie Jayden nicht zu fassen! Je tiefer ich absinke, desto leichter fühle ich mich. Ist so sterben?

Als ich erstmals meine Augen öffne, wütet ein heftiger Sturm in der Nacht. Mir fröstelt sofort. Panik packt nach meinem Herz. Die Jauche ist verschwunden, doch unter mir schäumen hohe Wellen. Ich springe. Verzweifelt versuche ich im Fallen zu schwimmen, und als es nichts hilft zu fliegen – beides vollkommen vergeblich. Ich stürze unaufhörlich in den pechschwarz aufschäumenden Ozean.

Lass los!, ruft eine bekannte Stimme. Es ist Markku, mein bester Freund aus Basel. Ob ich mich an seine Worte erinnern kann, oder ob Markku im Moment meines Todes wirklich zu mir spricht, ist mir einerlei. Seine Worte sind mir Trost und Hoffnung: *Manchmal müssen wir Dinge tun, die wir erst viel später verstehen. Dabei kann es sich auch um Unmögliches handeln oder um Dinge, die es in Wahrheit einfach nicht geben dürfte. Denke daran, es gibt viele Arten von Wettkampf. Einige Kämpfe gewinnen wir, andere verlieren wir. Gib niemals auf! ES wartet in Sydney auf dich! Hab keine Angst davor! Gib dich IHM hin. ES wird dich leiten und führen.*

„Warum ich?", ruf ich laut aus. „Warum ausgerechnet ich?"

Du hast alles, was du dazu brauchst! Der Rest kommt! Sei einfach du selbst!

Als mich weißer Schaum wie behütende Arme auffängt und wiegt, verlässt mich erstmals die Angst. Den Sturz habe ich heil überstanden. Reines Salzwasser wäscht mich sauber.

„Weil du sein Halbbruder bist!", antwortet mir die blonde Hexe.

Blicke ich abermals in mein Unterbewusstsein, leuchtet dort jetzt reinster Schaum, glitzert in einem Licht, das nicht von dieser Welt sein kann. Versetzte mich die letzten Jahre der bloße Gedanken an Schaum in Panik, hüllt er mich jetzt kraftspendend ein.

„Den Ares, den ich kenne, kann dich zu Rhydian Elpis führen."

„Dann weilt ER also tatsächlich hier in Sydney?"

„Ja! *Ares*", betone ich Marrick Braxtons Spitznamen, „weiß ganz genau, wo sich Rhydian Elpis versteckt!"

Deimos kehrt zurück. „Jayden Salisbury ist gefangen! Unser Verbündeter gabelte ihn auf und kerkerte ihn ein."

„Was? Nein!" Die Nachricht schnürt mir die Kehle zu. Ich weine.

„Wo?", fragt Aphrodite.

„Jayden suchte im Viertel nach *Pisser*!", zeigt das Grauen auf mich.

„Wird er hergebracht?" Die Blonde fokussiert den Lederkerl.

Deimos schüttelt seinen Kopf. „Zu riskant!" Er stellt sich vor mich. „*Stinker*, hast du Nummer von Pseudo-Ares?"

„Natürlich weiß ich seine Nummer nicht auswendig! Ich habe sie auf meinem iPhone abgespeichert", weiche ich aus und versuche mein Flennen wegen Jaydens Ergreifung zu stoppen.

„Ich will mir sein Gesicht aufsetzen!" Abermals zückt der Begleiter des Kriegsgottes sein Messer, um da weiter zu machen, wo er schon einmal vorher aufgehört hatte. Seelenruhig würgt er mich und schneidet gleichzeitig mit seinem Dolch in meine Stirn, um mir das Gesicht abzuziehen.

„Warte!", befehle ich das Gauen abschüttelnd. „Ares treibt sich oft im *Mustang* herum. Das ist der Schuppe, wo ihr mich entführt habt."

„Nummer von Schwuchtel-Club kennen!" Deimos lässt mich los. Blut läuft mir über die linke Augenbraue und Wange. Er tippt etwas in sein Telefon ein und reicht es danach der abgesetzten Aphrodite.

Nach einer kurzen Wartezeit verlangt sie einen vulgären Säufer, der sich fälschlicherweise Ares nennt, zu sprechen. „Ein gewisser Coogee ist am Apparat", klärt mich die Hexe auf. „Coogee meint, Ares sei nicht zugegen. Er hetzt einem schwarzgekleideten Kerl mit einer Ski Maske nach, der gerade Jayden entführte!"

„Ich kann helfen!", lüge ich und wittere eine Chance.

„Keine Tricks!", ermahnt mich der Russe und stellt sich wieder hinter mich, um seinen Dolch abermals zum Schneiden anzusetzen.

Die Blonde hält mir das Telefon ans Ohr.

„Coogee, ich bin's Valdrin Loris, der Halbbruder von Rhydian Elpis. Ist Sam im Haus?" Coogee erklärt mir, dass er wegen der gestrigen Show gerade seine Kostüme auf der Bühne einsammle. Er ruft lauthals nach *Miss Muriel*. Meinen beiden Entführern verrate ich: „Sam ist ein Freund von mir, der Rhydian Elpis auch kennt!" Als Sam am anderen Ende des Telefons ist, atme ich auf. „Sam, ich bin's Valdrin. Ich wurde letzte Nacht entführt. Man will mir das Gesicht abschneiden, mich köpfen und meinen Leichnam im *Port Jackson* versenken, wenn Rhydian Elpis mich nicht rettete." Sam glaubt mir natürlich kein Wort, warum ich alles wiederhole. „SIE hat mich!", füge ich an. „Aphrodite!"

Die wunderschöne Blondine reißt mir das Telefon aus der Hand und säuselt ins iPhone: „Ich will Rhydian Elpis! Du wirst ihn in die Stadt beordern." Offensichtlich versucht Sam der Verrückten zu erklären, das Rhydian irgendwo im *Outback* weilt oder ähnliches und deshalb nicht so schnell in Sydney sein könnte. Nach einer Weile fügt die Hexe an: „Drei Tage!" Es folgt abermals eine längere Pause in der Sam reden muss. „Er ist hier!" Aphrodite blickt abschätzend auf mich nieder. „Ja! Noch besitzt er alle seine Finger, Zehen und sein Gesicht!" Nach einer weiteren Sprechpause der Blonden, in der Sam wahrscheinlich allerlei Unnötiges erfragt, knurrt die Blonde: „Einverstanden! Falls Rhydian Elpis in drei Tagen nicht um Punkt zwölf Uhr vor der *Sydney Opera* steht ..." Aphrodite stoppt zu sprechen. „Keine Öffentlichkeit! Von mir aus!" Pause. „In drei Tagen! Einverstanden!"

„Nein!", kreische ich. „SAM, bitte! Jayden darf nicht drei Tage hier bei diesen Wahninnigen bleiben!"

Aphrodite legt auf.

Deimos rammt mir eine Spritze in den Hals.

Wenn Freunde überschnappen

Als ich wieder zu mir komme, liege ich nackt am Ufer eines Sees. Die Hand- und Fußfesseln sind fort – wahrscheinlich um jetzt Jayden zu binden. Weil niemand in der Nähe ist und ich nach Angstschweiß, Urin und Erbrochenem stinke, steige ich, von ein paar Büschen gut verborgen, in den See, um mich zu waschen. Die Dämmerung hat schon eingesetzt, weshalb es keine Leute in der Nähe gibt – das oder ich weit außerhalb von Sydney ausgesetzt worden bin. Vier schwarze Schwäne mit roten Schnäbeln flüchten, als ich mich ihnen nähere. Meine Furcht vor Wasser ist vollkommen fort, ich tauche sogar einige Male unter, schwimme an Seerosen vorbei weit hinaus. Später rubble ich mir in Strandnähe mit Sand meine Haut so gut, wie möglich sauber.

Wie lange war ich bewusstlos? Ob ich hier nackt schlafend im Rasen lag oder im Appartement der Entführer entzieht sich meiner Kenntnis. Als ich mich endlich einigermaßen sauber fühle, klettere ich im Sichtschutz von Büschen und Palmen aus dem See und spähe in alle Richtungen. Ich habe keine Ahnung, wo ich mich befinden könnte. Sicher ist, ohne Kleidung, ohne Telefon oder Geld wird meine Rückkehr ins *Holiday Inn* ein Abenteuer werden, auf das ich gerne verzichten würde. Kreuze ich jedoch nackt im *Mustang* auf, ist das nicht mehr, als eine Überraschung, doch definitiv keine Katastrophe. Aber wie komme ich ins Gay Viertel?

Vergeblich sehe ich mich nach Wahrzeichen oder mir bekannten Hochhäusern um. Nichts! Bis auf blühende Bäume, Akazien und weite Grünflächen kann ich nur Schwäne, Enden und Kakadus ausmachen. Von Osten her erblicke ich eine dunkle Wolke, sich dem Park nähert. Da ich Ähnliches schon einmal im *Royal Botanic Garden* bei Sonnenuntergang beobachtet hatte, weiß ich, es handelt sich um Flughunde. Ob auch dieser Schwarm aus Downtown kommt?

„Valdrin! Valdrin!"

Versucht mich winkend der Stimme zu nähern, erinnere ich mich daran nackt zu sein, lasse es und ducke mich stattdessen hinter eine gelb blühende Mimose. Neugierig starre ich in die Richtung der Stimme. Ein schlanker großer Mann mit dunklen Haaren folgt dem Lauf des Sees und ruft ununterbrochen meinen Namen. Wer ist er? Als er sich meinem Versteck nähert, will ich ihm schon zurufen. Im letzten Moment lasse ich es, denn es ist doch nicht Kensington.

„Valdrin Loris!", wiederholt der Mann abermals meinen Namen. „Wir wissen, dass du hier im *Centennial Park* ausgesetzt wurdest. Deine Entführer informierten uns darüber. Zeig dich! Uns bleibt nicht viel Zeit für einen Plan zu Jaydens Rettung!"

Ob ich dem fremden Schmacko vertrauen kann? Er sieht extrem gut aus, humpelt etwas. An seinen Händen und um seinen Hals erkenne ich in der Abendsonne blitzendes Metall. Hungrig und durstig krabble ich auf allen Vieren näher, bleibe aber noch immer in Deckung von *Mitchell Gras*.

„Valdrin! Falls du dich hier in der Nähe verstecken solltest, zeige dich! Ich bin's, dein Nelson!"

Mein Nelson? Ich kenne Nelson Morley nur vom Hörensagen. Er war der Lover und Verlobte meines Halbbruders.

„Valdrin, wir alle wissen, dass du nackt bist. Kein Grund sich deswegen zu schämen. Wir alle lieben dich! Zeig dich!"

„Du liebst mich?" Auf meinen Knien bleibend strecke ich meinen Kopf zwischen dem Gras hindurch, als der schlaksige Dunkelhaarige nur noch ein paar Schritte von meinem Versteck entfernt ein weiteres Mal nach mir ruft.

„Aber natürlich!" Nelson eilt auf mich zu.

Erschreckt über seine Vertrautheit, sehe ich mich nach Fluchtmöglichkeiten um. Aber der Hinkende ist schneller, als meine Zweifel. Er packt mich an meinen beiden Händen und zieht mich auf meine Füße hoch. Bevor ich etwas sagen kann, schlingt er seine Arme um mich und küsst mein Gesicht. Er weint dabei.

„Ich bin Valdrin!", stelle ich mich dem emotionalen Fremden vor.

„Natürlich bist du Valdrin!" Nelson nimmt mich in seine Arme und presst mich wie den verlorenen Sohn oder einen Liebhaber an sich. Als seine rechte Hand plötzlich tiefer wandert, um meinen nackten Arsch liebevoll zu streicheln, wehre ich ihn entschieden ab.

„Hallo? Was erlaubst du dir?"

„Valdrin?" Diesmal sieht mir der Mann im schwarzen Seidenhemd, einer schwarzer Jeans und Sandalen mit seinen dunklen Augen tief in meine. „Erkennst du mich denn nicht?"

„Sollte ich?"

Dem Dunkelhaarigen mit der modern vorne aufgerichteten Gel-Frisur, den unzähligen Ringen an seinen Fingern und dem Silberschmuck um seinen Hals, kullern neue Tränen über seine Wangen. „Du musst dich doch erinnern!"

„Nein!" Ich löse mich aus der peinlichen Umarmung. „Natürlich hörte ich Geschichten von dir. Aber nein, Mister Morley, wir sind uns niemals zuvor begegnet!"

„Hier!" Nelson schlüpft aus seinem schwarzen Seidenhemd und bietet es mir an. Seine Brust ist absolut haarlos und sein Torso ohne nennenswert trainierte Muskeln. „Damit kannst du dich abtrocknen. Warst du im See schwimmen?"

Anstatt seinem Rat zu folgen, wickle ich mir das teure Markenhemd um die Hüfte, um meinen Pimmel vor dem Fremden zu bedecken. „Ja, war ich! Wer sucht sonst noch nach mir?"

„Ares ist auf der anderen Seite des Parks, Sam durchkämmt den Norden, Peitho folgt den verschlungenen Pfaden und Himeros macht die große Runde." Kaum mit aufzählen fertig, verschickt Nelson diverse SMS. Fertig damit fokussiert er mich. „Endlich haben wir uns wieder!" Erleichtert legt mir Nelson seinen rechten Arm um die Hüfte.

Seine Fürsorge und Zärtlichkeit beschämen mich, warum ich ihn diesmal nicht abschüttle. Seine schlanke Hand fühlt sich gut an, wo sie liegt. Beinahe hoffe ich, sie verirrt sich wieder auf meine Arschbacken. Anders als bei Jayden, in den ich echt verknallt bin oder bei Peitho, den ich einfach unglaublich geil finde, lösen Nelsons Berührungen etwas vollkommen anderes aus: Schutz und Geborgenheit. Ist das Liebe auf den ersten Blick? Heimlich checke ich sein Gesicht ab, als der schlanke Mann sich nach allen Seiten nach meinen anderen Freunden umsieht. Er sieht Kensington entfernt ähnlich. Weil er mich in seinem Arm zu einem der Pfade durch den Rasen führt, folge ich ihm.

„Kanntest du Rhydian Elpis sehr gut?", frage ich etwas, worauf ich die Antwort aus Erzählungen schon kenne.

„Wir wollten heiraten!"

Jetzt wandert seine rechte Hand tatsächlich wieder tiefer und legt sie auf die zerknüllte Seide, die ich zum Lendenschurz umwandelte.

„Er", Nelson stockt und sieht mich direkt an. Sein Blick ist voller Zärtlichkeit und Hoffnung. „Wir waren ein Paar." Weil seine Hand die Seide hinten hochschiebt, um wieder meinen Arsch zu streicheln, fühle ich mich wie ein Ehebrecher. Nur weil mir seine Berührung Zuversicht und Sicherheit schenken, lasse ich ihn gewähren. Der Schock meiner Entführung sitzt mir noch tief in den Knochen. Jetzt, da ich bald wieder meine neuen Freunde treffen werde, kommt plötzlich alles hoch.

„Ich wurde betäubt – zwei Mal! – gefesselt und gefoltert!" Vorsichtig fahre ich zu meinem Hals, wo Schorf den Dolchschnitt beweist. „Die beiden Wahnsinnigen hätten mich töten können." Plötzlich bricht die Schutzwand, die ich innerlich aufgebaut hatte. Ich weine los.

Nelson bleibt stehen. Liebevoll fokussiert er mich. Ganz selbstverständlich wischt er mir mit seinen Fingern meine Tränen von den Wangen und streicht mir durchs vom Bad noch nasse Haar. „Valdrin, ich hätte dich gerne einmal mit Bart gesehen. Peitho erzählte mir davon, erwähnte aber auch, dass er gestutzt werden müsse. Er sagte, du hättest damit reifer ausgesehen und irgendwie drückte der Bart deine ungebändigte Wildheit aus."

„Danke!", schniefe ich.

„Auch das hier", fährt mir Nelson mit seiner linken Hand über meine rasierte Brust, „hätte ich gerne mal gekrault. Man sagte mir schon, du wärst zum richtigen Naturburschen geworden."

„Kennen wir uns?" Wegen all der Vertrautheit von Nelson, sehe auch ich mich total verunsichert immer häufiger nach den Freunden um, die einfach nicht zu meiner Hilfe eilen wollen. Was, wenn der Mann ein Vergewaltiger ist? Ein Spinner, der meinen Namen von meinen nach mir suchenden Freunden aufschnappte? Als Nelson mit den beringten Fingern seiner linken Hand mir erst die Wange streichelt und danach durch meinen neuen Haarschnitt fährt, erkundet gleichzeitig seine rechte Hand meinen Bauchnabel. Verlegen schlucke ich leer. „Ist dieser Park nach Einbruch der Dunkelheit ein Treffpunkt für Notgeile?"

Nelson lacht. Seine linke Hand wandert über meinen Nacken zur Schulter und rasch tiefer auf meinen Arsch. Bevor ich mich beschweren kann, zieht er mich näher an sich heran und küsst meine Lippen. Gleichzeitig krabbeln die Finger seiner rechten Hand vorne unter die umgewickelte Seide, um meine erwachende Lust zu liebkosen. „Wenigstens dein Körper erinnert sich an mich!"

Verwirrt schüttle ich meinen Kopf. Nelsons Lippen finden abermals die meinen. Ganz selbstverständlich öffne ich meinen Mund, um den Kuss zu erwidern. Ebenso lasse ich es zu, dass er meinen Knüppel fest in seine Hand nimmt. Meine solange angestaute Geilheit ist abermals augenblicklich entfesselt. Endlich Sex!

„Ich habe dich so vermisst!", säuselt Nelson.

Würden sein Kuss nicht nach Himbeersahnetorte mit Mandelsplittern schmecken, und sich seine Nähe nicht so extrem gut anfühlen, ich würde ihn von mir stoßen und flüchten. Nichts dergleichen tue ich, sondern lasse mich von ihm hinter hohes *Mitchell Gras* und eine Fächerpalme führen. Wenn wir, bis auf eine neugierige Gans und die angekommenen Flughunde, die sich schmatzend über Früchte in einem nahen Baum hermachten, alleine sind, so schätze ich trotzdem den Sichtschutz. Nelsons Hände sind plötzlich überall auf meinem Körper und finden sofort all die Stellen, bei denen ich schnurre und seufze. Wenn ich diesem Mann auch noch niemals zuvor begegnet bin, so kennt er meinen Körper besser, als ich ihn selbst. Als er einen Finger in mich hineinschiebt, schmiege ich mich nur enger in seine Arme und helfe ihm, sich seine Hose aufzuknöpfen. Kaum steht er mit heruntergelassener Jeans hinter mir, wünsche ich mir nichts sehnlicher, als dass er mich hier und jetzt nimmt.

Er tut es. Nelson gleitet steinhart in mich ein, als ob er das schon unzählige Male zuvorgetan hätte. Es fühlt sich unglaublich erlösend an. Sein heißer Atem und seine Küsse brennen auf meinem Nacken und sein schweratmendes Flüstern ruft unentwegt meinen Namen. Erst als ich bewusst hinhöre, krieg ich trotz des Lustrausches mit, was er tatsächlich in mein Ohr säuselt: *Rhydian!* Schockiert schüttle ich ihn ab.

„Ich bin nicht mein Halbbruder!", würge ich hervor. Die Nähe ist augenblicklich zerstört. Ich bereue es sofort, mich mit ihm eingelassen zu haben. Bin ich für ihn nur ein Ersatz und ein Lückenbüßer, der dem Lüstling für ein Quicky im Park hinhalten muss?

„Nein, das bist du tatsächlich nicht!", bestätigt Nelson. Anstatt sich zu entschuldigen fasst er nach meinen Händen, um sie abermals zärtlich zu halten. „Rhydian hatte keinen Halbbruder!"

„Und wer bin dann ich?"

Valdrin!" Peitho nähert sich uns im Laufschritt. „Geht's dir gut?"

Hastig hebe ich das Seidenhemd vom Rasen auf, um mich abermals damit zu bedecken. Nicht weil ich mich vor Peitho genieren würde, doch er soll nicht denken, dass ich mich jedem um den Hals werfe.

„Ihr beide wusstet, die Zeit gut zu nutzen?" Peithos Grinsen darüber, lässt mich schnauben. „Lasst euch durch mich nicht stören. Ich schaue euch gerne beim Wiedersehenssex zu!" Der halbasiatische Bodybuilder lässt sich vor uns in den Rasen sinken und blickt zu uns hoch. „Nelson ist ein genialer Liebhaber. Aber wem erzähle ich das?"

„Ich ... wir ...", stammle ich. „Wir kennen uns erst seit ..."

„Und trotzdem steckte Mister Morleys Doodle in dir drin?"

„Arsch!", schnauze ich Peitho an.

Der liegt jetzt im Rasen auf dem Rücken und sieht zu mir hoch. „Valdrin, dein Ständer verrät mir, dass du es sehr genossen hast! Erweckte Nelsons Stängel Erinnerungen?"

„Erinnerungen?", wundere ich mich. „Ich bin schon geil, seit ich in Sydney gelandet bin! Ja, der Fick war gut!", gebe ich zu und sehe dabei zu Nelson, der noch immer mit heruntergelassener Hose neben einem der größeren Grasbüsche steht und mich anschmachtet.

„Na dann!", fordert uns Peitho auf. „Macht doch einfach da weiter, wo ich euch unterbrochen habe."

Als sich mir Nelson dafür tatsächlich nähert, zittere ich vor Verlangen. Mein Körper sehnt sich so sehr nach seinem, dass es nur eine physisch animalische Anziehung sein kann. Meine Hemmungen und meine Scham kämpfen gegen meine Lust und das unersättliche Verlangen nach Sex an. Bevor der Kampf entschieden ist, schnappt mich Nelson abermals. Geschickt bringt er meinen willigen Körper abermals in Idealstellung und rammt mich immer und immer wieder fordernd und doch voller Liebe und Hingabe.

Peitho lacht. Ich versuche meine sexuelle Gier irgendwie zu zügeln. Vergeblich! Als sich Peitho dann zusätzlich auch noch vor mich hinkniet und mit seinem Mund meine Lust noch mehr anstachelt, schluckt mich ein Wirbel feuriger Leidenschaft. Der Sex löscht alles in mir aus. Ich gebe mich ihm vollkommen hin. Mein Geist und mein Leib sehnen sich nach dem Akt, wie ein Ertrinkender nach Luft. Nelson ist fantastisch, und Peithos Mund gierig. Als mit meinem Befreiungsschrei meine Lust überschäumt, blitzen tausend Lichter in meinem Schädel und die Brandung mit ihrem Schaum überrollt mich.

„Valdrin! Valdrin!" Jemand verpasst mir, meinen Namen stetig wiederholend, eine Ohrfeige nach der anderen. Als ich wieder zu mir komme, liege ich nackt im Rasen. Nelson und Peitho knien rechts und links neben mir. „Geht's wieder?", sorgt sich Nelson.

„War ich so gut?", scherzt Peitho. „*Champion*, du bist der erste, den ich bis zur Bewusstlosigkeit geblasen habe!" Seine Finger zwacken mir jetzt neckend die Brustwarzen.

„War ich wirklich ohnmächtig?" Verwirrt sehe ich mich um. Nelsons Harter ragt nahe meinem Gesicht über mir auf. Der gutaussehende Dunkelhaarige nickt. Erstmals fällt mir auf, dass er vollkommen blitzblank rasiert ist. Neugierig streichle ich die Stelle und hoffe sofort auf eine zweite Runde. „Seit wann rasierst du dich?", frage ich ihn.

„Valdrin, du erinnerst dich wieder?" Nelson lässt sich von meiner linken Hand erforschen.

„Woran?" Weil mir keiner antwortet, nuschle ich: „Es fühlt sich toll an! Komischerweise habe ich das Gefühl, dass es anders sein müsste. Trägst du nicht üblicherweise kurz getrimmtes Schamhaar und einen schmalen Platin-Weißgold Cockring?"

Der Dunkelhaarige lacht sehr erleichtert. „Meinen Verlobungsring? Ja, klar trage ich den noch!"

Weil jetzt auch Peithos Finger meine neue Schamlosigkeit streicheln, erwacht meine Prüderie, warum ich die beiden geilen Böcke abschüttle. „Leute", verkünde ich, „das war mein erster Dreier!"

„Dein Erster?", zweifelt Peitho. Er lacht so herzhaft, als ob ich gerade einen unglaublich lustigen Witz gemacht hätte.

„Allerdings! Es war überhaupt seit Jahren mein erster Sex!" Die neuen Blicke von Nelson und Peitho verwirren mich. Aber es ist nicht ihr Mitleid, das mir zusetzt, sondern ihre aufrichtige Sorge um mich. „Mir geht es gut! Die verrückte Lady und ihr Zuhälter haben mir, bis auf den Schnitt in meinen Hals, nur meinen Stolz verletzt!"

„Valdrin, traust du dir zu, bis morgen Mittag in zwei Tagen genügend Kraft gesammelt zu haben, SIE endgültig auszuschalten?", fragt mich Nelson.

„Warum sollte *ich* sie ermorden? Das sind Verbrecher! Wir alarmieren die Polizei. Die beiden entführten erst mich und jetzt Jayden. Ich glaube, ich werde ihr Versteck wiederfinden. Es liegt ..."

„Du hast SIE schon einmal besiegt", verrät Nelson seltsam ernst geworden und geht nicht auf meinen Vorschlag ein. „Es war der Schock deines Sieges oder die Konsequenzen daraus, die dich vor drei Jahren in den Abgrund geschleudert haben."

„Was laberst du da?" Kopfschüttelnd setze ich mich im Rasen auf. Die Sonne ist inzwischen untergegangen. Das wenige Licht lässt kaum zu, dass ich Nelsons sorgevolles Gesicht oder Peithos lüsternes Grinsen weiter ausmachen kann. Da es nichts anderes als Nelsons Seidenhemd zur Verhüllung gibt, schlinge ich es mir abermals um die Hüfte, während ich aufstehe. Bis auf das laute Schmatzen der Flughunde im nahen Baum, ist es sonst still geworden. Erst als auch Nelson sich seine Jeans wieder hochgezogen und zugeknöpft hat, kehrt etwas Normalität ein.

„Ich bin Valdrin Loris aus Basel. Ich bin der Halbbruder von Rhydian Elpis!" Damit reiche ich Nelson formal meine Hand, um mich bei ihm offiziell vorzustellen.

„Wie schaffen wir in knappen drei Tagen, was drei Jahre nicht vermochten?", spricht Nelson zu Peitho.

„Er versteckt sich im *Outback*!", spreche ich die Vermutung aus, die Jayden hatte – oder war es Sam? „Ihr sprecht doch über das Versteck von meinem Halbbruder? Oder nicht?"

„Rhydian Elpis hat sich viel stärker auf den Traumpfaden verirrt, als wir alle bisher glaubten", flüstert Peitho zu Nelson und wirkt dabei total frustriert. „Was muss denn noch passieren, damit ER endlich zurückfindet?" Dabei hat er mich im Fokus.

„Dann wisst ihr, wo sich mein Halbbruder zurzeit aufhält?" Anstatt mir zu antworten, nimmt mich Nelson in seine Arme und küsst meine Wangen. „Alter, warum flennst du? Hast du schon wieder Bock auf Sex? Echt, die Masche war ja beim ersten Mal ganz aufregend, doch ...“ Weil meine neue Bereitschaft sich sofort unübersehbar aufstellt, vermute ich, es liegt einfach an der Atmosphäre hier im Park. „Ich spiele meinen Halbbruder!“, verrate ich den beiden. „Noobs und Kelly verpassten mir gestern Nacht eine Rhydian-Elpis-Schnellbleiche. Bestimmt ärgert mein Halbbruder ein neuer Imitator so sehr, dass er aus dem Busch ...“ Erschreckt breche ich mitten im Satz ab.

„Hier seid ihr?“ Sam, Ares und Himeros mussten über einen hinter den nahen Akazien verborgenen Pfad auf uns zu gelaufen sein, denn ich sah sie nicht ankommen.

„Mir geht's gut!“, verrate ich und versuche meine Erektion unter der Seide wegzudrücken, als die drei mich anglotzen, als ob sie mich noch niemals zuvor gesehen hätten. Weil die neue Stille die Peinlichkeit noch steigert, haste ich hervor: „Die Entführer haben jetzt Jayden!“

Keiner reagiert.

Ich fokussiere die drei Angekommenen. Haben sie mich seit Stunden hier im Parkt gesucht? „Leute, was ist los? Ist Jayden tot? Liegt er kopflos in der Gosse? Sagt schon!“

Ares schüttelt mit weit aufgerissenen Augen ununterbrochen seinen Kopf, als ob er an einer schweren Bewegungsstörung leiden würde oder Sturz Hagel besoffen ist.

„Sam!“, versuche ich dieses unheimliche Schweigen und Anstarren zu überspielen. „Lebt Jayden noch?“

„Er rief vorhin an. Ja! Sie haben ihn, doch es geht ihm gut!“, verrät mir Sam, sieht mich aber weiter an, als ob ich zwei Köpfe hätte.

„Was hast du mit der Durchgeknallten ausgemacht? Warum ließ sie mich gehen? Warum holten sich meine Kidnapper Jayden?“

„Als Geisel!“ Endlich habe ich das Gefühl, Sam kommt wieder zu sich. „Aphrodite fordert von dir, dass du ihr das zurückgibst, was du ihr vor drei Jahren gestohlen hast!“, verrät mir der geschminkte Mann in einer weißen Leggins und einem Glitzeroberteil.

„Ich habe niemanden beklaut! Kangaroo Shit! Leute, ich kenne diese verdammte Hexe erst seit letzter Nacht!“, protestierte ich. „Sam, warum beharrst du auf diesem Wahnsinn?“

„SIE ist entschlossen, alles daran zu setzen, ES wieder zu bekommen. SIE schreckte damals nicht vor Mord zurück und wird es auch heute nicht!"

„Hast du einen Sonnenstich?", zweifle ich am Verstand der Drag Queen. „Mit ner Glatze solltest du tagsüber echt einen Hut tragen!" Weil die Gruppe wie hungrige Hyänen einen Kreis um mich gebildet hat, breche ich aus und laufe zur nächsten Laterne im Park. Sie folgen mir wie hirnlose Zombies. Ares starrt mich im Lichtpegel angekommen an, abermals an, als ob er mich noch niemals zuvor gesehen hätte. Seine Augen sind rot geschwollen. Flennt er?

„Mir geht's gut!", versichere ich dem kaputten Surfer.

Plötzlich schlingt der seine Arme um mich und heult unkontrolliert los. „Du bist es! Du bist es!", lallt er, als ob er auf einem verdammt üblen Junky-Trip wäre.

„Ja, ja! Ich bin's!" Tröstend lege ich Ares meine rechte Hand auf seine nackte Schuler, denn bis auf einen seiner Schottenröcke, verzichtet der zottelige Säufer auf alles Weitere. Das heulende Elend schnappt sich sofort meine rechte Hand, um sie mit Küssen zu bedecken.

„Warum habe ich dich als Einziger nicht sofort wiedererkannt? Warum, warum? Hase, warum?" Seine Bartstoppeln kratzen, warum ich ihm meine Hand entziehe. Schulterzuckend sehe ich von einem zum anderen. Keiner spricht ein Wort, doch ihre Blicke verraten mir, dass sie alle ein Geheimnis teilen, in das sie mich nicht einweihen wollen. In meinem Kopf zucken Blitze und fernes Donnerrollen lässt mich immer wieder den Nachhimmel nach Wolken abchecken. Nichts! Es ist eine wolkenlose Sternennacht. Verwirrt denke ich an Flucht und steure über den Rasen die nächste sichtbare Straße außerhalb des Parks an.

Kaum erreiche ich sie mit meinem stummen Gefolge im Schlepptau, übernimmt Nelson die Führung. Wir folgen, noch immer wortlos, jetzt ihm der *Darley Road* entlang, um einen geparkten Jeep anzusteuern.

Ares lässt mich nicht den Bruchteil einer Sekunde aus seinen tränennassen Augen. Jedes Mal, wenn ich ihn kurz fokussiere, lächelt er extrem dämlich und schluchzt sofort wieder herzzerreißend laut. Er muss wirklich stockbesoffen sein oder die letzte Marihuana Dröhnung räucherte das letzte bisschen Verstand endgültig aus.

„Ich bin nicht tot!" Wütend über das sonderbare Gehabe der

Freaks, die ich gerne weiterhin Freunde nennen würde, stemme ich mir die Hände in die Hüfte und brülle. „Leute, ihr nervt!“

„Valdrin, du kommst mit zu mir!“ Nelson spricht sachlich mit einem befehlenden Unterton.

„Zu dir?“ Verwirrt, aber sofort wieder geil auf den dunkelhaarigen Schmacko, der mich offensichtlich abschleppen will, nicke ich bloß.

„Vielleicht durchbrechen die Umgebung oder der Besuch im Strandhaus deine mentalen Blockaden?“

„Mein Schädel brummt!“, bestätigte ich. „Die Kidnapper haben bestimmt ein Krokodil-KO benutzt, um mich auszuknipsen.“

„Etwas hemmt dich!“, fügt Nelson an.

Warum denkt der Hengst, ich könnte mit meinen Hemmungen nicht umgehen? Welcher Verklemmte lässt sich mitten in einem öffentlichen Park von zwei Kerlen gleichzeitig bedienen? Sydney verändert mich mehr, als ich jemals ahnte. Weil ich beim Gedanken an mehr Sex meine Schritte auf den Jeep beschleunige, fasst Ares wieder nach meinen Händen.

„Hase, verlasse mich nicht schon wieder!“, schluchzt er.

„Alter!“, tröste ich den Junky. „Ich fahre nur mit zu Nelsons Strandhaus!“ Verschwörerisch flüstere ich dem Sexsüchtigen zu: „Er hat Techniken darauf, die bringen auch mich zum Flennen!“ Weil Ares auch darauf nicht reagiert, füge ich an: „Alter, ich muss diese Kopfschmerzen loswerden. Ich hopple schon nicht davon?“

„Rammelt wie die Karnickel!“, nuschelt Ares. Erstmal leuchten seine geschwollenen Augen. „Kann ich nicht doch auch mitkommen?“, bettelt er und wirkt für einen Moment wie ein muskelbepacktes übergroßes haariges Kind.

„Marrick, erhole dich erst von deinem Schock!“ Himeros hakt sich bei Ares unter und zieht ihn sanft von mir fort, um sehr leise flüsternd auf ihn einzureden. Ares dreht sich dabei immer wieder nach mir um, schnieft und gibt mit Kopfnicken zu verstehen, dass er offensichtlich den Worten des Fotografen Glauben schenkt.

„Verdammte Geheimnistuerei!“, zische ich vor mich hin.

„Honey, was ist mit dir?“, richtet Sam das Wort an den Halbasiaten. „Begleitest du uns?“ Peitho sucht Blickkontakt zu Nelson, bis der seinen Kopf schüttelt.

„Champion, wir bleiben in Kontakt! Rufe mich an, wenn du etwas brauchst!“ Zweideutig fügt Peitho an: „Ich habe mit meiner Zunge noch anderes drauf! Erinnere dich!“

„Das habe ich noch nicht vergessen!“ Verlegen vor allen anderen über Sexpraktiken beim vorherigen Dreier zu reden, füge ich an: „Ein Gentleman genießt und schweigt!“

Warum Sam und Nelson dabei wie blöde Tucken loskichern, nervt tierisch. „Sam“, lenke ich vom Thema ab. „Was war der Deal mit der Hexe?“

„SIE tötet dich in drei Tagen!“, antwortet mir die Drag Queen.

Anstatt darüber zu lachen, kippe ich einfach um. Tausend Lichter tanzen vor meinen Augen und feuerrote Flammen zerren mich ins Fegefeuer.

Party-Delirium, Welt-Flucht-Illusion oder Größenwahn?

„Er kommt wieder zu sich“, flüstert eine tiefe Männerstimme. Ich liege an Sam gelehnt auf dem Rücksitz eines fahrenden Jeeps und werde von der Drag Queen sanft gestreichelt. Benommen reibe ich meine Augen und sehe noch immer Lichtblitze und explodierende farbige Punkte durch den offenen Wagen zucken.

„Verdammt noch mal!“, fluche ich. „War ich schon wieder ausgeknipst?“

„Entweder liegt es am Betäubungsmittel oder die tausendtägige Barriere der Horen-Brüder löst sich auf.“

„Aha! Ja, klar! Was sonst?“ Kopfschüttelnd verdrehe ich ab dem Blödsinn meine Augen, unterlasse es aber sofort wieder, weil ein Schmerz, der sich wie gefrorene Dolche, die einzeln Scheiben aus meinem Hirn schneiden, anfühlt.

„Keine Angst, Valdrin!“, tröstet mich die Stimme eines anderen Mannes, der vorne am Steuer sitzt und den Wagen auf dem *Highway 76* in Richtung Osten fährt. Diese Information schnappte ich gerade von einem Schild auf genauso wie die Ortsangabe *Bellvue Hills* und das nächste Ziel *Point Piper*.

„Nelson, nimmst du die *O'Sullivan* zum *Bondi Beach*?“, fragt Sam, der mich noch immer wie ein Kind in seinen Armen wiegt.

„Auf der *Victoria Road* wurde ein kopfloser nackter Mann gefunden. Die Fahrbahn ist wegen Spurensuche gesperrt."

„Noch eine kopflose Leiche?", frage ich und denke an den Russen, der von der Entsorgung eines Hochstaplers sprach.

„Es kam gerade in den Nachrichten. Dem Leichnam wurden mit einem Dolch *Fake* in die Brust geschnitten."

Mir graut, was die beiden Wahnsinnigen jetzt Jayden antun werden. Killten sie einen unschuldigen Imitator, werden sie mit einer Geisel bestimmt auch nicht zimperlich umgehen. „Wo fahren wir eigentlich hin? Ich dachte unser Ziel wäre das Strandhaus in der *Rose Bay*?"

„Planänderung!", klärt mich der schwarzhaarige Chauffeur auf. „Uns fehlt die Zeit für Experimente! Wir fahren direkt in die Höhle des Löwen." Trug Nelson vorhin auch schon so auffallend viele Ringe an fast jedem seiner Finger, Armreifen aus Leder und Silberketten, die aber alle für einen Mann etwas zu feingliedrig sind? Wie klassisch geschnittenen sein Gesicht aussieht. Er ist schon ein Extra-Schmacko!

„Das ist Nelson Morley!", stellt mich Sam dem Fahrer vor. „Nur falls du es, wegen der neuen Ohnmacht und deinem labilen Geisteszustand vergessen haben solltest?"

„Arsch! Ich verfüge über ein Supergedächtnis!" Trotzdem steige ich auf den Scherz ein: „Hallo Nelson! Ich bin Valdrin Loris. Ich bin der Nackte, den du am See aufgegabelt – oder sollte ich lieber sagen, aufgespießt hast?"

„Dein Humor, Sarkasmus und Vorliebe für Nudismus kehren zurück. Gut, gut! Es besteht Hoffnung!"

„Ich wurde ohne alles ausgesetzt", korrigiere ich.

„Valdrin, du veränderst dich zusehends."

„Ja, klar! Du kennst mich ja auch so verdammt gut. Alter, wir beide sind uns vorhin beim Quicky zum ersten Mal begegnet!"

„Ich beobachte dich, seit du zurück in Sydney bist."

„Sinkendes Opossum! Bist du einer dieser perversen Beobachter aus der anonymen Dunkelheit heraus oder gar ein Stalker?"

„Valdrin, ich musste es Rhydian Elpis versprechen, dass ich erst nach tausend Tagen alles dransetze, damit du dich wieder erinnerst, wer und was du bist."

„Wo warst du gestern, als ich entführt wurde?", schnauze ich.

„Bei Sam hinter der Bühne", rechtfertigt sich Nelson. „Queen Darlinghurst war plötzlich verschwunden."

„Warum hast du dich *tausend Tage*", betone ich sarkastisch, „vor mir versteckt? Mann, echt jetzt!", stöhne ich theatralisch. „Ich versuche dich seit *tausend Tage* zu erreichen."

„Du wirst bald alles verstehen!"

„Wartet Rhydian am *Bondi Beach* auf uns?" Da mir darauf weder die geschminkte Drag Queen, jetzt in der Lederweste mit Franzen, noch der gutaussehenden Schlaksige, der oben ohne fährt, antwortet, bohre ich weiter: „Ziemlich nervig dieses Schweigen auf meine Fragen wie auch eure komischen Andeutungen!"

Sam wiegt mich in seinen Armen, wofür ich bei meinen Kopfschmerzen dankbar bin. Die leisesten Straßenunebenheiten lösen immer wieder neue Kopfschmerzen und Hirnblitze aus. Jeeps sehen voll cool aus, doch darin auf dem Rücksitz mitzufahren ist nicht so der Hit.

„Rhydians *tausend* Tagen sind", ich rechne kurz nach, „längst abgelaufen! Mein Halbbruder wird seit anfangs April vermisst. Nach Meister Kalkulator wären das schon im Dezember gewesen. Leute, wir haben heute den 3. Februar."

„Rhydian tauchte am 1. April ab, das ist richtig. Doch die Entscheidung auf dem *Uluru* war einiges später."

„Dann hätte mein Halbbruder sein Visum verlängern müssen", werfe ich zurück. „Seines lief am 8. April vor drei Jahren aus. Ich sammelte genug Information, um das auch beweisen zu können. Und überhaupt!", schnaube ich wütend, „ihr beiden Verrückten verschweigt mir doch etwas?"

„Mach dir nichts draus", redet Nelson beruhigend auf mich ein, dreht sich aber nicht zu mir um, „die Barriere zu zerbrechen passiert nicht einfach so! Hältst du die Kopfschmerzen aus?"

Verwirrt forschte ich im Rückspiegel in Nelsons ernstem Gesicht.

„Vor drei Jahren woben die Wächter der Zeit eine Illusion. *Phoebus*, deine Sinne kämpfen jetzt gegen das falsche Image an. Dabei überreizen deine Nerven!"

„Ja, ja! Ist mein Halbbruder aus dem Outback oder seinem Traumwanderungs-Trip zurück und wartet auf mich am *Bondi Beach*?"

„Rhydian Elpis ist unterwegs! Er kriecht durch Wüsten, trotzt Hitze oder Kälte, und irrt doch immer noch blind im Sandsturm“, tröstet mich Sam. „Seine Heimkehrt ist lange und beschwerlich. Wir alle beten, dass er bis zum Termin hier ankommt.“ Sam kramt in seiner Damenhandtasche aus weißem Leder und zieht eine Kopfschmerzpille wie eine kleine Wasserflasche daraus hervor. „Hier, schluck das! Du wirst dich danach besser fühlen. In Kürze erreichen wird Rhydians Eigentumswohnung!“

„Das ist ein Scherz?“

Nelson verlässt die *Campbell Parade.* Vor uns kann ich im Sternenlicht die weite halbmondförmige Bucht des *Bondi Beaches* ausmachen. Als der Chauffeure in den *Queen Elizabeth Drive* abzweigt, reklamiere ich: „Alter, fahre lieber die *Campbell* weiter. Die *Ramsgate Avenue* …“, mitten im Satz verstumme ich.

„Du kennst dich hier gut aus“, bemerkt Sam.

Ein seltsames Heimweh packt mich. Staunend sehe ich aus dem offenen Jeep. Ich blicke zurück und erkenne am südlichen Ende auf den Felsen das *Bondi Bath.* Nelson folgt dem Drive, der direkt dem Stand entlangführt und mündet am Ende wieder in die *Campbell Parade*, um kurz darauf die Abzweigung in die *Ramsgate Avenue* zu erreichen. Vor dem kleinen Park *Biddigal Reserve* parkt der Dunkelhaarige direkt gegenüber vom *North Bondi Fish* Restaurant. Eilig klettere ich aus dem Jeep und bin dankbar noch immer das Seidenhemd umgewickelt zu tragen, denn ein paar Gäste des Restaurants beobachten uns neugierig. Meine Kopfschmerzen verpuffen, als ich den Hügel hoch eile, um nur ein paar Häuser weiter an einer weißen Mauer vorbei bei einer Palme vor einer Durchgangsgasse zu stoppen.

„Ach, Valdrin!“ Nelson ist mir gefolgt und legt mir seinen Arm um meine Taille. „Es tut mir so leid. Hätten wir vor drei Jahren geahnt, dass SIE dich auf dem *Uluru* ohne Vorwarnung angreift, wir hätten auf die Wasserleiche verzichtet.“

„Ich war noch nie auf dem *Uluru*! Offensichtlich dreht heute nicht nur Ares komplett durch. Leute, ernsthaft! Warum benahm sich Marrick vorhin noch verrückter, als sonst? Nelson, warum habe ich das Gefühl, dich zu kennen?“ Ich stupse den halbnackten Beau in die Schulter. „Los, raus mit der Wahrheit!“

Immer wieder sehe ich zum Haus, vor dem ich jetzt stehe.

„Schätzchen, du selbst wolltest in der Abgeschiedenheit dein Training abschließen. Kurri Kurri, Kalamunda und Wollongong erteilten dir die Erlaubnis das Heiligtum der Ureinwohner dazu zu nutzen."

Auch die Drag Queen schwafelt nur noch Müll. „Leute, ihr verwechselt mich mit meinem Halbbruder! Welches Training? Was wollte Rhydian mitten in Australien? Übte er Trockenschwimmen?"

„Er suchte nach Wegen zu überleben, was sich durch ihn offenbarte. *Phoebus*, spürst du es denn nicht auch? Dein Training ..." Nelson schließt mich in seine Arme und folgt meinen Blicken zum Haus.

Hypnotisiert starre ich auf das Haus vor mir. „Sprichst du von Noobs und Kellys Behandlung?" Das Erdgeschoss, durch eine Mauer als Sichtschutz von der Straße abgetrennt, macht eine Einfahrt für einen Wagen aus. Im ersten Stockwerk zeigt ein Balkon und darüber eine zurückgesetzte Terrasse Richtung Strand. „Könnt ihr mir endlich erklären, was hier los ist? Rhydian lebt, das habe ich geschnallt. Ihr beide wusstet es von Anfang an. Trotzdem hat keiner verhindert, dass ich mir die Fotos der Überrest eines von Fischen und einem Weißen Hai zerfressenen jungen Mannes reinzog. Idioten! Danke dafür! Echt, ich schrecke noch immer gelegentlich aus Albträumen hoch, wenn die kopflose Wasserleiche nach mir schnappt. Als ob meine Psychiater nicht schon genug an mir verdienten hätte? Wenn ich wieder in Basel bin, kann ich gleich ein neues Jahresabonnement lösen. Warum diese Scharade?"

Ich schüttle Nelson ab und nähere mich dem Eingang, der sich zurückversetzt am Ende des Durchgangs befindet. Als mir keiner folgt, bleibe ich stehen und starre die beiden ungleichen Männer wütend an. „Leute, ich habe eine Million Fragen über eine Milliarde Dinge!" Als das Licht automatisch angeht, gebe ich den achtstelligen Sicherheitscode für die hinteren der beiden Haustüren ein. Sie öffnet sich.

„Woher kanntest du die Geheimzahl?", will Nelson wissen.

„Ich gab nur mein Geburtsdatum ein!" Als ob das etwas erklären sollte, betrete ich das Treppenhaus. Im Erdgeschoss, das hinten auf einen kleinen Garten hinaus liegt, befinden sich neben einer Vorrats- oder Abstellkammer, die Waschküche, eine Toilette und ein Hobbyraum. Über eine lange Treppe eile ich direkt ins oberste Stockwerk nach oben. Hinten hinaus liegen die Küche und das Badezimmer und vorne hinaus macht ein riesiges Wohn-Schlafzimmer mit einer Fensterfront den Rest des Appartements aus. Der Ausblick auf den kleinen Park und dahinter auf den *Bondi Beach* haut mich einfach um.

Hastig schiebe ich die Terrassentür auf und trete, die Meeresbrise inhalierend ins Freie. Ein Drittel davon ist überdeckt, der Rest wird nur von den Sternen über mir bedacht. Überdreht tanze ich wie ein Irrer.

Nelson und Sam setzen sich auf das extrabreite Doppelbett, dass durch ein freistehendes Bücherregal aus Glas, etwas dahinter verborgen bleibt. Bis auf einen Esstisch mit vier Stühlen – alles in weiß – gibt es sonst kein anderes Mobiliar. An der langen Seitenwand hängen gerahmte Poster und vergrößerte Fotos. Keiner sagt etwas, als ich sie mir neugierig ansehe. Jedes Bild zeigt Rhydian bei einer seiner diversen Aktionen und Auftritten vor drei Jahren hier in Sydney. Der trainierte Schwimmer ist auf jedem Foto ganz- oder halbnackt und beinahe immer hart erregt. Hemmungen kannte mein Halbbruder wirklich keine. Auf dem Glasgestell stehen drei dieser *Queer Erotic Festival Oscar Figuren.* Sie sehen genauso aus, wie Rhydians Kostüm.

„Wofür hat Rhydian Elpis die Preise verliehen bekommen?“, fragt mich Nelson Morley.

„Als geilster *Boner Boy* seit Jahren; einen weiteren für den Sieg bei der *Australian Gay Swim Pride*; und den dritten für die schillerndste Figur während *Mardi Gras* in *New South Wales.* Mann ist dieses rosarote Latexzeug hässlich und die Mähne dazu lächerlich!“

„Woher weißt du das?“, interviewt mich der schöne Dunkelhaarige, dessen Seidenhemd ich noch immer um den Bauch gewickelt trage.

„Das hat mir bestimmt einer erzählt!“ Ich checke die Gravuren auf den drei schrillen gold-pinken Statuen. „Alles richtig!“

„*Phoebus,* bist du dir da vollkommen sicher?“

„Da steht’s doch!“ Natürlich meinte Nelson etwas anderes. Brummelnd kontere ich: „Woher sollte ich es sonst wissen? Leute!“, wechsle ich das Thema. „Kann ich heute Nacht hier schlafen? Ich fühle mich hier ...“

„Wie zuhause?“, beendet Nelson meinen Satz.

„... sicher. Das wollte ich sagen!“, lüge ich.

„Hast du keine Angst, dass die verrückte Lady und ihr Auftragskiller uns hier finden?“ Sam legt sich rücklings aufs Doppelbett und sieht zu den Postern hinüber. „Heute wurde abermals ein *Fake* ermordet aufgefunden.“

„Ich stelle mich ihr in drei Tagen! Was?“, wirble ich herum. „Es herrscht doch Waffenstillstand“, rutscht mir raus. „Verdammt noch mal, Sam! Was war in der Pille? Party-Delirium, Welt-Flucht-Illusion oder Größenwahn?“

„Ein Wahrheitsserum!“, antwortet die Drag Queen.

„Echt?“

„Ein Aspirin! Schätzchen, du kämpft gegen Aphrodite?“

„Ist es tatsächlich ein Kampf um Leben und Tod?“, konkretisiere ich den Blödsinn.

Nelson gestikuliert mit seinen Händen. „Du hast SIE vor drei Jahren besiegt. Doch du hast dich geweigert den Titel anzunehmen und die damit verbundene Verantwortung zu schultern.“

„Welchen Titel?“

„Die wahre Inkarnation der *Aphrodite-der-Gegenwart* zu sein.“

Weil ich schallend loslache, hüpft die Drag Queen vom Doppelbett, trippelt neben mich und boxt mir mehrfach männlich in die Seite.

„Im Ernst, welcher Mann will denn eine Aphrodite sein?“ Dabei mustere ich die Drag Queen und verkneife mir eine bissige Bemerkung. „Nein Danke! Ich verzichte freiwillig! Mir ist es total einerlei, wer die besten Schminktipps geben kann oder bei Miss Wahlen die idealste Figur macht!“ Plötzlich spritzen mir Tränen der Heiterkeit aus meinen Augen. Ich kann einfach nicht mehr aufhören zu lachen. Bald muss ich mir den Bauch bei dem Gelächter, das der bloße Gedanke daran auslöst, festhalten. In Wahrheit überspiele ich meine Angst. In dieser Wohnung zu stehen, reißt unsichtbare Mauern nieder. Was ich dahinter im Schaum erkenne, lässt mich zittern.

„Schätzchen, du wurdest zu einem der zwölf Olympier. Damit geht sehr viel Verantwortung einher. Du könnte viel Gutes bewirken und auf längere Sicht den Archetypus der *Aphrodite* von Schmutz und Lügen reinigen.“ Sam spricht dabei so ernst, dass ich erneut um Atem ringen muss. Inzwischen wälze ich mich auf dem kühlen Steinfußboden im Wohnzimmer und bettle darum, der Komiker solle endlich mit den Ulkgeschichten aufhören. Was passiert nur mit mir? Weil mich Nelson, wegen meiner Belustigung sauer geworden anfunkelt, winke ich ab. „Das meint ihr Spasten wirklich ernst?“ Als beide nicken, pruste ich wieder los. Kopfschüttelnd ziehe ich mich abermals auf den Balkon zurück. Beide folgen mir und blicken, neben mir stehend, durch die Akazien und Eukalypten des Parks auf die Bucht hinaus.

„Wer bist du wirklich?“ Nelson stellt sich dicht neben mich und legt mir seinen Arm um. Seine Hand wandert dabei tiefer, schiebt das zerknüllte Seidenhemd hoch und liebkost vertraut meine Backen. Da nur der untere Teil des Balkongeländers aus weißem Stein besteht, von den Knien an aufwärts aber aus Glas, werden die Passanten auf der Straße unten mitkriegen, was hier oben abgeht. Komischerweise ist mir das total egal.

„Ich bin Valdrin Loris aus Basel!“, behaupte ich, bin mir aber plötzlich über nichts mehr ganz sicher.

„Und wie lautet dein Künstlername, den du dir vor drei Jahren in Sydney zugelegt hast?“

„Ich war nie zuvor in Australien“, jammere ich, fühle mich elend und in die Enge getrieben.

„Valdrin, du wurdest schon am zweiten Tag nach deiner ersten Ankunft in Sydney ausgeraubt. Ohne Pass und Visum verriet nichts, wer du warst. Das nutztest du als deine Chance, um dir eine neue Identität zu verschaffen. Brain hat noch das ursprüngliche Eintrittsformular für den Schwimmclub, auf dem du selbst deinen richtigen Namen fast unkenntlich durchgestrichen hast, um dich fortan *Hoffnung* zu nennen. Wie hieß der Held deines Kinder-Lieblingsbuches?“

„Rhydian!“, antworte ich, wie aus der Pistole geschossen dem gutaussehenden mit den wellig dunklen Haaren. „Es ist die Geschichte eines irischen Jungen, der gegen böse Feen und einen *Leprechaun* kämpfen muss. Der furchtlose *Rhydian* war immer mein Vorbild.“

„Ist das eine echte Erinnerung an deine Kindheit?“ Sam und Nelson wechseln Blicke.

„Ich selbst soll Rhydian Elpis – mein eigener Halbbruder – sein?“ Sehr kritisch mustere ich die beiden Männer rechts und links neben mir stehend. „Habt ihr sie noch alle?“

Keiner verzeiht eine Mine.

„*Phoebus*, du hast mir einmal erzählt, dass dich im Schwimmclub in Basel ein Student ...“

„...*Elpis* nannte“, beende ich Nelsons Satz. „Ja, Markku, mein bester Freund, nannte mich eigentlich immer nur Elpis. Ich war seine Hoffnung.“ Die Worte bleiben mir beinahe im Hals stecken. „Was rede ich hier? Werde ich wieder verrückt?“

Nelson schließt mich fest in seine Arme. „Kein Grund zur Panik. Deine Erinnerungen kehren zurück. Was weißt du über deinen besten Freund?“

„Als mir Markku in Basel das erste Mal von den alten Göttern erzählte, und dass sie alle noch sehr lebendig wären, doch sich anderes in der Welt der Sterblichen manifestieren, als die meisten auch nur ahnen, reagierte ich sehr aggressiv. Ich schimpfte ihnen einen Spinner, Fantasten und leichtgläubigen Narren. Götter seine eine Erfindung der Menschen. Im Einundzwanzigsten Jahrhundert sei längst jeder über diesen Kindergarten-Märchen-Kram hinaus. Markku war sich immer sicher, dass *Etwas* sich in mir regen würde, nach Aufmerksamkeit fordert und mich gelegentlich in meinen Träumen vorwarnt.“

„Markku ist der Kerl, der die Horen-Brüder vor drei Jahren überredete, dir eine Tausend-Tage-Frist zu gewähren! Er meinte, dass sich in dieser Zeit dein Körper langsam an die spirituelle Transformation gewöhnen könnte.“

„Markku war in Sydney?“

Nelson nickt. „Er war auch auf dem *Uluru*. Trägt der eingefleischte Nudist noch immer seine Haare bestimmt zwanzigzehn Zentimeter senkrecht hochfrisierten?“

„Ja, das ist Markku! Er arbeitet gelegentlich als Nudist-at-work.“[8]

„Zerreiß den Schleier! Akzeptiere, wer du wirklich bist! Die alte Aphrodite wird um ihren Titel kämpfen. Sie kann nicht loslassen. “

„Ich bin nicht Rhydian Elpis! Leute, ihr beide seid total irre!“

„Wer warst du die letzten drei Jahre?“

Ertappt starre ich auf meine Zehen. „Ein Schatten meines Selbst“, antworte ich der Wahrheit entsprechend. „Ich verbrachte viel Zeit in der geschlossenen psychiatrischen Anstalt und danach noch Monate in der Tagesklinik und in Therapie.“

Unter uns spazieren Leute die *Ramsgate Avenue* hinauf. Eine Frau winkt mir zu, als ob sie mich erkennen würde. Ich erwidere den Gruß mit einem Nicken. An Nelson gewandt nuschle ich: „In mir schlummert kei-

---

[8] Nachzulesen in: Apollon und Mercury Band I + II wie in Am Quell der Weisheit

ne Macht, sondern der blanke Wahnsinn. Jetzt, da ich mich langsam davon befreie, wollt ihr mich zurück in den Abgrund stoßen. Was seid ihr bloß für Freunde? Nein! Niemals!“ Verstört kehre ich in den großen Wohnraum zurück.

Leider kreuzen meine Augen eines der aufgehängten Poster. Rhydian Elpis steht mit einer Goldmedaille um den Hals geschmückt und diesem Tanga aus Geschmeide auf dem Siegerprotest im *North Sydney Olympic Pool.* Er strahlt selbstbewusst und vor Erregung vibrierend. Aus einer weiten Ferne höre ich Geisterrufe: *Elpis! Elpis! We love you!* Plötzlich fühle ich einen Luftzug, weil mir Peitho von hinten in den Nacken bläst und danach zuflüstert: *Rhydian, ein Journalist von Boner Boy will dich interviewen. Kann ich ihm zusagen?* Kopfschüttelnd wende ich meinen Blick vom Poster ab. Der Spuk endet sofort. Trotzdem knie ich mich danach neben das Doppelbett und hantiere am Drehschloss eines Wandsafes. Daraus ziehe ich genau das Geschmeide heraus, dass der Sieger auf dem Podest trug. Ohne nachzudenken, entledige ich mich Nelsons zusammengeknülltem Seidenhemd und binde mir das Gold um.

Nelson und Sam versuchen mich nicht anzustarren.

Als ich realisiere, was ich gerade getan habe, scheue ich mich für einen Augenblick meine Erektion so geschmückt zur Schau zu stellen. „Bin ich wirklich ER?“, frage ich.

„Schätzchen, die Antwort kennst du längst!“, lächelt die Drag Queen. „Ich lasse dich jetzt mit Nelson alleine. Schlaf drüber! Wehre dich nicht weiter gegen die Wahrheit! Lasse sie dich einfach umarmen.“ Damit verlässt Sam über die lange Treppe nach unten das Appartement.

„Bleibst du heute Nacht hier?“, flehe ich Nelson an. „Ich kann jetzt nicht alleine bleiben. Nicht auszudenken, was ich sonst noch anstellen könnte.“

„Das Göttliche duldet keine Lügen, Verhüllungen oder Masken falscher Identitäten.“ Weil ich nur meine Augen verdrehe, fährt Nelson fort: „Das, was man gemeinhin als Götter bezeichnet, sind in Wahrheit Talente, Naturgesetze und spirituelle Prinzipien, die jeder Mann und jede Frau latent in sich trägt. Jeder hat Zugriff auf diese Energieströme, die für Lektionen und außergewöhnliche Erfahrungen zuständig sind.“

„Nicht unser freier Wille?“

„Valdrin, du selbst entscheidest in jedem Moment, welchem Pfad du folgen willst."

„Mann", stöhne ich und hocke mich in dem Geschmeide aufs Bett. „Ich soll glauben, ich sei Aphrodite? Gebe ich das zu, muss ich weggesperrt und der Schlüssel im Schaum versenkt werden!"

„Du bist nicht die Aphrodite, wie wir sie aus der Mythologie und der Kunst kennen. Aber ja, du hast schon einmal im Kern erfasst, was Aphrodite wirklich ausmacht."

„Lust und Verführung? Habe ich mich als Rhydian Elpis tatsächlich mit einer Göttin der Sinne identifiziert? Begann da meine geistige Umnachtung?"

„Du hast *ihren* Pfad eingeschlagen. Du hast den Becher genommen und ihn bis zum letzten Tropfen ausgetrunken."

„Holy Shit! Dann war ich tatsächlich die nimmersatte Sex-Hure?"

„Aphrodite mit all ihren positiven und negativen Eigenschaften, ist deine persönliche Tür. Schreite hindurch in die Welt der Götter, um dich selbst zu erkennen. Valdrin, Aphrodite ist dein Schicksal und deine Chance, das Göttliche in dir zur Realität zu machen."

„Als Aphrodite?" Mir schwirrt der Kopf. Meine Gedanken blitzen grell in meinem Schädel, denn stetig öffnen sich neue Türen in meine verdrängte Vergangenheit. Leider spähe ich auf vieles, was mir die Schamesröte ins Gesicht schießen lässt. Gleichzeitig erregen mich meine Erinnerungen so sehr, dass ich froh bin, mich nur Nelson als dauergeiler Ständerboy zu outen.

„Überflutet dich die Lust?"

„Ist das nicht offensichtlich?" Plötzlich kann ich nichts mehr dagegen machen. Wenn ich auch keinen Schaum vor dem Mund habe, dann spukt aber ein anderer Teil von mir heftig weißes Zeug aus. Ich kralle mich an der Bettdecke fest und stöhne unkontrolliert.

Nelsons Blicke sind nicht lüstern, sondern liebevoll. „Lass es einfach passieren. Jetzt musst du nur wieder lernen, diese Gabe zu beherrschen. Als du von der *Sydney Harbour Bridge* in den Ozean gesprungen bist ..."

„Alter, echt jetzt? Ich kann unmöglich Rhydian Elpis sein! Ich leide doch schrecklich unter Höhenangst. Wasser und Schaum versetzten mich bis vor kurzem in Panik", zähle ich auf, als mein Goldgeschmückter seine Spukerei endlich beendet.

„Warum wohl plagten dich all diese Phobien?"

„Weil ich wirklich von der Brücke gesprungen bin?" Augenblicklich gähnt vor mir der schwarze bodenlose Abgrund, in den ich beim Jahrhundertsturm auf der Brücke stehend schon einmal blickte. „Oh hätte ich doch nur meine Antidepressiva mitgenommen!"

„Valdrin, die brauchst du nicht mehr! Markku lehrte mich vieles, als du vor drei Jahren dein Gedächtnis verloren hattest. Er sagte: *Lust ist es kein Dämon, sondern ein Teil des göttlichen Erben in uns selbst. Ist die Lust aberriert, wird sie zur Furie, zur Begierde und zur Wollust, die nur noch sich selbst dient. Sie reißt alles um sich gnadenlos in den Abgrund der Selbstzerstörung.*"

„Ich erinnere mich! Markku erzählte mir in Basel auch schon davon. Missbrauchte Lust wird zur *Arma*, der waffentragenden Liebesgöttin, die aus Eifersucht, Rache und verletztem Stolz alles und jeden angreift. Missverstandene Lust wird zu *Skotía*, der Dunklen, der Mörderin allem Guten im Menschen; wird zur *Anosía*, der Unheiligen oder zur *Venus Libitina*, der Leichengöttin. Doch gesunde Lust ist gelebte Liebe, sie ist wie der Kuss einer *Nymphe*, ist die Inspiration der *Musen*, und ist die Gabe der *Grazien*. Ohne diese positive Lust gäbe es keine Fortpflanzung und auch keine Erneuerung. Diese gesunde Lust ist der Treibstoff um Großes zu erschaffen und Unmögliches zu vollbringen. Diese heilbringende Lust treibt uns vorwärts, um über uns selbst hinaus zu wachsen und schließlich das Göttlich in uns selbst zur Realität zu machen. Diese göttliche Lust führt uns zur Liebe. Ich erinnere mich an diese Lektionen!"

Nelson holt aus dem Badezimmer einen Waschlappen, kniet sich vor mich hin und reinigt meinen noch immer zuckend Wippenden. „Lust ist Lust, und Lust ist das Prinzip, das man auch Aphrodite oder Venus nennt."

„Halt die Klappe! Genug Theorie!" Ich nehme Nelson den Waschlappen ab und küsse ihn auf seinen Mund.

„Du hast noch nicht genug?"

„Na, was denkst du wohl?"

Nach unserem Sex sucht mein Lover im Wandschrank von Rhydian nach etwas Geeignetem für die Nacht. Weil er bis auf Badehosen, Sportshirts oder Sachen, die als Stripper-Outfits durchgehen nichts anderes findet, bleibt er nach einer kurzen Dusche zum Schlafen nackt. Bei der Hitze draußen ist das auch das Vernünftigste. Selbst mit offenen Fenstern und Terrassentür dürfte es noch immer weit über dreißig Grad Celsius sein – und das um drei Uhr morgens.

Nelson schlummert längst, während ich einfach nicht einschlafen kann. Mich hat unser Sex nicht ermüdet, sondern genau das Gegenteil bewirkt. Ich fühle mich hellwach und stark. Auf meinem Rücken liegend lausche ich Nelsons Atem und den Nachtgeräuschen. Ich bin am Strand in einem Appartement, das mir gehören soll, mit einem Mann in meinem Bett, den mein Alter Ego heiraten wollte. Es ist schon seltsam, dass Rhydian Elpis mein Geburtsdatum als Geheimcode für seine Haustür benutzte, ebenso, dass mir das bekannt ist. Woher wusste ich von der Zahlenkombination des Tresors und was ich darin finden werde? Nelson, Sam, Peitho und Himeros sind alle davon überzeugt, ich wäre mein Halbbruder. Ares stand unter Schock, als er selbst daran zu glauben begann.

Wie gerne würde ich mich jetzt mit Jayden darüber austauschen, doch der sitzt gefesselt auf einem Stuhl oder muss in einem Verließ ausharren, bis ich mich dem neuen Kampf stelle und siege. Wie soll ich das bewerkstelligen? Ich glaube ja nicht einmal einen Bruchteil, von dem, was mir seit gestern Abend jeder einbläuen will.

Ich kann nicht Rhydian Elpis sein! Nein! Unmöglich! Meine Eltern hätten es mir doch mitgeteilt. Bin ich schizophren? Seltsam ist es schon, dass es zuhause kein einziges Foto gab, auf dem Rhydian und ich gemeinsam abgebildet waren. Entsorgten meine Mutter und mein Vater alle Bilder meines Bruders, um mir Schmerz zu ersparen? Oder schlimmer: bilde ich mir einen Halbbruder bloß ein? Gerade kann ich mich nicht entscheiden, welche Variante beängstigender ist.

Weil ich einfach nicht einschlafen kann, begebe ich mich auf die Terrasse hinaus. Wie gut sich das Nacktsein anfühlt! Steckte in mir schon immer ein schlummernder Naturist, der jetzt erwacht ist? Die Aussicht auf den *Bondi Beach* mit den Lichtern der Häuser und Straßenlaternen im Hintergrund und dem Mondlicht vor mir, das sich auf den Wellen in der Bucht reflektiert, ist einfach gigantisch. Hier lässt es sich aushalten! Aber auch in der Rolle als exhibitionistischer Sexsüchtiger, der sein Geld splitternackt im Erotik- und Porno-Geschäft verdient?

Warum braucht es eine *Aphrodite-der-Gegenwart*?

Um in den Traum- oder Lustwelten als Lehrerin zu fungieren! Kopfschütteln, schiebe ich meine eigene Antwort wieder von mir. Vielleicht auch darum, um einen Begriff zu haben, die Lust mit all ihren diversen Aspekten zu versinnbildlichen? Ist die Lust einer der zwölf wichtigsten Attribute in jedem Menschen? Falls dem so wäre, trägt dann jeder Mensch den Olymp in sich selbst, das Heim dieser zwölf Aspekte? Kann der Intellekt eine Naturgewalt, wie die Lust sie ist, überhaupt erfassen? Sicher ist, Lust muss man genießen und leben; darüber zu sprechen, ist wie kalter Kaffee oder verstaubter Secondhand Trödel. Tausend weitere Fragen quälen mich; und jede Antwort, die ich darauf finde, löst nur neue Zweifel und Bedenken aus.

Vor mir durch die Bäume bildet das Mondlicht eine direkte tanzende Straße über den Ozean bis zu mir. Natürlich ist dieser Pfad eine Illusion. Egal, wo auf der Welt man steht und auf den Ozean hinausblickt, immer existiert dieser Lichtweg. Er ist für jeden anders und doch endet er immer vor den eigenen Füssen. Verhält es sich auch so mit dem schmalen Pfad zwischen Erleuchtung und Wahnsinn?

Warum kann ich mich an nichts erinnern, was weiter als drei Jahren zurückliegt? Ich erfuhr so Widersprüchliches über den jungen Mann, der ich selbst gewesen sein sollte. Was davon ist wahr, was Übertreibung oder nur Wunschvorstellung der Erzähler? Mein eigener Brief beschrieb meinen Sprung von der Brücke während dem Jahrhundertsturm. Wer schob ihn mir im Hotel zu? Ich selbst? Erinnerungen an den Inhalt blitzen auf. Damals trennte ich bewusst den Himmel von der Erde, um Raum zur Entwicklung zu schaffen. Als der Blitzt der Erkenntnis in mich einschlug, zerschnitt ich mit einem Dolch alle Bindungen an Vergangenes. Ich wurde frei, verlor aber auch jeden Bezug zu bestehenden Werten. Ist aus dem Schaum ein Wahnsinniger auferstanden?

Als ich meine Armbanduhr checke, schüttle ich überrascht meinen Kopf. Sinnierte ich über eine Stunde lang hier draußen über Wahrscheinlichkeiten, Illusionen und vergessene Wirklichkeiten? Im Badezimmer finde ich auf Anhieb alles, um mich für die Nacht frisch zu machen. Natürlich ist das kein Beweis, dass all die Sachen hier mir gehören oder ich hier früher schon lebte. Alle Badezimmer sich ähnlich konzipiert und beinahe jeder deponiert seine Utensilien an den gleichen Orten. Bevor ich endlich müde geworden ins Land der Träume abreisen kann, fühle ich Nelsons nackten Körper, der sich an mich schmiegt. Von hinten umschließe ich ihn mit meinen Armen und streichle verliebt seine Schamregion. Ich muss Nelson überreden, sich die Schamhaare wieder etwas wachsen zulassen. Das feine Piksen mochte ich immer.

„Das ist unmöglich!“ Eine nackte Frau mit wallend hellblondem Haar gafft mich mir riesigen Augen an. „Du bist ein Mann! Noch niemals zuvor hat ein Mann *den Glanz* begriffen!“

„Du hast die Herausforderung ausgesprochen, den Zweikampf provoziert und verloren!“ Markku, splitternackt mit einem geflügelten Helm auf seinem Kopf und Flügelsandalen umgebunden streckt einen goldigen Stab auf die Besiegte. „Aphrodite, übergib Rhydian Elpis das Erbe der Unsterblichen, auf dass er, deiner statt, künftig der Lust Gesicht und Körper sein kann.“

„Er ist ein Mann!“, wiederholt die nackte Göttin. „Niemals verzichte ich für einen Mann auf alles, was mich ausmacht! Zudem ist meine Zeit noch lange nicht abgelaufen!“

„Ich will keine Göttin werden!“, verkünde ich und gaffe meinen nackten Freund entsetzt an. „Markku, das war doch nur ein ...“

„Sie“, deutet der nackte Hermes-der-Gegenwart auf die Blonde, „ist die *ehemalige* Aphrodite-der-Gegenwart. Du, mein lieber Elpis musst zur *gegenwärtigen* Aphrodite-der-Gegenwart werden. Lass los! Lass es passieren!“

„Nein!“, kreischt die besiegte Schönheit. „Es ist nicht abzuwägen, welche Auswirkungen eine amtierende *männliche* Aphrodite auf das gefühlte Weltgeschehen haben wird. Aphrodite ist ein weiblicher Archetypus. Ein Mann kann diese Bürde niemals schultern.“

„Der Einfluss ist längst spürbar!“, spricht Hermes.

„Allerdings!“, stöhne ich. „Noch mehr Transsexualität, Schönheitschirurgie und Verwischung der Geschlechterrollen. Nein, danke! Ich verzichte!“

Der Götterbote tritt auf mich zu und drückt mir seinen geflügelten *Cadeceus* in meinen Torso. „Zu spät, mein Lieber! Du hast Aphrodite in dir zum Leben erweckt. Ob es dir – oder uns anderen – gefällt oder nicht, Elpis, du bist geworden, was du gelebt, bekämpft und besiegt hast!"

Weil über dem *Uluru* aus dem wolkenlosen Himmel Blitze erst um, dann in mich einschlagen, schreie ich auf. „Gnade! Ich brauche Zeit! Ich brauche mehr Zeit!"

„Dafür ist es zu spät", flüstert mir Nelson ins Ohr und nagt liebevoll an meinem Ohrläppchen. „*Phoebus*, die tausend Tage Schonzeit sind um."

„Aber ich nutzte die Zeit nicht, um mich vorzubereiten?", widerspreche ich mehr träumend, als wach.

„Du hast Abstand gewonnen. Nach drei Jahren existieren die alten Bindungen und Verträge nicht mehr. Valdrin, du bist frei und kannst neu anfangen. Sowohl der Fuchs, als auch der Wolf müssen dich gehen lassen."

Gähnend rekle ich mich. Nelsons Kopf liegt jetzt auf meinem Sixpack. „Valdrin, du musst dich an alles erinnern! Vielleicht erkennst du in deinem Spiegelbild wer du warst – und wieder sein musst."

„Was muss ich denn noch über mich ergehen lassen?"

„Du bist zum Schaumgeboren geworden. Erinnere dich daran!"

„Ich soll tatsächlich *der* Schaumgeborene sein?"

Nelson schupst mich aus dem Doppelbett. „Überprüfe es im Badezimmer."

Schläfrig torkle ich dahin. Meine Augen sind die eines Zombies und meine Haare gleichen angeschwemmten Algen. Nach einer kalten Dusche öle ich mich mit einer Eukalyptuslotion ein.

„Und?", fragt mich der zerzauste Nelson, als er sich neben mich vor den Wandspiegel stellt. „Siehst du den Glanz?"

„Alter, das ist nur eine Bodylotion!"

„Ich spreche von deiner Haltung. *Phoebus*, deine Augen müssen wieder leuchten und deine Aura ihren Glanz von Früher erlangen", detailliert Nelson.

„Wie entzünde ich das Feuer?", blöke ich wie ne dumme Ziege.

„Erinnerst du dich an unsere gemeinsame Zeit?"

Um den Zerknitterten neben mir nicht zu kränken, und weil er sich doch nichts sehnlicher, als eine Bestätigung wünscht, lüge ich: „Du meinst, als du mich *Phoebus* nanntest? Ja, einiges kommt zurück."

„Testen wir es!"

„Folgt jetzt ein Rhydian-Elpis-Quiz?"

„Taten sprechen eine deutlichere Sprache, als Worte. Als du dich vorhin geduscht hast, rief ich Himeros an. Er wird bald hier eintreffen. Soll ich uns Frühstück besorgen?"

„Wenn du beim Fischrestaurant an der Ecke, den Hügel die *Scarborogh* raufschlenderst, findest du in der *Campbell Parade* das *Little L Chicken & Burgers*. Ich liebe die Curry-Sandwiches dort."

„Deine Erinnerungen sind zurück?" Nelson küsst meinen Arsch, schlüpft in seine schwarze Jeans und langt sich eines meiner weißen Tank Tops aus dem Kleiderschrank. Barfuß macht er sich auf den Weg.

Immer wieder erstaunt mich meine eigene Reflexion im Spiegel. „Du da!", zeige ich auf den Frischrasierten. „Du bist Rhydian Elpis! Kapiert?" Weil ich mir aber die Zunge rausstrecke, schüttle ich meinen Kopf. „Schön wär's!" Warum ich die Straßennamen hier kenne und weiß, wo man Shoppen muss, kann ein Zufall sein. Vielleicht erwähnte es einmal Peitho, der kennt sich am *Bondi Beach* gut aus.

Splitternackt in der Sonne auf meinem Balkon stehend, inhaliere ich die Seeluft und beobachte Touristen und Einheimische unten auf der Straße auf ihrem Weg hinauf zur Klippe. Komischerweise fühle ich mich jetzt nackt stark und selbstsicherer, als jemals zuvor.

„G'Day, Rhydian!", begrüßt mich ein kahlköpfiger Mann, der zu mir hochsieht. „Bleibst du diesmal länger hier?"

„Hallo, Sullivan! Keine Ahnung? Ich kam erst gestern Nacht mit Nelson hier an."

„Grüß ihn von mir! Man sieht sich!"

Erst als Sullivan außer Sicht ist, fällt mir auf, was gerade passierte. Dass mich ein Vorbeikommender nackt sehen konnte, erschreckte mich nicht, doch die Tatsache, dass ich ihn erkannte schon. Sullivan lebt mit seinem Freund Holden zusammen zwei Häuser weiter. Bin ich tatsächlich der, den ich so lange hier in Sydney suchte? Verdammt noch mal! Was hätte ich Geld und Nerven sparen können, hätte ich das früher schon gecheckt. Ob meine Eltern es immer wussten? Logisch! Ich hatte den Dachschaden, nicht sie. Ob ich sie anrufen sollte? Aber was sagt man jemandem, der einem für geistesgestört oder schizophren hält? Hallo, ich bin's, die neue Aphrodite-der-Gegenwart!

Regenbogenbrücken über Ignoranz und Dummheit

Als es an der Haustür klingelt, ziehe ich mir nur rasch eine von Rhydians *Togs* über, eile die lange Treppe zwei Stockwerke nach unten und öffne. Es ist der Fotograf. Er ist mit zwei Kameras und einer Kühlbox bewaffnet, warum ich sofort ahne, was Nelson vorhin mit Taten gemeint haben könnte – einen Ausflug!

„Aha!" Lachend fragt mich Himeros: „Willst du in der nächsten *Boner Boy* Ausgabe noch immer *Bunyip* genannt werden?"

„Gib her!" Ich nehme ihm seinen *Esky* ab.

„Ich habe ein paar *Longnecks* kaltgestellt. Nelson will raus in die Natur, da ist es gut, Erfrischungen dabei zu haben. *Bunyip*, welcher Ort löste bis jetzt die meisten Erinnerungen an deine Vergangenheit aus?"

„*Balmoral*", sage ich ohne nachzudenken. „Ich träumte davon!"

„Trifft sich gut! Einer der vielen Vor-*Mardi-Gras*-Events findet heute dort auf der Strandpromenade, rund um den Pavillon und auf dem *Rocky Point Island* statt."

„Jetzt schon? Das *Mardi Gras Festival* beginnt doch erst am 15. Februar!"

„Ich sagte eben Vor-Event! Besitzt du noch deine Rollschuhe?"

„Wahrscheinlich? Was geht am Festival ab?"

„Es ist eine Siebzigerjahre-Strandparty für Erwachsene. Eigentlich bin ich für einen Gay Anglerwettbewerb in *Rod Point*, drüben im *Iron Cove* gebucht worden. Jetzt habe ich zum Glück einen fantastischen Grund abzusagen." Himeros zückt sein Telefon und verschwindet damit ins eigentliche Appartement im obersten Stockwerk oben. Offensichtlich ist auch er nicht zum ersten Mal hier zu Gast.

Statt ihm zu folgen, krame ich in der Abstellkammer in einem Wandschrank. Darin finde ich, in einer Schachtel auf dem Boden, altmodische Rollerblades mit vier Rädern und einem Stopper vorne, wie sie in den Siebzierjahren bestimmt das Non-Plus-Ultra waren. Weil sich in der Schuh Box auch blau-rot-weiß geringelte Kniesocken befinden, die farblich zu der Hässlichkeit der altmodischen Roller passen, ziehe ich mir beides an. Sowohl die Socken wie die Rollschuhe sind natürlich in meiner Größe. Am Geländer festkrallend wage ich es damit ins Appartement hinauf.

„Damit wirst du an der Fete definitiv punkten. Die Badehose, die du jetzt anhast, ist definit zu modern. Hast du ein *Peace and Love* Abzeichen, ein Stirnband oder eine Franzen-Weste?"

„Keine Chance!" Durchs Zimmer rollend hocke ich mich an den Tisch, um nicht zu stürzen.

„Valdrin, besitzt du sexy Sportshorts?"

„Rhydian stand auf solchen Kram!" Ich rolle hinters Bücherregal und wühle im Wandschrank neben dem Doppelbett. „Welche Farbe?"

„Hast du erdbeerrote?"

„Yep!"

„Zieh sie an!", befiehlt mir Himeros.

Da ich ihm schon für den *Boner Boy* Model stand – und da war ich noch zu hundert Prozent nur Valdrin Loris – scheue ich mich nicht, ihm dieses Stripper-Model vorzuführen. Der rote Glitzerstoff mit weißen Borden ist seitlich bis zum Bund hoch geschlitzt, was für Beinfreiheit und Einblicke sorgt.

„Zeig her!"

Als ich umgezogen ins Wohnzimmer rolle, packt dort gerade Nelson seine Einkäufe aus und lacht auf. „Wo hast du die denn her? In den Siebzigern waren die groß in Mode bei den Pornostars. Valdrin, was hast du damit vor?"

„Wir fahren nach *Balmoral* zur *Peace. Love. Lust. Festival*", erklärt der Fotograf und unterdrückt sein Lachen. „Wer bist du? Ein Zeitreisender aus einem anderen Jahrtausend?"

„Meine sogenannten Freunde", sehe ich vom Mann, mit dem ich letzte Nacht das Bett teilte, zum Fotografen, der mich zu einem Pornostar machen möchte, „behaupten, ich wäre ein seit drei Jahren vermisster stadtbekannter Erotikstar. Ich sollte, nach ihren Angaben, ein Kerl sein, er die Gayszene als männliche Aphrodite aufmischte! Und jetzt müsst ihr gut aufpassen: Ich soll hier und jetzt beides freiwillig abermals tun!", antworte ich schnippisch.

„Was glaubst du selbst?", hakt Nelson nach.

„Vieles spricht dafür, dass mein Dachschaden noch viel schlimmer ist, als ich mir jemals selbst eingestehen würde. Aber da tauchen Ungereimtheiten, Zufälle und Träume auf."

„Was für Träume?", bleibt Nelson am Ball.

„Soll ich mich nicht lieber auf eine Couch legen Doktor Freud und von meiner Mutter sprechen?"

Himeros lacht auf, doch Nelson bleibt ernst.

„Woher kennst du Rhydian Elpis Geheimverstecke?" Der schöne Mann mit den dunklen welligen Haaren platziert auf dem Tisch drei Becher Kaffee, diverse Sandwiches und Hamburger. Dabei starrt er mir, als ich mich auf einem Stuhl niederlasse, zwischen die Beine.

„Was ist?", blöke ich. „Noch nie etwas von *free balling* gehört?"

Nelson schiebt mir meine Lieblingssandwiches rüber und deutet mit seinem Kinn auf meine Rollschuhe.

„Wo anders, als zuunterst in einem Schrank in der Abstellkammer würde man so etwas", ich rolle meinen rechten Fuß auf Nelson zu, „auch sonst verstecken? Jeder hätte wohl zuerst dort gesucht! „Rosenkavalier, das ist kein Beweis!" (doppelte Verneinung)

„Rosenkavalier? Und erspare mir jetzt dein *homerisches Gelächter*!"

„Noch einmal erwischst du mich nicht mit dem präparierten Fliegennetzt, das du bei meinem Seitensprung mit Ares über deinem Bett zum Fang installiert hattest!"

Da nur Himeros schallend auflacht, Nelson mich aber schmunzelnd ansieht, muss mir abermals etwas rausgerutscht sein, was nur Rhydian wissen konnte.

„Unser *Hephaistos* hat dich tatsächlich mit dem alten Trick seines Namensgebers in flagranti mit einem anderen in seinem Bett erwischt? Zappelten ihr beide im Fliegennetzt?" Der Fotograf brummelt schadenfroh lachend: „Ihr beiden Verrückten habt euch echt verdient!"

„Lenk nicht ab!" Mir einen Kaffeebecher über den Tisch zuschiebend, beharrt der Mann mit dem Silberschmuck um den Hals und den Ringen an seinen Fingern auf eine Antwort.

„Du bist ein Romantiker! Logisch bist du auch ein Rosenkavalier!"

„Nur Rhydian hat mich ständig so geneckt", bemerkt Nelson.

„Ich ...", verstummend beiße ich in das leckere Curry-Sandwiches. „Warum sehe ich heute exakt so aus, wie mein Halbbruder? Und warum bei allen Göttern der Unterwelt sterbe ich jetzt nicht vor Scham in diesem Outfit?“ Belustigt stehe ich vom Stuhl auf, drehe eine Pirouette und strecke den beiden meinen roten Arsch zu.

„Zu welcher Schlussfolgerung gelangst du?“, bohrt Nelson weiter.

„Glaube ich euch beiden *Dags*, die sich selbst nach antiken Göttern benennen, kann das nur im vollkommenen Irrsinn enden. Wer selbst davon ausgeht, er sei *Himeros*, der Gott des Verlangens, glaubt doch einfach alles. Oder nicht?“, fordere ich den Fotografen heraus.

„Das war ein *Mardi-Gras*-Scherz vor drei Jahren!“, verteidigt sich Hunter Cook.

„Ja, ja! Alles klar!“

„Verrückt oder nicht“, starrt mir Nelson über den Tisch gebeugt in meine Augen, „Jayden schwebt in Todesgefahr wie auch jeder, der dir ähnelt oder die Frechheit besitzt, sich als dein Imitator auszugeben. Was sagst du dazu, du als Mann, der nicht sich selbst sein will?“

Wie ein Goldfisch im Glas öffne und schließe ich meine Mund, ohne ihm antworten zu können.

„Auch Aphrodite zweifelt noch an dir. Warum sonst hätte sie gestern einen anderen Rhydian-Elpis-Imitator entführen und köpfen lassen? Warum tat sie das nicht mit dir? Sie spürte, dass du ER bist. Aber SIE fühlte gleichzeitig, dass du dich selbst nicht daran erinnern kannst. Ohne dass du dir deiner wieder voll bewusst wirst, bleibst du für SIE nutzlos. Was dann wohl in zwei Tagen mit dem süßen Jayden passiert? Verdammt noch mal, jetzt reiß dich zusammen! Das ist kein Spiel oder ein *Mardi-Gras*-Scherz! Valdrin, es geht um Leben und Tod!“

An Jayden erinnert bleibt mir der nächste Bissen beinahe im Hals stecken. Mit einem Rest Trotz, fauche ich Nelson an: „Und warum nennt du mich ständig Valdrin? Bin ich nicht dein Rhydian?“

Himeros wechselt rasche Blicke mit uns, als ob er es nicht erwarten könnte, darauf eine plausible Antwort zu erhalten.

„Valdrin, du kennst die Antwort!“

Kaffee schlürfend weigere ich mich, es auszusprechen.

„Jetzt sag schon!“, drängt mich der Fotograf.

„Ich kann nicht“, würge ich hervor. Sage ich es laut, nehme ich mir damit jede Fluchtmöglichkeit. Wird mir auch nur einer am Festival abkaufen, dass ich Rhydian Elpis bin? Selbst wenn Nelson und Himeros vollkommen davon überzeugt sind, für mich fühlt es sich noch immer wie ein riesiger Bluff an.

„Ich entdeckte gestern Nacht im Schrank das braune Shirt mit der orangen Aufschrift *Love & Peace*. Damit und mit deinen blonden Locken rundest du den Retro-Look perfekt ab“, lenkt Nelson ab oder will mich nach dem Schock, an Jaydens Misere erinnert worden zu sein, wieder aufmuntern. Bevor ich reklamieren kann, holt er das Shirt und wirft es mir zu. Kaum angezogen, könnte ich mich kaum geschmackloser – oder passender – für ein Siebzigerjahre-Fest outen.

„Damit fällst du am Festival bestimmt nicht auf!“, bringt es der Fotograf auf den Punkt.

So ist es dann auch. Ich bin weder der Einzige mit dieser Art von Rollschuhen, als wir kurz nach zwei Uhr in *Balmoral* eintreffen, noch falle ich durch meinen Old-Fashion-Look auf der belebten Strandpromenade auf. Aus bestimmt zwanzig verschiedenen Buden dröhnen gleichzeitig die Songs von *Abba*, *Genesis*, *Stevie Wonder*, *Niel Diamond* oder *Olivia Newton-John*. Überall auf der Promenade oder am Strand wird getanzt. Für Kinder gibt es Trampolins und ein Streichelzoo mit Koalas. Das eigentliche Festival ist jugendfrei. Dafür ist die Promenade vom *The Bathers' Pavilion* bis kurz nach dem Park mit dem *Balmoral Beach Rotunda*, inklusive natürlich dem kleinen Park, in dessen Mitte das Rondell steht, und die Halbinsel *Rocky Point Island* durch einen fast drei Meter hohen Zaun vor Schaulustigen abgegrenzt.

Nelson bezahlt die Tickets und wir werden eingelassen. War draußen alles für Familien und Kinder ausgerichtet, spielt sich hinter dem Zaun, etwas gänzlich anderes ab. Natürlich tragen auch hier fast alle Stirnbänder, schrill bunte Hemden, Schlaghosen oder Hot Pants. Doch hier drehen einige sich LSD-Räuschen hingebend oder Naturgeister beschwörend halbnackt um die eigene Achse oder halten sich Ringelreihe tanzend an den Händen. Einige Ex-Hippies qualmen Haschisch aus langen Friedenspfeifen, Nudisten liegen auf bunten indischen Tüchern im Rasen oder Flower-Power-Freaks spielen in Gruppen Gitarre, während mutige Studenten oder bekiffte Sexsüchtige an sich herumspielen. Jeder frönt eine Freiheitsidee, die längst der Vergangenheit angehört oder wofür heute keine mehr kämpfen muss.

Himeros durfte seine Kamera nicht durch die Absperrung nehmen, weshalb er zum Wagen zurückeilte, um sie dort wegschließen. Als er später wieder zu Nelson und mir stößt, bittet er mich immer wieder für die Schaulustigen Posen einzunehmen oder meine Rollschuhkünste vorzuführen. Wie schon bei meinem ersten Besuch – im Wachzustand – hier in *Balmoral* überkommt mich wieder dieses Freiheitsgefühl, das ich mir nicht erklären kann. Weil ich entschlossen bin, wirklich herauszufinden, ob sich in mir Rhydian Elpis versteckt, ziehe ich mir das hässliche T-Shirt aus und verschenke es einem Teenager, der bestimmt seine neue Volljährigkeit hier ausleben will. Er tauscht sein modernes Sportshirt gegen meine Scheußlichkeit aus.

Später, auf der niedrigen Mauer der Strandpromenade meine Füße baumeln lassend und dabei aufs Meer blickend, sieht vom Sand unten ein älterer Mann zu mir hoch.

„Nice body, nice balls!"

Inzwischen daran gewöhnt, dass bei der extra kurzen knallroten Hose immer entweder meine Hoden oder die Spitze meines Pimmels rausschauen, bedanke ich mich fürs Kompliment. Scham oder Scheu fielen schon von mir ab, als ich hier ankam. Mitten unter all den singenden Halbnackten, bin ich nur ein weiterer der *Peace. Love. Lust* feiert.

„Einer wie du, sollte sich heute die Freiheit erlauben nackt durch die Leute zu flitzen. Nimm dir ein Beispiel an den Volleyballspielern hinter mir. In den Siebzigern gehörten Nacktsport und Nacktproteste zum Stadtbild – auch hier in Sydney."

Keck ziehe ich mir meine Hose vorne soweit runter, dass der Mann einen Blick auf meine Rasur und meinen Halbharten bekommt.

„Genauso!", lobt mich der bestimmt über Siebzigjährige. „Zeig deinen Schwanz und sei stolz drauf! *Peace. Love. Lust!*", ruft er mir zu. „Ich hoffe ich treffe dich später nochmals, dann ganz ohne Hosen!"

Als wir uns bei einer anschließenden *Longneck*-Pause im Rasen vor dem *Rotunda* niederlassen, lege ich mich auf meinen Bauch und stütze mir mit meinen Händen den Kopf. Foppend zieht der Fotograf an meiner roten Porno-Star-Hose und entblättert meinen Arsch. Weil ich die Glitzerhose danach nicht wieder hochziehe, tätschelt Nelson meine Backen.

„Bin ich wirklich Rhydian Elpis, der Nudist, der Provokateur und

Boner Boy?", frage ich die beiden.

Keiner antwortet mir.

Eine Frau, die nur mit Blumen bemalt ist und einen wuchtigen Strauß aus Strelitzien trägt, spaziert neben ihrem Mann in Schlaghosen und einer Klarinette in der Hand an uns vorbei. Sie verschenkt ihre orange-blauen Papageien-Blumen an jeden, der ihr zulächelt.

„Der Rhydian, den ich kannte, wäre längst nackt!", flüstert mir Nelson ermutigend zu.

„Ich habe ne Latte!", gestehe ich meinem Backenmasseur.

„Und wenn schon?" Himeros zeigt auf zwei Halbstarke in Fransen Westen und heruntergelassenen Jeans, die sich an einen Stamm gelehnt einen runterholen – oder zumindest so tun, als ob. „Wir haben die sexuelle Revolution hinter uns gelassen, doch der Kampf gegen Prüderie und Moralapostel endet nie. Dieses Erotik-Festival zelebriert den Spirit der sexuellen Freiheit."

„Wie ihr wollt!" Ob mich gerade eine Erinnerung an mein früheres Rhydian-Alter-Ego stubst oder ob ich den beiden hübschen Wichsern beweisen möchte, dass ich kein Schlappschwanz bin, kann ich nicht sagen. Ich balanciere durch den Rasen zurück auf die Promenade und drehe vor den beiden Studenten ein paar Runden. Meine Latte hat sich längst unten aus meinen Hot Pens schauend ihren Weg ins Freie gebahnt, als ich weitere Kapriolen zum Besten gebe. Mein Übermut und mein erwachender Exhibitionismus krallen sich mein letztes Stück des scheuen Valdrin und zerfetzen es.

„Ist das nicht Rhydian Elpis?", ruft einer der beiden Wichser und kommt mit seinem Knüppel in der Hand näher. „Mann, du bist mein Idol!" Weil er mir auf meine befreite Latte gafft und dabei seine Augenbraue schmunzelnd anhebt, ziehe ich mir angeberisch den roten Glitzerstoff bis über die Knie herunter. Soll er vor Neid erblassen!

Schaulustige und Festival-Akteure bilden bei meinem Strip einen Kreis um mich. Während ich meine Rollschuhfahrkünste weiter zum Besten gebe, rutscht mir die Hose weiter auf die Schuhe. Bevor ich mich daran erinnere, dass ich auch der scheue Valdrin bin – oder war – und weil ich einen peinlichen Sturz über meine Hose verhindern will, ziehe ich mir die Hotpants ganz aus. Keck schleudere ich sie mit meinem linken Fuß einem Fan zu. Triumphierend und selbstverliebt mit meinen Händen im Nacken vollführe ich weitere Pirouetten und lasse mich dabei angaffen. Warum ich mich plötzlich nackt so sicher fühle, muss eine erwachende Erinnerung an eine glorreiche Nudisten-Vergangenheit sein – oder neuer Wahnsinn?

Der jüngere der beiden Wichser leckt sich die Lippen und spielt an seinem Ding. Wie ein Hippie, der kurz darauf auch nur noch einen bunten Schal um den Hals trägt, bin ich einfach ein weiterer Flower-Power-Romantiker. Wie befreiend sich mein Exhibitionismus in dieser toleranten Öffentlichkeit anfühlt, haut mich fast um. Tausend Bilder überlagern immer wieder die Szene auf der Promenade von *Balmoral*.

Ich sehe mich, nur mit einer offener Marine Gala Uniformjacke und aufgesetzter Marinemütze an einer *Mardi Gras* Veranstaltung mit einem rothaarigen Mann in Polizeiuniform tanzen, oder splitternackt mit Jayden zusammen auf dem Uni Campus Broschüren für unseren geplanten Nudisten-Club verteilen. Dann wieder tauchen Bilder auf, wie ich nur in einem Goldjackett bekleidet in einer Hotellobby mit einem uniformierten Liftboy diskutiere, oder wie ich zusammen mit Ares im Partnerlook aus ledernen Hals-, Arm- und Fassbänder an einem Leder-Fetisch-Event als Dominus auftrete. Gleichzeitig fühle ich den Wind vom Strand her, höre *Donna Summer* mit *David Bowie* um die Wette singen und immer wieder vernehme ich die Rufe:

„Das ist Rhydian Elpis!“

„Weiß dieser junge Mann denn nichts vom Serienkiller, der jeden Rhydian-Elpis-Nachahmer ermordet?“

„Wäre schade, wenn auch er bald tot mit *Fake* auf seine Brust geritzt in der Gosse liegen würde!“

Die Horrorszene ausblendend, fokussiere ich mich wieder ganz auf die Gegenwart und meine neue Rolle: Rhydian Elpis zu spielen. Da ich sowohl mein Hemd wie auch meine Hose verschenkt habe, raubte ich mir damit jede Chance der Verhüllung. Immer öfter werde ich um Autogramme gebeten. Ohne Bart und Körperbehaarung halten mich viele für die frühere Ikone der Gayszene, den inoffizieller Weltmeister im Free Style und den überlebenden Brückenspringer.

„Kann ich dich für heute Abend als *Bare Boner Boy* für die Geburtstagsfete meines besten Freundes buchen?“ Ein Mann um die Vierzig streckt mir seine Visitenkarte hin. „Wir feiern drüben beim Steg auf seiner Yacht. Was für ein Schwanz!“

„Ja!“, kommt mir Himeros zuvor. „Das geht in Ordnung!“

„Hallo!“, schalte ich mich dazwischen, genieße aber gleichzeitig die hungrigen Blicke des Mannes, der sich schamlos an mir labt.

„Um neun Uhr, es ist die *Coral Sea*!“ Der Voyeur zeigt in die Ferne, wo in der Bucht die Boote ankern. Als er mir zuzwinkert, erkenne ich ihn.

„Spencer? Ich war doch früher in deinen Büros? Das war an einem deiner *Leisure Fridays*.“

Spencer zückt seine Geldbörse und zählt Himeros fünf Hunderter raus. „Schön, dass du dich nach all der Zeit noch daran erinnerst.“

Lachend schüttle ich Spencer seine Hand, als der Deal abgeschlossen ist. „Du wolltest damals deine Bürocrew schockieren. Dazu hast du mich früh morgens als neuer Mitarbeiter vorgestellt. Ich arbeitete den ganzen Morgen über an Sitzungen in deinen Büros.“ Bilder, wie ich jungen Kerlen die Hand schüttle, Memos verteilte oder Erkundigen einholte, sind plötzlich so präsent, als ob ich alles gerade erleben würde. „Dann zu Mittag ertönte ein Klingelton, das Zeichen, dass der lockere Freitagnachmittag begonnen hat.“

Spencer verdreht amüsiert seine Augen. „Du warst fantastisch! Nach der Mittagspause wolltest du noch immer in deinem Anzug und Krawatte an der Wochen-Rückblick-Sitzung teilnehmen. Einer meiner Mitarbeiter bat dich darum, dich doch auch unseren Gepflogenheiten entsprechend für den *Leisure Friday* umzuziehen.“

„Ich erinnere mich!“, lache ich los. „Ich streckte meinen Kopf ins Sitzungszimmer. Da saßen all deine Jungs in T-Shirts oder Shorts.“

„Nie mehr vergesse ich den Moment, als du kurz darauf splitternackt den Raum betreten und für die Sitzung Platz genommen hattest.“

„Deine Jungs flippten total aus!“ Bei meiner lebhaften Erinnerung an all die staunenden Augen, die plötzlich verklemmten Haltungen und roten Gesichter der jungen Mitarbeiter muss ich schallend loslachen.

„Leider nahm dich an folgenden *Leisure Fridays* nie einer zum Vorbild!“ Spencer klopft mir auf die Schulter. „Rhydian, ich freue mich, dass du Sydney wieder auf den Kopf stellst. Bleib hart!“

„Ich kann mich tatsächlich daran erinnern!“, flüstere ich Nelson zu, als Spencer abgezogen ist. „Das Nacktsein hilft!“

„Es war und ist deine persönliche Wunderpille!“

„So ist es tatsächlich!“, staune ich. „Ich fühle mich um eine Million Albträume leichter.“

„Rhydian, schließt du dich uns zum Finale um fünf Uhr an?“, fragt mich der Wichser, der wieder mit seiner Latte in der Hand neben mir aufgetaucht ist. „Wir demonstrieren für bessere Sexual-Aufklärung an den öffentlichen Schulen.“

„Öffentliche Schulen? Bist du nicht etwas zu alt dafür?“

Der bestimmt schon zwanzigjährige Wichser schüttelt seinen Kopf. „Zur Demonstration für mehr sexuelle Freiheit ist man niemals zu alt!“

„Tyron?“

„Du erinnerst dich also doch an mich?“

„Bist du der Lover von Ralf?“

„Nein, nicht mehr! Wir trennten uns vor zwei Jahren. Was ist mit dir? Schließt du dich wieder den *Fox* an?“

„Ich bin raus! Ich steige wieder bei Jayden Salibury mit ein!“

„Jayden! Klar kenne ich Jayden! Wer nicht? Rhydian, eines deiner Poster hängt über meinem Schreibtisch und ein weiteres als Wix-Vorlage in unserem Club“, erzählt Tyron. „Mann, wenn der berühmt berüchtigte Rhydian Elpis nachher bei uns mitwichsen würde, fänden die heimlich gedrehten YouTube-Filmchen und Beiträge der Blogger bestimmt ein größeres Publikum. Das wäre verdammt gute Werbung für uns aktive *Wanker*!“

„Ihr habt Kameras auf dem Festgelände?“

Der Wichser zwinkert mir verschwörerisch zu und nickt.

„Mal sehen?“, bleibe ich vage.

„Cool!“ Der schlanke Blonde, boxt mich in die Seite.

„Danke! Falls Yanko auch hier sein sollte, grüße ihn von mir!“

„Er ist mit einem Volleyballer in den Büschen verschwunden.“

Mein Grosser schrumpft und wächst, wie es ihm beliebt. Als ich etwas später meine Armbanduhr checke, ist es kurz vor fünf Uhr. „Leute, bleiben wir noch lange?“, frage ich Nelson und Himeros.

„Bist du wirklich Rhydian Elpis?“, will ein Chinese mit vier Kumpels im Schlepptau wissen.

„Was denkst du?“, kontere ich und drehe vor der Gruppe eine Pirouette auf der Strandpromenade. Alle gaffen mich erwartungsvoll an.

„Du siehst fast genauso aus, wie in der *Mardi Gras Boner Boy* Ausgabe vor drei Jahren. Ist er wirklich dreiundzwanzig Komme zwei Zentimeter lang?“

„Wer von euch hat ein gutes Augenmaß! Angestachelt lasse ich ihn wieder wachsen.“ Schamlos genieße ich die neidischen Gesichtsausdrücke der fünf Fremden. Als jedoch einer seine Hand ausstreckt, um zuzupacken, wird aus Bewunderung Gier.

„Was kostet ein Fick?“ Ein Zweiter grabscht nach meinem Arsch.

„He!“, schüttle ich die Hände ab.

„Kriegen wir Rabatt, wenn wir es dir nacheinander besorgen?“ Der Chinese tritt näher an mich heran und spielt mit meiner Vorhaut.

„Ich bin kein Callboy!“ Shit! Nein, das war ich nie und das werde ich niemals sein. Nelson und Himeros beobachten mich aus der Distanz. Keiner greift ein oder hilft mir. Ist das einer ihrer Tests?

„Da hörten wir anderes“, säuselt mir einer zu. „Diesen Arsch will ich ficken, seit ich ihn vor drei Jahren zum ersten Mal in einem Porno Heft abgebildet sah.“

„Lutsch mir den Schwanz, Stricher!“

Mit meiner guten Laune ist augenblicklich Schluss. Niemals will ich in die Fußstapfen meines Alter Egos treten. Niemals! Ich schubse den Chinesen zur Seite und ergreife die Flucht. Genoss ich meine Nacktheit gerade noch in vollen Zügen, fühle ich mich jetzt schmutzig und pervers. Im Gedränge komme ich kaum vorwärts, warum mich einer aus der Gruppe einholt und von hinten zischen die Beine fasst. Ein Zweiter zieht mich an meiner Latte an sich heran.

„Hab dich nicht so! Du willst es doch auch! Was verlangst du für einen Blowjob?“

Zum Glück tauchen Himeros und Nelson auf und verjagen die aufdringlichen Sextouristen.

„Ich hab genug!“

„Jetzt schon?“, wundert sich Himeros.

„Das ging mir gerade entschieden zu weit!“

„Rhydian verspeiste solche Möchte-Gerne zum Frühstück.“

„Ich bin nicht Rhydian! Zumindest nicht dieser Teil von Rhydian. Hauen wir ab!“

„Und was ist mit deinen Zusagen, die Wixer bei ihrer Freiheits-

Demo zu unterstützen und um neun Uhr als *Bare Boner Boy* an der Geburtstagsparty aufzutreten? Rhydian stand immer hundert Prozent zu seinem Wort."

„Ich kann nicht! Ich habe keinem von beiden mein Wort gegeben." Genervt schüttle ich Nelsons Arm ab und verliere jede Lust. „Ich muss über einiges Nachdenken! Treffen wir uns später auf der Promenade wieder?" Nelson nickt und steuert die Wichser an. Ob er dort mitmachen wird?

Mein Pimmel schlackert, als ich endlich einen Ausweg durch die Menge erblicke und auf der Promenade Richtung *Rocky Point Island* flüchte. Tyron winkt uns, unter einem Baum im Kreis von inzwischen bestimmt zwanzig masturbierenden Männern sitzend, zu. Als er erkennt, dass ich mich nicht zu ihm geselle, gibt er mir mit Handzeichen zu verstehen, dass er mich die Tage anrufen werde. Nelson lehnt sich in der Nähe an einen Baum, wahrscheinlich, um die Truppe mit Blicken anzufeuern.

Meine Nacktheit ist mir plötzlich nicht mehr Schutz und Stärke, sondern entlarvt den Feigling, der ich noch immer bin. Wie ist Rhydian mit seinen Freiern umgegangen? Solche und ähnliche Belästigungen von Versagern und Idioten musste er – ich – in der Vergangenheit doch bestimmt ständig erdulden. Bei der Brücke ist das Gedränge so groß, dass ich mit den Rollern nicht mehr vorwärtskomme. Ich hocke mich einfach auf den Boden, ziehe sie mir aus und verschenke danach die Rollschuhe dem erstbesten jungen Mann, der sie fasziniert ansieht und eine ähnliche Schuhgröße, wie ich hat.

„Die schenkst du mir? Einfach so?" Er wirft sich mir um den Hals und flüstert mir ins Ohr: *„Love. Peace. Lust*!" Seine Freude hebt auch meine Stimmung. Als ich auch noch meine Kniesocken ausgezogen und verschenkt habe, habe ich alles losgelassen – wenigstens im Moment. Ohne die Rollschuhe jetzt bestimmt zwanzig Zentimeter kleiner, kann ich besser in der Masse abtauchen. Die Halbinsel taugt leider überhaupt nichts als Rückzugsort, denn hier scheint der Treffpunkt der Durchgeknallten zu sein. Trotzdem – oder gerade deswegen – lasse ich mich im Sog der Nackten, der Drag Queens, der Tempel-Flitzer, Ringelreihetanzenden-Weltverbesserer und zu gedröhnten Junkys treiben.

„Sexuelle Liebe ist für die Vielen in Einem; wahre Liebe hingegen ist für das Eine in Vielem. Zerstreuung und Flucht vor dem Einen wird heute hier zelebriert. Was ist dein Weg?" Ein Aborigines mit einem *Didgeridoo* in der Hand versperrt mir den Weg.

„Ich weiß nicht, wer ich bin!", offenbare ich dem Fremden meine tiefste Sorge. Er ist weder Kurri Kurri, noch Kalamunda oder Wollongong, wenn in seinen Augen auch Traum-Geheimnisse blitzen.

„Kennst du dein Ziel?", fragt mich der Aborigines.

„Ja! Ich werde meinen besten Freund aus den Fängen einer Wahnsinnigen befreien", antworte ich ihm.

„Ich sehe vor mir *Joondalup*!", verrät mir der Ureinwohner Australiens. Weil er erkennt, dass ich mit dem Wort nichts anfangen kann, räuspert er sich: „Dich hüllt helles Licht ein, doch du wagst nicht, es zu sein. Wie *Joondalup* kriechst du rückwärts. Wie *Joondalup* orientierst du dich nur nach dem dahinter, statt im Hier und Jetzt das Licht zu sein. Das Leben ist ein Kreislauf. Steigst du am Ende nicht aus, dreht es sich abermals und das Ende wird zum Anfang."

„Aber ich muss wissen, wer ich war, um zu verstehen, wer ich sein könnte!", antworte ich.

„Das Erkennen deiner eigenen Kausalität, ist nur eine Hälfte von *Joondalup*. Was du bist, ist nicht die Summe deiner Erfahrungen, sondern das Sprungbrett in den Bereich, der sich im Licht verbirgt und nur der Ton aufdecken kann. Hier!" Der Aborigine schenkt mir sein *Didgeridoo*. „Reite die Klangwelle! Lüfte die unsichtbare Seite von *Joondalup* um ins Licht einzutreten!"

„Danke!", flüstere ich ergriffen und beuge demütig mein Haupt, um sein Geschenk aus seinen Händen entgegen zu nehmen. Als ich gerührt wieder aufblicke, ist der Fremde in der Masse abgetaucht.

Ich spaziere bis zum Ende der kleinen Halbinsel und klettere durch die Böschung und Steine bis ich einen Felsen direkt am Wasser finde. Dort setze ich mich hin, halte mir den bemalten, von Termiten ausgehöhlten bestimmt fast zwei Meter langen Eukalyptusast an den Mund und lasse passieren, was beim Spiel dieses Instruments immer passiert. Dröhnend rollen Klangwellen aus mir heraus und auch hinein. Die Kunst ist es, das Ein- und das Ausatmen als Eins zu begreifen. Vor mir brechen die Wellen am Stein, und in und um mich die Klangwellen des Urmeeres, dieses Ozeans der unbegrenzten Möglichkeiten. Obertöne schreiben sich, eine Leiter erschaffend durch die verschiedenen Himmel.

Im Geiste klettere ich Stufe um Stufe höher. Viele der Himmel, die ich so erreiche kenne ich; ich bereiste sie während meinem Wahnsinn und natürlich davor. Was mir zuvor in meinen Albträumen oft wie ein Labyrinth erschien, in dem ich vergeblich den Ausweg suchte, offenbart sich mir jetzt als Regenbogen und Brücken über Unwissenheit, Ignoranz und Dummheit. Wo ich zuvor in panischer Angst erwachte, erkenne ich jetzt Türen und Tore zu höheren Welten und einem so weiten Spektrum von Möglichkeiten, dass mir schwindelt. Was ich zuvor als Dunkelheit wahrnahm, war nur meine Angst, meine Scheuklappen und meine Verweigerung hinzusehen. Bodenlos und leuchtend, heller als zehntausend Sonnen zusammengenommen, öffnet sich mein Geist für das Unbekannte. Anstatt davor panisch zu flüchten oder um Vergessen, Gnade und Schonung zu beten, reite ich jetzt mit offenen Armen auf den Klangwellen ins Herz der Liebe Macht.

Beim Überschreiten einer weiteren Schwelle tiefer ins Zentrum donnert und blitzt es. Ich fürchte mich nicht. Ich lausche nur dem Klang des Windes der sieben Sphären. Wellen überrollen mich schäumend und versuchen mich in die Tiefe zu ziehen. Ich lasse es einfach geschehen, bis mich Bienenschwärme schützend in die Morgenröte tragen, wo Glocken und Klangschalen Denkmuster und fixe Ansichten, wie die Mauern von Jericho zu Staub zerfallen lassen. Abermals überfluten mich Wellen, diesmal von oben, als ob alle Weltmeere zusammen einen Wasserfall gebildet hätten, um mich darunter mit ihrer Gewalt zu erschlagen.

Danach folgt Nichts. Stille.

Ich bin blind im hellsten Licht und taub von der Schönheit der zuvor gehörten himmlischen Musik. Ich lasse es einfach geschehen. Sehr leise taucht nach einer Weile aus dem Ozean der Liebe ein neuer Klang auf. Er ist kaum in der Stille zu hören, doch schwillt stetig an, bis er stärker als alles, was ich bisher erfahren habe wird. Wie lange ich diesem neuen Ton reinster Güte lauschte, entzieht sich vollkommen meiner Kenntnis.

Als ich mein Instrument sinken lasse und meine Augen öffne, hat die Dämmerung eingesetzt. Auf *Rocky Point Island* treiben sich jetzt nur noch Liebespaare oder *Mänaden*, die in Gruppen bacchantische Orgien feiern herum. In Feuerschalen züngeln Flammen und werfen titanische Schatten der Tanzenden über die Insel. Tief in Glücksgefühlen schwelgend, spaziere ich über die Brücke zurück auf die Promenade. Das gesellige Treiben, schriller und bunter als am Nachmittag erscheint mir jetzt weit weg und wie aus einer anderen Dimension.

Helfer entzünden in den Bäumen hängende Lampions und in den Boden gerammte Fackeln. Vom herrlichen Duft frischem frittiertem Fisch und auf Grillen brutzelnden Steaks angelockt, erinnert mich daran, dass sich seit dem Currysandwich nichts mehr gegessen habe. Erstmals bemerk ich, dass ich nicht nur all meine Hüllen abgelegt habe, sondern auch jede Materialität. Leider kann ich Nelson nirgends ausmachen, warum ich magenknurrend ohne jeden Cent dabei die Fressbuden hinter mir lasse.

Wie schon am helllichten Nachmittag bin ich nicht der einzig Nackte. Je näher ich dem kleinen Park komme, desto lauter werden die Musik, das Lachen und das Singen. Bunt blinken die Discolichter durch die Büsche. Einem Schwarm betrunkener Glühwürmchen ähnelnd wiegen hunderte brennender Feuerzeuge oder phosphorzierenden Leuchtstäben in den Händen von Besuchern zum Sound. Feiernde Menschen winken mir zu oder schießen mit ihren Smart Phones heimlich Fotos. Immer wieder werde ich mit dem Handzeichen für *Peace & Love* begrüßt oder ganz spontan von Fremden umarmt. Da mir immer wieder Festivalbesucher bunte Glasperlenketten umhängen, outet sich das Festival damit als ein Vor-Event zu *Mardi Gras*.

Ein junger Araber mit dichten Locken und Dreitagebart löst sich aus einer im Rasen sitzenden Gruppe, die drei Gitarrenspieler lauschten. „Rhydian Elpis?“ Der Araber schiebt seine flippig-bunte Siebzigerjahre Brille auf seine Stirn hoch und starrt mich mit riesigen Augen an. Als ich nicke, grabscht er in seinem Rucksack nach seinem Smart Phone. „Darf ich?“ Erst hält er mir den Sucher vors Gesicht, doch schon nach zwei Porträts nimmt er mich in die Totale. „Sexy Schwimmer, bist du schon lange zurück in Sydney?“

„Seit ein paar Tagen“, antworte ich dem Schwarzhaarigen. Er kommt mir bekannt vor, doch ich erinnere mich weder an seinen Namen noch an einen Ort, wo wir uns schon begegnet sein könnten.

„Nimmst du dieses Jahr abermals an der *Gay Swim Pride* statt?“

„Nein! Ich bin total nicht in Form!“

„In echt?“ Der Araber fühlt erst meine Oberarmmuskeln, danach mein Sixpack. „Du bist so hart, wie eh und je!“ Als ob er ein junges Kätzchen streicheln würde, dass kratzt, wenn man ihm zu nahekommt, schiebt er sehr vorsichtig seine Hand tiefer. Meine Lust ist augenblicklich wieder hellwach. Seine zärtliche Berührung lässt mich schnurren. „Strippst du noch immer an Partys für Henley?“ Lachend schüttelt der Araber seinen Kopf. „Ohne ein Kostüm hast du mir schon damals bei unserer ersten Begegnung am besten gefallen!“

Leider tauchen noch immer keine Erinnerungen an den schlanken Mann mit den zärtlichen Berührungen auf. „Damals schon?“, versuche ich ihn zu bewegen, mir mehr darüber zu erzählen.

„Oh, ja!“, seufze der Kerl. „Hast du nachher schon etwas vor?“

„Ähm ...“

„Du erinnerst dich nicht an meinen Namen, aber dein Körper an meine Berührungen. Habe ich recht?“ Der junge Araber rückt näher an mich heran. „Sofala“, flüstert er mir ins Ohr und liebkost meine frischrasierten Eier so zärtlich, dass ich ihn ganz spontan auf seine Lippen küsse. „Du bist so geil, wie damals in der *Westfield Shopping Mall.* Wollen wir da weitermachen, wo uns Henley damals unterbrochen hat?“

„Ja, wir wurden leider unterbrochen!“ Leider kann ich mich noch immer an nichts erinnern. Den Namen *Sofala* kommt mir vage bekannt vor, wahrscheinlich hat ihn jemand bei einem Interview erwähnt.

„Wollen wir beenden, was wir begonnen haben?“ Weil ich zur Antwort meinen Kopf in den Nacken werfe, damit mir Sofala meinen Hals küssen kann, wandert seine rechte Hand streicheln auf meinen Arsch. „Strand oder Insel?“

Vergeblich versuche ich mich, an Sofala zu erinnern.

Der Araber drückt mich eng an sich und ignoriert dabei die Gaffer in unserer Nähe genauso wie ich. „Ich bin nachher an eine private Party in Downtown bei Vernon eingeladen, Mann“, damit wandert seine Hand zwischen meine Backen, „wir haben uns so lange nicht mehr gesehen. Begleite mich!“

„Ich habe nur das dabei, was ich jetzt trage!“, antworte ich Sofala, der jetzt mit meinen Brustwarzen spielt.

„Ein Didgeridoo? Ist das alles?“

„Was brauche ich mehr?“

„Seit du nicht mehr bei der Truppe bist, hat sich einiges verändert!“

Sofala streichelt so liebevoll meine Eichel, dass ich überzeugt bin, wir hatten entweder etwas Ernsthafteres zusammen oder wir trieben es für Showzwecke. „Bitte, Rhydian, sag ja! Bitte!"

Weil seine Berührungen eine Sehnsucht nach mehr Sofala wecken, fasse ich nach seiner rechten Hand. „Ich habe bereits bei einer Party zugesagt. Eigentlich müsste ich bereits auf dem Weg dorthin sein."

„Soll ich dich fahren?", bietet mir der zärtliche Mann an.

„Ich werde auf einem der Boote drüben beim Steg erwartet!"

„Du arbeitest wieder?"

„Mein erstes Angebot, seit ich zurück in Australien bin", verrate ich dem Mann, dessen Mittelfinger jetzt unaufhaltsam Einlass fordert.

„Komm mit!" Entschieden, zieht mich Sofala an meiner Hand durch das wilde Treiben von Tänzern, Liebespaaren und gaffenden Lüstlingen zur Promenade. „Magst du's noch immer öffentlich?" Weil er mich an meiner Erektion durchs Gedränge führt, wäre jedes Abstreiten ein Witz. „Dann knie dich hier auf den Sockel (anderes WoRt) der Promenade."

„Was hast du vor?" Doch da er mich bereits sanft zum Sockel führt, bis ich dort meinen rechten Fuß auf die niedrige Mauer hochstelle und mich rücklings anlehne, erübrigt sich jede weitere Frage.

Seine Hand greift von unten zwischen meine Schenkel und fordert mit seinem Mittelfinger abermals Einlass. „Du bist so verdammt überfällig! Stütze dich mit deinen Händen am Sockel ab, stelle deinen Fuß wieder auf die Mauer hoch und lass mich machen!" Dass sich Schaulustige um uns versammeln, gehört zum Spirit dieses Festivals. Stofala setzt sich auf die Mauer, packt von hinten nach meinen Oberschenkeln und küsst jetzt die Stelle, die er bereits schon mit seinem Finger entspannte. Bevor ich richtig mitkriege, was er vorhat, verrät mir das schon seine heiße Zunge so gekonnt, dass ich das neue Feuerwerk erwachender Erinnerungen über mich ergehen lasse. Tausendblättrig entfaltet sich mein Lotus um die Mauern um eine weitere verdrängte Vergangenheit zu sprengen.

„Du?", drehe ich fragend meinen Kopf nach hinten. „Du warst der Verkäufer in der *Westfield Shopping Mall.* Wolltest du das schon damals mit mir machen?"

„Willst du jetzt Small Talk führen?"

Genießerisch stelle ich mich breitbeiniger hin und lasse mich bedienen. Wie fantastisch sich Sex doch anfühlt! Mir ist bewusst, dass abermals einige heimlich fotografieren, doch bei den schlechten Lichtverhältnissen und meinem Kopf in Richtung Ozean gedreht, ist mir egal, wer mein erstes Rimming für die Nachwelt festhält. Als ich schon bald meine Salve in Sofalas Faust abfeure, blitzen weitere Erinnerungen auf. Sofala war nicht nur derjenige, der Henleys SOS-Boys in sexy Outfits steckte, sondern auch deren Verführer und Trainier. Er unterrichtete die scheueren Jungs in Sexpraktiken.

„Warum hast du mich das vor drei Jahren nicht schon gelehrt?“, frage ich, als das Vergnügen endet und ich mich zu ihm umdrehe.

„Henley bezahlte mir damals drei Hundert, damit ich dich ficke. Warum er mitten drin unterbrach, verstand ich nie. Der alte Naturist liebte es immer durch den venezianischen Spiegel die Entjungferung der Stricher live mitzuerleben.“

„Henley bezahlte dich?“

„Rhydian, bei dir hätte ich alles auch umsonst getan!“

„Und das jetzt? War das der Dienst, für den du schon bezahlt wurdest?“

„Der folgende Fick gehört auch noch zum Deal!“ Da sich der Araber seine Hose vorne aufknöpft und mich am Genick packt, um mich diesmal gröber wieder in Position zu bringen, schüttle ich ihn ab.

„Perverser!“, schimpft mich eine alte Frau. „Hast du überhaupt kein Anstandsgefühl! Liederliche Jugend von heute!“

„Danke!“, murmle ich sehr befriedigt zu Sofala. „Das eben war fantastisch! Aber jetzt reicht's!“ Sehnte sich gerade noch mein ganzer Körper nach seiner physischen Nähe und seinem außergewöhnlichen Zungenspiel, ekelt mir plötzlich vor dem Stricher-Trainer.

„Verdammte Schwuchtel!“, schimpft mich der Mann, der eben nicht tief genug in mich reingelangen konnte. „Im Hinhalten und genießen seid ihr alle gut. Doch wenn es darum geht euer präpariertes Röschen für mein eigenes Vergnügen hinzuhalten, klemmt ihr eure Arschbacken zusammen und verdrückt euch.“

Weil uns die Schaulustigen weiter beobachten und belauschen, als ob sie vor der Glotze die Millionste Folge von *Big Brother* ansehen würden, springe ich über die Mauer in den Sand hinunter und laufe am Strand entlang aus dem Lichtpegel des Festivals. Mir ist die Lust auf einen

Besuch auf der Yacht gerade so richtig vergangen. Ich wate ins Wasser und tauche in die nächste anrollende Welle ab.

Erfrischt und sauber kehre ich danach zur Strandpromenade zurück. Die sexuelle Erfahrung war unglaublich, warum ich beschließe, sie als gute Erinnerung abzuspeichern.

Glühende Schamlosigkeit und engelsgleiche Coolness

„Am Festival bist du einer unter vielen, hier hingegen ein Sonderling." Woher Nelson plötzlich kam, will ich gar nicht wissen.

„Ich bin ein Perverser!", antworte ich ihm.

„Weil dir Stofala den Gefallen erwies, den er dir noch geschuldet hat?" Nelson scheint die Geschichte mit allen Details zu kennen.

„Er war verdammt gut!"

„Das haben mir deine Gesichtsausdrücke vorhin schon verraten. Kehrten Erinnerungen zurück?"

„Nacktheit empfinde ich als sehr gesund und heilend. Sex – speziell, wenn andere zusehen – funktioniert, um mich an einiges zu erinnern. Sag mal, wurde Rhydian wegen seiner sexuellen Offenheit oft beschimpft oder belästigt?"

Anstatt mir darauf zu antworten, fragt mich der schöne Hinkende: „Valdrin, kannst du dich an unsere erste Begegnung erinnern?"

„Die Bilder kommen, wie sie wollen. Immer wieder tauchen Fragmente auf, kurze Szenen oder ich erkenne Leute aus der Vergangenheit wieder, wie Spencer, Tyron und jetzt auch Sofala. Aber nein! Ich weiß einfach, dass du der bist, der du zu sein vorgibst: mein Lover und Wunschpartner. Erzählst du mir von unserer ersten Begegnung?" Ich steure die niedrige Mauer der Promenade an und setze mich auf einen der breiten Quader um vor mir auf den Ozean zu blicken. Die gaffenden Passanten hinter mir blende ich genauso aus wie Bewunderer oder Lästerer.

Aus Nelson Morleys Erinnerungen:

► Als ich dir – alias Rhydian Elpis – am 11. Januar vor drei Jahren im

Mustang zum ersten Mal begegnet bin, wusste ich natürlich noch nicht wer oder was du bist. Eine Aura von Geheimnissen krönte dein Haupt schon damals, wie einen Nimbus aus goldigem Licht. Später erfuhr ich, dass es eben dieser Tag war, an dem du vor der *Sydney Opera* ausgeraubt wurdest. Es war ebenso der erste Tag, an dem du fürs Hose-Verlieren Geld kassiert hast. Du hattest mich an jenem Abend nicht beachtet.

Danach verfolgte ich auf den Überwachungskameras deinen ersten Einkauf in einem meiner Sportgeschäfte. Ja, es war Sofala, der damals für mich gearbeitet hatte. Warst du am ersten Abend, als du deine Hose verloren hattest, hauptsächlich wütend und unerfahren, erkannte ich deine Bereitschaft für Experimente, als Sofala deine Erotik kitzelte.

Am *Underweare Contest*, bei dem du die Regeln gebrochen und deswegen disqualifiziert wurdest, sah ich dich zum dritten Mal. Splitternackt und tief in Gedanken lehntest du dich an eine Säule. Jeder gaffte das Frischfleisch der Szene an. Zum ersten Mal hattest du mich ins Visier genommen. Als sich unsere Blicke trafen, war es für mich Liebe auf den ersten Blick. Keiner von uns ging auf den anderen zu oder hob auch nur die Hand zum Gruß. Wir starrten uns einfach wortlos an. Es scherte dich überhaupt nicht, dass du von Himeros wie von hundert anderen fotografiert, bewundert und beneidet wurdest. Niemals war ich einem jungen Mann, wie dir begegnet. Nackte traf man im *Mustang* immer, dafür sorgte Coogee. Du warst anders, fremdartig und prickelnd. Nicht einen Moment verwechselte ich dich mit diesen anderen hübschen jungen Männern in Coogees rotem Dunstkreis, die allesamt das Produkt ihrer Umstände geworden sind. Natürlich war offensichtlich, dass du eitel warst, denn deine Blicke verrieten, dass du die Bewunderungen der anderen wie Huldigungen entgegennahmst. Ich denke, du hast deine glühende Schamlosigkeit genauso genossen wie deine engelsgleiche Kühle. Gebannt von deinem Wesen nahm ich mit meinen staunenden Augen genau Maß. Ich war fest entschlossen dich zu schmücken und zu kränzen. *Apollon* wollte ich in dir erwecken, *Dionysos* Wiedergeburt feiern und die Schönheit *Narziss*‘ krönen.

Als ich nur wenige Tage darauf über einen von Jaydens Flyer stolperte, buchte ich dich für eine Nudisten Aktivität. Ja, man kann sagen, dass ich dein erster Freier war – oder zumindest der Erste, der dich über die Homepage für einen Nacktauftritt bezahlte. Am Junggesellenabschied von Russell wechselten wir erstmals Worte. Das Gesagte war banal, doch nicht sein Klang. Vermag die Liebe dem Staub unter deinen Füssen elysische Vollkommenheit einzuhauchen, so auch die Musik deiner Stimme. Jede geäußerte Nichtigkeit verwandelte sich so zur Lobpreisung, zum *Hohelied Salomos*'. Natürlich war ich hoffnungslos verliebt, bezirzt und geblendet von deinem Wesen. Selbstverständlich gierte mein Körper nach deiner hüllenlosen Gestalt, die als wahrer *Priapos* zur vereinbarten Show eingetroffen war.

Erstmals alleine im Gästezimmer oben, nahm ich dir all deine Habe ab und verstaute sie. Da nahmst du meine Hände in die deinen. Bis ans Ende der Welt wäre ich dir gefolgt, nicht nur bis zum nächsten Sessel, in den du mich rücklings geschubst hast. Vielleicht sprachen wir, vielleicht nicht? Ich erinnere mich an den Klang deines Atems und an die Wärme deiner Haut, als du dich breitbeinig auf meinen Schoss gekniet, deine Arme um meinen Hals geschlungen und mit deinen Lippen meinen Mund zum Leben erweckt hast. Wie ich aus meiner eigenen Hose kam oder wie es passierte, dass ich tief in dir versenkt Eins mit dir wurde, sind nicht von Belang. Ich verbrannte in der Hitze deiner Leidenschaft, war liebestrunken vor Lust und gefesselt von deinem Körper. Im Rausch klammerte ich mich an deine Schenkel und fürchtet um meinen Verstand. Meine Hände wühlten in deinen Haaren und versuchten vergeblich den Moment für ewig festzuhalten. Mein Herz labte sich in der Glorie deiner Gegenwart, während mein Samen den Moment befruchtete.

In duftenden Schaum gehüllt unter kühlem Wasserstrahl stehend, schmückte ich danach deinen Leib mit Gold und behängte ihn mit dem Edelsten, was meine Hände zu schaffen vermochten. Dein Dankeskuss verklärte meine Seele. Als ich dir zum Schluss den goldigen Lorbeerkranz aufs Haupt legte, durchdrang dein sonniger Wille meine letzten Schranken. Jubelnden Herzens präsentierte ich den Versammelten an Russells Junggesellenabend den *Eros* des Augenblicks.

Ich sah dich danach oft im *Mustang* oder hörte Geschichten über dich. Richtig zusammen kamen wir erst nach dem Jahrhundertsturm. Es war der Morgen des 4. Februar vor drei Jahren, als mich ein Lifeguard vom *Watsons Bay* anrief und aufklärte, man habe einen nackten jungen Mann aus dem Ozean gefischt, der kurz aus seiner Bewusstlosigkeit erwachte, um nur meinen Namen zu nennen. So holte ich dich ab und brachte dich in mein Strandhaus. Vier Tage und vier Nächte bliebst du mein Gast. *Götter benötigen keine Kleidung, warum also ich!* Das war deine einzige Erklärung für deine Abscheu, dir etwas überzuziehen. Splitternackt an Körper und hüllenlos im Geiste offenbartest du mir das Wunder des zerstückelten *Dionysos* und seiner Auferstehung. Vom Blitz zerrissen und vom Wasser geläutert warst du neu geboren und neu erschaffen. Deine Auferstehung aus dem Schaum, war mir Mysterium und ein Geheimnis. Nicht so deine sensible Art und dein untrüglicher Sinn für Recht und Unrecht. Niemals warst du schlecht zu einem Menschen, einem Tier oder einer Pflanze. Das Leben – jedes Leben – war dir heilig. Täglich hast du mehrere Stunden in der Bucht geschwommen oder in meinem privaten Fitnesskeller Gewichte gestemmt, um deinen Körper für die neuen Prüfungen zu stählen und deine Geist für die Offenbarungen deiner Wiedergeburt zu klären.

Deine Disziplin und dein Wille die Lust um ihrer Selbstwillen zu ergründen, waren dein tägliches Ringen. Verschmolzen unsere Körper zu Beginn auch bei jeder sich bietenden Gelegenheit in sexuellem Rausch und deinem unsichtbaren Schaum, so veränderte sich das schon bald. Mein unstillbares Verlangen nach deiner körperlichen Nähe empfand ich nicht mehr als Eroberung oder Niederlage, als Dominanz oder Hingabe – wie ich Sex sonst erlebte – sondern als das Zelebrieren unserer Lust zum reinsten Vergnügen. Statt an deinem Schweiß, Sperma und Speichel labte ich mich bald am Ambrosia deiner bloßen Gegenwart. Das Netz aus roher Penetration und blutiger Hingabe zerriss. Der zärtliche Duft der Liebe verwandelte auch mich. Eine Liebe, die keine Bestätigung oder Anerkennung benötig. Dann passierte es. Aus dem Schmelztiegel unserer Leidenschaft erhob sich *Aphrodite.* ◀

„Wie?“, beschwöre ich Nelson mir außer seinen blumigen Schwärmereien auch Fakten und Tipps zu liefern. „Fickten wir Tag und Nacht und wo immer wir uns befanden?“

Der Dunkelhaarige sieht zu mir rüber. Ob seine Augen freudig tränen oder vom Licht einer in der Nähe entzündeten Fackel so glitzern, kann ich nicht unterscheiden. Er langt nach meiner linken Hand und legt sie sich in den Schoss. Seine Erinnerungen, wenn auch verzückt wie bei einem Schulmädchen, manifestierten doch mannshart, den Kerl in ihm.

Es gibt Grund zur Hoffnung, dass nicht auch Nelson vollkommen übergeschnappt ist.

„Fickst du mich jetzt hier am Strand?", flüstere ich ihm hoffnungsvoll ins Ohr.

„Valdrin, in dir muss sich Aphrodite wieder erheben!"

„Tut sie doch!" Demonstrativ lege ich seine Hand auf meine vollerwachte Leidenschaft. „Aber Aphrodite nenne ich meinen Priapos definitiv nicht!" Weil Nelson zögert, entziehe ich ihm meine Hand und sehne mich danach, dass seine Finger sich endlich daran erinnern, wie gut sich mein hartes Fleisch in ihrem Griff anfühlt.

Sie tun es. Nelson sieht zu mir rüber und lächelt. „Ach Valdrin! Sex war damals der Katalysator, das Schlummernde in dir zu wecken. Doch auch vor drei Jahren passierte die Erweckung nicht über Nacht."

„Dann lasse es uns tun!" Ich deute auf die noch immer durch den hohen Zaun abgetrennte Bucht im Festivalgelände. Im Dunkeln kaum auszumachen, erkenne ich Silhouetten von Paaren, die sich dort im Sand wälzen. „Im Mondschein nahe der Brandung?"

„Erst erzähle ich den Rest!"

„Wenn es sein muss", klage ich, rücke aber näher an den Mann, den ich bis gestern vollkommen aus meinem Gedächtnis gestrichen hatte und lasse mir von seinen Händen zeigen, wie sehr ich sexuelle Stimulationen genießen kann.

Aus Nelson Morleys Offenbarungen:

►Als wir an einem Abend von einem Freund in dessen Haus drüben in *George Hights* in *Middle Head* eingeladen waren, erkannte ich dort erstmals eine weitere deiner Gaben. Howard, ein konservativer schwuler Mann, verlor kürzlich seinen Lover bei einem Unfall. Zum Dinner hast du dich in einem Nebenraum bis auf eine Halskette, die du im Haus gefunden hast, ausgezogen. Vertraut mit dieser Art deiner Freiheitsliebe, bemerkte ich aber wie Howard und die anderen Gäste dich überfordert anstarrten. Keiner wusste, was du damit beabsichtigen würdest, kannten doch bereits einige deinen Ruf. Als du dann aber während dem Dinner ununterbrochen gelacht, peinliche Geschichten aus deinem Leben erzählt und alle bestens unterhalten hast, wurde die Verwirrung nur noch grösser.

Dass du nonstop hart erregt warst, gefiel uns allen, passte aber nicht ins Bild des klugen und so charmanten Unterhalters.

Howard wusste nicht, ob er dich an- oder galant übersehen sollte. Als du beim Cognac fragtest, ob es jemanden stören würde, wenn du dir einen runterholst, gafften dich alle nur wortlos an. Ohne auf Howards Erlaubnis zu warten, hattest du dich bequem auf die Couch gebettet und den Gastgeber aufgefordert, neben dir Platz zu nehmen. Howard streichelte die Halskette um deinen Hals, die seinem Elliot gehört hatte. Woher du wusstest, dass Elliot nach dem Essen genau das am liebsten tat, was du uns allen demonstriertest, ahnte niemand und löste Tränen aus. Howard weinte, während er dir zusah, doch es waren Tränen des Abschieds und des Neubeginns.

Valdrin, als Rhydian warst du ein Rätsel. Egal, wohin wir gingen oder wen wir trafen, immer hatte ich das Gefühl, dass du Wunden heilen und Träume erfüllen konntest.◀

„Ist das wirklich alles passiert?“, unterbreche ich Nelson, der während seiner Erzählung seinen Arm um meine Schulter legte. Während Nelsons Erzählung blieben immer mal wieder Schaulustige kurz stehen, doch weil ich nie auf sie reagierten, zogen sie bald weiter; einige mit einem Lächeln, andere mit Verwünschungen auf den Lippen.

„Als Aphrodite warst du unglaublich mächtig.“

„Erzählst du mir, wie ich mit Freiern umging?“ Verlegen spreize ich meine Zehen. „Ich war doch eine männliche Hure?“

„Du warst der Lust Gesicht und Geschichte. Dein Glanz wirkte bei jedem, der dich buchte, anders. Lasse mich auch davon erzählen.“

▶Es war bei einem Besuch bei Lenton. Er hatte dich als *SOS-Boy* für die erotische Unterhaltung nach der Verkündung seines erfolgreichen Quartalabschlusses gebucht. Ich war einer der Aktionäre und Zeuge deines Auftritts. Als ich, die anderen Geschäftspartner und Aktionäre gegen acht Uhr abends bei Lenton zuhause eintrafen, warst du bis auf eine weiße Servierschürze natürlich nackt. Dein Arsch blieb unbedeckt und der kurze Stoff vorne lud zum Anheben ein. Du hast uns Drinks und Fingerfood serviert. Bei deinen Bewegungen verrückte gelegentlich die Schürze. Deine Latte gehörte zu jeder Veranstaltung genauso dazu wie dein Humor und dein Lachen.

Wir waren an jenem Abend – ohne dich – zu acht. Durch die Drinks angeheitert, und durch deine Zeigefreudigkeit spitz, wurde der Anlass bald ausgelassener. Deine Aura vibriert und ein Glanz hüllte dich ein. Die Lust wütete inzwischen wie Sturmwellen durch Lentons Appartement. Aus dem Schaum blinder Geilheit hast du den kleinen Tisch um die Sessel bestiegen, um zu tanzen. Gebannt von deiner Jugend und geknechtet von deinen Reizen sank ich auf die Knie. Plötzlich fühlte ich deine Hand auf meiner Schulter. Verwirrt sah ich mich nach dir um. Da tanzte der Mann meiner Träume vor mir und stand gleichzeitig in Fleisch und Blut hinter mir.

Nelson, erkenne, wer du wirklich bist und kein Glanz – auch nicht meiner - vermag dich zu blenden und zu binden!

Wie eine Seifenblase zerplatzte das Trugbild. Vor mir erkannte ich die Wahrheit. Blind vor Geilheit hatte sich einer der Aktionäre all seiner Kleidung entledigt und tanzte wie ein bockiger Faun auf dem Tisch. Bald labten sich andere am Körper des Tänzers, küssten und liebkosten seine haarigen Beine und sein Horn. *Oh, Rhydian, deine Haut fühlt sich wie Pfirsich an und deine Backen wie der Marmorarsch des Adonis im Museum.* Dies und Ähnliches lallten die Männer, während sie den Tänzer anschmachteten. Zwei andere Gäste lagen sich in den Armen und beteuerten sich gegenseitig ihre Liebe. Doch alle sprachen nur über dich, als ob sie dich im Gesicht eines jeden anderen erblicken würden. *Fick mich*!, fordert Lenton einen Kollegen auf. *Rhydian besorge es mir hart und heftig!* Ein anderer feuerte seinen Kollegen an: *Gib es der Schlampe! Reite den blonden Schönling! Rhydian braucht es!* In Wirklichkeit bearbeitete der wilde Cowboy ein Sitzkissen.

Als bald eine wilde Orgie im Gange war, hast du mich abermals zur Seite genommen. *Nelson, sieh sie dir an! Jeder von ihnen glaubt, mich zu verführen, wildesten Sex mit mir zu erleben und noch ganz anderes. Mein Job ist hier getan.* Du warst für jene Nacht noch für zwei weitere Verpflichtungen dieser Art gebucht. Du hast dich angezogen und bist gegangen.

Ich blieb. Ich wollte wissen, was an all den Gerüchten über Rhydian Elpis‘ Sex-Künsten als Callboy wahr war. Stunden später erwachten die Männer aus ihrem Liebesrausch. Jeder erzählte entweder vom besten Fick seines Lebens, von der Entdeckung seiner einzig wahren Liebe oder wie fantastisch du mit deinem Mund umgehen könntest. Nur ich wusste, dass du nicht einmal zugegen warst.◀

„Ich hatte niemals Sex mit Freiern?“ Verwirrt über Nelsons letzter Enthüllung starre ich auf den Ozean und den Strand. Silbern rollen Wellen ans Ufer.

„Valdrin, verstehst du, warum du dich erinnern musst? Als Rhydian Elpis verfügst du über Gaben, die Valdrin Loris nicht besitzt. Diese Gaben, werden dich beschützen und aus Zwei wieder Eins machen.“

„Ist diese Gabe nicht eher ein Fluch?“, grunze ich fassungslos.

„Nennen wir es ein sehr gefährliches Talent. Du bist der Lust Gesicht und Körper. Damit vermagst du Illusion mit der Realität zu verknüpfen, dass keiner den Unterschied bemerkt. Aphrodite liebt Sex, doch sie wählt ihre Partner selbst aus. Dennoch träumt und fantasiert jeder von ihr.“

„Und jetzt will die blonde Hexe diese Macht von mir zurückfordern, um damit jeden Mann gefügig zu machen. Sie ist auch ohne den Glanz gefährlich! Wahrscheinlich stecken sie und *ihr Ares* hinter den Fake-Morden. Ich kann das nicht zulassen.“

„Valdrin, diese Macht, zu der du noch nicht wieder Zugriff hast, ist Rhydians Geheimnis.“

„Und ich habe sie missbraucht, um Geld damit zu scheffeln und mein Ego aufzublasen.“ Ich kann mich nicht an die Geschichten, die Nelson mir eben erzählte erinnern, doch an andere, ähnliche Begebenheiten, weshalb ich weiß, dass er die Wahrheit spricht. Immer lief es gleich ab. Ich zog mich aus, ließ mich anschmachten und warf mein Glanz über die vollkommen wehrlosen Opfer.

„Ja, so ist es! Mit dem Geld hast du dir ein Appartement kaufen können“, bestätigt Nelson. „Der Fuchs und der Wolf waren beide zufrieden. In jenem Sommer gab es keine toten Stricher. Du hast sie alle beschützt.“

„Ich bin ein Betrüger! Kein Wunder, strafte mich mein *Karma* mit drei Jahren Wahnsinn.“

„Willst du auf der Yacht die Wiederkehr deiner Gabe testen?“

„Hast du mir gerade nicht zugehört?“, schnauze ich Nelson an.

„Niemand kam zu Schaden“, beteuert Nelson. „Deine Freier von damals schwärmen noch heute vom besten Sex ihres Lebens. Du hast nur Träume wahrwerden lassen und Wünsche erfüllt. Lust ist ein Ventil und ein Freudespender. Lust kann heilen und Krankheiten abwenden.“

„Ja, ja! Mag sein!“

„Kehren wir zum Festival zurück? In Kürze spielt eine weitere Live Band.“ Nelson springt vom Sockel und reicht mir seine Hand.

Ein Blick auf meine Armbanduhr verrät mir, dass ich zu spät auf dem Boot sein werde.

„Keine Bange, du kommst schon pünktlich zu deinem ersten Engagement als *Bare Boner Boy*. Der Aufgang zum Steg ist gleich da vorne.“

„Kann ich mich dort auch nur kurz blicken lassen und danach wieder abziehen? Ich weiß nicht, wie ich reagiere, sollte ich abermals bedrängt werden.“

„Erbebe dich aus dem Schaum“, flüstert Nelson und zwackt mich in den Po. „Hast du überhaupt noch Lust?“

„Das ist ja das Problem!“ Mit meinem Kinn deute ich auf meine Bereitschaft, die zuckend auf Einsatz wartet. „War ich erst ein unbedarftes Fohlen, erwacht mit den Erinnerungen an mein Leben als Rhydian Elpis ein nimmersatter Hengst und eine willige Stute. Ich kann gerade nicht genug Sex kriegen!“ Schmachtend sehe ich zum schönen Hobby-Goldschmied und würde gerne dort weitermachen, wo ich mit Sofala aufhörte.

„Valdrin, bedenke, nur dein voll erwachtes Aphrodite-Potential kann Jayden das Leben retten. SIE wird mit nichts Geringerem zufrieden sein. Zwinge SIE in ihre Knie oder gib ihr die vollständige Macht zurück. Alternativen gibt es keine!“

„Ich muss abermals dem Wahnsinn in mir nachgeben?“

„Dir bleibt wohl nichts anderes übrig!“, bestätigt Nelson. „Willst du nicht vorher noch etwas essen?“

„Es gibt bestimmt Häppchen auf der Party!“, hoffe ich.

„Bleib hart!“

„Versprochen! Kannst du das für mich aufbewahren?“ Kaum mein geschenktes Didgeridoo an Nelson abgegeben, schlendere ich kampfbereit alleine über die Promenade, auf der neue Festival-Besucher zum baldigen Konzert strömen, zum Steg. Da die Unsichtbarkeit zu keinem von Aphrodites Talenten gehört, werde ich wieder belächelt, gelobt, gefoppt und natürlich angemacht. Wären mit Rhydians so plötzlich aufgetauchten Erinnerungen nur meine Selbstsicherheit und mein großartiges Gefühl für nackte Freiheit wiedergekehrt, könnte ich es als ein Segen abtun. Doch leider schwillt auch mein Ego bei jedem weiteren wertschätzenden Blick mehr an und meine Gier auf Sex lässt mich fast jedem Kerl nachschauen. Muss ich wirklich abermals den Fluch vollkommen erwecken, um ihn endgültig loszuwerden? Würde Jaydens Leben nicht davon abhängen, würde ich eine Antidepressiva schlucken und hoffen, das frühere Vergessen würde mich dämpfend einlullen.

Die Meute lechzt nach meinem Blut und Sperma

Jetzt, während des Festivals, ist Emmett Bootshaus natürlich geöffnet. Nicht nur Besucher des Siebzigerjahre Erotik-Festivals im ulkigen Retrolooks hängen auf der Terrasse Cocktails schlürfend ab, sondern auch hundeausführende Einheimische und Touristen.

„Da beißt mich doch ein weißer Hai in den Arsch!“, ruft Emmett hinter seiner Theke aus und eilt zu mir nach vorne, um mich herzlich zu umarmen. „Offensichtlich nicht mehr inkognito! Der immer nackte und dauererregte Didgeridoo-Spieler ist zurück! Endlich! Lass dich ansehen schamloser Schamane!“

Weil das auch alle Anwesenden im Restaurant und draußen auf dem Pier tun, drehe ich mich einmal langsam um die eigene Achse.

„Wo hast du dein Instrument gelassen?“

„Gerade meinem Lover abgegeben!“

„Rhydian, wirst du an Spencers Party erwartet?“

Nickend bejahe ich und flüstere dem Inhaber des Bootshauses zu: „Mein erstes Engagement zurück als *Bare Boner Boy*! Was brauche ich mehr als wieder in meiner eigenen Haut zu stecken?“

„Einen steinharten *Boner*?“, lacht Emmett und schielt auf meinen schlackernden Eingeschlafenen.

„Der lässt mich schon nicht im Stich!“, schmunzle ich.

„Brauchst du etwas, dass du an Board ausziehen kannst?“

„Ich bin nicht zum Striptease gebucht“, schüttle ich meinen Kopf, stelle meinen rechten Fuß unten auf die Stange, die der Bar entlangführt und lehne mich mit meinen Ellbogen abstützend auf den Tresen. Nackt fühlt sich das ausgesprochen gut an. Noch vor wenigen Tagen undenkbar, fühle ich jetzt eine Macht von mir ausgehen, die wie Sonnenstrahlen jeden im Restaurant berührt, wärmt oder verbrennt.

„Trotzdem!“ Emmett stellt sich näher an mich heran, weil wir von allen Seiten heimlich oder direkt fotografiert werden. „Spencer legt Wert auf angemessene Garderobe. Keiner seiner Gäste, die zu seiner Yacht pilgerten, trug einen Anzug von der Stange.“

„Ich ja auch nicht!“

„Offensichtlich! Soll ich dir mit einer Krawatte aushelfen?“

„Ich arbeite nicht mehr für Henleys *Special Office Services.* Jayden und ich sind die *Bare Boner Boys.* Wir sind unabhängig und frei.“ An meinen lustigen Flitzer Freund denkend, straffe ich meine Haltung und schlucke meinen Ärger über die Entführer einmal mehr runter. „Warum denkst du, ich sollte mir etwas anziehen?“

„Nicht etwas“, tuschelt Emmett, da immer mehr Voyeure nicht nur starren, sondern auch lauschen. „Ich ersteigerte vor drei Jahren dieses Etwas. Es gehörte dem *Boner Boy.* Jetzt, da du wieder hier in Sydney weilst, schenke ich es dir. Komm mit!“ Der Kellner-Bartender-Inhaber führt mich exakt zur Kammer, in die er mich schon einmal in einem Traum führte. „Augen schließen und hinknien!“

„Ein Wiedersehen-Blowjob?“, spotte ich.

„Nichts dergleichen!“

Kaum getan wie geheißen, höre ich Emmett in einem der Schränke wühlen. Als ich ihn kurz darauf wieder dicht vor mir stehend wahrnehme, setzt er mir etwas aufs Haupt. „Augen zu!“, befiehlt er mir. „Deine Hände bleiben unten! Verstanden?“ Emmett richtet etwas auf meinen Kopf. „Schamloser Schamane, kannst du deine Beine weiter auseinanderschieben?“ Weil ich nicht kapiere, hilft Emmett nach. „Schon besser!“ Danach platziert er meine rechte Hand auf meine rechte Arschbacke und meine linke auf meinen Oberschenkel. „Fast perfekt! Nicht blinzeln!“ Weil danach etwas lärmend über den Boden rollt, bin ich versucht zu flüchten. Emmett richtet einen Spot auf mich, dass es mich selbst du die geschlossenen Augen blenden und ruft aus: „Erkenne dich selbst!“

Vor mir kniet breitbeinig ein haarloser blonder Dreiundzwanzigjähriger mit guten Muskeln. Seine Nacktheit wird durch nichts weiter als mit einer schräg aufgesetzten Kapitänsmütze geschmückt. „Diese Mütze kenne ich doch!"

„Nur die Mütze?"

Nicht nur meine Lust erhebt sich, sondern auch die Macht des Ozeans. Ich kann es fühlen. Ich höre die Wellen, dann übermannt mich die Kraft des Schaums. Durch den Boden des Bootshauses verbinde ich mich mit der Urkraft des Meeres. Erquickend und prickelnd steigt die Flut, und das Salzwasser labt sich an meinem Leib. Natürlich passiert nichts davon in der sichtbaren Welt, doch meine feinstofflicheren Körper und das Göttliche in mir erkennen und akzeptieren das Geschenk. Mir schaudert in freudiger Erwartung auf die Ekstase. Ja, ich bin Rhydian Elips; ich bin der Schaumgeborene!

Was ich in der Reflexion erblicke ist der *echte* Rhydian Elpis. Ich sehe exakt so aus, wie auf dem Cover des Erotik Magazins vor drei Jahren. Flüchtige Erinnerungen an meinen Auftritt mit der *Black Ratbag Band* blitzen durch meine Gedanken wie einzelne Worte von Himeros, die mich damals inspirierten, über mich selbst hinauszuwachsen.

„Danke!", hauche ich gerührt und berauscht vom Erlebten. „Behalte die Mütze! Möge sie dich immer daran erinnert, dass du in mir einen Freund hast. Kann ich mir dieses enge Silberhemd ausleihen?" Bevor Emmett darauf antworten kann, stehe ich auf, setze ihm die Kapitänsmütze auf seinen Kopf und schlüpfe ich das hautenge Hemd, das hinter ihm auf einer Truhe liegt. Es ist mindestens zwei Nummern zu klein für meine Muskeln und viel zu kurz. Trotz des dehnbaren Stoffes, schaffe ich nur die untersten zwei Knöpfe zu schließen.

Emmett schiebt die Spitze meiner Latte unter den dehnbaren Stoff, der wie ein Gürtel wirkt hoch und bugsiert mich zurück vor den Spiegel. „Jeder wird hoffen, dass die Knöpfe platzen. Du zeigst, was du versprichst und offerierst doch noch ein letztes Geheimnis." Zärtlich zupft er solange am Stoff, bis nicht nur mein Torso, sondern auch meine Nippel unbedeckt bleiben. Die Ärmel fehlen.

„So bin ich nicht mehr der *Boner Boy* von nebenan!"

„Rhydian, das warst du doch nie! Zwing die Lüstlinge in die Knie! Lasse sie darum flehen, dir die letzte Verhüllung vom Leib zu reißen. Jetzt geh! Du bist bereit dir das zu holen, was du verdienst!"

„Wer du bist, ist offensichtlich! Willkommen an Board! Spencer und seine Gäste erwarten dich sehnsüchtig." Der Mann im Frack – wahrscheinlich ein gemieteter Türsteher – lässt mich auf die Yacht. Spencer und seine Freunde sitzen oder stehen im Heck um Bistrotische und schlürfen Weißwein, als ich mit stolz geschwellter Brust und halb weggepackter Latte den Lichtkreis betrete.

Spencer, jetzt in einem dreiteiligen Anzug und Krawatte, tritt auf mich zu. Laut ruft er alle Männer zusammen. „Versprach ich euch nicht einen Schwanz, den ihr nicht wieder vergessen werdet?" Spencer reicht mir ein Glas Weißwein.

„Ich bin Rhydian Elpis, der *Boner Boy* der Party!" Damit erhebe ich mein Glas und proste, mich langsam um die eigene Achse drehend, jedem zu. Die Yacht schaukelt in den sanften Wellen und in der Ferne erkenne ich die bunten Lichter des Festivals. Nelson behielt recht: Taten sprechen eine klarere Sprache als Worte. Der verklemmte, von Phobien geplante Valdrin Loris verblasst je heller der Mond über mir erstrahlt. Als ob ich nie etwas anderes getan hätte, schwatze ich mit jedem Gast, lasse mich mit Komplimenten für meinen Harten, meinen gut trainierten Körper oder die Raffinesse meines Kostüms überschütten. Falls Nelsons verklärte Erinnerungen tatsächlich stimmen sollten, war ich niemals eine Hure, sondern einfach ein geiler Stripper und dauererregter Exhibitionist. Über die Reling gebeugt blicke ich zum Festival hinüber.

„Warum plötzlich so melancholisch und schweigsam?" Spencer stellt sein Glas neben mir auf einen der Bistrotische.

„Es ist schön, wieder ich zu sein!"

„Was sonst?" Spencer labt sich lüstern an meinen Körper.

„Ich durchwanderte unermesslich finstere Regionen des Kosmos, wo Abgründe lauerten und Ungeheuer in der Tiefe nach meinem Verstand lechzten. Sie sind noch immer dort, doch sie sind jetzt gezähmt."

„Rhydian, du bist reifer geworden. Deine Muskeln gleichen mehr denen eines Bodybuilders, als einem Schwimmer." Spencer streichelt mir über den unbedeckten Torso, den das enge Silberhemd nicht zu fassen vermag. „Und der da!" Mit dem Zeigefinger seiner rechten Hand fährt er die unbedeckte Länge meiner Latte ab. „Ist so hart, wie eh und je!" Stolz präsentiere ich, wofür Spencer bezahlt. „Du warst und du bist genau mein Typ!", schmeichelt mir der leicht angetrunkene Gastgeber. Weil er nach meiner Schulter fasst, hebe ich meine beiden Arme, um klassische Bodybuilder Posen einnehmend. Nur weil das Silberhemd um die Taille so eng ist, bleibt mein Harter gefesselt.

„Wie oft trainierst du dieses gute Stück?“ Spencer streichelt ihn abermals mit seinem Zeigefinger.

„Was denkst du?“, bleibe ich vage. Sexuell stimuliert, tauchen neue Erinnerungen auf: Plötzlich sehe ich Bilder, wie ich als gemieteter Nackter aus einer gigantischen Geburtstagstorte klettere oder an einer Stripperstange tanzend den Kuchen verspeisenden Gäste zusehe.

„Dreimal täglich?“, rät er. Als ich weder bejahe noch verneine, wandert sein Blick erstmals zu meinen Augen hoch. „Rhydian, was beschäftigt dich?“

Schweigend zucke ich mit den Achseln. Jayden kann ich nur retten, wenn ich meine verlorene Gabe wiedererlange. Falls das bedeutet, mich Spencer anzubieten, dann werde ich auch das tun.

„Heute auch schon?“ Spencers Finger streicht sanft auf und ab.

„Vielleicht?“

„Seit du vor drei Jahren das Konzept des mietbaren Latten-Jungen für Partys und Geschäftsmeetings kreiert hast, kam aber keiner an dich ran. Die meisten deiner Kollegen waren vulgär, billig und natürlich mehr, als die halbe Zeit schlaff. Du hingegen“, diesmal drückt er mir die Latte mit seiner Handfläche auf meinen Bauch, dass ich die Hitze seiner Erregung spüren kann, „bist das harte Original.“

„Die Idee der Latten-Jungs ist das Konzept von Jayden und mir.“

„Das stimmt! Ich verwechselte das Konzept mit Henleys SOS! Stehst du heute Abend auch dazu zur Verfügung?“

„Ich bin dein gemieteter *Boner Boy*! Ansehen und Anfassen gehören zum Deal. Für die *Special Offices Services* und deren Dienste bin ich nicht mehr zu haben.“

„Und für einen Handjob?“ Weil seine Hand zupackt, nicke ich.

„Was meint ihr?“, fragt Spencer seine Gäste, die schon die ganze Zeit im Heck zugesehen haben. „Wollen wir ihn jetzt auspacken?“

Weil zwei andere Männer ihre Gläser abstellen, um näher zu rücken, geht mein inneres Warnsystem los. Den neuen Blick von Spencer sah ich heute schon einmal beim Chinesen und seiner Bande. Trotzdem kann ich jetzt keinen Rückzieher machen. Was auf dem Bootshaus seinen Anfang nahm, als Emmett mir die Mütze aufsetzte, könnte jetzt im Akzeptieren meines Jobs die Erfüllung finden. Jaydens Leben hängt davon ab, dass ich die Macht nicht nur fühle, sondern sie wieder als Teil von mir akzeptiere! Damit bestärkt, straffe ich meine Schulter.

Bevor die Herren mein Silberhemd zerreißen, stelle ich mich vor Spencer und knöpfe in Zeitlupe erste den oberen, danach auch noch den zweiten und letzten Knopf auf. Mit meinen Händen bedecke ich meine Blöße. Ich muss aussehen wie die scheue Jungfrau auf *Botticellis* Gemälde *Die Geburt der Venus*. Wenn auch am Festival nackt unterwegs und immer wieder berührt, von Sofala sogar in pornografischer Art und Weise, war ich dort trotzdem nie Opfer – jetzt schon.

Die Meute lechzt nach meinem Blut und Sperma. Weil Spencer nach meinen Ellbogen greift, verschränke ich meine Arme im Nacken. Der Zugriff auf die gemietete Latte ist frei. Jeder langt danach. War es vor Minuten noch ein neugieriges Necken, Streicheln oder Wertschätzung, verwandelt es sich jetzt zum Kampf. Die Jagd ist eröffnet! Im stillen Gebet flehe ich den Ozean an, sich abermals zu erheben, damit ich neugeboren aus seinem Schaum steigen kann. Spencer stellt sich hinter mich, schlingt würgend seine Arme um meinen Hals und küsst mich schlabbrig auf den Hals.

„Jetzt gehörst du mir!“ Als sein ausgepackter Harter sich zwischen meine Backen schiebt, zwei andere Gäste mir die Arme nach hinten drehen und so versuchen, mich tief über die Reling für die Penetration zu beugen, erwacht Panik. Anstatt der Gabe, erinnere ich mich meiner physischen Stärke. Mühelos schüttle ich die Vergewaltiger ab.

„Ich bin ein stolzer *Boner Boy*! Leute, ich bin als die Latte zur visuellen Unterhaltung der Partygäste gebucht und nicht als der Arsch für eine Bande besoffener Versager!“ Flink klettere ich über das Seil und springe mit Kopfsprung ins Wasser.

Mein Körper erinnert sich sofort an jede Bewegung. Pfeilschnell tauche ich tief ab und schwimme unter Wasser aus dem Lichtpegel des Bootes, um mich, weit fort der Anlegestelle, in Sicherheit zu bringen.

„Verdammte *Bizzos*!“, brumme ich, als ich mich zum Trocknen in den noch immer warmen Sand des Strandes lege. Vor drei Jahren funktionierte mein Konzept, damals respektierte jeder das Show-Angebot und ging nie weiter, als bis zu scheuen Berührungen oder einem guten Handjob. Schützte mich damals bereits mein Glanz vor Übergriffen? Fielen die Freier damals nur nicht über mich her, weil sie die Erfüllung ihrer Illusionen in der Fantasie auslebten? Die armen Jungs, die in meine Fußstapfen treten mussten. Die waren doch alle nichts weiter, als der Fick des Abends. Was habe ich vor drei Jahren nur alles angerichtet!

Weil ich mich abreagieren muss, schwimme ich durch die Bucht. Mir ist bewusst, dass es hier Haie gibt – auch Weiße – doch das schert mich im Moment nicht. Endlich habe ich meine Wasserphobie vollkommen überwunden. Endlich erwacht auch der Profischwimmer wieder zum Leben. Wie konnte ich nur Wasser hassen? Als ich nach einer guten Stunde Training beim Bootshaus aus dem Wasser klettere, lacht Nelson schallen auf.

„Ich hörte ein *Furphy*."

„Das ist kein Gerücht! Die geilen Böcke wollten nur das Eine, da bin ich getürmt?"

„Spencer hat sich bei Himeros beklagt, dass sein Sexarbeiter abgehauen wäre, bevor er ihn nageln konnte. Er fordert die Fünfhundert *Aussies* zurück."

„Er bekam, wofür er bezahlte! Das Geld behalte ich, das habe ich mir ehrlich verdient!"

„Du bist wieder im Geschäft?"

„Fahren wir! Mir reicht's für heute!"

Wenn ich auch schon Erzählungen von Nelsons Haus am Ende der *Bay View Hill Road* hörte, dann fehlen mir doch die Worte, als wir in seiner Einfahrt parken. Nur wenige Meter vom Haus entfernt steht ein großes Schild *Hermitage Foreshore Walk*. Nelson wohnt tatsächlich direkt am Ufer und neben dem Eingang des Nationalparks. Für ein Strandhaus ist es gewaltig. Wenn auch nur ein paar Lämpchen im Garten brennen, tauchen trotzdem die Bilder, wie es hier tagsüber aussieht vor meinem inneren Bildschirm auf. Ja, in diesem Haus verbrachte ich viele Tage und Nächte. Hier versteckte ich mich, bis ich ins *Outback* und zum *Uluru* in Zentralaustralien aufbrach. Im oberen Stockwerk werfe ich mich aufs Doppelbett meines früheren Zimmers. Nelson stopft neben dem Bett stehend eines der Kissen in einen Überzug. Noch während er mir das Kopfkissen unterschiebt schlafe ich ein.

Plötzlich steht Markku neben meinem Bett. „Erfahrungen – egal welcher Art – existieren als Energie. Berührt sie unser Geist, werden sie aktiviert und wir erleben das ganze Paket. Unser Verstand kreiert Zeit und Raum, doch unser Bewusstsein taucht ein und erfährt."

„Wie?", frage ich die geisterhafte Erscheinung.

„Zeit ist relativ, genauso wie der Raum. Hattest du noch nie das Gefühl ein Augenblick dauert ewig? All das", Markku zeigt um sich, „gehört zur Bühne oder zum Raum, den dein Bewusstsein für seine Erfahrung nutzt. Genauso wie sich ein Moment nach Stunden anfühlen kann, erlebst du Stunden wie einen einzigen Augenblick. Im Traumzustand widerfährt uns das ständig. Du nickst kurz ein und erlebst ein halbes Leben."

„Ja, das kenne ich!", murmle ich und habe längst aufgehört darüber nachzudenken, was von all dem wirklich passiert, was eine Erinnerung sein könnte oder ich mir nur einbilde.

„Im Grunde ist unser gesamtes Leben ähnlich aufgebaut. Du kreierst dein eigenes Universum. Jeder von uns nimmt die Welt und die Menschen so wahr, wie er das möchte. Aphrodite nutzt das Verliebtsein der Menschen, schürt die Emotionen und vernebelt die Wahrnehmung. Verliebte sehen immer nur, was sie sehen wollen. Das hat oft so rein gar nichts mit der sogenannten Realität zu tun. Alle Wunschvorstellungen, Ideale, Sehnsüchte und auch Ängste werden in das Wesen der Bewunderung projiziert. Was der Verliebte wahrnimmt, ist ein Ideal oder ein zu Fleisch gewordener Traum. Wenn zwei Menschen ineinander verliebt sind, trifft dieses Phänomen auf beide zu. Jeder reitet einzeln über seinen ganz persönlichen Regenbogen, tanzt mit Nymphen, fickt mit geilen Satyrn oder zelebriert die erste Liebe auf dem Altar unerfüllter Liebe im illusionären Märchenschloss."

„Tanze ich auch mit Nymphen und ficke eingebildete Satyrn?"

„Illusionen funktionieren am besten, wenn sie mit fassbaren Gegebenheiten verwoben werden. Aphrodite ist Verzauberung durch Schönheit, Sinnlichkeit und Erotik. Kommt noch etwas Exotik dazu und das Versprechen auf Sex, sind alle Zutaten vorhanden."

„Ich liebe Sex!", gestehe ich meinen besten Freund aus Basel.

„Was ist daran verkehrt? Das Einzige, was wirklich zählt, lieber *Elpis*, ist, dass du dein Potential voll entfaltest. Falls du die Aphrodite-Gabe wieder in dir erwecken möchtest, musst du dir dieser Kraft bewusst werden. Um sie abermals zur Realität zu machen, musst du in ihr leben. Du musst so tun, als ob diese ganzvolle Macht vollkommen dein sei. Nur dein Bewusstsein erlöst dein Erbe."

„Wie?", flehe ich den Nackten mit den steil nach oben frisierten Haaren an. Doch der *Hermes-der-Gegenwart* hat sich in Luft aufgelöst oder ist mit seinen Flügelsandalen ans andere Ende der Welt gesaust.

Schatzsuche im Lustgarten

Das helle Licht und die Hochsommerhitze kriechen in meinen Körper, als ich gähnend die dünne Decke von mir kicke und aufstehe. Es ist sieben Uhr in der Früh. Ich spähe in sein Schlafzimmer. Der schöne Dunkelhaarige schläft noch. Leider pennen auch meine konkreten Erinnerungen an mein gemeinsames Leben mit Nelson. Anders als meine Gefühle für ihn, die entfalten sich wie die Knospen im Frühling rasch und bunt. Mit dem Entschluss alles, was ich vergessen habe aus seinem Dornröschenschlaf zu wecken, schleiche ich mich nach unten, um im Lustgarten auf Schatzsuche zu gehen. Jedes Detail könnte mir den Zugang zu meiner Kausalität ermöglichen. Immer wieder blitzen Gefühle auf – hauptsächlich glühende Lust – doch keine Bilder oder Szenen.

Neben dem Swimmingpool stelle ich mich unter die Dusche. Kaum berührt mich das Wasser verändert sich alles. Hinter jedem Busch und im Schatten jedes Baumes trollen sich jetzt plötzlich verschwommene Gestalten. Der Klang des Wassers fügt Lachen, Lustschreie und Musik hinzu. Meine Vergangenheit wird zum wilden Durcheinander aus funkelnden Einzelstücken, wie in einem Kaleidoskop. Leider zerfällt das Meiste schneller, als ich die Bilder fassen kann. Durch den Wasserschleier erblicke ich eine verborgene Tür in der Hecke. Meine Neugier ist hellwach. Zum Glück hat diese Hecke um mein Schloss keine Dornen!

Vor mir breitet sich der *Port Jackson* aus. Bäume und Büsche verdecken den Pfad durch das Naturschutzgebiet, verwehren aber auch den Wanderer den Zugang zum Privatstrand. Über die flachen Felsen balancierend eile ich zum Ozean und klettere ins tiefere Wasser. Noch bevor ich richtig mitkriege, was ich tue, schwimme ich schon weit draußen in der Bay. In der Vergangenheit folgte ich unzählige Male Kilometer um Kilometer der Küste bis zum *Lady Bay Beach*. Meine Muskeln schmerzen und ich keuche, bis ich meine alte Routine wiederfinde. Bald fliege ich durchs Wasser, als ob ich mein Training nie vernachlässigt hätte. Mit viel Sauerstoff in meinem Gehirn und hart aufgepumpten Muskeln steige ich vor Nelsons Strandhaus wieder aus dem meinem Element. Der felsige Strand ist bis auf Nelson verlassen.

„Hier jagen Haie! Verdammt noch mal, *Phoebus*! Hast du sie nicht mehr alle?", flucht er. „Hier in der Nähe wurde vor drei Jahre die kopflose Leiche angeschwemmt."

„Danke für die Erinnerung!" Genervt dränge ich den Kerl im Seidenbademantel weg und steuere den Geheimdurchgang an. Nelson folgt mir und pflanzt sich im Garten in einen Korbstuhl.

„Was ist für heute geplant?" Ich hoffe, er ist nicht mehr sauer.

„Kehrten durchs Schwimmen deine Gaben zurück?"

„Meine Erinnerungen lauern dicht unter der Oberfläche." Ich setze mich Nelson auf seinen Schoss und öffne seinen Bademantel.

„Seid ihr beide gerade beim vorehelichen Sex? Darf ich zusehen?" Weil Nelson Maroubra einen vielsagenden Blick zuwirft, entschuldigt sich der adrette Geschäftsmann. „Ich halte mich hundert Prozent an unser Abkommen. Wie kann ich helfen?"

„Hat dich Nelson herbestellt?" Ich steige vom willigen Hengst.

„Sex hilft meinem *Phoebus*, sich zu erinnern, wer er ist."

„Ja!", lacht Maroubra. „Meine Schlampe war hemmungslose Lust!" Weil ich ihn mit High Five begrüße, streichelt er meinen Arsch.

„Du hast mich in deinem Penthouse als Rhydian erkannt?", hake ich sofort nach. Seine Beleidigung blende ich aus.

„Deine Überzeugung, Rhydian sei dein toter Halbbruder, den du finden willst, war witzig, täuschte mich aber nicht. Wenn dein Gesicht und deine Augen nach drei Jahren auch anders aussehen, so vergesse ich doch niemals deinen Körper."

„Hältst du mich noch immer für total übergeschnappt?"

„Das gehört zu dir! *Lollipop*, akzeptierst du denn wieder, wer du bist?" Maroubra setzt sich auf einen der Korbstühle und Nelson schließt seinen Bademantel. Der Büromensch trägt zum Anzug Strümpfe in seinen italienischen Lederschuhen und lockert sich nur minimal seine Krawatte. „Ist Valdrin wieder mein *Lollipop*?“

„Ich litt unter totaler Amnesie“, hebe ich meine Hände.

„Frühstücken wir im *The Trail*“, schlägt Nelson vor.

Hoffend, mein Ex-Freier weckt Erinnerungen, hocke ich mich auf seinen Schoss und reibe meine Brust an seinem Anzug, bis ich die harte Bestätigung in seiner Hose fühle.

„Soll ich jetzt euch beiden zusehen?“, mault Nelson.

„Nein, nein! Ich bin Voyeur!“ Maroubra küsst aber meine Nippel so leidenschaftlich, dass ich ihm kein Wort glaube.

„Feiert ihr euer Wiedersehen! Ich hole uns Frühstück.“ Bevor wir unsere Bestellungen abgeben können, ist Nelson bereits ins Haus geeilt.

„Warum hast du vor einer Woche nicht verraten, dass du mich erkannt hast?“, frage ich den Mann, der mein Sixpack liebkost.

„Hättest du mir geglaubt? Du hast mich angesehen, als ob ich deinen Lieblingshund gefressen hätte.“

„Ich traute dir nicht!“

„Und jetzt?“

„Ist das wichtig?“, frage ich zurück. Maroubra öffnet sich den Hosenstall. „Du wolltest mich nie fickt. Warum jetzt?“

„Bist du dir da wirklich sicher?“

„Hallo!“ Selbstbewusst stelle ich mich breitbeinig vor den Millionär. „Deine Spezialität war doch eine andere!“ Weil seine Augen aufblitzen, streichle ich amüsiert darüber mit meinen *Nine Inches* über seine Wangen und Lippen. Die Finanzierung meines Appartements am *Bondi Beach* verdanke ich hauptsächlich ihm und seinen Appetit auf meinen Lollipop. Ließ ich mich auf seine Wünsche ein, blendete er jeden Bezug zur Realität sofort aus. Maroubra war immer leicht zu bezirzen. Nicht heute. Da meine Gabe ausbleibt, ich aber nichts gegen guten Morgensex einzuwenden habe, lasse ich ihn gewähren.

„*Lollipop*, du bist und bleibst die geilste aller Office-Schlampen!“ Mit klebrigen Fingern verspricht er, mich zu entschädigen. Bis auf die Tatsache, durch seine Bezahlung gerade zur echten Hure gemacht worden zu sein, dämmert keine neue Erkenntnis.

Während ich mich abdusche, winkt Nelson von der Terrasse. Jetzt im Anzug tischt er belegte Brote und Süßkram zum Kaffee auf. „Bleibt ihr beiden in der Gegend? Ich muss zur Arbeit!“ Er schnappt sich einen Pappbecher Kaffee und beobachtet Maroubra. Er versucht cool zu bleiben und seine Eifersucht zu unterdrücken, denn der andere Mann stellt mir einen Check aus. „Dein Lover-Boy ist jeden *Aussie* wert!“

Mir zwinkert Nelson stumm fragend zu, ob ich eine Veränderung an mir wahrnehmen würde. Verneinend hoffe, ich, dass mir bald etwas effizienteres als Sex mit ehemaligen Freiern einfallen wird, um wieder zu dem Ich zu werden, dass ich vor drei Jahren verfluchte.

„*Lollipop*, ich könnte dich in meinem Büro ...“

„Kein Bock!“, murre ich und sehe Nelson nach.

„Wer bringt dich wieder auf Kurs?“

„Marrick Braxton!“, sage ich ohne nachzudenken. „Er überzeugte mich beim schlimmsten Sturm seit hundert Jahren von der *Sydney Harbour Bridge* zu springen. Sein zerstörerisches Wesen ...“

„Marrick ist in der Entzugsanstalt!“

„Entführen wir ihn!“

Die Tempelhure auf dem Friedhof

Maroubra befiehlt mir auf dem Parkplatz vor der Klinik im Wagen sitzen zu bleiben. Aus dem Kofferraum fischt er Tüten aus Luxus-Boutiquen und reicht sie mir nach vorne. „Ich habe für dich eingekauft! Eigentlich hoffte ich, du würdest mich darin später an ein Geschäftsmeeting begleiten.“

„Muss ich mich als Pfleger verkleiden?“ Ich verkleide mich im Wagen für den Besuch in der Entzugsklinik mit dem ausnahmslos weißen Zeug. „Keine Schuhe?“

„Hättest du welche angezogen?“

Am Empfang stehend, nennen wir den Namen des Patienten.

Die Empfangsdame durchforscht ihren Computer. „Marrick Braxton wurde heute Morgen von einem *Henley Hampden* abgeholt. Tut mir leid, ich kann Ihnen nicht weiterhelfen.“

„Henley hat sich Ares vielleicht für einen Auftrag geholt?“, rat ich. Kaum draußen beim Cabriolet wählt mein Freier die Nummer der

Woolloomooloo Cleaning Services und wird mit dem Chef verbunden. Ungeduldig versuche ich aus dem Small Talk Informationen herauszufiltern. „Und? Hat ihn Henley entführt?"

„Marrick hat sich selbst entlassen. Henley holte ihn nur ab."

„Warum der Mafioso?"

Maroubra lacht schallend auf. „Mafioso?"

„Henley dealt doch mit Drogen, wäscht das schmutzige Geld in seinem Reinigungsunternehmen und ist zudem Zuhälter. All seine SOS werden mit einem Fuchs-Tattoo markiert und umgebracht, wenn sie auspacken oder die Quote an Freiern nicht erfüllen."

„*Lolipop*, wer erzählte dir solchen Schwachsinn?"

„Stimmt es etwa nicht?" Ich steige ins Cabriolet und setze mir meine Sonnenbrille auf. Aufgeregt wühle ich im Handschuhfach. „Hast du keine Waffe?"

Kopfschüttelnd fährt Maroubra los. „Dir ist schon bewusst, dass du ziemlich durchgeknallt bist?"

„Und die Morde an den Strichern? Die neueste kopflose Leiche war mit dem Fuchs markiert. Ich traf gestern in *Balmoral* Noobs. Er ist ein *Fox*. Er, Kelly und auch Yanko sind gezeichnet."

„Die *Fox* sind eine Studentenverbindung! Das, was du mit Fox verwechselst war entweder ein eingeritztes *F* oder das Wort *Fake*!"

„Mag sein! Doch jeder von ihnen ist ein Stricher!"

„Was Noobs privat treibt, weiß ich nicht", versichert mir Maroubra. Aber ja, Kelly und Yanko sind Callboys. Ich hatte beide schon oft!"

„Siehst du, *Mister Woolloomooloo* ist Zuhälter!"

„Er vermittelt gutaussehende Kerle für seine *Special Offices Services*."

„Und das ist etwas anderes?"

„Henley unterhält einen exklusiven Escort Service. *Office-Schlampe*, gerade du müsstest das doch am Besten wissen."

„Amnesie!"

„In der Anfangszeit der *SOS* holten sich die gemieteten Kerle in einer erotischen Show einen runter. Marrick und du boten eigentlich immer eine Kopulationsshow."

„Ares und ich ..."

„Wie die Hasen!"

„Dieser verdammte Aphrodite-Wahnsinn!", fauche ich. „Es wird

Zeit, dass das morgen endet!“

„Keine Ahnung, von was du sprichst.“

„Was ist mit der Geldwäsche und dem Drogenhandel?“

„Fuchs war dein Spitzname für den rothaarigen Henley, genauso wie du Coogees Hotel Wolfshöhle und ihn Wolf genannt hattest.“

„Aber Henley …“

„Hat rein gar nichts mit den Morden zu tun.“

„Ich traue ihm trotzdem nicht!“, beharre ich stur.

„Warum nicht? Er richtete dir dein Konto ein, verschaffte dir einen neuen Pass und bot dir lukrative Geschäfte an.“

„Ja, als Office-Schlampe!“

Maroubra parkt vor *Harry's Cafe* am *Cowper Wharf* in unmittelbarer Sichtnähe zu den Büros der *Woolloomooloo Cleaning Services*. Weil ich mir an der Imbissbude vor dem Hafen Fish'n Chips bestelle, setzt sich der Anzugstyp neben mich auf einen der Hocker und blickt auf den ankernden Flugzeugträger vor uns. Hungrig verschlinge ich die goldenen Köstlichkeiten in der Box und schlürfe dazu einen Cranberry Juice.

„*Lollipop*, du hast dich damals als *die Venus von Sydney* bezeichnet. Du hattest viele Ticks, gelegentliches Tragen von Mascara oder Strapsen war noch das Harmloseste.“

„*Aphrodite-Porne* war in der Antike die Förderin der Tempelprostitution, der gleichgeschlechtigen Liebe und der Orgien. Wahrscheinlich musste ich alle Stadien durchlaufen, um schließlich …“

„Um schließlich was?“ Maroubra schüttelte ständig ungläubig seinen Kopf. „Suchst du eine Entschuldigung für deine Porno-Karriere?“

„Nein! Lust ist nur eine Maske der Liebe.“

„Wenn du es sagst? Jede Schlampe hat ihre Spezialitäten!“

Noch während ich auf dem letzten knusprigen Fischstück kaue, geht mir ein Licht auf. „Gibt es hier einen Tempel?“

„Du meinst eine Kirche?“

„Nein, einen antiken griechischen Tempel!“

„In Sydney gibt es nichts dergleichen.“

„Ares hat bestimmt eine Idee!“ Da ich vom Imbisshocker aufspringe, bezahlt Maroubra. Ich eile voraus über die Straße, um kurz darauf im Gebäude bei Henley am Empfang zu stehen.

„G'Day Rhydian? Welche eine Überraschung! Marrick wird überglücklich sein, dich lebendig zu sehen. Komm mit!"

„Du wusstest, wer ich in Wahrheit bin?"

„Ein wuchernder Bart, Paranoia, Vergesslichkeit und glitzernder Wahnsinn in den Augen, sehe ich bei Marrick öfters. Natürlich erkannte ich dich sofort wieder. Ich besorgte dir damals einen neuen Pass. Mein lieber Valdrin Loris, das funktioniert nicht mit Künstlernamen. Ich glaubte nie an deiner Ermordung. Du warst auf dem *Uluru*?"

„Ja, war ich!"

„Deine Masche, den vergesslichen Schwachmatt zu mimen, der vorgibt ein Verwandter vom König aller durchgeknallten Sexmonster zu sein, um durch Interviews seinen eigenen Memoiren einen Kick zu verpassen, fand ich fraglich, aber auch eine gute Idee."

„Ich bin kein Schwachmatt!", verteidige ich mich. „Ich hatte wirklich keine Schimmer, dass in mir Rhydian Elpis abtauchte."

„Googee ging dir auf den Leim wie andere." Bevor ich protestieren kann, wischt Henley meine Worte mit einer Handbewegung von sich. „Falls du wirklich krank warst, hast du dich geheilt. Kompliment!" Warum ich Henley plötzlich vertrauen, liegt an seiner entwaffnenden Art. „Offensichtlich bist du wieder im Rennen." Henley deutet auf den nach mir eingetroffenen Maroubra. Flüstern beugt er sich zu mir vor: „Vom Glanz seiner Augen schließe ich, er hat schon genascht!"

„Ich gab ihm einen Lollipop!"

„Rhydian, oder willst du lieber Valdrin genannt werden?"

„Nenne ihn doch *Tempelhure*!"

Henley lacht auf. „Valdrin, strebst die wieder Aphrodite nach?" Weil ich etwas Unverständliches brummle, fährt der Rothaarige fort: „By the way! Spencer ist stocksauer auf dich! Bist du wirklich von seiner Yacht gesprungen, bevor er zum Schuss kam?"

„Er ging zu weit!"

„Gut so! Der alte Lüstling vergreift sich an all meinen SOS-Boys!"

„Mich hast du nicht abgewimmelt", plustert sich Maroubra auf.

„Marrick!", brüllt Henley. „Dein *Hase* ist hier! Deine Tempelhure", fügt er sarkastisch an, „hat dir doch längst verziehen! Ist doch so?" Weil der Fuchs bei meinem entsetzten Blick sofort schallend loslacht, kann ich ihm nicht böse sein. Sein Humor und sein verschwörerisches Zwinkern löschen all meine Bedenken aus, er könnte ein gefährlicher Drogenbaron oder ein Stricher-ermordender-Serienkiller sein.

Als Ares gleich darauf eine der Bürotüren öffnet und seine ausgebleichten Zottelhaare in den Empfangsraum streckt, eile ich auf ihn zu und ziehe ihn in eine Umarmung. Seine Bierfahne haut mich fast um.

„Meine Trauer um dich ..."

„Hai-Jäger", boxe ich ihn, „ich habe dich auch vermisst!"

„Echt?" Ares schubst mich grob von sich. „In deiner Tarnidentität war ich dir peinlich! Du hast mich verabscheut und verspottet!"

„Ich war nicht ich selbst!"

„Dann stimmt es wirklich?" Ares streichelt meinen Kopf. „Sam erzählte mir, dass dein Gedächtnis total gegrillt wurde."

„So ungefähr, ja! Ich brauche deine Hilfe!", komme ich zur Sache. „Ich muss zu einem Tempel oder einem anderen unheimlichen Ort."

„Risiko-Sex?" Augenblicklich blitzen die Augen des angetrunkenen Adrenalin-Junkys. „Hase, wo? Jetzt? Hier?"

„Zu wenig gefährlich!", winke ich ab.

„Lassen wir die beiden Verrückten alleine." Henley zieht Maroubra, der uns lieber beobachtend begleitet hätte, mit sich.

„Warte!" Ich halte den Fuchs an seinem Arm zurück. „Ich benötige auch deine Hilfe. Wie rasch kannst du eine Hochzeit organisieren?"

Maroubra verdreht ungläubig seine Augen. „Du willst mich ..."

Henley lacht auf. „Dann hast du endlich dein Jawort gegeben?"

„Gab ich das nicht bei der Verlobung?"

„Wer gegen wen?", fragt Ares.

„Ist das wichtig?", lacht Maroubra.

„Es muss morgen Mittag sein. Leute, trommelt all meine Freunde und ein paar Gäste zusammen", flehe ich die beiden Männer an.

Ares sieht plötzlich fix und fertig aus. Ihm ist zum Heulen, weshalb ich nach seiner Hand greife. „Wir beide müssen nicht heiraten, um zusammen zu rammeln."

„Wo?", fragt der Rothaarige.

„*Cobblers Beach*!"

Bevor der Fuchs auch nur nicken kann, hebe ich meinen rechten Daumen. „Perfekt! Dann spätestens Morgen am Treffpunkt!"

Ich packe den vollkommen verwirrten Säufer an seiner Hand und zerre Ares mit mir aus dem Büro.

„Hase, ich kenne keinen verlassenen Tempel in Sydney, doch ich trieb es noch nie auf einem Friedhof mit dir!"

„Perfekt! Bist du mit deinem Wagen hier?"

„Jetzt bei Tageslicht?", fragt Ares verdattert, fischt aber seinen Wagenschlüssel aus seiner Jean und wedelt damit vor meinem Gesicht.

„Je riskanter, desto besser!"

„Welcher Friedhof?"

„Deine Wahl!"

Der versoffene Surfer entledigt sich, kaum aus dem Haus, seines Sportshirts und steuert hinter dem Haus der *Woolloomooloo Cleaning Services* den Kundenparkplatz an. Ich schlüpfe aus dem weißen Jackett, das mir Maroubra schenkte und knöpfe das Hemd bis zum Bauchnabel auf.

„Hase, wie steht's mit dem *Waverley Cementery*?"

„Lass mich checken!" Ich steige in den schrottreifen *Holden* ein und entledige mich meiner Hose. „Er wächst!", schiele ich nach unten. „Passt! Fahren wir!"

„Das ist mein Hase!" Ares strampelt sich aus seiner Jeans, wackelt mit seinem Schaltknüppel und startet den Motor. Nonstop bombardiert mich der zottelige Nackte mit einer Million Fragen. Als wir nach einer knappen halben Stunde – es gab Stau auf der *Oxford Street* – den Friedhof direkt an der Küste auf einer Klippe erreichen, scheint nicht nur Marricks Bierrausch verflogen zu sein, sondern auch seine so lange gehegte Trauer. Immer wieder boxte er mich während der Fahrt über die *Sydney Einfeld* und durch *Bronte* in den Oberarm oder packte meinen Knüppel, um auch damit zu schalten. „Ich habe dich so sehr vermisst!"

„Steigen wir hier so aus, werden wir verhaftet! Das darf nicht passieren! Zuviel steht auf dem Spiel", beschwöre ich Ares, sich seine Jeans wieder anzuziehen. Wenn ich ihm auch nur in Stichworten von Aphrodites Plänen und Jaydens Entführung erzählte, so fühle ich jetzt trotzdem seine ganze Entschlossenheit mit zu helfen.

„Koste es, was es wolle! Für Jaydens Rettung behalte ich sogar meine Klamotten an!" Nur in seiner Jeans, eilt er um den australischen Oldtimer herum, um mir die Tür zu öffnen. „Ist mein Hase bereit, der göttlichen Hure ein und für allemal den Todesstoß zu versetzen?"

„Vernichten wir SIE!“ Mein Entschluss hier auf dem Gottesacker einen Tempel für ein Erweckungsritual zu nutzen, ist unumstößlich. Flink ziehe ich mir die Anzugshose an, da ein älteres Ehepaar schon kritisch zu uns herüberschielt.

„Wie befreien wir Jayden?“ Ares Augen funkeln kampfbereit.

„In dem ich der werde, vor dem ich vor drei Jahren geflohen bin!“

„Dein Aphrodite-Dings-Da?“, konkretisiert der ehemalige Rugby Player. Breitbeinig steuert er den Friedhof an. „Holy dooley! Und ich glaubte immer, das wäre alles nur ein *Mardi Gras* Motto gewesen.“

„Für euch schon!“

„Für dich nicht?“ Weil ich meinen Kopf schüttle, lacht der Junky auf. „Cool! Wenn du *Aphrodite* bist und morgen *Hephaistos* dein Jawort gibst, bin ich offensichtlich der heimliche Liebhaber?“

„Von heimlich kann keine Rede sein!“

„Public Sex!“ Der Wilde mit den Bartstoppeln stößt einen Schrei aus, der einem Kriegsgott alle Ehre macht. Erstmals fällt mir auf, dass ich mir in meiner Nur-Valdrin-Zeit ein Aussehen zugelegt hatte, dass diesem Naturburschen neben mir verdächtig ähnelte. Tauchen im Moment auch noch keine Erinnerungen an andere Erlebnisse mit Ares auf, als aus den Erzählungen, dann doch ein untrügliches Gefühl, in ihm einen wahren Bruder zu haben. Diesem Rüppel vertraue ich mein Leben an. Mit ihm zusammen überquerte ich schon einmal die Schwelle des Todes.

Statuen von Engel und als solche getarnten alten Gottheiten verfolgen stumm mit steinernem Blick unseren Spaziergang zwischen den Gräbern. Hier auf der Klippe mit fantastischer Sicht über den Ozean gibt es weder Verstecke noch etwas, das einem Tempel auch nur ähnelt. Marrick muss Ähnliches denken, denn er runzelt ständig seine Stirn.

„Hase, tue doch etwas!“

„Was soll ich tun?“

„Bist du eine Gottheit oder nicht?“

„Keine Ahnung!“ Gebe ich es laut zu, gehöre ich wieder in die Klapse eingesperrt. Tue ich es nicht, stirbt vielleicht Jayden.

„Steht Venus nicht auch für den Sieg? War sie nicht die Urmutter von Julius Cäsar, also die Stammesmutter jedes römischen Kaisers?“

„So glaubten es die alten Römer“, stimme ich Ares zu, dem ich dieses Wissen nicht zugetraut hätte. „Welchen Tag haben wir heute?“

„Freitag!“, antwortet er mir.

„*Vendredi*, Mann, heute ist Venus-Tag!“

„Dein Tag!“, sinniert Marrick. „Hase, mach was draus! Jetzt!“

Weil ich keinen Schimmer habe, was ich tun soll, hocke ich mich auf eines der Gräber und starre auf den Ozean.

„Bist du der Schaumgeborene, der aus dem Samen des Himmels selbst und dem Ur-Ozean geboren wurde; oder doch nur ein Schizo?“

„Mythologisch gesehen schon. Aber in der Realität?“, zweifle ich.

„Worin liegt der Unterschied?“ Ares hockt sich neben mich auf den Grabstein und zupft mit seinen Zehen an dem dürren Gras.

„Ist wirklich das real, was wir uns vorstellen können?“ Total in Gedanken versinke ich in der blauen Weite vor mir. Bis auf die Wellen mit ihren Schaumkronen blende ich alles andere aus.

„Hase, bist du das?“ Marrick zeigt auf Wellen, die immer schäumender auf die Küste zurollen.

„Natürlich nicht!“ Trotzdem fokussiere ich weiter das Blau, das sich bald in Grau und schließlich in Schwarz verwandelt. Um uns herum beschleunigen die Friedhofsbesucher ihre Schritte und blicken stetig zum Himmel hoch. Als über dem Ozean erste Blitze in den Schaum einschlagen, schlucke ich leer. Der Wind frischt auf und dunkle Wolken schieben sich vor die Sonne. Bei den ersten Regentropfen flüchten auch die letzten Friedhofspilger vom Hügel der Toten.

„Das warst doch du!“, stellt Marrick fest und stößt einen tiefen Rülpser aus. „Ging der Jahrhundertsturm vor drei Jahren auch auf dein Konto?“

„Natürlich nicht!“ Ich sehe mich um. Wir sind alleine. Ich ziehe mir die Hose aus und zeige nackt auf vier dorische Marmorsäulen, die auf einem soliden mehrstufigen Fundament stehen. Auf den Kapitellen liegen die Balken, die das griechische Dach tragen. „Dort! Das sieht aus wie ein echter antiker Tempel!“

Sich aus seiner Jeans strampelnd gafft mir Ares nach.

Ich erklettere als erster die Stufen und stelle mich zwischen die Säulen ins Zentrum unters Dach. Immer heftiger fegt der Wind über den Ozean und Regen peitscht die Gräber. Hinter mir ragt ein Obelisk in den Himmel, warum ich sicher bin, dieser Teil des Friedhofs wurde anderen Göttern, als dem jüdisch-christlichen Jehova-Jahwe oder seinem einzig überlieferten Nachkommen geweiht. Mit ausgestreckten Armen werfe ich meinen Kopf in den Nacken und rufe Zeus an, er möge mich erinnern, wer und was ich bin. Natürlich tue ich das nur in Gedanken! Zur Antwort zucken Blitze über dem Ozean und Donner rüttelt am Fundament der Erde.

Ares kniet auf einem Sockel und gafft mich mit riesigen Augen an. Keine Ahnung, was er sieht, doch er ist wie versteinert oder in Trance.

„Jetzt!“, flehe ich ihn an. „Weihe mit mir zusammen diesen Temple der Aphrodite. Nimm mich als die erste Tempelhure, damit dieser Ort der Lust und der Begierde die Tore öffnet.“

Noch bevor ich mich vornüberbeuge, packt mich Ares von hinten und rammt mich mit solcher Wollust, dass ich aufschreie. All seine Freude über mein Wiedersehen, sein Frust der letzten drei Jahren, aber auch seine Wut fluten in und über mir zusammen. Laut brüllend bohrt er sich immer tiefer in mich hinein, dass ich aufheule und mich ihm vollkommen hingebe. Der Himmel verdunkelt sich mit jeder Penetration mehr und zackige Blitze beleuchten gespenstisch meine Einweihung. Als ein erster unweit in die Klippe einschlägt, um die Toten zum Leben zu erwecken, entlädt sich gleichzeitig Ares.

Den neuen Donner übertönend brülle ich: „Lass ihn sofort frei! Befolgst du nicht meinen Befehl, zerschmettere ich dich morgen zur Mittagszeit am *Cobblers Beach*!“ Ob ich das laut ausgesprochen, nur dachte, träumte oder mir eingebildet habe, ist mir einerlei.

Weil Ares nicht von mir lässt, tauchen immer neue Erinnerungen an ungezügelt wilden Sex mit ihm an jedem nur denk- und undenkbaren Ort auf. Wir balgen uns wie Hunde, verwickeln uns wie Schlangen oder bespringen uns gegenseitig wie toll gewordene Böcke. Ja, Lust war vor drei Jahren mein Lebensinhalt; und Ares der Zündstoff, der jede Bombe zündete. Wie lange wir uns im Sturm hemmungslos wildem Public Sex hingaben, kann ich nicht sagen. Ebenso bleibt vage, ob die gelegentlichen Zuschauer der Gegenwart angehören, ob sie aus meinen Erinnerungen vorbeischauen oder ob es die Toten sind, deren Ruhe wir stören. Sicher ist, ich spritze meine Lust auf die Säulen, um sie so als meinen Tempel zu weihen. Einiges später, als ich mit glühendem Leib und schwer atmend auf meinem Rücken liege, versinkt die Sonne blutend im Ozean unter tiefschwarzen Wolken mit rosarotem Schaum bedeckt.

Das Spektakel wird zum Spiegel. Als wiedererwachte *Aphrodite-Aštart* bin ich *Uṣas-Eos*. Ich bin der Göttin der Morgenröte und der Hellglänzenden ebenbürtig. Zwischen Tag und Nacht erkenne ich Anfang und Ende als Eins. Vollkommen entspannt blicke ich *durch* den Spiegel der Erkenntnis. Lust ist nur eine Maske. Sie ist ein Schatten der Liebe und ihre physische Manifestation. Ergeben ich mich abermals vollkommen der Lust ende ich vielleicht abermals in der Klapsmühle oder als Porno-Darsteller in drittklassigen Fick-Filmen. Selbst mit Aphrodites-Glanz wäre ich ein Sklave der Triebe, statt frei die Welten der Götter zu bereisen. Und was ist mit der Liebe? Liebe vertraut vollkommen. Liebe ist immer Wachstum. Liebe berührt alles und jeden. Liebe ist frei von Zwängen und Einschränkungen. Ist es so einfach?

Schlummert in jedem Menschen das Potential eines Gottes? Warum nutzt kaum einer diese Gabe? Ich missbrauchte sie und bezahlte einen sehr hohen Preis dafür. Ich gebrauchte meine Liebe, um zu manipulieren. Ich muss sie stattdessen nutzen, um eine Brücke zwischen mir und der Welt der Götter aufzubauen; diesem Seins-Zustand jenseits von Raum und Zeit. Stärke und Kraft hängen von meiner Erkenntnis der Schöpfungsklänge der sieben Sphären ab. Den Gott in sich zu erkennen ist keine Eroberung oder Kampf, sondern ein bewusstes und bereitwilliges Geben. Nur, wenn ich der Liebe gestatte ungehindert durch mich zu fließen, breche ich den Fluch der Wollust. Es fällt mir wie Schuppen von den Augen. Was war ich blind!

„Verschwinden wir von hier!“ Vor überschwänglicher Energie bebend, lache ich kampfeslustig. Mein Glanz ist zurück und meine Macht vibriert durch meinen Körper. Als Ares seine Jeans aufliest, um hineinzusteigen, schüttle ich meinen Kopf. „Niemand wird uns heute als das wahrnehmen, als was wir uns verkleidet haben.“

„Als Götter?“, fragt mich Ares.

„Bist du ein Mensch, der sich einbildet ein Gott zu sein; oder ein Gott der Mensch spielt?“ Als wir am Rande der Klippe zwischen den Gräbern den Ausgang ansteuern, ist die Nacht hereingebrochen. Die wenigen Trauernden oder Grabfetischisten, die im Wagen auf Besserung des Wetters hofften, ignorieren uns vollkommen.

Marrick lacht nonstop. „Zwei hart erregte Männer müssten doch wenigstens ein Minimum an Reaktion auslösen. Wo treiben wir es als nächstes? Vor der *Sydney Opera*?"

„Holen wir Jayden ab!"

Die Tarnung ist aufgeflogen

Ares gafft mich ungläubig an und sucht nach den Wagenschlüsseln. Kaum ist der Wagen offen, ziehe ich mich an. Das unschuldige Weiß passt nicht zu meiner Laune, wiederspiegelt aber die Weite meines Geistes. „Wo?", fragt Ares.

„Im *Mustang*! Coogee hält ihn dort im Keller gefangen."

„Coogee?"

„Er ist der Zuhälter und Drogenbaron, den wir in seiner schrillen Kiffer-Verkleidung immer übersehen haben. Er war für meine Ausraubung vor der *Sydney Opera* verantwortlich. Hätte mich Henley nicht unter seine Fittiche genommen, wäre ich wahrscheinlich einer seiner Straßen-Stricher geworden oder längst Fischfutter."

„Coogee?", wiederholt Ares ungläubig. „Aber der kann doch keiner Fliege etwas zu leide tun. Im Gegenteil, jeder arme Junge wurde bei ihm im Hotel aufgenommen und ..."

„... wurde einer seiner Drogendealer oder Stricher. Gib mir dein Telefon!" Kaum in der Hand alarmiere ich die Polizei und gebe ihnen durch, dass sie im *Mustang* nicht nur den Komplizen des Mörders der Stricher finden werden, sondern auch im Keller alle Beweise, dass ein weiteres Opfer dort auf seine brutale Hinrichtung wartet.

„Hase, woher weißt du das alles?"

„Ich sah es im Abendrot!"

„Aha!", lacht Ares schallend auf, verstummt aber sofort wieder, als er den Ernst in meinen Augen abliest. „Rhydian, deine Augen!"

„Was ist mit meinen Augen?"

„Sie wechseln wieder die Farbe!"

Ich überprüfe es im Rückspiegel und lächle triumphal – oder wieder total wahnsinnig geworden. „Fahren wir ins Gay Viertel!"

Wegen der vielen Schaulustigen, die Coogees Abführung in Handschellen bezeugen, kommen Ares und ich kaum durch. Wir parken in einer Seitenstraße und eilen zum Tatort. Ein Krankenwagen parkt mitten auf der Straße und Drogenfahnder sperren den Tatort ab. Immer mehr Polizisten, die Feuerwehr und Gaffer drängen sich vor dem *Mustang*.

„Rhydian!“, ruft mich eine bekannte, wenn auch kratzige Stimme, vom offenen Krankenwagen her. „Hier bin ich!“

„Jayden! Geht's dir gut?“ Ich umarme den nackten, nach Urin und Angstschweiß stinkenden Flitzer, der nur in eine Decke eingewickelt auf dem Schraken sitzt.

„Was hat Coogee mit meiner Entführung zu tun?“, fragt er.

„Coogee war es, der mich betäubt und zur Folter seinen Mitverschworenen überlassen hatte! Jayden, was haben sie dir angetan?“

„Aber Coogee ist doch nur ein harmloser Kiffer und der Betreiber dieses Etablissements“, verteidigt Jayden den Abgeführten.

„Er trägt viele Masken und spielt unterschiedlichste Rollen!“

„Du hast mich gerettet!“, wechselt Jayden das Thema und lächelt mich total verliebt an.

Eine blonde Notfallärztin will Jayden etwas in den Arm spritzen.

„Wage es ja nicht!“, fahre ich sie an und türme mich vor ihr auf.

„Wie?“, japst sie und krümmt sich unter meinen Blicken.

„Weil ich endlich voll und ganz akzeptiere, wer und was ich geworden bin. Deine Zeit ist endgültig um! Noch heute Morgen hätte ich dir all meine Gaben noch so gerne zurückgegeben, doch als der Sturm mir meine Erinnerungen zurückbrachte, zerriss auch der Schleier, der mich blendete. Du hast nicht nur Sam getäuscht, sondern auch mich und alle, die mit dir zu tun hatten.“

Jayden starrt die schöne Ärztin mit großen Augen an. „Ich habe dich doch schon zuvor gesehen?“

„Stell sie dir mit extrem viel Schminke und in übertriebenen Bühnenkostümen vor“, helfe ich meinem besten Freund auf die Sprünge. Kopfschüttelnd bemerke ich sehr leise: „Ich bin offensichtlich nicht der erste Mann, den Aphrodite als ihr Gefäß auswählte.“

„Diese Frau ist ein Mann?“, staunt Marrick Braxton, der endlich auch bei Jaydens Krankenbahre eintrifft.

„Ist sie nicht viel zu schön, um echt zu sein?“ Verachtend mustere ich die Vielleicht-Frau. „Hast du dich bevor du zur Aphrodite wurdest, operieren lassen oder erst danach?“ Weil mir die blonde Hexe nicht antwortet, sondern mit ihren Zähnen fletscht, winke ich ab. „Egal! Deine Tarnung ist aufgeflogen. Coogee kann dich nicht mehr decken und die *echten Füchse* werden dich abschlachten!"

Anstatt mir Rede und Antwort zu stehen, schupst die falsche Ärztin Ares grob zur Seite und flüchtet in der Menschenmenge.

„Was geht hier ab?" Kopfschüttelnd fokussiert mich Jayden. „Rhydian, deine Augen sind wieder zu Opalen geworden!"

„War das die Komplizin des Fuchses?", fragt mich ein eingetroffener Polizist. Die echten Füchse haben damit nichts zu tun!", kläre ich den Polizisten auf, der während er mir ungläubig zuhörte gleichzeitig eine flüchtige Beschreibung der Flüchtenden durch sein Walk-Talky weitergibt. Weil ich darüber meine Stirn kräusle, fragt er mich: „Junger Mann, kannst du sie besser beschreiben?" Doch er wendet sich dafür nicht an mich, sondern an Jayden, der ständig verwirrt seinen Kopf schüttelte.

Während Jayden versucht, alle möglichen Merkmale ihres Gesichts und ihrer Figur zu beschreiben, drehe ich mich zum Anschlagbrett, das über und über mit Flyern überklebt neben dem Eingang ins *Mustang* hängt. „Dort ist ein Foto von ihr!"

Ares eilt zum zerknitterten und vom Regen schon arg in Mitleidenschaft gezogenen Poster und reißt es vom Anschlagbrett.

„Queen Darlinghurst?" Verwirrt gafft mich der Polizist an, nimmt das Poster, legt es auf einen der Bistrotische, schießt mit seinem iPhone ein Foto und verschickt den Steckbrief.

„Leute, ich bin nicht der erste Mann, der die Bürde einer Aphrodite tragen musste. Mein Vorgänger wurde zur transsexuellen mordenden Dramaqueen und einer Meisterin der Verkleidungen." Still bete ich zu allen Göttern, dass in mir nicht eines Tages der Wunsch aufsteigt, eine Frau zu werden. Um mich auf andere Gedanken zu bringen, sorge ich mich um Jayden. „Was haben dir diese beiden Kriminellen angetan?"

„Ich war nackt im Keller eingesperrt. Ich bekam Essen und Getränke. Keiner zeigte sich mir. Vielleicht hatten sie Angst, ich könnte sie erkennen. Ging ich doch im *Mustang* über Jahre ein- und aus und war an fast jeder Show von Miss Muriel und Queen Darlinghurt mit dabei."

„Räumen wir hier mein Zimmer! Meine Zeit in dieser Spelunke ist endgültig vorbei. Hoffentlich auch die von jedem anderen ausgeraubten hübschen Jungen, der hier in die Falle gelockt und missbraucht wurde."

„Ich muss ins Hospital!“, widerspricht Jayden.

Als auch die Presse und das Fernsehen auftauchen, rate ich zur Flucht. „Jayden, dir fehlt nichts!“, behaupte ich und helfe dem nackten Stinker von der Bahre. Er lässt sich von mir stützen und durch die Gaffer ins *Mustang* hineinführen. Die Meute teilt sich, da Jayden wirklich richtig stinkt. Als uns ein neuer Erste-Hilfe-Mann verfolgt, blicke ich ihm nur tief in seine Augen. Er nickt und verschwindet.

Kaum in meiner Kammer – oder meiner Zelle? – im ersten Stock angekommen, ist Jayden der Flinkste im Poster abhängen und das Wenige, was Coogee hier als Altar – oder für was auch immer aufbewahrte – einzupacken. Von einer Dusche will er gerade nichts wissen.

„Zieh die an!“, werfe ich Jayden aus dem Schrank ein meiner Badehosen zu. „Wir sollten kein Aufsehen erregen, sonst kommen wir hier nicht mehr weg.“

Ares steht im Flur Schmiere. „Leute, die Polizei schnappte sich gerade Noobs und Kelly. Sollten wir ihnen nicht helfen?“

Ich schüttle meinen Kopf. „Falls die beiden nicht nur für Henley arbeiteten, sondern auch zu Coogees‘ Dealern gehören, kann ich nichts für sie tun! Jeder muss seine Suppe selbst auslöffeln.“ Als Ares, Jayden und ich uns mit drei Schachteln aus dem Hinterausgang in einen Hinterhof verdrücken, frage ich mich, als ich dem *Mustang* meinen Rücken zuwende, ob es je wieder eröffnet wird. Der Nachbesitzer müsste hier sehr viele böse Geister austreiben. Ob ich Nelson überreden könnte es für Jayden und Ares zu kaufen? Wenn es jemand schafft der Gay Szene ein gutes Lokal zu geben, dann diese beiden.

In meinem Appartement am *Bondi Beach* bugsiere ich den Stinker als erstes unter die Dusche, doch es ist Ares, der seinem Kumpel den Rücken schrubbt. Den beide eine Weile zusehend wird mir bewusst, dass ich beide wirklich liebe. Liebe lässt Altes los, um Neues zu ermöglichen. Werde ich das schaffen? Als später beide noch nass zu mir auf den Balkon hinaustreten und den Sternenhimmel über uns genauso ignorieren wie die bunten Lichter in der Bucht, atme ich auf. Sie haben nur Augen für mich.

„Leute, ich bin wieder voll da!“ Anstatt mit mir zu feiern, blicken beide betroffen auf ihre Füße. „Jayden, ich bin und bleibe dein *Nuddy*!“, versuche ich meinen besten Freund aufzumuntern. „Und ich bin dein

Hase!", wende ich mich an Ares.

„Aber jetzt hast du wieder Nelson", gluckst Jaydens Stimme.

„Ja! Wir werden morgen heiraten."

„You little ripper!" Ares boxt mir in die Seite. „Warum ihn?"

„Du bist und bleibst mein allerbester Freund in Downunder!", verspreche ich Jayden. Um es ihm zu beweisen, küsse ich ihm sinnlich seine Lippen und streichle seine dreizehn Zentimeter. „Nur, weil ich heirate, werde ich deswegen nicht zur Hetero-Version eines monogamen Albtraums! Als neue amtierende *Aphrodite-der-Gegenwart* entspricht das auch weder meinem Naturell noch meinem Wunsch. Liebe ist Verlangen. Liebe ist die Sonne, die alles in ihrer Umlaufbahn hält. Liebe belebt, doch sie zerstört alles, was sich ihr einschränkend oder engstirnig entgegenstellt. Irrgeleitete Kometen stürzen in die Sonne, um zu verglühen. Nicht weil die Liebe Aggression und Kampf ist, sondern weil nichts dem Licht und der Macht widerstehen kann, die ein wahrhaft erwachtes Herz ausmacht."

„Yabber, yabber! Hast du sie nicht mehr alle?" Kopfschüttelnd schupst mich Ares.

„Hole jedem ein eisgekühltes *Stubby!* Alter, echt jetzt, wirst du jetzt zum liebestrunken *Whacker*?" Jayden verdreht seine Augen.

„Rhydian ist nur total *zonked.* Das, oder ich habe ihm auf dem Grab das letzte bisschen Verstand aus dem Leib gefickt!", kichert Ares, legt seinen Arm um Jayden und verbrüdert sich mit ihm gegen mich.

Liebe überwindet Angst und Hemmungen! Das ist sicher, doch schafft sich auch Vorurteile und Stumpfsinn auszumerzen? Aus der Küche hole ich für meine beiden Freunde einen *Slab* und stelle den Karton mit den vierundzwanzig Dosen aufs Geländer. „Leute, ich muss mich sammeln. Sauft, bis ihr umkippt! Ihr könnt mein Bett haben. Ich verbringe die Nacht am Strand."

„Für jeden nur zwölf Dosen!", murrt Jayden, öffnet die erste und schlürft seinen Götternektar mit Hochgenuss in einem Zug leer.

„Soll ich dich nicht begleiten?", fragt Ares.

„Lass ihn! Nuddy sagte doch immer: *Liebe kreiert und Sex manifestiert.* Ich stehe gerade total auf eine neue Manifestation. Alter, ich muss die Bilder des Kerkers in meinem Schädel loswerden."

„Manifestieren wir unsere Freundschaft mit flüssigem Gold oder tierisch wildem Sex?“

„Müssen wir uns entscheiden?“ Jayden boxt den Wilden.

Bevor die beiden Bier-Freunde sich über die Dosen und einander hermachen, verzeihe ich mich aus meinem Appartement.

Wie Teenager im Liebestaumel

Anstatt an den *Bondi Beach* hinunter, spaziere ich den Hügel hoch und folge dort der Klippe bis zu einem kaum sichtbaren Abgang, der zu einer der kleinen Buchten führt. Obwohl sich meine Augen durch das Klettern bei Nacht an die Dunkelheit gewöhnt haben, kann ich trotzdem im schwarzen Spiegel des Ozeans bis auf Mondlicht und den Schaum der Brandung nichts weiter erkennen. Ist Liebe auch so? Dunkel und mysteriös? Oder ist die Liebe der Ozean selbst, das Ziel jeden Flusses? Hindernisse gibt es millionenfach und tausenderlei sind die Verzögerungen auf der Reise. Liebe strebt immer nach dem wahren Sein. Doch was, wenn der dunkle Spiegel dazu dient, die Ungeheuer in der Tiefe des Unterbewusstseins zu halten? Was ich heute Nachmittag auf dem Friedhof aus seinem Grab lockte, könnte mich abermals in den Wahnsinn oder den Tod treiben.

Sinnierend lege ich mich in der Bucht im Schutze der hohen Felsen in den Sand. Das Firmament ist atemberaubend. Hier in der vollkommenen Nacht, fernab jedes künstlichen Lichts, erstrahlen die Sterne heller, erscheinen grösser und sind um vieles zahlreicher, als ich das sonst kenne. Egal, welchen Stern ich fokussiere, keiner befindet sich wirklich dort, wo ich ihn zu sehen glaube. Durch die Schwerkraft der Sonne wird ihr Licht gekrümmt, wenn es unser Sonnensystem erreicht. Funktioniert so Schutz? Krümmen sich Angriffe durch Gedanken oder durch Taten im Kraftfeld eines starken Sonnenherz? Ist es darum so wichtig, sein Licht strahlen zu lassen? Nichts ist, wie es erscheint.

Doch was ist Realität? Gibt es etwas Wahrhaftigeres als Liebe? Ein Glühen erfüllt meinen Körper. Es ist nicht nur lodernde Sexualität, sondern ein Feuer, das mein Herz entfacht. Einer Sonne gleich wärmt es mich, explodiert und schickt ihre Strahlen in jede Zelle meines Körpers, erleuchtet meine Gedanken und entflammt meine Gefühle. Meine Liebe strahlt sonnengleich in meinem Herz und zerstört mentale Blockaden und uralte Ängste. Ich will nicht zögern, sondern kühn und mutig die Brücke in die Welt der Götter überschreiten? Ist das Liebe? Oder blendet mich nur einmal mehr die ungebändigte Lust?

Als ich bei Einbruch der Dämmerung im Sand erwache, fröstelt mir. Dennoch wate ich ins Wasser und tauche in die erste Welle ein, die auf mich zurollt. Ich schwimme um die Halbinsel *Ben Buckler* herum und nähere mich, gleichzeitig mit den ersten Sonnenstrahlen, der halbmondförmigen Bucht. So früh morgens sind nur ein paar Jogger auf der Promenade von *Bondi Beach* unterwegs. Niemand schert sich um einen nackten Schwimmer, der aus dem Wasser steigt.

Bei mir um die Ecke im Fischrestaurant wischt George die Außentische. „Morning, Rhydian!“, begrüßt mich George und ignoriert meine Nacktheit. „Ich hörte von Sullivan, dass du wieder hier bist.“

„Ja, kürzlich angereist! Man sieht sich!“

Weil mich Kay vom Surf Shop nebenan kopfschüttelnd mustert, jogge ich weiter die *Ramsgate Avenue* bis zum meiner Wohnung hoch. Weil mein Appartement übel nach Sex und Bier stinkt, öffne ich alle Fenster und stelle mich danach unter die Dusche. Sauber fühle ich mich für den Tag gewappnet. Irgendwann heute werde ich der alten Aphrodite ihre letzte Macht entziehen oder bei Versuch sterben; und danach – oder davor – heiraten. Ein fast normaler Tag eines Wahnsinnigen.

Jayden liegt in Ares Armen und schläft glücklich oder angetrunken. Noch müde lege ich mich neben die beiden ins extrabreite Doppelbett und nicke sofort ein. Jaydens Stöhnen weckt mich. Gähnend drehe ich mich meinem besten Freund zu. Er liegt auf seinem Rücken mit seinen Füssen auf der Schulter von Ares, der ihn heftig penetriert. Beide tragen goldgelb-phosphoreszierende Harnes, die auf ihrer nahtlos gebräunten Haut extrem sexy aussehen.

„Morgen!“, japst Jayden keuchend und spreizt seine Zehen, als Ares noch tiefer zustößt. „Nelson ist in der Küche!“

„Willst du labern oder ficken?“, mault Ares. Er packt nach Jaydens Füße und spreizt dem nackten Skater seine Schenkel bis zum Anschlag. Fasziniert beobachte ich die beiden Sexakrobaten. Jayden erwähnte, dass er und Marrick eng befreundet sind, doch dass sie es auch zusammen treiben, ist neu. „Valdrin, willst du mitmachen?“, stöhnt Ares und beschleunigt sein Tempo, dass sich der Skater mit beiden Händen an den Lacken festkrallt und in den neuen Rhythmus einsteigt.

„Was sind das für leuchtende Harnes?“ Ich beuge mich über Jaydens schwitzenden Körper und zupfe an einem der elastischen Bänder.

„Nelson brachte sie aus seinem Sportgeschäft mit. Im Badezimmer liegt auch einer für dich!“ Jaydens Blicke verraten mir, dass er mich sofort darin sehen möchte.

Um nichts zu verpassen, beeile ich mich das leuchtende Ding zu holen und anzuziehen. Die breiten Bänder des *elastic Chest Harness* schmiegen sich über meine Schulter. Vorne führen von Achselringen zwei Bänder in einem V zu einem Cockring. Kaum im Partnerlook, laden mich die beiden ein, endlich auch mitzumachen. Weil Jayden in die Doggy-Stellung wechselte, knie ich mich vor ihn aufs Bett.

„Macht ohne mich weiter! Ich muss mit Nelson Details zur Hochzeit besprechen.“ Ares verlässt uns.

Jayden schmiegt seinen Kopf an meine Hüfte, bis ich ihm das kurze Haar kraule, und er wie ein Kater schnurrt. Das macht mich mehr an, als wenn er sich wieder auf den Rücken legen würde. Meine Hände wühlen in seinem dichten Haar, während er seine Wange jetzt an meinem Bauch reibt. Liebevoll streichle ich ihm den Rücken und lasse meine Hand über seine Backen wandern. Sein Körper ist ölig heiß und riecht nach Kokosnuss, Bier und Nugat. Wie schön er ist! Wie sehnte ich mich nach Sex mit ihm. Jetzt, da es passiert, will ich jede Sekunde auskosten. Vor drei Jahren hatten wir regelmäßig Sex, doch immer vor Zuschauern während unseren *Boner Boy-* oder *Porno Touren*. Heute ist es anders. Ich bin mir sicher Jayden fühlt es genauso, denn anders, als bei unseren Shows, nuckelt er nicht oder offeriert mir seinen Arsch, sondern küsst nur scheu meinen Bauchnabel.

„Ich liebe dich!“, hauche ich ihm ins Haar und inhaliere seinen Duft. Er dreht sich um, hockt sich vor mich auf seine Fersen und schlingt seine Arme rückwärts um meinen Hals, damit ich seine Vorderseite streicheln kann. Kaum rücke ich dichter hinter ihn und berühre mit meinen Fingern seine Nippel, hält er meine Hand und wirft seinen Kopf in den Nacken, damit sich unsere Wangen berühren können.

„Ich bin total verrückt nach dir!“, haucht er so leise, dass ich es kaum verstehen kann. Sein jungenhafter Körper ist muskulös und schlank. Langsam nähere ich mich seinen dreizehn Zentimeter, die steinhart zucken und so sensibel sind, dass er bei meiner ersten Berührung erschaudert. Sein Körper bebt. Er ist so ganz anders, als Ares animalische Gewalt oder Nelsons erotisches Ballett.

„Ihr beide seid eine Augenweide", lobt uns Nelson. Er sitzt auf einem Stuhl und beobachtet uns wahrscheinlich schon eine Weile. „Ihr beide seid wie zwei frisch verliebte Teenager im Liebestaumel."

Jayden lächelt, dreht mir seinen Kopf zu und küsst mich auf den Mund. Wenn ich diese Lippen vor drei Jahren auch tausend Mal gekostet habe, so schmeckt sein Kuss erfrischend neu. Die üble Bierfahne tilgt meine Verliebtheit. Jayden genießt Nelsons zuschauende Blicke. Er ist im Element, bleibt aber dennoch der scheue Schmusebär, der seine erste Ekstase mit mir zelebrieren will.

„Du bist unglaublich", schmeichelt Nelson dem geilen Faun, der Nymphen gleich tänzerisch seinen Oberkörper bewegt und sein Becken so geschickt in Position bringt, dass ich kaum mitkriege, wie ich in ihn eindringe. Unsere Leiber verschmelzen, wie ich das sonst nur von Nelson kenne. Während ich dem hübschen Skater sachte in seinen Nacken beiße, setzt er sich auf meinen Schoss. Vor drei Jahren war er niemals so voller Hingabe, sondern meist ungelenkig und in ungestümer Eile. Jetzt genießt er unseren Sex in vollen Zügen, gurrt und stöhnt, als ob es nur uns beide gäbe. Nelson und Marrick blendet er nicht aus, sondern lädt sie mit seinem Tanz zum Verweilen und Staunen ein.

Wo Nelson plötzlich eine Kamera her hat, will ich gar nicht wissen. War der süße Jayden zuvor ein geschmeidiger Kater, wird er jetzt zum Löwen, brüllt und fletscht seine Zähne. Wie er es schaffte, mich so rasch auf meinen Rücken zu drehen, um die Rollen zu tauschen, überwältigt mich wortwörtlich. Er ist unglaublich geschickt, dass bald ich der Schnurrer und Stöhnende bin. Das taten wir in der Vergangenheit nie; immer war er in der passiven Rolle. Ich fühle seine Kraft und sein Wille mir Lust zu bereiten. Ob er all die Jahre mit Marrick übte? Der süße Fratz nimmt mich. Er beschenkt mich, als ob wir es schon immer so gemacht hätten. Weil mein Atem immer rascher geht, verlangsamt er sein Tempo. Er küsst immer wieder meinen Torso und schließlich meine Lippe. So ebben die Wellen ab. Ein Glücksgefühl löscht all meine Ängste, Aphrodite vielleicht heute doch nicht gewachsen zu sein, aus.

„Ich liebe dich!", haucht Jayden, küsst meine Lippen und fügt an: „Du bist mein bester Freund, mit dem ich alles teile und vor dem ich keine Geheimnisse habe. Meinen Segen für die Hochzeit habe ich dir gerade erteilt."

Weil wir uns noch lange in den Armen liegen, uns streicheln und ständig küssen, zupft Nelsen nach einer Weile an meinem großen Zeh. „Jetzt lasst euch mal in den Harnes ansehen! Ich dachte, darin würdet ihr nach der Trauungszeremonie eine gute Figur machen."

„Kein Tuxedo-Zwang?", wundere ich mich über Nelsons Offenheit für Jaydens und meine Vorliebe für Nudismus.

„Würde es denn funktionieren? Valdrin, ich fühle es doch, wie es durch deine Adern pulsiert. Du bist trunken von Aphrodites-Macht und ihr Glanz hat uns alle längst im fest Griff."

Keck stelle ich mich neben Jayden und winke Ares herbei, damit auch er sich uns für Fotos anschließt.

„Ihr seid derart unterschiedlich und doch auch ähnlich!"

„Logisch! Wir drei verabscheuen Klamottenzwang und andere Nötigungen, uns frei und wild zu benehmen. Nelson, hast du uns deshalb leuchtenden Korsetts verpasst?", schnauzt Ares.

Jayden tänzelt um uns herum, versucht sich grösser zu machen, als er ist und bläht stolz seine Brust. So vergnügt habe ich ihn noch nie zuvor gesehen – auch nicht in meinen langsam immer dichter wiederkehrenden Erinnerungen. Er ist verwandelt. Dass er gestern noch in einem Kerker gefangen gehalten wurde und nicht wusste, ob er die nächste kopflose Leiche von Sydney wird, scheint spurlos an ihm abgeprallt zu sein. Ich stelle mich hinter ihn, umarme ihn und flüstere ihm genau diese Frage ins Ohr.

„Ich wusste immer, du wirst mich retten", verkündet er. Sein naiver Glaube an meine Fähigkeiten haut mich einfach um. Er muss mich wirklich aus der Tiefe seines Herzens lieben. Plötzlich besinne ich mich dem heutigen Anlass. In wenigen Stunden heirate ich Nelson und trotzdem schmuse ich noch immer mit einem anderen Kerl. Flink schlüpfe ich aus dem leuchtenden Harnes und schreite sehr feierlich auf Nelson zu, der mich ziemlich konsterniert angafft. Ares schüttelt seinen Kopf und Jayden zwackt mir in den Arsch. Er flüstert ziemlich laut: „Jetzt sag's ihm schon endlich!“

Der schlaksige Dunkelhaarige in einem hellen Leinenanzug hockt barfuß auf der Rückenlehne einer Couch und beobachtet uns mit seiner Kamera in der Hand. Ich habe nicht einmal ein Geschenk für ihn. Feierlich knie ich mich vor ihn auf den Sessel, fasse nach seinen Füssen und sehe ihm in die Augen.

„Nicht immer ist das, was wir zu sehen glauben, das, was es zu sein scheint. Die Wahrheit verbirgt sich dem bloßen Auge, aber niemals dem Herz. Wir beide kennen uns schon länger, als die menschliche Geschichtsschreibung zurückreicht. Du weißt das so gut, wie ich. Ich musste in die Abgründe des *Tartaros* reisen, um im totalen Vergessen zu erkennen, wer ich wirklich bin und immer war. Dein Partner! Nelson, JA, ich will!“

Wie ein aufgescheuchter Teenager springt mein künftiger Ehemann vom Stuhl und flüchtet in die Küche.

„Dein Yabber-Yabber, kann ziemlich erschreckend sein!“, bringt es Ares auf den Punkt. „Wenn Nelson nicht mehr will, frag mich!“

Doch Nelson hüpft schon wie ein balletttanzender *Cupido* wieder zurück ins Wohnzimmer meines Appartements und trägt eine extra große goldene Schachtel in seinen Händen. Bevor ich das Geschenk entgegennehmen kann, öffnet er den Deckel selbst und schleudert ihn von sich. Er leert den Inhalt einfach auf der Couch aus, dass es nur so blitzt und blinkt.

„Goldige Lorbeerkränze?“, wundere ich mich.

Ares will schon nach einem davon langen, doch Nelson schlägt ihm auf die Finger. „Erst der Bräutigam!“ Er langt nach einem der goldenen Kostbarkeiten und krönt mich damit. Den nächsten legt er sich selbst aufs Haupt und wirft danach Jayden und Ares einen weiteren zu. „Der letzte ist für Peitho. Sein Harnes, wie auch einen goldigen Tanga liegen noch in der Küche für ihn bereit.“

„Was ziehst du an?“

„Zur Trauung?“, konkretisiert Nelson. Weil ich nicke, beschreibt er einen dreiteiligen Anzug in Weiß, erwähnt Stoffe, Schnitte und allerlei Zeug, das keinen Nudisten wirklich interessiert. „Valdrin, für dich habe ich ...“

„Ich bin der Schaumgeborene. Ich bin Aphrodite!“

Nelson klappt der Kinnladen runter und seine Pupillen werden so groß, wie schwarze Spiegeleier.

Weil er mich nur wortlos anstarrt, beginne ich mir Sorgen zu machen. „Vielleicht könnte ich ja …"

Der dunkelhaarige Beau lacht plötzlich schallend auf. „Erwischt!"

Ares schüttelt seine zottigen Haare und Jayden spielt mit seinen dreizehn Zentimeter. „Natürlich heiratest du nackt! Was sonst? Von Rhydian Elpis wird nichts anderes erwartet! Ich habe für die Trauung für uns beide Kränze aus Eukalyptusblättern und *Honky Nuts* fertigen lassen wie ähnliche für unsere Hälse. Besitzt du einen Verlobungsring noch?"

Ich nicke.

Weil Nelsons Telefon klingelt, tänzelt er in die Küche. Kurz darauf ruft er: „Leute, ab unter die Dusche! Wir werden in einer Stunde in *Balmoral* im Bootshaus von Emmett erwartet."

„Nicht am *Cobblers Beach*?", reklamiere ich.

„Treffpunkt *Balmoral*! Dort ziehen wir uns um und legen die letzten drei Kilometer mit Kutschen zurück."

„Cool!" Jayden fasst nach meiner Hand und zieht mich mit sich ins Badezimmer. Kaum unter der Brause spritzt er sich Duschgel in die Hände und beginnt mich damit überall einzureiben. Es schäumt wie verrückt.

„Keine Zeit für ein Quicky!", ermahnt uns Ares, der seinen Kopf ins Badezimmer reinstreckt und Jayden erwischt, wie er sich gerade hinknien will.

Danach sauber und erfrischt, hole ich aus dem Tresor meinen Verlobungsring. Auf der Innenseite des Weißgold-Platin-Rings stehen die Namen: *Nelson-Morley & Valdrin-Loris*. Ja, mein Verlobter kannte immer meine wahre Identität. Übergestülpt schmiegt sich der flache Cockring ideal an. Er ist so leicht, dass ich ihn immer tragen könnte. Ob ihn Nelson die letzten drei Jahre zwischendurch anhatte?

Eine Furie im Haus der Liebe

Für den Weg zum Treffpunkt schlüpfe ich in eine Badehose, schiebe mir eine meiner *Sunnies* auf die Nase und verlasse als erster meine Wohnung. Auf der *Ramsgate Avenue* unten rast mein Puls und ich tänzle nervös von einem Fuß auf den anderen. Was, wenn die Hexe die Trauung stört? Was, wenn sie einen Weg gefunden hat, mich zu töten? Ihr grauenvoller Begleiter will mir noch immer das Gesicht abschneiden und mich köpfen.

Jayden steigt zu Ares in dessen Oldtimer und ich zu Nelson in seinen Jeep. Nach etwas mehr als einer halben Stunde haben wir das Ziel erreicht.

Peitho steht neben Brain mit bestimmt dreißig *Pink Dolphins*, darunter Peter, Asby, Koffi und Earl. Jeder will mich umarmen, mir gratulieren und über die letzten drei Jahre meines Lebens ausquetschen. Zum Glück fungieren Ares, Jayden und Peitho als von Nelson ernannte Trauzeugen und Leibwächter und schotten mich etwas von der Meute ab. Von Maroubra und Henley fehlt jede Spur, dafür sind Salamanca und Lachlan aus dem *Kookaburra* hier, Sofala, Billy, Ben, Taylor, Kensington und noch unzählige andere. Einige der Gäste waren früher Freier und buchten mich über die *SOS* oder gehörten zu den Stammkunden der *Boner Boy* Aktivitäten. An viele der Gesichter kann ich mich nur vage erinnern, doch mit jedem neuen Händedruck, kehren mehr Erinnerungen zurück. Als Sam in seinem Goldketten Kostüm und aufwendig geschminkt in hüfthohen Stiefeln mit gewaltigen Absätzen auf mich zu stöckelt, fühle ich mich sicher.

Emmett mit vier Helfern – alle mit weißem Blumenkranz auf dem Kopf – schenken Sekt, Orangensaft und eine Fruchtbowle aus. Die *Black Ratbag Band* spielt auf dem Steg. Als ihr Sänger mich zu sich winkt, um ihn beim nächsten Song zu begleiten, lehne ich lachend ab. Als unter den ständig hereinströmenden Gästen irgendwann Noobs und Kelly mit dabei sind, atme ich erleichtert auf. Wenigstens diese beiden gehören nicht zu den Drogendealern und Verbrechern.

„Du musst dich umziehen!“, ermahnt mich Peitho, der jetzt zur Feier des Anlasses einen geliehenen Toxedo trägt und auf dem Kopf einen der goldigen Lorbeerkränze von Nelson aufgesetzt hat.

„Holy dooley, du siehst verdammt geil aus!“, lobe ich meinen Sportkumpel. „Nur im Tanga gefällst du mir besser!“

„Kommt später“, vertröstet mich der Schwimmer. Er führt mich zur Kammer, wo an Bügeln weiße Anzüge und weitere Toxedo hängen.

„He!“, reklamiere ich, als mir Peitho einen aushändigt.

„Für die Kutschenfahrt“, erklärt Nelson, der seinen luxuriösen extravaganten Top-Anzug trägt und hinter einem Spiegle hervortritt.

„Ich heirate nackt!" Trotzig stampfe ich auf den Holzboden.

„Bitte, mir zuliebe! Himeros will uns im Anzug fotografieren. Ich brauche Bilder, die ich verschicke kann, ohne viel erklären zu müssen."

„Gut, einverstanden! Unter einer Bedingung!"

„Die da wäre?"

„Überraschung! Ich füge mich deinem Willen, wenn du dich später auch ohne rumstänkern auf meinen Wunsch einlässt."

„Niemals!", keucht Nelson auf.

„Am *Cobbler Beach* schert das keinen!"

„Mich schon!"

„Liebst du mich?", fordere ich meinem Bald-Ehemann heraus.

„Erpressung?"

„Nenne es, wie du willst!" Schadenfroh ziehe ich mir das Hemd und den Rest des Anzugs an. Schuhe gibt es keine.

Zum Schluss rückt mir Nelson den Lorbeerkranz zurecht und küsst mich verliebt. „Gruppenbild an dem Steg!"

Immer mehr Gäste treffen ein, darunter Russell mit seinem Partner Nick wie auch das Galeristen-Paar Edmond und Arthur. Wie Maroubra und Henley es in nicht einmal vierundzwanzig Stunden geschafft haben all diese Leute aufzutreiben und diese Feier zu organisieren, haut mich einfach um. Erstmals fällt mir auf, dass weder Nelson noch unsere drei Trauzeugen Schuhe tragen. Himeros fordert immer neue Aufstellungen für hundert erste Hochzeitsfotos. Als dann Yanko, Noobs und Kelly in ultrakurzen Tunikas als *Eroten* verkleidet jedem Gast einen Blumenkranz aus angelieferten Kisten verpassen, verwandelt sich die Meute in eine festliche schwule Hochzeitsgesellschaft. Sieben Kutschen fahren vor und die Ehrengäste dürfen einsteigen. Für alle weiteren Gäste, das Gepäck und die Geschenke warten Busse.

„Ist das geil!", hüpft Jayden wie ein Kind um unser Gefährt, tätschelt die Nüstern der Pferde und hockt sich neben den Kutscher vorne auf den Bock.

Himeros verfolgt uns, hinten auf einem Motorrad sitzend. Er schießt Foto um Foto. Um zum *Cobbler Beach* zu gelangen können wir nicht den wenigen hundert Meter direkt der Küste entlang folgen, sondern müssen die Straßen durch *Mossman* nehmen. Der Geruch der Pferde und der betörend süßliche Duft der reichlich mit *Frangipani* und anderen exotischen Blumen geschmückten Kutsche lassen mich vergessen, wie ich vor wenigen Wochen hier ankam. Erinnerungen blitzen in meinem Geiste auf wie Worte und Warnungen. *Der arme Junge wird sich dagegen wehren. Stell dir bloß vor, wie er sich fühlen muss, kriegt er erst Wind davon, wozu er nach Sydney geschickt wird. Ich an seiner Stelle würde ausrasten. Armer, armer Junge!* Den Traum aus dem Flugzeug verscheuchend fasse ich nach Nelsons Hand. In einer Stunde werden wir heiraten. Ob ich danach noch lange leben werde?

„Was grübelst du?", spricht mich Peitho, der gegenüber von mir in der Kutsche sitzt, an.

„Markku, mein bester Freund in Basel prophezeite vor drei Jahren als ich als Rhydian nach Australien aufbrach: *Es wird nicht leicht werden, das zu schultern, wofür das Schicksal dich vorgesehen hat. Nackt wird es dir leichter fallen!* Er hatte damals recht und auch heute!"

„Was tust du?", will Nelson wissen, als ich mir das Jackett meines Anzugs ausziehe.

„Was wohl!", lache ich. „Ich wappne mich für den letzten Kampf!"

„So siehst du die Ehe? Hase, ich sagte dir schon, du bist nicht der Typ dazu! Noch kannst du mit mir durchbrennen und den Wahnsinn hinter dir lassen!" Ares boxt mir dabei aufmunternd in die Seite.

„Markku sagte damals noch mehr: *Elpis, manchmal müssen wir Dinge tun, die wir erst viel später verstehen. Dabei kann es sich auch um Unmögliches handeln oder um Dinge, die es in Wahrheit einfach nicht geben dürfte. Es gibt viele Arten von Wettkämpfen. Einige gewinnen wir, andere verlieren wir.* Aphrodite ist noch nicht fertig mit mir." Damit schlüpfe ich aus meinem Hemd und danach auch aus meiner Hose, so dass der Kutscher kritisch zurückblickt.

Nelson falte meine Kleidung zusammen und langt danach in die Brusttasche seines ultra-coolen Designeranzugs, um mir meinen Verlobungsring überzustülpen. „Besser?"

„Jetzt bin ich kampfbereit!"

Immer wieder winken uns die Anwohner von *Mossman* auf unserem sehr gemächlichen Weg zum Strand zu. Einige lachen ganz offen über meinen Aufzug andere schießen rasch ein Foto. Ich bin mir sicher, wir ziehen diverse extra Schlenker durch den Ort, um dem Organisationsteam genügend Zeit zu verschaffen am *Cobblers Beach* alles für unsere Ankunft fertig zu haben. Am Ziel sind weiße Festzelte aufgestellt und dem Ozean zu am Strand stehen bestimmt zweihundert Stühle vor einem Torbogen. Anstatt unschuldig weiß sind daran tausende von Blumen so angeordnet, dass sie einen Regenbogen bilden.

„Ziemlich schwul!", bemerkt Ares.

Henley und Maroubra flankieren eines der Zelte und winken mir zu, kaum dass sie mich in unserer Kutsche ausmachen. Die Busse mit den anderen Gästen und dem Gepäck müssen längst vor uns eingetroffen sein. Blumengeschmückte Helfer tragen goldige Kartonschachteln ins Zelt und Emmet und seine *Eroten* servieren Getränke an die Wartenden und Ankommenden.

„Mitkommen!", befehle ich Nelson und meinen Trauzeugen.

Jayden lacht wieder wie ein Bekloppter, als er sich im Zelt vollkommen auszieht und nur mit dem Goldkranz auf seinem Haupt wie einem weiteren um den Hals schmückt. Peitho schlüpft zusätzlich in einen Mini-Tanga aus Gold und Ares stülpt sich einen goldenen Penisschlauch über seine fette Latte.

„Und?" Ich fokussiere Nelson und klopfe nervös mit meinen Fingern den Takt auf einem Tisch. „Brauchst du Trommelwirbel?"

„Ich kann nicht!" Sein Gesicht ist knallrot. „Mich kennen viele der Gäste als einen seriösen Geschäftsmann im Sportgeschäft."

„Ja! Und?", frage ich weiter. Als Nelson betroffen auf seine pedikürten Zehen blickt, stemme ich meine Hände in die Hüfte. „Der *Cobblers Beach* ist ein Nudistenstrand. Du heiratest in wenigen Minuten Rhydian Elpis, den Mann, dessen Pimmel jeder Queer in Sydney kennt. Bin ich deswegen unseriös?"

„So habe ich das nicht gemeint", verteidigt sich Nelson.

Ares zieht Peitho und Jayden nach draußen. „Jungs, beziehen wir am Regenbogenportal Stellung! Solche vorehelichen Kämpfe können heftiger als Schlamm Catchen werden."

Bevor ich meinen Willen durchsetzen kann, teilen bemalte Hände die Schutzplane des Zeltes. Nelson entwischt flink, um Kurri Kurri, Kalamunda und Wollongong Platz zu machen. Die drei Hüter der Zeit und Wächter der Traumpfade sehen wie archaische Zauberer oder Medizinmänner aus. Kurri Kurri trägt eine Mütze, die an den Kopf eines Koalas erinnert und auf seinem nackten Leib ist genau dieses Tier gemalt, dass es aussieht, als ob er einen mit sich tragen würde. Kalamunda hat einen rotbraunen Umhang mit langem Känguruschwanz und einem Kopfputz, der an das Tier erinnert übergeworfen. Wollongong Körper ist mit einer Schlange bemalt, die ihn einwickelt. Alle drei tragen *Didgeridoos*. Wortlos reicht mir der jüngst aussehende der drei Aborigines ein viertes dieser Blasinstrumente. Ein vierter Ureinwohner betritt den Raum. Ich erkenne ihn wieder, als den Mann, der mir das Prinzip von *Jondalup* näher brachte. Aus einem Sack langt er nach einer langen Kette an der unterschiedlich große *Honky Nuts* und andere Eukalyptus Samenkapseln aufgefädelt sind und stülpt sie mir über die goldige Girlande um meinen Hals. Während Kurri Kurri, Kalamunda und Wollongong sich im Kreis um mich auf den Boden setzen und mit ihren *Didgeridoo* Klänge erzeugen, welche die Welt der Träume öffnen, nimmt mir der Mann, der vielleicht Jondalup heißen könnte, meine *Sunnies* ab. In rituellem Schweigen bemalt er mit seinen Händen mein Gesicht mit rotbrauner Erdfarbe, setzt weiße Punkte auf Linien und betont die Umrisse. Weitere Punkte, Wellenlinien und Tiersymbole verpasst er mir auf meinem nackten Körper. Als er fertig ist, flüstert er mir zu: „Die tausend Tage sind um! Schaumgeborener, nimmst du dein Erbe an?“

Ergriffen von der Zeremonie und ihrer Magie nicke ich stumm, bekomme das fünfe *Didgeridoo* ausgehändigt und verlasse mit den vier Aborigines das Zelt. Kalamunda schreitet durch die gaffenden Hochzeitsgäste zum Strand und setzt sich unter das blühende Regenbogenportal in den Sand. Als auch die anderen drei im Kreis ihren Platz eingenommen haben, tue ich es ihnen gleich und setze mit meinem eigenen *Didgeridoo* in die Klangwellen der Hüter der Zeit ein. Gewaltige Wellen rollen aus dem Ur-Ozean auf mich zu und fluten durch das Regenbogenportal.

Wahrscheinlich haben alle Hochzeitsgäste unterdessen ihre Plätze auf den Stühlen eingenommen und vermuten in meinem Auftritt eine gelungene Ouvertüre.

Plötzlich stehe ich auf dem *Uluru*. Tiefrot glüht der Fels im Zentrum Australiens, als die Sonne untergeht und eine wunderschöne Frau auf mich zutritt. Ich erkenne sie! Ich bin ihr in hundert Träumen begegnet. Sie ist die Sternenfrau, die Göttin, die durch die Trennung von Himmel und Erde entstanden ist: *Aphrodite*. „Keine meiner erwählten

Kandidatinnen für die Gestürzte überlebten ihr Training. Drei wurden von der Gefallenen und ihrem Helfer ermordet. Hätten *Apollon* und *Hermes*[9] nicht auch noch dich mit ins Rennen geschickt, würde jetzt niemand mehr meinen Glanz tragen." Die Stimme der Sternenfrau klingt wie die Wellen, die sich am Strand überschlagen oder an den Felsen brechen. „Das Aufgeben all deiner früheren Werte und deiner persönlichen Wünsche verlange ich als dein Opfer. Großer Schmerz wird dich heimsuchen bis dein inneres Auge den Schleier durchblicken kann. Das ist dein Schicksal, dein mühevoller Weg als göttliches Wesen durch die Illusionen von Zeit und Raum. Bist du bereit?"

„Nein!", rufe ich aus.

„Deine Vorgängerin verließ den Schaumpfad, um im Blut ihr Schicksal zu finden. Du kannst ihr nacheifern und ebenfalls zur *Furie* und einem Kriegsgott werden. Willst du das?"

„Nein!"

„Das Licht der Götter zerschmettert den Unwürdigen und erhebt den Eingeweihten. Rhydian Elpis, deine Reise hat eben erst begonnen. Meinen Glanz zu erfahren und der Lust Körper und Gesicht zu verleihen, vermögen viele. Aber wirst du meinen Verlockungen widerstehen, um der Liebe Reinheit durch dich fließen zu lassen?"

„Nein!", wiederhole ich zum dritten Mal.

„Er ist unwürdig!", bellt plötzlich die Stimme einer weiteren wunderschönen nackten Frau. „Ich bin dein einzig wahres Gefäß! Nur ich alleine bin die Hoffnung und die Erlösung! Mir folgen die Massen, wie die *Mänaden Dionysos*. Mich umschwärmen die *Satyrn* und nur mir huldigen die *Nymphen*. Die *Musen* künden mein Kommen und *Apollon* selbst fordert mich zum Tanz der Unsterblichen. Ich bin eine der Zwölf. Nur mir gehört der Thron auf dem Olymp!"

„Ja, SIE hat recht!", pflichte ich der Herausforderin bei. „SIE ist die fleischgewordene *Venus*. SIE ist eine Frau und die Trägerin des weiblichen Archetypus der sinnlichen Lust und Verführung! Lass mich gehen! Bitte!", flehe ich die Göttin, deren Körper sich immer wieder aufs Neue aus einer Million Sternen neu formt. „Nimm SIE! Lass mich ziehen! Als

---

[9] mehr zu Apollon und Hermes in den Büchern: Apollon und Mercury Band I „Wahre Träume leben" und Band II „Einer muss sterben, in „Am Quell der Weisheit" und „Doppel-t-leben"

Mann kann ich deinem Erbe niemals gerecht werden.“

Plötzlich wechselt die Szene. Ich bin gefesselt und werde vom russischen Zuhälter mitsamt Stuhl unter die Dusche gestellt.

„Zobelgestank muss weg!“

„Ich kann auch alleine duschen!“, kläffe ich, wimmere aber sofort wie ein Welpe, als der Brutalo seine Narbenfresse verzieht. Trotzdem dreht er den Kaltwasserhahn zu, schließt meine Hand- und die beiden Fußfesseln auf und verriegelt, als er das Badezimmer verlässt, hinter sich die Tür. Als ich befreit aufstehen will, knicke ich ein. Meine Beine sind eingeschlafen und in meinen Händen und Füssen kribbelt es, als das Blut wieder normal fließen kann. Auf dem Stuhl hocken bleibend, drehe ich das heiße Wasser an und lasse es auf mich niederprasseln. Erst nach bestimmt zehn Minuten leichter Gymnastik, wage ich es abermals aufzustehen, muss mich aber wackelig auf den Beinen an der Rückenlehne festkrallen. Gierig trinke ich vom Wasser aus der Leitung. Langsam erinnert sich mein Körper daran, dass er selbständig stehen und nach weiteren fünf Minuten, dass er sogar gehen kann. Ich seife mich mit dem Duschgel schon zum vierten Mal vom Kopf bis zu den Zehen vollkommen ein. Natürlich stinke ich nicht nach einen bepissten Zobel, doch ich will die Schande und die Angst loswerden, die noch immer auf meiner Haut kleben. Endlich fühle ich mich soweit wieder rein, dass ich mich mit dem frischen Handtuch abschrubben kann.

„Fertig!“ Ich klopfe an die Tür und der Brutalo lässt mich raus.

Er schnüffelt an mir und fordert, dass ich meine Hände vor mir ausstrecke, damit er mir die Handschellen wieder anlegen kann. „Bist du wirklich ER, hast du von mir und meinem Bruder *Phobos* nichts zu befürchten. Wir dienen *Ares* und der stellt sich immer auf die Seite der *echten Aphrodite-der-Gegenwart*. Bist du nicht ER, ziehe ich dir nicht nur dein Gesicht ab, sondern all deine Haut.“ Komischerweise ist sein komischer Akzent und Geschwafel vollkommen verschwunden. Spielte auch er nur eine Rolle?

Abermals wechselt die Szene. Jetzt sitze ich im Sand unter dem Regenbogenportal, dass ich allen Farben flimmert. Aus dem Ozean hinter mir wächst aus dem Schaum die Sternengöttin und vor mir zückt die verrückte Queen Darlinghurst einen Dolch. SIE ist nackt. Es wird offensichtlich, dass SIE eindeutig eine echte Frau ist und es wohl auch immer war. Warum spielte sie eine Drag Queen? Fühlte SIE vor drei Jahren meine Ankunft in Australien? Tötete SIE deswegen erst junge schöne Mädchen und später jeden, der mir ähnelte?

„Willst du deinen Glanz zurückhaben?" Weder ihr Hass noch ihre Mordlust beeindrucken mich. SIE ist heute nichts weiter, als eine der *Erinnyen*, eine niedrige Rachegöttin, eine Handlangerin des *Karmas*. „Du kriegst ihn aber nicht! Ich kenne dein wahres Wesen und deinen neuen Namen!"

„Wage es nicht!" SIE schleudert ihren Dolch auf mich, doch der Schaum fängt ihn ab.

„Du bist zum neidischen Zorn geworden. Höre deinen neuen Namen und akzeptiere dein Schicksal!", spreche ich klar und deutlich.

„Dieb! Wurm! Mann!", verflucht SIE mich dreifach.

„Höre und lasse es gut sein!"

„Schweig!", kreischt SIE.

„Ich wollte niemals Aphrodite sein! Niemals! Auf dem *Uluru* flehte ich die Göttin an, mich zu verschonen. Ich hätte alles darum gegeben, dir deinen Glanz und die Lust zurückzugeben, die mich blendeten und korrumpierten. Die *ewige-Aphrodite* ließ es nicht zu. Sie gewährte mir tausend Tage Zeit, die Macht in mir reifen zu lassen. Glaub mir, Queen Darlinghurst oder wie auch immer dein menschlicher Name lauten mag!", flüstere ich gefährlich leise. „Es war die Hölle!"

„Ich erlöse dich!", säuselt SIE verführerisch.

„Nicht mehr nötig! Ich fand nicht nur den Ausweg aus dem *Tartaros*, sondern auch den Zugang zum Olymp."

„Niemals!", kreischt die gefallene *Olympioi*. „Du kannst meinen Thron nicht korrumpieren!"

„Als Mann werde ich niemals den weiblichen Archetypus einer *Venus* erfüllen. Aber das muss ich auch nicht. Millionen von Frauen überall auf der Welt tagen *Venus* und *Aphrodite* hellleuchtend in ihrem Herz. Ich muss überhaupt nichts tun, als einfach zu akzeptieren, dass es Dinge zwischen Himmel und Hölle gibt, die mit dem Verstand nicht fassbar sind. Du bist gefallen und hast damit jeden Anspruch auf den Glanz verloren. Ich hüte ihn, bis eine junge Frau sich seines würdig erweist. Bis dahin bin ich das, was du niemals wieder sein wirst!"

„Gib mir meine Macht zurück", fleht jetzt die Frau, die sich als Queen Darlinghurst tarnte.

„Hör nun deinen neuen Namen und sei für immer vom Olymp und gleichzeitig aus Sydney verbannt!"

„Gnade!", fleht die Nackte und wirft sich vor mich in den Sand.

„Wie viele mussten sterben, damit du deiner Eitelkeit frönen konntest? Nein!" Woher ich plötzlich einen Handspiegel habe, ist so wundersam, wie alles andere auch. Ich halte ihn der Mörderin vors Gesicht. „Erkenne dich selbst!", befehle ich ihr. „Steh auf und verschwinde, *Megaira*!"

Kaum habe ich ihren neuen Namen ausgesprochen, verpufft die neu ernannte Rachegöttin und wird durch das Regenbogenportal in die Welt gezehrt, die SIE sich selbst erschaffen hat.

Als ich meine Augen wieder öffne, stehen Kurri Kurri, Kalamunda, Wollongong und Joondalup auf. Sie lächeln und folgen ohne ein Wort des Abschiedes dem Strand.

„Danke!", rufe ich ihnen nach. Ich lege mein *Didgeridoo* außerhalb des bunten Blumenbogens in den Sand.

Das Publikum klatscht. Noch bevor der Applaus abklingt, stimmt die *Black Ratbag Band* in eine Rock Version des Hochzeitsmarsches ein. Meine drei Trauzeugen schreiten stolz, einer nach dem anderen, durch das Spalier der Gäste und beziehen rechts und links von mir Stellung. Eigentlich dachte ich immer, ich würde die Rolle der Braut bekommen und so als letzter von irgendwem Nelson zugeführt werden. Aber ist in meinem Leben überhaupt irgendetwas normal?

Es wird still.

Jeder dreht seinen Kopf nach hinten um Nelsons Auftritt zu erwarten. Mir zittern die Knie vor Aufregung. Meine Konkurrentin bin ich endgültig los, doch das wirkliche Abenteuer beginnt erst. Tauge ich zum Ehemann?

Als abermals der Hochzeitsmarsch einsetzt, tauchen in der Ferne zwei splitternackte Männer mit Goldkränzen auf ihren Häuptern und goldigen Blütengirlanden um ihre Hälse auf. Beide sind dunkelhaarig. Einer von ihnen ist groß und schlaksig, der andere mit guten Ringermuskeln etwas kleiner. Selbst durch den Kranz auf seinem Haupt beinahe verdeckt, erkenne ich beim Kleineren dennoch, dass er seine Haare mit Gel frisiert bestimmt zwanzig Zentimeter senkrecht hochgestellt trägt. Mein Herz galoppiert vor Freude. Markku ist in Sydney!

Feierlich schreitet Nelson, von Markku geführt, durch die gaffenden Gäste. Da das Gesicht meines Künftigen tomatenrot angelaufen ist und sein Halbharter nervös und geil geworden durch seinen Verlobungsring zuckt, weiß ich nun, dass Nelson vor keiner Blamage zurückschreckt, um mir zu zeigen, wie sehr er mich liebt.

Markku stellt sich vor uns unter den Bogen aus den bunten Blüten in den Regenbogenfarben. „Ist die Liebe der Schaum, der durch die stürmische Brandung eines erfüllten Lebens entsteht? Oder ist die Liebe der Ozean, der schäumend mit seinen Wellen gnadenlos alles überrollt? Und welche Rolle spielen im Liebesdrama die Lust und die Hoffnung? Valdrin Loris, den jeder besser als Rhydian Elpis kennt, willst du Nelson Morley zu deinem Ehemann nehmen, ihn lieben und ehren und als dein Licht der Hoffnung akzeptieren?“

Die restlichen Worte werden von himmlischer Musik aus meinem Herz übertönt. Jeder Zweifel wird getilgt, jede Angst ausgelöscht und das Vergessen endgültig mit all meinen wundersamen und verrückten Erinnerungen überschrieben. Ich bin Rhydian Elpis und ja, ich bin die neue vollentwickelte *Aphrodite-der Gegenwart*. Laut sage ich: „Ja, ich will!“

ENDE

Danksagung

Warum als schwuler Mann über einen weiblichen Archetypus, wie Aphrodite, die Göttin der sinnlichen Lust und der Verführung, schreiben? Als mir eine Muse diese Idee zum ersten Mal zuflüsterte, wollte ich nichts davon hören. Doch wie das Leben so spielt, hatte ich als Coach plötzlich mit einem jungen Mann zu tun, dessen Schizophrenie mich auf einen neuen Gedanken brachte, wie ich diese Geschichte glaubhaft erzählen kann, ohne verletzend oder beleidigend zu sein.

Je tiefer ich in die Mythologie der Aphrodite einstieg, desto vielgesichtiger und interessanter wurde dieser Archetyp. Überall auf der Welt und zu allen Zeiten gab es Göttinnen und Frauen, die der Venus vorausgingen. Heute, im Zeitalter von Transexualität, Aufklärung und immer neuen Möglichkeiten das eigene Ich zu erfahren, finden auch immer mehr Männer den Zugang zu diesem Aspekt des Lebens ins sich selbst. Ist die Lust einer der zwölf wichtigsten Attribute in jedem Menschen? Falls dem so wäre, trägt dann jeder Mensch den Olymp in sich selbst, das Heim dieser zwölf göttlichen Aspekte? Kann der Intellekt eine Naturgewalt, wie die Lust sie ist, überhaupt erfassen? Sicher ist, Lust muss man genießen und leben.

So gehört mein erster Dank Aphrodite, einer Göttin, die schön und gefährlich, sternengleich und animalisch in einem ist. Danke den Göttinnen und Göttern in tausenderlei Gestalt, die mich in Träume führten, um mir tiefere Einblicke über ihr Wesen zu gewähren.

Dank all meinen Fans und Lesern, meinen Freunden, Verwandten und kritischen Lektoren.

Danke dem Himmelstürmer Verlag.

Danke meinem Mentor und Lehrer und danke der Kreativität, die stetig in meinem Herzen singt.

Manuel Sandrino

Doppel-t-leben

360 Seiten

ISBN print
978-3-86362-644-1

Auch als E-book

Wann fängt das eigene Leben an und wann endet es?
Was passierte davor? Was geschieht danach?
Luon Logroño (Lu) steht an einer Wegkreuzung. Sein bisheriges Leben funktioniert nicht mehr. Er begegnet dem lustigen Frederick, der auf dem Weg zu einem Gestüt in Frankreich ist. Weil Lu nicht reiten kann, stürzt er vom Pferd. Damit beginnen Träume über eine längst vergessene Epoche der Menschheitsgeschichte. Lu begegnet im Traum dem nackten Mann mit der Sonne auf dem Kopf in einem verschütteten Maya-Tempel.
Zurück in Basel muss sich Lu von Ray, einem arbeitslosen Chiropraktiker, massieren lassen. Lu, Frederick und Ray freunden sich an und wollen etwas Sinnvolles aus ihrer Zukunft machen. Sie geben ein Inserat auf, um eine Selbsthilfegruppe für arbeitslose Männer zu gründen.
Wer bin ich, wenn ich nicht mein Job bin?
Welches Doppelleben will ich ins Licht zerren?
Welche Stärken warten darauf, erweckt zu werden?
Die Liebesbeziehungen und Machtkämpfe der uralten Maya-Götter, ihren Priestern und Herrschern erwachen abermals zum Leben. Die Intrigen aus einem vergangenen Leben vermischen sich mit den Doppelleben im Hier und Jetzt. Erschaffen wir doch alle letztlich durch unsere Handlungen unsere Zukunft? Bleibt keine Tat ohne Folgen?

Marc H. Muelle

Max Ander 1

Lügen und Betrügen

ISBN print
978-3-86361-756-1

Auch als E-book

Maximilian ist ein Loser. Alle prügeln auf ihn ein: Arbeitgeber, Freundin und Verkehrsteilnehmer im Allgemeinen. Verzweifelt schreibt er ein Buch. Und verliert die Kontrolle. Er erlebt das, was er schreibt, wie einen realen Traum.
Alexander – sein Charakter in der entstehenden Geschichte – ist ganz anders: cool, beliebt und hat ein spannendes Privatleben.
Was zunächst für Begeisterung sorgt, verkehrt sich nach wenigen Kapiteln ins Gegenteil. Der Autor muss feststellen, dass sein Buchcharakter schwul ist. Aber Max kann nicht mit dem Schreiben aufhören.
Während Alexander sich in seinen millionenschweren Nachbarn verliebt und die sexuellen Kapriolen des schillernden Fabian erlebt, muss Maximilian mit ansehen, wie seine unterdrückte Homosexualität hervordrängt.
Alexanders dunkle Vergangenheit kommt heraus, er findet sich im Fokus einer Spionageaktion wieder. Ausgerechnet ein Schwule hassender Kommissar soll ihm helfen.
Das Finale rast mit einem Porsche Carrera GT ins Sternelokal, bringt Alex mehrfach in Lebensgefahr, bietet eine bizarre Verfolgungsjagd und endet unerwartet.
Lügen und Betrügen ist eine funkelnde, unterhaltsame Geschichte mit aktuellem Hintergrund. Ein Buch mit Spannung, Humor und Wortwitz. Nicht nur für Leseratten der Gay Community.

Christian Kurz

Sonne, Eis und Zuckerschnuten

264 Seiten

ISBN print
978-3-86361-762-2

Auch als E-book

Justin Reinhardt, ein ganz normaler Jugendlicher, macht gerade eine Ausbildung zum Metzger, als sich sein Leben auf unerklärliche Weise auf den Kopf stellt. Zuerst hat er eine seltsame Begegnung mit einem älteren Mann, der ihn zu kennen scheint, und noch bevor Justin herausfinden kann, was es damit auf sich hat, wird er von einer Sekunde auf die andere durch die Zeit geschleudert und landet in den 1980ern. In dieser Zeit kennt er niemanden, sein Handy bekommt keine Verbindung, ja überhaupt alles, was er bislang für normal hielt, ist nun nicht mehr vorhanden, einfach weil es zu dieser Zeit noch nicht existiert. Zu seinem Glück trifft er auf Frank, einen gleichaltrigen Jungen, der ihm anbietet, bei sich zu übernachten. Justin hat einige Anpassungsschwierigkeiten, denn in den Achtzigern gab es unter anderem noch keine politische Korrektheit, und der Antischwulenparagraph ist immer noch überall präsent. Erst nach und nach erfährt Justin, dass Frank ebenfalls schwul ist. Er vertraut sich dem 80er-Jahre-Jugendlichen an und erzählt ihm, dass er aus der Zukunft kommt. Frank bringt Justin alles über das unbeschwerte Lebensgefühl der Achtziger Jahre bei, und der unfreiwillige Zeitreisende beginnt zu begreifen, dass jede Zeit ihre Vor- und Nachteile besitzt. Ihre Gefühle zueinander werden immer stärker, wodurch sich auch die Frage stellt, was sie tun sollen, falls Justin wieder in seine Zeit zurückgeschleudert werden würde.

www.himmelstuermer.de